Zsolnay Z Verlag

Bunte Lesevielfalt
Gute Bücher

Henning Mankell
Die fünfte Frau
Roman. 544 Seiten. Gebunden

Eine Reihe besonders grausamer Morde erschüttert Südschweden. Kommissar Wallander tappt im Dunkeln, bis er eine verstörende Entdeckung macht: Alle Opfer waren selbst äußerst rücksichtslose, brutale Männer, die Frauen schwer mißhandelten. Eine atemberaubend spannende Geschichte über die Frage nach Rache und zugleich ein großer Gesellschaftsroman.

Jan Brokken
Die blinden Passagiere
Roman. 416 Seiten. Gebunden

Ein altes Frachtschiff im Hafen von Rotterdam: Für zwei blinde Passagiere, einen holländischen Gemälderestaurator und ein Ehepaar beginnt hier eine abenteuerliche Reise um die halbe Welt. Jan Brokken erzählt in großen Bildern von den Dramen der neunziger Jahre, von Liebe, Haß und Betrug und von einer Reise zu sich selbst.

Eginald Schlattner
Der geköpfte Hahn

Roman. 528 Seiten. Gebunden

Siebenbürgen, 1944: Der Krieg, der auf leisen Sohlen Einzug in den Alltag einer Kleinstadt hält, die komplizierte Zeit des Heranwachsens, die erste Liebe, brutale Kampfspiele der Hitlerjugend … Ein melancholischer und doch heiterer Roman, ein buntes Panorama, das Geschichten und Geschichte in zauberhaft sinnlicher Weise verknüpft.

Leïla Marouane
Das Mädchen aus der Kasbah

Roman. Ca. 208 Seiten. Gebunden

Hadda ist eine junge Frau in Algier und lebt nach den Gesetzen des Koran, bis sie eines Tages Nassib begegnet, dem Sohn eines der Mächtigen im Lande. Er gibt ihr in unzweideutiger Absicht seine Telefonnummer und wird ihr Liebhaber. Als Hadda ihr uneheliches Kind abtreiben muß, erkennt sie, daß Nassib sie nur ausnutzt und greift zur Gegenwehr. Eine dramatischer Roman über das Leben einer jungen Frau im Islam.

Andrew Miller
Die Gabe des Schmerzes

Roman. 384 Seiten. Gebunden

England im 18. Jahrhundert: Der brillante Arzt James Dyer hat eine Seele aus Eis: er weiß nicht, was Gefühle sind, ist unfähig, zu lieben und empfindet auch keinen körperlichen Schmerz. Erst eine merkwürdige Frau kann ihn mit Künsten, von denen nicht zu sagen ist, ob sie von Gott oder vom Teufel stammen, von diesem Leiden befreien.

Hélène Carrère d'Encausse

Nikolaus II.

DAS DRAMA DES
LETZTEN ZAREN

*Aus dem Französischen
von Jochen Grube*

Paul Zsolnay Verlag

Die Originalausgabe erschien erstmals 1996 unter dem Titel
Nicolas II. La transition interrompue
bei Librairie A. Fayard in Paris.

1   2   3   4   5   02   01   00   99   98

ISBN 3-552-04896-0
© Librairie Artheme Fayard 1996
Alle Rechte der deutschen Ausgabe:
© Paul Zsolnay Verlag Wien 1998
Satz: Filmsatz Schröter GmbH, München
Druck und Bindung: Franz Spiegel Buch GmbH, Ulm
Printed in Germany

Für Henri Troyat

INHALT

Einführung	9
1. Kapitel Das Erbe	17
2. Kapitel Der unreife Prinz	68
3. Kapitel Der Colbert Rußlands	95
4. Kapitel Der zerbrochene Traum	132
5. Kapitel Vom »politischen Frühling« zur Revolution	158
6. Kapitel Die Revolution – eine zweite Chance?	189
7. Kapitel Auf dem Weg zum liberalen Reich?	226
8. Kapitel Fatale Jahre	272
9. Kapitel Das Reich zerfällt	319
10. Kapitel Letzte Hoffnungsfunken	375
11. Kapitel Eine Monarchie wird hinweggefegt	411
12. Kapitel »Löst Rußland auf und reißt es in Stücke«	442
Epilog	487

ANHANG

Anhang I: Manifest vom 1. März 1917	509
Anhang II: Die Erschießung von Nikolaus' II.	511
Anhang III: Die Erschießung von Nikolaus Romanow	515
Bibliographie und Quellen	516
Allgemeine Darstellungen	516
Bibliographie zu den Einzelkapiteln	523
Quellen der Autorin	540
Institutionen (Glossar)	541
Zeittafel	543
Stammtafeln	549
Karten	552
Personenregister	557
Danksagung	567

Einführung

Die russische Geschichte ist voller Zeichen, die sich nicht enträtseln lassen und dennoch ein geheimnisvolles Geflecht zwischen Menschen und Ereignissen weben. Im Jahre 1613 wählte eine Bojarenversammlung nach langen Wirren einen Zaren; sie holte ihn aus dem Kloster Ipatiew in Kostroma am Ufer der Wolga, wo er residierte, und zu diesem Zeitpunkt beginnt die Geschichte der Familie Romanow. Dreihundert Jahre später wurde der letzte Herrscher der Romanows, Nikolaus II., mit seiner gesamten Familie im Hause eines reichen Kaufmannes namens Ipatiew in Jekaterinenburg ermordet. Und ein weiterer Zufall sticht ins Auge: Der erste, im Jahre 1613 zum Zaren gewählte Romanow nannte sich Michael, und auch der letzte Romanow, für den Nikolaus II. umsonst abdankte, weil er auf den Thron verzichtete, hieß Michael. Nur diese beiden Zaren trugen diesen Vornamen.

75 Jahre nach dem Mord in Jekaterinenburg kam aus der gleichen Stadt Boris Jelzin, der die Revolution von 1917 besiegte und als erstes Staatsoberhaupt in der tausendjährigen Geschichte Rußlands nach Grundsätzen des allgemeinen Wahlrechts gewählt wurde. Er gab seinem Land die Flagge mit dem doppelköpfigen Adler wieder und damit auch die Erinnerung an Nikolaus II., obwohl der gleiche Boris Jelzin kurz zuvor in Jekaterinenburg das Haus Ipatiews hatte einreißen lassen, um die letzten Spuren des Mordes aus dem Jahre 1918 zu verwischen.

In dieser Konstellation von Zeichen treten uns ein Mann und ein Vorhaben entgegen. Der Mann ist Nikolaus II., der uns nicht nur wegen seines tragischen Endes berührt, sondern vor allem auch deshalb, weil er stets aufmerksam die Zeichen eines Schicksals verfolgt hatte, das er, ohne viel zu fragen, *a priori* als seinem Glück feindselig betrachtete.

Mußte der gescheiterte Herrscher, der Gefangene, der sich nach langer Irrfahrt quer durch Sibirien am Ende in dem Haus mit dem Namen Ipatiew wiederfand, dann nicht eine jener schrecklichen Botschaften des Schicksals erkennen, die zu ergründen er sein ganzes Leben lang stets bemüht war?

Wladimir Weidlé stellt in seinem großartigen Essay *Das ferne und nahe Rußland* fest: »Rußland hat niemals Glück gehabt«, und genau dieses Gefühl trieb Nikolaus II. immer wieder um. Was sein Schicksal so außerordentlich macht, ist nicht etwa sein dramatischer Tod – er war bei weitem nicht der einzige Herrscher, der einer Revolution zum Opfer fiel –, sondern daß sich sein persönliches Unglück und das seines Landes im Laufe einer relativ langen, mehr als zwanzig Jahre währenden Regierungszeit miteinander verbanden, um schließlich in einer zweifachen – persönlichen wie nationalen – Katastrophe zu enden.

Das Unglück Rußlands rührt von seiner Geschichte her: Das zweifellos europäische, vom Byzantinischen Reich geprägte Land wurde Europa durch die tartarischen Eroberer gewaltsam und jäh entrissen. Es hatte von ihnen zwar einige Grundprinzipien der Organisation von Macht gelernt, wurde aber durch seine Eroberer länger als zweieinhalb Jahrhunderte vom normalen Gang der europäischen Entwicklung ferngehalten. Das Pech Rußlands bestand auch darin, daß ihm vor der Tartarenherrschaft aus dem Vermächtnis des römischen Großreiches nichts zugeflossen war, was es gegen seine Eroberer in die Waagschale hätte werfen können: Es kannte weder ein ausgebildetes Rechts- und Vertragssystem noch geordnete Besitzverhältnisse, also nichts von dem, worauf das zivilisierte Europa im Lauf der Jahrhunderte aufbauen sollte.

Aus dieser Situation heraus entstand ein Rußland, das seinen Betrachtern lange Zeit sonderbar erschien, nicht zuletzt weil es so weit entfernt lag. »Russe? Wie kann man nur Russe sein?« schlugen die Reisenden die Hände über dem Kopf zusammen, die sich in diese unermeßlichen Weiten wagten. Trotzdem stieg Rußland im 18. Jahrhundert zur Großmacht auf, aber man kommt um die Feststellung nicht herum, daß seine Großmachtstellung einherging mit dem Rückschritt der Gesellschaft, der Wirtschaft und bestimmter Bevölkerungsgruppen und daß dieser Verschiebungsprozeß dieses riesige Land in einen Koloß auf tönernen Füßen verwandelte. Die Frage, wie der Rückstand gegenüber Europa aufzuholen sei, verpflichtete seitdem alle russischen Herrscher zur Stabilität des Hauses Romanow, und mit Peter dem Großen wurde dieses Problem für jede Zarenherrschaft zu einer geradezu peinigenden Obsession. Jeder russische Monarch, ob Peter der Große, Katharina II. oder Alexander II., schlug sich auf seine Weise damit herum, und während des gesamten 19. Jahrhunderts widerhallte die eine große Debatte im Land: Wie läßt sich der Rückstand gegenüber den europäischen Ländern aufholen und Rußland in die Moderne führen?

Auch Nikolaus II. stellte sich dieses Problem mit Macht, als er 1894 den Thron bestieg. Das Land, dessen Geschicke er lenken sollte – als Alleinherrscher mit unbegrenzter Machtfülle –, befand sich damals, gegen Ende des letzten Jahrhunderts in einer spektakulären Aufschwungphase. Die Nachbarstaaten, Finanz- und Geschäftswelt, träumten geradezu davon, in das vermeintliche neue Eldorado zu investieren. Und hatte nicht Tocqueville mit dem Beispiel Amerikas vor Augen prophezeit, daß die Großmacht des ausgehenden Jahrhunderts in Europa Rußland sein werde?

Dennoch erwartete Nikolaus II. eine ungeheure Aufgabe. Die Staatsmacht, die der ewige Aufrührer Kropotkin als »Feldwebel-Autokratie« bezeichnete, verschleierte das ständige Problem der Rückständigkeit, und vor ihr verblaßten auch das Ungleichgewicht und die steigenden Ansprüche der Gesellschaft. Dieses Problem war zwar nicht neu, aber im Jahr 1894 stellte es sich schärfer als jemals zuvor. Seit Jahren schon lag die Revolte in der Luft. Die polnische Erhebung im Jahr 1863 war ein unzweideutiges Signal, und hier hatte man noch nichts in Ordnung gebracht. Auch unter dem totalitären Regime Alexanders III. hörten die Attentate nicht auf, die die Brüchigkeit des inneren Friedens bewiesen. Ganz Europa sprach damals von Freiheit, und der Ruf George Sands, »Freiheit oder Tod!«, widerhallte überall. Aber Rußland wußte nicht, was Freiheit ist; innerhalb seiner Grenzen lebten ganze Völker in Knechtschaft, und auch die meisten Bauern, die auf dem Papier zwar von ihrer Leibeigenschaft befreit worden waren, führten praktisch weiterhin ein Sklavenleben. 1894 wurde ganz deutlich, daß Rußland sich im Verlauf der nun beginnenden Regierungszeit Nikolaus' II. endlich von seiner Vergangenheit würde losreißen und mit »seinem« Kontinent arrangieren müssen. Die öffentliche Meinung in den freien europäischen Staaten erwartete, ebenso wie auch die in Rußland – selbst wenn letztere sich nicht immer artikulieren konnte –, von Nikolaus II. den Bruch mit den früheren Zuständen; sie wollten den Bruch mit dem Rußland als das »Fremde« und seine Anbindung an die allgemeine europäische Ordnung.

Ein Historiker, der normalerweise differenzierter argumentiert, fällt folgendes abschließendes Urteil über Nikolaus II. und seine Regierungszeit: »Nikolaus II. regierte ohne Leidenschaft und Plan. Die Armut seines Landes und die Entwicklungsströmungen seiner Zeit berührten ihn nicht. Er war unfähig, ein kohärentes und an die Bedürfnisse seines Staates angepaßtes Ziel zu formulieren. Er überließ die Politik dem Herrn, der ihn gesalbt hatte, und flüchtete sich, wenn am Horizont Schwierigkeiten auftauchten, in den Schoß der Familie.« Dieses Urteil löscht mit einem Federstrich alles, was für die Regierungszeit des letzten Romanow so charakteristisch ist und ihr einen inneren Zusammenhang verleiht, nämlich den verzweifelten Versuch, Rußland in die Moderne zu führen, den unerläßlichen Übergang vom Ancien régime Rußlands in das europäische Zeitalter zu sichern, ohne dabei das Land seiner Wurzeln zu berauben oder es sich selbst zu entfremden.

Was die Herrschaft Nikolaus' II. eher charakterisiert, ist letzten Endes der innere Widerspruch, der sein Denken zerriß: Einerseits hielt er aus tiefer religiöser und politischer Überzeugung an der Autokratie, der Alleinherrschaft, fest;

er hatte sie ererbt, und in seinen Augen war nur sie für das russische Volk geeignet. Gleichzeitig aber wußte er – und in diesem Punkt leitete ihn sein Verstand und nicht mehr sein Herz –, daß er das Ziel, Rußland an die Moderne anzupassen, mit seinen Überzeugungen in Einklang bringen mußte – mit anderen Worten, daß er, wollte er sein Land regieren, die autokratische Regierungsform abschwächen mußte. Diese ständige Spannung zwischen dem, woran er glaubte, und dem, was sein Verstand ihm sagte, die Versuchung, die herrschende politische Ordnung nicht zu verändern, und die Gewißheit, es doch tun zu müssen, bedeuteten für Nikolaus II. ein echtes inneres Drama – er fühlte sich hin- und hergeworfen. Bei allem Bedauern und Zweifel ließ er sich dadurch jedoch nicht hindern, den Wandel seines Landes kontinuierlich fortzusetzen.

Diese fast erzwungene – aber von ihm selbst erzwungene – Entscheidung war riskant, denn in ihrer Dringlichkeit zwang sie ihn, alles gleichzeitig und sofort zu tun, während sich in den Ländern, die Rußland als Vorbild bei seiner Aufholjagd dienten, sowohl das Volk als auch die Herrschenden jahrhundertelang Zeit lassen konnten. Nikolaus II. konnte sich weder auf die Gesellschaft noch die Zeit noch gar den »Zeitgeist« stützen. Gegen Ende des 19. und zu Beginn des 20. Jahrhunderts herrschte eine zunehmend endzeitliche Atmosphäre. In Rußland erwartete man den Weltuntergang – den biblischen der Apokalypse oder den mit der Revolution verknüpften politischen, der alles, Hoffnungen wie Anstrengungen und vor allem die herrschaftliche Ordnung, mit sich reißen würde. Kurz: Das Klima war nicht günstig für einen friedlichen Übergang, und dies erklärt den Widerspruch, der die gesamte Regierungstätigkeit des letzten russischen Zaren zum Scheitern verurteilen sollte.

Am Vorabend des Ersten Weltkrieges ging es Rußland eher gut. Trotz einiger von Armut beherrschter Gegenden war an dem wachsenden Reichtum des Landes und seiner Bewohner nicht mehr zu zweifeln. Die rasche wirtschaftliche Entwicklung trug ihre Früchte. Auch die politischen

Reformen hatten begonnen, zu greifen und die Gesellschaft und ihre Beziehung zur staatlichen Macht zu verändern. Trotzdem verbanden sich das revolutionäre Brodeln und die steigende Unzufriedenheit mit der Erwartung einer unmittelbar bevorstehenden Katastrophe. Unter diesen Umständen mußte sie geradezu hereinbrechen!

Ein dreiviertel Jahrhundert später steht Rußland erneut vor einem Übergang oder nimmt das *unvollendete Projekt* Nikolaus' II. wieder auf, wobei sich die Ausgangsbedingungen allerdings nicht gleichen. Nikolaus II. mußte in einer Situation Reformen in Gang setzen, die er unter den gegebenen politischen und gesellschaftlichen Rahmenbedingungen – das Erbe seines Vaters – nicht beherrschte. Um das, was er wollte, zum Scheitern zu bringen und das in Rußland herrschende System zu beseitigen, war ein Weltkrieg notwendig, für den Rußland einen furchtbaren Tribut entrichten mußte. Dieser Krieg mit seinen Niederlagen und Toten war die von einer noch nicht gefestigten Gesellschaft vorausgeahnte und erwartete Katastrophe. Rußland widerstand ihr drei Jahre lang, was den Schluß erlaubt, daß die im vollen Wandel sich befindende russische Gesellschaft doch nicht so zerbrechlich war, wie man glaubte, und daß sich die Katastrophe vielleicht noch hätte vermeiden lassen.

Diejenigen, die heute die Fackel der Modernisierung zunächst unter der Bezeichnung »Perestroika«, dann unter »demokratischer Übergang« wieder hochhalten, besitzen gegenüber Nikolaus II. den Vorteil, sich einer »tabula rasa« gegenüber zu sehen. Ihnen bleibt nichts anderes übrig, als vorwärts zu gehen und die Fäden des vor fünfundsiebzig Jahren unterbrochenen Übergangsprozesses neu zu knüpfen. Aus der Herrschaft Nikolaus' II., aus seinen Hoffnungen und seinem Unglück können sie ihre Lehren ziehen, besonders aber aus der Prophezeiung, die Tocqueville einst äußerte: »Der gefährlichste Augenblick für eine Regierung ist, wenn sie mit dem Prozeß der Erneuerung beginnt. Nur das Genie kann den retten, der seine Untertanen nach einer langen Zeit der Unterdrückung befreit.«

Wie Nikolaus II. müssen seine Nachfolger, die heute das Projekt der Modernisierung leiten und sein Beispiel vor Augen haben, begreifen, daß der Übergang von einer Gesellschaftsform in eine andere zwar viel Zeit braucht, daß eben dafür aber die Zeit fehlt. Denn die Ungeduld der Gesellschaft, vor allem wenn die Grenzen offen sind, sowie der sofortige und weltweite Informationsfluß erlauben den Reformern nicht, auf den Faktor »Dauer« zu setzen. Jeder angekündigte Fortschritt muß heute sofort erfolgen, um zu verhindern, daß sich die Menschen nicht abwenden und irgendeinem geschickten Rattenfänger folgen. Die Nachfolger des letzten Zaren müssen von ihm auch lernen, daß sich Reformen, die eine Gesellschaft wünscht, schließlich auch gegen sie, gegen die Ungeduldigen und gegen die Nostalgiker, auswirken können, die wie ein *Onkel Wanja* salbadern. Reformen können sich aber auch gegen einen *Oblomow* richten, der immer nur auf dem Sofa über Reformen nachdachte, aber nichts unternahm, und der aus der russischen Landschaft nie ganz verschwunden ist.

Trotz des Mangels an Zeit, der riesigen Aufgaben, die erledigt werden müssen, der nachlassenden Unterstützung durch die Gesellschaft und der Gefahren, die das heutige Rußland und seine Führer auf sich genommen haben, werden auch sie dem zweifachen Credo wieder folgen, das das gesamte Handeln Nikolaus' II. bestimmte. Zunächst, um endlich den russischen Dichter Fjodor Iwanowitsch Tjutschew zu widerlegen, der seinen Landsleuten eine Definition Rußlands anbot, die ihnen immer wieder als Devise, als Entschuldigung oder gar als Trost diente: »Rußland kann man mit dem Verstand nicht begreifen«, und dann, um den großen Dichter Alexander Blok zu widerlegen, der in seinen *Skythen*, einem Werk, das er kurz nach der Revolution schrieb, verkündete:

»Ja, wir sind die Skythen, und ja, wir sind Asiaten.

Mit unseren geschlitzten Raubvogelaugen ...

wir werden Euch unser asiatisches Gesicht zuwenden ...«

Wie für Nikolaus II. vor einem Jahrhundert, so besteht der Übergang für die, die ihn gegen Ende dieses Jahrtausends wieder wagen, vor allem in dieser gleich zweifachen Herausforderung: Sie müssen aus Rußland ein Land formen, das für den Verstand lesbar ist, und sie müssen ihm seine asiatische Maske für immer vom Gesicht reißen. Nur dann wird das normale Geschick dieses Landes sich erfüllen und seine Rückkehr nach Europa möglich sein, wohin allein es gehört.

1. Kapitel

Das Erbe

Als Nikolaus II., der letzte Herrscher aus dem Hause Romanow und gleichzeitig der letzte Zar in der russischen Geschichte, 1894 den Thron bestieg, fand er ein Erbe vor, das ihn zunächst zufriedenstellen konnte. Es war in den dreißig Jahren vor seiner Krönung zusammengetragen worden und bestand aus großen Veränderungen und einigen geradezu blendenden Erfolgen. Der französische Botschafter Anatole Leroy-Beaulieu, der es genau durchleuchtet hatte, drehte in diesen Jahren eine Meinung seiner Landsleute um, die der Marquis de Custine über Rußland in die Welt gesetzt hatte. Leroy-Beaulieu warnte sie davor, die Russen mit Tartaren zu verwechseln, was, wie er schrieb, »ein schwerer Irrtum« sei: Der Russe, »der christliche Slawe und unser Bruder aus dem Osten, den die mongolischen Eroberer einst von Europa trennten, wurde von Peter dem Großen und allen seinen Nachfolgern wieder an Europa herangeführt«.

Wir befinden uns im Jahr 1893: Ein russisches Geschwader ankert vor Toulon, und man verhandelt eine Militärkonvention zwischen Paris und St. Petersburg. Wenn Rußland in Frankreich nun plötzlich so stark in Mode gekommen war und die französische Regierung daran dachte, sich auf Rußland zu stützen und ihm Kredite anzubieten, so war das direkt auf die Veränderungen zurückzuführen, die dort inzwischen stattgefunden hatten und die russische Gesellschaft und Wirtschaft, vor allem aber das politische System betrafen.

Die Aufhebung der Leibeigenschaft

»Der Russe ist ein Sklave.« Diese, im übrigen falsche Feststellung, weil Leibeigenschaft eben nicht Sklaverei ist, wiederholt sich wie eine lästige Litanei in den Berichten sämtlicher Reisenden, die Rußland im 18. und 19. Jahrhundert
besuchten. So ungenau dieser Satz auch ist, so gab er unter Anspielung auf die träge Leibeigenschaft der russischen
Bauern doch eine für Rußland lange Zeit typische Realität
wieder. Diese Leibeigenschaft dauerte bis in die erste Hälfte des 19. Jahrhunderts und bezeichnet in anderen Worten
die Kluft zwischen Westeuropa und Rußland. *Die toten
Seelen* von Gogol, wo mit den Seelen verstorbener Leibei-
gener Geschäfte gemacht werden, trug nicht wenig dazu
bei, den Mythos eines weit entfernten, seltsamen und der
Geschichte der europäischen Völker fremden Rußlands zu
nähren. Nun aber streifte Rußland diese für das Leben in
seinen Dörfern ebenso typische wie überholte Gesellschaftsform ab. Im Jahr 1861 überquerte der wenig liberale, ein-
fallslose und furchtsame Zar Alexander II., der Großvater
des künftigen Nikolaus II., den Rubikon: Er veranlaßte sein
Land zu einem angesichts seiner Geschichte unerwarteten Sprung nach vorne. Die Aufhebung der Leibeigenschaft am 19. Februar 1861 entließ einen Teil der russischen Gesellschaft in die Freiheit; natürlich aber waren bei
weitem nicht alle Bauern Leibeigene. Die Volkszählung
von 1858 ergab, daß etwa 68 Millionen Einwohner im Zarenreich lebten und nahezu 40 Prozent von ihnen als echte Leibeigene zu betrachten waren. Nur sie betraf das Auf-
hebungsdekret.

Aber dieser historischen Entscheidung hafteten auch
Mängel an, denn die neugewonnene Freiheit schloß nicht
gleichzeitig den Besitz des Bodens ein. Die Bauern mußten
ihn durch Vermittlung und mit finanzieller Hilfe des Staates von ihren früheren Eigentümern zurückkaufen und dem
Staat die Kosten in 49 Jahresraten zurückerstatten. Kein
Zweifel – dieser Vorgang der Bauernbefreiung erscheint
verwickelt. Immerhin gab er – mit den Einschränkungen,

von denen später noch die Rede sein wird – nahezu der Hälfte der Bevölkerung die Freiheit, integrierte sie in die Bürgerschaft Rußlands und ebnete der politischen Modernisierung den Weg.

Juristisch betrachtet, ging das Land nach der Aufhebung der Leibeigenschaft nicht in den persönlichen Besitz der Bauern über, sondern in den der Dorfgemeinschaft, des *Mir*, und dies wurde zweifach begründet: In erster Linie waren die Väter der Reform von der Vitalität dieser Institution überzeugt, obwohl sie sich schon mehr oder weniger überlebt hatte. Sie nahmen an, daß die Bauern an ihre gewohnte Besitz- und Arbeitsform auf der Basis der gemeinschaftlichen Organisation gewöhnt waren und daß sich die Probleme der Landverteilung so leichter regeln ließen.

Aber es gab auch einen wirtschaftlichen Erklärungsansatz, denn die Produktionsrate der russischen Bauern um 1860 herum lag oft sehr niedrig; sie waren passiv und neigten zum Alkoholismus. Die dörfliche Gemeinschaft führte eine Art steuerliche Solidarität ein, das heißt, die fleißigen und erfolgsorientierten Bauern sollten für die anderen geradestehen. Daneben ließ das Gesetz schließlich noch die Möglichkeit zu, aus dem dörflichen Verband auszutreten und den Stand eines selbständigen Landbesitzers anzustreben. Auf diese Weise würden sich, so dachten die Befürworter der Bauernbefreiung, diejenigen, die die Idee einer radikalen Umwandlung des Bauernstandes verteidigten, mit denen treffen können, die an eine Besonderheit der sozialen Beziehungen in Rußland glaubten, nämlich daran, daß der *Mir* – so der beliebte Mythos der Slawophilen – die vorbildliche Form des bäuerlichen Zusammenlebens sei.

Die Bauernbefreiung verlangte auch nach einer neuen Organisation der Macht auf dem flachen Land. Bis 1861 trugen die Gutsherrn die Verantwortung für ihre Leibeigenen, so daß die nun befreiten Bauern neue Strukturen und neue Formen der Autorität benötigten. Aus dieser Notwendigkeit entstand mit der großen Selbstverwaltungsreform, die auf der Ebene der Kreise (*uezd*) und der Gouvernements (*gubernia*) die Institution der Landständeversammlungen, der Semstwos, schuf, die gründlichste und politisch folgenreichste Reform dieser Jahre. Diese Versammlungen wurden zwar nach ungleichem Wahlrecht gewählt, aber gemeinsam war ihnen allen, daß sie die von der Leibeigenschaft Befreiten auf eine Stufe mit allen anderen Bürgern des Zarenreichs stellten und ihnen damit eine echte politische Bürgerschaft verliehen. Wenn wir noch hinzufügen, daß in den Dörfern oder Gemeinden (*volost*) die Versammlung der Bauern (*s'chod*) die Amtsgewalt besaß, wird leicht einsichtig, daß diese Organe der bäuerlichen Selbstverwaltung bei all ihren Schwächen und Unzulänglichkeiten den Weg für politische Mitbestimmung ebneten und damit Bestrebungen nährten, in die Ausübung der Amtsgewalt einzugreifen, die sich die staatliche Bürokratie bisher vorbehalten hatte.

In den Semstwos nahm der Landadel nach 1864 natürlich eine beherrschende Stellung ein, denn seine Angehörigen waren den Bauern an Bildung überlegen und verfügten auch über ausreichende materielle Mittel, um sich ihren Aktivitäten in diesen Versammlungen in Muße zu widmen. In einigen Regionen, zum Beispiel in Nordrußland, standen die Semstwos von Anfang an unter bäuerlicher Herrschaft, funktionierten deshalb aber auch nicht schlechter. Da zu ihren Kompetenzen das Bildungs-, Gesundheits- und Straßenwesen sowie die Verbesserung der technischen Ausstattung der Dörfer zählten und sie Kontakt zu ihrem gesellschaftlichen Umfeld hielten, entwickeln sich dort die Anfänge echter Fortschritte. 1870 dienten die Semstwos als Vorbild für die städtische Verwaltungsreform bei der Schaffung ihrer Stadtversammlungen. Es ist richtig, daß zur gleichen Zeit die in Rußland allmächtige Bürokratie versuchte, die Wirkung der neuen bäuerlichen und städtischen Selbstverwaltungsorgane durch die Errichtung neuer Behörden aufzuheben und damit ihre eigene frühere Machtstellung für immer zu festigen, woraus sich häufig die Ineffizienz ihrer Arbeit erklärte.

Die Justizreform

Nach der Bauernbefreiung wendete sich Alexander II. dem Problem einer Justizreform zu, das ihn auch schon lange zuvor beschäftigt hatte. Das ›Manifest‹, das er anläßlich seiner Krönung veröffentlichte, brachte die beiden wichtigsten Punkte der neuen Rechtsprechung schon zur Sprache: »Jedermann muß in den Gesetzen den gleichen Schutz finden« und: »Die Rechtsprechung ist für alle gleich.«

Die bis 1864 geltende Gerichtsordnung stützte sich auf zwei Prinzipien, die zwar niemand öffentlich erwähnte, denen die Richter jedoch ganz offensichtlich folgten: erstens auf die enge Verbindung zwischen Bürokratie und Gerichtsordnung, dem Hauptgrund für die Willkür in der Rechtsprechung, und zweitens auf die Ungleichheit der Russen vor dem Gesetz.

1864 beendete eine radikale Reform dieses ungerechte System und ersetzte es durch moderne Prinzipien und Institutionen. Nachdem man die neue Form der Rechtsprechung zunächst in Moskau und St. Petersburg erprobt hatte, wurde sie mit der Zeit auf ganz Rußland ausgedehnt. Die neue Gerichtsordnung unterschied drei Ebenen: Auf regionaler Ebene war das Bezirksgericht (*okrushnoi sud*) für Zivil- und Strafsachen zuständig. Die nächste Instanz bildeten zehn Gerichtshöfe für das gesamte Land, und an der Spitze der neuen Gerichtsordnung stand der oberste Gerichtshof des Senats, der als letzte Berufungsinstanz urteilte. Die Friedensrichter entschieden untergeordnete Delikte, während Strafsachen vor einem Geschworenengericht verhandelt wurden. Diese Friedensrichter stellten eine der bedeutendsten Neuerungen der Gerichtsreform dar. Sie wurden von den Semstwos gewählt, wobei auf einen Richter vierzigtausend Einwohner kamen. Auf der Kreis- und Bezirksebene urteilte eine Kammer von Friedensrichtern, die als Berufungsinstanz diente. Die gewissenhaften, gut informierten Friedensrichter errangen sehr schnell einen bedeutenden lokalen Einfluß; später tauchten sie in politischen Organen wieder auf. Prozesse um strittigen Landbesitz wurden erstaunlicherweise nicht nach dieser vollständigen und in sich schlüssigen Gerichtsordnung verhandelt. Sie wurden vor den bäuerlichen Volostgerichten entschieden, die sich eher am Gewohnheitsrecht und nicht an der allgemeinen Rechtsprechung orientierten.

Die kirchlichen Gerichte und die Militärrichter mußten jedoch nach der allgemeinen Rechtsprechung urteilen. Diese Hierarchie verschiedener Rechtsinstanzen sah sich nun genötigt, Prinzipien anzuwenden, die man in Rußland bis 1864 nicht gekannt hatte: zum Beispiel die Öffentlichkeit der Prozesse, eine zeitlich beschleunigte Verhandlungsführung und, nach Prozeßende, die Publizität der Urteile, die nun durch ihre Veröffentlichung im offiziellen Regierungsanzeiger *Pravitel'stvennyi restnik* vielen zugänglich waren.

Eine der für die Zukunft wichtigsten Erneuerungen bestand in der Herausbildung eines echten Berufsrichtertums. Die Richter waren unabsetzbar, und sie wurden von der Regierung ernannt und bezahlt, um jegliche Versuche von Korruption zu vermeiden; außerdem hatten sie eine gehobene Berufsausbildung zu absolvieren. Die Geschworenen wurden aus Listen gewählt, die die Semstwos und die staatlichen Selbstverwaltungsorgane unter Beachtung bestimmter Eigentumskriterien stellten. Die Verhandlungen mußten in Anwesenheit der beiden gegnerischen Parteien geführt werden, und die Angeklagten hatten das Recht auf juristischen Beistand.

Gerade diese letzte Forderung hatte beachtliche intellektuelle und politische Folgen. Der Beruf des Rechtsanwalts bekam schnell Prestige, was zahlreiche Söhne der gebildeten Schichten anzog. Seit Ende des 19. Jahrhunderts haben die russischen Rechtsanwälte aufgrund ihrer Professionalität und rhetorischen Fähigkeiten einen ausgezeichneten Ruf. Dank ihrer neugewonnenen Autorität verfügten sie mit der Zeit über einen nicht zu unterschätzenden Einfluß in der Gesellschaft, und ein halbes Jahrhundert später sollten glänzende Politiker wie Alexander Kerenskij aus diesen Kreisen kommen.

Im ganzen gesehen übte diese offene und öffentliche Rechtsprechung eine große Anziehungskraft auf die öffentliche Meinung aus und trug dadurch zu deren Entwicklung bei. Diese Rechtsreform nach französischem Vorbild wirkte auf die Denkweise der Menschen zweifellos mäßigend ein. In der russischen Bevölkerung, die früher eine willkürliche und wenig begreifliche Rechtsprechung zu ertragen hatte, wuchs nach und nach das Gefühl, daß der Staat ihr gegenüber Pflichten zu erfüllen habe und sie gegen die Auswüchse einer allmächtigen Bürokratie geschützt sei.

Mit anderen Worten: Auf dem Gebiet der Rechtsprechung wie auch auf dem der Selbstverwaltungsversammlungen entwickelte sich Bürgerbewußtsein, weil die Justizreform den Zeitläufen am besten widerstand und auch die reaktionären Bestrebungen überlebte, die nach der Ermordung des »liberalen Zaren« einsetzten.

Eine Armee aus Wehrpflichtigen

Ein anderes wichtiges Kapitel der Reformpolitik betraf die Armee, in der aus zwei Gründen Änderungen zwingend notwendig waren. In erster Linie handelte es sich um die Lektionen des Krimkrieges, dessen Niederlagen die Fehler einer zentralisierten russischen Heerführung zutage gefördert hatten, die weder das Kampfgelände richtig kannte noch große Initiative entwickelte. Und dann verlangte die Sorge um den Abbau der Willkür, die auf der gesamten russischen Gesellschaft lastete, daß man auch die Vorstellungen über die Wehrpflicht in bestimmten russischen Kreisen revidierte.

Alexander II. hatte das große Glück, in Dimitrij Miljutin über einen auf seinem Gebiet kompetenten Kriegsminister zu verfügen, der auch imstande war, eine konsequente Politik zu verfolgen. Miljutin war 1861 zum Kriegsminister ernannt worden und blieb es zwanzig Jahre lang, so daß er genügend Zeit besaß, um die militärischen Strukturen gründlich zu ändern. Ab 1862 vollzog er die ersten Umgruppierungen auf Kommandoebene: Er dezentralisierte sie und setzte an den empfindlichsten Grenzen des Zarenreiches, in Warschau, Wilna, Odessa und Kiew, regionale Kommandostäbe ein. Dieses System der Dezentralisierung dehnte er auf Moskau, St. Petersburg, Charkow, Kasan, Riga und Finnland aus und schließlich auch auf die Kaukasus-Region und auf Sibirien. Mit der Eroberung Zentralasiens galt dieses Prinzip dann auch für die Militärbezirke Turkestan und Fernost. Gleichzeitig mit dieser Dezentralisierung beschloß Miljutin die Stärkung der militärischen Spitze, indem er dem Generalstab neue Verantwortungsbereiche zuteilte und den bis dahin unbekannten Posten eines Chefs des Generalstabs schuf.

Aber es blieb noch viel zu tun. Der russisch-japanische Krieg zeigte, wie zuvor der Krimkrieg, daß es in der russischen Militärmaschinerie trotz der Anstrengungen eines so zupackenden Ministers noch viele Schwachpunkte gab. Aber das vom Standpunkt der Beziehungen zwischen der Staatsmacht und der Gesellschaft drängendste Problem blieben die Anforderungen, die auf bestimmten Schichten der russischen Bevölkerung lasteten.

Bis 1861 kannte Rußland keine allgemeine Wehrpflicht und zog es vor, über einen nicht unbeträchtlichen Teil der männlichen Bevölkerung ganz nach Belieben zu verfügen. Die Armee rekrutierte sich aus allen Leibeigenen und bestimmten Schichten der Stadtbevölkerung. Diejenigen, die zu den Waffen gerufen wurden – wobei der »Bedarf des Staates« ihre Zahl bestimmte –, mußten unter oft sehr schrecklichen seelischen (Entfernung von der Familie) und physischen Bedingungen (harte Strafmaßnahmen, auch Körperstrafen, ohne jegliche Kontrolle seitens der militärischen Führer) 25 Jahre lang dienen.

Als ersten Schritt verkürzte Miljutin die Dauer der Dienstzeit von 25 auf 16 Jahre, und 1874 ersetzte er die willkürliche Einziehung der Soldaten durch die allgemeine Wehrpflicht. Dies war die entscheidende Maßnahme; sie entsprach der allgemeinen Tendenz der Reformpolitik Zar Alexanders II. Jeder männliche, zwanzig Jahre alte Bürger, der aufgrund seines körperlichen Allgemeinzustandes für diensttauglich befunden wurde, wurde zur Ableistung seiner Dienstpflicht in die Streitkräfte berufen. Sie dauerte für diejenigen, die keinerlei schulische Ausbildung genossen hatten, jetzt sechs Jahre; vier Jahre mußte dienen, wer die Grundschule besucht hatte, zwei Jahre die Gymnasiasten und Studenten schließlich sechs Monate. Nach der Ableistung ihres Militärdienstes wurden alle Wehrpflichtigen für neun Jahre in die Reserve versetzt und konnten danach, wenn besondere Umstände es erforderten, noch fünf Jahre lang zum Dienst in der Landwehr gerufen werden. Ausnahmen gab es nur für Familienväter oder diejenigen, deren nächste Angehörige schon in der Armee dienten. Diese Wehrpflichtordnung, die den Bildungsgrad der Dienstpflichtigen berücksichtigte, diente auch der Aufwertung des Bildungssystems. Bei den Ärzten, die die Diensttauglichkeit der Rekruten festzustellen hatten, gab es natürlich massenweise Bestechungsversuche. Und dennoch herrschte nach der »allgemeinen Wehrpflicht« ein modernerer Geist bei den russischen Streitkräften, und zum Dienst einberufen zu werden empfanden selbst die am meisten Benachteiligten nicht mehr als einen allzu dramatischen Einschnitt in ihr Leben.

Die Bildungspolitik, der Schlüssel
der Reformen

Die schulische Ausbildung, auf die die russischen Streitkräfte einen so großen Wert legten, stellte ganz offensichtlich eines der Schlüsselelemente der gesamten Reformpolitik dar; sie zielte darauf ab, eine Bevölkerung mit einem hohen Anteil an Analphabeten in eine gebildete und selbstbewußte Gesellschaft umzuwandeln. Aber gerade in diesem, für die Zukunft Rußlands so entscheidenden Bereich erwies sich die Politik manchmal als relativ zögerlich. Das russische Erziehungssystem unterlag in den Jahren um 1860 auf allen Ebenen einem Wandel, der in erster Linie von dem Willen vorangetrieben wurde, politische Unruhe innerhalb der Gesellschaft durch eine gründliche Schulbildung einzudämmen.

Die neue Ausbildungsordnung für die Primär- und Sekundarstufe war das große Werk von Graf Dimitri Tolstoi, dem einstigen Oberprokuror des Heiligen Synods, der nach dem gescheiterten Attentat des Studenten Karakosow auf den Zaren 1866 zum Kultusminister ernannt wurde. Die wichtigste Konsequenz, die man in politischen Kreisen aus diesem Attentatsversuch zog, war, daß man die Grundzüge des Erziehungssystems unter einem mehr autoritären Blickwinkel überdenken und künftig Köpfe heranbilden wollte, die wieder mehr konservativ und weniger in Richtung eines unausgegorenen politischen Wandels dachten. So altmodisch Graf Tolstoi selbst auch immer eingestellt sein mochte, so kam ihm später doch der Verdienst zu, daß sich sein Denkansatz durchsetzte, wonach die Erziehung einer Gesellschaft ihrer Stabilisierung diene. Dieses Erziehungskonzept erklärt auch die großen intellektuellen Fortschritte der russischen Gesellschaft im letzten Drittel des 19. Jahrhunderts.

1871/72 beschloß der Minister, mit der Neuordnung des Grundschulunterrichts zu beginnen. Er ersetzte die in den Distrikten bestehenden und wenig effizienten Lehrerausbildungsanstalten durch neue Lehrerseminare mit einem höheren Bildungsauftrag und unterstellte sie den Semstwos, die diese Seminare mitfinanzierten, ohne sich in ihre Arbeit groß einzumischen. Diese – wenn auch begrenzte – Machtverschiebung von der Bürokratie hin zu den gewählten lokalen Versammlungen trug zweifellos zur Verbesserung des Schulwesens bei. Der Minister änderte die Lehrpläne für die Grundschulen und wollte damit auch Übergangsmöglichkeiten von der Grundschule in das Gymnasium und von dort in die Universität öffnen, scheiterte mit seinen Plänen jedoch an der Opposition des Reichsrats. Der Rat lehnte jegliche Vereinheitlichung des Ausbildungswesens ab, wahrscheinlich weil er voraussah, daß es die Zahl der Studenten an den Universitäten steigern würde. Er widersetzte sich also dem Plan Tolstois und setzte durch, daß die Distriktschulen ihre begabtesten Schüler auf die sogenannten Realschulen vorbereiten sollten, die ihnen einen modernen Sekundarstufen-Unterricht oder eine technische Ausbildung anboten, auf keinen Fall aber auf den langen Marsch in Richtung Universität. Auf diese Weise blieb auf dem flachen Land und in den Distrikt-städten nur die Elementarbildung garantiert, die gerade von bürokratischen Zwängen befreit worden war, man war dort vom Gymnasialunterricht ausgeschlossen, der so einer kleinen sozialen Elite vorbehalten blieb.

Von 1871 an widmete sich Tolstoi auch unter einem po-litischen Blickwinkel dem Unterricht an Gymnasien. Die Vorstellung, die bei der Umgestaltung des Schulwesens vor-herrschte, war, daß der Unterricht in den naturwissen-schaftlichen Fächern gefährlich sei, weil er innerlich wenig gefestigte und deshalb zum revolutionären Umsturz bereite Schüler heranbilde. In Regierungskreisen hielt man damals eine deutliche Abgrenzung zwischen dem fortschrittlich-naturwissenschaftlichen und dem konservativ-humanisti-schen Unterricht für notwendig. Aus dieser Vorstellung heraus wurde der Akzent in den Unterrichtsplänen der Sekundarstufe II auf die toten, aber auch die lebenden Fremdsprachen und auf die Mathematik gelegt. Aufgrund derselben Vorstellung wuchs auch die Zahl der Realschu-len, wo die Stundenzahl der mathematisch-naturwissen-schaftlichen Fächer wie im humanistischen Gymnasium zugunsten des Sprachunterrichts auf ein Minimum redu-ziert wurde.

Trotz dieser konservativen Grundströmung bestand das Ergebnis dieser Reformen, die ja eine größere Allgemein-bildung der Gesellschaft und die Hebung ihrer Einzelkennt-nisse bezweckten, in einem allgemeinen Fortschritt in Er-ziehung und Bildung. Fügt man diesem Bildungsfortschritt noch hinzu, was den Wehrpflichtigen im Verlauf ihrer Mi-litärdienstzeit zu lernen auferlegt war, so zeigt sich deut-lich, daß die von der Staatsmacht gewünschte Auswirkung ihrer Bildungspolitik, nämlich die Beziehung zwischen

Staat und Gesellschaft auf deren besseres, aus dem intellektuellen Fortschritt gespeistes Allgemeinwissen zu gründen und gleichzeitig progressives Ideengut zurückzudrängen, schon nach wenigen Jahren erste Früchte trug.

Die Universitäten schließlich boten der herrschenden Klasse stets Anlaß zur Sorge, vor allem je mehr sich die politische Agitation dort einnistete. Die russischen Hochschulen verwandelten sich zu Brutstätten politischen Protests und umstürzlerischer Pläne. In den letzten Jahren des 19. Jahrhunderts erlebten die Universitäten viele widersprüchliche Reformen, die alle nur die Ratlosigkeit der verschiedenen Bildungsminister verrieten. Zu Beginn der 1860er Jahre herrschte eine repressive Strömung vor, die studentische Verbindungen und Zirkel verbot und den schon bestehenden Zwängen in bezug auf die Zulassung zum Studium und die Examina weitere hinzufügte. Die zu Beginn des Jahrzehnts häufigen Studentendemonstrationen endeten oft mit Relegation oder Überstellung der vom akademischen Lehrbetrieb Ausgeschlossenen zur Armee. Versuchten Professoren, ihre Schüler zu verteidigen, riskierten sie ihren Lehrstuhl.

Trotzdem hörten die Unruhen, die hauptsächlich und immer wieder an der Universität St. Petersburg aufflakkerten, nicht auf. 1862 ernannte Zar Alexander II. einen neuen Bildungsminister mit dem Auftrag, eine etwas liberalere Universitätsordnung auszuarbeiten. Der Zar wünschte, daß den Vorschlägen für die neuen Formen des Universitätslebens ein gründliches Studium der akademischen Bildungsgänge und Hochschulfragen im Ausland vorausgehe. Der Staat schwankte dauernd zwischen der Genehmigung von Freiheiten und einer rigorosen Kontrolle der Universitäten hin und her. Die Reform von 1863 sprach sich für ihre relative Unabhängigkeit aus: So sollten die Rektoren und Dekane von der Professorenschaft gewählt werden; die Universitäten durften die Professoren, die sie beriefen, selbst auswählen, und diese besaßen in ihren Fächern die uneingeschränkte Lehrfreiheit. Der Minister und seine Beamtenbürokratie rückten mehr in den Hintergrund, so daß sich für einige Jahre ein liberaleres Studentenleben entwickelte.

Einmal noch, nämlich unter dem Eindruck des terroristischen Drucks auf den Staat, stand diese Politik, die Studenten und Professoren mit der Staatsmacht aussöhnen sollte, zur Debatte. Der versuchte Mordanschlag des Studenten Karakosow im Jahre 1866 auf seine Person überzeugte Alexander II., daß die staatliche Universitätspolitik ein Aufgehen der Saat der terroristischen Aktivitäten verhindern mußte. Dafür ernannte er nun Graf Tolstoi zum Minister und beauftragte ihn, neue Überlegungen zur Zukunft der Universitäten anzustellen. Zum größten Erstaunen fiel auch die Antwort des neuen Ministers eher liberal aus. Tolstoi dachte gar nicht daran, das Universitätsstatut zu ändern, sondern entschied sich vielmehr dafür, auch Studiengänge für Frauen anzubieten. 1872 war es soweit: Die Moskauer Universität öffnete sich für junge Mädchen, und vier Jahre später ließ ein Statut Frauen an allen russischen Universitäten und Hochschulen zum Studium zu; selbst die medizinische Abteilung der Militärakademie in St. Petersburg öffnete Studentinnen ihre Pforten. 1881 zählte man an den großen russischen Hochschulen etwa 2500 Studentinnen.

Natürlich bestand das erste Ziel all dieser Reformen nicht darin, Studenten zu bevorzugen und ihren Zielen zu entsprechen. Trotzdem wehte ein fortschrittlicher Geist durch die universitäre Bildungsreform. Das Programm Tolstois kann in drei Punkten zusammengefaßt werden:

1. Er wollte die gesamte russische Jugend rasch erziehen.

2. Die Ausbildung dieser Flut junger Menschen mußte aber gesteuert werden, um zu verhindern, daß die Bildungswilligen aus den unteren Schichten massenhaft nach oben, das heißt in die Universitäten drängten.

3. Die Studiengänge mußten ausreichend kontrolliert werden, um aus ihnen alles zu verbannen, was – wie man annahm – Vorstellungen von Revolution und Aufstand nähren konnte.

Solange eine Universität diese Punkte respektierte, genoß sie echte Freiheiten, und in der Tat setzte der Staat durch seine sorgfältigen Kontrollen im Ausbildungswesen einen Wettlauf gegen die Entstehung einer oppositionellen Denkweise in Gang, deren intellektuelle Eliten natürlich auf Gehör rechnen konnten. Deshalb lag all diesen Bildungsreformen das Bild zugrunde, die Gesellschaft gegen die Anfechtungen der oppositionellen Gedankenwelt zu wappnen; sie sollte das herrschende politische System besser verstehen und akzeptieren. Aber auch die Kritiker des Zarenreiches profitierten in ihrem Denken und ihren Einstellungen von dem fortschrittlichen Bildungsangebot. Es gelang ihnen erst mit der Zeit, es in Frage zu stellen, und deshalb sollte man die Folgen der Tolstoischen Bildungsreform nicht unterschätzen.

Rußland auf dem Weg zur Wirtschaftsmacht

Diese Gesellschaft auf ihrem emanzipatorischen Weg, deren Bildungsstand wuchs und die man auf lokaler Ebene – wenn auch begrenzt – an der Ausübung der Macht teilhaben ließ, mußte man jedoch auch mit den notwendigen finanziellen Mitteln für ihre Existenzsicherung ausstatten. Ein Wirtschaftsaufschwung, den in der folgenden Epoche unter Zar Alexander III. Sergeij Witte leitete, verwandelte Rußland rasch von einem reinen Agrarland in eine industrielle Großmacht mit beachtlicher Anziehungskraft auf alle investitionsbereiten Kapitalgeber.

Mehrere Dinge kamen zusammen und begünstigten diesen Aufschwung – in erster Linie die Abschaffung der Leibeigenschaft. Die Bauern zog es daraufhin in die Städte, um sich dort als Fabrikarbeiter zu verdingen, entweder weil sie es ohnehin wollten oder weil sie nicht genug Land besaßen. Dieselben Gründe galten auch für die Leibeigenen, die gezwungenermaßen in Bergwerken oder bestimmten Industrien arbeiteten. Sie entschieden sich oft, ihre bisherigen Arbeitsplätze zu verlassen, um eine Beschäftigung zu finden, die sie entweder für weniger beschwerlich oder für gewinnbringender hielten. In der Textilindustrie spielte die Eroberung der Baumwollfelder Zentralasiens durch Rußland ebenfalls eine große Rolle, und schließlich ist auch der Ausbau des Eisenbahnnetzes zu nennen, der riesige Arbeitermassen beschäftigte. Mit dem Bau eines großen Telegrafennetzes wurde gegen Ende der 1860er Jahre begonnen.

Auch in dieser Hinsicht hinkte Rußland weit hinter dem Rest Europas her, wo sich die Industrialisierung dank der Entwicklung des Eisenbahnwesens seit Mitte des Jahrhunderts beschleunigt hatte. In Rußland hingegen tauchten die ersten Eisenbahnverbindungen erst mit Verzögerung auf, obwohl der Krimkrieg bewiesen hatte, wie teuer das Fehlen rascher und wirksamer Transportmittel zu stehen kommen kann. Im Jahr 1857 zog der Zar die Lehren aus dieser Schlappe und befahl die Gründung der »Eisenbahngesellschaft Rußlands«. Der Verkehrsminister versuchte zwar, die gesamten Baumaßnahmen zu koordinieren, aber das gelang ihm nur mit mäßigem Erfolg, weil die Erweiterung des russischen Liniennetzes hauptsächlich in den Händen von Privatgesellschaften lag. Zwanzig Jahre später besaßen sie dreiviertel des bereits modernisierten, etwa 80 000 Kilometer langen Netzes, und nur ein Viertel gehörte dem Staat. Aus dieser Rolle, die Privatfirmen im Ausbau des Eisenbahnwesens spielten, ergab sich ein weiteres charakteristisches Element: Sämtliche Eisenbahnen führten nur in den westlichen Teil des Landes – auch dies eine Lektion aus dem verlorenen Krimkrieg, deren geradezu widernatürliche Folgen sich später im Konflikt mit Japan zeigen sollten, als Rußland Truppen nach Fernost verlegen mußte.

Immerhin erkannte der Staat rasch die Notwendigkeit, die Eisenbahn unter seine Fittiche zu nehmen, weil sie sich als der entscheidende Bestandteil der gesamtwirtschaftlichen Entwicklung herausstellte. Diese Kontrolle erstreckte sich zunächst auf die Gestaltung der Preise, die von den privaten Eisenbahnbetreibern zuvor festgelegt worden waren, danach kaufte der Staat Nebenlinien zurück und veranlaßte durch sein zielstrebiges Handeln die großen Eisenbahngesellschaften, ihre Eigentumsrechte an den Bahnlinien zu bündeln, indem sie sie einander abkauften. Dennoch brachte die Regierung mit der Zeit die meisten Eisenbahnlinien in ihren Besitz, und zu Beginn des 20. Jahrhunderts hatten sich die einstigen Besitzverhältnisse zwischen den privaten Gesellschaften und dem staatlichen Eisenbahnsektor in ihr Gegenteil verkehrt, das heißt, der staatlichen Verwaltung unterstanden nun fast 70 Prozent eines zu diesem Zeitpunkt mehr als 150 000 Kilometer langen Eisenbahnnetzes.

In dem Maße, in dem die Wirtschaft wuchs, kam es auch zu territorialen Veränderungen in Rußland. Das verbesserte Transportwesen stellte eine machtvolle Unterstützung bei der Entwicklung der metallverarbeitenden Industrie und der Verlagerung großer Wirtschaftszentren dar. Der Ural, bis dahin das größte russische Industrierevier, wurde durch die Kombination der Kohlevorkommen im Donez-Gebiet und der Eisenerze im Becken von Krivoy Rog rasch überholt. Die Folge dieser Veränderungen war, daß sich durch die Konzentration der Unternehmen und die Entwicklung der Städte die russische Gesellschaft veränderte. Zu Beginn der 1860er Jahre beschäftigten weniger als die Hälfte der russischen Fabriken hundert und mehr Arbeiter. 30 Jahre später hingegen erreichten oder überschritten bereits etwa drei Viertel aller russischen Unternehmen diese Grenze. Die Zahl der russischen Städte mit mehr als tausend Einwohnern wuchs nicht nur in Zentralrußland unaufhörlich, sondern stieg auch in den Randgebieten an, wie in Baku, der Hauptstadt der russischen Erdölförderung, deren Einwohnerzahl seit 1890 diese Schwelle überschritten hatte. Auch eine andere einschneidende Veränderung der Gesellschaft sei hier erwähnt – die ständig wachsende Zahl so urkapitalistischer Firmen wie Nobel und Rothschild, die sich in Rußland niederließen, oder rein russischer Unternehmen. Letztere verfügten zwar nicht über den Bekanntheitsgrad wie die genannten ausländischen Handelshäuser, aber sie hielten nicht nur den wirtschaftlichen Veränderungsprozeß in Gang, sondern organisierten sich auch in einem regelrechten Verband, der Versammlungen und Kongresse abhielt, Druck auf den Kurs der Regierung ausübte sowie Forderungen entgegenwirkte, die die Verwaltung an ihn stellte. So geriet später beispielsweise die Frage der Zolltarife zum Gegenstand erbitterter Verhandlungen zwischen den russischen Industriellen und ihrer Regierung.

Rußland verfolgte damals eine protektionistische Handelspolitik, zunächst weil sich auch die meisten anderen Wirtschaftsgroßmächte protektionistisch verhielten, dann aber auch, um russische Waren gegenüber Auslandsimporten zu begünstigen. Ein Beispiel war Baumwolle, über die Rußland nach der Eroberung Zentralasiens nun selbst verfügte und die bis dahin per Schiff oder Bahn um so leichter aus dem Ausland importiert worden war, als die weiterverarbeitende Industrie in St. Petersburg oder in Lodz angesiedelt war. Bis zu Beginn der 1880er Jahre lagen die Importzölle relativ niedrig; ihre Anhebung ermöglichte es dem Zarenreich, nicht nur seine Handelsbilanz ins Lot zu bringen, sondern es verfügte nun auch über die Mittel, um seine Schulden zurückzubezahlen, die inzwischen nicht geringer geworden waren.

Die Kurve der industriellen Entwicklung Rußlands, die unter Alexander II. begonnen hatte, wies nach 1881 steil nach oben. Sein Sohn Alexander III. war unter dem Schock des Attentats auf seinen Vater mehr denn je von der Notwendigkeit überzeugt, die wirtschaftliche und militärische Kraft seines Landes zu stärken, um die zunehmende gesellschaftliche und politische Bedrohung einzudämmen. Diese Entscheidung für die Wirtschaftsmacht Rußlands, die durch einige ältere Reformen zusätzlich gestützt wurde (zum Beispiel die Errichtung eines staatlichen Schatzamtes und einer Staatsbank, die unter anderem für die Zentralisierung des Finanz- und Kreditwesens sowie die Veröffentlichung des jährlichen Staatshaushaltes verantwortlich war), trugen mit dazu bei, daß sich das Vertrauen ausländischer Investoren in die russische Wirtschaft festigte.

Rußland dehnt sich nach Osten aus

Die russische Wirtschaft, die wir soeben näher betrachtet haben, verdankt auch dem territorialen Ausgreifen des Zarenreichs sehr vieles, das damals seine endgültige Form annahm. Nach dem Ende des Krimkrieges bündelte dieses Reich seine militärischen Kräfte und bereitete sich gleichzeitig zum Vorstoß in Richtung Zentralasien vor: Es wollte ein echter euro-asiatischer Kontinent werden. Nur einmal war Rußland von seinem Status einer Kontinentalmacht abgewichen, als es sich in Erinnerung an die geographische Neugier Peters des Großen auf dem nordamerikanischen Kontinent festsetzte. Im Jahr 1867 verkaufte Rußland Alaska an die Vereinigten Staaten und konzentrierte seine Aufmerksamkeit vollkommen auf seine Ost- und Südgrenze.

Zwischen 1858 und 1860 nutzte Rußland die Schwäche Chinas brutal aus und erzwang von ihm in den Verträgen von Aigun und Peking die Abtretung des linken Amurufers und des Gebiets um den Ussuri. Aus diesen »ungleichen Verträgen« resultierte auf seiten Chinas ein tiefsitzender Groll, der die chinesisch-russischen Beziehungen noch ein Jahrhundert später belasten sollte: 1969 bewiesen nämlich beide Länder der internationalen Gemeinschaft, daß der Kommunismus, der für sich ja in Anspruch nahm, die Völker einander anzunähern, angesichts der Haßgefühle aus der Erinnerung an Verträge aus dem vorhergehenden Jahrhundert glatt scheiterte. Aber das territoriale Opfer, das Zar Alexander II. China abverlangte, erlaubte es Rußland, sich an den Ufern des Pazifiks festzusetzen und die Häfen Nikolajewsk und Wladiwostok sowie die Stadt Chabarowsk am Zusammenfluß von Amur und Ussuri zu bauen.

Das Prinzip des territorialen Zusammenhalts, das für die Entscheidung, Alaska aufzugeben, ausschlaggebend ge-

34

wesen war, galt in besonderer Weise auch für die Insel
Sachalin, die den russischen Besitz im Japanischen Meer
schützte. Aus derselben deutlichen Sorge heraus trat Rußland 1875 die von seinem Gebiet weiter entfernten Nord-
kurilen an Japan ab und erhielt dafür ganz Sachalin,
das sich beide Länder bisher zwanzig Jahre lang geteilt
hatten.

Ihre spektakulären Erfolge feierte die russische Politik
im Lauf dieser Jahre jedoch im Kaukasus und in Mittelasien. In Transkaukasien verwandelte sie 1801 das bereits
1783 von Katharina II. dem christlichen Staat Georgien
gewährte Schutzprivileg, um ihn vor Raubzügen der benachbarten islamischen Staaten zu schützen, in eine glatte
Annexion. Der Sieg über Chamil im nördlichen Kaukasus, der kurz nach dem Krimkrieg nach jahrzehntelangen
Kämpfen unterworfen wurde, und die Kontrolle, die Rußland mit dem Schutzversprechen zugunsten des Klosters
Etschmiadsin, wo der Oberste Patriarch und Katholikos
der Armenier residierte, über die Gebiete der armenischen
Volksstämme errichtete, brachten seit Beginn der 1860er
Jahre den gesamten Kaukasus unter russische Herrschaft.

Nun blieb nur noch Mittelasien übrig, das Rußland aus
zwei Gründen – zunächst für seine eigene Sicherheit und
dann, weil die territoriale Sicherheit seiner eroberten Gebiete stark davon abhing – unbedingt unter seine Kontrolle bringen mußte. Dieser Raum erstreckte sich von den
Ufern des Kaspischen Meeres weit nach Osten bis in Regionen, die Rußland China in den »ungleichen Verträgen«
entrissen hatte, oder bis nach Sibirien, wo sich Rußland
seit dem 16. Jahrhundert, unaufhaltsam immer weiter vor-
dringend, niedergelassen hatte, oder aber in Richtung Afghanistan, wo es wegen des Zugangs nach Indien rasch zu
Rivalitäten mit England kam.

Um die Mitte des 19. Jahrhunderts drang Rußland in
das ihm noch fremde Asien vor und befestigte seine Grenzen überall dort, wo es Nomadenstämme unterworfen hatte, also entlang des Flusses Syr Darja, um den Aralsee mit
den Emiraten von Kokand und Buchara zu verbinden.

35

Eine andere Linie verlief von Semipalatinsk über Werny im Süden des Balchaschsees zur chinesischen Grenze. In den eroberten Gebieten ließ sich die erste Welle russischer Siedler nieder, die die Nomadenvölker verdrängten und gleichzeitig die Phase der Durchdringung riesiger Weiten eröffneten. Die Schwächung der zentralasiatischen Länder fiel damals mit dem Erstarken eines Rußlands zusammen, das die Kriege um die Krim und den Kaukasus beendet hatte, was sein Expansionsstreben erleichterte. Ebenfalls um die Jahrhundertmitte setzte die russische Regierung ein eigenes Asienkomitee ein. Es arbeitete ihr direkt zu und bestand aus Militär- und Zivilpersonen; an dieses Komitee wandten sich Geschäftsleute, die sich für die Kolonisierung der baumwollproduzierenden Gebiete in Mittelasien vor allem auch deshalb interessierten, weil Amerika wegen des gleichzeitig wütenden Sezessionskriegs keine Baumwolle mehr liefern konnte. Die russischen Kaufleute drängten ihre Regierung mit der Begründung zum Handeln, daß Großbritannien, das Indien schon beherrschte, die gleichen Ziele verfolge wie Rußland und die Eroberung einer politisch zerrissenen und militärisch schwachen Region plane, die reif sei, unter den Schlägen einer imperialistischen Macht zusammenzubrechen.

Das Ausgreifen Rußlands begann 1864 mit der Eroberung Kokands, des schwächsten aller Emirate, und als die Russen im Jahr 1868 Samarkand eroberten, stand es vollends unter russischer Kontrolle. Da Kokand aber keine festen Grenzen besaß, stachelten seine Nachbaremirate von Buchara und Chiva die unterworfenen Stämme zum Widerstand auf. Die Notwendigkeit, die eroberten Landstriche noch weiter auszudehnen, um ihre Sicherheit zu garantieren, wurde zum obersten Ziel der offiziellen russischen Politik, das Fürst Gortschakow, der Außenminister Alexanders II., 1864 in einer Note an die europäischen Großmächte verteidigte. Die Einnahme Bucharas und Chivas in den Jahren 1868 beziehungsweise 1873 sicherte Rußland die Oberhoheit über fast ganz Zentralasien. Davon ausgenommen war nur Turkmenistan, über das Großbritannien mit Argusaugen wachte, weil es befürchtete, Rußland werde diese Gegend als Sprungbrett für die Eroberung Afghanistans benutzen.

Die russische Regierung hingegen versicherte London zweimal: »Afghanistan bleibt außerhalb unseres Einflußbereichs.« Als General Skobelew 1876 beauftragt wurde, die »Operation Turkistan« zu beenden, erhielt er gleichzeitig die präzise Instruktion, nicht über den Ostrand Turkmenistans hinaus oder in Richtung persische Grenze zu marschieren, um weder England noch Persien zu beunruhigen. Als Rußland 1884 das Gebiet um die turkmenische Stadt Mary im südlichen Teil des Karakums annektierte, geriet es mit England in eine politische Auseinandersetzung der Art, daß es sich zu dessen Beruhigung genötigt sah, mit ihm den Verlauf der afghanischen Grenze auszuhandeln. Der nördliche Grenzverlauf vom Amu-Darja bis zum persischen Khorassan wurde 1887 festgelegt, während man sich über den Verlauf der Südgrenze entlang des Pamir-Gebirges erst 1895 verständigen konnte, zu einer Zeit also, als das Gebiet des russischen Reiches seine fertige Form angenommen hatte.

Die Eroberung Zentralasiens mit sehr geringen Verlusten an Menschen auf russischer Seite stellte das Zarenreich nicht nur in wirtschaftlicher Hinsicht zufrieden, denn in Mittelasien ging es um die Rivalität zweier Großmächte, deren wahre Bedeutung der russische Militärattaché in London, Ignatiew, bereits 1858 erkannt hatte: »Im Fall eines Konflikts mit England können wir es in Asien und auch nur dort besiegen und schwächen.«

Die Bevölkerung wächst

Dieses Reich auf seinem Weg in sozial und kulturell moderne Zeiten verfügte mit seiner bemerkenswerten Bevölkerungsentwicklung über sein so beachtlich gewachsenes Territorium hinaus schließlich noch über einen weiteren Trumpf, und sicherlich nicht den schlechtesten. Das Wachs-

tum der Bevölkerung hing sicher mit den Eroberungen zusammen, aber vor allem auch mit der wiedererwachten
Tatkraft der Menschen.

Die Gesamtbevölkerung des Zarenreichs war von 70
Millionen Einwohnern im Jahr 1861 auf 125 Millionen Einwohner gewachsen, wie bei der Volkszählung von 1897
festgestellt wurde. Dieses bemerkenswerte demographi-
sche Wachstum war vor allem auf einen deutlich ausgeprägten Geburtenzuwachs (50 Geburten auf 1000 Einwohner) und die zunehmend rückläufige Sterblichkeitsziffer
zurückzuführen. Zu Beginn des 20. Jahrhunderts wagte
der große russische Gelehrte Mendelejew mit der Feststellung, daß die Bevölkerung seines Landes sich innerhalb eines Zeitraumes von 40 Jahren praktisch verdoppelt habe,
die Prognose, sie werde im Jahr 2050 die Grenze von 800
Millionen Einwohnern erreichen! Diese »Bevölkerungs-
explosion«, die mehr oder weniger plötzlich über ein so
riesiges und zuvor unterbevölkertes Land hereingebrochen
war, das außerdem neue Gebiete hinzugewonnen hatte
und dessen Wirtschaftsentwicklung einen großen Bedarf
an Arbeitskräften haben würde, hielt er für einen außergewöhnlichen Glücksfall. Aber dieser Bevölkerungszuwachs – besonders in ländlichen Gebieten – sollte auch
Probleme aufwerfen, denn er führte zu erheblichen sozialen Schwierigkeiten. Diese endeten in einer politischen
Krise, die sich ebenso rasch ausbreitete wie die Modernisierung des Landes. Die glanzvolle Entwicklung in den Jahren 1860 bis 1880 besaß also durchaus auch ihre Schattenseiten!

Welches Schicksal erwartet Rußland?

Daß sich Rußland seit der Umsetzung der verschiedenen
Reformen auf einem Weg der spektakulären Modernisie-
rung befand, bezweifelte im Ernst niemand mehr. Aber jede
Erneuerung – oder zumindest fast jede – trägt in sich auch
Probleme, die, wenn sie nicht rasch gelöst werden, in eben-

so viele Bedrohungen für das herrschende politische System umschlagen können.

Als erster Konfliktbereich, der übrigens bald wie ein Katalysator für alle Schwierigkeiten des Zarenreichs wirkte, wäre die politische Instabilität zu nennen. Sie wurzelte im ständigen Widerstand gegen die Autokratie und die Politik der verzögerten Anpassung an die Forderungen eines zwar kleinen, aber sehr politischen und einflußreichen Teils der Gesellschaft, die die Zarenherrschaft betrieb.

Hier wirkte sich zunächst der Schock der Französischen Revolution und ihres Modells einer politischen Transformation aus. Trotz der freundschaftlichen Beziehungen zu Voltaire und Diderot und ihres Wunsches, die Erziehung ihres Enkels La Harpe anzuvertrauen, hatte Katharina II. entschieden und sehr heftig auf die Französische Revolution und die Guillotinierung des französischen Königs reagiert, indem sie mit einem Schlag die weitere Verbreitung von revolutionären Texten und Ideen untersagte. Obwohl Rußland die adligen Emigranten aus Frankreich wohlwollend aufnahm, gelang es nicht, das gleichzeitige Eindringen des »Geistes von 1789« zu verhindern. Die Rückkehr der russischen Truppen aus den Kriegen gegen Napoleon in ihre Heimat und das vermehrte Auftauchen von Freimaurerlogen wirkten deshalb bald als Treibriemen dieser Ideen, und ihre Verbreitung erklärt den gescheiterten Staatsstreich im Dezember 1825.

Obwohl diese Revolte ihr Ziel verfehlte und sich auch herausstellte, daß sich die Parole der Französischen Revolution »Freiheit, Gleichheit, Brüderlichkeit« in einem Land nicht durchsetzen ließ, in dem die *soziale Gerechtigkeit* dem Herzen seiner Bewohner am nächsten lag, ließ sich Rußland nicht daran hindern, einige Vorstellungen aus dieser ersten Erschütterung der monarchischen Welt zu übernehmen: zum Beispiel den Gedanken an eine Verfassung (wobei es nicht weiter schlimm war, daß eigentlich niemand so recht wußte, was sich hinter diesem Begriff verbarg) oder die Idee, daß ein Wechsel notwendig sei, wenn die herrschende Macht Gewalt ausübe. Vor allem aber rumorte in vielen Köpfen die Vorstellung der dringenden Notwendigkeit, über den Systemwechsel nachzudenken, und daraus entwickelte sich die *Intelligentsia*, eine typisch russische Erscheinung.

Nach 1825 und dann während des gesamten 19. Jahrhunderts entstanden als Folge dieser Entwicklung innerhalb einer Elite Denkströmungen, die ständig miteinander konkurrierten, laufend neue Anhänger gewannen und immer radikaler wurden. Wie Alexander Herzen schreibt, war die politische Verhärtung des Systems und die gleichzeitige innere Emanzipation der Menschen kennzeichnend für das Rußland des 19. Jahrhunderts. In dieser Zeit fand bezeichnenderweise auch eine gewisse Distanzierung von den Ideen aus Frankreich statt, die im Rußland des 18. und beginnenden 19. Jahrhunderts vorgeherrscht hatten und deren Spuren man in Alexander Raditschews *Reise von St. Petersburg nach Moskau* wiederfindet. Dieses Buch zeigt deutliche Einflüsse Voltaires, Diderots und Rousseaus auf seinen Verfasser, der jedoch keine religionskritischen Töne anschlägt.

Von der neuen Distanz der russischen Intelligentsia dem französischen Einfluß gegenüber profitierten die deutsche Philosophie und die Denker der Romantik. Man stellte in Rußland damals neue Fragen, insbesondere solche über die Natur und darüber, welcher Bestimmung eine *Nation* folgen müsse, und in diesem Zusammenhang wurde der Geschichte ein bemerkenswert wichtiger Platz in den Debatten eingeräumt. Das Nachdenken über die Bestimmung des Menschen geschah unter einem historischen Blickwinkel, der die Vision der idealen menschlichen Beziehungen eines Rousseau weitgehend durch einen kämpferischen Aspekt ersetzte, der die Gestaltung dieser Beziehungen beherrscht – oder als Parole ausgedrückt: »Jede Geschichte des organisierten Zusammenlebens von Menschen ist die Geschichte ihrer Klassenkämpfe.«

Die russische Oberschicht wendete sich damals mit besonderem Eifer dem deutschen Idealismus zu, vor allem ihren Vertretern Friedrich Wilhelm Schelling und Georg

Wilhelm Hegel. Namentlich auf Schelling ging die Entstehung von Zirkeln zurück, die seit Ende der zwanziger Jahre des letzten Jahrhunderts über das Schicksal Rußlands, sein ihm eigenes Wesen und den Niedergang des Okzidents debattierten. Gerade in diesen Kreisen erregte der begnadete und Alexander Puschkin nahestehende Dichter Dimitrij Wenewitinow großes Aufsehen. Pjotr Tschaadajew, der gleiche Positionen vertrat, veröffentliche 1836 einen *Philosophischen Brief*, in dem er die Meinung vertrat, Rußland gehöre weder zum Orient noch zum Okzident. Es stehe vielmehr »außerhalb jeglicher Zivilisation«, sei völlig außerstande, einen zivilisatorischen Beitrag zu leisten, und besitze in diesem Sinn keinerlei von der Geschichte geprägtes Schicksal. Tschaadajew zufolge bestand das größte Manko Rußlands darin, daß ihm die katholische Religion, die Trägerin der Zivilisation, verschlossen geblieben sei. Nachdem ihn die Obrigkeit zum Narren erklärt hatte, bekräftigte er sein radikales Urteil sogar noch. Einige Jahre später legte er seine *Apologie eines Narren* vor, in der er – von den Reformen Peters des Großen ausgehend – behauptete, daß Rußland wieder auf den Weg der christlichen Zivilisation gefunden habe. Er war also vom Standpunkt der totalen Zurückweisung Rußlands als kulturelle Macht in die Position einer gewissen Hoffnung übergewechselt, und von einem Werk zum nächsten fanden sich bei ihm die widersprüchlichen Tendenzen des gesellschaftlichen Denkens, das sich in seinem Land zu entwickeln begann.

Das Hauptmerkmal der intellektuellen Entwicklung in Rußland seit den Jahren 1830 und 1840 war, daß der deutsche Einfluß zwar nicht das gesamte russische Denken beherrschte, sich aber mit dem Bemühen um eine Neubewertung weltanschaulicher Fragen verband, die eine dem russischen Denken eigene Dimension mit einbezog. Die Frage, die Tschaadajew über das Wesen Rußlands aufgeworfen hatte, sollte die russischen Diskussionszirkel, die sich in den beiden Strömungen der »Slawophilen« und der »Westler« sammelten, auf Jahre hinaus beschäftigen.

Für die in einem christlich geprägten Geist erzogenen Slawophilen eröffnete die orthodoxe Religion, die Tschaadajew als Fluch für das Land gebrandmarkt hatte, einen historisch authentischen und besonders glücklichen Weg. Auf den ersten Blick könnte man vermuten, daß sie ein politisches System unterstützten, das sich durch die drei Grundprinzipien Orthodoxie, Autokratie und Nationalgeist definierte. Tatsächlich vertraten die Anhänger dieses Systems, für die die Autokratie das in dieser Trias vorherrschende Prinzip blieb, im Gegensatz zu den per definitionem »anarchistischen Slawophilen« bevorzugt die Sache der Religion. Das Volk besaß in ihren Augen eine hauptsächlich geistliche Berufung, die Obrigkeit hingegen kein oder nur ein schmales Fundament. Für diese Apostel der sozialen Einheit und Harmonie hatten mit Peter dem Großen alle diejenigen Rußland vom Weg seiner Bestimmung abgebracht, die westlich geprägtes Denken und Handeln nachahmen oder gar verinnerlichen wollten, während die wahre Bestimmung Rußlands doch in der von Alexis Chomjakow definierten *sobornost*, der Gemeinschaft der gläubigen Menschen, bestand. Hatte nicht die slawische Welt in ihrer ursprünglichen Form des Zusammenlebens innerhalb der bäuerlichen Gemeinschaft oder der Familie die Voraussetzungen für ein harmonisches Miteinander gefunden? Ihre Bindung an ein ländlich gefärbtes Zusammenleben hinderte die Slawophilen jedoch keineswegs, mit aller Macht für die Befreiung der Bauern von der Leibeigenschaft einzutreten. Der *Muschik* (Bauer), den sie glorifizierten, garantierte ihnen die glaubwürdigste Form des nationalen Lebens. Er hatte ein Anrecht auf seine Freiheit, für die sie eintraten, aber gleichzeitig betrachteten sie privates Eigentum als die höchste der Ungerechtigkeit und stellten ihm das klassenlose Gemeinschaftsleben gegenüber. Die geistigen Väter dieser Vorstellung wie Chomjakow, die Gebrüder Aksakow, Alexander Samarin und andere waren deutlich von der Romantik geprägt. Sie beklagten den Zustand ihres Landes und der Welt, die es umgab, und flüchteten sich in eine idealisierte Vergangenheit.

Die »Westler« als ihre Gesprächspartner und Gegner hingen wie sie zwar auch einer anderen Welt an, aber sie träumten nicht von der Vergangenheit, sondern von der Zukunft und von einer westlichen Welt, die sie jedoch stark idealisierten. Sie betrachteten die Dinge zwar differenzierter als die Slawophilen, wiesen aber wie diese jegliche Vorstellung einer spezifischen Natur Rußlands weit von sich; sie plädierten für die Modernisierung ihres Landes nach abendländischem Vorbild. Für sie hatte Peter der Große Rußland ein gutes Stück nach vorne gebracht, und sie sahen sich verpflichtet, sein Werk, das unterbrochen worden war, fortzuführen, Rußland also zu modernisieren, damit es imstande sei, sich in die gemeinsame abendländische Welt einzugliedern. Diese allgemeine Einschätzung teilend, zerfielen die »Westler« jedoch in zwei Gruppen: in einen gemäßigten Flügel, dessen Mitglieder überzeugt waren, daß ihre vorrangige Aufgabe in der Erziehung des russischen Volkes bestehe, um es so auf die Veränderungen vorzubereiten, und in die eher radikal gesinnte Gruppe um Alexander Herzen und Michael Bakunin, die sich die Revolution als das oberste und vordringlichste Ziel einer Volksbewegung vorstellte und die von sich behauptete, Rußland verändern zu wollen.

Seit Mitte des 19. Jahrhunderts läßt sich bei allen, die über eine andere Lösung nachdachten als jene, die den Mächtigen im Lande vorschwebte, eine fortschreitende Radikalisierung feststellen. Der Diskussionszirkel, der sich regelmäßig bei Michail Petraschewski traf, verkörperte bereits die Tendenzen, die sich einige Jahrzehnte später fortsetzten. Bei den Freunden Petraschewskis handelte es sich um Utopisten wie etwa die französischen Frühsozialisten Charles Fourier und Graf Saint-Simon. Sie trieb die Frage der Aufhebung der Leibeigenschaft um, und sie dachten nur an das künftige Glück der Menschheit, ohne sich mit konkreten Problemen der Gegenwart aufzuhalten. Daß sie einen Platz in der russischen Geschichte fanden, obwohl sie verboten, eingesperrt und verurteilt wurden, verdanken sie allein der Tatsache, daß sich Fjodor Michailowitsch

Dostojewski zu ihnen bekannte, den ihr Unglück und Leiden zu einem unvergleichlichen literarischen Werk inspirierte.

Aber diese friedlichen Utopisten konnten den Bruch nicht überdecken, der sich damals durch die russische Debatte zog. Zu den adligen Großgrundbesitzern, die sie begonnen hatten, gesellten sich innerhalb der sich formierenden Intelligentsia mit der Zeit Männer von ganz anderer und wesentlich bescheidenerer Herkunft, die *Rasnotschinzi*, die sehr viel direktere Forderungen stellten. Zu ihnen sind zunächst die *Nihilisten* zu zählen, die bereit waren, sämtliche geistigen Werte und kulturellen Errungenschaften Rußlands für die unbegrenzte Befreiung seines arbeitenden Volkes zu opfern. Ihr bedeutendster Wortführer, Nikolai G. Tschernyschewski, entwickelte diese Prinzipien in seinem – literarisch übrigens erbärmlichen – Roman *Was tun?*. Der Held dieses Buches ist der Vorfahr Lenins, und die Faszination, die es auf alle Marxisten ausübte – Marx selbst wollte es in seiner russischen Version lesen – zeigt deutlich, daß Tschernyschewski ein Vorläufer jener Kräfte war, die 1917 schließlich triumphierten. Deswegen begnügte er sich auch nicht mit dem Idealbild des reinen, asketischen, gegen sich und andere unerbittlichen Revolutionshelden, sondern er lieferte gleich eine politisch-gesellschaftliche Botschaft mit. Für Tschernyschewski war die Frage entscheidend, unter welchen Bedingungen Rußland in die Moderne gelangen und welchen Weg es dabei beschreiten sollte. Dieser Weg führte über einen Sozialismus hinaus, der sich allein auf die bäuerliche Gemeinschaft als den Ort gründete, wo sich das Wohlbefinden des Volkes entwickelt hatte.

Als sich herausstellte, daß die Namen Herzen, Bakunin, Tschernyschewski und viele andere die geistige Landschaft zu erobern begannen, schwenkte Zar Alexander II. auf den Weg der Reformen ein und hob die Leibeigenschaft der Bauern auf. Er folgte damit einer gemeinsamen Forderung aller Intellektuellen. Lag nicht in dem von der Urzelle gemeinschaftlichen Lebens geformten Platz und der Schaffung der Semstwos die Antwort, die die protestierenden Eliten erwarteten? Eine gewisse Zeit lang priesen Herzen und Tschernyschewski den »Befreier-Zaren« für die Reformen, die er eingeleitet hatte. Würde die in den ersten Jahrzehnten des 19. Jahrhunderts so ausgeprägte Trennung zwischen Staatsmacht und Intellektuellen nun aufhören und einer Zusammenarbeit zwischen den beiden Kräften Platz machen?

Der Kampf gegen den Reformer

Tatsächlich dauerte diese soziale Harmonie nur sehr kurze Zeit. Die Reformen ließen zahlreiche Probleme offen oder schufen gar neue. Der Adel, der sie mehrheitlich ablehnte, versuchte ihre Auswirkungen zu begrenzen und sah sich darin von einer Bürokratie unterstützt, der es allein um die Beibehaltung ihrer Gewohnheiten ging. Die Frage, welche Wege einzuschlagen seien, um die Zukunft Rußlands zu sichern, blieb auf dem Tisch.

Für die einen ging es darum, wie man den Wandel der Reformpolitik zwischen 1860 und 1864 stoppen könnte, während die anderen ihn nicht nur beschleunigen, sondern ihm auch zum vollen Durchbruch verhelfen wollten. Dies waren zwei miteinander unvereinbare Positionen. Für die Intelligentsia, das heißt zumindest für den Teil, der radikale Positionen vertrat, bestand die wichtigste Lösung darin, die Staatsmacht ständig unter Druck zu setzen, nämlich durch die Beibehaltung ihrer revolutionären Aktivitäten. Die Intellektuellen versuchten so auf vielfältige Weise, all diejenigen zu mobilisieren, die von sich behaupteten, über das Schicksal Rußlands nachzudenken. Den reinen Wortgefechten und Debatten folgte jedoch bald der Wunsch, auf die Gesellschaft direkt einzuwirken.

Auf den *Populismus*, der die 1870er Jahre prägte, also jene Jahre, in denen die praktische Umsetzung der Reformen auf Schwierigkeiten stieß, wirkten zwei Ideen ein: zum einen der uneingeschränkte Glaube an den Bauern, den »Muschik«, der in der russischen Geschichte als in bevorzugter Weise Handelnder, aber auch als erlösendes Opfer betrachtet wurde, und zweitens der Bauer als ein Sinnbild für die Schuld, die die Privilegierten angehäuft hatten. Deshalb zogen die Studenten, die der Staat angehalten hatte, nicht im Ausland, insbesondere nicht in der Schweiz zu studieren, und die jungen Aristokraten, die wegen ihres privilegierten Lebens von Gewissensbissen gequält wurden, »zum Volk«, um es zu erziehen und ihm zu helfen, wieder auf dem Boden Fuß zu fassen, der ihm legitimerweise zustand. Dieser spontane Aufbruch großzügiger und vor Idealismus glühender Jugendlicher auf das flache Land verdient wegen der moralischen Überzeugung, die aus ihm sprach, sicher Beachtung. Gleichzeitig legte er ihre totale Unkenntnis der bäuerlichen Gesellschaftsschicht offen, die diese Bewegung zurückwies, wenn sie die »Populisten« nicht gar bei der Polizei anzeigte. Dieser Mißerfolg zwang das russische Bildungsbürgertum zu einem Umdenken, das in anderen Zirkeln schon längst stattgefunden hatte.

Die »Pugatschows der Universitäten«

Die Anarchisten, die in den gebildeten Kreisen so zahlreich vertreten waren, hatten den Weg für neue Formen des politischen Handelns geöffnet, indem sie ihrer Umwelt einhämmerten, daß man jegliche Macht und jede Form staatlicher Autorität auf das schärfste bekämpfen müsse. Michael Bakunin, der wie die meisten russischen Anarchisten adliger Abstammung war, wollte »das Volk erheben«. Er glaubte wie die Populisten, daß es eine noch verborgene historische Wahrheit und die Kraft zum Aufstand in sich trage, die die Gesellschaft befreien und die etablierte Ordnung unterminieren würde. Der Aufstand als Zweckbestimmung des politischen Handelns und die Entfesselung der gesellschaftlichen Kräfte gegen das herrschende politische System wurzelten tief in der russischen Tradition. Historische Figuren wie Stenka Rasin und der Donkosake Jemeljan Pugatschow verkörperten für Bakunin die Fähigkeit des russischen Volkes zur revolutionären Erhebung. Diese Leitbilder mußte man dem Volk anbieten, um seine vollständige Emanzipation sicherzustellen.

Hierin liegt sicherlich auch die Erklärung dafür, daß wir angesichts der politischen Reformen des »Befreier-Zaren« Alexander II. nach und nach einen Netschajew, einen Tkatschow und die Marxisten auftauchen sehen. Noch bevor sie zu handeln begannen, stellten sie ganz klar fest: Die Bauern, die Hoffnung der Populisten, sind weder Träger eines bestimmten Bewußtseins, noch sind sie zum revolutionären Losschlagen bereit. Sie können somit in der russischen Geschichte keine Rolle spielen. Deshalb kam in ihren Augen der Intelligentsia und den Bewegungen, die sie zu organisieren hatte, die Aufgabe zu, an die Stelle der Bauern zu rücken und die Staatsgewalt herauszufordern. Hier zeichnete sich die Allianz der »Pugatschows der Universitäten« und der jakobinischen Strategie ab, die Netschajew so bemerkenswert repräsentierte.

Es gab damals drei Strategien: erstens die Strategie Netschajews, des Organisators der revolutionären Zellen, die durch Verbreitung von Schrecken und Konspiration eine Erhebung schüren sollten, um die bestehende Ordnung für eine noch unbestimmte Zukunft zu zerstören; zweitens den strategischen Ansatz Tkatschows, des wahren Vorgängers Lenins, der davon träumte, zugunsten der revolutionären Minderheit mit Gewalt eine neue Ordnung zu errichten, und schließlich, drittens, die Auffassung der russischen Marxisten, die als Emigranten in Frankreich und in der Schweiz lebten und auf den *Proletarier* als Schöpfer einer neuen Welt setzten.

Gemeinsam war allen Stimmen in diesem »Chor des Protests«, der Rußland zwischen 1860 und 1881 beherrschte, daß sich nach einer Zeit der Diskussionen und Debatten bei jeder Gruppe dieselben Ideen und dieselben Ziele durchsetzten: Rußland kann weder mit der bestehenden Staatsmacht noch mit deren Reformpolitik verändert werden. Seine Umwandlung kann nur gegen die Staatsmacht und mit Gewalt geschehen. Die Vorstellung der Erziehung der russischen Volksmassen wurde nun zum zweitrangigen Problem erklärt. Bäuerinnen oder Arbeiterinnen, die Volksmasse überhaupt, wurden ohne viel Federlesens instrumentalisiert und dienten den zahlreichen, wie Pilze aus dem Boden schießenden revolutionären Plänen nur mehr als Vorwand. Das oberste Ziel dieser intellektuellen »Pugatschows« war es, die entscheidenden Schläge gegen die Staatsmacht zu führen. Als vorrangige Angriffsziele betrachteten sie künftig Alexander II. und alle aus seiner Umgebung, die bei der Ausführung seiner Politik mitwirkten.

Die nun zahlreich einsetzenden Attentatsversuche und die regelrechte »Treibjagd« auf den Zaren während seiner letzten zehn Regierungsjahre erreichten schließlich das Ziel des wachsenden Terrorismus auf gleich doppelte Weise. Als es den Terroristen 1881 schließlich gelang, den Zaren zu ermorden, wendete sich das Blatt: Künftig würde sich die offizielle Politik nicht mehr wie noch unter Alexander II. um die Anpassung an die Forderung nach politischem und gesellschaftlichem Wandel bemühen. Denn der Nachfolger, Alexander III., war von der Nutzlosigkeit einer liberalen Reformpolitik genauso überzeugt wie von der Notwendigkeit, den autokratischen Charakter der Regierungspolitik zu betonen. Deshalb glaubten nun sämtliche Reformkritiker innerhalb des Regierungsapparats, das Spiel doch noch gewonnen zu haben. Aber auch die Intelligentsia, die innerhalb von zwanzig Jahren von der zunächst offenen Revolution über den sichersten Weg der Modernisierung zu der radikalen Antwort gelangt war, daß diese Modernisierung nur um den Preis eines heftigen Kampfes gegen die Staatsmacht zu haben sei, glaubte, daß sie gesiegt hätte. In ihren Augen war der Staat künftig gezwungen, gegen die Gesellschaft zu handeln und seine Autorität krampfhaft zu verteidigen, womit er sowohl die Massen als auch die Eliten des russischen Volkes auf unbegrenzte Zeit mobilisierte. Die Thesen der Revolutionäre und all derer, die in der Regierung auf Druck und Zwang setzten, hatten über die Befürworter der Reformen und des friedlichen Dialogs zwischen Staatsmacht und Opposition gesiegt. Diese mentale Radikalisierung Rußlands, das heißt die Radikalisierung innerhalb der herrschenden Kreise ebenso wie in der Opposition, bedeutete aber noch nicht, daß die gesamte Gesellschaft der Revolution zuneigte. Folge dieser radikalen Entschiedenheit war aber doch, daß die Staatsmacht angesichts der Feindseligkeit der Intelligentsia, ihrer zerstörerischen Pläne und ihres Willens, die Gesellschaft dadurch aufzuwiegeln, daß sie die Schwächen der Reformen unerbittlich ans Tageslicht zerrte, allein auf sich gestellt war.

Die Reformpolitik wird abgelehnt

Der Modernisierungswille Alexanders II. hatte von der damaligen russischen Gesellschaft einen gewissen Tribut verlangt. Als sein Nachfolger Alexander III. 1881 den Thron bestieg, hatte er für sich und seine künftigen Entscheidungen die Lehre gezogen aus der Tragödie des 1. März 1881, als sein Vater einem Attentat zum Opfer fiel. Er legte sie in dem *Manifest* vom 11. Mai 1881 dar, das die Befürworter der Reformen wie Innenminister Loris-Melikow, Kriegsminister Miljutin und Großfürst Konstantin ihrer Ämter enthob und die Anhänger der kompromißlosen Autokratie ins Zentrum der russischen Politik berief.

An erster Stelle wäre hier sein ehemaliger Lehrer Konstantin Pobedonoszew, der Oberprokuror des Heiligen Synods, zu nennen. Ihm verdankte das Rußland des 19. Jahrhunderts eine echte Staatsideologie. Pobedonoszew hatte Jura studiert, war Professor für Verfassungsrecht und ein scharfer Kritiker jeglicher Abweichung von der Autokratie in Richtung Parlamentarismus. Bei jeder sich bietenden Gelegenheit pflegte er zu bemerken: »Der Parlamentarismus ist der größte Betrug unserer Zeit« und setzte hinzu, daß die Macht im Lande auf zwei Pfeilern ruhen müsse, der Autokratie und der Bürokratie. Der Staat hatte in seinen Augen als oberste Aufgabe, die Ordnung und die Stabilität der Gesellschaft aufrechtzuerhalten, und konnte sich dabei auf die orthodoxe Kirche stützen, die der Autokratie eine immanente Legitimität zusprach. Pobedonoszew verkörperte den russischen Nationalismus, der auf die verschiedenen Nationalitäten innerhalb des Reiches gnadenlosen Druck ausübte und strikt antisemitisch eingestellt war. Sein Sieg über seinen Gegner Loris-Melikow stand für das Umschwenken von gemäßigten Reformen auf die Verweigerung jeglichen reformatorischen Ansatzes.

Dieser Schwenk fand nicht plötzlich statt. Bei Loris-Melikow handelte es sich um einen Helden aus dem Krimkrieg, der Ende der 1860er Jahre zum Gouverneur von Charkow ernannt worden war. Damals hatte eine Welle von Attentaten den Zaren dazu veranlaßt, die öffentliche Ordnung mit größter Entschlossenheit durch die Ausrufung des Kriegszustandes wiederherzustellen. Die Unruhen in den beiden großen Städten und in Charkow selbst hatten diese Maßnahmen erzwungen. Trotz der Instruktionen, die Loris-Melikow erhalten hatte, nämlich Härte walten zu lassen, griff er zu gemäßigteren, liberalen Maßnahmen. Sein entschlossenes Vorgehen im Kampf gegen die Pest in Astrakhan ließ seinen Ruhm noch heller erstrahlen. Aus diesem Grund wurde er 1879, als Alexander II. wegen wiederholter Attentatsversuche, und weil er die innere Ordnung schon im voraus sichern wollte, an politische Reformen dachte, an die Spitze der obersten Verwaltungskommission berufen, einer Institution mit unbeschränkter Vollmacht. Nach der Auflösung dieser Kommission im Jahr 1881 wurde er zum Innenminister ernannt und war damit endlich in der Position, jene Projekte vorzubereiten, die, in die Praxis umgesetzt, den Weg zum »konstitutionellen Fortschritt« eröffnet hätten. Loris-Melikows Pläne sahen nämlich die Einrichtungen von Kommissionen vor, in denen zum Beispiel bei der Erarbeitung von Gesetzen auch gewählte Volksvertreter hätten mitwirken sollen; er schlug sogar vor, dem Reichsrat eine Gruppe von fünfzehn Abgeordneten zur Seite zu stellen. Natürlich ließ sich dies alles nicht verfassungsmäßig verankern; aber hätten diese Reformpläne Loris-Melikows Eingang in die russische Politik gefunden, hätten sie einen unbestreitbaren Fortschritt bedeutet.

Als der Innenminister sein Vorhaben zu Beginn der Regierungszeit Alexander III. verteidigte, stützte er sich exakt auf die Idee, daß zwischen den von ihm vorgeschlagenen Plänen und einer echten Verfassung ein natürlicher Unterschied bestehe. Er scheiterte aber an Pobedonoszew, der die unvermeidliche Abweichung in Richtung eines konstitutionellen Systems als Bedrohung an die Wand malte. Da seine Position nun geschwächt war, versuchte Loris-Melikow, den Streit auf ein anderes Terrain zu verlagern, und schlug eine aus Einzelministern bestehende Regierung vor, von denen jeder dem Zaren direkt verantwortlich wäre. Er plädierte in diesem Zusammenhang für eine besser koordinierte Regierungsmannschaft, aber diesen Vorschlag interpretierte Alexander III. als den entscheidenden Schritt hin zu einer Exekutive oder einem *Kabinett*, und diesen Begriff verabscheute er, weil er ihn an die politischen Systeme in Europa erinnerte.

Diese letzte Offensive Loris-Melikows veranlaßte den Zaren schließlich dazu, sich für die Thesen Pobedonoszews und die Unantastbarkeit der Autokratie zu entscheiden. Das *Mai-Manifest*, daß der Oberprokuror des Heiligen Synods vorbereitete, zeigte ganz deutlich, worum es dem neuen Zaren ging: Jede politische Reform erschien ihm unkontrollierbar und nur geeignet, das politische System Rußlands in eine Art Konstitutionalismus zu zwängen. Die einzige Lösung, um dies zu verhindern, bestand für ihn im Festhalten an einer strengen Autokratie. Aber trotz dieses konservativen Kurses und trotz des Rücktritts all jener, die die Reformen vergeblich verteidigt hatten, war ihre Sache noch nicht endgültig verloren.

Loris-Melikow wurde durch Graf Ignatiew, einen Diplomaten, ersetzt, den die Slawophilen für ihre Positionen gewonnen hatten und der von daher überzeugt war, daß man das Los der Bauern und ihrer lokalen Selbstverwaltungsorgane erleichtern müsse. Vor allem aber hielt Ignatiew nichts von der Funktionsweise der russischen Bürokratie und beschloß, dort sofort anzusetzen. Alle seine Überlegungen und Vorhaben waren im Kern mit dem Schicksal des Muschik verknüpft, was besonders begrüßt wurde. Es war auch dringend notwendig, denn dabei ging es um den personenrechtlichen Status der Bauern, die noch immer unter einem gewissen Sonderrecht, sogar Gewohnheitsrecht, lebten und damit trotz ihrer Befreiung aus der Leibeigenschaft eine soziale Schicht außerhalb der übrigen Gesellschaft bildeten. Der Reformplan über die örtlichen Träger der Gerichtsbarkeit entsprach diesem Problem. Am meisten Aufsehen erregte Ignatiew aber damit, die Institution der Ständeversammlungen (*Semskij Sobor*) wiederzubeleben, die im 16. und 17. Jahrhundert gelegentlich zusammengetreten waren und sich bei den Anhängern des Slawentums zur Zeit Zar Nikolaus' I. besonderer Wertschätzung erfreut hatten. Mit diesen Versammlungen, so behaupteten die Slawophilen, werde das legendäre Bündnis zwischen Autokrat und Volk gestärkt, auf dem der russische Staat beruhe.

Diese Erwartung kleidete Ignatiew in eine konkrete Vorstellung, denn mit ihr hoffte er die Bürokratie zu schwächen, die nicht nur viel zu schwer auf dem russischen Alltagsleben lastete, sondern außerdem noch unglaublich ineffektiv arbeitete. Die *Semskij Sobor* umfaßte nach seinen Vorstellungen dreitausend gewählte Mitglieder; sie sollte zwar nur beratenden Charakter besitzen, aber schon diese Vorstellung weckte bei dem Zaren, der sich auch in dieser Frage mit Pobedonoszew beriet, wiederum die Furcht vor einem Abgleiten der Autokratie in parlamentarische und konstitutionelle Bahnen. Das war zuviel: Ignatiew wurde entlassen und durch Graf Dimitri Tolstoi ersetzt, der seine makellose konservative Einstellung im Kultusministerium unter Beweis gestellt hatte.

Obwohl die Amtszeit Ignatiews nur sehr kurz war, sollte sie doch erwähnt werden. Sie beweist nämlich, daß unter dem Einfluß der verschiedenen ideologischen Strömungen – obwohl der Panslawismus kaum Berührungspunkte mit den Reformvorstellungen eines Loris-Melikow besaß – selbst nach der Machtübernahme Alexanders III. eine etwas offenere Politik möglich war, und dies um so mehr, je stärker sie sich auf eine verlorene nationale Tradition stützte. Der gescheiterte Versuch Ignatiews wurde mit der Zeit sogar in jenen Kreisen bedauert, die im Prinzip den Kurs der neuen Führung unterstützten. Das Bemühen Loris-Melikows und Ignatiews stellte sich nämlich bald um so deutlicher als verpaßte Chance heraus, je mehr sich an der Spitze Rußlands die offenbar hartnäckige Weigerung abzeichnete, das politische Leben an die Anforderungen der Gesellschaft anzupassen.

Politische Eiszeit ...

Von nun an setzte die für die Regierung Alexanders III. typische Zwangsherrschaft ein. Ohne weiteren Verzug erließ er *einstweilige Maßnahmen* für die Wiederherstellung der Sicherheit des Staats und des öffentlichen Lebens. In vielen Gegenden Rußlands erhielten die staatlichen Beamten neue Machtbefugnisse, wie das Recht zur Durchsuchung, zur Festnahme und zur Kontrolle der Presse. Überhaupt wurde die gesamte Gesellschaft unter Überwachung gestellt. Im Juli 1882 bestätigte ein Dekret die »einstweiligen Maßnahmen«. Gendarmerie und Polizei wurden in der Hand eines hohen Beamten im Innenministerium zusammengefaßt, der nun für sämtliche die staatliche Sicherheit berührenden Fragen und für alle polizeilichen und administrativen Organe auf allen Ebenen des Zarenreiches zuständig war. Jeder Bürger unterlag der Überwachung durch eine übermächtige Polizei, deren Machtbefugnisse das Strafgesetzbuch aus dem Jahr 1885 zusätzlich vergrößerte. Bei diesem Strafgesetzbuch, das die Justizreform aus dem Jahr 1864 in weiten Teilen veränderte, ist hervorzuheben, daß die Autonomie der Rechtsprechung eingeschränkt und gleichzeitig die Verbindung zwischen Justizorganen und der Bürokratie wieder eingesetzt wurde. Neben diese Entscheidung traten noch die Auswirkungen der von Innenminister Tolstoi verfolgten aristokratiefreundlichen Politik. Tolstoi war nämlich der Meinung, daß der Adel für die Reformen des Jahres 1861 teuer bezahlt hätte, und hielt es für nützlich, den Zaren aufzufordern, in dem *Manifest* vom April 1885 seine entscheidende Rolle in der Führung der russischen Politik klar und deutlich festzustellen. Der neuen Kehrtwendung fielen 1889 die Friedensgerichte zum Opfer, deren Einsetzung man 1864 noch als bedeutendes Reformwerk gefeiert hatte. Ihre Funktionen gingen auf die »Landeshauptmänner« über, die *Semskie natschalniki*, die, wo und wann immer möglich, von Vertretern des örtlichen Adels gestellt wurden.

Die relative Freiheit, die bisher für Presseorgane und Buchverlage gegolten hatte, wurde nun ebenfalls beträchtlich beschnitten. So wurde 1882 die Zensur eingeführt, wonach jeder Text vor seinem Erscheinen von einer neugeschaffenen Sonderinstitution geprüft wurde, in der der Oberprokuror der höchsten Kirchenbehörde die gleiche Stimme besaß wie der Innen- und der Bildungsminister. Dieses Gremium konnte Publikationen jederzeit aus dem Verkehr ziehen und auch jedermann verbieten, als Verleger zu arbeiten. Ein vergleichbares Kontrollorgan überwachte die Bibliotheken.

Auch die so bemerkenswerte Bildungspolitik Zar Alexanders II. wurde namentlich von Kultusminister Iwan Delianow, der 1882 auf diesen Posten berufen worden war, in vielen Fällen rückgängig gemacht. Das neue »Kontrollsystem«, dem das gesamte Bildungswesen im Land unterworfen wurde, wies mehrere charakteristische Züge auf. So wurde der Grundschulunterricht soweit wie möglich der Kirche übertragen. Die Zahl der Pfarrschulen stieg zwischen 1882 und 1884 von 4000 auf 32 000 an, das heißt, sie verachtfachte sich.

Die Lehrpläne der klassischen weiterführenden Schulen

wurden ebenfalls in einem reaktionären Sinn umgeschrieben: So wurde der naturwissenschaftliche Unterricht immer mehr zugunsten der alten Sprachen zurückgedrängt, und mit der sehr strikten Begrenzung der Zahl der Abschlußzeugnisse erreichten die Behörden gleich dreifach ihr Ziel: Sämtliche Übergangsmöglichkeiten von einer allgemeinbildenden Schule in die nächsthöhere, das heißt also der Aufstieg von einer gesellschaftlichen Klasse in die nächste, wurden entweder ganz gestrichen oder auf ein Minimum reduziert, weil die klassischen Gymnasien nur noch der Elite vorbehalten waren.

Sodann wurden unerwünschte, das heißt politisch unzuverlässige Studenten von den Universitäten ausgeschlossen. Und schließlich wurde der geistige Horizont all derer, die so prestigeträchtige Bildungseinrichtungen wie die staatliche Oberschule, das Gymnasium oder die Universität besuchten, durch das begrenzt, was man als *allgemeine Kultur* bezeichnete. Damit hielt man sie fern von einer fundierten Kenntnis der Welt, in der sie lebten, und ihrer Debatten, die aktuell geführt wurden.

Das neue »Kontrollsystem« brachte auch mit sich, daß der Unterricht von Mädchen an Realschulen und Gymnasien, den Alexander II. noch gefördert hatte, zurückgedrängt wurde. An den revolutionären Umtrieben der 1870er Jahre hatten zu viele Frauen teilgenommen, als daß die Staatsmacht sich nicht versucht fühlte, die Ausbildungsmöglichkeiten für Mädchen, so wie sie sich entwickelt hatten, als Fehlentwicklung zu brandmarken.

Auch der universitäre Bildungsbereich blieb letzten Endes von Zwangsmaßnahmen nicht verschont; sie schlugen sich in dem Universitätsstatut von 1884 nieder, in dem die Autonomie der Universitäten eingeschränkt und die bisherige Bedeutung des Großen Senats mit freier Professorenwahl geschwächt wurde. Dafür wurden Rektoren und Dekane künftig von der Verwaltung ernannt und die Kontrolle der Studenten verstärkt. Man konnte sie nun von der Universität ausschließen, sobald ihr politisches Verhalten dazu Anlaß bot.

Trotzdem fühlte in Rußland jeder, daß sich Erziehung und Ausbildung weiterentwickeln müßten, weil der Kraftakt zur Modernisierung der Wirtschaft es einfach erforderte. Der Abstand zwischen dem unter seinem reaktionären Ballast ächzenden russischen Bildungswesen und den Erfordernissen der wirtschaftlichen Entwicklung wurde während der Regierungszeit Alexanders III. so deutlich, daß es ab 1895 zwangsläufig wieder zu mehr Freiheit im Ausbildungswesen kam.

In den Beziehungen zwischen der staatlichen Verwaltung des flachen Landes und der Bauernschaft fand der wohl einschneidendste Kurswechsel zur Regierungszeit Alexanders III. mit der Einsetzung des »Landeshauptmanns« (*Semskie natschalniki*) statt, dessen Bedeutung bereits im Zusammenhang mit den Friedensgerichten erwähnt wurde. Der *Semskie natschalniki* besaß in den Augen derer, die sich die Neuordnung erdacht hatten, zwei Vorzüge: Er gab dem Landadel wieder die Bedeutung zurück, um die dieser sich betrogen gefühlt hatte, und die Staatsmacht betrachtete ihn als eine Kontrollinstanz über die Bauern und die auf dem flachen Land bestehenden Institutionen.

Durch die ihnen verliehene Machtfülle spielten diese Landeshauptmänner in den späteren Beziehungen zwischen Staat und Bauernschaft eine bedeutende Rolle.

Neben diese »Reform« trat 1890 die der Semstwoselbstverwaltung. Wie schon 1889 wurde dem Adel auch hier ein bevorzugter Platz eingeräumt. Während nach dem Gesetz von 1864 die adeligen und bäuerlichen Grundbesitzer ein gemeinsames Kollegium gebildet hatten, verschaffte das Gesetz von 1890 dem Adel eine besondere Stellung und steigerte die Zahl seiner Vertreter erheblich. Die Bauern hingegen mußten sich in den Semstwoversammlungen mit der Wahl der Kandidaten begnügen. Unter ihnen wählte die Regierung diejenigen für die Distriktversammlungen aus, die der jeweilige Landeshauptmann empfohlen hatte.

Diese Veränderungen ermöglichten der Staatsmacht einen direkten und zudem wachsenden Einfluß auf die Bewohner des flachen Landes. Umgekehrt dagegen hob der Landeshauptmann die Isolation auf, in der die einzelnen Dörfer bis 1889 gelebt hatten. Er integrierte sie in die Gemeinschaft der übrigen bäuerlichen Welt und versetzte sie in die Lage, ihre Probleme und Wünsche »höheren Orts« bis hin zur Spitze der Verwaltung vorzutragen. Auf diese Weise bekamen die Bauern Zugang zur staatlichen Bürokratie. Später, das heißt nach 1906, sollte Ministerpräsident Peter Arkadjewitsch Stolypin von diesen aus der Gegenreform geborenen Strukturen profitieren, als er seine Vorstellungen über die Veränderung der gesellschaftlichen Strukturen auf dem flachen Land propagierte.

Auch die Zwangsmaßnahmen gegen alle nichtrussischen Elemente des Zarenreichs und gegen die Anhänger anderer Konfessionen als der orthodoxen gehören in dieses Kapitel der politischen Kontrolle und Unterdrückung. Die von Pobedonoszew erarbeitete russisch-orthodoxe Doktrin des Zarenreichs ebnete in den 1880er Jahren einer brutalen Russifizierungspolitik den Weg.

Polen, dessen Nationalgefühl untrennbar mit seiner Treue zum römisch-katholischen Glauben verknüpft war, mußte mehrere Wellen der Russifizierung über sich ergehen lassen. Der ukrainische Nationalismus, der als Reaktion auf die autoritäre Politik der Zaren Alexander I., Nikolaus I. und Alexander II. erwacht war, gewann zunehmend an Stärke. Er manifestierte sich vor allem in den Aktivitäten der »Kyrill-und-Method-Bruderschaft«, in der *Hromada* in Kiew und St. Petersburg, die von ukrainischen Studenten organisiert wurde, sowie im Erscheinen von Zeitschriften, die sich der Wiederbelebung der »nationalen ukrainischen Kultur« widmeten. Das ukrainische Nationalgefühl geriet in radikalere Bahnen, so daß etwa ab 1880 mehrere Untergrundorganisationen entstanden. Obwohl die führenden Köpfe dieser Bewegung wie Mychajlo Drahomanow im Exil leben mußten, geriet der Staatsapparat über das rasche Anwachsen der Zahl von Gruppen, die, kaum hatte man sie verboten, unter einer anderen Bezeichnung wieder auftauchten, und vor allem natürlich wegen der Debatte über die »*ukrainische Frage*« in Unruhe.

Weitere Unterdrückungsmaßnahmen wie das Verbot von Dialekten, die in grenznahen Gebieten des Zarenreichs gesprochen wurden, und vor allem die auf die russischen Juden abzielenden Maßnahmen wie die Verpflichtung, innerhalb einer nach Osten begrenzten Siedlungszone zu leben, oder der an den Universitäten im Jahr 1887 eingeführte »Numerus clausus«, der die Zahl jüdischer Studenten in den Siedlungszonen auf zehn Prozent und außerhalb dieser Zonen auf fünf Prozent drückte, teilten die Russen – je nach ihrer nationalen Abstammung – in Bewohner unterschiedlicher Kategorien. Die russisch-orthodoxe Kirche verschlimmerte in ihrem triumphalen Aufschwung diese Politik zusätzlich, indem sie Diskriminierungs- und Zwangsmaßnahmen gegen die Anhänger anderer Religionen wie Katholiken, Protestanten, Juden, Buddhisten und sogar gegen die Angehörigen von Sekten verhängte, von denen es in Rußland nur so wimmelte.

Vom Jahr 1881 an kam es zu Pogromen und antijüdischen Ausschreitungen, vor denen staatliche Stellen entweder die Augen verschlossen oder zu denen sie die Täter sogar noch ermutigten. Gerade während der Zeit der unaufhaltsamen Ausdehnung nach Osten, als das Zarenreich unterschiedliche Völkerschaften in seinen Grenzen aufsog, die aus ganz anderen Kulturkreisen stammten als die russische Bevölkerung, unterstrich es mehr als deutlich seinen Willen, russisch und orthodox bleiben zu wollen. Wie sollte man angesichts dieser Widersprüche Ansätze finden, die eine Befriedung der eroberten Völker ermöglichten? Diese Frage schien sich damals niemand zu stellen, und in den Regierungsbüros von St. Petersburg, wo diese Politik ausgedacht wurde, hatte man keine Ahnung, wie sehr sie den Keim einer Revolution in sich trug.

... *und wirtschaftliche Öffnung*

Das politische Handeln Alexanders III. erschöpfte sich jedoch nicht allein in der Rückkehr zu Zuständen, die vor den Reformen seines Vaters in Rußland geherrscht hatten; schließlich verstand er sich nicht nur als Bannerträger des Konservatismus. Wie seinen Vorgänger beherrschte ihn die damals alle beschäftigende Frage nach den Möglichkeiten der Modernisierung Rußlands. Wenn er vom politischen Wandel nichts wissen wollte, dann deshalb, weil er ihn für die Stabilität des Landes für gefährlich hielt und – mit Blick auf den niedrigen materiellen und geistigen Entwicklungsstand Rußlands – für verfrüht. Er glaubte vielmehr an die Notwendigkeit einer »wirtschaftlichen Aufholjagd«, die die Frustration der sozial zu kurz Gekommenen dämpfen und seiner Herrschaft eine Macht sichern würde, an der nicht mehr zu rütteln wäre. Es ist schon bemerkenswert, daß die Ministerriege mit ihrem Einfluß, über den sie verfügte, dieser Doppelung in der Zielvorstellung des politischen Wandels entsprach.

Für die Politik war Pobedonoszew unersetzbar: Er kam, als sich die Wut und Angst Alexanders III. über den offensichtlich unbesiegbaren Terrorismus mit der allgemeinen Enttäuschung der Aristokratie verbanden. Von den Ministern, die die wirtschaftliche Entwicklung in die Wege leiten sollten, war nichts, aber auch gar nichts zu erwarten. Sogar die Bürokratie verhielt sich ihnen gegenüber genauso reserviert wie gegen politische Reformer. Wenn der Zar also diesen Ministern vertraute, besaß er nur schwache Stützen. Gewiß – die wichtigen Entscheidungen in der Wirtschaftspolitik waren getroffen: Das Eisenbahnnetz wurde weiter ausgebaut, und die Unternehmer, deren Zahl sich vervielfachte, bestätigten 1881, daß es wirtschaftlich aufwärts gehe. Finanzminister Nikolaus Bunge, der dieses Amt von 1881 bis 1887 bekleidete, verfügte eine Reihe von steuerlichen und sozialen Maßnahmen, die die Arbeitsbedingungen in Rußland schrittweise veränderten. 1883 gründete er die sogenannte Grund- und Bodenbank für Bauern, um ihnen den Erwerb weiterer Grundstücke zu ermöglichen. Als der Landadel prompt besorgt darauf reagierte, weil er in dieser Bank wieder einmal das Mittel seiner drohenden Enteignung erblickte, rief Bunge zwei Jahre später, 1885, auch für den Landadel eine Grund- und Bodenbank ins Leben, die ihm Gelder zu günstigeren Zinsbedingungen zur Verfügung stellte, als sie die Bauern bei ihrer Bank bekamen. In erster Linie kümmerte sich der Finanzminister aber um das Elend der Bauern, die von der Last ihrer Schulden fast erdrückt wurden. Er erließ ihnen die jährlichen Ratenzahlungen für den Rückkauf ihres Grund und Bodens nach der Aufhebung der Leibeigenschaft; außerdem schaffte er die direkten Steuern ab, die er durch eine Flut indirekter Steuern ersetzte.

Die sich rasch entwickelnde Industrialisierung machte die schlimmen Arbeitsbedingungen der Industriearbeiterschaft in aller Schonungslosigkeit deutlich. Bunge, dem nicht verborgen blieb, welch gefährliche Situation aus der Zusammenballung von Arbeitern in Großunternehmen entstehen konnte, begann mit der Vorbereitung eines Gesetzes, das der tatsächlichen Lage Rechnung trug. Er verbot die Beschäftigung von Kindern unter zwölf Jahren und die Nachtarbeit für Frauen und Heranwachsende und bestimmte Inspekteure, die die Einhaltung des Gesetzes zu überprüfen hatten: So wurden zwischen 1882 und 1885 im Arbeitsrecht viele Einzelbestimmungen durchgesetzt, die die Arbeitsbedingungen der Lohnabhängigen zwar nicht radikal veränderten, aber die Allmacht der Fabrikbesitzer doch in gewissem Maße beschnitten und deutlich machten, daß auch ihre Arbeiter und Angestellten Rechte besaßen.

Diese Bestimmungen, die den bestehenden Gewohnheiten zuwiderliefen und nicht in das repressive Klima des Rußlands der 1880er Jahre paßten, zogen den Sturz des Finanzministers nach sich. Seine Nachfolger Wischnegradsky und Witte – letzterer wurde 1892 zum Finanzminister ernannt – schienen um die Widerstände gegen eine gemäßigte Arbeitsgesetzgebung zu wissen und richteten ihre

Aufmerksamkeit weniger auf weitere Sozialmaßnahmen als auf die Sanierung der öffentlichen Haushalte. Sie erhöhten die indirekten Steuern und Zölle, führten neue Steuern ein und senkten darüber hinaus die Ausgaben des Staates insbesondere für Einfuhren, die bereits durch hohe Importzölle belastet waren. Darüber geriet der kontinuierliche Ausbau des Eisenbahnnetzes nicht in Vergessenheit, aber der Staat kaufte weiterhin bevorzugt privat betriebene Linien auf. Er verstand sich als interventionistischer Unternehmer, und seine Erfolge auf dem Gebiet Wirtschaft und Finanzen in dieser Zeit schienen ihm recht zu geben.

Durfte man also – im ganzen gesehen – nicht sagen, daß Alexander III. in dem Spiel, das er 1881 begonnen hatte, bisher erfolgreich gewesen war? Die Industrie florierte in verschiedenen Bereichen, vor allem in den Branchen Textil, metallverarbeitende Industrie und Ölförderung. Die Unternehmer und die Regierung stimmten ihre Entscheidungen aufeinander ab, das heißt, im damaligen Rußland machten die staatlichen Organe und der privatwirtschaftliche Sektor gute Geschäfte miteinander.

Trotzdem besaß der wirtschaftliche Fortschritt auch seine Schattenseiten, etwa nach dem Motto: Wenn der Staat mächtig ist, leidet die Gesellschaft – und im Zarenreich waren es in erster Linie die Bauern. Sie hatten von der großen Agrarreform von 1861 zwar profitiert, aber sie waren auch deren Opfer, denn ihre Schwierigkeiten resultierten zunächst gerade aus dieser Reform. Man hatte ihnen damals zu wenig Land zugewiesen, um ihre Betriebe kostendeckend zu führen. Es fiel ihnen sehr schwer, die Entschädigungslasten für den Rückkauf ihrer Äcker und Wiesen von ihren ehemaligen Gutsherren aufzubringen. Hinzu kam, daß die Aufhebung der Leibeigenschaft nicht in allen Provinzen gleichermaßen rasch und entschieden durchgeführt wurde; es verstrich viel Zeit, bevor das neue Bauernstatut in allen Gegenden und Gouvernements Rußlands gleich gehandhabt wurde. Ausschlaggebend aber war, daß der einzelne Bauer – personenrechtlich gesehen – in einem Sonderstatus lebte, unter dem Aspekt seiner gesellschaftlichen Organisation im allgemeinen aber an das Dorf gebunden war. Dieses schützte die Landbewohner zwar, aber es stellte sich auch als ein gewisser Zwang heraus: Die Bindung an das Dorf schwächte, oder verlagerte, die volle wirtschaftliche Verantwortung und beeinflußte auch die Beziehung zu einer Welt, an die sich die Bauern – kaum von ihrer Leibeigenschaft befreit – noch nicht gewöhnt hatten; außerdem bremste die enge Bindung des einzelnen an die dörfliche Gemeinschaft den Fortschritt. Aber es gab noch weitere Elemente der Reform von 1861, die sich für die Landbevölkerung letzten Endes nachteilig auswirkten:

– die Aufteilung der Böden in viel zu kleine, in ihrem Wert ungleiche Parzellen sowie die Aufteilung der Erträge zwischen dem einzelnen Bauern und der Dorfgemeinschaft;

– die eingeschränkte Beweglichkeit der Bauern;

– die Vorbehalte der Dörfer gegen ihre Ausrüstung mit modernem Ackergerät und ihr Unwille, sich um den letzten Stand der Agrartechnik zu bemühen, da sie ja Arbeitskräfte in Hülle und Fülle besaßen, und schließlich

– ihre geringe Investitionsneigung.

Eine zusätzliche Schwierigkeit gerade für die Bauern stellte der allgemeine Bevölkerungszuwachs dar. Da sie aufgrund vielfältiger Zwänge ihr Dorf nicht verlassen konnten und ihre Zahl zunahm, sackte ihr Einkommen immer weiter ab. Trotz ihrer sehr harten Arbeit lebten sie in ständiger Ungewißheit und einem tief wurzelnden Gefühl der Hoffnungslosigkeit. Es fiel ihnen schwer, die Vorteile der Aufhebung ihrer Leibeigenschaft wahrzunehmen, und sie hatten Angst vor Naturkatastrophen, die ein bereits an sich schon sehr zerbrechliches Gleichgewicht vollends zerstören würden. Im Jahr 1891 war es soweit – eine lange Dürreperiode endete in der Katastrophe. Hungersnöte und Epidemien zeigten mehr als deutlich, daß man die Bauern nicht länger in eine Gesellschaftsform zwingen konnte, die für sie so wenig Hoffnungen bot. Auch die Steuerlasten der Bauern, die unendlich viel höher lagen als die des Landadels, müssen in die Betrachtung mit einbezogen werden.

So sehr die Reformen Bunges die Bauern auch entlasteten, so wenig vermochten sie das Ansteigen der indirekten Steuern auszugleichen.

Außerdem verloren die Bauern in dem Maße, in dem die fortschreitende Industrialisierung die Bevölkerung mit billigen Fabrikerzeugnissen versorgte, eine ihrer wichtigsten Einnahmequellen – nämlich das zu ihrem Überleben notwendige Heimhandwerk, für das die in Rußland typischen langen Winter immer förderlich waren, weil die Feldarbeit in diesen Monaten ruhte.

* * *

An dieser Stelle, kurz vor dem abrupten Ende der Regierungszeit Alexanders III., scheint eine Bilanz der an Veränderungen so reichen Jahre zwischen dem Krimkrieg und der Thronbesteigung des letzten russischen Zaren geboten.

Welchen Kontrast bot das Erbe, das nun Nikolaus II. zufiel! Die machtvolle Stellung des Zarenreiches, die das Jahr 1854 erschüttert hatte, war inzwischen nicht nur wiederhergestellt, sondern sogar noch gewachsen. Ein tiefer Graben trennte das Rußland Nikolaus' I. von dem Rußland, das den Tod Alexanders III. erlebte, obwohl sich zwischen Großvater und Enkel durchaus einige Parallelen skizzieren lassen:

Die drei Pfeiler der von dem Minister für Volksaufklärung Uwarow 1833 proklamierten Staatsordnung – Autokratie, Orthodoxie und Patriotismus (*narodnost'*) – konnten noch immer als das Fundament des Staates gelten, den Alexander III. seinem Nachfolger Nikolaus II. hinterließ, denn diese Prinzipien hatte auch Pobedonoszew unermüdlich hochgehalten. Und den Traum Uwarows, Rußland in bezug auf die Zukunft, die ihm Staatstheoretiker prophezeiten, um fünfzig Jahre zurückzuwerfen, träumten zum Teil auch die Berater Alexanders III.

Obwohl es 1881 zu spät war, um alle Reformen Alexanders II. vollständig rückgängig zu machen, bemühte sich die Staatsmacht doch redlich, ihre Auswirkungen durch eine Reihe von Gegenreformen zu begrenzen und jegliche Fortentwicklung des politischen Systems einzufrieren. Diese Leitlinien wurden zum Teil umgesetzt: Der politische Fortschritt kam zum Stillstand, die Idee einer Verfassung schien vergessen, und die Autokratie verweigerte jegliche gesellschaftlich bedingte Beeinträchtung ihrer Prärogative. Die Fortentwicklung der Bürokratie in ihren autoritärsten Formen, das starke Anwachsen von Willkürentscheidungen und die Maßnahmen zur Besänftigung der Adelskaste ließen den Eindruck entstehen, daß es mit Rußland rückwärts ging.

Aber diese Beurteilung, die sich eher auf die politische Organisation des Landes richtet und dabei seine Wirtschaft und Gesellschaft ausblendet, ist nicht nur unvollständig, sondern auch ungenau. Selbst wenn sich Rußland gegen Ende des 19. Jahrhunderts in der Unbeweglichkeit einzurichten schien, befand es sich doch auf dem Weg der Veränderung und war tiefen Erschütterungen unterworfen. Es hatte mit dem Rußland der Jahrhundertmitte so gut wie nichts mehr gemein. Der Bauer, der 1861 seine Befreiung von der Leibeigenschaft an der Kirchentür lesen konnte und den Sinn dessen, was ihm der Pfarrer da ankündigte, kaum begriff, hatte in den folgenden zwanzig Jahren genügend Muße, um zu begreifen, daß er nun zwar ein freier Mann war, aber nicht die Mittel besaß, um sich dieser Freiheit auch zu erfreuen.

Auf die Ratlosigkeit folgten Frust und Zorn. Das Streben nach der in der russischen Kultur so fest verwurzelten sozialen Gerechtigkeit hatte man der Lächerlichkeit preisgegeben, wie die Bauernschaft erbittert feststellte. Dennoch hatten die Reformen, so ungenügend und höchst umstritten sie auch waren, bei ihnen doch ein verschwommenes Bewußtsein über die neuen Wege erzeugt, die man einschlagen müßte. Obwohl die Populisten bei den Bauern zuvor noch kein Gehör gefunden hatten, trugen sie ihnen ihre neuen Thesen vor und weckten damit alte Erinnerungen: Die Zukunft des russischen Muschiks hänge nur von ihm allein und seiner Fähigkeit zum Aufstand ab. Mit den

Namen Stenka Rasin und Jemeljan Pugatschow verbanden sich so viele Stränge zwischen einer tief in der Erinnerung vergrabenen Vergangenheit, als noch Anlaß zur Hoffnung bestand, und einer Gegenwart, die mit jedem Tag unerträglicher wurde.

Die großen Fabrikanlagen schließlich, ein Spiegel der Arbeit, die die Städte zu bieten hatten, und die Entwicklung des städtischen Lebens drängten den Bauern zur Abwägung seiner Möglichkeiten, um den 1861 geschaffenen Status zu überwinden. Nicht mehr auf Gedeih und Verderb an seinen Gutsherrn gebunden, kreiste sein Denken immer mehr um eine konkrete, echte Emanzipation. Dabei halfen die neuen Institutionen – Semstwo und auch Landeshauptmann –, den geistigen Horizont der Bauernschaft zu erweitern, der Jahrhunderte lang nicht über die Grenzen seines Dorfes hinausgereicht hatte. Und nun plötzlich bezogen die Bauern – horizontal betrachtet – das ganze Land und – vertikal – die staatliche Macht in ihren Blick mit ein.

Die Bauern bildeten weiterhin den wichtigsten Teil der Bevölkerung des Zarenreichs. Sie stellten sogar fast die gesamte Bevölkerung, wenn man bedenkt, daß die rasch fortschreitende Industrialisierung sie zu jener Zeit in die Städte trieb, wo die vielen Fabriken die Enttäuschungen und Hoffnungslosigkeit einer im Entstehen begriffenen Arbeiterklasse verstärkten. Am Ende des 19. Jahrhunderts war der Exodus der Bauern aus ihren Dörfern in die Städte und Fabriken noch nicht so stark, daß er die Bande durchtrennt hätte, die die zwei Millionen zu Arbeitern Gewordenen mit dem flachen Land verbanden. Dieser Arbeiter blieb den Seinen innerlich noch nahe und trug die radikalere Stimmung ins Dorf, die in den Städten herrschte. Auf diese Weise entstand eine gewisse soziale Einheit; es entwickelte sich ein gemeinsames Bewußtsein der Ungerechtigkeit und des Elends. Diese geistige Entwicklung jedoch schon mit Revolution gleichzusetzen wäre weit verfehlt! Noch hielten die sporadischen, in unregelmäßigen Abständen erfolgenden Bemühungen des Staates um die

Verbesserung seiner Beziehungen zur Gesellschaft und deren Lebensbedingungen die Hoffnung wach. Noch erhoffte sich der größte Teil der Bevölkerung die Lösung seiner Probleme von den Regierenden.

Von dem gesamten Reformwerk, das in den 1860er Jahren durchgesetzt wurde, trugen einige Maßnahmen dauerhaft Früchte, trotz der Einschränkungen, die ihnen von Regierungsseite aus hie und da auferlegt worden waren. So ging es mit dem Bildungswesen in Rußland aufwärts, und dort vor allem im ländlichen Raum, weil die Semstwos auf diesem Gebiet und auch im Gesundheitswesen weiterhin aktiv waren. Ihr Handeln hob das Bewußtsein der Bauern auf eine höhere Stufe, und sie erwarteten um so mehr echte Reformen, als sie nicht bereit waren, sich in einen unbesonnenen Aufstand zu stürzen. Natürlich war das Gefühl der Hoffnungslosigkeit, das sie empfanden, eine Quelle gesellschaftlicher Unstabilität, aber gleichzeitig waren sie noch nie besser darauf vorbereitet, einer reformerischen Rede zu lauschen.

Die Wirtschaftsmacht Rußlands und seine internationale Ausstrahlung waren so beeindruckend, daß der Staat sich in Sicherheit wiegen durfte; und beides wirkte auch als Dämpfer auf den Eifer derjenigen, die ihn destabilisieren wollten. Als sich die kurze Regierungszeit Alexanders III. ihrem Ende zuneigte, besaß Rußland trotz seiner offensichtlichen politischen Stagnation kaum mehr Ähnlichkeit mit dem Land, das es ein Vierteljahrhundert zuvor noch gewesen war. Die Voraussetzungen schienen gut zu sein für neuen reformerischen Elan, der sich in Zukunft auf das bereits Erreichte würde stützen können, zum Beispiel auf die boomende industrielle Erschließung des Landes, auf ausgeglichene Staatsfinanzen und auf einen starken Staat, der um seine Stärke wußte.

Stellten also die Jahre von 1881 bis 1894 nur ein Intermezzo innerhalb eines neuen Zeitraums der russischen Geschichte dar, nämlich eine Phase der Modernisierung und des machtvollen Aufholens gegenüber dem Abendland? Ein Intermezzo, von dem all jene träumten, die sich seit Beginn des 19. Jahrhunderts danach gesehnt hatten, die Entwicklung Rußlands mitzuerleben? Sollte das Land, das ständig vom Pech verfolgt worden war, das die Lehren aus einer bitteren Niederlage (Krimkrieg) und einer Tragödie (die Ermordung Alexanders II.) gezogen und begriffen hatte, daß es sich an die verschiedenen Zeitläufte anpassen mußte, selbst wenn der Sinn dieser Anpassung bei jeder Etappe anders begründet wurde – sollte dieses Land künftig also nicht imstande sein, die beiden Erfahrungen aus früherer Zeit für einen Wiederaufschwung miteinander zu verbinden, das heißt also, nach und nach das zu vollenden, was Alexander II. und Alexander III. versucht hatten?

Alles in allem gesehen, trat Nikolaus II. ein glückliches Erbe an. Er fand Erfahrungen und Experimente vor, die sicherlich noch unvollständig und nur halb geglückt waren, aber auch eine ganz wichtige Lehre: Rußland befand sich im Stadium des Übergangs und auf dem Weg zur Neubestimmung seiner selbst. Dafür hatte es mehr als drei und sicherlich bewegte Jahrzehnte durchschritten, die es verändert hatten: Dieses Erbe barg also alle Möglichkeiten in sich.

2. KAPITEL

Der unreife Prinz

War Nikolaus II. »eine der rührendsten Gestalten der Geschichte«, wie ein Gesandter am russischen Hof notierte? Wahrscheinlich schon, wenn man den Abstand in Rechnung stellt, der zwischen den Problemen Rußlands zur Zeit seiner Geburt und denen zur Zeit seiner Thronbesteigung liegt, und schließlich bedenkt, wie man ihn auf die Regierungsverantwortung vorbereitete.

Nikolaus kam am 6. Mai 1868 auf die Welt, und in diesem Jahr herrschte in Rußland noch Hoffnung. Zwar hat der Reformeifer den Schock der blutig erstickten Erhebung in Polen 1863 und auch das mißglückte Attentat Karakosows ertragen müssen, aber die relativ ausgewogenen Gegenmaßnahmen, die von verschiedenen Ministerien mit Nachdruck gelobt wurden, ließen noch nicht an eine Rückkehr zu entschieden konservativen Auffassungen denken. Darüber hinaus hatte man das Gefühl, daß der Attentatsversuch Karakosows die Tat eines einzelnen war, und bis zu Beginn der 1870er Jahre verhielten sich die Radikalen auch still. Das Reich, das in seinem Inneren etwas beruhigt schien, wandte seine Aufmerksamkeit nun seinen Rändern zu; 1868 errichtete es das Protektorat von Buchara und schickte wissenschaftliche Expeditionen nach Mittelasien. Der Sohn des Erben Alexander II. schien das Licht der Welt also unter glücklichen Auspizien zu erblicken. Natürlich ließ Nikolaus II. später keine Gelegenheit aus, um daran zu erinnern, daß er gerade am Tag des Festes zu Ehren Hiobs geboren worden sei und es nicht gerade ein strahlendes Vorzeichen sei, ihn in seinem Elend als Symbol einsamer Verlassenheit zum Schutzpatron zu haben. Trotzdem legten sämtliche Umstände am Tag seiner Geburt den

68

Schluß nahe, daß sich der im Zeichen des Hiob geborene Nikolaus und sein später tatsächlich unheilvolles Schicksal nur langsam aufeinander zubewegten.

Eine lange und behütete Kindheit

Erst kurz vor der Geburt von Nikolaus II. war klar, daß er einmal Thronfolger werden würde, weil der älteste Sohn Alexanders II., Nikolaus, 1865 vorzeitig gestorben war. *Dennoch* erhielt Nikolaus II. nicht die bestmögliche Erziehung für sein künftiges Herrscheramt. Er wuchs als ältestes der fünf Kinder, darunter drei Brüder, des Großfürsten Alexander und seiner Frau, einer dänischen Prinzessin, in der spartanischen Atmosphäre auf, die sein Vater so schätzte. Dieser, der spätere Zar Alexander III., lebte äußerlich ein wirklich bescheidenes Leben. Er stand früh auf, bereitete sich sein Frühstück selbst zu und setzte sich danach ohne Verzug in seinem Büro zur Arbeit nieder; dieses frugale Leben verlangte er auch von seiner Familie. Die Bescheidenheit im Wohnstil, bei der Kleidung und beim Essen, die das Leben des Kindes Nikolaus bestimmte, behielt sein Vater Alexander auch nach seiner Thronbesteigung bei. Zu den die Erziehung des jungen Nikolaus besonders prägenden Umständen ist neben die Dürftigkeit, ja sogar Strenge der Lebensführung auch noch die ausgeprägte Gewohnheit seines Vaters zu stellen, sein Familienleben zu schützen, das heißt, öffentliches und privates Leben klar zu trennen. Das Leben der Großfürstin und späteren Zarin Maria bestand zum einen aus Kindererziehung und Haushalt; an den Regierungsgeschäften ihres Mannes, seinen Entscheidungen und Sorgen, war sie nicht beteiligt. Zum anderen aber liebte sie als strahlende und heitere Frau das gesellschaftliche Leben, veranstaltete Bälle und Feste und lenkte sich damit von ihrem entsagungsvollen Privatleben ab. So bekam der junge Nikolaus gleich zwei Vorbilder mit auf den Weg: vom Vater den Wunsch, das Familienleben in festen Bahnen und in äußerster materieller

Bescheidenheit zu führen, und von der Mutter den Geschmack an Vergnügungen und am gesellschaftlichen Leben.

Sehr bald aber überschattete Leid diese behütete und glückliche Kindheit im Geschwisterkreis, denn Nikolaus' jüngerer Bruder Alexander starb plötzlich. Als nächster Bruder folgte Georg, sein liebster Spielgefährte, dessen Fröhlichkeit und Scherze ihm stets sehr geholfen hatten. Georg war auf beiden Lungenflügeln an Tuberkulose erkrankt und mußte künftig in einem Sanatorium im Kaukasus leben. Daß er nicht mehr da war, bedeutete für Nikolaus den Verlust einer Kameradschaft, die ihren Einfluß auf ihn wahrscheinlich nicht verfehlt hätte.

1881 erlebte der künftige Herrscher, kaum fünfzehnjährig, hautnah die Gewaltbereitschaft seines Volkes, als der zerfetzte und mit abgerissenen Beinen im Todeskampf zuckende Leib seines Großvaters Alexander II. in den Zarenpalast gebracht wurde, wo sich die Familie um den Sterbenden versammelte. Nikolaus sollte diesen Moment nie mehr vergessen, weder dieses entsetzliche Ende, noch daß hier der »Befreier-Zar« lag, der sich gegen den Widerstand seines Adels für den Weg der Reformen entschieden hatte und sich dafür, wie Nikolaus daraus schloß, den Haß, eine lange Reihe von Attentatsversuchen und schließlich diesen grausamen Tod eingehandelt hatte, genau zu dem Zeitpunkt, als er weitere Reformen plante. Sein Vater, der dann Zar wurde, folgerte daraus die Notwendigkeit einer Richtungsänderung: Die Autokratie mußte gestärkt werden! Nikolaus war ohne Einschränkung bereit, ihm in dieser Überzeugung zu folgen – zum einen, weil er gegen seinen Vater nicht aufzumucken wagte, zum anderen, weil ihn seine gesamte Erziehung darauf vorbereitet hatte.

Eine Erziehung ohne Erzieher

Der neue Herrscher Alexander III. war eine widersprüchliche Persönlichkeit und übte auf seinen Sohn großen Einfluß aus. Schon seine äußere Erscheinung beeindruckte, denn er war ein sehr großer und mächtiger Mann von geradezu herkulischer Kraft, die er auch gerne demonstrierte: Zum Beispiel verbog er bei einem Essen ohne sichtbare Anstrengung eine massive Silbergabel und beantwortete damit die Andeutungen des österreichischen Botschafters, sein Land würde möglicherweise einige Armeekorps auf den erneut von Unruhen geschüttelten Balkan schicken. Darauf Alexander III., indem er die verbogene Gabel schwenkte: »Genau das werde ich mit ihrem Armeekorps veranstalten.« – Diese enorme Körperkraft läßt sich an einem anderen Beispiel noch besser demonstrieren: Nach einem Zugunglück drohte das Dach eines Waggons auf die darunter sitzende Zarenfamilie zu stürzen. Alexander III. reckte sich gleichsam als Stützpfeiler in die Höhe und drückte das Dach mit seinem Rücken nach oben, damit seine Familie entkommen konnte.

Diese Kraftnatur war im übrigen ein ruhiger, schweigsamer Mann, dessen liebste Entspannung in endlosen Waldmärschen oder in der Jagd bestand. Bescheiden bis zum Geiz, trug er seine Kleider, bis sie in Fetzen fielen; sein Kammerdiener wurde dabei gesehen, wie er auf seinen Befehl seine Pantoffeln flickte, um diesem nur ja nicht erlauben zu müssen, neue zu kaufen! Für ihn gab es nur eines: die Liebe zu Rußland und allem Russischen. Die Stärke seines Landes – das war sein Ziel.

Neben diesem Hünen bot Nikolaus ein relativ farbloses Bild. Nur mittelgroß, mit einem zwar hübschen Gesicht, machte er offensichtlich kaum Eindruck auf diejenigen, die ihn trafen. Er besaß die schönen Augen seiner Mutter, dazu großen Charme und auffallende Höflichkeit. Trotzdem ließen sich viele seiner Zeitgenossen nicht von ihrer Meinung abbringen, daß man ihn kaum bemerke.

Seine gesellschaftliche Erziehung ließ nichts zu wünschen übrig. Er tanzte sehr gut, ritt und lief ausgezeichnet Schlittschuh; er war ein begabter Jäger und hatte von seinem Vater die Lust an der Jagd geerbt. In den Salons von St. Petersburg und in seinem Regiment schätzte man ihn als angenehmen Begleiter bei allerlei Spaß und Vergnügen. Innerhalb seiner schulischen Ausbildung lag seine stärkste Begabung in den Fremdsprachen. Er wurde von so guten Lehrern unterrichtet, daß er in Englisch sehr wohl für einen Oxford-Absolventen gelten konnte; genauso ausgezeichnet sprach er französisch und deutsch. Aber hier endete seine eigentliche Ausbildung auch schon. Dieser Prinz, der im Gegensatz zu seinem Vater schon von Geburt an dazu bestimmt war, den Thron zu besteigen, erhielt als künftiger Monarch eine mehr als fragwürdige Erziehung. Und dies, obwohl die Vorgänger Alexanders III. im allgemeinen größten Wert darauf gelegt hatten, nur die besten Erzieher für den Zarewitsch zu finden. Katharina II. hatte La Harpe gebeten, die Erziehung ihres Enkels zu übernehmen, und Alexander II. hatte der große russische Dichter Jukowski unter seinen Fittichen. Bei Alexander III. jedoch hatte man in dieser Beziehung alles verpfuscht, denn seine Erziehung war in die Hände Pobedonoszews gelegt worden, der sich in der Zeit, als er seinen pädagogischen Aufgaben nachkommen sollte, den Ruf eines großen Juristen und Autors eines bedeutenden verfassungsrechtlichen Werkes erarbeitete. Es besteht kein Zweifel, daß der Erzieher des jungen Alexander ein in der Wolle gefärbter Konservativer war und seine enge Bindung an die russisch-orthodoxe Kirche mehr die nackte Bigotterie als einen reflektierten Glauben verriet. Bei einem solchen Lehrer erstaunt es deshalb nicht, daß Alexander III. kaum dazu neigte, in Begriffen der Veränderung des Bestehenden zu denken und – mit Blick auf das Ausland – über die Zukunft seines Landes nachzudenken. Wenn man ihn für schwerfällig hielt, was dessen einstiger enger Mitarbeiter und spätere Ministerpräsident Graf Witte übrigens zurückwies, so verdankte er dies doch zumindest teilweise seiner Erziehung.

Die Erzieher jedoch, die Alexander III. für den jungen Nikolaus aussuchte, übertrafen Pobedonoszew an Borniertheit oder Unfähigkeit noch bei weitem. General Danilowitsch beispielsweise kannte nur eine einzige Überzeugung – vielleicht auch Tugend: einen rigorosen Konservatismus. Pobedonoszew wiederum, der mehr denn je seiner Überzeugung folgte, daß der Status Rußlands allein von seiner geradezu blinden Bindung an die Autokratie und einer dem Herrscher unterworfenen Kirche abhängig sei, vermochte die geistigen Fähigkeiten des Zarewitschs noch weniger anzuregen, als es ihm bei dessen Vater gelungen war. Möglicherweise hätte die kurze Zeit, in der der bekannte Historiker Kljutschewski Nikolaus unterrichtete, dem Einfluß seiner anderen Erzieher entgegenwirken können – vielleicht, denn aufgrund seiner Erziehung konnte sich Nikolaus für gar keine andere Geschichtsbetrachtung Rußlands interessieren als für die unflexibelste, altertümlichste und von Autoritätsgläubigkeit triefende Form. Obwohl Nikolaus ein liebenswürdiger, disziplinierter und aufmerksamer Schüler war, deutete doch alles darauf hin, daß er im Unterricht nur mäßige Neugier entwickelte. Er war pflichtbewußt, kein Zweifel, aber relativ wenig interessiert. So jedenfalls tritt er uns in allen Beurteilungen entgegen, die wir über ihn besitzen.

Nikolaus wurde, wie bereits gesagt, von seinen Lehrern nur wenig auf seine künftige Rolle vorbereitet und zeigte auch selbst nur geringe Neigung, die oberflächliche Ausbildung durch persönliche Anstrengungen zu vervollständigen. Aber noch weniger ebnete ihm sein Vater den Weg für das spätere Herrscheramt; er hielt ihn nämlich stets von allen praktischen Regierungsaufgaben fern. 1886 wurde er mit achtzehn Jahren im Reichsrat *assoziiert* – das bedeutete hier soviel wie keinerlei praktische Befugnis oder Aufgabe. Tatsächlich langweilten Nikolaus die Sitzungen dieses aus Würdenträgern ohne Macht und Einfluß bestehenden Rats, und er beteiligte sich nie an irgendeiner Debatte. Sein Tagebuch belegt seine Gleichgültigkeit gegenüber einem Tun, das er für den reinen Formalismus hielt. Am 20. März 1890 notiert er zum Beispiel: »Ich bin in den

Ministerrat gegangen. Die Sitzung hat zwei Stunden gedauert«, oder am 9. April 1890: »Ich bin in die Sitzung des Reichsrats gegangen, die insgesamt zwanzig Minuten gedauert hat.« Man könnte noch viele weitere Eintragungen dieser Art zitieren, die sich allein in der Erwähnung der Tagesordnung erschöpfen.

Die einzige Aufgabe, der er sich mit einiger Aufmerksamkeit widmete, bestand nach der Hungersnot von 1891 in seiner Mitarbeit in einem Hilfskomitee für die Hungernden. Nikolaus war, ähnlich wie sein Vater, den russischen Bauern aufrichtig zugetan, und ihr Leiden ging ihm nahe. Hier fühlte er sich einer Aufgabe, die man ihm übertragen hatte, vermutlich einmal innerlich verbunden, aber das dauerte nicht lange. Seine politische Unerfahrenheit beunruhigte die Berater des Zaren, die sich fragten, wie Nikolaus dereinst den Thron besteigen sollte. Gerade Finanzminister Witte drückte diese Sorge, und so schlug er Alexander III. eines Tages vor, den Thronerben an die Spitze des neugeschaffenen Komitees für den Bau der Transsibirischen Eisenbahn zu berufen. Darauf der Zar bestürzt: »Was? Aber Sie kennen den Zarewitsch doch! Haben Sie jemals eine ernsthafte Unterhaltung mit ihm geführt?«

»Nein, Sire«, antwortete Witte, »ich hatte bisher noch nie das Vergnügen einer solchen Unterhaltung mit dem Thronfolger.«

»Aber er ist doch noch ein absolutes Kind und urteilt kindlich. Wie sollte er je ein solches Komitee leiten?«

»Dennoch, Sire, wenn Sie nicht damit beginnen, ihn in die praktischen Staatsangelegenheiten einzuführen, wird er sie nie kennenlernen.«

Als dieser Dialog stattfand, war Nikolaus immerhin schon fast vierundzwanzig Jahre alt! Obwohl Witte ihm sein Vertrauen schenken wollte und durchsetzte, daß Nikolaus zum Präsidenten des Komitees ernannt wurde, bestätigt das Tagebuch des künftigen Herrschers doch eher die Zweifel des Vaters. Unter dem 18. Februar 1892 findet sich folgende Notiz: »Ich habe zwei französische Ingenieure empfangen, die hierhergekommen sind, um am Bau der Transsibirischen Eisenbahn mitzuarbeiten. Es handelt sich um zwei Senatoren.« Weitere Informationen über die Aktivitäten des Zarewitschs innerhalb dieses Gremiums sind nicht bekannt.

Etwa zur gleichen Zeit wurde er – wahrscheinlich ebenfalls auf Betreiben Wittes – in den Finanzrat berufen. Was Nikolaus über diese Instanz schrieb, zeigt geradezu schlagend sein Desinteresse an wichtigen öffentlichen Fragen. Am 25. Februar 1892 notierte er nämlich: »Seit zwei Tagen bin ich Mitglied des Finanzrats. Viel Ehre, aber wenig Zustimmung. Vor der Sitzung des Ministerrats habe ich sechs seiner Mitglieder empfangen; ich muß gestehen, daß ich von dieser Institution nie etwas geahnt habe. Wir tagten sehr lange, bis Viertel nach drei. Deshalb habe ich mich verspätet und konnte die Ausstellung in der Akademie nicht mehr besuchen.«

Das politische Leben – welche Fron!

Noch weniger Interesse für das öffentliche Leben kann man kaum zeigen; dabei standen Nikolaus sämtliche Türen offen! Diese Gleichgültigkeit und Unwissenheit des Thronfolgers mußte man zunächst aber bei seinem Vater Alexander III. reklamieren, der seine Familie, inklusive seinen Erben, bewußt von den Regierungsgeschäften fernhielt. Er führte innerhalb seiner Familie ein straffes Regiment und ließ eigene Meinungen nicht zu. Die Erzieher, die er ausgesucht hatte, der Lebensstil der Familie, die ganz für sich allein lebte und mit persönlichen Dingen und Vertraulichkeiten sehr sparsam umging – all das trug ohne Zweifel dazu bei, daß sich der Thronfolger, außer im gesellschaftlichen Umgang, abkapselte.

Diese für einen künftigen Herrscher recht seltsame Erziehung läßt sich aus verschiedenen Gründen erklären:

Alexander III., selbst in jungen Jahren Zar geworden, dachte in den dreizehn Jahren seiner Regierung nicht, daß sich die Frage seiner eigenen Nachfolge so bald stellen würde. Er glaubte vermutlich, dem Thronerben werde genug Zeit zur Verfügung stehen, um sich mit den ernsten Problemen des Regierens vertraut zu machen. Außerdem ist offensichtlich, daß ihm aufgrund seiner eigenen Konstitution dieser kindlich-oberflächliche und in seiner Zerbrechlichkeit von ihm so unterschiedliche Prinz etwas suspekt schien.

Alexanders Auffassung von der Macht seines Amtes, das ihm in seinen Augen von Gott und der Kirche verliehen worden war, unterstellte alle seine Untertanen seinem Willen. Diesen Willen auszuüben betrachtete er als heilige und unbestreitbare Pflicht und akzeptierte darüber keinerlei Debatte, weder mit irgendeiner politischen Kraft noch gar mit dem Volk selbst.

Diese Auffassung einer eifersüchtig gewahrten Autorität vertrat er auch in seinem engsten Umkreis – Familie, vertraute Mitarbeiter und natürlich Thronfolger. Und wenn er ihn nie und zu nichts einbezog, so in der Tat deshalb, weil er, wie er Witte gegenüber äußerte, in seinem Sohn, der immerhin schon sein zwanzigstes Lebensjahr hinter sich hatte, nur das Kind erblickte; und wenn er ihn so sah, dann, weil er sich so viel Mühe gegeben hatte, ihn im Zustand der Kindlichkeit zu halten. Wenn es im Leben des letzten Zaren also etwas gab, das menschliches Verständnis verdient, so dies, daß er um eine echte Erziehung gebracht wurde, die ihn befähigt hätte, das Leben und seine Aufgaben nicht nur von seiner heiteren und leichten Seite zu nehmen.

Zum Thema »Pflichten« gehörten natürlich auch diejenigen als Kommandeur einer Gardekavallerieeskadron, die im Leben des Thronerben einen entsprechend großen Raum einnehmen sollten. Mit neunzehn Jahren wurde er zum Oberst im väterlichen Garderegiment ernannt. Er liebte Pferde und die Armee mitsamt ihren Legenden. Ganz besonders wohl fühlte er sich in den Eliteregimentern der Garde, wo nur der feine Duft der Aristokratie wehte und ihn warme Kameradschaft umgab. Unter den Offizieren und bei den rauschenden Abendveranstaltungen von St. Petersburg oder in Krasnoje Selo, dem großen Militärlager in der Nähe der Hauptstadt, bewegte er sich als der von allen respektierte Thronfolger und zugleich als verantwortlicher Angehöriger des Offizierskorps, der mit den anderen unbedingt die gleichen Pflichten und Vergnügungen teilen wollte. In einem Brief an seine Mutter, mit der ihn ein tiefes Einverständnis verband, notierte er seine Freude an militärischen Übungen, aber auch »an den fröhlichen Diners, wo wir kräftig genährt werden und danach die Spiele wie Billard, Karten, Domino« sowie an Trinkgelagen in besserer Gesellschaft. Denn der junge Mann, der in Gegenwart seines Vaters so steif und gezwungen wirkte, gab sich in der Armee als angenehmer Kamerad, der sich ohne Zurückhaltung gemeinsamen Freuden hingab: »Wir kosteten sechs verschiedene Portweinsorten und waren bei unserem Abschied etwas betrunken«, wie er seiner Mutter schrieb. Sein Vergnügen am Offiziersleben war so deutlich, daß ihm die Kaiserin, aufgeschreckt von der Vorstellung, er könne das Gefühl für seine Situation verlieren, Vorsicht empfahl: »Denken Sie stets daran, daß sich alle Blicke auf Sie richten und man aufmerksam Ihre ersten Schritte in einem unabhängigen Leben zur Kenntnis nehmen wird.«

Es stimmt schon, daß Nikolaus das Leben in der Armee mit seinen Statussymbolen liebte. Stets achtete er mit größter Sorgfalt auf sein einwandfreies Äußeres und seine innere Haltung als Gardeoffizier, und in Augenblicken größter Niedergeschlagenheit vermochte ihn die Armee immer aus seiner trüben Stimmung zu reißen. Als 1891 mehrere Mitglieder der Zarenfamilie starben, klagte er: »Dieses Jahr ist für unsere ganze Familie wirklich fatal gewesen ... Es ist ein grausames Jahr.« Da er echtes Mitgefühl empfinden konnte, weinte er bei jedem Todesfall, vertraute aber am 23. November gleichzeitig seinem Tagebuch an: »Heute findet das Fest der Gardeeskadron statt. Ich bedaure es unendlich, daß ich wegen meiner Trauer daran nicht teilnehmen konnte.« Nur wenige Tage später unter-

strich er bei einem vom Regiment Preobrajenski anläß-
lich der Einnahme von Taschkent organisierten Diner:
»Ich habe mich dabei amüsiert wie früher. Wir sangen alte
Lieder.«

Wie sein Vater war auch Nikolaus ein leidenschaftlicher
Jäger. Sein Tagebuch, so einsilbig es in bezug auf Staatsangelegenheiten auch ist, bietet sehr viele Jagderinnerun-
gen, zum Beispiel Details über die Zeit, die er dafür auf-
wendete, und die Voraussetzungen, die es ihm ermöglichen
sollten, sich diesem Sport zu widmen, in dem er Hervorragendes leistete. »Es macht mir Spaß, auf Vögel zu
schießen«, notierte er. Sein Tagebuch vom Dezember 1892
enthält fast täglich Berichte über seine Erfahrungen bei der
Jagd mit einer Hundemeute. Am 7. Dezember schrieb dieser gegenüber seiner Mutter so aufmerksame Sohn: »Meine arme Mutter fühlt sich nicht gesund. Sie hat Hals-
schmerzen und Fieber. Aber ich gefühlloses Tier bin um
fünf Uhr gegangen, um Elche zu jagen.«

Wenn sich dieses Tagebuch, das Nikolaus – im Geist seiner Zeit erzogen – sorgfältig führte, in bezug auf Rußland,
auf die Politik und die Lesegewohnheiten seines Verfassers
auch mehr als armselig erweist, so enthält es neben vielen Einzelheiten über seine militärischen Beschäftigungen
und die Jagdpartien, die seine Tage ausfüllten, doch auch
unzählige Eintragungen über andere Vergnügungen. Das
Porträt des Zarewitschs, das man daraus erstellen kann, ist
einfach: Es handelte sich um einen lebenslustigen jungen
Mann, der gerne Schlittschuh lief – eine fast tägliche Beschäftigung, soweit es das Wetter zuließ – und der sich gerne mit den Damen Voronzow traf, seinen charmanten
Freundinnen, die er komischerweise »Kartoffeln« nannte.

Zusammengenommen hielten ihn diese Belustigungen
früh von einer Pflicht ab, die er wenig mochte: »Um ein
Uhr bin ich in den Ministerrat gegangen. Dort diskutierte
man bis vier Uhr über Erdölleitungen im Kaukasus. Ich bin
etwas Schlittschuh gelaufen, wir haben zusammen mit den
Kartoffeln Tee getrunken und gejagt.« Einen Tag später,
am 21. Februar 1890: »Ich habe etwas weniger als eine

Stunde mit Puzyrewski verbracht [den er selbst engagiert hatte, damit ihn dieser in militärischer Taktik und Strategie unterrichtete], bin dann um halb zwölf Uhr zur Tante gegangen, um unser Schauspiel noch einmal zu üben. Auch Sasonow [ein Diplomat, der ihm später als Außenminister diente] war da und gab Ratschläge.« Und weiter: »Das Schlittschuhlaufen war heute sehr lustig. Die Sonne strahlte schon so warm wie im Frühling. Um acht Uhr haben wir kurz etwas gegessen und sind dann zu Sandro gefahren. Wir spielten Roulette, und ich habe neun Rubel verloren. Danach haben wir mit großem Vergnügen gespeist und gesungen.«

Der Bericht über den Verlauf dieses Tages ist typisch und ähnelt vielen anderen. Nikolaus erwähnt zwei ernsthafte Beschäftigungen: die – wie er selbst sagt – knappe Stunde mit seinem Kriegslehrer und das rein zufällige Treffen mit Sasonow. Aber kein Wort zu den »Ratschlägen«, die ihm der spätere Außenminister gab oder – ganz allgemein – zu ihrer Unterhaltung, obwohl sich Sasonow zu dieser Zeit besonders mit dem Problem der Meerengen herumschlug. Wie immer hingegen recht ausführlich die Notizen des Thronfolgers über seine Freizeitbeschäftigungen.

Er pflegte gerne darüber zu klagen, daß es ihn ermüde, wenn er zu einer Arbeitssitzung hinzugezogen werde, und wir finden von ihm übermäßig viele Eintragungen über seine Erschöpfung und sein ständiges Schlafbedürfnis – was sich wahrscheinlich auch mit den langen abendlichen Vergnügungen erklären läßt. Der Unterschied zwischen dem verbissenen Arbeiter Alexander III. und seinem Sohn, der ständig seine Müdigkeit betonte, war mit Händen zu greifen. Liegt darin einer der Gründe, warum der Zar von seiner Ansicht über die Unreife seines Sohnes nicht abging? Oder umgekehrt: Mußte der Erbprinz, der aus seinem unterhaltsamen Freizeitleben nie entlassen wurde, nicht schließlich alles als ermüdend empfinden, was ihn von diesem leichten Leben abhielt? Die Antwort ist nicht einfach. Es bleibt aber festzuhalten, daß der Zarewitsch bis zum

Hinscheiden seines Vaters der junge Mann blieb, der von den Realitäten eines Herrscherlebens und den auf ihn wartenden Aufgaben keinerlei Ahnung hatte und sich nur dem Vergnügen hingab. Wir erkennen an ihm auch keinerlei Neugier auf alles, was sich mit Kunst in Verbindung bringen läßt. Er erwähnte auch nie, was er las, und die Eintragung »Zeitungen gelesen« kommt in seinem Tagebuch sehr selten vor. Gut, manchmal ging er ins Theater oder besuchte ein Konzert oder sogar eine Ausstellung, aber man sucht in seinen Aufzeichnungen vergebens nach irgendeiner Reaktion oder Stellungnahme. Der Thronfolger hatte also nicht nur keine auf seine spätere Aufgabe vorbereitende Erziehung genossen, sondern schien sich auch noch in ein oberflächliches Leben zurückgezogen zu haben, das sich wahrscheinlich kaum von dem der »Jeunesse dorée« im Zarenreich unterschied, das aber einem künftigen Herrscher ganz sicher nicht zukam.

Nikolaus entdeckt die Welt ...
und »die Affen«

Die einzige Unterbrechung dieser seltsamen Erziehung, die eigentlich gar keine war, ereignete sich im Jahr 1890, als der Zar seinen Nachfolger offenbar für die Realitäten der Welt interessieren wollte, die ihn umgab. Alexander III. beschloß damals, Nikolaus auf eine Reise in den Orient zu schicken, auf der ihn zu seiner größten Freude der liebste Freund seiner Kindheit, sein Bruder Georg, begleiten sollte, für dessen Heilung die Ärzte auf einen Klimawechsel setzten. Man mag sich über die Richtung – nach Osten – wundern, in die die erste große Reise des künftigen Herrschers gehen sollte, während die russischen Interessen doch in erster Linie nach Europa wiesen. Man sollte aber nicht vergessen, daß das Projekt der Transsibirischen Eisenbahn Rußland auch zwang, sich in Richtung Pazifik zu orientieren. Ein weiterer Grund für die geplante Reiseroute in den Orient war, daß dort die beiden großen imperialistischen

Mächte Rußland und England um die Vorherrschaft stritten. Dort entschied sich das »große Spiel«, das dem Sieger den Weg nach ganz Asien öffnen würde.

Die Reise begann vielversprechend. In Athen bestieg die Gruppe, die sich aus den beiden Zarensöhnen, dem griechischen Thronfolger Georg und einigen russischen Aristokratensöhnen zusammensetzte, das Kriegsschiff *Pamjat Asowa*. Von Griechenland aus nahm es Kurs auf Ägypten. Dort segelte die Gruppe, die immer mehr Spaß an der Reise fand, auf der Yacht des Khediven den Nil hinunter, bewunderte die Tänzerinnen, von deren Schönheit Nikolaus schwärmte, und besichtigte die Dörfer der Fellachen, deren Monotonie er beklagte. Zweifellos war die Lust am Reisen und am Besuch fremder Länder im ausgehenden 19. Jahrhundert noch nicht so ausgeprägt wie heute, aber Reiseberichte gab es damals schon in beachtlicher Menge, die zeigten, daß ihre Autoren mit Verstand hinsahen und genau wiedergaben, was sie gesehen hatten. In dieser Hinsicht blieb das Tagebuch Nikolaus' II. erstaunlich trocken. Er begnügte sich mit der kommentarlosen Erwähnung von Landschaften und Tempeln, und niemand wird mit Sicherheit sagen können, daß sie ihn beeindruckt hätten. Später, in Indien, ließ er sich die einzige Bemerkung mit politischem Charakter auf der ganzen Reise entlocken, als er in Delhi notierte: »Es ist unerträglich, wieder von Engländern umringt zu sein und überall rote Uniformen zu sehen.« Wie sein Vater, so konnte auch Nikolaus die Briten nicht leiden. Seine Mutter, die bei ihm jede Stimmungsschwankung aufmerksam registrierte, reagierte sofort: »Sie müssen allen Engländern mit Höflichkeit begegnen, keine Mühe scheuen, um sie zu empfangen.« Worum sich die Zarin nämlich vor allem sorgte, war, wie sie schrieb, daß ihr Sohn einen stets perfekten Eindruck hinterließ. Diese Korrespondenz zwischen einer Mutter und ihrem fünfundzwanzigjährigen Sohn ist nicht weniger erhellend als die Äußerungen des Zaren gegenüber Witte: Auch für die Zarin war der Thronfolger nur ein Kind!

Die weitere Reise verlief weniger angenehm und schlug

beinahe in eine Katastrophe um. In Bombay wurde Georg, der sich ganz und gar nicht erholt hatte, schwer krank. Es blieb nichts anderes übrig, als ihn vom Schiff zu schaffen und wieder in den Kaukasus zurückzubringen. Der Zarewitsch, den der Reiseverlauf ohnehin wenig begeistert hatte, empfand darüber tiefe Enttäuschung. Trotzdem mußte die Reise fortgesetzt werden – Colombo, Singapur, Bangkok, Saigon, Hongkong, so lauteten die Stationen, und überall wurde der russische Thronfolger gefeiert. In Bangkok empfing ihn der König von Siam höchstpersönlich. In Saigon versammelte sich die gesamte französische Kolonie zu seiner Begrüßung. In Japan schließlich schien alles einfach, aber dort ereignete sich nach dem Besuch von Tokio, Nagasaki und den prachtvollen Tempeln von Kyoto eine Tragödie. In Otsu stürzte sich ein junger Japaner auf ihn und fügte ihm mit einem Säbelhieb eine stark blutende Schädelverletzung zu. Diese Episode war letzten Endes weniger schlimm, als man zunächst befürchten mußte. Die Wunde war zwar relativ tief, hinterließ eine Narbe und, wie es schien, Kopfschmerzen, aber das Gehirn war nicht in Mitleidenschaft gezogen worden. Den wahren Hintergrund dieses Attentats wird nie jemand erfahren, so daß es nur widersprüchliche Erklärungen gibt: Hatte hier ein Japaner aus Wut zugeschlagen, weil er das Benehmen des Prinzen in den heiligen Stätten respektlos fand? Handelte es sich um eine Tat aus Eifersucht, die ein zudringlicher Blick in Richtung einer jungen Japanerin provoziert hatte? Warum es zu dieser unüberlegten Tat kam, ist letzten Endes unwichtig; ihre Folgen hingegen verdienen eine genauere Betrachtung.

Seit 1881 hatten Nikolaus immer wieder die Erinnerungen an den zerfetzten Körper seines Großvaters und die Angst vor Attentaten geplagt, so daß sich durch den Angriff auf seine Person, den er soeben erlebt hatte, die frühere Furcht vor der lauernden Gefahr und die Notwendigkeit, sich ihrer zu erwehren, bei ihm bis zur Besessenheit steigerte. Nikolaus hatte sich übrigens nie für Asien oder Japan interessiert; er hatte die Reise weder durch Lektüre vorbereitet noch sich vorher Gedanken darüber gemacht. Er betrachtete Japan als eine fremde, unbekannte und feindliche Welt. Das Attentat verstärkte seine Aversion gegen ein Land, das er nie zu begreifen versucht hatte, und überzeugte ihn für immer und ewig, daß Japaner Wilde seien, die er von nun an voller Verachtung nur als »Affen« betrachtete. Diese Herablassung sollte sich später in seinem überheblichen und unklugen Verhalten während des russisch-japanischen Krieges wieder zeigen.

In St. Petersburg löste die Nachricht von dem Attentat zunächst Aufregung, dann Wut aus. Nachdem Alexander III. beruhigende Nachrichten über das Befinden seines Sohnes erhalten hatte, befahl er ihm das sofortige Verlassen eines so ungastlichen Landes. Nikolaus sollte bei seiner Rückreise darüber hinaus in Wladiwostok haltmachen, um dort den Grundstein für die Endstation der Transsibirischen Eisenbahn zu legen. Die Gefühle, die dieser entlegenste Teil des Reiches dem Zarewitsch einflößte, wirkten sich auf ihn nicht gerade vorteilhaft aus. Wladiwostok war mit seinem Gestank – es war bereits Schneeschmelze – und seinen baufälligen Häusern damals sicher keine Stadt, die diese Bezeichnung verdiente; es handelte sich eher um einen nur unzulänglich organisierten, aber bereits von Chinesen und Koreanern überschwemmten Grenzort. Wenn man nun die Antipathie des jungen Prinzen gegenüber allem Asiatischen bedenkt und auch seine Unfähigkeit, in diesem für ihn mit »Affen« bevölkerten Teil der Welt einen Chinesen von einem Japaner zu unterscheiden, ist die Hast, mit der er die ihm übertragene Aufgabe erledigte, leicht vorstellbar. Nikolaus wollte nur noch zurück nach St. Petersburg, dem Paradies der Zivilisation. Sobald er also den ersten Stein gelegt und an einigen Messen und Denkmalsenthüllungen teilgenommen hatte, verließ er die Stadt fluchtartig.

Was behielt er nun von der großen Rundreise zurück, die ja immerhin einige Monate gedauert hatte? Nun, er hatte die Annehmlichkeiten aller möglichen Fortbewegungsmittel kennengelernt: Kriegsschiff, Yacht, Kamel, Elefant,

Luxuszug. Er hatte viele Länder, unterschiedliche Menschen und verschiedene abwechslungsreiche Landschaften gesehen. Von all dem blieb bei ihm nur die Langeweile einer solchen Expedition haften und sein Wunsch, sie so rasch wie möglich zu beenden. Seine kurzen und oberflächlichen Notizen beweisen sein geringes Interesse an dem, was er sah. Man muß allerdings einräumen, daß diese Reise, in deren Verlauf der Erbe eines stolzen Thrones zwar großartig behandelt, er aber auch von allem anderen, was die von ihm besuchten Länder reizvoll machte, ferngehalten wurde, daß diese Form der Reise wenig Gelegenheiten für Abenteuer und Entdeckungen bot. Seine lustigen Begleiter waren ähnlich wie er sorglose, schlecht erzogene und an dem Erlebten nur mäßig interessierte junge Männer – mit Ausnahme der von Nikolaus in seinem Tagebuch mehrfach erwähnten ägyptischen Tänzerinnen. Nur Prinz Uchtomski besaß einige Kenntnisse über die Länder, die die Gruppe bereiste. Aber es schien sich offenbar niemand – und vor allem Nikolaus nicht – darum zu kümmern, dieses Wissen zu teilen.

Schließlich bleibt festzuhalten, daß diese Reise zwar einen Einschnitt in sein Leben, auch sein Gefühlsleben, bedeutete, worauf noch zurückzukommen sein wird, sie aber in keiner Weise dazu beitrug, seine Erziehungslücken zu schließen. Zudem regte sie ihn auch nicht dazu an, über die einer staatlichen Organisation zugrundeliegenden Prinzipien oder über die Unterschiede zwischen Völkern nachzudenken. Bei seiner Rückkehr nach St. Petersburg war Nikolaus mehr denn je überzeugt, daß sein Land mächtig und die geistigen Fundamente, auf denen sein politisches System ruhte, richtig gesetzt seien. Obwohl er viele Menschen gesehen hatte, die sich von seinen Landsleuten doch sehr unterschieden, hatte er sie, wenn überhaupt, nur flüchtig wahrgenommen und hielt deshalb unerschütterlicher denn je an seiner tiefen und aufrichtigen Verbundenheit mit dem russischen Bauern fest, den er im Vergleich zu den Ausländern, die er kennengelernt hatte, für das beste aller menschlichen Wesen hielt.

Von der Entdeckung der Liebe
zur endgültigen Liebe

Der Schatten des Vaters, der während seines Heranwachsens so schwer auf Nikolaus lastete, wirkte natürlich auch auf die Entwicklung seines Gefühlslebens ein. Nikolaus wuchs in einer Schar von Brüdern, Vettern, Kusinen sowie jungen und hübschen Freundinnen auf. Nur in dieser Begleitung Gleichaltriger, die er liebte und bei denen auch er sehr beliebt war, fühlte er sich richtig wohl. Aber diese Jahre bedeuteten auch die Zeit des ersten Verliebtseins, und hier entwickelte sich quasi unter den Augen des Vaters seine erste romantische Beziehung, die einzige übrigens, die vor seiner Hochzeit und der dann sein ganzes Leben beherrschenden Liebe zählte.

Im Jahr 1890 war Nikolaus zweiundzwanzig Jahre alt. Den Silvesterabend verbrachte er bei einem glanzvollen Ball mit seiner Familie. An dieser Veranstaltung nahmen auch die Schülerinnen und Schüler der kaiserlichen Ballettschule teil. Sie tanzten vor der Zarenfamilie, was für ihre Zukunft nicht unwichtig war. Bei dem anschließenden Souper traf Nikolaus jene siebzehnjährige Ballerina namens Mathilde Kschessinskaija, die sich für eine gewisse Zeit in seinem Herzen einnisten sollte. Sie war der Star dieser Abschlußklasse, außerordentlich begabt, lebhaft und graziös. Sie wurde vom Zaren begrüßt und saß zunächst an seiner Seite; später, als dieser das Fest verlassen hatte, fand sie sich neben Nikolaus wieder. Hatte Alexander III. dieses Treffen absichtlich herbeigeführt, um die Erziehung seines Sohnes zu vollenden? Auf jeden Fall wäre dieses Treffen folgenlos geblieben, wenn sich die Tänzerin nicht so hartnäckig bemüht hätte, den Thronfolger wiederzusehen. Weil Nikolaus sehr streng erzogen war und weil er fürchtete, daß ihre Aktivitäten ihn seinem eigenen Kreis (Gardekavallerie oder enge Freunde) entwöhnen könnten, verhielt er sich passiv. Nicht so die junge Ballerina. Sie traf den Zarewitsch in Krasnoje Selo wieder, wo die Truppe im Theater des Militärlagers auftrat. Die beiden jungen Leute sahen sich, solange Nikolaus im Lager weilte, täglich. Danach, und auch hier muß seine Ängstlichkeit oder auch natürliche Lässigkeit konstatiert werden, bemühte er sich kaum um eine Fortsetzung dieser Beziehung, die ihn, wie sein Tagebuch bezeugt, herzlich wenig berührte. Nachdem er sich von Mathilde in Krasnoje Selo verabschiedet hatte, traf er das junge Mädchen ein ganzes Jahr lang nicht mehr; damals trat er seine Fernostreise an, die sein Vater beschlossen hatte. Nichts aber deutet darauf hin, daß er das Gefühl empfunden hätte, eine echte Liebe zurückzulassen.

Und so war es auch, denn sein Herz schlug bereits für eine andere Frau. Bei seinem Onkel, dem Großfürsten Sergej, hatte er die Prinzessin Alix von Hessen-Darmstadt kennengelernt. Sie war vier Jahre jünger als er und eine Schwester der Gemahlin des Großfürsten. Die beiden jungen Leute fühlten sich zwar zueinander hingezogen, aber sonst trennte sie alles. In den Augen des Zaren wies diese Prinzessin nur Fehler und Mängel auf. So stammte sie zunächst aus einer wenig bekannten Familie, während Alexander III. sich von der Hochzeit seines Sohnes auch die Gelegenheit zur Anbahnung einer nützlichen und glänzenden politischen Verbindung versprach. Außerdem war Alix Deutsche, was weder der Zar noch die Zarin schätzten; die Zarin vor allem empfand eine heftige Abneigung gegenüber allem Deutschen. Darüber hinaus war das Haus Hessen von schweren gesundheitlichen Problemen belastet. In seiner Ahnenreihe hatte es immer wieder Fälle von Bluterkrankheit gegeben, die damals weniger bekannt war als der Hang der Großherzöge von Hessen, sich mit Ärzten zu umgeben. Die Frauen dieses Hauses verfielen oft in düsteren, exzessiven und beunruhigenden Mystizismus. Es war also zu vermuten, daß Prinzessin Alix über Erbanlagen verfügte, die sie nicht gerade zur Frau des künftigen Zaren prädestinierten. Ihre ältere Schwester Elisabeth hingegen, eine bemerkenswerte Frau, war am russischen Hof vorbehaltlos aufgenommen worden.

Im Gegensatz zu ihrer Schwester hatte die junge Alix bei

ihren Aufenthalten in Rußland allerdings keinen großen Eindruck hinterlassen. Schön, aber schlecht zurechtgemacht und übernervös, was sich sofort in roten Flecken in ihrem Gesicht und auf ihrem Nacken bemerkbar machte, wurde sie überall mit ihrer Schwester verglichen und sofort kritisiert. Eingedenk einer so wenig wünschenswerten Verbindung rang sich das Herrscherpaar dazu durch, die Romanze zwischen dem Zarewitsch und der Tänzerin Mathilde wohlwollend zu betrachten. Dann schickte ihn der Vater auf jene Reise quer durch den Nahen, Mittleren und Fernen Osten, weil er sich, wie auch die Zarin, davon erhoffte, daß ihn dies sowohl von der Tänzerin als auch von der Prinzessin ablenken und ihn dazu bringen würde, eine den elterlichen Wünschen gemäßere eheliche Verbindung einzugehen. Aber das war verlorene Liebesmüh.

Bei seiner Rückkehr aus Fernost stellte der Thronfolger, dem seine Eltern verboten hatten, um die Hand Alix' von Hessen anzuhalten, wieder eine engere, aber letzten Endes oberflächliche Verbindung zu Mathilde Kschessinskaija her – sein Herz war eben schon vergeben. Lange Zeit konnten seine Eltern neben ihren persönlichen Vorbehalten ein religiöses Argument anführen: Die Prinzessin war Protestantin, während für eine Zarin nur das russisch-orthodoxe Glaubensbekenntnis in Frage kam. Plötzlich aber fielen sämtliche Hindernisse in sich zusammen. In St. Petersburg verschlechterte sich der gesundheitliche Zustand des Zaren rapide, was ihn zum Nachdenken über die Thronfolge zwang, und die Prinzessin plante, zum orthodoxen Glauben überzutreten. Der kranke Zar war sich wohl bewußt, daß er seinen Nachfolger nicht im geringsten auf einen Wechsel an der Spitze des Reiches vorbereitet hatte, wußte aber gleichzeitig auch, daß keine Zeit mehr blieb, um die Folgen seiner ungenügenden Erziehung zu heilen. Deshalb beschloß er, wenigstens das Problem der Heirat seines Sohnes noch zu regeln. Da dem Zarewitsch keine andere gefiel, willigte Alexander III. schließlich wider besseres Wissen in eine Verbindung ein, die er, wäre er nicht so krank gewesen, niemals akzeptiert hätte. Wahrscheinlich hatte Großfürstin Elisabeth ihren Teil dazu beigetragen, um ihn zu erweichen.

Am 4. April 1894 reiste Nikolaus nach Coburg. In seinem Gefolge befand sich neben Großfürst Sergej und seiner Frau auch der Hofprediger, der die Prinzessin auf ihren Glaubensübertritt vorbereiten sollte. In Coburg erwartete ihn nicht nur die großherzogliche Familie, sondern auch Königin Victoria, die bei der früh verwaisten Alix praktisch die Mutterstelle einnahm und sie von all ihren Enkeln am meisten liebte. Am 8. April 1894 notiert Nikolaus: »Ein herrlicher, unvergeßlicher Tag in meinem Leben; heute habe ich mich mit meiner lieben, unvergleichlichen Alix verlobt.« Von nun an zählt das bisher stets so trocken geführte Tagebuch nur noch die Treffen mit Alix und ihrer beider Eindrücke über all das auf, was um sie herum geschah. So unfähig sich Nikolaus bei seiner langen Reise gezeigt hatte, auch nur eine Eigenschaft der Länder und Menschen niederzuschreiben, die er gesehen hatte, so weitschweifig beschrieb er nun Blumen, die er entdeckte und bewunderte, oder ihre Spaziergänge. Der Thronfolger war wie verwandelt; er offenbarte plötzlich seine Gefühle und zeigte sein unendliches Glück.

Das Ende Alexanders III.

Nach seiner Rückkehr nach Rußland verbrachte der Zarewitsch viel Zeit damit, seiner Verlobten zu schreiben und seinem Tagebuch anzuvertrauen, wie sehr er unter ihrer Abwesenheit litt. Zwei Monate später erlaubte ihm sein Vater, nach England zu reisen, wo sich Alix bei Königin Viktoria aufhielt. Das Tagebuch bezeugt diese vier Wochen voll Glück. Dann brachte ihn die Yacht »Polarstern« nach Rußland zurück, wo die Krankheit Alexanders den Seinen und insbesondere Nikolaus Anlaß zur Sorge bot. Finanzminister Witte betont in seinen Memoiren den Wunsch des Zaren, seinen gesundheitlichen Zustand zu verschleiern, denn »in der Zarenfamilie herrschte die eigenartige Gewohnheit, nicht einzugestehen, daß man krank ist«, und man empfinde dort »äußersten Widerwillen gegen jede Art von ärztlicher Behandlung«. Da das Leiden aber fortschritt – anhand des Tagebuchs von Nikolaus können wir jede Etappe genau verfolgen –, wurde der Zar auf die Krim gebracht und mußte hinnehmen, daß sich Ärzte in großer Zahl um ihn scharten.

Dort, bereits am Ende seiner Kräfte, gab er den Wünschen seines Sohnes nach. »Papa und Mama haben mir erlaubt, meine liebe Alix von Darmstadt hierherkommen zu lassen«, notierte Nikolaus am 5. Oktober 1894. Der Zar war offensichtlich vom Tode gezeichnet. Ganz Rußland dachte damals zu eine Erscheinung, die sich einige Monate früher, zu Ostern 1894, ereignet hatte und sich auch als unheilvolles Vorzeichen interpretieren ließ. Im Winterpalais waren plötzlich und aus unerfindlichen Gründen sämtliche Lichter erloschen. Abergläubisch wie alle Russen, erinnerte sich die Zarenfamilie plötzlich an diesen Vorfall. Abergläubisch und religiös – nun war eher der Geistliche gefragt als der Arzt. Pater Janyschew, der Hofkaplan, wich nicht mehr vom Bett seines berühmten Beichtkindes; man berief sogar Pater Johann von Kronstadt, dem der Ruf vorauseilte, Wunder vollbringen zu können, an das Bett des Todkranken. Wie stets in tragischer Stunde der russischen Geschichte vermischte sich der Glaube mit allem möglichen, aber nicht mit ausgesprochen orthodoxen Glaubenshandlungen. Bei Alexander sollte sich jedoch kein Wunder ereignen.

Obwohl Nikolaus mit Alix die ganze Sorge und Verzweiflung teilte, war sie es, die ihn in diesen Augenblicken ebenfalls unter einen gewissen Druck setzte: Eine Bemerkung seiner Verlobten einige Tage vor dem Tod des Zaren, die unter dem 15. Oktober 1894 in seinem Tagebuch steht, wirft ein deutliches Licht auf die Beziehungen zwischen den beiden Verlobten und die Position von Alix gegenüber der Zarenfamilie: »Mein liebes Kind ..., sei stark und weise Dr. Leyden und den anderen Arzt G. an, daß sie Dich jeden Tag aufsuchen, Dir über den Zustand des Kranken berichten und Dir genau sagen, was er ihrer Meinung nach tun sollte, so daß Du immer der erste bist, der es erfährt ... Laß die anderen nicht die ersten sein und Dich beiseite drücken. Du bist der liebe Sohn Deines Vaters, man muß Dir alles sagen und Dich über alles befragen. Zeige Deinen eigenen Willen, die anderen dürfen nicht vergessen, *wer Du bist.*«

Wahrscheinlich machte die Ängstlichkeit Nikolaus' und sein unreifer Umgang mit seiner Familie die Prinzessin betroffen. Vermutlich erinnerte sie sich auch des zurückhaltenden Empfangs, der ihr aufgrund der Tatsache zuteil geworden war, daß sie sich nur wegen des sterbenden Zaren auf der Krim befand. Dennoch darf weder ihr mütterlicher Ton noch die Tatsache übersehen werden, daß auch sie Druck auf Nikolaus ausübte.

Dem sah er sich in diesen entscheidenden Stunden auch von seiten Pobedonoszews ausgesetzt. »Er ist zu mir gekommen«, liest man im Tagebuch, und der Thronerbe führte mit ihm eine lange Unterredung.

Damit haben wir also alle Personen beisammen, die genau zu dem Zeitpunkt handeln werden, wenn sich der ängstliche Thronfolger, der daran gewohnt war, für alles die Erlaubnis seiner Eltern einzuholen, in wenigen Augenblicken als der absolute Herr über ein riesiges Reich wiederfinden würde.

Alexander III. verschied am 20. Oktober. »Er starb wie ein Heiliger«, notierte sein Sohn am Abend dieses für ihn so entscheidenden Tages. Der Tod des Herrschers beeindruckte das ganze Volk, das damit nicht tatsächlich gerechnet hatte, aber man empfand ihn nicht als das Ende eines Heiligen; vielmehr weckte er bei vielen Russen eine plötzliche Hoffnung auf die Wende hin zu mehr Freiheit.

Es war notwendig, von Nikolaus ein etwas subtileres Porträt zu zeichnen, bevor er den Zarenthron bestieg. Denn damit endete wenn auch nicht gerade die Zeit seiner Ausbildung, so doch die Phase einer für ihn bedrückenden Autorität, die immer auf ihm gelastet und ihn vermutlich an der Entfaltung seiner Persönlichkeit gehindert hat: Vom

90

20. Oktober 1894 an entscheidet Nikolaus über alles allein und hält sich dabei ständig an seine Verlobte. Dabei entlarvt sein Tagebuch – nun nicht mehr das eines Thronfolgers, sondern eines Herrschers – einen Charakter, den die Ereignisse, die ihn an die Macht brachten, nicht verändert oder, anders ausgedrückt, nicht befreit haben. In seinen Tagebuchnotizen kommen in dieser Zeit nur zwei Themen vor: verständlich das erste, nämlich die Beisetzungsfeierlichkeiten für den verstorbenen Zaren, und zweitens seine Verlobte.

Der Zar ist tot! Es lebe der neue Zar!

Die Beisetzung Alexanders III. stellte die Organisatoren vor große Probleme, denn, wie es schien, hatte man dafür noch keinerlei Vorbereitungen getroffen. Sein Tod weitab von der Hauptstadt, in Lidavia, komplizierte die Situation zusätzlich. Die langen und zahlreichen orthodoxen Einsegnungsriten dort beanspruchten über eine Woche; laut und deutlich und für jedermann sichtbar begleiteten sie den Totenzug dann quer durch die Ukraine, nach Moskau und schließlich auch nach St. Petersburg. Die ganze Zeit über war Nikolaus bei aller Trauer um seinen Vater weitaus mehr mit der Sorge um seine »liebe Alix« beschäftigt. Er hätte seine Hochzeit gerne beschleunigt und in ganz kleinem Kreis geheiratet. Angesichts des Widerstands der einflußreichsten Mitglieder der Zarenfamilie, seiner Onkel, stellte er seine Heiratspläne jedoch wohl oder übel zurück. Sie hatten ihn überzeugt, daß eine Zarenhochzeit groß und prachtvoll gefeiert werden müsse und es nicht angehe, Trauer- und Hochzeitsfeierlichkeiten miteinander zu vermischen: »Mama, mehrere Personen und ich würden es begrüßen, die Hochzeit zu feiern, solange Papa noch unter dem Dach dieses Hauses ist. Aber alle Onkel sind dagegen und sagen, ich dürfte erst nach seiner Beisetzung heiraten. Das erscheint mir absolut unpassend« (22. Oktober).

Die Prinzessin trat währenddessen zum orthodoxen Glauben über und nahm ihren neuen russischen Namen Alexandra Fjodorowna an. Diese Konversion fand statt, während sich die Leichenbalsamierer ans Werk machten und ein Orkan über dem Schwarzen Meer tobte, und diese Vorzeichen entsprachen den dunklen Gefühlen, die die junge Prinzessin stets und überall begleiteten. Besonders grausam quälten sie sie, als der Trauerkonvoi sich vier Stunden lang durch St. Petersburg von der Kathedrale bis zur Peter-und-Paul-Festung, der Grablege der Romanows, bewegte. Als sie hinter dem Trauerzug und der Familie allein und schwarz verschleiert schritt, raunte die Bevölkerung über die neue Großfürstin nur: »Sie kommt hinter einem Sarg zu uns.«

Alexandra wußte um das Bild, das die Gesellschaft von ihr verbreitete, und es war ihr nicht gleichgültig. Am Vorabend ihrer Hochzeit, die eine Woche nach der Beisetzung stattfand, beklagte sie sich bitter darüber: »So also sieht meine Ankunft in Rußland aus. Unsere Hochzeit erscheint mir wie eine Fortsetzung der Trauermessen, gerade einmal mit dem Unterschied, daß ich dort ein weißes statt eines schwarzen Kleides trage.«

Und Nikolaus? Ein Thronfolger zwischen Weinerlichkeit und Ungeduld, endlich heiraten zu können, der vor den Autoritäten seiner Familie zurückweicht, obwohl er bereits Herrscher ist: Die Gewohnheit, den Meinungen der Familie zu folgen, behielt er bei. Demgegenüber eine Prinzessin, die sich sicher von dem geliebt fühlen durfte, den sie heiraten würde, aber nur widerwillig vom größeren Teil der Zarenfamilie angenommen, allein und zu allem Überfluß bereits kränkelnd. Das Tagebuch Nikolaus' quoll während der gemeinsamen Tage in Livadia über vor Eintragungen über die Schmerzen, die Alix in ihren Beinen spürte, oder ihre Schwierigkeiten, sich aufrecht zu halten oder gehen zu können. Die Befürchtungen des verstorbenen Zaren über die Erbanlagen des Hauses Hessen erwiesen sich in Livadia doch als nicht ganz unbegründet. Und im Gefolge des Zaren beobachtete man voll böswilliger Genugtuung, wie das schöne Gesicht Alexandras binnen kurzem verfiel und von roten Flecken bedeckt wurde, die körperliche Schwäche und Verwirrung verrieten. Bis auf den Verlobten fand niemand, daß dieser Hochzeit Glück beschieden sein würde. Aber darüber im Tagebuch kein Wort.

Wie Witte ja bereits gezeigt hatte, bestand innerhalb der Zarenfamilie die Neigung, Müdigkeit und verschiedene andere Übel zu verschleiern, während Nikolaus sich in diesem Punkt eigenartigerweise von den Seinen unterschied. Er tendierte häufig dazu, über körperliches Unwohlsein zu klagen, vor allem über Erschöpfung nach Schulstunden oder anstrengenden Gesprächen und über Kopfschmerzen nach mancher Festivität oder als Folge des japanischen Säbelhiebs, aber diese Klagen in seinem Tagebuch stammen aus früheren Zeiten. Die Unpäßlichkeiten seiner Braut nun erstaunten Nikolaus nicht – im Gegenteil, er betonte sie. In einer Umgebung, die sich in bezug auf Krankheit so abweisend und schamhaft verhielt wie die Zarenfamilie, stellten Nikolaus und Alexandra die Ausnahme dar, so als ob sich bereits der Fluch ankündigte, der sie mit der Hämophilie des Zarewitschs eines Tages treffen würde.

* * *

Aber kurz vor der Hochzeit konnte sich niemand diesen Alptraum vorstellen. Im Angesicht des Kummers, den der Tod des Vaters für ihn zweifellos bedeutete, und befreit von einer ständigen Bevormunderei, die die Jahre seiner Adoleszenz und seines jungen Erwachsenenseins belastete, und auch in Anbetracht der Tatsache, daß er die Frau, die er sich früh ausgesucht hatte, schließlich gegen den Willen seiner Familie auch geheiratet hatte – wofür er seine erste echte Auseinandersetzung durchstehen mußte –, war Nikolaus nun endlich in der Lage, sich zu behaupten. Das erste Problem, das sich ihm nach den Trauerfeierlichkeiten stellte, bestand in seiner künftigen Machtfülle und in der Frage, in welche Richtung er sie lenken wollte. Die Gesellschaft, zumindest ihre liberalen Teile, die nur die char-

93

mante und freundliche Seite ihres neuen Herrschers kannte, weil man ihn vom politischen Handeln ja bisher ferngehalten hatte, erhoffte sich von ihm vor allem den Wandel.

3. KAPITEL

Der Colbert Rußlands

1894 war der neue Zar sechsundzwanzig Jahre alt. Er übernahm ein Land, dessen alltägliche Realitäten er kaum kannte. Vielleicht liegt darin die Erklärung für das vernichtende Urteil des damaligen Innenministers Peter Durnowo, einer im übrigen nicht sehr schätzenswerten Persönlichkeit. Als er den Finanzminister Witte zu seiner Meinung über den neuen Zaren befragte, meinte dieser: »Seine gute Erziehung überdeckt seine ganze Unfähigkeit. Hoffen wir, daß unser junger Monarch seinen Beruf noch gut lernen wird.« Darauf erwiderte Durnowo: »Ich fürchte, Sergej Juljewitsch, daß Sie sich über unseren jungen Zaren täuschen. Ich kenne ihn besser als Sie, und ich will Ihnen sagen, daß uns seine Regierungszeit sicher manches Unglück bescheren wird. Merken Sie sich meine Worte: Nikolaus II. ist nur eine Neuauflage Pauls I.«

An das Zerrbild des unglücklichen Sohnes von Katharina II. dachte eigenartigerweise nicht nur Durnowo. Der »Prince of Wales«, der spätere Eduard VII., vertrat aufgrund einer sicher nicht eingebildeten äußeren Ähnlichkeit zwischen Nikolaus II. und Paul I. eine ähnliche Meinung. Und dieser Vergleich gibt Anlaß zur Sorge, weil die Anspielung auf das tragische Geschick Pauls I. beweist, daß allseits gewisse Ahnungen die Thronbesteigung des neuen Zaren begleiteten.

*　*　*

Natürlich unternahm Nikolaus seine ersten Gehversuche in einer Atmosphäre der Trauer. Aber der Thronbesteigung eines neuen Monarchen geht immer die Trauer um den Verstorbenen voraus: »Der König ist tot! Es lebe der König!« Diese Formel bezeichnet den kurzen Übergang von der Trauer zur Hoffnung, von der Vergangenheit zu einer verheißungsvollen Zukunft. Dennoch ließ sich kaum übersehen, wie tieftraurig sich die neue Herrschaft anließ. Selbst wenn einige der Tragödien, die sie begleiteten, gar nicht ungewöhnlich waren.

Die Hochzeit von Alexandra und Nikolaus verlief problemlos und schien die düsteren Ahnungen zu widerlegen, die bis dahin zu hören waren. Aber die Katastrophe, die der Krönung folgte, ließ die tragische Vision der neuen Herrschaft wieder aufleben und nährte die dunkle Feindseligkeit gegen die neue Zarin.

Die Tatsachen sind zu bekannt, um hier noch einmal ausgebreitet werden zu müssen. Ganz kurz sei nur erwähnt, daß sich nach der pompösen, dem byzantinischen Ritual folgenden kirchlichen Zeremonie (die Zarin nahm auf einem Elfenbeinthron Platz, den Sophia Palaiologa anläßlich ihrer Trauung mit Iwan dem Schrecklichen 1472 nach Rußland gebracht hatte) die Feierlichkeiten an den Hof in Moskau verlagerten, der sich versammelt hatte, um die Glückwünsche der Bevölkerung entgegenzunehmen. In dem weiten Hof der Kodynka, der, wie man dachte, ausreichend Platz bot, hatte man ein Volksfest organisiert, um nicht nur die Moskowiter, sondern auch die von überall her strömenden Neugierigen zu fassen. Eine ungeheure, jede Planung weit überschreitende Menschenmenge, Betrunkene und das Fehlen von terrainsichernden Vorsichtsmaßnahmen, um jeglichen Unfall zu verhindern – dies alles wirkte zusammen, um die Menschenmassen in die Tiefe stürzen zu lassen, wo sie sich in den Gräben zu Tode trampelten; durch die zusätzlich ausbrechende Panik wurden um so mehr hinabgestoßen, und am Ort des Geschehens gab es auch keinen Ordnungsdienst, der das Unglück hätte verhindern können. Als die eiligst alarmierte Polizei und die Kosaken schließlich erschienen, war alles zu spät: Es gab ungezählte Tote und Verwundete. Am Abend dieses Tages, der eigentlich die Apotheose der Krönung hätte darstellen sollen, konnten die hoffnungslos überbelegten Krankenhäuser niemanden mehr aufnehmen. Über diese Katastrophe empörte sich die ganze Stadt und später auch das gesamte Reich.

War es unter diesen Umständen wirklich notwendig, daß sich die Hoheiten auf den Ball des französischen Botschafters, des Grafen von Montebello, begaben, weil sie ihre Teilnahme zugesagt hatten? Wie häufig in ähnlichen Fällen entwickelten sich die folgenden Ereignisse aus einem Mißverständnis oder eher aus mangelnder Absprache. Weil das Herrscherpaar am Ball teilnehmen mußte, wagte der Graf nicht, es nach den Ereignissen wieder auszuladen. Nikolaus und seine Frau wiederum hofften auf eine Initiative von französischer Seite und wagten dann, als keine erfolgte, ihrerseits nicht abzusagen, und so eröffneten sie bleich und angstvoll, aber anwesend, den Ball mit einer Quadrille. Daß sie auf diesem Ball ein Martyrium durchlebten, braucht nicht bezweifelt zu werden. Kaum hatten sie diese in ihren Augen bittere Prüfung hinter sich, eilten sie an die Betten der Verwundeten. Aber eine Gesellschaft neigt eher dazu, Tatsachen zu konstatieren, als nach deren tieferen Gründen zu suchen. Was also von dieser tragischen Nacht im Bewußtsein der Bevölkerung haftenblieb, war die Erinnerung an den Ball – sie blieb unvergessen. Und wenn Nikolaus II. in den Anfängen seiner Regierungszeit beliebt war, was im übrigen für jeden neuen Zaren zutraf, so bekam die Zarin die ganze Wucht der allgemeinen Empörung zu spüren. Damals begann man über sie als »die Deutsche« zu sticheln, obwohl jene, die sie kannten, genau wußten, daß Alexandra gerade alles Deutsche verabscheute. Für das Volk zählte nur, daß sie mit Mühe einige Brocken Russisch radebrechte und sich mit dem Zaren in einer fremden Sprache – Englisch, der wahren Muttersprache Alexandras – unterhielt. Aber ob Englisch oder Deutsch – in den Augen ihrer Untertanen bestand zwischen diesen beiden Sprachen nur ein marginaler Unterschied.

Die Katastrophe, die die Krönungsfeierlichkeiten begleitet hatte, war ganz sicher nichts Herausragendes, und sie bedeutete absolut nicht, daß besonders auf Rußland ein Fluch lastete. Viele europäische Monarchen hatten während ihrer Regierungszeit ähnliche Unglücksfälle erlebt. Aber wer kümmerte sich in Rußland überhaupt um solche Vergleiche? Deshalb hielt sich der Eindruck, daß das Herrscherpaar keinerlei Mitgefühl für das leidende Volk empfinde. Da der Zar noch außerhalb der Kritik stand, mußte man die Verantwortung der Zarin aufbürden, was um so leichter war, als die Erinnerung an ihre Ankunft in Rußland mit dazu beitrug, sie zur Inkarnation des Unglücks zu stempeln. Der Satz »Der Tod begleitet sie« war noch einige Monate vor dem Unglück nur ängstlich geflüstert worden; nach der Krönung aber wurde er lauter vernehmbar.

Wieder einmal muß nach den Einflüssen gefragt werden, denen sich der Zar innerhalb der eigenen Familie ausgesetzt sah. Organisiert hatte die Feierlichkeiten sein Onkel Sergej, inzwischen auch sein Schwager. Nach der Katastrophe hätte man die Frage nach der Verantwortlichkeit stellen und streng vorgehen müssen. Aber durfte man gegen ein Mitglied der Zarenfamilie ein Ermittlungsverfahren einleiten? Auf diese schwierige Frage war Nikolaus II. nicht vorbereitet. Darüber hinaus hatten sich alle vier Onkel gegen ein Nichterscheinen des Herrscherpaares auf dem Ball ausgesprochen. Nikolaus II. war es gewohnt, auf sie zu hören, und hatte sich ihrer Meinung, wenn auch widerwillig, wie wir wissen, angeschlossen. Er war einfach noch unerfahren, während sich seine Onkel, die Brüder seines Vaters, auf die Autorität des verstorbenen Zaren beriefen. Die ersten Regierungsjahre Nikolaus' II. ließen ihren Einfluß denn auch deutlich spüren.

Autokratie ohne Grenzen

Als Zar mußte Nikolaus II. seine Politik genau definieren. In seiner Umgebung und im Land rumorte es; jeder fühlte, daß die Zeit für eine einschneidende politische Umorientierung günstig war. Die Hungersnot von 1891 hatte in der Gesellschaft einen Schock ausgelöst, dessen Auswirkungen fühlbar wurden, sobald Alexander III. gestorben war.

Anläßlich der Thronbesteigung des neuen Zaren unterbreitete ihm der Semstwo von Twer einen Aufruf, »die Stimme des Volkes zu hören und seine Glückwünsche entgegenzunehmen«. Sofort tauchte Pobedonoszew bei Nikolaus II. auf und bereitete für ihn eine Antwort dergestalt vor, daß der Oberprokuror des Heiligen Synods diesen Appell als eine Bewegung denunzierte, die die Autokratie direkt bedrohte. Diese Antwort mußte sehr rasch erfolgen, weil der Herrscher Delegationen aus dem Adel und den Städten empfangen mußte, die alle deutlich ihren Wunsch zum Ausdruck brachten, daß Nikolaus die bisherige Politik fortsetzen möge. Seine Antwort, die Nikolaus mit sicherer Stimme von Anfang bis Ende vom Blatt las, erstaunte die Anwesenden: »Ich bin sehr glücklich, hier die Repräsentanten aller politischen Klassen zu sehen, die gekommen sind, um als loyale Untertanen ihren Gefühlen Ausdruck zu verleihen. Ich glaube an die Aufrichtigkeit dieser Gefühle, weil sie im Herzen jedes Russen wurzeln. Aber ich habe gehört, daß in einigen Semstwoversammlungen offenbar Stimmen laut wurden, die bezüglich der Beteiligung von Semstwovertretern bei der Leitung der Staatsgeschäfte recht unvernünftige Träume von sich gaben. Jeder muß wissen, daß ich, weil ich bereit bin, dem Wohle des Volkes mit allen Kräften zu dienen, dem Prinzip der Autokratie ebenso fest und beständig folgen werde wie mein unvergeßlicher Vater.«

Diese Antwort in Verbindung mit den derben Bemerkungen Pobedonoszews über die »albernen Träumereien« der Semstwos enttäuschte all jene, die seit 1891 die dringende Notwendigkeit einer Veränderung des politischen

Systems fühlten. Bei seiner Familie und auch außerhalb Rußlands stieß seine feste Haltung auf helle Begeisterung. Sein Vetter Kaiser Wilhelm II. telegrafierte ihm am 7. November 1895: »Das *monarchische Prinzip* muß seine Stärke überall beweisen. Deshalb bin ich so glücklich über Deine bemerkenswerte Rede vor dieser Abordnung, mit der Du ihre Reformwünsche beantwortet hast. Diese so passenden Worte hinterließen überall tiefen Eindruck.«

So hatte Nikolaus also den Weg klar beschrieben, dem er von Januar 1895 an zu folgen gedachte. Er empfand sich nicht nur als Erbe seines Vaters, sondern auch als ein Glied in der langen Reihe der Romanows und hielt es für seine Aufgabe, die Tradition der Autokratie getreu zu wahren, um sie seinem Nachfolger unbeschädigt zu übergeben. Von diesem, in seinen Augen heiligen und von zeitlos gültigen Gesetzen legitimierten Grundsatz wich er sein ganzes Leben lang nicht ab. Es ist bemerkenswert, wie dieser schwache und von allen Seiten beeinflußbare Charakter tatsächlich seine gesamte politische Energie darauf konzentrierte, diesen Grundsatz bis zur Stunde seiner Abdankung in Wort und Tat konsequent zu verteidigen. Für ihn, und er sagte es auch mit den Worten, die ihm Pobedonoszew einflüsterte, war allein schon der Wunsch der selbstorganisierten Bauernschaft und einiger liberaler Gruppen nach Verkündung einer Verfassung oder auch nur der Abtretung eines Zipfelchens seiner Machtfülle an die gewählten Vertreter der Gesellschaft ein »unvernünftiger Traum«. Im übrigen war er davon überzeugt, daß sein Festhalten an der Autokratie von der gesamten Bevölkerung geteilt würde und die fortschrittlichen Ideen, die er so heftig zurückwies, nur in den Köpfen einiger verbildeter oder wirklichkeitsfremder Mitmenschen bestünden. Eine seiner Überzeugungen, der er fast bis zum Ende anhing, war, daß der Zar das *wahre* Rußland, das heißt das Rußland der Bauern, denen er echte Zuneigung entgegenbrachte, zu repräsentieren habe. Nichts vermochte den Glauben zu trüben, daß er dafür mit der ebenso aufrichtigen wie unwandelbaren Treue der Bauern entschädigt würde. Sein

Unverständnis gegenüber Bauernrevolten oder sporadischen gewaltsamen Übergriffen der Bauern, die auf dem flachen Land immer wieder vorkamen, oder den materiellen Schwierigkeiten, mit denen sie sich dauernd herumschlugen, stammte wahrscheinlich zu einem großen Teil aus dieser idyllischen Sichtweise einer in seinen Augen ganz direkten Verbindung zwischen den Bauern und ihrem Herrscher. Auf diese idealisierte Bauernschaft, die Nikolaus als »das Volk« bezeichnete, gründete er seine unnachgiebige Verteidigung der Autokratie.

Eine Politik des nationalen Wirtschaftsaufschwungs

Die Politik des neuen Zaren erschöpfte sich jedoch nicht allein in der kompromißlosen Aufrechterhaltung seiner Alleinherrschaft. Einen großen Teil seiner Regierungstätigkeit widmete er der Fortsetzung der väterlichen Politik, deren spektakulärster Aspekt in einer Wirtschaftsentwicklung bestand, die gegen Ende des 19. Jahrhunderts beste Aussichten auf Erfolg hatte. Deshalb schenkte Nikolaus Witte, dem Architekten dieser Politik, sein volles Vertrauen. Es war für ihn nicht gleichgültig, daß Witte seinem Vater von Fürst Meschtscherski, dem unermüdlichen Verfechter adliger Interessen, empfohlen worden war. So, wie sich Nikolaus die wirtschaftliche Entwicklung Rußlands vorstellte, bestand sie aus einer Mischung von modernen wirtschaftlichen Leitsätzen, die man dem deutschen Volkswirtschaftler Friedrich List entlehnt hatte, und einer gleichsam slawophilen Betrachtungsweise der besonderen Erfordernisse seines Landes: »Der besondere Platz Rußlands in der Völkerfamilie und seine ihm eigene Rolle in der Weltgeschichte hängen von der Geographie und dem ursprünglichen Charakter seiner politisch-kulturellen Entwicklung ab. Sie gründet sich auf Elemente, deren Verbindung sich in einer allein in Rußland möglichen schöpferischen Kraft ausgewirkt hat.« Für Witte gehörte Rußland ebenso zum

Abendland wie auch zu Asien, und deshalb mußte es seine Rückständigkeit gegenüber Westeuropa durch die Eroberung asiatischer Märkte ausgleichen.

Alexander III. hatte Witte berufen, und so war es nur natürlich, daß Nikolaus II. nach seiner Thronbesteigung denselben Weg einschlug und den Finanzminister seines Vaters an seiner Seite hielt. Zunächst also besaß Witte das Vertrauen des neuen Zaren, bei dem er sich um die Ausgestaltung der Politik bemühte. Vor allem war er überzeugt, daß er ihn von der Richtigkeit seiner Ansichten bezüglich der raschen Entwicklung Rußlands überzeugen könnte. Sie müsse, so pflegte er als typischer Russe zu predigen, ausgeglichen verlaufen. Zwar gehöre die Zukunft dem Fortschritt der Industrie, aber Rußland sei vor allem ein Agrarland. Aus dieser scheinbar widersprüchlichen Feststellung entwickelte Witte eine einfache Doktrin: Man müsse auf beiden Beinen Fortschritte erzielen, das heißt mit Erfolg eine nationale Industrie aufbauen, aber dies nicht zu Lasten der Bauern. Er wußte – und die Krise im Jahr 1891 bestätigte ihn darin –, daß sie am Ende ihrer Kraft waren und man sie finanziell nicht weiter belasten konnte.

Wo aber die für den Aufbau der Industrie notwendigen Mittel finden, wenn die Steuerlast der ländlichen Bevölkerung nicht weiter ausgedehnt werden sollte? Im Alkohol, der sich in Rußland in Form des Wodkas größter Beliebtheit erfreute und der bald eine der wichtigsten staatlichen Einnahmequellen darstellte. Im Jahr 1894 hob Witte die Alkoholsteuern auf und erklärte Herstellung und Vertrieb alkoholischer Getränke zum Staatsmonopol. Dabei leitete ihn, wie er für sein Ziel werbend formulierte, sicher nicht der finanzielle Aspekt. Was er anstrebte, war eine Begrenzung des vor allem auf dem flachen Land exzessiven Alkoholgenusses.

Dieser Plan war nicht neu. Im Lauf der Jahre hatte sich Alexander III. mit verschiedenen Ministern wie Bunge und Wischnegradsky damit befaßt. Schon auf dem Totenbett liegend, hatte er Witte damit beauftragt, den Plan doch in die Praxis umzusetzen. Als Witte 1903 aus dem Amt des Finanzministers schied, durfte er sich zwar schmeicheln, dabei erfolgreich gewesen zu sein, mußte aber seinem Nachfolger Kokowzow vorwerfen, diese Reform ihrer ursprünglichen Zielsetzung entfremdet zu haben und mit ihr nun den Krieg gegen Japan zu finanzieren, der damals ausgebrochen war. Was Witte anfänglich auch immer bezweckt haben mochte, die Staatskasse jedenfalls schwoll wegen der Einnahmen aus dem staatlichen Alkoholmonopol beträchtlich an, denn der Alkoholkonsum hatte nicht nachgelassen, sondern eher noch zugenommen.

Als weitere Reform von grundsätzlicher Bedeutung wäre die Einführung der Goldwährung in Rußland 1897 zu nennen. Bei dieser Entscheidung hatten zahlreiche interne Diskussionen und äußere Einflüsse eine Rolle gespielt. Frankreich riet nämlich zur Einführung einer Gold- und Silberwährung. Für Rußland stellte der Goldrubel kein einfach zu bewältigendes Finanzproblem dar. Er weckte wieder die Erinnerung an eine nationale Schmach, weil man sich in der Debatte immer wieder auf die militärische Schwäche Rußlands bezog, die der Krimkrieg bewiesen habe. Der klare Wille Nikolaus' II. ließ die Waagschale in einer Diskussion, in der so viele widersprüchliche Interessen aufeinandertrafen, zugunsten der Position Wittes sinken, der später über die Energie froh war, die der Herrscher bei dieser Gelegenheit bewiesen hatte.

In der Frage der Zölle kam es zu weiteren, dieses Mal allerdings das Ausland betreffenden Schwierigkeiten. Als Witte seine Ziele erreicht hatte, entwickelte sich der Zollbereich zu einer neuen staatlichen Einnahmequelle. 1894, gegen Ende der Regierungszeit Alexanders III., war es Witte gelungen, mit dem Deutschen Reich ein Handelsabkommen zu schließen, das die russischen Interessen voll wahrte. In den folgenden Jahren regelte eine Serie ähnlicher Verträge den russischen Außenhandel, die der Staatskasse recht angenehme Einkünfte sicherten und vor allem die russische Produktion schützten.

Damit der Industrialisierungsprozeß Rußlands und die

für das Aufholen seines Rückstands gegenüber Westeuropa notwendigen gewaltigen Anstrengungen nicht ins Stocken gerieten, bedurfte es noch weiterer Kapitalmengen. Der Rückgriff auf ausländisches Geld wurde durch die Politik Wittes erleichtert, der Vertrauen einflößte. Man kannte im Ausland auch die potentiellen Reichtümer Rußlands, seine Goldreserven und die Stabilität seiner Währung. Deshalb verhallte der Appell Wittes bei ausländischen Unternehmern und Kapitalgebern nicht ungehört. Im Jahr 1900 arbeiteten fast 300 ausländische, größtenteils belgische und französische Gesellschaften in Rußland; von den Franzosen stammte auch der größte Teil des dort investierten Kapitals.

Um die Eisenbahn kümmerte sich Witte ebenfalls beständig, und auch hier genoß er die Unterstützung des Zaren. Was Alexander III. begonnen hatte, nahm gegen Ende des Jahrhunderts größere Dimensionen an. Absolute Priorität erhielt die Transsibirische Eisenbahn; trotzdem bemühte man sich auch um den Ausbau eines großen Schienennetzes, das die Grenzregionen mit dem Zentrum des Landes verbinden sollte. Witte beklagte häufig, daß seine Eisenbahnkonzeption vom Generalstab durchkreuzt würde, für den allein »strategische« Eisenbahnverbindungen zählten, das heißt solche, die in den westlichen Teil des Zarenreiches führten. Das Ergebnis der Anstrengungen konnte sich sehen lassen. Das Eisenbahnnetz dehnte sich immer weiter aus und bewirkte dadurch die Fortentwicklung von Städten um Industrireviere. Die geographische Lage dieser Schwerpunkte schien trotzdem die Meinung General Kuropatkins, des Kriegsministers, zu bestätigen, mit dem sich Witte wegen der Planung seines Eisenbahnnetzes ständig in den Haaren lag.

In diese Periode fiel auch der wirtschaftliche Ausbau der Moskauer Region mit seiner alles beherrschenden Textilindustrie und der Gegend um St. Petersburg, wo Schwerindustrie und Maschinenbau vorherrschte. An der Westgrenze des Reiches bildeten um Lodz, Warschau und Kielce Eisenindustrie, Maschinenbau und textilverarbei-

104

tende Unternehmen die Zentren der wirtschaftlichen Aktivitäten. Weiter im Süden entwickelte sich aus der an Kohle- und Erzvorkommen reichen Ukraine eines der ersten russischen Wirtschaftszentren, das auch über große Unternehmen der Nahrungsmittelproduktion verfügte. Im Kaukasus zogen Erdöl- und Manganvorkommen Kapital und Unternehmer wie Alfred Nobel an. Der Ural schließlich stand wegen seiner immensen Bodenschätze im Ruf, daß man dort rasch zu Reichtum gelangen könne, während die Baumwolle aus Mittelasien der russischen Textilindustrie die Einsparung des größten Teils ihrer früheren Baumwollimporte und gleichzeitig die Verarbeitung der Baumwolle zu Textilprodukten vor Ort ermöglichte.

Der steigende Wohlstand Rußlands faszinierte die Welt außerhalb der russischen Grenzen. Deshalb investierten Ausländer nicht nur direkt in die russische Industrie, sondern auch in Spar- und Rentenvermögen. Die russischen Staatsanleihen waren bei den westeuropäischen Sparern wegen ihrer großen Renditeerwartung äußerst beliebt. Darüber hinaus war Witte ein exzellenter Finanzminister; seine kluge Amtsführung wurde allerdings durch einen ausufernden Staatshaushalt beschränkt. Aber er war bereit, sich den Schwierigkeiten zu stellen, die kurz vor der Jahrhundertwende die politische Landschaft Rußlands verdüsterten. Wie er in seinen Memoiren schrieb, erwartete er in dieser Zeit, daß sich sein Land aufgrund seiner Wirtschaftskraft und der sich darin niederschlagenden Anstrengungen zum weiteren Ausbau bald den Respekt der modernen Welt verschaffen würde.

Die Gesellschaft muß sich dem Fortschritt anpassen

Um das Wagnis eines Wirtschaftsaufschwungs glücklich zu Ende zu führen, mußte auch die russische Gesellschaft fühlbare Vorteile daraus ziehen; dies war für den sozialen Frieden einfach notwendig, denn die Anstrengungen, die sie freiwillig auf sich nahm, erreichten schon beachtliche Dimensionen. Die erste Sorge Wittes galt deshalb den Bauern, die trotz schönster Absichten weiterhin unter der Steuer- und Abgabenlast ächzten. Die sehr rasche Wirtschaftsentwicklung verlangte von der russischen Regierung die Vorlage einer mehr als ausgeglichenen Handelsbilanz, damit sie die Zinsen der ausländischen Anleihen bezahlen und den Kurs des Rubels aufrechterhalten konnte. Aber diese Bilanz beruhte vor allem auf dem Export von Getreide, und bei dieser Exportpolitik waren die Ärmsten der Bauern wieder einmal die großen Verlierer. Sie besaßen kein oder nur wenig Land und mußten zum Überleben ganz geringe Löhne akzeptieren und den Landbesitzern gleichzeitig ein Höchstmaß an Produktion einbringen, wobei sie wenig verdienten und sich nur schlecht ernähren konnten. Darüber hinaus wollten sie ihre elende Existenz vergessen und sprachen dem Wodka im Übermaß zu, woran der Staat wiederum nicht schlecht verdiente. Die Staatsmacht empfand die Notwendigkeit einer Veränderung der bäuerlichen Lebensweise sehr wohl und fühlte sich der Unterstützung der Ärmsten der Armen auch verpflichtet. Sie dachte dabei besonders an Hilfen für jene armen Bauern, die nun Fabrikarbeiter geworden waren, um ihnen die Eingewöhnung in das an sich schon schwierige Stadtleben zu erleichtern. Deshalb, und weil sich der Umzug der Landbewohner in die Industriestandorte meist im kompletten Chaos vollzog und sie dort den schlimmsten Lebensbedingungen ausgesetzt waren, gründete sich 1897 in Charkow ein »Arbeitsbüro«, das Arbeitsangebote sammeln und zentral anbieten sollte. Dies war ein interessanter, aber vereinzelter Versuch, den Bauern den Wegzug aus ihrer ländlichen Heimat zu erleichtern, wo das Leben für sie zu hart geworden war. Der Versuch wurde nicht wiederholt. Die Unternehmer lehnten diese Art von Arbeitsvermittlung rundweg ab, weil sie ihnen die übliche Anwerbung von Arbeitern zu völlig willkürlichen Bedingungen untersagte.

Eine andere drängende Sorge stellte die wachsende Unruhe unter der Arbeiterschaft dar. 1897 streikten die Textilarbeiter in St. Petersburg immer häufiger für bessere Arbeitsbedingungen, und unter dem Druck der Ereignisse reagierte die Regierung auch. Sie beschloß im Juli, den Arbeitstag auf elfeinhalb und die Nachtarbeit auf zehn Stunden zu begrenzen. Aber die Unruhe zog weitere Kreise, und der Staat verfolgte hinsichtlich anwendungsfähiger Lösungen keine klare Linie.

Als Nikolaus II. im Sommer 1898 zur Erholung auf die Krim reisen wollte, bestürmte ihn sein Finanzminister kurz vor der Abreise mit dem Wunsch nach einer Konferenz, die sobald wie möglich zusammentreten sollte, um die Probleme der Bauern zu diskutieren. Aber dieses Mal verspürte der Zar nur wenig Neigung, der Meinung Wittes zu folgen – zu sehr war er von der Treue der Bauern gegenüber ihrem Monarchen überzeugt. Ihn interessierte vielmehr das Schicksal des kleinen Landadels, und dessen Schwierigkeiten beunruhigten ihn mehr als die Probleme der ländlichen Welt insgesamt.

Nikolaus II. hatte bereits 1895, kurz nach seiner Thronbesteigung, seine Präferenzen verdeutlicht, als er entschied, daß sich die »Bauernkonferenz«, die Witte forderte (sie war sein erster Versuch, der seinem zweiten im Jahr 1898 vorausging), ausschließlich mit den Problemen des Landadels, seinen Schwierigkeiten, den Privilegien, die er für sich forderte, und den Hilfen beschäftigen sollte, die ihm die Staatskasse anbieten konnte. In gewisser Weise läßt sich diese erste Konferenz als die Revanche der Verlierer von 1861 betrachten. Auch drei Jahre später stießen die Bitten Wittes bezüglich der schreienden Not der Bauern beim Zaren auf taube Ohren, und ebenso ein Bericht, dem zufolge »die Bauern, obwohl nun persönlich frei, weiterhin Sklaven gegenüber Willkür, Ungesetzlichkeit und Ignoranz geblieben sind«. Witte mußte bis 1902 und auf die Unterstützung Innenministers Sipjagins warten, der 1899 seinen extrem reaktionären Vorgänger Iwan Longinowitsch Goremykin ablöste, bis er endlich die »Bauernkonferenz« durchsetzen konnte, die er seit 1895 forderte; Goremykin hatte stets darauf bestanden, daß das »Naturrecht« des

Landadels, wie er es bezeichnete, nicht verletzt wurde. Diese Konferenz, die eigentlich aus einer Reihe von Beratungen zu diesem Thema bestand, dauerte von 1902 bis 1905, also drei Jahre lang. Sipjagin wurde 1902 ermordet, und das Aufflammen des Terrorismus schwächte oder gefährdete gar sämtliche politische Vorhaben der Regierung. Die Schockwellen, die bis 1905 andauerten, zerstörten alles, was mit dem Bauernproblem zusammenhing. Nach 1905 fanden Debatten darüber nicht mehr in dieser Art Versammlung statt.

Rußland fordert seinen Platz in der Welt

In den ersten Jahren seiner Regierungszeit hatte Nikolaus II. Wittes Politik bis auf die Bauernfrage, wo ihn die von seinem Finanzminister beklagte »politische Kurzsichtigkeit« an der Erkenntnis dessen hinderte, was im Lande passierte, zu einem großen Teil unterstützt. Der Zar hatte auch die wirtschaftliche Entwicklung seines Landes, also Wittes Werk, mitgetragen und war den Vorstellungen seines Vaters und dessen politischen Maximen treu geblieben. Dabei konnte er trotz seines unerschütterlichen und beständigen Festhaltens an der Autokratie und trotz seiner Weigerung, sich um die Probleme *aller* Bauern zu kümmern, zufrieden auf die erste Zeit seiner Herrschaft zurückblicken: Die wirtschaftliche Modernisierung seines Reiches wurde von niemandem mehr bestritten. Man konnte sie nicht nur an den Kapitalströmen erkennen, die nach Rußland flossen, sondern auch an dem Empfang, der Nikolaus II. im Ausland zuteil wurde – Rußland genoß dort offensichtlich außerordentliches Prestige. Die Außenpolitik hatte bei Alexander III. eine recht geringe Rolle gespielt, der zu sehr mit der Ausdehnung der Reichsgrenzen beschäftigt war und damit, den Briten die Stirn zu bieten. Trotzdem war seine außenpolitische Linie klar: Er wendete sich Frankreich zu, um das mächtige Deutsche Reich in den Schranken zu halten. Die gegenseitigen Flottenbesuche

– 1891 kamen die Franzosen nach Kronstadt, und 1893 ging die russische Flotte in Marseille vor Anker – und die Tatsache, daß in Marseille die in Rußland lange Zeit verbotene *Marseillaise* in Gegenwart des Herrschers erklang, der ihr mit entblößtem Haupt die Ehre erwies, bezeugten, daß die französisch-russische Allianz der Dreh- und Angelpunkt des europäischen Gleichgewichts geworden war.

Als Nikolaus II. im Oktober 1898 mit der Zarin die meisten europäischen Höfe besuchte, glich seine Reise durch Frankreich einem Triumphzug, bei dessen Erinnerung er fast in Entzücken verfiel. Diese Reise und die Konsolidierung der französisch-russischen Beziehungen hatte er vor allem dem neuen russischen Außenminister zu verdanken, den er als Nachfolger von Nikolai Giers selbst ausgesucht hatte. Es handelte sich um Fürst Lobanow-Rostowski, einen versierten Diplomaten und begabten Amateurhistoriker, der auf Anhieb begriffen hatte, in welche Richtung er die außenpolitischen Initiativen des Zaren lenken sollte – zum Beispiel in das französisch-russische Bündnis, in eine Entspannung der Beziehungen zum Deutschen Reich und zu Österreich sowie in eine behutsame Behandlung der Pforte in Istanbul. Aber das Pech, das den jungen Herrscher eine Zeitlang scheinbar nicht mehr verfolgt zu haben schien, raubte ihm einen kompetenten und vernünftigen Minister. Der Tod Lobanow-Rostowskis im Jahr 1898 veranlaßte Nikolaus zur Wahl einer wesentlich unbedeutenderen Persönlichkeit, die ihm das Feld der internationalen Politik bald ganz allein überließ. Graf Michail Murawjow ermutigte den Zaren zu einer vordergründig spektakulären Initiative, die jedoch die geringe außenpolitische Erfahrung des jungen Herrschers klar zeigte: Noch im Todesjahr Lobanow-Rostowskis schlug dieser die Einberufung einer internationalen Abrüstungskonferenz mit dem Ziel vor, die Spannungen zwischen den Großmächten abzubauen und den Frieden in Europa zu erhalten. Diese Idee schien sicher verlockend, aber sie fiel mit der Annexion von Port Arthur und Tai Ling Wans durch Rußland sowie der Ankündigung zusammen, daß »die Mandschurei und der chinesische Teil Turkestans künftig als alleinige russische Interessensphäre zu betrachten« seien.

Es stimmt schon, daß sich die europäischen Großmächte in dieser Zeit wenig um die Folgen ihrer Raubzüge kümmerten, und Rußland handelte nur so wie sie auch. Aber es setzte sich mit seinem Vorschlag über seinen französischen Verbündeten, die territoriale Integrität Chinas und die ehrgeizigen Ziele Großbritanniens hinweg. In bezug auf Asien schien der Zar dem Ehrgeiz seines Außenministers zwar eher zurückhaltend zu folgen. Aber er ganz allein trug die Verantwortung und schien sich dessen in dem Augenblick nicht bewußt zu sein, in dem er den europäischen Regierungen sein großes Ziel einer allgemeinen Friedenskonferenz vorschlug, ohne zu erkennen, daß gerade er es nicht leicht haben würde, einen solchen Vorschlag zu unterbreiten. Es wunderte deshalb niemand, daß der 1899 in Den Haag zusammengetretene Friedenskongreß das Thema der Rüstungsbegrenzung schlicht ignorierte. So geschickt sich Nikolaus II. bei seinen Auslandsreisen auch verhielt, wo Gespräche und Festlichkeiten nicht immer Folgen zeigten, so sehr verpatzte er dagegen die internationale Abkehr aus einer überhitzten Rüstungspolitik; er hatte angenommen, diesen »Ausstieg« zu einem Ausnahmeereignis gestalten zu können.

Dem farblosen Murawjow folgte der erfahrene Diplomat Graf Lamsdorff, der, obwohl es ihm an Autorität mangelte, mit Zustimmung des Zaren eine vorsichtige Schaukelpolitik in Europa betrieb, die zwischen der Allianz mit Frankreich und der Annäherung an das Deutsche Reich und Großbritannien pendelte. Als er aber Nikolaus II. zur Vorsicht in Fernost anhalten wollte, mußte auch er seinen Hut nehmen.

Alles in allem lenkte Nikolaus II. das russische Staatsschiff bis zur Jahrhundertwende vernünftig. Natürlich äußerten die Semstwos, die Bauern und alle liberal gesinnten Gruppen ihre Unzufriedenheit, aber sie verstummten nach einigen Jahren, und man durfte durchaus annehmen, daß der Herrscher eines noch friedlichen Landes sich endlich jene Erfahrung und Autorität angeeignet hätte, die ihm im Jahr 1894 so sehr gefehlt hatten.

Ein allzu privates Zarenleben

Unzufriedenheit machte sich vor allem in der unmittelbaren Umgebung des Zaren oder eher des Herrscherpaares breit. Nikolaus und Alexandra hatten sich beide sofort für eine Lebensform entschieden, die man am russischen Hof nicht gewohnt war. Ihr privates und familiäres Leben ging ihnen über alles. Möglicherweise hatte Alexander III. seinem Sohn ein solches Leben vorgelebt, aber allerdings mit zwei erheblichen Unterschieden: Der Zar widmete als unermüdlicher Arbeiter seine ganze Zeit der Führung der Staatsgeschäfte, und die strahlende, mondäne und sehr populäre Zarin nahm die nicht eben leichte Last des Hoflebens auf sich. Nikolaus stahl sich Zeit, wo er konnte und die Arbeit es erlaubte, um sie mit seiner Familie zu verbringen. Natürlich hatte er sich im Vergleich zu seiner Zeit als Thronfolger verändert, wo er sich ja vor allem irgendwelchen Vergnügungen hingegeben hatte. Als Herrscher, der die Verantwortung für den Staat trug, und als Oberhaupt der kaiserlichen Familie hat er unbestritten an Format gewonnen, wie auch sein Tagebuch beweist. Er las viel, hauptsächlich zusammen mit der Kaiserin, der er seine Leseeindrücke mitteilte. Seine früheren Freizeitbeschäftigungen gab er bis auf die Jagd und den Sport auf. Alle anderen Zerstreuungen übte er eher in der Familie – hier in des Wortes engster Bedeutung: die Zarin und er, das Herrscherpaar – aus. Diese wiederum hielt sich vom mondänen Leben fern und überließ das Terrain der Kaiserin-Mutter und den Großfürstinnen. Das gesellschaftliche Leben bedeutete ihr wenig, und der Hof nahm es ihr mit der Zeit übel, daß sie sich nicht sehen ließ und auch die strahlenden Seiten des Hoflebens für ihre Person zurückwies. Unverständnis und sogar Feindseligkeit nisteten sich bald zwischen dem Rest der Zarenfamilie und dem Herrscherpaar ein. Es ist in einem solchen Fall schwierig, die jeweiligen Fehler abzuwägen. Die junge Kaiserin vereinte in ihrer Person eine fast krankhafte Schüchternheit, anfällige Gesundheit und psychische Instabilität. Das Hofleben fiel ihr schwer, weil sie es aus physischen Gründen nicht ertrug und weil sie sich zurückgewiesen fühlte. Häufig überfielen sie Schmerzen in den Beinen, Hautrötungen und ein starrer Blick – Beschwerden, die man aus ihrer Verlobungszeit bereits kannte. Auch trifft es zu, daß sie wenig Geschick besaß, sich in ihrer Umgebung beliebt zu machen. Die Zarensippe warf ihr vor, sie strebe einen so starken Einfluß auf den Herrscher an, um ihn von seiner Familie zu entfremden. Alexandra hingegen hatte sich zur Aufgabe gesetzt, Nikolaus von den Einflüssen zu befreien, die ihrer Meinung nach zu lange auf ihn eingewirkt hatten. Sie glaubte auch, daß die zahlreichen, stets fordernden und mit Pfründen überhäuften Familienmitglieder die Krone bestehlen würden. Sie zeigte wenig Nachsicht für diese Verwandtschaft, die sie erst nach und nach kennenlernte, und verkrampfte sich in einer gänzlichen Abwehrhaltung.

Zwei Faktoren kamen schon sehr früh belastend hinzu:

Seit ihrem Übertritt zum orthodoxen Glauben war Alexandra in eine mehr oder weniger übertriebene Religiosität verfallen. Darüber regte man sich um so mehr auf, als sie in ihrem religiösen Wahn dazu neigte, alles nichtreligiöse und somit natürlich das gesamte Hofleben für verwerflich oder gar der Hölle geweiht zu betrachten. Diese Einstellung veranlaßte sie bald, sich in zunehmendem Maße mit Scharlatanen, Phantasten und selbsternannten Wunderheilern zu umgeben, wobei sie eine erstaunlich naive Leichtgläubigkeit entwickelte.

Ein weiteres Problem der Zarin war, daß ein Thronfolger so lange auf sich warten ließ. Vier Töchter hatte sie vor ihm geboren – jede von ihnen von ihren Eltern freudig begrüßt, aber jede von ihnen auch ein Anlaß zur Sorge für das Herrscherpaar. Seit Paul I. aus Feindschaft gegenüber seiner Mutter Frauen von der Thronfolge ausgeschlossen hatte, gebot es die Pflicht, einen männlichen Erben für den russischen Thron zur Welt zu bringen. Die Kaiserin, die von Jahr zu Jahr immer ängstlicher auf eine solche Geburt wartete, fürchtete, daß ihre Unfähigkeit, den Thronerben zur Welt zu bringen, der Kaiserfamilie nur als Vorwand dienen würde, um einen Bruder des Kaisers zum Zarewitsch zu bestimmen oder sie selbst sogar zu entfernen. Wie viele Frauen in der russischen Geschichte waren aus verschiedenen Gründen nicht abgelehnt und in Klöster gesteckt worden? Alexandra verdächtigte die Sippe ihres Mannes tatsächlich, derartiges gegen sie im Schilde zu führen.

Ihre scheinbar mit nichts zu begründende Unruhe, die ihr wiederum die unendlich bezeugte liebende Aufmerksamkeit ihres Gatten eintrug, besaß dennoch einige Ursachen, die nicht von der Hand zu weisen sind:

– Sie wußte um Nikolaus' Schwäche und Beeinflußbarkeit, was allerdings bezüglich der Liebe, die er ihr entgegenbrachte, nicht zutraf.

– Alexander III. hatte diese Hochzeit erlaubt, Nikolaus sie ihm aber nicht abgetrotzt.

– Sie wußte auch, daß sich der Zar zutiefst an seine Familie gebunden fühlte, die sie selbst verabscheute, und daß er sich nach jener Zeit zurücksehnte, als er mit ihr noch harmonisch zusammengelebt hatte.

– Nikolaus war ein Familienmensch. Als er zum Zaren gekrönt wurde, klagte er über die Aufgabe, die Pflichten eines Herrschers erledigen zu müssen, und darüber, daß ihn der Himmel nicht in einem geringeren Stand auf die Welt geschickt hatte.

Nikolaus II. hätte gerne unter seinen Geschwistern, Onkeln, Tanten, Vettern und Kusinen gelebt – die Isolierung, in die das Paar immer mehr geriet, hatte er nicht gewollt. Obwohl also Zar und Zarin ganz offensichtlich alles gleich sahen und sie das gleiche Gefühl füreinander hegten, gab es bei ihnen doch Unterschiede oder wenigstens Nuancen. Der Zar war fromm; Alexandra hingegen gefiel sich rasch in einer hysterischen Frömmelei. Wenn man ihr gemeinsames Leben betrachtet und das Tagebuch aufmerksam liest, entsteht der Eindruck, daß der Kaiser trotzdem seinen eigenen Kopf besaß, auch wenn er sich aus Liebe zu seiner Frau vollständig mit ihr solidarisierte. Ob nun aus Schwäche oder übergroßer Leidenschaft, ist schwer zu sagen – die Folgen sollten sich als gleich schwer herausstellen.

Die Wende

1901 notierte ein Beobachter, daß in Rußland Reformen noch möglich seien und der Einfluß Wittes auf den Herrscher noch den der anderen Minister übersteige. Aber seit dem Ende des letzten Jahrhunderts hatte sich das dumpfe Grollen, das Nikolaus II. nicht hatte zur Kenntnis nehmen wollen, in einen Sturm verwandelt. Das Anschwellen der Krise manifestierte sich zunächst an den Universitäten; dort zeigten sich die ersten Keime der kommenden Ereignisse. Wie wir uns erinnern, hat Alexander III. das relativ liberale Universitätsstatut, das sein Vater im Rahmen seiner allgemeinen Reformpolitik erlassen hatte, stark eingeschränkt. Die Restriktionen der studentischen Freiheiten, insbesondere in bezug auf Studentenverbindungen, weckten große Unzufriedenheit; es bedurfte nur noch eines Vorwands, damit sie losbrach.

Die Studenten stellten damals eine nicht zu unterschätzende Gruppe der Gesellschaft dar: In den zehn Universitäten und Studienseminaren für das höhere Lehramt hatten sich etwa fünfunddreißigtausend Studenten eingeschrieben. Gesellschaftlich gesehen stammten sie zu einem großen Teil aus den nicht privilegierten, nach oben strebenden Schichten der russischen Gesellschaft; meist handelte es sich um Kinder von orthodoxen Priestern, Angestellten oder Bauern der Mittelschicht. Studenten mit adligen Eltern machten nur zehn Prozent aus, ebenso Nachkömmlinge von Juden, die der Numerus clausus zum größten Teil vom Universitätsstudium fernhielt. Da die meisten Studenten aus kleinen Verhältnissen stammten, hatten sie Forderungen, die zwar noch nicht richtig ausgesprochen worden waren, die aber nur darauf warteten, endlich herauszuplatzen. Als 1898 der zwar angesehene, aber fortschrittlichen Ideen wenig aufgeschlossene Jurist Nikolaus Bogolepow die Leitung des Ministeriums übernahm, ließ sich die weitere Zukunft nicht gerade glücklich an. Zum ersten Vorfall, der am 8. Februar 1899 passierte, kam es, wie man sich vorstellen kann, wegen der Verständnislosigkeit des Ministers. Der Anlaß – weniger der echte Grund, weil die Krise ja bereits schwelte – war die traditionelle Gründungsfeier der Universität von St. Petersburg an diesem Tag. Nach den Feierlichkeiten innerhalb der Fakultäten pflegten die Studenten in die Stadt zu strömen, um die Festivitäten dort fortzusetzen. Damals betrachtete die Staatsmacht alle unkontrollierten Bewegungen mit Mißtrauen und erinnerte die Studenten, um solches zu verhindern, an das bereits früher ausgesprochene Verbot, in die Stadt zu gehen. Natürlich setzten die sich darüber hinweg und empörten sich über die Abriegelung des Universitätsgeländes. Die Empörung schlug in Handgreiflichkeiten um, und nun begann sich die Spirale aus Gewalt und Gegengewalt zu drehen. Die Studenten hielten Massenversammlungen ab, stimmten für Streik und forderten die Regierung auf, ihre Rechte zu respektieren. Professionelle Unruhestifter erkannten das Konfliktpotential, das in diesem spontanen Ärger schlummerte, und welche Möglichkeiten einer radikalen Weiterentwicklung es bot. Kampferprobte Berufsrevolutionäre wie Sawinkow und Kaljajew (der übrigens sechs Jahre später ein »erfolgreiches«, d. h. tödliches Attentat auf Großfürst Sergej verübte) stellten sich an die Spitze des Studentenprotests und riefen alle anderen russischen Universitäten zur Solidarität mit der St. Petersburger Universität auf. Die Krise erreichte Moskau, wo die Studenten demonstrierten, um zu zeigen, daß sie sich auf die Seite der von der Polizei geschlagenen und vom Studium ausgeschlossenen Studenten stellten. Die zunächst noch improvisierte Moskauer Studentenrevolte wurde damals von Studenten aus St. Petersburg angeheizt, wo die Universität von den Behörden geschlossen worden war. Damit wurde die Ruhe jedoch nicht wiederhergestellt – im Gegenteil! Das behördliche Vorgehen hatte es den jungen Petersburger Studenten vielmehr ermöglicht, die Fackel des Aufstands nach Moskau, Charkow, Kiew und Odessa zu tragen, wo ähnliche Aufstände aufflackerten. In diesen Städten blieben die Universitäten zwar geöffnet, aber der Boykott des Lehrbetriebs durch die Studenten lähmte sie vollständig. Staatliche Sanktionen folgten auf dem Fuße. In Moskau wurden die führenden Köpfe der Bewegung für ein Jahr von der Universität ausgeschlossen und 600 Studenten von der Polizei aus der Stadt getrieben. Etwa 20 Prozent der gesamten Studentenschaft wurden Opfer solcher Entscheidungen.

Dennoch schien die Dauer der studentischen Protestwelle zeitlich absehbar. Die Behörden rechneten bei der Wiederherstellung von Ruhe und Ordnung mit den Faschingsferien, und der Rektor der Universität versprach die Aufhebung der Sanktionen, wenn die Studenten wieder normal in ihre Seminare und Hörsäle zurückkehrten. Tatsächlich aber stellte sich die für einen Augenblick lang erhoffte Beruhigung nur als Illusion heraus, die sich rasch wieder in Luft auflöste. Bei ihrer Rückkehr merkten die Studenten nämlich sofort, daß viele von ihnen fehlten, und zwar gerade ihre Kameraden, die zum Militär abgeschoben worden waren oder die ein Aufenthaltsverbot für Moskau erhalten hatten. Ihre Forderungen, die sie mit Hilfe des stets alle Kräfte in Bewegung setzenden Begriffs »Solidarität« umzusetzen gedachten, mündeten in eine erneute Verhärtung der Fronten auf beiden Seiten: Die Studenten setzten ihren Streik fort, während der Rektor nun alle Studenten von der Universität ausschloß und von jedem Studierwilligen eine individuelle und an Bedingungen geknüpfte Neueinschreibung verlangte.

Die Konfrontation der Studenten mit den Behörden führte in eine tiefe Krise. Anstatt die Wiederaufnahme des Studienbetriebs zu genehmigen, setzte der Rektor der Moskauer Alma mater, der seine Universität so früh wie möglich für einige Monate schließen wollte, die Examina für das Jahresende an. Diese fanden dann in Gegenwart eines Polizeioffiziers und in Universitätsgebäuden statt, die militärisch bewacht wurden und deren Türen sich nur für die offiziell wieder eingeschriebenen Studenten öffneten. Für alle anderen war das akademische Leben für je unterschiedliche Zeiträume erst einmal vorbei.

Die Krise läßt sich ohne die genauere Kenntnis der polizeilichen Vollmachten nicht begreifen. Gleich von zwei Seiten hagelten Sanktionen auf die Studenten ein. Zum einen seitens der Universität, die sie ganz oder teilweise vom Studienbetrieb ausschließen konnte. Zum anderen seitens der Polizei, die Festnahmen durchführte oder entschied, wer nur entfernt werden oder wer zudem in der Armee dienen sollte. Dieses gleich doppelte Sicherungssystem gipfelte im April 1899 darin, daß Studenten, die von seiten der Universitätsleitung ihre Ausbildung wieder hätten aufnehmen dürfen, von der Polizei daran gehindert wurden, weil sie entweder schon zum Militärdienst eingezogen worden waren oder ihnen der Aufenthalt in Moskau polizeilich untersagt worden war. Mehr noch als die Niederschlagung der Demonstrationen in St. Petersburg, die ja die Universitätskrise eingeläutet hatte, provozierten gerade diese polizeilichen Willkürmaßnahmen die bisher heftigsten Reaktionen.

Trotzdem hätte man die Situation 1899 noch friedlich lösen können. Die meisten Studenten glaubten zwar daran, daß die Jugend solidarisch zueinander stehen sollte, und regten sich über die Polizeimaßnahmen auf, aber sie hegten keinerlei politische Pläne. Die Verhaftung einiger professioneller Anführer, die den Protest in eine tatsächlich revolutionäre Bewegung umbiegen wollten, hatte die Studenten in gewisser Weise sogar beruhigt. Gleichzeitig hatte die Regierung, die die Notwendigkeit von besserer Information sehr wohl spürte, eine Untersuchung des ehemaligen Kriegsministers General Wannowski mit dem Ziel eingesetzt, die Ereignisse näher zu beleuchten und die Verantwortlichen zu fassen. Diese Kommission mit ihrem sehr sachlichen Vorsitzenden leistete ausgezeichnete Arbeit. Allein schon ihre Berufung wirkte auf die Studenten beruhigend, die nach und nach wieder in die Hörsäle zurückkehrten. Vielleicht unter dem Eindruck der Rückkehr zu Ruhe und Ordnung empfahl die Wannowski-Kommission der Regierung, Konzessionen anzubieten und die liberalen Bestimmungen des Universitätsstatuts Alexanders II. wieder in Kraft zu setzen.

Wie aber soll man die Blindheit der Regierung erklären, die nicht nur die an den Universitäten wieder eingekehrte Ruhe ignorierte, sondern auch die zur Beruhigung der Lage beitragenden Vorschläge der Kommission in den Wind schlug, die sie selbst eingesetzt hatte? Das Kabinett mit Ministerpräsident Bogolepow an der Spitze dachte gar nicht daran, diesen Empfehlungen zu folgen, sondern optierte für Härte. Das herrschende Universitätsstatut wurde nicht geändert: Die Studenten, die an Demonstrationen teilnahmen oder Verbindungen beitraten, sollten wissen, daß sie dieses Statut verletzten und mit dem Ausschluß oder dem Militärdienst zu rechnen hatten. Die Anwendung dieses Gesetzes auf eine Handvoll Studierender goß Öl ins Feuer, und die Streiks flammten im November 1899 an der Universität Kiew wieder auf. Als Vergeltung wurde in vielen Bereichen die Zurückstellung vom Wehrdienst wieder aufgehoben. Die Welle der Sympathisantenstreiks erreichte wieder St. Petersburg, Moskau, Charkow und Warschau – mit anderen Worten also die wichtigsten Universitäten des Landes. Die Krise nahm eine dramatische Wendung, als im Februar 1902 ein Student Ministerpräsident Bogolepow tötete. Dieser Mord bildete den Auftakt zu einer langen Reihe von Attentaten. Von dieser Eskalation der Gewalt erschreckt, berief der Zar Wannowski zum Nachfolger Bogolepows; für ihn sprach, daß er die Krise zwei Jahre zuvor unter Kontrolle gebracht hatte. Einige Tage danach entging der Oberprokuror des Heiligen Synods, Pobedonoszew, mit knapper Not einem Attentat.

Das soziale Klima in Rußland hatte sich völlig verändert. Obwohl Wannowski den Studenten insbesondere mit der Genehmigung von Versammlungen innerhalb der Universitäten weit entgegengekommen war, gelang es ihm nun nicht mehr, wieder Ruhe und Ordnung zu schaffen – die Universitäten blieben ein bevorzugter Ort der Agitation. Seit Beginn des 20. Jahrhunderts brodelte es dort, aber nicht mehr allein wegen eigentlich studentischer Forderungen: Die Politisierung der Universitäten war eine Tatsache geworden, und die Studenten dachten nun tatsächlich an die Revolution – zumindest aber an eine tiefgreifende Veränderung des politischen Systems.

1902 organisierten Studenten aus verschiedenen Universitäten im Untergrund einen »panrussischen Kongreß«, der sich selbst als »Speerspitze des Kampfes für die politische Freiheit« bezeichnete. Von diesem Augenblick an wurde an den russischen Universitäten praktisch in Permanenz gestreikt; der Staat reagierte darauf, indem er immer mehr Studenten zum Militärdienst schickte. Diese Bestrafung aber hatte neben dem Zurückschlagen der Studenten eine fast umgekehrte Auswirkung: Da diese Studenten mit Vorliebe in entlegene Garnisonen versetzt wurden, trugen sie mit ihrer intensiven Propagandaarbeit bei Rekruten und mehr noch bei Eisenbahnarbeitern (die Eisenbahnknotenpunkte wurden von der Armee bewacht) die Revolution in das entlegenste Rußland.

Zur gleichen Zeit erreichte die Agitation auch den beruflichen Bereich, besonders den im Umkreis der Semstwos. 1896 hatten sie noch auf eine gewisse Teilhabe am staatlichen Leben gehofft, und einer ihrer führenden Vertreter namens Schipow hatte die Abhaltung von Versammlungen leitender Semstwovertreter vorgeschlagen. Der damals amtierende Innenminister hatte derartige Versammlungen jedoch untersagt, so daß sich ihre Hoffnung auf Fachleute jeglicher Art richteten, die von den Semstwos engagiert wurden und die ihrerseits darauf brannten, sich ins öffentliche Leben zu mischen. Seit Ende des 19. Jahrhunderts organisierten sie große Versammlungen – Landwirtschaftskongresse, Medizinerkongresse –, in deren Verlauf politische Themen rasch die Behandlung berufsspezifischer Fragen ablösten. Neben diesen Großversammlungen betrieben die Semstwos ihre eigene politische Agitation und organisierten ihre mehr oder weniger heimlichen Aktivitäten.

Die Politik Rußlands zwischen 1902 und 1904 – Rückzug und nationale Unterdrückung

Angesichts der sichtbar wachsenden Unzufriedenheit klammerte sich Nikolaus an den Grundsätzen der Autokratie fest und glaubte, daß Konzessionen nur weitere Forderungen und Agitation in der Gesellschaft begünstigen würden. Zu allem anderen aber war – und dieser Charakterzug wurde schon häufig erwähnt – Geduld nicht seine Stärke. Wenn er etwas zugestand, erwartete er sich davon sofort Auswirkungen; wenn sie sich nur mit Verzögerung einstellten, neigte er sofort zu dem Verdacht, auf einen Kuhhandel hereingefallen zu sein. Die Gewalt, die in dieser Zeit ihr häßliches Gesicht immer mehr zeigte, bestärkte ihn in diesem Mißtrauen.

Als im April 1902 Innenminister Sipjagin einem Attentat zum Opfer fiel, berief Nikolaus II. Polizeichef Wjatscheslaw Konstantinowitsch Plehwe, einen recht komplizierten Charakter, zu seinem Nachfolger. Plehwe war gebürtiger Deutscher und hatte, weil zum Juristen ausgebildet, seine Laufbahn als Verwalter eines Klosters begonnen. Danach trat er in die Polizei ein, wo er nicht nur bemerkenswerte organisatorische Qualitäten entwickelte, sondern sich auch den Ruf erwarb, viele studentische oder sozialrevolutionäre Gruppen mit allen möglichen Tricks ausgespäht zu haben. Man wußte nie so recht, woran man mit Plehwe war: Einerseits sprach aus ihm der rigide Konservative, andererseits verhielt er sich bestimmten Reformen gegenüber durchaus offen. Er wußte zu genau, daß sich Rußland nicht in totaler Erstarrung halten ließ. Er war aber der Meinung, daß der Wechsel von oben kommen müsse, am besten durch die Polizei als Organ der Kontrolle und gleichzeitig des Fortschritts. Mit dieser Form des »kontrollierten Wandels« versuchte er, sich mit dem konservativen Flügel der Semstwos zu arrangieren und ihn für seine Politik einzuspannen, um dann mit diesem Werkzeug das gesamte System der Landesversammlungen auszuhebeln. Dieser Versuch schlug fehl; die einzige Auswirkung war die, daß er alle Semstwos gegen sich aufbrachte und liberale Kreise mobilisierte, die die Staatsmacht mit ihren Ansichten dann in den Jahren 1904/1905 in Bedrängnis brachten.

Da Streiks nun an allen Ecken und Enden aufflackerten, entwickelte sich die Agitation zu einem konstanten Phänomen im russischen Alltagsleben, und Plehwe reagierte darauf mit einer systematisch reaktionären und auf Provokation angelegten Politik, deren Folgen sich alsbald als dramatisch herausstellten. Bauerntumulte auf dem flachen Land wurden ebenso drakonisch unterdrückt wie Arbeiterstreiks im Süden Rußlands. Plehwe faßte damals den Plan, die allgemeine Unzufriedenheit auf einige, als Zielscheibe besonders geeignete Opfer umzuleiten, zum Beispiel auf die Juden und verschiedene ethnische Gruppen.

Am Ostersonntag 1903 kam es in Kischinow zu pogromartigen Ausschreitungen gegen die dortigen Juden, die die bisher auf Studenten und Arbeiter konzentrierte Aufmerksamkeit polarisierte. Niemand konnte nachprüfen, ob nicht Plehwe persönlich das Pogrom initiiert hatte. Dessenungeachtet zeigte er seine antijüdischen Gefühle ganz offen – so behauptete er beispielsweise, daß die Mehrheit der russischen Oppositionellen und ihre sämtlichen Führer Juden seien. Zweifelsfrei ging es ihm darum, heftige antijüdische Reaktionen zu wecken. Einige Monate später, im August, wiederholte sich die gleiche Tragödie in Gomel. Auch diesmal verhielt sich die Polizei zumindest eigenartig und verstärkte damit den allgemeinen Verdacht gegen den Innenminister: Es verging jeweils viel Zeit, bis die Ordnungskräfte am Ort des Geschehens eintrafen; als sie schließlich kamen, lagen in den Straßen schon Tote, und die von Juden bewohnten Häuser waren bereits geplündert. Auch die Suche nach den Schuldigen verlief denkbar langsam und ergebnislos.

Angesichts dieser alarmierenden Situation eilte im Juli 1903 Theodor Herzl herbei. Außerdem organisierten Juden nun als Reaktion auf die Ausschreitungen eigene Bürgerwehren, die die Regierung sofort als subversive Kräfte denunzierte. Herzl wollte bei Plehwe erreichen, daß die Juden geschützt würden, aber das Gespräch blieb ergebnislos – bis auf jene geradezu tragische »Antwort« des Pogroms in Gomel einen Monat später.

Als nächste Zielscheibe suchte Plehwe sich die nichtrussischen Nationalitäten mit dem höchsten Bildungsstand aus, das heißt Finnen, Balten und Kaukasier. Bei ihnen entwickelte sich recht schnell eine Oppositionsbewegung, die deutlich nationale oder sozialistische Ziele verfolgte. Um der Wahrheit willen muß aber gesagt werden, daß die Einschränkung der Freiheit dieser Völker bereits zur Zeit Alexanders III. begonnen hatte. Aber Plehwe verstärkte den Druck. So wurde die Universität Dorpat, wo Vorlesungen und Übungen in deutscher Sprache abgehalten wurden, 1893 geschlossen und kurze Zeit später als russischsprachige Universität wiedereröffnet; im Jahr 1900 besuchte sie nur noch ein Viertel der ehemaligen Studenten. Die anderen hatten sich von dieser zynischen Russifizierung entweder selbst zurückgezogen oder waren ausgeschlossen worden.

Finnland lernte die Russifizierungspolitik, die den autonomen Status des Landes praktisch aufhob, allerdings in besonders brutaler Form kennen. Bereits in den letzten Jahren der Regierungszeit Alexanders III. hatte Innenminister Bunge Maßnahmen ergriffen, die die seit 1809 verbriefte Autonomie der Finnen einschränkten. Die Krise hatte einen Punkt erreicht, wo sich St. Petersburg und der finnische Landtag in offener Opposition gegenüberstanden, aber der Tod Alexanders III. hatte den Bruch zunächst noch verhindert. Als 1898 aber General Bobrikow zum russischen Generalgouverneur des Großfürstentums ernannt wurde, merkte Finnland, daß man es russischerseits zu militärischen Abhängigkeiten zwingen wollte, die es bis dahin noch nicht gekannt hatte. Finnland besaß eine kleine Armee; sie bestand hauptsächlich aus Rekruten, die innerhalb von drei Jahren eine dreimonatige Wehrdienstpflicht ableisten mußten. Diese »Armee« durfte nicht außerhalb der finnischen Grenzen eingesetzt werden. General Bobrikow dekretierte jedoch, daß die bewaffneten Streitkräfte des Großfürstentums in russische Einheiten eingegliedert werden sollten und somit unter russischem Kommando stehen würden. Außerdem wurde die Wehrpflicht der jungen Finnen auf fünf Jahre heraufgesetzt; davon ausgenommen waren nur die Rekruten, die perfekt Russisch sprachen. Diese Entscheidungen weckten den Protest von etwa einer halben Million Finnen, das heißt einem Sechstel der Gesamtbevölkerung. Sie richteten eine Massenpetition an den Zaren, in der sie ihn um die Respektierung der finnischen Autonomie ersuchten. Aber Nikolaus II. wies diese Petition zurück und weigerte sich auch, finnische Delegationen zu empfangen. In seinem *Manifest* von 1899 erklärte er, daß russisches Recht auf jeden Fall Vorrang habe vor finnischen Gesetzen. Der finnische Landtag wurde auf den Rang einer Provinzialversammlung zurückgestuft und Plehwe zum Ministerstaatssekretär für Finnland ernannt. Damit war der offene Konflikt da.

Den Finnen blieb nur der passive Widerstand und die Weigerung, russische Gesetze anzuwenden. Die Antwort des Zaren bestand in absoluter Unversöhnlichkeit und der Erweiterung der russischen Machtbefugnisse: Viele finnische Beamte mußten gehen und wurden durch Russen ersetzt; der Unterricht an Schulen wurde in russischer Sprache gehalten und an Gerichten das Russische als Amtssprache eingeführt. Die finnische Verfassung wurde aufgehoben, und es wurden neue Amtsträger mit diktatorischen Vollmachten eingesetzt. Wen wundert es deshalb, daß Generalgouverneur Bobrikow, der auch vor Gewalt nicht zurückschreckte, um den passiven Widerstand der von ihm Regierten zu brechen, 1904 ermordet wurde? Finnland entwickelte sich damals zum Gelobten Land des Sozialismus, einerseits als Reaktion gegen die Russifizierungspolitik und zum anderen, weil die Bauern in jenem Jahr verarmten und die Arbeiterklasse ungeahnten Zulauf erhielt. 1896 versammelte sich ein Arbeiterkongreß in Tamfors, und 1899 wurde eine finnische Arbeiterpartei gegründet, aus der 1903 die Sozialdemokratische Partei Finnlands hervorging. Es entstand auch eine Bewegung zur Verteidigung der finnischen Verfassung, die sich mit den liberalen russischen Kreisen verbündete, die Peter Struwe um die Zeitung *Oswoboshdenie* scharte; daneben bestand noch eine kleine, der russischen Sozialrevolutionären Partei nahestehende finnische Gruppe. Bei den Landtagswahlen im Jahr 1904 gewannen die Konstitutionalisten eine sichere Mehrheit, aber die finnischen Sozialdemokraten errangen vier Sitze.

Die Russifizierungspolitik forderte noch andere Opfer – die Armenier, die Rußland bis Ende des 19. Jahrhunderts vor der Türkei geschützt hatte. Nun aber bezog Rußland eine offenere Position gegenüber der Türkei, die es ebenfalls von erstarkenden revolutionären Bestrebungen bedroht sah. Mit einem Schlag verwandelte sich die Stimmung in Feindseligkeit gegen die armenischen Völker: 1897 wurden armenische Schulen geschlossen und das armenische Nationalvermögen eingezogen, das bis dahin der Oberste Patriarch und Katholikos der Armenier im Kloster Etschmiadsin verwaltet hatte. Wie in Finnland stieß auch hier die Russifizierungspolitik auf Widerstand, der den Russen unter der Führung der Dachnak-Organisation allerdings heftiger und gewalttätiger entgegenschlug. 1903 trat die Konfrontation in ihre blutige Phase, und die Morde an russischen Beamten häuften sich. Auch in Armenien profitierten Kandidaten der revolutionären Sozialdemokratischen Partei am meisten von der reaktionären russischen Politik.

»Gesellschaft zur gegenseitigen Hilfe der Arbeiter«

Die russische Arbeiterbewegung entwickelte sich etwa um die gleiche Zeit wie die Agitation in den Grenzgebieten des Zarenreichs. In den ersten Jahren des 20. Jahrhunderts wurde Rußland von zahlreichen Streiks erschüttert und erlebte die politische Aktivierung der Arbeiterklasse. Plehwe reagierte darauf genau so, wie es seiner zweideutigen Auffassung eines gewissen *kontrollierten* Verständnisses für soziale Bewegungen innerhalb der Gesellschaft entsprach, und gründete eine unter den Augen der Polizei entstandene und mit patriotischen Parolen arbeitende Gewerkschaft, die »Gesellschaft zur gegenseitigen Hilfe der Arbeiter«. Gleichzeitig ließ Plehwe andere gewerkschaftliche Bewegungen polizeilich bespitzeln. Die Idee als solche war nicht einmal absurd, obwohl sich Plehwe dabei mit Zauberlehrlingen einließ.

Im ausgehenden 19. Jahrhundert bewirkte die Industrialisierung die Entstehung einer Arbeiterklasse, die in absolut ärmlichen Verhältnissen lebte, die sich aber zumindest zu Beginn noch kaum als politisches Organ verstand. Aber ihre Bewegung gewann an Boden. Die Arbeiter wollten zunächst nur eine Erleichterung in Lebens- und Arbeitsbedingungen erreichen, ohne diese Probleme gleich als politische Forderungen zu verstehen. Gerade dies warf ihnen Lenin in seiner berühmten Schrift *Was tun?* nach dem gleichnamigen Roman Nikolai Tschernyschewskis vor. In ihr geißelte er die Unfähigkeit der Arbeiter, die typisch englische Sichtweise einer Gewerkschaft und ihrer Forderungen zu überwinden. Aber da es in Rußland noch keine Gewerkschaften gab, betrachtete die Staatsmacht schon die bescheidensten Forderungen der Arbeiterschaft als illegale Aktivität, die man unterdrücken mußte. Diese Halsstarrigkeit, mit der die politische Führung jeglichen Kompromiß mit den Arbeitern zurückwies, eröffnete der politischen Agitation und der von Revolutionären betriebenen Mobilisierung einer Bewegung, die noch nicht genau wußte, wohin sie sich orientieren sollte, ein weites Feld.

Hier nun kam der Polizeispitzel Sergej Subatow ins Spiel, das Werkzeug Plehwes, um diese Arbeiterbewegung zu unterwandern. Subatow hatte bisher – keiner wußte genau welche – Aktivitäten im Dienst der Polizei entfaltet und vertrat stramm monarchistische Überzeugungen. Aus Erfahrung wußte er, daß sich die Arbeiter, weil noch unentschlossen, noch nicht organisiert hatten und deshalb wenig Gefahr von ihnen ausging. Wenn der Staat allerdings intellektuellen Revolutionären die Möglichkeiten eröffnete, die Arbeiterbewegung zu einer Kaderpartei zu verwandeln, um sie danach als Waffe einzusetzen, dann würde sie eine Kraft darstellen, die den russischen Staat in echte Gefahr bringen konnte. Zur Vermeidung dieses Risikos schlug Subatow deshalb seinen Auftraggebern vor, der Arbeiterschaft doch selbst einen gewerkschaftlichen Rahmen und Konzessionen anzubieten, um sie dadurch vor revolutionären Einflüssen zu bewahren. Es gelang ihm, den Polizeichef von St. Petersburg, General Dimitri Trepow, und den Moskauer Gouverneur, Großfürst Sergej Alexandrowitsch, für seine Ansichten zu gewinnen. Mit ihrer und Plehwes Unterstützung und natürlich auch der des Zaren, der von vornherein alles billigte, was der Autokratie nützte, organisierte Subatow eine Art staatlicher Gewerkschaft. Im Jahr 1902 trat er an die Spitze der *Ochrana*. Damit unterstand ihm der gesamte Polizeiapparat des Zarenreiches, den er nun einsetzen konnte, um seine Organisation zu stärken, der die Arbeiter in Massen zuströmten.

Der höchst eigenartige Charakter dieser Form einer Gewerkschaft sprang jedermann ins Auge. Alles begann in Moskau, in dem, wie Witte in seinen Memoiren schreibt, noch vor St. Petersburg von Anfang an wahren Zentrum der revolutionären Bewegung, weil dort die Unterdrückung durch Großfürst Sergej Alexandrowitsch und General Trepow unerträglich war. Es trifft auch zu, daß sich die Moskauer Universität als das Herzstück einer Studentenbewegung erwies, die bei jeder Etappe der Zersetzung der Staatsmacht aktiv wurde und die sich abzeichnenden tragischen Ereignisse ankündigte. In Moskau befand sich auch die Zentrale der *Subatowschtschina*, und dort marschierte Großfürst Sergej, die Symbolfigur der Unterdrückung, bei offiziellen Anlässen höchstpersönlich an der Spitze eines Arbeiterzuges! Dieser Widerspruch entging natürlich in Rußland niemandem. Als es im Sommer in Odessa zu Arbeitsniederlegungen kam, die alsbald in einen allgemeinen Streik mündeten, und sich die Unfähigkeit der Subatowschen Gewerkschaft erwies, diesen Generalstreik zu begrenzen, befahl Plehwe der Polizei, ihn mit Waffengewalt zu unterdrücken. Von nun an hatte auch die Arbeiterklasse begriffen, wo die »polizeigestützte Gewerkschaft« anzusiedeln sei, nämlich im Lager der Unterdrücker. Und als zwei Jahre später, 1904, in St. Petersburg eine ähnliche Gewerkschaft wie die Subatows vor dem gleichen Problem stand, blieb ihrem Führer, dem Priester Georgi Gapon, um sich nicht zu diskreditieren, nichts anderes übrig, als sich auf die Seite der Streikenden zu schlagen, wo er beim »Blutigen Sonntag« in St. Petersburg eine zentrale Rolle spielen sollte.

Auf jeden Fall war diese Periode, in der die Staatsmacht zwischen Repression und Manipulation schwankte, bald zu Ende. Innenminister Plehwe, den nichts so sehr interessierte wie die Wahrung seines ungeteilten Einflusses auf den Herrscher, veranlaßte diesen, sich im Jahr 1903 von Finanzminister Witte zu trennen. Nun war der Weg frei für die Fortsetzung seiner Unterdrückungspolitik, die wiederum den Terrorismus nährte. Da der Zar nach dem Abgang von Witte, der ihn so gereizt hatte, daß er ihn kaum mehr ertrug, nun keinen politisch gemäßigten Ratgeber mehr besaß, schien er an der wortreich vorgetragenen Begründung einer Politik nicht mehr zu zweifeln, die es fertigbrachte, die Bauern, die Arbeiter, die nationalen Minderheiten und die liberalen Eliten gleichzeitig gegen sich aufzubringen. Der Zar verließ sich vielmehr auf Höflinge, die die Zuspitzung der Lage nicht erkannten, und auf Plehwe, der einen wohlorganisierten und gut geführten »kleinen Krieg« für richtig hielt, um die nationale Zustimmung wiederherzustellen, und bereitete den Krieg mit Japan vor. Als Plehwe am 15. Juli 1904 einer Bombe zum Opfer fiel, war dies der Schlußpunkt des ersten Teils des Regierungsprogrammes. Aber damit blieb immer noch die Möglichkeit eines Krieges offen, von dem man hoffte, daß er ein Heilmittel für die inneren Schwierigkeiten sei, und der doch schon eine schlimme Wendung nahm.

Alle Zeitzeugen konstatierten die große Trauer des Zaren über den Tod Plehwes, die seine tiefe Übereinstimmung mit den konservativ-repressiven Ansichten seines Innenministers signalisierte. Nikolaus II. sah in ihm den wahren und tüchtigen Verteidiger der Autokratie; sein Ende ließ ihn um so ratloser zurück, als das Desaster an der japanischen Front nicht mehr zu leugnen war. Durch wen sollte er einen derart betrauerten Minister ersetzen? Aufgrund seines Temperaments und seiner Überzeugungen hätte sich der Zar wahrscheinlich einen zweiten Plehwe gesucht, aber die Umstände verlangten von ihm eine ganz andere Wahl.

Angesichts der Attentate dieser Zeit mit so prominenten Opfern wie Bogolepow, Sipjagin, Bobrikow und Plehwe, der allgemeinen Agitation im Zarenreich und den Niederlagen jenseits der russischen Grenzen erkannte der Zar, daß die Anwendung von Gewalt nicht immer der beste Weg zum Ziel war. Vielleicht auch veranlaßte ihn ein Ereignis in seinem Privatleben zu mehr Versöhnlichkeit, denn nach zehnjähriger Ehe und der Geburt von vier Töchtern brachte seine Frau 1904 endlich den Thronerben zur Welt. Seine Freude darüber wurde noch nicht durch die Entdeckung der Erbkrankheit getrübt, an der der Zarewitsch litt. Diesem Erben wollte Nikolaus eines Tages die Macht unversehrt hinterlassen, und dieser Wunsch ließ ihn neue Wege suchen. Deshalb ernannte er Fürst Swjatopolk-Mirskij zum Innenminister, der in allen Punkten das Gegenteil seines Vorgängers verkörperte. Sollten die Spannungen und Dramen der ersten Jahre des 20. Jahrhunderts nun tatsächlich ein Ende finden und eine neue Ära anbrechen?

Der Zar setzte auf einen Krieg, um seine Probleme zu lösen, und tatsächlich sollte von dem militärischen Konflikt an der fernöstlichen Grenze der Verlauf der späteren Ereignisse abhängen, aber entgegen den ersten Erwartungen handelte es sich nicht um einen »guten« Krieg, sondern um das schlimmste Unterfangen, in das sich Nikolaus je verirrt hatte.

* * *

Wir sind an einem Punkt angelangt, der einen Blick über die erste Zeit des Wirkens von Finanzminister Witte mit der Frage erlaubt: »Was haben Rußland und der Zar ihm zu verdanken?« Kein anderer Minister stand dem Zaren seit Beginn seiner Herrschaft so nahe und übte einen solchen Einfluß auf ihn aus wie Witte – bis zu jenem 15. August 1903, als er erfuhr, daß er zum Ministerpräsidenten ernannt und damit von jeglicher politischer Verantwortung entbunden sei. In seiner achtjährigen Amtszeit hatte es immer wieder Gelegenheiten gegeben, die ihn Einfluß kosteten; auch mußte er erkennen, daß ihn die Cleverneß Plehwes beim Zaren in ein schlechtes Licht rückte. Aber dennoch lassen sich die Stärken und Schwächen seiner Amtsführung als Finanzminister deutlich unterscheiden.

Als unbestreitbare Erfolge wären zu nennen: der Ausbau des russischen Eisenbahnnetzes, die Stabilisierung des Rubels und die Sicherung seiner Konvertierbarkeit, eine ausgeglichene Handelsbilanz sowie das Aufblühen von Industrie und Handel. Außerdem hatte er Rußland im Ausland so viel Kreditwürdigkeit verschafft, daß ihm ausländische Investoren vertrauten, und er hatte schließlich auch erreicht, daß Rußland sich in Asien engagierte. Nicht zu vergessen ist dabei sein Beitrag bezüglich der Förderung russischer Unternehmer und der raschen Entwicklung »kapitalistischer Denk- und Verhaltensweisen« in Rußland. Dies alles war natürlich aus dem gemeinsamen Wirken Wittes, des Zaren und staatlicher Organe entstanden. Wie einst Colbert als Wirtschaftsminister Ludwigs XIV., so glaubte auch Witte an diese Form des vom Staat ausgehenden organisierten und kontrollierten wirtschaftlichen Fortschritts.

Im Gegensatz zu Colbert lebte Witte allerdings in einer Zeit, in der die Reaktionen der Bevölkerung angesichts des Preises, den sie für die Modernisierung ihres Staates zu bezahlen hatte, jedes Reformwerk gefährden konnte. Die russische Gesellschaft stellte nämlich fest, daß der Fortschritt von Staat und Wirtschaft nicht mit der Verbesserung der Lebensbedingungen für die Menschen einherging. Die Bauern entrichteten dafür einen gewaltigen Tribut, der für sie sowohl höhere Steuern als auch Schutzzölle bedeutete. Natürlich hatte Witte bei seinen Plänen auf mittlere Sicht erwartet, daß der Einsatz von Landmaschinen die Erträge der Bauern verbessern würde und folglich auch ihre Einkünfte. Aber gegen Ende des 19. Jahrhunderts kamen diese Maschinen noch immer aus dem Ausland, und die russischen Importzölle trieben die Preise in unerschwingliche Höhen. Zum anderen hatte Witte sich erwartet, daß die Produktion von preisgünstigen Konsumgütern das tägliche Leben erleichtern würde, aber nicht einmal die konnten sich die meisten Bauern leisten. Im übrigen stellte die Industrie in ihren Anfängen – und auch dies fällt unter die Ära Witte – vor allem militärische Güter und Ausrüstungsgegenstände her; die Herstellung von Waren für den zivilen Bereich war für später vorgesehen. Der halbverhungerte Bauer sah also wenig Grund, einem industriellen Aufschwung Beifall zu spenden, den er zwar bezahlen mußte, dessen Wohltaten er aber nicht zu spüren bekam.

Auch die Arbeiter, deren Zahl aufgrund der raschen Industrialisierung naturgemäß wuchs, verspürten Bitterkeit. Witte setzte auf die im Überfluß verfügbare Arbeitskraft und damit auf ihre geringen Kosten, und in der Tat bestimmten niedrige Löhne, eine so gut wie nicht existierende Sozialgesetzgebung und die ständig drohende Arbeitslosigkeit das tägliche Leben der allermeisten Arbeiter. Ihre

Verzweiflung drückte sich in immer häufigeren und zunehmend gewalttätigen Streiks aus.

Schließlich bleibt die gewaltige Distanz festzuhalten, die zwischen den von Witte geförderten Einzelbereichen einer modernen Wirtschaftsentwicklung und der im ganzen noch weit zurückhängenden russischen Gesamtwirtschaft klaffte – was sich mit der raschen Industrialisierung dieser Epoche erklären ließe. Im Jahr 1903 stellte sich Rußland auf wirtschaftlichem Gebiet als eine noch nicht in sich geschlossene Einheit dar, in der die Industrie in ein bereits vorhandenes Gesellschaftssystem integriert wäre. Auf der einen Seite bestand die Agrarwirtschaft mit ihren einst berühmten Handelsplätzen wie dem Markt von Nischni-Nowgorod weiter, und auf der anderen Seite herrschte die Welt moderner Industrieformen und ausländischer Investitionen vor.

So erinnert Witte in vieler Hinsicht an Colbert, außer daß er die Kunst und die Künstler kaum förderte. Aber der Ort, den er dem Staat bei der Entwicklung seiner Wirtschaft zuwies, sein Vertrauen in die absolute Macht und die Öffnung seines Landes gegenüber dem Ausland und dessen Kapital – dies alles lag auf der Linie des reinen Colbertismus. Die Geschichte, die sich als so undankbar zu erweisen pflegt – wie Nikolaus II., als er seinen Finanzminister entließ –, verweigerte dem Wirken Wittes die Bezeichnung »Wittismus« und damit die Erhebung seines Namens in den Rang einer Doktrin. Dabei hätte er es verdient! Und dies um so mehr, als sein Beitrag zur Herrschaft Nikolaus' II. trotz seiner Entlassung weit über die Grenzen der russischen Wirtschaft hinausreichte.

4. Kapitel

Der zerbrochene Traum

Die zwölf Glockenschläge, die das Jahr 1889 ankündigten, waren noch kaum verklungen, als Kaiser Wilhelm II. seinem »lieben Vetter Nicky« die besten Wünsche für das neue Jahr übermittelte. Es handelte sich um recht eigenartige Wünsche, die an die Ideale Nikolaus' II. appellierten: »Der Fortschritt der Zivilisation ist zu verteidigen«, hieß es dort, womit das Christentum im Fernen Osten gemeint war. »Willy« wurde sogar noch deutlicher: »Ich bitte Dich um Verständnis für die Rolle, die ich mir für Dich als Vertreter der russischen und deutschen Interessen und Wächter am Ufer des Gelben Meeres gedacht habe.«

Von diesem Zeitpunkt an durchdrang das Leitmotiv der russischen Berufung in Asien die Korrespondenz Wilhelms II. mit seinem Vetter. Dies kann nicht über die Tatsache hinwegtäuschen, daß er seine eigene Politik in andere Richtungen lenkte, von denen er »Nicky« offensichtlich fernhalten wollte.

Große Mühe mußte er sich dabei nicht geben. Nach einer dreijährigen »Lehre« bei Fürst Lobanow-Rostowski, die ihn, wie er meinte, bedrückt hatte, schwamm Nikolaus II. sich frei: Er wollte die Außenpolitik selbst bestimmen. Sämtliche Zaren vor ihm hatten stets ein besonderes Interesse an der Welt außerhalb der russischen Grenzen entwickelt, wo Rußlands Macht sich demonstrieren ließ.

Rußlands bevorzugtes Betätigungsfeld

Gerade im Jahr 1898 mußte Nikolaus auf ein traditionelles Bestreben seines Landes, die Kontrolle über den Bosporus, verzichten. Seine Appelle bezüglich einer allgemeinen Abrüstung der internationalen Völkergemeinschaft weckten ironische Reaktionen und wurden letztlich wenig beachtet. Der Ferne Osten hingegen, den Nikolaus noch als Thronfolger bereist hatte, schien den Ehrgeiz Rußlands geradezu herauszufordern. Einer seiner damaligen Reisegefährten und gleichzeitig der einzige, der über eine gewisse Vorstellung von der Region verfügte, war Prinz Uchtomski. Er war in der Umgebung des Zaren geblieben und überzeugte ihn 1898 mit dem Argument der gemeinsamen Reise von seiner Fähigkeit, das Problem Fernost in die Hand zu nehmen. Auch hatte der Zar das während dieser Rundreise verübte Attentat mit dem Säbel keinesfalls vergessen, es hatte vielmehr seine Feindseligkeit und seine Verachtung gegenüber den »japanischen Affen« noch weiter genährt. Darüber hinaus war es zu Beginn des neuen Jahrhunderts geradezu Mode geworden, sich vor der »gelben Gefahr« zu fürchten; diese Einstellung verband sich mit der Überzeugung, daß ein Engagement der Großmächte in Asien Früchte tragen würde.

Aber auch naheliegendere Interessen zogen Rußlands Aufmerksamkeit auf Asien. Seit drei Jahrhunderten hatten Entdecker, Pelzhändler und Abenteurer aller Art Sibirien für das Zarenreich geöffnet, und Vertreter der Obrigkeit waren ihnen gefolgt: Der Drang nach Osten zieht sich wie ein roter Faden quer durch die russische Geschichte. Auch Witte trug mit seinem abenteuerlichen Unternehmen der Transsibirischen Eisenbahn dazu bei, denn erst durch den Bau dieser Strecke, der von 1891 bis 1901 dauerte, konnte Sibirien erschlossen werden. Unabhängig davon lenkten die Mandschurei, China und Korea Rußlands Interesse ebenfalls auf sich.

Zu Beginn der Herrschaft Nikolaus' II. begünstigten lokale Konflikte den russischen Vorstoß, denn im Zuge seiner eigenen Modernisierung griff Japan China militärisch an. Nach einem erfolgreichen Feldzug diktierte es dem Reich der Mitte 1895 in dem Friedensvertrag von Schimonoseki drakonische Bedingungen. Sofort bezogen die Großmächte gemeinsam Stellung gegen Japan und zwangen es zum Verzicht auf die Halbinsel Liaotung. Rußland seinerseits drang unter dem Vorwand, es müsse das Land schützen, tiefer nach China hinein. Es lieh ihm Geld, damit es japanische Entschädigungsforderungen erfüllen konnte (wobei Frankreich den größten Teil der Zahlungen finanzierte). Es gründete (ebenfalls mit vorwiegend französischem Kapital) die Russisch-Chinesische Bank und setzte als deren Präsidenten Prinz Uchtomski ein. Im Mai 1896 unterzeichnete es während des Besuches von Li Hong-Tschang, der den Krönungsfeierlichkeiten beiwohnte, einen Bündnisvertrag mit China. Diese Politik war das Werk Wittes, den das Problem der Transsibirischen Eisenbahn umtrieb: Rußland verpflichtete sich, China gegen jeden Angriff von außen zu verteidigen. Dafür allerdings mußte es über rasche Verkehrsverbindungen verfügen. Aus diesem Grund wurde ihm das Recht zum Bau einer Eisenbahnlinie quer durch die Mandschurei zugestanden. Obwohl diese »Chinesische Ostbahn« nach Ablauf einer Nutzungsfrist von achtzig Jahren an China zurückfallen sollte oder es sie alternativ nach bereits sechsunddreißig Jahren kaufen konnte, bildete sie, weil russische Wachen die Gleise zu beiden Seiten sicherten, trotz allem eine russische Enklave in der Mandschurei, und die Stadt Harbin entwickelte sich im Nu zu einer russischen Kolonialstadt.

Auch in Korea profitierte Rußland von den Schwierigkeiten der Japaner. Im Jahr 1896 einigten sich Japan und Rußland im sogenannten Vertrag Lobanow-Imagata auf ein gemeinsames Kondominium über Korea. Rußland sicherte sich dabei die Ausbildung der Truppen und die Kontrolle über den Grenzverkehr. Die Vorteile aus dieser Einflußnahme kosteten Rußland wenig, und niemand schien damals das friedliche und scheinbar wenig beunruhigende Vorgehen des Zarenreichs behindern zu wollen.

Die dritte Etappe des russischen Engagements im Fernen Osten begann 1897. Durch die außenpolitischen Erfolge der Russen in dieser Region verunsichert, bemächtigte sich das Deutsche Reich unter dem Vorwand der Vergeltung für die Ermordung zweier deutscher Missionare der Stadt Tsingtau in der Provinz Shantung. Rußland reagierte sofort. Der Zar ahnte, daß er endlich seinerseits einen Vorwand gefunden hatte, den Hafen Port Arthur in russischen Besitz zu bringen und ihn durch die Besetzung der gesamten Halbinsel Liaotung mit den Städten Port Arthur und Dairen an die Transsibirische Eisenbahn anzuschließen. Mit einem Schlag bescherte die Transsibirische Eisenbahn Rußland auf diese Weise einen weitaus größeren Aktionsradius als die bisherige einzige Linie nach Wladiwostok. Witte allerdings ahnte, daß China eine weitere Ausdehnung Rußlands unter Mißachtung des Abkommens von 1896 ablehnen würde, und befürchtete den Übergang von der friedlichen Expansion zu einer systematischen Eroberungspolitik. In bezug auf Japan machte er sich Sorgen über das russische Vorgehen in Korea und schlug St. Petersburg eine Aufteilung in Einflußbereiche vor: Japan sollte Korea zufallen und Rußland die Mandschurei. Die Reaktion des Zaren war unmißverständlich: Er sah keinen Grund, von seinen Ambitionen in Korea abzulassen, auch als 1898 ein entsprechender Vertrag paraphiert wurde.

Von da an wartete Tokio auf seine Stunde.

Von der Besonnenheit zum Draufgängertum

Gegen Ende des 19. Jahrhunderts, und spätestens seit dem Boxeraufstand in China, sah Rußland die Stunde des weiteren Vorrückens im Fernen Osten gekommen. Unter dem Vorwand, dem Reich der Mitte helfen zu wollen, sandte Nikolaus II. Truppen in die Mandschurei, wo sie dann auch blieben. Zur gleichen Zeit fielen Abenteurer aus der russischen Oberschicht in die Gegend um den Fluß Jalu ein, um die dortigen Wälder auszubeuten. Die russische Staatsführung spielte mit dem Gedanken, ihnen nach Korea zu folgen, um diese »Unternehmer« zu beschützen. Diese Ereignisse riefen nicht nur die Entrüstung Japans hervor, sondern auch die Londons, das Rußland den Fernen Osten nicht als alleiniges Jagdrevier zugestehen wollte. Diese gleich doppelte Ablehnung der russischen Ziele schlug sich 1902 in einem englisch-japanischen Abkommen nieder, das Tokio die Unterstützung Großbritanniens im Fall eines Konflikts mit Rußland zusicherte. Gleichzeitig verhandelte Japan jedoch mit St. Petersburg und unterbreitete eine Zeitlang Konsolidierungsvorschläge über gegenseitige Einflußzonen, um Rußland von Korea fernzuhalten. An diesem Punkt kam es zum Bruch, der dann zum Krieg führte.

In den Jahren 1902 und 1903 standen sich in St. Petersburg zwei grundsätzliche Ansichten über die richtige Politik im Fernen Osten einander gegenüber. Mit Unterstützung Pobedonoszews und des Außenministers Lamsdorff plädierte Witte für eine vorsichtige Politik der wirtschaftlichen Durchdringung auf der Grundlage der russischen Präsenz in der Mandschurei, aus der sich mit der Zeit eine Ausweitung des russischen Einflusses auf China ergeben könnte. Der Preis für diese einleuchtende Politik bestand in einem unmißverständlichen Verzicht auf alle russischen Interessen in Korea. Auch Kriegsminister Kuropatkin unterstützte diese Linie. Der General wehrte sich nämlich heftig gegen jegliches militärische Engagement im Fernen Osten, da Rußlands aktive Politik in Europa, insbesondere auf dem Balkan und in den Schwarzmeerengen, es lehren mußte, wo seiner Meinung nach das eigentliche Zentrum der russischen Macht lag.

Als erklärter Gegner dieser Gruppe hatte der Kavallerieoffizier und Abenteurer Besobrasow mit Unterstützung von Großfürst Alexander Michailowitsch den Zaren allerdings dazu bewegen können, ihn bei einer Expedition zur Erforschung der Ressourcen im Jalu-Gebiet zu unterstützen. Die beiden Männer fanden auch Hilfe bei Konteradmiral Abasa, bei Admiral Alexejew und bei Plehwe, der jede Gelegenheit nutzte, die Nikolaus II. die Möglichkeit – er sagte »die Chance« – eines Konflikts außerhalb der Landesgrenzen bot. Dieses Argument gefiel dem Zaren so gut, daß er es sich zu eigen machte. Er rügte die seiner Ansicht nach zu vorsichtigen Minister mit dem Hinweis, daß die Aussicht auf Erfolg in Korea wohl einige Risiken wert sei.

Der Sommer 1903 zeichnete sich sowohl durch einen weiteren Spannungszuwachs im Fernen Osten als auch durch die innere Krise des Zarenreichs aus. Während die Japaner den Kontakt mit St. Petersburg noch suchten, verschloß der Zar sich ihnen immer mehr und ließ statt dessen immer weniger Zweifel an seinem Entschluß. So ernannte er im Juli Admiral Alexejew, einen unbeirrten Verfechter der harten Linie, zum Vizekönig im Fernen Osten und bestimmte Port Arthur zu dessen Hauptquartier.

Die Entlassung Wittes als Finanzminister im Monat darauf, im August 1903, schwächte das Lager der Kriegsgegner ganz erheblich. Wiederum einige Wochen später bestätigte die Gründung einer »Kommission für die Belange im Fernen Osten« unter dem Vorsitz des zum Staatssekretär ernannten Besobrasow die bisher unbeirrt verfolgte Linie hin zu dem von Plehwe propagierten »hübschen kleinen Krieg«. Ein von dem französischen Außenminister Théophile Delcassé im Januar 1904 unternommener Vermittlungsversuch endete ergebnislos. Der Zar ließ sich weder von den japanischen Vorschlägen noch von den heftigen Umstimmungsversuchen einiger vorsichtiger Mitarbeiter noch von den Warnungen seiner Verbündeten und schon gar nicht von den unübersehbaren Kriegsvorbereitungen Nippons beeindrucken. In Wirklichkeit verachtete er die Japaner und zweifelte nicht im Traum an seinem Sieg.

Wieder einmal offenbarte Nikolaus II. seinen so widersprüchlichen Charakter. Obwohl schwach, aber doch vorsichtig und keinesfalls dumm, verrannte er sich manchmal in Entscheidungen, deren Grundlagen er entweder überhaupt nicht oder nur wenig studiert hatte. Er pflegte dann eine Sturheit an den Tag zu legen, die ihm in anderen Situationen oft fehlte. Trotz seines Mißtrauens gegenüber dem »lieben Vetter Willy, dem Admiral des Atlantiks«, bestärkten ihn Worte, die er in dessen Brief vom 3. Februar 1904 las: »Jeder unvoreingenommene Mensch muß erkennen, das Korea russisch sein muß und sein wird.« Der Einfluß Wilhelms II. war für die Entscheidung des Zaren bestimmt nicht ausschlaggebend, aber seine ständige Ermutigung darf auch nicht unterschätzt werden. War Nikolaus II. in den Augen seines Vetters »Willy« nicht der »Admiral des Pazifiks«?

Ein »Pearl Harbour« zu Beginn
des Jahrhunderts

Japan hatte sich nach seinen letzten, von Rußland abermals abgelehnten Vorschlägen gut auf den Krieg vorbereitet. Es eröffnete die Feindseligkeiten mit einem Schlag, den es fünfzig Jahre später in Pearl Harbour gegen die Vereinigten Staaten von Amerika wiederholen sollte. Ohne Vorwarnung oder gar Kriegserklärung griffen die Japaner am 9. Februar 1904 mitten in der Nacht die russische Flotte auf der Reede von Port Arthur an und fügten ihr entscheidende Schläge zu. Drei Kriegsschiffe sanken. Der Zar erfuhr von diesem Desaster durch ein Telegramm von Admiral Alexejew, das er nach einem Besuch der Oper erhielt. In einer ersten Reaktion meinte er: »Keine Kriegserklärung! Nur Gott kann uns helfen!« Offenbar wurde er vom Himmel nicht erhört, denn die Japaner errangen einen Sieg nach dem anderen, und der Krieg geriet schnell zur Katastrophe. Anfangs gab sich Nikolaus auch unter dem Eindruck antijapanischer Reaktionen in der russischen Öffentlichkeit noch Illusionen hin. Studenten marschierten durch die Straßen und trugen patriotische Banner. Die Spendenbereitschaft für die Armee schnellte in die Höhe. Die nationale Einheit schien erreicht. Das allgemeine Stimmungshoch, das sich in einer Vielzahl von freiwilligen

Meldungen zum Kriegsdienst niederschlug, schien den Zaren trotz der ersten Niederlagen in seiner Meinung zu bestärken, daß es zu einer Wende im Kriegsgeschehen käme und Rußland nun die Gelegenheit zur endgültigen Expansion gefunden hätte.

Aber eine Niederlage folgte auf die andere: Die japanische Flotte jagte die russischen Schiffe von Port Arthur nach Wladiwostok und errang mühelos die Vorherrschaft auf See. Im Mai wurden die in der Jalu-Region stationierten russischen Bodentruppen besiegt; die Einheiten, die ihrer Vernichtung entgingen, wurden bis nach Mukden zurückgedrängt. Den ganzen Sommer und Herbst des Jahres 1904 lang versuchten die in die Mandschurei abkommandierten Verstärkungen unter der Führung von General Kuropatkin, das belagerte Port Arthur zu befreien. Doch im Januar 1905 fiel die Stadt, und die japanischen Truppen griffen Mukden an. Nach einer Woche heftiger Kämpfe mußte die russische Armee auch dort weichen.

Nikolaus II. blieb nur noch eine Hoffnung: Er wollte mit der unter dem Kommando von Admiral Roshdestwenski stehenden Ostseeflotte die Vorherrschaft auf See wiedererringen. Natürlich hätte die Schwarzmeerflotte das Kriegsgebiet weitaus schneller erreichen können, aber die Vereinbarung über die Meerengen verbot dies. Alle europäischen Großmächte, besonders aber Großbritannien, das durch den Vertrag von 1902 mit Japan verbündet war, achteten peinlichst auf die Einhaltung dieser Vereinbarung. Was nun die Überfahrt der Ostseeflotte nach Fernost anging, so stieß man hier auf ein Problem, das die Marineführung schon seit Ende des 19. Jahrhunderts beschäftigte. Bereits 1898 war ein Eisbrecher gebaut worden, um eine Schiffsroute vom Baltikum zum Japanischen Meer zu öffnen. Doch die Experten konnten sich über den Verlauf der Route nicht einigen: Admiral Makarow sprach sich für einen Weg entlang der nördlichen Küste bis nach Sachalin aus, während sich der berühmte Chemiker Mendelejew, der sich mit Begeisterung in die Diskussion einmischte, für die Route über den Nordpol stark machte. Die Auseinandersetzung verlief schließlich im Sande. Daher mußte 1905 die Überfahrt improvisiert werden, was den Einsatz der Ostseeflotte erheblich verzögerte und schließlich zur endgültigen Niederlage Rußlands beitrug.

Kaum hatte nämlich die Ostseeflotte am 15. Mai das Gelbe Meer erreicht, wurde sie schon bei Tsuschima fast völlig vernichtet. Konnte Rußland nach einer solchen Niederlage noch weiterhin Krieg führen? Sein Glück war, daß sich Japan ebenfalls gezwungen sah, den Krieg zu beenden. Es erkannte, daß Rußland tatsächlich alle Möglichkeiten für einen erneuten Einmarsch in Korea verloren hatte, daß sogar in der Mandschurei der russische Einfluß zu schwinden begann. Der Krieg hatte Japan große Anstrengungen gekostet; die wirtschaftliche Belastung hatte ihre Spuren hinterlassen. Deshalb wollte Tokio verhandeln und auch, weil es wußte, daß es Rußland trotz dessen erheblichen Niederlagen nie endgültig würde besiegen können. Der Krieg hätte ewig gedauert; beide Gegner hätten ihre Kräfte verschlissen, ohne daß einer von beiden je wirklich besiegt worden wäre. Auch die europäischen Großmächte verspürten die Notwendigkeit der Beendigung dieser gewaltigen Katastrophe. Die revolutionären Ereignisse in Rußland rüttelten an den Grundfesten der Monarchie und versetzten Großbritannien, Frankreich und sogar Deutschland in Angst und Schrecken. Das europäische Gleichgewicht schien bedroht. Von allen Seiten mehrten sich die Stimmen, die zum Friedensschluß aufriefen, und nach einer geheimen Démarche Japans organisierte Präsident Theodore Roosevelt im August 1905 in Portsmouth, im Bundesstaat New Hampshire, eine Friedenskonferenz.

Ein unverhoffter Friedensschluß

Ratlos, aber beseelt von der Idee, nicht um jeden Preis verhandeln zu wollen, und getrieben von der Angst, einen demütigenden Vertrag unterzeichnen zu müssen, der seine innenpolitische Position noch weiter geschwächt hätte, besann sich der Zar auf die Künste Wittes, den er erst zwei Jahre zuvor entlassen hatte. Ihn schickte er nach Portsmouth, um einen akzeptablen Friedensvertrag auszuhandeln. Falls nicht anders möglich, durfte Witte territoriale Konzessionen machen, schließlich »geht es ja nicht um russisches Territorium« – auf keinen Fall aber durfte er Reparationszahlungen zustimmen. In diesem Punkt zeigte sich der Zar kompromißlos.

Die Verhandlungen in Portsmouth entwickelten sich zu einem vollen Erfolg für die russische Delegation, besonders nachdem die Japaner in der Frage der Entschädigungszahlungen, die sie als Vorausleistung verlangten, zurücksteckten, um die Gespräche nicht scheitern zu lassen. Am 5. September 1905 wurde der Friedensvertrag unterzeichnet. Witte hatte geschickt verhandelt, indem er in verschiedenen Punkten nachgegeben hatte, in anderen aber um keinen Millimeter von seiner Position abgewichen war und immer wieder betonte, daß Rußland wohl einige Niederlagen habe hinnehmen müssen, aber auf keinen Fall besiegt sei. In gewisser Weise nahm er den berühmten Spruch »Wir haben eine Schlacht verloren, nicht aber den Krieg« vorweg.

Zu den Konzessionen, die er nicht umgehen konnte, gehörte auch die Insel Sachalin, die Japan forderte. Nach heftigen Diskussionen erreichte Witte, daß sie entlang einer von Ost nach West führenden Grenzlinie zwischen den beiden Staaten geteilt würde. Die Halbinsel Liaotung und die Hafenstädte Port Arthur und Dairen fielen an Japan zurück, das darüber hinaus auch die Konzession für die »Chinesische Ostbahn« in der Mandschurei südlich von Tschangtschun erhielt, während der Streckenabschnitt nördlich von Harbin unter russischer Kontrolle blieb. Obwohl Tokio nun freie Hand in Korea erhielt, was einer Anerkennung des japanischen Protektorats in diesem Land gleichkam, blieb die Gegend um die »Chinesische Ostbahn« in der Mandschurei unter russischer Kontrolle, wie man es bereits 1896 ausgehandelt hatte.

Rußland mußte in Asien sicherlich zurückstecken; es

mußte aber keine Reparationszahlungen leisten, und das wurde wie ein Sieg aufgenommen, insbesondere weil ein paar wichtige strategische Positionen weiterhin in russischer Hand blieben. Der Zar stand tief in Wittes Schuld. Allerdings glaubte er nicht sehr daran, denn er kommentierte den Friedensvertrag mit den Worten: »Wenn ich gewußt hätte, daß Witte in der Frage der Entschädigungszahlungen gewinnen würde, hätte ich ihm befohlen, in Sachalin nicht so weit zurückzugehen. Wir wurden betrogen.« Trotzdem empfing er Witte mit allen Ehren und verlieh ihm den Titel eines Grafen.

Angesichts dieses Kriegsendes sollte man sich nun um eine klärende Antwort auf die Frage der militärischen und politischen Schwäche Rußlands auf der einen und des Verhaltens des Zaren auf der anderen Seite bemühen.

Die Gründe einer Katastrophe

Zunächst drängt sich die Frage auf, warum Rußland sich im Ringen mit Japan als so schwach erwiesen hatte. Immerhin besaß es beachtliche militärische Mittel, die die Kräfte seines Gegners zahlenmäßig weit übertrafen. Im Jahr 1904 verfügte die russische Armee über drei Millionen Soldaten, während Japan nur sechshunderttausend Männer unter Waffen hatte. Doch fernab ihrer Heimat hatten sich die Russen schon immer schwergetan, gleichstarke Verbände wie die Japaner aufzustellen, die ihre Truppen schnell zum Kriegsschauplatz transportieren konnten. Die russische Armee mußte auch Munition, Verstärkung und Verpflegung herbeischaffen. Dafür stand ihr nur die Transsibirische Eisenbahn zur Verfügung, die zudem in verschiedenen Streckenabschnitten – beispielsweise um den Baikalsee herum – noch immer nicht fertiggestellt war, weshalb dort Transportmöglichkeiten improvisiert werden mußten. Die Seestreitkräfte waren einander etwa ebenbürtig. Da die Japaner aber mit ihrem Überraschungsangriff auf Anhieb einige russische Schiffe zerstört und die restlichen in die Flucht geschlagen hatten, waren sie rasch Herr der Lage geworden. Darüber hinaus hatten sie überall Seeminen ausgelegt, die den russischen Schiffen zum Verhängnis wurden, sobald diese ihre Häfen verließen. Der letztlich unausweichliche Entschluß, die Ostseeflotte um den halben Globus zu schicken, und deren fast unendlich lange Überfahrt zeigten die Schwierigkeiten, mit denen sich Rußland bei dem Kampf weitab von seinen Basen konfrontiert sah. Witte hatte den Zaren schon seit langem vor den Gefahren eines Abenteuers im Osten gewarnt und dabei immer wieder auf die in seinen Augen falsche Orientierung beim Ausbau des Eisenbahnnetzes hingewiesen. Der als Folge strategischer Überlegungen der Militärs vorrangig betriebene Ausbau dieses Netzes nach Westen bewirkte, daß schnelle und gleichzeitig massive Truppentransporte gen Osten nicht durchführbar waren. Aus diesem Grund, so Witte, käme auch ein großes strategisches Vorhaben in Fernost nicht in Frage – der russisch-japanische Krieg sollte seine Sicht der Dinge bestätigen.

Auch war die Armee durch die Organisation oder vielmehr das Chaos der russischen Kommandostruktur in Fernost immer weiter geschwächt worden. Der Zar hatte Admiral Alexejew zum Oberbefehlshaber der See- und Landstreitkräfte der Region ernannt. Zur gleichen Zeit aber stellte er General Kuropatkin an die Spitze der Armee und unterstellte ihn dem Befehl von Admiral Alexejew. Damit schälte sich tatsächlich eine doppelte Kommandoebene heraus, die um so widersinniger wurde, als jeder der beiden Befehlshaber seine eigenen taktischen Vorstellungen und strategischen Ziele verfolgte. Angesichts der japanischen Erfolge zu See und des Vormarschs feindlicher Truppen zu Lande drängte Admiral Alexejew auf unverzügliche Gegenschläge, um den Gegner zurück ins Meer zu treiben, während Kuropatkin einen Rückzug nach Harbin für richtig hielt, der eine Neuordnung der russischen Truppen und das Warten auf Verstärkungen erlaubt hätte. Zwischen diesen beiden unterschiedlichen Auffassungen hin- und hergeworfen, mußten die Truppen widersprüchlichen

Befehlen gehorchen und bewegten sich daher ungeordnet und verworren, was die Japaner stets auszunutzen verstanden.

Verwirrung herrschte auch bei der Fahrt der Ostseeflotte nach Asien. Ihr Befehlshaber, Admiral Roshdestwenski, zeigte sich von den Gerüchten stark beeindruckt, die von japanischen Schiffen in der Nordsee (!) berichteten. Fest entschlossen, diese Bedrohung, deren Wahrheitsgehalt er nicht einmal überprüfen ließ, aus dem Weg zu räumen, ließ er am 21. Oktober 1904 das Feuer auf Schiffe eröffnen, die er für feindliche Schiffe hielt – ein schlimmer Fehler, denn er traf zwei russische Kreuzer sowie einige englische Fischkutter, die auf der Dogger-Bank sanken. Tote und Verletzte, gesunkene und beschädigte Schiffe – diese Bilanz belastete die ohnehin schon gespannten Beziehungen zwischen Rußland und Großbritannien, die sich aufgrund mehrerer Verstöße Rußlands gegen internationale Seeabkommen abgekühlt hatten. London beschuldigte die Russen nämlich, Kriegsschiffe der Schwarzmeerflotte als Handelsschiffe zu tarnen, um sie zusammen mit der Ostseeflotte in den Fernen Osten zu schicken. Britische Protestnoten, die Entschädigungen und die Suche nach den Schuldigen verlangten, bewirkten in Rußland eine tiefe Verstimmung: Man bezichtigte England der Feindseligkeit gegen das russische Volk. Um eine Konfrontation zu verhindern, an der dem kriegsgeschüttelten Rußland kaum gelegen sein konnte, wurde eine internationale Untersuchungskommission einberufen, die St. Petersburg zu einer Entschädigung Londons verurteilte. Im Frühjahr 1905, als eine militärische Katastrophe die andere jagte, trug diese Sanktion zusätzlich zur Schmach Rußlands bei.

Aber die militärischen Niederlagen besaßen auch einen Grund, der bei den Russen selbst lag: Der Hauch der Revolution wehte über das Land. Obwohl sich die russische Gesellschaft zu Beginn des Konflikts im Jahr 1904 im patriotischen Überschwang hinter den Zaren gestellt hatte, vermochte diese kurzzeitige Einigkeit doch nicht über eine tiefe Krise hinwegzutäuschen. Wie wir bereits wissen, hatte es in den Jahren 1900 bis 1903 viele Studentenproteste gegeben, und ihre Anführer hatte man zur Strafe in die Armee gesteckt. Kaum Rekruten geworden, spielten sie häufig auch gleich schon die Rolle von Agitatoren. In den Stunden der Niederlage demoralisierte ihre Propaganda die Truppen noch mehr, als sie es ohnehin schon waren. Und schlimmer noch: Da sie meist an strategisch wichtigen Eisenbahnknotenpunkten eingesetzt wurden, trugen sie durch ihren psychologischen Einfluß auf die Eisenbahner zur Behinderung der Truppenbewegungen nach Fernost bei. Die Kombination aus einem Krieg, der dem Land besondere Anstrengungen abverlangte, und revolutionären Bewegungen, die es zu lähmen vermochten, hat letztendlich eher zur Revolution ermutigt, als sie zu bremsen, wie es all die annahmen, die dem Zar vor 1904 zu jenem »hübschen kleinen Krieg« rieten, der von inneren Schwierigkeiten ablenken sollte.

Nikolaus II. – ein Kriegsherr?

Die Frage nach der Hauptschuld an der russischen Niederlage aber muß sich mit dem Zaren und mit seinen Ansichten und Reaktionen angesichts eines von ihm gewollten Krieges befassen, in dessen Verlauf er mehrfach gezeigt hat, daß er die Zügel fest in der Hand hielt. Sein Tagebuch und Wittes Aufzeichnungen enthüllen jedoch seine Sorgen.

Das Tagebuch Nikolaus' II. war wegen seiner kurzen Eintragungen immer wieder Gegenstand hämischer oder abfälliger Bemerkungen. So auch hier, denn seine Notizen zeigen, daß ihn der Krieg, die Niederlagen und Verluste der russischen Armee offenbar wenig interessierten. Tatsächlich nehmen die Ereignisse im Fernen Osten in seinen fast täglichen Eintragungen nur einen ganz kleinen Raum ein. Manchmal wird der Krieg wochenlang nicht erwähnt, obwohl er den Zaren ständig beschäftigte. Auch macht der Stil des Tagebuches den Leser stutzig. Nikolaus II. notierte die wenigen Eintragungen über den Krieg emotionslos, fast kalt und kurz und bündig. Seinen Jagderlebnissen, privaten Beschäftigungen und familiären Begebenheiten widmete er wie zu Friedenszeiten weitaus mehr Zeilen. Dieses scheinbare Unberührtsein gegenüber den tragischen Ereignissen muß allerdings im Licht des Charakters von Nikolaus II. und des zeittypischen Stils der Tagebücher gesehen werden. Nikolaus führte schon immer Tagebuch: Er war so erzogen worden, und es entsprach den damaligen Sitten. Doch ein Tagebuch diente damals eher als Gedächtnisstütze und nicht zur gedanklichen Auseinandersetzung mit dem täglichen Geschehen oder gar zur seelischen Bestandsaufnahme. Vergleicht man das Tagebuch des Zaren mit den Tagebüchern anderer Monarchen oder auch historischer Persönlichkeiten vom 18. Jahrhundert bis zum Ersten Weltkrieg, dann zeigt sich, daß es kaum welche gab, die anders geführt wurden: Man denke nur an das berühmte »Nichts«, das Ludwig XVI. am 14. Juli 1789 eintrug. Es stimmt, daß Witte sein Tagebuch sehr viel persönlicher gehalten hatte, aber es wurde auch eindeutig für die Nachwelt geschrieben und enthält deshalb Wittes persönlichen Rechenschaftsbericht. Es wäre verfehlt, aus den so trockenen Eintragungen Nikolaus' II. zu schließen, der Zar hätte sich nur von Zeit zu Zeit für den russisch-japanischen Krieg interessiert oder sich gar mit den russischen Niederlagen abgefunden.

Dagegen mutet das, was aus den Eintragungen herauszulesen ist, als ein recht eigenartiges Gemisch an: Resignation angesichts eines Schicksals, das er als Unglück empfand, die Überzeugung, daß göttliche Vorsehung den Ablauf der Dinge bestimme und jeder Widerstand daher zwecklos sei. Am 20. Oktober 1904 kommentierte Nikolaus II. den zehnten Todestag seines Vaters mit den Worten: »Wie ist doch alles so kompliziert und schwierig geworden! Doch Gott ist barmherzig; nach all den Prüfungen, die Er uns auferlegt hat, werden wieder ruhige Tage kommen.«

Und so verbinden sich die finstersten Tage des Krieges nicht nur mit immer rascher aufeinanderfolgenden innenpolitischen Ereignissen, sondern auch mit dem, was Nikolaus II. in seiner tiefen Gläubigkeit für Zeichen göttlichen Erbarmens hielt. So fiel die Geburt des lange ersehnten Thronfolgers am 30. Juli 1904 in die Zeit heftiger Kämpfe vor Port Arthur! Welcher in allem die himmlische Vorsehung erblickende Geist hätte in der Geburt des Zarewitschs nicht den Beweis gesehen, daß Gott nicht taub für die eigenen Bitten sei?

Es ist übrigens für dieses tragische Jahr 1904 bezeichnend, daß sich die vielen Hoffnungen der Herrscher Rußlands auf einen Eremiten konzentrierten, den sie für einen Heiligen hielten: Die Heiligsprechung Serafims von Sarow, die Nikolaus II. 1903 buchstäblich erzwang, vermittelte seiner Familie die Gewißheit, unter dem Schutz einer heiligen und zugleich tiefrussischen Persönlichkeit zu stehen, die darüber hinaus bäuerlichen Ursprungs war und somit dem von Nikolaus II. unermüdlich gepriesenen Bild des russischen Volkes entsprach. Deshalb auch ließ der Zar die Ikonen Serafims an Soldaten kurz vor ihrem Abmarsch an die Front verteilen. Und ihn wiederum flehte die Zarin im Jahr 1914 unaufhörlich an.

Nun fehlte es Rußland ja nicht an Heiligen russischer Abstammung, die in der Geschichte eine wichtige Rolle gespielt hatten. Der bekannteste von ihnen, der heilige Sergej von Radonesch, hatte im 18. und 19. Jahrhundert mit dazu beigetragen, das nationale Leben in Rußland trotz des Wütens eines Eroberers aufrechtzuerhalten. Dennoch erkoren sich die letzten Herrscher Rußlands nicht diese Heiligen, die es im Verlauf seiner Geschichte geschützt hatten, zu ihrem persönlichen Schutzpatron. Ihr Beharren auf der Heiligsprechung eines einfachen Eremiten und seiner Darstellung als Schutzpatron ihrer Herrschaft wirft ein besonderes Licht auf das Verhältnis von Nikolaus II. zur Religion. Dieser in den Wäldern zurückgezogen lebende Eremit, der geistige Ziehvater des kleinen Armen von Assisi, bot dem Zaren ganz sicher ein Bild, in dem er sich wiederfand, nämlich das Bild des im Schatten und in der Stille akzeptierten Schicksals.

Verschiedene Geschichtsbücher verhöhnten den heili-

gen Serafim – zu Unrecht. Seine von Nikolaus II. und Alexandra mit allen Mitteln durchgesetzte Kanonisierung änderte nichts an der Tatsache, daß er tatsächlich ein Heiliger war. Die Untersuchung muß vielmehr auf die Frage
gelenkt werden, warum die Zarenfamilie gerade ihn auserkoren hatte, denn durch diese Entscheidung lassen sich
Rückschlüsse auf ihre Charaktere ziehen. Der heilige Serafim verkörperte in geradezu idealer Weise das Bild der Unterwerfung unter den göttlichen Willen und stellte somit
ohne Zweifel das russische Wesen dar, wie es Nikolaus II.
vorschwebte. Der Heilige bedeutete für ihn das Wesen des
in seiner Erde fest verwurzelten resignierten, demutsvol-
len, aber trotzdem von tiefer Geistigkeit erfüllten bäuerlichen Rußlands.

Auch wenn es sein Tagebuch kaum wiedergibt, so offenbarte sich das leidenschaftliche Interesse Nikolaus' II.
für den Krieg doch deutlich. Er und niemand sonst traf alle
Entscheidungen, oft gegen den gemeinsamen Rat von Männern, die sich im Grunde nichts zu sagen hatten, wie Witte und Pobedonoszew. Zu Beginn der Ereignisse, als Tokio
in den entscheidenden Wochen erfolglos den Dialog mit St.
Petersburg um die Festlegung der jeweiligen Einflußzonen suchte, die Rußland zwar von Korea – dem einzigen
Ziel Japans – abgedrängt, es ansonsten aber zufriedenge-
stellt hätten, stellte sich Nikolaus II. absichtlich taub und
verdrängte die Tatsache, daß dies unweigerlich zum Krieg
führen mußte. Witte hatte ihn vor seiner Entlassung zumindest noch gewarnt. Er kannte die Schwächen der Entwicklung Rußlands und war der Meinung, daß es, wenn
es diesen Weg weiter verfolgte, keine risikoträchtigen Abenteuer in fernen Gegenden eingehen dürfte.

Die Außenpolitik faszinierte den Zaren, und er spielte
gerne mit der jeweiligen Situation. Dies stellte er während
seiner Herrschaft immer wieder unter Beweis; ganz besonders im Fernen Osten, wohin Rußland von Wilhelm II. geradezu gedrängt worden war, nicht nur um es von Europa
fernzuhalten, sondern auch, um es in einen Konflikt mit
England zu treiben. Da Nikolaus II. seinen Verstand sehr

wohl gebrauchen konnte, durchschaute er das Spiel Wilhelms. Er wußte, daß er in der Rolle des von seinem Vetter gewünschten »Admirals des Pazifiks« deutsche Interessen nicht nur regional, sondern vielmehr global vertrat. Doch entgegen einer weitverbreiteten Ansicht war Nikolaus II. keinesfalls naiv; ihn interessierte an diesem Spiel nur das, was er für russische Interessen hielt. Wie Wilhelm II. mißtraute er Großbritannien ebenfalls, aber mindestens genauso argwöhnisch verhielt er sich gegenüber dem »lieben Willy« und seinen Ratschlägen. Er wußte genau, wie das Spiel zu laufen hatte, und setzte seine Figuren ganz allein. Dabei entzog er sich zuweilen sogar seinem eigenen Außenminister Graf Lamsdorff. Vorüber waren die Zeiten, als er sich noch von Fürst Lobanow-Rostowski leiten ließ. Nikolaus II. hatte seine Unabhängigkeit in Sachen Außenpolitik schätzengelernt und zog es, wenn er mit seinem Außenminister nicht übereinstimmte, fortan vor, seine wahren Absichten zu verschleiern. So bemühte er sich, laut Tagebuch vom 14. Januar 1904, einige Tage vor dem Beginn der Auseinandersetzung mit Japan, in Tibet einen Aufstand gegen die Engländer zu unterstützen. Er hoffte auf diese Weise zu verhindern, daß Großbritannien die Ausdehnung Rußlands im Fernen Osten etwa behindern könnte. Darüber hinaus gab er sich in dieser Zeit des Optimismus, der manchmal schlimmen Ereignissen vorauszugehen pflegt, einer grandiosen Vision über die Zukunft Rußlands in Fernost hin. General Kuropatkin vertraute seinem Tagebuch die Befürchtungen an, die ihn angesichts der Ziele befielen, die der Zar der Öffentlichkeit wohlweislich verschwieg: »Ich teilte Witte mit, welche großartigen Pläne unser Zar in seinem Kopf bewegt: Die Mandschurei besetzen und Korea an Rußland binden, Tibet unterwerfen und Persien annektieren ...«

Kuropatkin hielt auch den Anteil der Abenteurer um Besobrasow an diesen wirren Zielen für sehr groß, die die Aufmerksamkeit des Zaren abwechselnd durch wirtschaftliche oder kriegerische Argumente oder durch inszenierte Zwischenfälle auf Asien lenkten.

Doch Nikolaus agierte nicht bloß unter dem Einfluß von Abenteurern, die er zu Staatssekretären beförderte. Die ganze Geschichte Rußlands – davon war er überzeugt – schien ihm vielmehr den Weg einer territorialen Expansion nach Osten zu weisen. Wurde nicht auch Sibirien vor nicht allzu langer Zeit von Abenteurern und dem russischen Staat gemeinsam erschlossen? In der Zeit vor dem Krieg entwickelte sich also eine vielschichtige Politik, die nur der Zar durchschaute: Seine langfristigen Ziele verbarg er vor seinem Außenminister, sein kurzfristiges Ziel war der Krieg.

Natürlich betonte Nikolaus II. bei jeder Gelegenheit, daß er den Krieg nicht wolle und alles tun werde, um ihn zu verhindern. Doch gerade weil er die »gelben Affen« so verachtete, dachte er, daß die letzte Entscheidung allein ihm zustand. Er wollte die Mandschurei und Korea so schnell wie möglich annektieren und ignorierte die Verhandlungsvorschläge der Japaner, die er für feige hielt. Er ging sogar so weit, beim Neujahrsempfang eine Warnung in Richtung Japan auszusprechen: Niemand solle die Geduld und Friedensliebe Rußlands überschätzen. Rußland sei eine große Macht, die man nicht über Gebühr strapazieren dürfe. Solche Worte verrieten wahrhaft Handlungsbereitschaft und ließen eine Konzeption fernöstlicher Politik aufscheinen, die weit über den ihm von Plehwe vorgeschlagenen Gelegenheitskrieg hinausging. Wenn Nikolaus II. zu einem Krieg entschlossen war, dann nicht, um von innenpolitischen Problemen abzulenken, sondern weil er als verantwortungsbewußter russischer Staatsmann ein wahrhaft großes Ziel für sein Land im Sinn hatte.

Entgegen allem Anschein zeigt der russisch-japanische Krieg Nikolaus II. als einen Monarchen, den nicht mehr viel mit jenem Zaren verband, der die Geschicke Rußlands in den letzten zehn Jahren gelenkt hatte: Obwohl er sich in der Innenpolitik zu dem von Alexander III. geerbten politischen System bekannte und zu den Grundsätzen der Modernisierungspläne Wittes durchgerungen hatte, vertrat er seine außenpolitischen Ansichten sehr viel überzeugter.

Der »Admiral des Pazifiks« war nicht bloß ein Mythos, den ihm Wilhelm II. für seine eigenen feingesponnenen Ziele zurechtgezimmert hatte – nein, er paßte durchaus in die außenpolitische Sichtweise des Zaren selbst.

Nikolaus II. *wollte* im Fernen Osten als Kriegsherr auftreten. Als 1905 die anfänglichen Schwierigkeiten in regelrechte Katastrophen ausarteten, erwog Nikolaus II., an die Front zu reisen, um sich dort an die Spitze seiner Truppen zu stellen. Aber wie schon so oft kam er nicht gegen den lähmenden Einfluß seiner Umgebung an, insbesondere nicht gegen seine Onkel, deren Autorität keineswegs nachgelassen hatte. Ihr entschlossener Widerstand brachte seine Reisepläne zwar zu Fall, doch der Zar bedauerte später noch lange, sich gegen sie nicht durchgesetzt zu haben. An seine Mutter schrieb er: »Die Vorstellung, daß ich zurückbleiben muß, bedrückt mein Gewissen, sehe ich doch meine Aufgabe darin, das Schicksal meiner Armee zu teilen.« Dies sind keine nur formalen Floskeln des Bedauerns, denn Nikolaus II. zeigt die gleiche Einstellung im Jahr 1914. In seinen Augen hatte der Zar in Kriegszeiten an der Front zu sein.

Auch wenn sein überschwenglicher Elan bezüglich der Fürsorge für seine Armee gebremst wurde, so behielt er sich doch die militärische Entscheidungsgewalt vor. Angesichts des hereinbrechenden Desasters entschied er, die militärischen Vollmachten endlich in eine Hand zu legen und sie General Kuropatkin anzuvertrauen. Dennoch tastete er die Stellung Admiral Alexejews als Vizekönig nicht an, wie seinem Tagebuch vom 10. Oktober zu entnehmen ist. Vor allem aber wollte er die Ostseeflotte ausdrücklich auf den fernöstlichen Kriegsschauplatz verlegen – ein Unternehmen, das in der Katastrophe von Tsushima endete. Witte, der an dem Gespräch teilnahm, als Nikolaus seinen Entschluß faßte, berichtete, daß der Zar auf den vereinten Widerstand seiner Umgebung stieß: Admiral Roshdestwenski bezweifelte angesichts der Umstände die rechtzeitige Ankunft der Flotte am Kriegsschauplatz, und der Außenminister sowie Großherzog Alexis, ein Onkel des Zaren, meldeten ebenfalls ihre Bedenken an. Auch der aus Gewohnheit vorsichtige Witte sprach sich gegen ein solches Projekt aus. Allerdings fügte er hinzu: »Der Zar hoffte, Rodestwenski würde das Ruder herumreißen. Auch Serafim von Sarow prophezeit, daß der Frieden in Tokio besiegelt werde.« Über die Authentizität des zweiten Teils dieser Aussage darf trotz der besonderen Verehrung des Zaren für diesen Heiligen gezweifelt werden. Doch vom Erfolg der militärischen Operation war Nikolaus II. überzeugt und setzte sich deshalb auch durch.

Auch nach der Nachricht der Niederlage von Tsushima gab Nikolaus die Zügel nicht aus der Hand. Vielmehr schickte er Witte mit einem Hintergedanken in die Friedensverhandlung nach Portsmouth, den er gar nicht zu verbergen versuchte. Trotz des Ausmaßes der militärischen Niederlagen schätzte der Zar seine Situation relativ präzise ein. Er wußte, daß Rußland seine innenpolitische und auch militärische Macht gewahrt hatte und daher Japan regelrecht zu Verhandlungen zwingen konnte. Daraus folgerte er, daß sein Land verhandlungsunwillig auftreten und den Gegner mit unerfüllbaren Forderungen überhäufen konnte, um Zeit zu gewinnen. Hier irrte er allerdings. Um so unerwarteter traf ihn die Nachricht von der Vertragsunterzeichnung. Hatte er nicht am Abend zuvor Graf Lamsdorff erklärt: »Senden Sie Witte eine Nachricht, er soll die Verhandlung abbrechen! Ich ziehe es vor, den Krieg weiterzuführen als auf Konzessionen Japans zu warten?«

Doch die Japaner waren zu Verhandlungen bereit, und Witte errang für Rußland Konditionen, »die selbst ein altgedienter Diplomat nicht erreicht hätte«, wie später Alexander Iswolski, der Nachfolger Lamsdorffs als Außenminister, unterstrich. Als Nikolaus II. sich schließlich von der Dauerhaftigkeit des Verhandlungserfolges Wittes überzeugt hatte, gewährte er ihm zumindest für eine Zeitlang seine Gunst.

Ein falscher Schritt:
Das Treffen von Björkö

Der russisch-japanische Krieg hatte für Nikolaus II. eine außenpolitische Fortsetzung, allerdings nicht im Fernen Osten, sondern bei jenem unseligen Treffen mit seinem Vetter in Björkö. Angesichts der ständigen und Rußland beschämenden Katastrophenmeldungen glaubte Wilhelm II., Nikolaus wieder zu Verhandlungen bewegen zu müssen. Dabei insistierte er besonders auf der Bedeutung Präsident Roosevelts für die Rückkehr zum Frieden: »Die Japaner ziehen Amerika allen anderen Ländern vor, denn diese ungeheure Macht kommt in ihrem Aufschwung Japan am nächsten und verfügt zudem über eine beeindrukkende Flotte. Wenn jemand auf die Japaner einwirken und sie zu vernünftigen Forderungen überreden kann, dann ist es Präsident Roosevelt«, schrieb Wilhelm an seinen »Freund und Kollegen« am 3. Juli 1905. Dabei erinnerte er ihn auch daran, daß alle großen Männer der Geschichte Rückschläge erlitten hätten: »Selbst Napoleon und Friedrich der Große mußten Niederlagen hinnehmen.« Gleichzeitig riet er ihm, seinen Blick in die Zukunft zu richten.

Dieser Ratschlag nahm wenig später Formen an, als beide Herrscher sich am 24. Juli 1905 in Björkö an der finnischen Küste gegenüber Kronstadt trafen, um einen Beistandsvertrag zu unterzeichnen. Niemand war darüber im voraus unterrichtet worden – Außenminister Lamsdorff nicht, und schon gar nicht der französische Verbündete, der zumindest hätte gefragt werden müssen, bevor Rußland ein Verteidigungsbündnis mit einem anderen Staat einging. Der Vertrag von Björkö war ein spontaner Entschluß, zu dem sich der nach dem tragischen Ende seines fernöstlichen Unternehmens ratlose Nikolaus hatte hinreißen lassen. Für Wilhelm II. hingegen handelte es sich um einen nicht sehr feinen Trick mit dem Ziel, die französisch-russische Allianz zu sprengen. Nikolaus II. sollte Paris nämlich als jemand vorgeführt werden, der geschlossene Verträge herzlich wenig respektierte. Der Vorschlag Wil-

153

helms II. fiel in eine Zeit, in der sich der Zar ganz grundsätzlich Gedanken über den Nutzen seiner Außenpolitik
machte.

Die ganze Operation ging von der Isolierung Rußlands
aus, die Großbritannien als Vergeltung für den Zwischenfall auf der Dogger-Bank betrieb. Vergessen waren die
Schwierigkeiten, die Nikolaus II. den Engländern ein Jahr
zuvor in Tibet hatte bereiten wollen, und groß war seine
Enttäuschung über die Art und Weise, wie Großbritannien
den Vorfall aufbauschte. Wilhelm II. unterstützte den Zaren in seinen antienglischen Gefühlen und legte ihm einen
ganzen Katalog von Beschwerden vor, die Rußland gegen
Großbritannien vorbringen konnte. In dieser Situation ging
Nikolaus II. die Idee einer Dreier-Allianz durch den Kopf:
»Es wird Zeit, den englischen Intrigen einen Riegel vorzu-
schieben«, schrieb er seinem Vetter, »der einzig erfolgreiche
Weg führt über eine Vereinigung der russischen, deutschen
und französischen Kräfte, um die englisch-japanische Ar-
roganz zu brechen.« Unvorsichtigerweise schlug der Zar
Wilhelm vor, er solle einen diesbezüglichen Vertragsent-
wurf ausarbeiten lassen, und fügte hinzu: »Sobald wir ihn
unterzeichnet haben, wird Frankreich als unser Verbündeter an unsere Seite treten.«

Diese Anregung paßte vorzüglich in Wilhelms Pläne,
und so ließ er heimlich den Entwurf eines russisch-deutschen Vertrages vorbereiten. Im Juli lud er Nikolaus II. ein,
sich mit ihm als »einfacher Tourist« in Björkö zu treffen.
Dies würde auch den Anschein vermitteln, es handele sich
um keine offizielle Staatsangelegenheit. Als dann aber die
beiden kaiserlichen Yachten in Björkö vor Anker gingen,
legte Wilhelm II. seinem Vetter nach freundlichen Ein-
gangspräliminarien einen – wie es der Zufall so wollte –
schon ausgearbeiteten Text vor. Eine Klausel zumindest
hätte Nikolaus alarmieren und an seiner Unterschrift unter diesen Entwurf hindern müssen. Sie betraf Frankreich
und sah vor, es erst *nach* Abschluß des Bündnisses zu informieren und ihm erst dann einen Beitritt in Aussicht zu
stellen. Ohne Argwohn unterzeichnete der Zar und genoß

dabei die herzliche Atmosphäre dieses Treffens, da es ihn eine Zeitlang von all seinen Sorgen befreite und ihm die Illusion gab, die Angelegenheit im Fernen Osten sei ein für allemal vorbei. Mußte Rußland sich zudem nicht allmählich neuen Vorhaben im europäischen Raum zuwenden?

Die Euphorie dauerte nicht lange. Kaum in St. Petersburg zurück, mußte Nikolaus II. den Tatsachen ins Auge blicken: Der Vorstoß seines Vetters erwies sich als eine diplomatische Katastrophe, über die sich sogar der deutsche Kanzler von Bülow empörte. In Bülows Augen hatte dieser Vertrag nicht nur nichts mit den deutschen Interessen zu tun; er kam sogar ungelegen und war schlicht dumm. Von Bülow drohte dem Kaiser mit seinem Rücktritt, wenn der Text nicht zurückgezogen würde. In St. Petersburg zog der Skandal ebenso große Kreise; Lamsdorff machte dem Zaren klar, daß ein solcher Vertrag einem Verrat gegenüber Frankreich gleichkäme, das sich überdies dem Bündnis niemals anschließen würde. Rußland wäre dann vollkommen isoliert, da niemand seine Politik ausschließlich auf die Beziehungen zu Deutschland bauen würde. Der letzte, der sich eine solche Situation wünschte, war Nikolaus selbst, da er das Bündnis mit Frankreich als Dreh- und Angelpunkt seiner Außenpolitik betrachtete. Nun, da er wußte, daß er einen Fauxpas begangen hatte, zögerte der Zar nicht, die Dinge auch angesichts des Risikos wieder ins Lot zu rücken, sich deshalb mit Wilhelm II. zu überwerfen. Er schickte also eine Reihe von Telegrammen an den deutschen Kaiser, die sich samt und sonders nur um die eine Frage drehten: »Kann Frankreich das Bündnis akzeptieren und ihm beitreten, oder nicht?« In seinem ersten Schreiben wies Nikolaus II. deutlich auf seine Verpflichtungen dem französischen Bündnispartner gegenüber hin: »Während meines Aufenthaltes in Björkö hatte ich nicht die von meinem Vater unterzeichneten Papiere bei mir, die unmißverständlich die Grundsätze unseres Bündnisses mit Frankreich festlegen ... Meiner Ansicht nach kann der Vertrag von Björkö so lange nicht vollzogen werden, bis wir wissen, was Frankreich davon hält.«

In seinen Antworten bemühte sich Wilhelm II., seinen Vetter davon zu überzeugen, daß zwischen dem russisch-deutschen Vertrag und dem russisch-französischen Bündnis kein Widerspruch bestehe. Aber zwischen den Zeilen ließ er die Absicht seines Plans durchscheinen: »Die *Verpflichtungen* Rußlands gegenüber Frankreich können nur insofern Wichtigkeit erlangen, als Frankreich Deine Einhaltung entsprechender Klauseln verdient. Es steht fest, daß Dein Verbündeter Dir während des gesamten russisch-japanischen Krieges keinerlei Hilfe hat zukommen lassen ...« (29. September 1905)

Nikolaus II. hingegen stellte schließlich ohne Umschweife fest, daß der Vertrag von Björkö nicht in der von Wilhelm vorgesehenen Form in Kraft treten könne, und beharrte trotz des fortgesetzten Drucks aus Berlin auf dieser Ansicht. Er verschloß sich auch dem Argument, mit dem Wilhelm II. verriet, wie sehr er auf die Religiosität seines Vetters setzte, um ihn zu einer Änderung seiner Ansichten zu zwingen: »Wir haben uns die Hand gegeben, und wir haben *vor* Gott, der unseren Schwur gehört hat, unsere Unterschrift unter das Dokument gesetzt ... Der von uns unterzeichnete Vertrag gibt uns die Möglichkeit, geradeaus zu marschieren, ohne uns um das russisch-französische Bündnis kümmern zu müssen. Was unterschrieben ist, bleibt unterschrieben, *und* Gott ist unser Zeuge.«

Nikolaus II. zeigte sich von diesem Argument wenig beeindruckt. Da er glaubte, überrumpelt worden zu sein, brach er die Diskussion an dieser Stelle ab und ging von nun an zu seinem »lieben Willy« auf Distanz.

Dieser Vorgang zeigt einmal mehr, daß Nikolaus II. in seiner Außenpolitik trotz aller Irrtümer und Fehltritte eine klare Linie verfolgte, die im Einklang mit seiner Auffassung stand, wie die russischen Interessen langfristig gewahrt werden könnten, und er sich dabei durch den Einfluß anderer nicht von seinem Weg abbringen ließ.

* * *

Der trotz des Sträubens von Nikolaus II. geschlossene Frieden mit Japan kam zur rechten Zeit, weil sich die Revolution in Rußland immer weiter ausbreitete. Allerdings schien in diesen Jahren, da sich Witte um die Grundlagen für eine Modernisierung Rußlands bemühte, noch alles vermeidbar. Gleich zweimal, einmal als Finanzminister und dann als Friedensunterhändler, hatte er Plehwes Ansichten als falsch entlarvt, der den Krieg so gewollt und dabei gemeint hatte: »Nicht die Diplomaten, sondern die Bajonette haben Rußland stark gemacht.«

Die Ereignisse, die das Zarenreich in diesem Jahr 1905 erschütterten, bedurften nicht des militärischen oder diplomatischen, sondern des politischen Könnens; und sie bewiesen Nikolaus II. wieder einmal, daß er nicht geschickter war als Witte.

5. Kapitel

Vom »politischen Frühling« zur Revolution

Die Ermordung Plehwes und ein katastrophaler Krieg – diese beiden Ereignisse, die zeitlich zusammentrafen, läuteten eine Ära des grundsätzlichen Wandels ein. Obwohl Nikolaus II. seinen Innenminister ernsthaft betrauerte, erkannte er doch, daß er seine Politik ändern mußte. Zehn Tage nach Plehwes Tod bestimmte er deshalb einen Mann zum Nachfolger, der das genaue Gegenteil von Plehwe vorstellte, Fürst Pjotr Dimitrowitsch Swjatopolk-Mirskij, einen General im Generalstab und ehemaligen Mitarbeiter Sipjagins im Innenministerium. Ihm eilte der Ruf persönlicher Anständigkeit voraus. »Ein Ehrenmann«, stellte Witte fest und fügte hinzu: »Aber schwach.« Swjatopolk-Mirskij war bekannt für seine moderaten, zum Teil sogar liberalen Ansichten. Er war von seinem Posten im Innenministerium zurückgetreten, weil er die übertrieben reaktionäre und autoritäre Vorgehensweise Sipjagins ablehnte; deshalb griff er auch die Politik Plehwes offen an. Der neue Innenminister zeichnete sich also nicht nur durch seine beeindruckende persönliche Integrität aus, sondern zeigte sich durchaus auch offen für Auseinandersetzungen. Darüber hinaus strebte er unermüdlich danach, Vertrauen zwischen der Staatsmacht und ihren Untertanen herzustellen. Allerdings hatte Witte nicht unbedingt unrecht, wenn er angesichts der enormen Probleme Rußlands an die geringe Durchsetzungskraft des neuen Innenministers erinnerte.

Swjatopolk-Mirskij nahm den ihm angebotenen Posten zwar nach längerem Zögern an, machte dem Zaren aber gleich von vornherein unmißverständlich seinen politischen Standpunkt klar: Er vertrete politisch eine ganz andere Meinung als seine beiden Vorgänger und werde die angebotene Aufgabe nur übernehmen, wenn Nikolaus II. hinter seinen politischen Maßnahmen stehe. Die Bevölkerung ließ er unverzüglich wissen, daß er an große Reformen denke, sämtliche Ausnahmegesetze abschaffen, die Semstwos in seine Politik einbinden und die religiöse wie nationale Toleranz festigen wolle. Diese Ankündigungen sowie erste Maßnahmen, die Nikolaus II. damals entweder von sich aus oder schon unter dem Einfluß seines neuen Innenministers einleitete, rechtfertigten die Hoffnung auf einen »politischen Frühling«. So schaffte er anläßlich der Taufe seines Sohnes endgültig die Prügelstrafe ab (eine Entscheidung, die zwar schon 1863 sein Großvater getroffen hatte, die aber nie durchgesetzt worden war) und erließ den befreiten Bauern ihre rückständigen Jahresraten, was die Bevölkerung zutiefst verblüffte. Swjatopolk-Mirskij ließ es darüber hinaus nicht an vielversprechenden Taten und Äußerungen fehlen, um das politische Klima zu verbessern: Er lockerte die Zensur und ließ die Wiedereinsetzung einiger *Semtsys* zu, die erst kurz zuvor in Verbannung geschickt worden waren. In den Grenzregionen des russischen Imperiums trat er für eine offene Haltung gegenüber den nationalen Minderheiten ein und beendete die brutale Russifizierungspolitik, die dort zu Beginn des Jahrhunderts geherrscht hatte. Diese Maßnahmen weckten große Hoffnungen. Sie schlugen sich in einer wachsenden Anzahl von Auseinandersetzungen innerhalb und im Umfeld verschiedener Ethnien (hauptsächlich der Tartaren) über das Minderheitenproblem nieder.

Besaß diese Ankündigung eines »politischen Frühlings«, die in gemäßigten Kreisen Sympathien und Erwartungen weckte, überhaupt eine Chance, die Moral eines von inneren Schwierigkeiten und äußeren Niederlagen gebeutelten Volkes zu heben? Vielleicht. Bevor wir aber die Reaktion in jenen Kreisen untersuchen, die der neue Minister ansprach, sollten wir uns erst den Vertretern extremerer politischer Positionen zuwenden, die zu dieser Zeit noch im dunkeln agierten, die aber nur wenig später aktiv in die Debatte um das weitere Schicksal Rußlands eingreifen sollten.

Von der theoretischen zur praktischen Debatte

Es ist bekannt, wie heftig russische Intellektuelle im 19. Jahrhundert über den richtigen Weg für Rußland stritten: Die einen wollten das Land zu einem modernen Staat nach westeuropäischem Modell formen, die anderen hingegen verfochten die Vorstellung, daß Rußland eine Macht sei, die sich mit keiner anderen vergleichen lasse und die deshalb ihre eigene Linie verfolgen müsse. Doch in den rund fünfundzwanzig Jahren zwischen der Ermordung Alexanders II. im Jahr 1881 und dem Jahr 1905 schien diese Auseinandersetzung im Sande verlaufen zu sein. Der Terrorismus hatte diese Debatte beendet. Vor allem aber schien das Ziel der wirtschaftlichen Erneuerung, die Alexander III. eingeleitet und die Witte mit großer Beharrlichkeit weitergeführt hatte, die zur Fortführung dieser Debatte notwendigen geistigen Energien aufzusaugen. In Wirklichkeit ging der Wendepunkt jedoch auf das Attentatjahr 1881 zurück: Die Terroristen hatten es nicht geschafft, die Autokratie zu zerstören; diese hatte vielmehr an Kraft gewonnen, da sie sich zur Sicherung ihres Fortbestandes gezwungen sah, neue Wege zu gehen. Die Geschichte der vormarxistischen revolutionären Bewegung hörte mit ihrem erfolgreichen Attentat auf Alexander II. auf.

Weder die Bauern, denen die Intelligentsia eine natürliche Klugheit unterstellte, noch die Terroristen hatten es vermocht, den Lauf der Dinge zu verändern. Dieses Versagen erklärt die Hinwendung der Intellektuellen zum Marxismus und auch den Austausch der Zielgruppe ihrer Pläne: Statt der so enttäuschenden Bauernschaft wurde nun der Arbeiter oder – in einem weiteren Sinne – das Proletariat zum historischen Handlungsträger emporstilisiert. Der Mißerfolg der vormarxistischen Revolutionäre schlug sich auch in dem Gesinnungswandel jener Generation nieder, die nach 1881 über den richtigen Weg für den Aufstieg Rußlands nachdachte: Sie wollte weg von der Sinnlosigkeit von Einzelgängeraktionen und hin zu gemeinsamem Handeln. Zwar wurden auch weiterhin verhaßte Minister von Bomben zerfetzt, doch von nun an war der Terrorismus nur noch am Rande jener politischen Strömung angesiedelt, die sich im Untergrund entwickelt hatte und ab 1905 an die Öffentlichkeit trat.

Nun hatte die Stunde des Marxismus geschlagen, der mit der Rückkehr der Emigranten nach Rußland eindrang. Diese hatten 1883 in der Schweiz die »Gruppe zur Befreiung der Arbeit« gegründet; das Ziel ihrer Anführer Plechanow, Vera Sassulitsch und Paul Axelrod bestand in der erfolgreichen Verbreitung des marxistischen Gedankenguts, um namentlich den Populismus zu verdrängen. Ihrer propagandistischen Arbeit ist es zu verdanken, daß ein Teil der Intelligentsia umschwenkte und nun ihre Überzeugung teilte, daß Veränderungen innerhalb auch unterschiedlicher Gesellschaften sehr wohl gemeinsamen Gesetzen folgten und das Beharren auf russischen Besonderheiten das Weiterkommen des Landes nur lähmen würde. Plechanow, der Typ des reinen Intellektuellen, kannte die Arbeiterklasse kaum; er bekämpfte andere Intellektuelle und deren Ideen, wie beispielsweise Tkatschow, seinen speziellen Gegner, den er beschuldigte, den Rückstand Rußlands aufzubauschen und mit Gewalt einen historischen Prozeß voranzutreiben, der sozialen Zusammenhalt und Zeit benötigte.

Doch nun, zu Beginn des Jahrhunderts, wurde nicht mehr im abgeschlossenen Kreis lebensferner Intellektueller debattiert, wo wie Wellen eine Denkweise die nächste ablöste. Typisch für die Diskussionen der Jahre 1890 bis 1905 war, daß sie in Strömungen wurzelten, die sich rasch ausbreiteten und den Anspruch erhoben, bestimmte gesellschaftliche Gruppen zu vertreten. Diese Diskussionen waren auch nicht rein russisch und wurden nicht nur in den

Salons der Hauptstadt geführt – im Gegenteil: Nationale Minderheiten mischten sich ein und sorgten so für eine weitere Verbreitung der unruhestiftenden Gedanken.

Mit welchen Strömungen sah sich das herrschende Regime zu Beginn des Jahrhunderts konfrontiert? Es handelte sich in der Tat um politische Parteien, die sich, nachdem sie aus dem Stadium der bloßen Diskussion gesellschaftsverändernder Ideen herausgetreten waren, nun organisiert hatten und damit eine regelrechte politische Opposition darstellten.

Die erste dieser politischen Parteien, die russische Sozialdemokratische Arbeiterpartei, ging aus der »Gruppe zur Befreiung der Arbeit« hervor, die in der Schweiz entstanden war. Anfangs bereitete ihr diese Besonderheit Schwierigkeiten, da die emigrierten Intellektuellen die tatsächlichen politischen und sozialen Zustände in Rußland kaum kannten. Dafür aber konnten sie ihre Ideen um so freier entwickeln. Vera Sassulitsch räumte in ihren Überlegungen bezüglich einer möglichst sicheren Methode zur Beschleunigung des revolutionären Prozesses dem Gedankenaustausch mit Marx einen besonderen Stellenwert ein, eben jenem Karl Marx, der seine langgehegte »Russophobie« aufgab und sich dem Zarenreich entschieden zuwandte, als er dessen Potential an möglichen gesellschaftlichen Veränderungen erkannt hatte. Und doch besaßen diese Theoretiker keinerlei Ahnung von der konkreten Realität Rußlands und blieben auch in den Stunden der großen Umwälzungen isoliert.

Während die Altvorderen der Partei in der Schweiz noch über theoretischen Problemen brüteten, überschlugen sich im Zarenreich die Ereignisse, denn natürlich verspürten gerade diejenigen Gesinnungsfreunde, die – allein auf sich gestellt – von allen Seiten bedroht wurden, am ehesten die Notwendigkeit der Gründung einer Partei.

Als sich die marxistische und vorerst nur auf dem Papier existierende Konzeption der gesellschaftlichen Veränderung, die die Emigranten mittels illegaler Schriften verbreiteten, mit Wunsch nach einer konkreten Organisation traf, entstand 1893 die Sozialistische Partei Polens, die sich vor allem der Interessen der polnischen Arbeiter annehmen wollte. Dieses kleine Häuflein, das für sich beanspruchte, eine »nationalistische« Interpretation des Marxismus zu vertreten, brachte andere Polen gegen sich auf, die eher der Meinung anhingen, die nationale Opposition mittels einer sozialistischen Revolution aushebeln zu können. Deshalb gründeten Rosa Luxemburg und Leo Jogiches nun ihrerseits die Sozialdemokratische Partei des Königreichs Polen. Für sie stellte sich die Frage: Hat es Sinn, wenn sich der Sozialismus nur einer bestimmten Gruppe zuwendet, oder schließt die Befreiung der Gesellschaft alle unterdrückten Arbeiter mit ein, ohne Rücksicht auf ihre jeweilige nationale Herkunft?

Kein Wunder also, daß die sozialistische Bewegung in dem Vielvölkerstaat Rußland wuchs und gedieh, wo soziale Enttäuschung und Minoritätenprobleme sich zwar manchmal verbanden und manchmal auch gegeneinander kämpften, auf jeden Fall aber gemeinsam zur Verschlechterung des innenpolitischen Klimas beitrugen.

Der polnische Sozialismus spaltete die Nation zunächst und weitete sich dann zu einer nationenübergreifenden Frustration aus. Um etwa die gleiche Zeit schlugen die russischen Juden den umgekehrten Weg ein, der nicht folgenlos blieb: Aufgrund der Industrialisierung bildete sich rasch ein jüdisches Proletariat heraus, während gleichzeitig die Juden im Zarenreich immer stärker bedrängt wurden. Die Zahl der jüdischen Arbeitnehmerorganisationen – man könnte sie auch als Vorreiter der anderen Arbeitnehmerzusammenschlüsse in Rußland betrachten – wuchs, und 1887 schlossen sie sich in einer allgemeinen Union der jüdischen Arbeiter Litauens, Polens und Rußlands zusammen, besser bekannt unter der Bezeichnung »Bund«. Anfangs glaubten diese Sozialisten noch an die positiven Folgen von Zusammenschlüssen und hofften auf die jüdische Arbeiterbewegung, um das Zusammengehen der jüdischen Arbeiterklasse mit dem russischen Proletariat zu erleichtern. Aber schon bald wurde den jüdischen So-

163

zialisten klar, daß die nationalen Probleme im Zarenreich von der sozialdemokratischen Arbeiterbewegung kaum gelöst werden konnten, und schon gar nicht angesichts des vom Staat angeheizten Antisemitismus und der Pogrome. Sie mußten zuerst an den Schutz ihrer Gemeinschaft denken und daher auch die Interessen der jüdischen Arbeiterschaft unabhängig vom russischen Proletariat vertreten. Innerhalb weniger Jahre wurde der eigentliche Internationalismus des »Bundes« durch eine ausgeprägt *jüdische* Position verdrängt.

Dies ging natürlich nur um den Preis neuer Probleme innerhalb der gesamten sozialdemokratischen Bewegung Rußlands. Aber die große Debatte über die nationale Frage hatte der »Bund« angestoßen. Sie wurde der russischen Sozialdemokratie, später auch der Zweiten Internationale, von den Sozialisten der Minderheiten im Zarenreich regelrecht aufgezwungen. Diese Debatte war keineswegs typisch russisch, denn sie wurde zur gleichen Zeit auch von der Arbeiterschaft in einem anderen Vielvölkerreich, der österreichisch-ungarischen Doppelmonarchie, ausgetragen. Dabei lagen die Antworten der russischen Sozialisten und die ihrer österreichischen Genossen allerdings weit auseinander, wie noch zu zeigen sein wird.

Das Vorbild und die Ideen des »Bundes« sowie sein Einfluß – er vertrat eine Arbeiterschaft mit hohem intellektuellen Niveau, die schwer zu überwachen war, da sie kaum als Masse auftrat, weil es sich bei ihren Mitgliedern größtenteils um Handwerker handelte – weckten die Energie eines Lenin, der sich um das Auseinanderfallen des russischen Sozialismus in nationale Organisationen und den damit einhergehenden Kräfteschwund sorgte. Für kurze Zeit aus dem Exil zurückgekehrt, zwang Lenin, den die russische Polizei im Gegensatz zu seinem Bruder noch nicht kannte, der zur Regierungszeit Alexanders III. gehängt worden war, die russische Sozialdemokratie in eine Richtung, die die Emigranten der ursprünglichen Schweizer Gruppe weder voraussehen noch gutheißen konnten. Schon seit 1901 vertrat Lenin offen den Standpunkt, daß es ihm einzig und allein darum ging, eine Partei zu gründen, die nur aus Berufsrevolutionären bestand. Tkatschow hatte endlich seinen Schüler gefunden! Lenins damals veröffentlichtes Buch *Was tun?* faßte die Gedanken seines Autors sehr übersichtlich zusammen. Er legte darin seine Kritik an den korporatistischen Tendenzen einer Arbeiterklasse dar, die sich weder ihres eigenen Wesens noch ihrer Mission bewußt war. Er betonte die Notwendigkeit einer organisierten Partei als Trägerin des Klassenbewußtseins, und er nannte am Schluß ganz klar sein Ziel: die Übernahme der Macht in Rußland! Seit Tkatschow hatte es niemand mehr so deutlich ausgesprochen, daß die Machtübernahme das einzige Mittel sei, um sozialistische Ideen und Vorstellungen in die Tat umzusetzen, und daß das herrschende Regime folglich beseitigt werden müsse.

Zunächst störten die Thesen Lenins die Gründungsväter der russischen Sozialdemokratie nicht einmal, das heißt jene kultivierten Intellektuellen im Schweizer Exil, so ungeheuerlich sie ihnen auch erscheinen mochten. Das, was in Wirklichkeit eine vollständige und in sich schlüssige »Gebrauchsanweisung« für den gesellschaftlichen Umsturz war, hielten sie für ein Elaborat aus jugendlicher Verfehlung, sprachlicher Verwirrung und mangelhafter Erfahrungen. Dabei beschrieb das Buch sämtliche, für diese revolutionäre Veränderung notwendigen Elemente: nämlich das Ziel, die notwendigen Instrumente und die am besten geeignete Strategie. Möglicherweise hätte der große Opportunist Lenin sich konzilianter verhalten, wenn er nicht alle Glieder einer auseinanderfallenden Sozialdemokratie wieder hätte zusammenfügen müssen. Aber in den Jahren 1900 bis 1903 wurde in den Kreisen der russischen Sozialdemokraten heftig gestritten, und es ging dabei um hohe Ziele. Lenin setzte allein auf die Partei. Sie war unentbehrlich für das gesamte sozialdemokratische Projekt; sie mußte wie ein Mann hinter einer Führung stehen, die diese Geschlossenheit verkörperte. Doch dieser massive Block, von dem er träumte, wurde bedroht von den föderalistischen Konzeptionen des »Bundes« und von Plechanows weniger fanatischen Sichtweise in der Partei. Der »Bund« und vergleichbare Organisationen an den Grenzen des Zarenreiches, insbesondere im Kaukasus, wendeten sich eher den austro-marxistischen Ideen eines Otto Bauer zu. Dessen Antwort auf die Auseinandersetzung zwischen der Arbeiter- und der nationalen Bewegung klang unterschwellig in seiner eigenen Vorstellung über die Zukunft des österreichisch-ungarischen Kaiserreiches durch. Seiner Meinung nach konnte die Doppelmonarchie durch Reformen umgestaltet werden, die sowohl die Menschen wie auch die Nation befreien würden. Sein Ziel bestand also in einer gewissen Föderalisierung der Arbeiterbewegung, damit sie ihren Einfluß bei einer allgemeinen Reform des Kaiserreichs geltend machen konnte.

Lenin hingegen gab seiner Bewegung schon zu dieser Zeit völlig andere Ziele vor: Nur wenn sie das zaristische System bis zur endgültigen Zerstörung bekämpfte, würde sie ihre Thesen durchsetzen und den Erfolg der Arbeiterklasse sichern können. In einem solchen Kampf gab es keine nationalen Unterschiede, die mit dem Ende der russischen Autokratie ohnehin verschwinden würden, so daß nur eine geschlossene Arbeiterschaft direkt auf dieses Ziel hinführte. Von diesem Standpunkt aus konnte Lenin keinerlei Bestrebungen akzeptieren, die auf eine lockerere Bindung seiner Bewegung hinausliefen, und versuchte deshalb, den »Bund« zu zerschlagen.

Gegenüber Plechanow und seinen Freunden forderte er eine straff geführte und zentralistisch organisierte Partei, die er sich als Speerspitze im Kampf vorstellte – eine Partei, die weder hinsichtlich ihrer Mitglieder noch ihrer Ideen Kompromisse kannte. Plechanow merkte sehr wohl, daß angesichts der Umstände in Rußland, der Macht des Polizeiapparates und der Illegalität der Parteien die Thesen Lenins durchaus effizient wären für den gesicherten Erhalt der sozialdemokratischen Partei. Ihn und andere Intellektuelle schreckte jedoch die herrische Art Lenins und sein kompromißloser eiserner Wille ab, denn sie waren an kultivierte politische Debatten gewohnt. Getrieben vom Willen zur Aktion, aber auch durch Manipulation gelang es Lenin, seine Gegner zu besiegen und der Partei seinen Willen aufzuzwingen. Hinter den Fragen der Organisation, dem bloß äußeren Thema der Debatte, verbarg sich eine handfeste Konfrontation zwischen der Konzeption Lenins, der nicht davor zurückschreckte, den Lauf der Geschichte und die gesellschaftlichen Fakten zu verändern, und der eher marxistisch geprägten Sichtweise Plechanows und Martows. Beide glaubten fest daran, daß menschliches Handeln den Verlauf der Geschichte nicht aufhalten kann, weil sich in ihr die tatsächlichen Umstände in Wirtschaft und Gesellschaft niederschlagen. Aber in den Jahren 1902 und 1903 war die gerade entstehende Sozialdemokratie noch nicht in der Lage zu entscheiden, wie sie denn konkret vorgehen wollte – für sie ging es nur um die Entscheidung über die angemessenste Form ihrer Organisation. Als bei einer Abstimmung viele Delegierte zufällig fehlten, setzte sich Lenins Vorschlag durch, woraus er folgerte, daß seine Fraktion (die »Bolschewiken«), die soeben diese zufallsbedingte Mehrheit erreicht hatte, auch die Mehrheit innerhalb der Partei stellte. Seine Gegner, die eigentlich die Mehrheit bildeten und nur in dieser einen Debatte, die nicht einmal richtungweisenden Charakter besaß, unterlegen waren, akzeptierten die Bezeichnung »Minderheit« (»Menschewiken«) – aber nur für dieses eine Mal. In dieser vornehmen Zurückhaltung spiegelten sich bereits die künftigen Beziehungen zwischen Bolschewiken und Menschewiken: Erstere bestimmten die Kraft- und Machtverhältnisse und formten sie zu ihren Gunsten, letztere beugten sich den Vorgaben, weil ihnen der Sinn für die Macht und deren Symbole fehlte. Lenins brachiales Vorgehen traf bei den Menschewiken natürlich auf wenig Zustimmung, aber sie zeigten Verständnis, weil es sich dabei in ihren Augen lediglich um die Anzeichen einer Art »Kinderkrankheit« des russischen Sozialismus handelte, der sich eben in sehr schwierigen Umständen entwickeln mußte.

Die Sozialrevolutionäre Partei stellte eine andere Spielart des Sozialismus dar, die sich etwa um die gleiche Zeit in Rußland zu regen begann. Diese Partei war aus den Populisten hervorgegangen und entstand, als deren erste Organisationen, *Semlja i Wolja* (»Land und Freiheit«) und *Narodnaja Wolja* (»Volksfreiheit« oder »Volkswille«), ihre Glaubwürdigkeit verloren hatten. Die Sozialrevolutionäre Partei übernahm einige Glaubenssätze ihrer beiden Vorgängerorganisationen: zum Beispiel das Vertrauen in die Bauernschaft und die Überzeugung von der besonderen historischen Rolle der Bauern, sodann die Notwendigkeit, ihre gesamte künftige Taktik an den Bedürfnissen der Bauern auszurichten, und schließlich die Überzeugung, daß man zu den Mitteln des Terrorismus und der individuellen Aktion greifen müsse, um das System der Autokratie zu beenden.

Während sich die Sozialisten aller Strömungen organisierten, suchte die liberale Intelligentsia noch ihren Weg. Das Jahr 1905 zwang sie jedoch bald dazu, ihre Zukunftsperspektiven im Rahmen einer geordneten Organisation zu vertreten. Aber solange dieser Zwang noch nicht gegeben war, überließ sie das Terrain den extremen politischen Kräften. Auch hier sollte die Revolution von 1905 die Rückständigkeit des politischen Lebens in Rußland entlarven.

Die Zeit der Hoffnung

Die Semstwos reagierten auf die Ankündigung eines »politischen Frühlings« sofort und beschlossen im November 1904, in der Hauptstadt einen Nationalkongreß einzuberufen, mit dem sie zugleich testen wollten, wie ernsthaft es der neue Innenminister mit seinen Ankündigungen meinte. Bereits 1902 hatten sich führende Semstwovertreter klammheimlich getroffen, aber seitdem waren sie zum Schweigen verurteilt. Unter den neuen Umständen, so hofften sie, würde ihr Ziel eines öffentlichen Kongresses nicht in eine Machtprobe mit dem Staat ausarten. Zwar versuchte der Innenminister zunächst, die Dimension des Ereignisses herunterzuspielen, indem er suggerierte, daß es sich nur um eine »private« Versammlung handelte. Schließlich aber genehmigte er die Zusammenkunft von vierhundert Delegierten. Auch der Zar gab nun sein Placet zu einem Projekt, das er vor nicht allzu langer Zeit heftig zurückgewiesen hatte. Den Vorsitz dieses Kongresses sollte Dimitrij Nikolaijewitsch Schipow, ein Liberaler und zugleich Vorsitzender der Moskauer Semstwoverwaltung, übernehmen, ein Mann also, dessen Macht Plehwe im vorigen Jahr noch angezweifelt hatte. Dem Zaren mußte klar sein, daß Schipow in bezug auf die Rolle der Semstwos eine ziemlich radikale Position vertrat. Mit vorsichtigen, aber doch eindeutigen Worten trat Schipow für eine Neugestaltung der legislativen Ordnung Rußlands und die Notwendigkeit der Einrichtung einer vom ganzen Volk gewählten repräsentativen Konstituante ein. Damit tauchte wieder das Gespenst des Parlamentarismus und der Forderung nach einer Verfassung auf. Aber diese Präliminarien zum Kongreß der Semstwos verdeutlichen nur, daß Nikolaus II. mit der Durchführung des Kongresses offenbar einverstanden war.

Vor der Eröffnung verhielten sich die Organisatoren und die Regierungsvertreter, als tanzten sie auf einem Maskenball oder spielten miteinander Poker. Schipow ließ zunächst verlauten, daß sich der Kongreß nur mit den Problemen der Landstände beschäftigen werde, um dann allerdings eine Änderung der Tagesordnung anzukündigen. Swjatopolk-Mirskij fürchtete nun plötzlich, daß daraus ein politisches Programm entstehen könnte, und versuchte, weil er das im Herbst 1904 noch herrschende Vertrauensklima bewahren wollte, eine Verschiebung des Kongresses zu erreichen. Der Grund war, Zeit zu gewinnen, damit sein Ministerium einen Gegenentwurf ausarbeiten konnte, der die wichtigsten Forderungen der Delegierten zwar berücksichtigte, aber in einer so entschärften Form, daß der Zar sie annehmen konnte. Schließlich aber mußte der Minister erkennen, daß die Vorbereitungen dieses Kongresses schon zu weit fortgeschritten waren, um ihn auf einen späteren Zeitpunkt zu verschieben.

Die Tagung begann also zum vorgesehenen Termin am 6. November 1904, und die Delegierten erarbeiteten nach zähem Ringen und vielen Kompromissen zwischen den unterschiedlichen Strömungen einen Reformplan in elf Punkten. Obwohl sie alle in der Forderung nach Beachtung der persönlichen Rechte, der Grundfreiheiten wie Presse- und Versammlungsfreiheit und der Gleichstellung aller vor dem Gesetz übereinstimmten, fand der Kongreß zu keiner einheitlichen Meinung über die Frage einer Legislative. Die einen wollten unbedingt verhindern, daß die Delegierten für eine dem politischen Bewußtsein und den Traditionen Rußlands fremde Form der parlamentarischen Demokratie stimmten. Andere, die Mehrheit, forderten hingegen die Einsetzung einer gesetzgebenden Versammlung, die über das Recht der Kontrolle des Haushalts und der Verwaltung verfügte. Aus den verabschiedeten Texten ging jedoch nicht eindeutig hervor, ob diese Konstituante nur beratenden Charakter haben sollte oder ob sie auch befugt wäre, Gesetzesvorlagen nicht nur zu beraten, sondern auch darüber abzustimmen. Schipow blieb seinen slawophilen Vorstellungen treu und lehnte die Idee des Parlamentarismus ab; er trat entschieden für eine Volksvertretung mit ausschließlich beratender Funktion ein. Trotz aller Ungenauigkeiten der Resolutionen stand nun gerade diese Frage nach einem Parlamentarismus im Raum. Mit Vorsicht und Bedacht hatten die Kongreßteilnehmer die Worte »Verfassung« oder gar »Parlament« vermieden; da aber diese Schlüsselwörter zwischen den Zeilen der Schriften durchschimmerten, die die Semstwodelegierten nach ihrer Rückkehr völlig legal an ihre Mitglieder verteilen durften, war ein neues Kapitel in der Geschichte Rußlands aufgeschlagen worden. Das Echo, das diese Verteilungsaktion auslöste, hallte um so stärker nach, als der Kongreß nur ein Ereignis innerhalb einer Reihe von Vorgängen in diesem »politischen Frühling« bildete. Zu ihnen muß auch die »Bankett-Kampagne« gezählt werden, die auf die großen Gedenkfeiern der revolutionären Ereignisse im Frankreich des 19. Jahrhunderts zurückging und wo die liberale Intelligentsia zum ersten Mal geschlossen auftrat.

Vor dem Semstwokongreß lag ein auf den ersten Blick zunächst unscheinbares Ereignis, dessen Folgen sich aber wenige Monate später als außerordentlich gewichtig herausstellen sollten. Wie bereits erwähnt, hatte sich die politisch gemäßigte Opposition erst relativ spät organisiert. Der Amtsantritt Swjatopolk-Mirskijs, seine auf die Schaffung von gegenseitigem Vertrauen abzielenden Äußerungen und Vorschläge und nicht zuletzt die Erkenntnis, daß man das politische Feld nicht allein der organisierten Linken überlassen dürfe, hatten die Liberalen zu einer Zusammenkunft außerhalb Rußlands veranlaßt, um sich auf eine gemeinsame Position zu einigen. Dieses Treffen fand am 17. September 1904 in Paris statt. Es führte Konstitutionalisten unterschiedlicher politischer Couleur und nationaler Herkunft zusammen, die aber alle der »Union für die Befreiung« angehörten und die sich heimlich mit den Sozialisten außerhalb der Sozialdemokratischen Partei trafen. Nach schwierigen Diskussionen einigte man sich auf die drei Punkte: auf die Abschaffung der Autokratie, die Einsetzung einer parlamentarischen Demokratie und die Befreiung der unterdrückten Völker im Zarenreich.

Mit dem letzten Punkt verbanden sich keinerlei radikale Absichten; gedacht war vielmehr an ein Ende der Russifizierungspolitik und die gleichzeitige Anerkennung der kulturellen Autonomie nationaler Minoritäten. Zum ersten Mal hatten Liberale gemeinsam Stellung bezogen und ein gemeinsames Programm vorgelegt, das in allen Kreisen in ganz Rußland zirkulierte, in denen man über anstehende Entscheidungen debattierte. Bemerkenswert ist auch die Tatsache, daß die Konstitutionalisten aus ihrer Isolierung herausgetreten waren und Ansichten formuliert hatten, die denen der Sozialisten recht nahekamen. Bei der Eröffnung des Semstwokongresses konnte auf diesen Verfassungsvorschlag zurückgegriffen werden, dessen Autoren das Licht der Öffentlichkeit nicht gescheut hatten, und die bereits eine mögliche politische Kraft darstellten, weil sie nun ebenfalls begonnen hatten, sich zu organisieren.

An diesem Punkt sei an die bereits erwähnte »Bankett-Kampagne« erinnert, denn die Thesen der Semstwodelegierten und der Konstitutionalisten verbreiteten sich dank dieser Kampagne im ganzen Land. Innerhalb weniger Wochen trafen sich auf überall stattfindenden Banketten Intellektuelle, Anwälte und Semstwomitglieder mit all denen, die in irgendeiner Form über die Zukunft des Landes nachdachten. Den Anlaß dieser Bankette bildeten oft ganz unterschiedliche politische Themen, doch im Mittelpunkt stand immer die grundsätzliche Frage des Übergangs Rußlands zur parlamentarischen Demokratie. Die Kampagne begann in St. Petersburg mit einem großen Bankett zum Gedenken an das vierzigjährige Jubiläum der Justizreform Alexanders II., in dessen Verlauf jedoch zugleich die Maßnahmen verurteilt wurden, mit denen Alexander III. diese Reformen mehr oder weniger neutralisiert hatte. Dieser Kampagne gelang es schon früh, nicht nur liberale Eliten, sondern auch sozialistische Führungskreise zu mobilisieren, die ihre anfängliche Zurückhaltung aufgaben, weil sie befürchteten, sonst von dieser Strömung ausgeschlossen zu werden. Jedes dieser Bankette beherrschte das gleiche Thema und die gleichen Forderungen: Rußland braucht eine radikale Veränderung, eine Verfassung, ein Parlament! Jene Begriffe, die auf dem Semstwokongreß von 1904 noch peinlichst vermieden worden waren, standen nun offen ausgesprochen im Mittelpunkt dieser Kampagne.

In diesen hitzigen Wochen schwante dem politischen Rußland, daß ein Wandel nicht mehr ausgeschlossen war. Das soziale Klima wurde gereizter. Schon bald ließen sich Stimmen nicht mehr überhören, die einen verfassungsrechtlichen Neubeginn verlangten. Die Staatsmacht begnügte sich mit der Beobachtung der Bewegung, ohne deren Aktivitäten zu bremsen oder Versammlungen zu verhindern. – Die »Bankett-Kampagne« war keine rein russische Angelegenheit, denn auch innerhalb der nationalen Minderheiten an den Grenzen des Zarenreichs fanden viele derartige Veranstaltungen statt; dabei wurde allerdings mehr über die Autonomie als über eine Verfassung gesprochen. Beherrschend in diesem für viele so unerwarteten »politischen Frühling« war gemeinsame Hoffnung aller Beteiligten und das bisher nur wenig verbreitete Gefühl, daß langsam die Aussicht auf Veränderungen bestand. Würde sich Rußland tatsächlich vom Prinzip der Alleinherrschaft des Zaren abwenden und sich in eine moderne politische Gesellschaft verwandeln? Die Chance hierfür lag damals in der Verbindung zweier Elemente: in dem Wunsch Swjatopolk-Mirskis, der den Schwung der Gesellschaft im Zarenreich nicht brechen, sondern ihn in eine Richtung lenken wollte, an deren Ende Reformen stehen würden, die auch der Zar akzeptieren konnte und die somit tatsächlich einen Schritt in Richtung Demokratie darstellten; und in dem Vertrauen Nikolaus' II., das der Innenminister auch in diesen entscheidenden Augenblicken besaß. Dieser Herrscher, der sich dem Prinzip der Autokratie so verbunden fühlte, öffnete sich auf einmal den vorsichtigen Denkanstößen seines engsten Mitarbeiters.

Swjatopolk-Mirskij hatte sich auf das möglicherweise Kommende vorbereitet und eine Kompromißlösung ausarbeiten lassen, die eine Brücke zwischen den Konstitutionalisten und Semstwos auf der einen und dem Kaiser auf der anderen Seite schlagen sollte. Der Innenminister durfte keine Zeit verlieren, denn am Hof machte sich in unmittelbarer Umgebung des Zaren Unruhe über den »politischen Frühling« breit, den dort viele schon für Anarchie hielten. Auch an den Universitäten sowie – an manchen Tagen – teilweise auch auf den Straßen schlug die friedliche Stimmung der »Bankett-Bewegung« in eine beunruhigende Agitation um. In diesem Klima also legte der Innenminister ein Memorandum vor, das aufgrund seiner eigenen Weisung entstanden war. Es schlug eine Reihe von Reformen vor, die die persönlichen und religiösen Freiheiten sowie die Rechte der Minderheiten erweitern sollten, aber dennoch den Schein der Alleinherrschaft wahrten. Das Geschick der Verfasser des Memorandums lag in ihrer Behauptung, sie hätten sich an den politischen Traditionen Rußlands orientiert. Der gewagteste Teil ihres Vorschlags, die Erweiterung des Staatsrats, dessen Mitglieder vom Zaren ernannt wurden, durch gewählte Semstwovertreter, wurde nicht als Einstieg in das System gleicher und freier Wahlen dargestellt, sondern als Wiederaufnahme von Methoden, die Rußland in der Tat mehrfach in seiner Geschichte praktiziert hatte.

Trotzdem kam es über diesen Punkt zum Streit. Pobedonoszew versuchte den Zaren mit allen Mitteln davon zu überzeugen, daß schon wenige gewählte Volksvertreter genügten, um das System der Alleinherrschaft in seinen Fundamenten zu erschüttern. Nikolaus II. hingegen neigte eher dem Rat Swjatopolk-Mirskijs zu und nahm zunächst den Vorschlag an, in dem sich die einstigen Ideen Loris-Melikows widerspiegelten. Er beauftragte den Innenminister mit der Ausarbeitung eines entsprechenden Gesetzes, damit er es unterschreiben und veröffentlichen lassen konnte. Als aber drei Tage später der vom Zaren eigenhändig paraphierte Text zurückkam, entdeckte Mirskij eine »Verbesserung«, die er zu Recht für eine Katastrophe hielt: Die Vorlage war in ihrem umstrittensten und im Ringen um den politischen Frieden im Land wichtigsten Punkt, nämlich der Frage der gewählten Volksvertreter, verändert worden.

Nikolaus II. hatte sich zu diesem Schritt nicht durchringen können und rechtfertigte sich mit den Worten: »Ich kann keiner der Tradition der Alleinherrschaft widersprechenden Form gewählter Macht zustimmen.« Was war geschehen? Warum war der Zar zunächst den Ansichten seines Innenministers gefolgt und hatte nun diese Kehrtwendung vollzogen, die Fürst Mirskij veranlaßte, seinen Rücktritt einzureichen? Natürlich kann der Druck der Hofkamarilla als Grund angeführt werden und auch das überstürzte Eintreffen des notorisch bösen Geistes, des Großfürsten Sergej, in St. Petersburg und seine entschiedene Ablehnung dieses Projekts. Doch der Schlüssel zu dem Meinungsumschwung des Zaren muß wahrscheinlich bei ihm selbst, das heißt in seiner unverrückbaren Überzeugung über das Wesen der Autokratie gesucht werden. Einen Augenblick lang hatte er sich zwar von der teilweisen Eingliederung der Volksvertreter in die politischen Institutionen des Zarenreichs überzeugen lassen, doch, und das muß betont werden, mit seiner Zustimmung war er einem äußeren Einfluß erlegen. Ein weiterer Grund mag gewesen sein, daß ihn die in seinem innersten Denken verwurzelte Bindung an die Autokratie der Zarenherrschaft letztendlich für jene Ratschläge öffneten, die er in Wirklichkeit hören wollte. Wittes Aussage hierzu ist von großer Bedeutung. Nikolaus II. hatte ihn kommen lassen, um seine Meinung zu diesem Projekt zu hören. Bei dieser Unterredung war neben dem Zar auch Großfürst Sergej anwesend, um dessen heftige Abneigung in dieser Frage Witte wußte. Am Ende seiner Ausführungen über die Situation Rußlands sagte Witte: »Wenn Ihre Majestät ehrlich und unwiderruflich zu dem Entschluß gekommen sind, daß es unmöglich ist, gegen den Strom der Geschichte zu schwimmen, dann muß dieser Punkt [nämlich der gewählten Vertreter] in dem Ukas bleiben. Wenn Ihre Majestät aber angesichts der Tragweite dieses Schrittes und der Erkenntnis, daß er die erste Etappe auf dem Weg zu einem parlamentarisch-repräsentativen System ist, glaubt, daß ein solches System inakzeptabel ist, weil Sie es persönlich nie hinnehmen könnte, dann wäre es selbstverständlich klüger, wenn dieser Punkt entfiele.« Und Witte fügte hinzu: »Das war es, was der Zar hören wollte.«

So hatte Nikolaus II. also die Gelegenheit verpaßt, seiner Herrschaft neue Perspektiven zu geben, weil er letztlich seinem tiefsitzendem Verständnis von Rußland und seiner persönlichen Aufgabe – dem Erhalt der Autokratie – folgte. Zu diesem Zeitpunkt schwankte Rußland noch zwischen dem gewaltfreien Wandel und dem Weg in die Katastrophe. Nicht aus Schwäche, sondern weil er nicht erkannt hatte, welch grundsätzliche Wahl er zu treffen hatte, entschied sich Nikolaus gegen den Wandel, und nun lag der Weg in die Katastrophe breit und unübersehbar vor ihm.

Ein Gesetz allerdings ragt aus den Wirren jener Zeit heraus: der Erlaß des Zaren über die Verbesserung der Regierungsarbeit, der am 12. Dezember 1904 verkündet wurde. Er machte den Bauern, den Religionsgemeinschaften, den Semstwos, den Arbeitern und denen der Gerichtsbarkeit Unterworfenen Zugeständnisse oder versprach sie zumindest, denn er sprach von Reformen, die man durchführen »müßte«. Dieser Ukas beseitigte in vielerlei Hinsicht die Einschränkungen und Verschärfungen, die die Reformen Alexanders II. entstellt hatten. Wäre er einige Jahre früher in Kraft getreten, hätte er sicherlich den Erwartungen der Gesellschaft entsprochen und vielen ihrer Forderungen den Wind aus den Segeln genommen. Doch gegen Ende des Jahres 1904 hatte sich Rußland gewaltig verändert. Die politischen Debatten im Herbst, die regelmäßigen Zusammenkünfte von Experten, Spezialisten und Berufsständen aller Art, aber auch der katastrophale Krieg mit Japan, der in den Augen vieler Russen ein Beweis für die Unvorsichtigkeit und Inkompetenz der Staatsführung und somit auch der Schwächen der zaristischen Alleinherrschaft war – all dieses bildete den Nährboden der Reflexion in der Gesellschaft. Der Erlaß vom 12. Dezember schien ihr, die das bestehende System von Grund auf anzweifelte und Veränderungen forderte, wenig sinnvoll. Ihm fehlte nämlich das Wichtigste: die Beteiligung der Gesellschaft an der Macht durch Einführung eines parlamentarischen Systems. Die optimistische Atmosphäre der »Bankett-Kampagne« und der Semstwoversammlungen schlug plötzlich um in Enttäuschung und Wut. Über die Zukunft Rußlands, die mit dem Zaren zusammen offensichtlich nicht zu gestalten war, wurde von nun an auf der Straße entschieden.

Der »Blutige Sonntag«

War die Revolution, die sich in den letzten Dezembertagen ankündigte, vorhersehbar? Für Nikolaus II. zumindest schien kein Grund zur Aufregung zu bestehen. Der Ukas vom 12. Dezember kam seiner Ansicht nach den Wünschen des Volkes entgegen. Ein Aufruf der Regierung vom 14. Dezember wies darauf hin, daß Demonstrationen und Versammlungen, die die öffentliche Ordnung beeinträchtigten, unter Strafe stünden. Die Warnung war unmißverständlich: Der Zar wünschte keine Fortsetzung der Debatte. Der liberale Innenminister war zurückgetreten und führte die Amtsgeschäfte nur noch bis zur Ernennung seines Nachfolgers, Alexander Grigorjewitsch Bulygin, weiter, die im Januar 1905 stattfinden sollte. Der beruhigende Einfluß Fürst Mirskijs verblaßte und lebte nur noch in der Erinnerung weiter, wie das Tagebuch Nikolaus' II. aus dieser Zeit enthüllt. Sein Onkel, Großfürst Sergej, hatte ihn in den Tagen, als die Krise ihren Höhepunkt erreichte, kaum aus den Augen gelassen und fuhr erst am 10. Dezember wieder nach Moskau zurück. Es folgten das Jahresende und die damit verbundenen traditionellen Festlichkeiten, deren Vorbereitungen allerdings durch manch lakonischen Kommentar über den Fall von Port Arthur im Tagebuch entzaubert wurden. Seine Anmerkungen pflegte der Zar mit den Worten zu schließen: »Es ist der Wille Gottes.« Angesichts dieser Zeilen ist es ganz offensichtlich, daß der Zar nicht im geringsten auf das vorbereitet war, was ihn zu Beginn des folgenden Jahres erwartete.

Die Grundstimmung in der Gesellschaft ließ sich ganz sicher nicht als friedlich bezeichnen, selbst wenn einzelne Ausbrüche noch als isolierte Ereignisse erschienen. Im Zuge der »Bankett-Kampagne« hatten auch die Studenten wieder aufbegehrt. Doch eine Krise völlig neuen Ausmaßes kündigte sich am 20. Dezember in den Arbeitervororten von St. Petersburg durch einen Streik im Putilow-Werk an. Er war ausgebrochen, weil drei Tage zuvor vier Arbeiter entlassen worden waren. Sogleich drängte sich eine eigenartige, aber unbestritten charismatische Gestalt in den Vordergrund, die über hervorragende organisatorische Fähigkeiten verfügte: Georgi Apollonowitsch Gapon, Priester und Gewerkschaftsführer in einem.

An diesem Punkt sei an die Manipulation der Gewerkschaftsbewegung erinnert, die sich einige Jahre zuvor Subatow und seine Umgebung ausgedacht hatten. Im Jahr 1905 spielte Subatow zwar keine Rolle mehr, weil Plehwe ihn schon 1902 aus seinem Amt entlassen hatte; doch seine von der Polizei geduldete Gewerkschaft existierte weiter, und Gapon hatte in gewisser Hinsicht ihre Führung übernommen. Allerdings verhält sich diese Angelegenheit nicht ganz so einfach, wie es auf den ersten Blick erscheinen mag, denn Gapon unterschied sich in allen Punkten von seinem Vorgänger. Er war gewissermaßen ein Arbeiterpriester, der seine tiefe Gläubigkeit mit seiner Verehrung für die Monarchie und den Herrscher sowie mit der Überzeugung verband, er habe eine soziale Mission zu erfüllen, nämlich die Aufklärung und Führung der Arbeiterklasse. Gapon war weder ein »agent provocateur« noch ein willenloses Instrument in den Händen der Polizei, und daraus bezog er seine Aura und Kraft. Er glaubte an die Richtigkeit seines Handelns, und er wollte den Zaren wieder mit seinem Volk versöhnen. Deshalb ging er in die Öffentlichkeit und stellte sich ab 1904 an die Spitze der Gewerkschaft in St. Petersburg. Angesichts der rund achtzehn- bis zwanzigtausend Anhänger seiner Gewerkschaft erscheinen die Mobilisierungsversuche der sozialdemokratischen Organisationen eher als schwach. Die Rolle, die Gapon spielte, und sein Einfluß auf die Arbeiter verdankte er seinen Fähigkeiten und nicht wie Subatow irgendeiner Form von polizeilicher Protektion. Sein Charisma war echt. Dieser in gewisser Weise »erleuchtete« Mann bekannte sich offen zu Lew Tolstoi und vertrat seine Überzeugung mit bemerkenswerten rhetorischen Fähigkeiten. Auch körperlich war er kein Feigling und wurde von einem gewissen Fanatismus getrieben. Alle diese Eigenschaften qualifizierten ihn unleugbar zur Führerfigur. Deshalb wunderte sich niemand, daß er in den Konflikt in den Putilow-Werken eingriff, um die Wiedereinstellung der entlassenen Arbeiter zu erreichen, dann aber, als dies nicht glückte, erfolgreich zu Solidaritätsstreiks in allen örtlichen Fabriken aufrief. Daraus entwickelte sich bald die Idee eines Generalstreiks.

Die Ereignisse im Januar 1905 sind, was den tatsächlichen Zustand Rußlands betrifft, höchst aufschlußreich: So konnten sie nur in *diesem* Land und zu *diesem* Zeitpunkt stattfinden. Als erstes typisches Merkmal hat Gapon selbst zu gelten. Nur in Rußland konnte eine solch außerordentliche, der Religion wie der Politik verhaftete Persönlichkeit eine derartige Rolle spielen. Die russische Geschichte ist reich an diesen »Erleuchteten«, die bei ihrem Aufruf an das Volk oder an den Herrscher – oder gar an beide – zugleich Gott, das Schicksal der Menschen und den Begriff der Erlösung miteinander vermengten und damit der Anarchie den Weg bahnten.

Ebenfalls typisch für die Situation Rußlands war die Rolle des Zaren, der, so enttäuschend und umstritten er auch sein mochte, trotzdem die höchste Instanz blieb; an ihn wendete man sich mit einer Bittschrift und erhob ihn dadurch zum Schiedsrichter. Nikolaus II. hatte seine Aura noch nicht verloren, und die erregte Arbeiterklasse verlangte sowohl nach seinem Schutz als auch nach der Revolution. Allerdings war zu diesem Zeitpunkt auch noch niemandem klar, daß sich hinter einem Generalstreik durchaus revolutionäre Impulse verbergen konnten. Als die Streiks begannen, wollten die Arbeiter zunächst nur die Wirkung der Bittschrift verstärken.

Auf diese Bittschrift hatte Gapon gedrängt und sie zusammen mit einigen Liberalen in den Tagen vor der Übergabe an den Zaren verfaßt. Die Übergabe war – wiederum typisch russisch – für einen Sonntag, den 9. Januar, vorgesehen: Der Sonntag war als Tag des Herrn, aber zumindest in Rußland auch als Tag der Auferstehung ein symbolträchtiger Tag. Eignete er sich also nicht hervorragend, um dem Zaren eine Bittschrift zu überreichen, der seine Macht von Gott erhalten hatte? War es nicht der richtige Moment, ihn zu bitten, das Flehen seines Volkes zu erhören, das »unterdrückt und ins Elend gestürzt, an dem entsetzlichen Punkt angelangt ist, wo es besser ist zu sterben, als den unerträglichen Leiden weiterhin standzuhalten?« Und, wie es weiter darin heißt: »Verweigere Deinem Volk nicht die nötige Hilfe, Zar, entreiße es dem Grab der Willkür, des Elends und des Unwissens.« Auch klingt im Bild der Auferstehung des Volkes deutlich die Anmahnung einer Entscheidung des Zaren an, wenn die Bittschrift fleht: »Laß Dein Volk zusammen mit Dir das Land regieren.«

Diese Bittschrift zeichnet auch ein Bild Gapons, der Verwünschungen gegen jene, die den Zaren von seinem Volk isoliert hatten, mit Mahnungen, das Gebot der Barmherzigkeit zu respektieren, und Forderungen vermengte. Obwohl die Schrift die Linie des sozialen Erwachens verfolgte, die man bereits auf dem Semstwokongreß und in den Bankettreden kennengelernt hatte, war sie doch aus ganz anderem Holz geschnitzt. Die Gesellschaft befand sich in Aufruhr, der Appell Gapons ließ jegliche Besonnenheit und Vorsicht vermissen: Das Volk stand vereint vor seinem Zaren und akzeptierte nun weder Vermittlung noch Ausflüchte! Um der Bittschrift noch mehr Gewicht zu verleihen, wurde sie in den Straßen und Unternehmen der Hauptstadt zur Unterschrift herumgereicht – überall schlossen sich die Menschen ihr an.

Aber Gapon war auch Amtsperson; er informierte die Regierung – von der er abhing – über seine Pläne. Und wieder einmal war der Ausgang der Ereignisse offen, doch die Mißverständnisse hatten eine solche Dimension erreicht, daß sich ihr unkontrollierbarer und tragischer Fortgang zwingend abzeichnete. Gapon hatte die Behörden vom geplanten Ablauf der Demonstration unterrichtet; die Menschenmenge auf ihrem Weg zum Zarenpalast dachte daher, daß angesichts des Schweigens der Behörden der Überreichung der Bittschrift an den Zaren nichts im Weg stünde, daß also der geplante Dialog mit ihm nicht anders als in friedlichen Bahnen verlaufen konnte. Nikolaus II. hingegen nahm von der Unruhe, die in der Hauptstadt jeder deutlich spürte, keine Notiz, und schon gar nicht mehr davon, was auf ihn zukam. Am 8. Januar schrieb er in sein Tagebuch: »Seit gestern werden alle Fabriken und Betriebe in St. Petersburg bestreikt. Man hat Truppen aus der

Umgebung anrücken lassen, um die Garnison zu verstärken. Bislang verhalten sich die Arbeiter ruhig. Ihre Zahl wird auf 120 000 Personen geschätzt. An der Spitze ihrer Vereinigung steht eine Art sozialistischer Pope namens Gapon. Mirski hat mir am Abend seinen Bericht über die getroffenen Vorkehrungen vorgelegt.«

Diese Zeilen schrieb der Zar in Zarskoje Selo, wohin er sich zwei Tage zuvor in aller Ruhe zurückgezogen hatte und wo er zu bleiben gedachte. Er überließ es der Regierung, sich um das Notwendige zu kümmern, also um das, was er abgesehen von den ihm bekannten Einzelheiten – eine vom Generalstreik gelähmte Stadt und organisierte Arbeiter – für wenig beunruhigend hielt. Auf gar keinen Fall dachte er daran, sich an den Ort der Ereignisse zu begeben oder gar vor sein Volk zu treten, das nach ihm rief. Hier zeigte sich Nikolaus übrigens von erstaunlicher Widersprüchlichkeit: Stets hatte er die Liebe zu seinem Volk betont, und dies in einer absolut aufrichtigen Form. Jedem einzelnen seiner Untertanen fühlte er sich wie ein Vater verpflichtet, um so mehr als er in einer Art göttlicher Mission die Verantwortung für alle zu tragen glaubte. Doch als sich das Volk in Form einer Bittschrift, die von Hunderttausenden unterschrieben worden war, direkt an ihn wandte, wollte er es nicht sehen. Zog er jedoch seine Militäruniform an, wie beispielsweise 1904 oder 1914, dann kannte er nur noch einen Gedanken, nämlich seinem Volk nachzueilen und sein Schicksal zu teilen. Der Krieg verwandelte Nikolaus II. in einen anderen Mann und bewog ihn zu einer ganz anderen Beziehung zu seinem Volk. Deshalb erscheint seine sture Weigerung, als es ihn rief, um so tragischer und unverständlicher. Wie die Bittschrift feststellte, baute er zwischen sich und dem Volk eine Mauer auf, die aus der Regierung und den Ordnungskräften bestand. Da die Demonstranten auf das Erscheinen letzterer nicht gefaßt waren, waren beide, Demonstranten wie Ordnungskräfte, überfordert. Der beunruhigte Innenminister auf Abruf, Fürst Mirskij, hatte sehr wohl Vorkehrungen getroffen, um etwaige Übergriffe zu ersticken, doch diese Maßnahmen stellten sich als unzureichend und auch ungeschickt heraus.

Staatsmacht und Staatsvolk
prallen aufeinander

Als sich die Menschenmenge am 9. Januar unter Gapons Führung in Bewegung setzte, war sie friedlich und unbewaffnet. Sie rückte unter Rufen wie »Gott rette den Zaren!« und dem Singen von Kirchenliedern langsam voran; die Menschen, die ihren Vorbeimarsch beobachteten, bekreuzigten sich. Als sich später alles in Blut und Entsetzen aufgelöst hatte, schrie Gapon: »Weder einen Gott noch einen Zaren gibt es mehr!« Dieser Aufschrei brachte die Erkenntnis, die innerhalb weniger Stunden in den Köpfen herangereift war, auf den Punkt. Alles entwickelte sich zunächst aus der Kopflosigkeit der Soldaten, die angesichts der Wirkungslosigkeit ihrer Warnschüsse und der unaufhaltsam herannahenden Menschen anfingen, in die Menge zu schießen, während diese in ihrer Verwirrung zuerst nicht glauben konnte, daß auf sie geschossen wurde. Die Panik, durch die Flüchtende zu Tode getrampelt oder zwischen den Gittern zerquetscht wurden, als sie versuchten, den tödlichen Schüssen zu entkommen, steigerte die Zahl der Toten noch. Festzustellen, wie viele es genau waren, die hier ihr Leben ließen, war sehr schwierig, und wie so oft in solchen Fällen machten aberwitzige Gerüchte die Runde und vermittelten das Bild eines entsetzlichen Blutbades. Die tatsächliche Zahl an Toten und Verletzten ging dennoch in die Hunderte.

Noch schwerer allerdings wogen die politischen Folgen dieses blutigen Tages. Zunächst einmal war das Bild des Zaren als Vater seines Volkes restlos zerstört: »Er hat seine Untertanen abschlachten lassen« – dies war der Eindruck, der fortan in den Köpfen haftenblieb. Das Vertrauen des Volkes in einen menschlich guten, aber schlecht beratenen Herrscher konnte nie wiederhergestellt werden. Darüber hinaus verachteten nun alle die Alleinherrschaft als Staats- und Regierungsform, ausgenommen diejenigen, die sie am Leben erhielten; sie wurden ihre unbelehrbarsten Anhänger. Aber es kam noch schlimmer: Die Öffentlichkeit zählte die Toten dieses Massakers zu den vielen in einem sinnlosen Krieg bereits geopferten Leben. Was war das nur für eine Herrschaft, die nichts anderes fertigbrachte, als zu töten oder töten zu lassen? Das Gespenst dieser Frage war künftig nicht mehr zu bannen. Doch anstatt sein eigenes Gewissen zu prüfen oder Reue zu zeigen, verlegte sich der Zar auf Härte: Fürst Mirskij konnte endlich gehen, und an seine Stelle trat Alexander Bulygin, ein blasser Bürokratentyp und bar jeglicher Phantasie.

Das tatsächlich Neue allerdings bestand in der Ernennung General Trepows, eines Vertrauten von Großfürst Sergej, zum Generalgouverneur der Hauptstadt. Ihm eilte der Ruf eines harten und strengen Mannes voraus, und ihm traute der Zar die Wiederherstellung der öffentlichen Ordnung zu. Seiner Meinung nach war das Blutbad nämlich hauptsächlich auf mangelnde Wachsamkeit und auf die Lockerung der öffentlichen Ordnung zurückzuführen, was für ihn – wie so vieles – die Richtigkeit der Autokratie bestätigte. Mit der Ernennung Dimitri Fjodorowitsch Trepows traf Nikolaus II. eine Richtungsentscheidung. War der neue Stadtkommandant nicht der Sohn jenes Generals und Petersburger Stadtkommandanten, auf den Vera Sassulitsch im Januar 1878 ein Attentat verübt hatte, für das sie zwar angeklagt, aber dennoch freigesprochen worden war? Bestimmt erkannte der Zar eine gewisse Parallele zwischen dem terroristischen Treiben gegen Ende der Regierungszeit Alexanders II. und diesem »Blutigen Sonntag« und dachte daher, daß niemand besser in der Lage wäre, die Unruhen zu ersticken, als ein Mann, der den Terrorismus schon am eigenen Leibe verspürt hatte.

Aber anstatt die sozialen Unruhen einzudämmen, beschleunigte Trepow sie mit seiner totalen Unterdrückungspolitik nur noch. Die Streiks erreichten auch das flache Land und schwappten auf die klassischen Zentren des Widerstands (Moskau, Saratow, Riga, Lodz, Warschau und Wilna) über. Wenig später, Anfang Februar, erhob sich die Bauernschaft. In Kursk brachen Unruhen aus und dehnten sich bis in die Gegend um Orel und Tschernigow aus. Am 4. Februar schließlich fiel Großfürst Sergej unter den Kugeln des sozialistischen Berufsrevolutionärs Iwan Kaljajew.

In allen Universitätsstädten hatten sich die Studenten der Protestbewegung angeschlossen. Niemand besuchte mehr eine Vorlesung; trotz aller Verbote jagte eine Vollversammlung die nächste, und alle verwandelten sich in Foren, wo endlos lange revolutionäre Reden geschwungen wurden. In manchen Fällen beschlossen Gymnasiasten, daß ihre Aufgabe nicht mehr im Lernen liege, sondern in der Unterstützung ihrer älteren Kommilitonen. – Rußland rutschte in die Anarchie ab.

Die Reaktion des Zaren auf diese für ihn beunruhigende Situation – schließlich hatte die Obrigkeit die Gesellschaft nicht mehr im Griff – bestand vor allem in Unverständnis und Zögerlichkeit. In einer ersten Gefühlsaufwallung suchte er die Versöhnung mit *seinem Volk*, das seiner Meinung nach von schlechten Hirten irregeleitet worden war. Er bot seine »Vergebung« an sowie eine materielle Entschädigung für die Familien der Opfer. Er verlangte die Rückkehr der Arbeiter an ihren Arbeitsplatz und zeigte sich für die Zusammenkunft, die sie am »Blutigen Sonntag« gefordert hatten, bereit. Doch leider entsprach diese zweifellos großzügige, den Umständen allerdings wenig angemessene Geste nicht mehr den Erfordernissen der Stunde. Eine kleine Delegation von 34 sorgfältig ausgesuchten Arbeitern wurde stellvertretend für die gesamte Arbeiterklasse nach Zarskoje Selo gebeten, um sich dort anzuhören, was der Zar zu sagen hatte. Obwohl sich die Delegierten auf diese Zusammenkunft gut vorbereitet hatten, brachte sie das Gerede des Zaren von Vergebung und die Verharmlosung der Tragödie vom 9. Januar – der Monarch sprach von einer »unanständigen Provokation« – völlig aus der Fassung!

Diese Zusammenkunft hatte derart verheerende Folgen, daß die Minister alle Hebel in Bewegung setzten, um dem Zaren in bezug auf Reformen echte Zugeständnisse abzuringen und damit der sich immer weiter ausbreitenden Protestbewegung den Wind aus den Segeln zu nehmen. Landwirtschaftsminister Alexander Ermolow, ein kundiger und vorsichtiger Beamter, legte dem Zaren konkrete Vorschläge vor, die diesen sogar beeindruckten. In seinem Memorandum stellte Ermolow fest, daß das Reich eine Phase politischer Wirren durchlaufe, die mit Stärke allein nicht zu bereinigen seien. Um dieser Unruhen Herr zu werden, bedürfe es eines regelrechten politischen Schocks, der die Gesellschaft davon überzeugen würde, daß ihr die Staatsmacht noch etwas zu bieten hätte. Die Maßnahmen, die er vorschlug, entsprachen den von allen Autokratiegegnern schon lange gehegten Wünschen. Zum Beispiel die Bildung einer echten Regierung mit voller Ressortverantwortung, die eine in sich ausgewogene Politik erarbeiten müsse, weil die jetzige Praxis der Ministerverantwortlichkeit allein dem Zaren gegenüber nur in einer unkoordinierten und unausgewogenen Politik zu enden pflege. Darüber hinaus, so Ermolow weiter, solle man eine beratende Volksversammlung, bestehend aus gewählten Vertretern aller sozialen Schichten und aller innerhalb der Grenzen Rußlands lebenden Völker, einberufen, obwohl er, wie er in seinem Memorandum offen zugab, wußte, daß ein derartiges Vor-Parlament den Keim einer echten Legislative in sich trug. Ermolow wußte sich keinen anderen Rat, um die revolutionäre Dynamik zu stoppen. Ihm schien es besser, ein solches Risiko einzugehen, um nach der Wiederaufnahme des Dialogs zwischen Herrscher und Beherrschten die möglichen Systemveränderungen an der Stelle stoppen zu können, wo es dem Zaren paßte. Reformen würden, so sein Argument, eines Tages so oder so eingeleitet werden müssen; wie weit sie allerdings reichten, würde derjenige bestimmen, der sie angestoßen hatte.

Obwohl ihm die Vorschläge seines Ministers einleuchteten, zögerte Nikolaus zunächst, befreite sich dann jedoch aus der Zwickmühle, in die ihn sein Charakter und seine Unfähigkeit gebracht hatten, die ganze Tragweite der Unruhen im Lande zu erfassen, durch den Rückgriff auf eine klassische Methode der Zeitgewinnung: Er schlug die Einsetzung von Kommissionen vor – in diesem Fall einer Kommission zur Untersuchung der Vorfälle und zur Vorbereitung der einen Monat zuvor versprochenen Reformen.

Diese Kommission, die die Vorfälle am 9. Januar untersuchen und entsprechende Gegenmaßnahmen formulieren sollte, setzte jedoch etwas bisher Neues durch: Die Arbeiter in den St. Petersburger Fabriken wurden aufgerufen, Abgesandte zu wählen, die ihre Klagen dieser Kommission vortragen konnten. Ein glücklicher Einfall, der einen Augenblick lang sogar den Arbeitern zusagte. Doch er kam zu spät. Anstelle eines Gapon, der die Vorstellung der Staatsmacht geschickt mit den Forderungen der Arbeiter zu verknüpfen verstand und der sich jetzt auf der Flucht befand, waren es nun die Sozialisten, die die Arbeiterschaft in ihren Bann zogen. Der Regierungsapparat hatte darüber hinaus immer noch nicht erkannt, daß die hilf- und ratlose Arbeiterklasse den radikalen Agitatoren immer mehr verfiel. Diese wiederum erkannten die Gefahr, daß die Arbeiter dem Kooperationsangebot des Staates in puncto Reformprojekte nachgeben könnten, und ließen von vornherein kein gutes Haar daran. Auch denunzierten sie pauschal sofort all jene als Verräter an den Interessen der Arbeiterklasse, die dieses Angebot akzeptieren würden. Vor allem aber bestanden sie darauf, daß die Delegierten Schutzgarantien und Befugnisse verlangen, das heißt Forderungen stellen sollten, die Nikolaus II. nicht akzeptieren konnte. Der Zar beendete diesen Dialog, noch ehe er richtig begonnen hatte. Er war überzeugt, daß dieses Gespräch zu nichts führen würde. Alle anderen Kommissionen tagten von nun an nur noch der Form halber. Niemand glaubte mehr an eine Lösung, denn beide Parteien beharrten auf ihren unvereinbaren Positionen. Nachdem auch sein Angebot der »Vergebung« unbeantwortet blieb, gelangte Nikolaus II. zur Überzeugung, daß ein Gespräch mit den Arbeitern sinnlos sei.

Darüber hinaus erlitt er zur gleichen Zeit einen Schicksalsschlag, der seinen Charakter wandelte und einige seiner Entscheidungen beeinflußte. Nachdem die seit langem ersehnte Geburt des Thronfolgers die Zarenfamilie hoch erfreut hatte, weil nun die Sorge um den Nachfolger nicht mehr bestand, stellte sich heraus, daß der Zarensohn kein Kind war wie jedes andere, denn er litt an Hämophilie. Zar wie Zarin wußten zwar um das Risiko der Bluterkrankheit in der Familie, eine Erblast verschiedener Nachkommen Königin Victorias, aber sie hatten dieses Wissen unter dem Eindruck des Problems der männlichen Nachfolge offenbar jahrelang verdrängt. Trotzdem hatten die Eltern seit der Geburt des Zarewitschs die Krankheit zumindest vorausgeahnt, und schon kurz nach seiner Taufe erlitt das Kind erste innere Blutungen. Sie dauerten drei Tage und zeigten den entsetzten Eltern unbarmherzig, daß sich ihre Befürchtungen bewahrheitet hatten.

Das Herrscherpaar wollte die Krankheit des Kindes geheimhalten. Damit begann für beide ein Leben voller Ängste und Sorgen, weil jeder Stoß oder Schlag, der den kleinen Zarewitsch traf, in einer Katastrophe enden konnte. Die Eltern waren ständig auf der Hut. Am Tag der Taufe, die nach orthodoxem Ritus durch dreifaches Eintauchen des Täuflings vollzogen wird, zitterte der Zar vor Angst, dem Kind könnte irgend etwas geschehen. Dieses Geheimnis lastete schwer auf ihm, in einer Zeit, in der Rußland im Januar 1905 schlimme Wochen durchlebte; beides zusammen mußte bei ihm den Eindruck erwecken, er sei Opfer einer unbarmherzigen göttlichen Macht. In seinen Augen vermischten sich private Schicksalsschläge und politische Krisen, und dies bestärkte ihn in seiner Neigung, die Erlösung aller auf ihn herabstürzenden Heimsuchungen von Gott zu erwarten, anstatt eigene Entscheidungen zu treffen. Einen weniger fatalistisch denkenden Menschen hätten derartige Prüfungen möglicherweise zu dem Versuch veranlaßt, die Schicksalsschläge abzuwenden, doch das lag nicht in der Natur des Zaren. Im Jahr 1905 hatte er mit seinen bald siebenunddreißig Jahren bereits ein reifes Alter erreicht, und sein bisheriges Verhalten bewies seine Neigung, jenes Schicksal anzunehmen, von dem er einmal schrieb: »Ich lebe unter immerwährender Prüfung und kann in dieser Welt keinen Frieden finden.«

In diesen politisch entscheidenden Tagen verschlimmerte die persönliche Glücklosigkeit eines Herrschers das Unglück seines Landes.

6. Kapitel

Die Revolution – eine zweite Chance?

Der Zar blieb in seinem Zögern gefangen und stand außerdem unter dem Schock der Ermordung des Großfürsten Sergej, die ihn an den seit seiner Jugend unvergessenen Anblick des zerfetzten Körpers seines Großvaters erinnerte. Nach dem Attentat im Jahr 1881 schaltete und waltete die politische Reaktion, wie es ihr beliebte; ein viertel Jahrhundert später, 1905, veranlaßte ein ähnlicher Mord den Zaren zum Nachdenken über den richtigen Weg. Würde er nun wie sein Vater sämtlichen Reformen den Rücken kehren und zur Lösung der Probleme auf eine Mischung aus Unterdrückung und materiellem Fortschritt setzen? Oder würde er endlich dem Rat der Liberalen folgen und den Weg der Versöhnung gehen? Man sagte es ihm, und er wußte es auch: 1905 war nicht 1881. Der terroristische Akt mochte zu dieser Annahme verführen, aber 1881 war das Land doch relativ friedlich gewesen, während nun, 1905, die Universitäten geschlossen waren und die Studenten mit Zustimmung ihrer Lehrer in den Straßen Spenden »für die Opfer der Unterdrückung« sammelten. Ob in St. Petersburg oder in Moskau, in Warschau oder in Riga – trotz aller Warnungen und Verhaftungen lehnte sich das Volk überall gegen die Staatsmacht auf. Dieses Mal mußte der Brand gelöscht werden, wenn man verhindern wollte, daß das Feuer innerhalb kurzer Zeit auf die Bauernschaft übergriff und in einem allgemeinen Aufstand der Nationen aufloderte, wie 1863 in Polen geschehen.

Das Februar-Manifest: Ein Schlag
ins Wasser

Endlich hatte der Zar begriffen und sich entschlossen, die Zügel selbst in die Hand zu nehmen, um die Ausbreitung weiterer revolutionärer Umtriebe zu bremsen. Am 18. Februar 1905 übernahm er – nolens volens – die Fackel Alexanders II. und trat mit der Unterzeichnung dreier Dokumente in die Fußstapfen des »Befreier-Zaren«. Doch diesen drei Texten – in seinen Augen die Charta einer neuen Zeit – haftete ein Makel an: Trotz ihrer vermeintlich gemeinsamen Absichten widersprachen sie sich. Bei dem ersten handelte es sich um ein »Manifest«, mit dem der Zar die Rückkehr zur Ordnung forderte und alle Bürger guten Willens zur Unterstützung aufrief. Dieses Manifest atmete den Geist Pobedonoszews – möglicherweise hatte er es auch verfaßt –, vor allem aber drückte es die Vorstellungen des Zaren aus, weil es auf seinem Willen basierte, die Autokratie aufrechtzuerhalten. Der zweite Text, ein Erlaß des Zaren, war völlig anderer Natur. Er war an Bulygin, den Nachfolger Swjatopolk-Mirskijs, adressiert und empfahl dem neugebackenen Innenminister die Ausarbeitung von Reformen. Er informierte den Minister darüber hinaus, daß der Zar künftig vom Volk gewählte Bürger in die legislative Arbeit einzubinden gedachte. Allerdings war dieses Memorandum bewußt vage gehalten: Wie und mit welchem Auftrag sollten die gewählten Volksvertreter ihren Teil zur Vorbereitung und Ausarbeitung von Gesetzestexten beitragen? Dazu stand nirgends auch nur ein Wort. Doch selbst in dieser Form bot das Memorandum Anlaß zur Hoffnung – und dies sogar noch mehr, wenn es im Licht des dritten Textes interpretiert wurde. In diesem, an den Senat gerichteten »Ukas« bestand der Zar auf der Notwendigkeit der Reform der Staatsmacht. Gleichzeitig forderte er alle, die vernünftige Vorschläge zu machen hätten, auf, sie dem Ministerrat zu unterbreiten.

Aus den Texten sprach eine gewisse Konfusion. Das »Manifest« hielt am Prinzip der Alleinherrschaft fest, doch zur gleichen Zeit wurden der Bevölkerung Vorschlags- und Mitspracherechte in Aussicht gestellt. Wären »Memorandum« und »Ukas« bereits einige Monate früher veröffentlicht worden und hätten sie dazu noch Entscheidungen mit sofortiger Wirkung und präzise Handlungsanweisungen begleitet, dann hätten beide die Gemüter wahrscheinlich beruhigt und die Einleitung einer konzertierten Politik der Reformen ermöglicht. Das russische Drama, das sich nach dem 18. Februar 1905 entwickelte, entsprang zum einen der Undeutlichkeit der kaiserlichen Entschlüsse, zum anderen der Unbeweglichkeit der Bürokratie und schließlich auch dem fehlenden Willen der Bevölkerung, der Staatsmacht weiterhin Aufschub zu gewähren.

Zwar wurde Bulygin beauftragt, die Reform in die Wege zu leiten, doch die Bemühungen der eigens dazu eingerichteten Kommission zeigten keinerlei greifbares Ergebnis. Die Dinge nahmen ihren Lauf, und angesichts einer fast unbeweglichen Staatsmacht rissen Teile der Bevölkerung auf den unterschiedlichsten Ebenen die Initiative in der Überzeugung an sich, daß das »Memorandum« als Zeichen der Schwäche des Zaren zu werten sei. Deshalb müsse er nun verstärkt in jene Richtung gedrängt werden, die er so zögerlich und mit so viel Zurückhaltung eingeschlagen hatte. Hatte er nicht in seinem »Ukas« an den Senat um die Vorlage von Projekten gebeten? Darin wurde er über jede Erwartung hinaus bedient!

Von allen Seiten regnete es Petitionen, während die organisierten Kräfte immer neue Sitzungen abhielten. Eine neue »Bankett-Kampagne« entstand; sie forderte nun jedoch mehr und war besser organisiert als beim ersten Mal. Die Semstwos trafen sich im April in Moskau zu einem zweiten Kongreß und verlangten die sofortige Einführung von direkten, geheimen und allgemeinen Wahlen sowie die Einberufung einer Versammlung, die die notwendigen Reformen vorbereiten und den Staatshaushalt kontrollieren sollte – es handelte sich also um Aufgaben, die weit über bloße Konsultativrechte hinausgingen. Diese Forderungen entzweiten die Delegierten, da einige eher der Vorstellung einer beratenden Versammlung anhingen, die der politischen Tradition Rußlands in ihren Augen eher entsprach. Als diese Minderheit schließlich niedergestimmt war, radikalisierte sich die Stimmung innerhalb der Semstwos recht schnell. Nur wenige Wochen später trafen die Abgeordneten dieser Landstände mit den Delegierten der Stadtversammlungen auf einem außerordentlichen Kongreß zusammen, um über das Schweigen der Staatsmacht gegenüber den Forderungen des Volkes sowie die russischen Niederlagen im Ausland zu beraten, denn die Katastrophe von Tsushima zeichnete sich bereits ab.

Der Kongreß verabschiedete zwei Entschließungen: eine allgemein gehaltene Resolution, die mit der Staatsmacht abrechnete und vor allem die sofortige Einberufung einer Versammlung forderte, die mit Zustimmung des Zaren über neue Möglichkeiten der Machtausübung entscheiden sollte; sodann die unmittelbare und pathetische Mahnung an den Zaren, das Land durch die versprochenen Reformen zu retten.

Beide Texte sagten nichts Neues, doch ihre Wiederholung und ihr zunehmend dramatischer und heftiger Ton verfehlten ihre Wirkung nicht. Bei ihrer Mai-Versammlung hatten die Semstwos auf dem in Rußland noch ungeklärten Begriff der »Rechte der Nation« beharrt, die man jenen des Herrschers gegenüberstellen müsse. Aber erst als sich der revolutionäre Prozeß beschleunigte, erhielt die Unterscheidung zwischen Herrscher und Volk ihren tatsächlichen Sinn, und was dies bedeutete, sollte sich bald in seiner ganzen Tragweite zeigen.

Ähnlich agierten zur gleichen Zeit viele berufsständische Vereinigungen: Sie trafen sich bei Versammlungen, stimmten über Anträge ab und richteten Petitionen an den Zaren. Auch das flache Land geriet in Aufruhr, obwohl sich die Staatsmacht große Mühe gab, es aus dem Sog herauszuhalten. Zu Beginn begnügte sich die noch unorganisierte Bauernschaft mit der Abfassung von Klageschriften und Unterschriftensammlungen für Petitionen. Doch diese Kampagne zeitigte schwerwiegende Folgen. Die Bauern erkannten nun nämlich, daß sie an einer großen nationalen Debatte beteiligt waren, und diese Erkenntnis machte sie mobil. Das moralische Klima in den ländlichen Gebieten bröckelte; und gemäß ihrer traditionellen Gewohnheit, ihren Unmut gegen die Reichen zu richten, ließen sich die Bauern immer häufiger zu Aufständen und Plünderungen hinreißen. Darüber hinaus schlossen sich die Angestellten der Semstwos im Frühjahr 1905 zu einem Bündnis zusammen und versuchten, die Bauern zu organisieren. Sie gründeten eine »Bauern-Union«, bereiteten einen Bauernkongreß vor, der im Mai in Moskau abgehalten wurde, und fanden bei den Bauern sogar für radikale politische und soziale Forderungen aktive Unterstützung. Wiewohl früher noch nicht organisiert und eher spontanen Aktionen zugeneigt, veränderte sich nun die Bauernschaft durch diese Mobilisierungsaktionen im Laufe des Jahres 1905.

In diesem allgemeinen Aufruhr wurde die Kraftprobe zwischen Zarenherrschaft und Bevölkerung durch ein neues Element beschleunigt: durch das Auftreten der Sozialdemokraten. Bei diesen Sozialdemokraten handelte es sich um Menschewiken. Die Bolschewiken Lenins mußten sich an einen Umstand gewöhnen, der so gar nicht mit den Vorstellungen ihres Führers übereinstimmte: Sowohl die Arbeiter als auch die Bauern handelten trotz aller Mobilisierungsanstrengungen zum größten Teil immer noch spontan, und damit drohte Lenins revolutionäre Theorie zu scheitern. Als jedoch im Mai die Arbeiter der Textilwerke von Iwanowo Wosnessensk in den Streik traten und einen Sowjet, einen Arbeiterrat, wählten, der zwei Monate lang amtierte, war ein neues politisches Modell geboren. Nun sah sich dieser Sowjet natürlich noch nicht in der Lage, einen lokalen Streik auf das ganze Land auszudehnen; auch vermochte er die Forderungen der Streikenden nicht durchzusetzen und verausgabte sich darüber bis zu seiner Selbstauflösung. Doch fand dieses Beispiel Nachahmer: in Lodz, wo es in Schlägereien ausartete, aber auch in anderen Provinzstädten.

Natürlich läßt sich dieser Streik zu Beginn des Sommers

1905 nicht als flächendeckend bezeichnen, doch in seinen sporadischen Ausbrüchen deutete er auf eine soziale Instabilität hin, die sich nicht wieder ausgleichen ließ. Darüber hinaus veranlaßte dieser erste Sowjet die Sozialdemokraten zum Nachdenken über Fragen wie: Sollte man ihn unterstützen? Könnte man aus ihm eine Waffe für den Kampf schmieden, oder müßten ganz andere Wege gesucht werden? Die Meuterei auf dem Panzerkreuzer Potemkin versetzte die Stadt Odessa in helle Aufregung und demonstrierte trotz ihrer kurzen Dauer allen politischen Fraktionen, daß revolutionäre Bewegungen unbedingt einen straffen Rahmen benötigten, um die entfesselten sozialen Kräfte zu kanalisieren. Diese Erkenntnis machten sich die Sozialrevolutionäre in ländlichen Gebieten zunutze. Das gleiche Ziel verfolgten auch die Liberalen, die mit einer »Union für die Befreiung« mehrere Gewerkschaften gründeten und im Mai einen Kongreß veranstalteten, um sie zusammenzuschließen.

Das gemeinsame Programm dieser Gewerkschaften bestand in der Abschaffung der Autokratie, der Ausarbeitung einer Verfassung und der Errichtung eines Parlaments. Im wachsenden Chaos des Sommers 1905 bemühten sich die unterschiedlichsten politischen Strömungen, die Massen zu organisieren, und ließen weitaus radikalere Forderungen und Parolen als jene Vorschläge hören, die der Zar am 18. Februar in Aussicht gestellt hatte.

Das zweite Manifest

Nikolaus II. konnte nun nicht länger ausweichen. Am 6. Juni empfing er eine Abordnung des außerordentlichen Semstwokongresses, der mit Nachdruck auf die Einberufung einer nationalen Vertretung drängte. Doch diesem und ähnlichen Vorstößen war nur wenig Erfolg beschieden, da der Zar schon im Februar Bulygin mit der Ausarbeitung eines entsprechenden Projekts beauftragt hatte. Nach Monaten des Schweigens hatte es endlich Gestalt angenommen und wurde als Manifest vom 6. Juni der Öffentlichkeit vorgestellt. Über diesen Text hatte man in der Umgebung des Zaren kurz, aber heftig gestritten, weil er in vielen Punkten auf die Forderungen der Gesellschaft einging. Nur leider kam er wieder einmal zu spät und war schon überholt. Die Mitglieder des Bulyginischen Parlaments, der Duma, sollten nicht nach dem allgemeinen Wahlrecht gewählt werden, wie es viele Petitionen gefordert hatten, sondern nach Ständen (Adlige, Bürger, Bauern) in indirekter Wahl. Darüber hinaus sah der Vorschlag der Kommission keine gesetzgebende Versammlung vor, sondern nur ein Beratungsorgan ohne jegliche Entscheidungsgewalt. Diese Duma sollte Gesetzesvorschläge zwar diskutieren, die eigentliche Entscheidung über Annahme oder Ablehnung sollte indes allein dem Staatsrat obliegen. Eine weitere Schwächung dieser Versammlung bedeutete die absolute Verfügungsgewalt des Zaren, sie jederzeit auflösen und sowohl über den Tagungskalender als auch über die Tagungsordnung verfügen zu können. Und schließlich hätten die Abgeordneten keinerlei parlamentarische Immunität genossen und hätten mittels Schwur zur Anerkennung der Autokratie gezwungen werden können, die somit als Grundlage der politischen Ordnung des Zarenreiches weiter bestanden hätte.

Die vorgesehene Duma konnte die Bevölkerung also weder durch ihre Rolle noch durch ihre Unterordnung unter die Autokratie begeistern; am allerwenigsten entsprachen jedoch ihre Wahlregeln den allgemeinen Wünschen. Sie ließen entgegen allen Forderungen keine allgemeine, gleiche, geheime und direkte Wahl zu. Das Wahlgesetz verband vielmehr die Wahl nach Ständen mit der Zensuswahl; dadurch erhielt die Bauernschaft ein besonderes Gewicht, die der Zar noch immer für seine zuverlässigste Stütze hielt. Einigen Randgebieten des Zarenreichs wurde das Wahlrecht vorenthalten, was nur zur Steigerung des Unmuts beitrug. Aus der Sicht des Zaren waren die Muschiks ihm treu ergeben, während er die Stadtbevölkerung, die Intelligentsia und die Juden verdächtigte, den revolutionären Parolen nur zu gern zu lauschen. Der weitere Verlauf der Ereignisse sollte zeigen, wie sehr er sich mit dieser allzu simplen Sicht des Gesellschaftsgefüges irrte.

Trotzdem hatte Nikolaus II. mit seinen Verfügungen beachtliche Zugeständnisse gemacht: Allen Einschränkungen zum Trotz war endlich ein Parlament geboren, auch wenn es der Zar nie zugeben wollte. Und wer mochte glauben, daß die Abgeordneten sich an die ihnen zugewiesene beschränkte Funktion halten und nicht alles daran setzen würden, um aus der kümmerlichen Versammlung ein echtes Parlament zu bilden, das seinen Namen auch verdiente?

Das Land reagierte auf das Zugeständnis des Zaren äußerst kühl, bereitete sich aber schon auf die nun kommende Auseinandersetzung vor, deren erste Etappe der Wahlkampf bildete.

Wie sollte man ihn beginnen? Ruhig und friedlich, wie der Zar hoffte, weil er den Wünschen der Gesellschaft doch ein gutes Stück seiner Überzeugungen geopfert hatte und glaubte, sie damit beruhigt zu haben; außerdem gab es endlich auch wieder einmal eine erfreuliche Nachricht. Witte war von Portsmouth erfolgreich zurückgekehrt: Der Krieg war nicht nur beendet, sondern der Friedensschluß ließ auch Rußlands Ansehen wieder steigen, denn es stand nun nicht als Besiegter da. Nachdem die Staatsmacht die Last und Sorgen des Krieges im Fernen Osten vom Halse hatte, durfte sie hoffen, auch die innenpolitische Situation wieder in den Griff zu bekommen. Witte kehrte als Held zurück und wurde vom Zaren empfangen, der seine Verdienste belohnte; doch die Lage stimmte ihn nicht sehr hoffnungsvoll. Er spürte, daß die unzureichenden Konzessionen den Keim von Unruhen in sich trugen.

Dem Herrscher entging nicht, daß es noch weiterer Zugeständnisse bedurfte, um die schwelende Unzufriedenheit zu entschärfen. In seiner Umgebung wußte man, daß seit der Jahrhundertwende Studentenunruhen immer weiterreichende Forderungen ausgelöst hatten, und deshalb wollte er auch den Studenten etwas anbieten, um ein friedliches akademisches Jahr zu garantieren. In diesem Sinn ersetzten am 26. August 1905 neue Statuten die restriktiven Bestimmungen der 1880er Jahre. Die Autonomie der Universitäten wurde wiederhergestellt, und Studenten und Professoren durften nun wieder über die Studieninhalte und die Zusammensetzung des Lehrkörpers allein entscheiden. Die Wahrung der Ordnung auf dem Universitätsgelände oblag den Fakultätsräten.

Die von den Studenten begrüßten neuen Bestimmungen hatten nun allerdings in der erhitzten, durch den anstehenden Wahlkampf geprägten Atmosphäre des Herbstes 1905 absolut gegenteilige Folgen. Zuvor konnten sich die Studenten noch nicht zwischen Boykott und der Wiederaufnahme ihres Studiums entscheiden. Jetzt machten sie von ihrem Recht zur Nutzung der Universitätsräume für politische Zwecke Gebrauch und wurden darin noch von einigen Theoretikern der Revolution unterstützt: Sie beschlossen die Wiederaufnahme des Studienbetriebs, die permanente Agitation und Abhaltung von öffentlichen Versammlungen. Damit verwandelten sich die Universitäten in Agitationszentren, wo Studenten und Arbeiter Seite an Seite im weiter zunehmenden Revolutionsfieber standen. Die »Entgleisung« dieser trotz allem notwendigen Reform hatte unmittelbare Folgen: Die Arbeiter strömten in die Universitäten, weil dort die Polizei nicht eingreifen konnte, und es stellte sich bald das Problem, wie diese »Allianz aus Studenten und Proletariat«, wie sie stolz auf Wimpeln und in Reden proklamiert wurde, zu brechen wäre. Natürlich erreichte dieses studentische Fieber bei weitem nicht die Bedeutung einer von vielen getragenen, allgemeinen Bewegung. Doch die »revolutionären Clubs«, in die sich die Universitäten gemäß dem Vorbild der Französischen Revolution von 1789 verwandelt hatten – diese Analogie stach jedem ins Auge –, waren für ein Studium oder als Aufenthaltsort für politisch gemäßigte Studenten denkbar ungeeignet. Ruhmvolle Lehrstätten wurden so einer Masse ausgeliefert, in der ordentliche Studenten nicht von Nutznießern der neugewonnenen Freiheiten unterschieden werden konnten.

Der Zar hatte den Weg der Befriedung eingeschlagen, doch nun zweifelte er zu Recht an der Notwendigkeit und Richtigkeit seiner Konzessionen. Seine Befürchtungen wuchsen noch mehr, wenn er den Blick von den Universitäten ab- und Moskau oder seiner Hauptstadt zuwandte.

Das Feuer breitet sich aus.
Die Zeit der Sowjets

Nach einem einigermaßen ruhigen Sommer flackerten überall wieder Brände auf: Moskau und St. Petersburg lähmte ab Ende September ein Generalstreik, der alles bisher Dagewesene in den Schatten stellte. Selbst wenn die Staatsmacht die brutale Niederschlagung ins Auge gefaßt hätte, die General Trepow erwog, so kristallisierte sich doch deutlich heraus, daß dieses Vorgehen undurchführbar gewesen wäre, da man auf einen beträchtlichen Teil der Bevölkerung hätte schießen müssen. Besonders düstere Aussichten versprach die Einsetzung eines »Rates der Arbeiterdeputierten« am 13. Oktober in St. Petersburg, denn mit diesem Urbild der späteren Sowjets war eine echte Arbeitermacht entstanden. Er präsentierte sich als regelrechte Schattenregierung und bereitete sich nach der Anzettelung des Generalstreiks deutlich auf die Revolution vor. Anderthalb Monate später, im November, entstand der Moskauer Sowjet zwar unter anderen politischen Umständen, aber mit dem gleichen Ziel: Beide wollten die Fähigkeit des Volkes beweisen, eine alternative Regierung auf die Beine zu stellen. Die Herausforderungen, vor die die beiden großen Sowjets und etliche kleinere in der Provinz die Monarchie stellten, konnten von der Staatsmacht nicht mehr ignoriert werden; sie kündigten die zwölf Jahre später einsetzende Götterdämmerung bereits an.

Der St. Petersburger Sowjet bestand aus 562 gewählten Vertretern der Arbeiterklasse und genügte allen Voraussetzungen einer echten politischen Vereinigung. Mehr als die Hälfte stammte aus metallverarbeitenden Betrieben.

Die anderen kamen hauptsächlich aus Textilunternehmen und Druckereien. Seinem Exekutivkomitee (*ispolkom*) gehörten einunddreißig Mitglieder an, von denen – und das war neu – neunzehn als Vertreter der Linksparteien zu gelten hatten. Sie besaßen zwar nur beratende Funktion, aber dafür verfolgten sie die Arbeit des Sowjets sehr genau. Ihre politische Erfahrung und ihre Organisationsfähigkeiten sicherten ihnen nicht nur innerhalb des Exekutivkomitees, sondern auch im gesamten Sowjet beträchtlichen Einfluß. Man darf nicht übersehen, daß die Bolschewiken, und allen voran ihr Vordenker Lenin, der noch zu Beginn die spontanen Ausbrüche der Arbeiterklasse verächtlich abgetan hatte, nun im Herbst 1905 die Wichtigkeit dieser Aktionen eingesehen und beschlossen hatten, daran teilzunehmen. Die Menschewiken, die seit dem Aufkommen der Sowjets ebendieses Phänomen am schärfsten beobachteten, übten einen entscheidenden Einfluß darauf aus. Der erste Vorsitzende des St. Petersburger Sowjets, Chrustalew-Nossarj, ein sehr radikaler jüdischer Anwalt, stand der Partei der Menschewiken nahe. Nach seiner Verhaftung beherrschte ein anderer Menschewik, Leo Bronstein, später unter dem Namen Trotzki bekannt, den Petersburger Sowjet mit seiner Intelligenz und seinem gewaltigen rhetorischen Talent.

Der Zar lebte isoliert und vom Rest der Welt durch einen Streik der Eisenbahner abgeschnitten in seinem Palast. Er wußte nicht, warum alle seine Lösungsvorschläge gescheitert waren, und dachte über die Größe der Opfer nach, die er zur Rettung seines Landes und seines Thrones bringen mußte. Erst die Versprechen vom Februar, dann jene vom 6. August – sie hatten ihn viel gekostet und waren angesichts eines Volkes, das sich, wie es der Zar sah, gegenüber allen seinen Kompromißvorschlägen taub stellte, wirkungslos verpufft. Gab es angesichts der heranwogenden Revolution und der Gewalttätigkeiten des Oktobers eine Lösung, die seiner Auffassung von »Alleinherrschaft« entsprach?

Es war Witte, der sein gesamtes in Portsmouth gewonnenes Prestige einsetzte, um dem Zaren auf diese Frage zu antworten. Er drängte auf eine Audienz und überreichte Nikolaus II. am 6. Oktober ein Memorandum. Einleitend stellte er fest, daß sich die Gesellschaft auf breiter Front vor dem Zaren erhoben hatte und es darauf nur zwei Antworten gab: Entweder versteifte sich Nikolaus auf eine unbarmherzige Militärdiktatur – eine waghalsige Lösung, da sie nicht nur besondere Mittel erforderte, sondern auch einen Mann, der sie verkörpern und zu Ende führen würde –, oder der Zar entschloß sich zu einer *wirklichen* Politik der Konzessionen, die die bestehende Ordnung Rußlands verändern würde.

Das Memorandum favorisierte ganz klar die zweite Lösung und zählte die notwendigen Sofortmaßnahmen auf. Es sei, so schrieb Witte, die Aufgabe der Regierung, an die Spitze der Befreiungsbewegung zu treten, wenn sie die Autokratie retten wolle, um dadurch die Revolutionäre einzuholen und sie von weiten Teilen der Bevölkerung abzudrängen. Witte war vorsichtig, weil er die Abneigung Nikolaus' II. gegen Ideen wie Verfassung oder Parlament kannte; er jonglierte mit den Worten und vermied jene, von denen er wußte, daß sie dem Zaren mißfielen. Er schlug ein ganz neues *Verfassungsprinzip* vor, nämlich eine Duma, die in einem für die Gesellschaft akzeptablen Verfahren gewählt würde, und eine Regierung, die das Vertrauen dieser Duma besitzen würde, und schließlich soziale Maßnahmen zur Beschwichtigung der Unruhen.

Trotz der vorsichtig gewählten Begriffe erfaßte der Zar die Tragweite dieses Memorandums sofort, das auf nichts anderes als das Ende der Alleinherrschaft zielte.

Ließ sich die Bevölkerung mit diesem Verfassungsentwurf noch einmal hinters Licht führen? Natürlich mußte die parlamentarische Fassade gewahrt, aber durch entsprechende Anordnungen so ausgehöhlt werden wie im Fall der beiden vorangegangenen Manifeste. Wie so häufig in der Vergangenheit schwankte der Zar auch hier zwischen seinen Neigungen und der rauhen Wirklichkeit. Er spielte wieder einmal ein doppeltes Spiel, in dem er abwechselnd seinen allen Konzessionen abgeneigten Beratern, dann aber wieder Witte Gehör schenkte, der ihn zur Annahme seines Programms drängte, bevor seine Vorschläge wegen der steigenden revolutionären Flut wieder hinfällig würden.

Nikolaus II. fühlte sich von der Lösung angezogen, die den Einsatz von Gewalt vorsah. Auch seine Umgebung hing der Illusion an, ein derartiges Regime sei möglich. Zudem glaubte er sich durch Wittes zweite Lösung, die er eigentlich nicht wollte, unter Druck gesetzt. Er spielte mit dem Gedanken, Witte die Präsidentschaft eines künftigen Ministerrates zu übertragen, was in seinen Augen eine einschneidende Konzession bedeutete hätte. Doch selbst dieser Vorschlag traf bei Witte auf Ablehnung: Die Bildung eines Ministerrates wäre unnötig, so belehrte er den Zaren, wenn sie nicht durch das in seinem Memorandum vorgeschlagene Reformprogramm flankiert würde. Was sollte die Gesellschaft mit einer ministeriellen Koordinierungsstelle, wenn sich dieser Rat nicht vor einer gewählten Versammlung zu verantworten hätte? Der Zar zögerte noch immer und suchte insgeheim die Unterstützung jener, die seiner Auffassung von Monarchie folgten.

Am 15. Oktober, als sich seine wichtigsten Stützen in Luft aufgelöst hatten, gab er endlich nach. General Trepow gelang es selbst unter Einsatz brutaler Gewalt nicht, die Ordnung in der Hauptstadt wiederherzustellen. Er gestand seine Niederlage ein und riet dem Zaren, Witte zu folgen. Die innenpolitische Situation verschlechterte sich von Stunde zu Stunde in einer Weise, die sogar abgebrühte Männer in Schrecken versetzte. Selbst nachdem ihn der Zar mit der Erarbeitung eines Memorandums zur Ankündigung der Reformen beauftragt hatte, erlebte Witte ein weiteres Beispiel der Wankelmütigkeit seines Herrschers, der zur gleichen Zeit seinen späteren Nachfolger, Goremykin, zu einer Unterredung einlud. Goremykin riet dem Zaren, einige der Anordnungen in einem eher autokratischen Sinn zu formulieren. Die Unstetigkeit in der Haltung des Zaren fand erst ein Ende, als Großfürst Nikolaj Nikolajewitsch mit dem Argument Druck auf seinen Neffen ausübte, daß die Möglichkeit zur Durchführung einer Politik der Gewalt in Rußland nicht mehr gegeben sei. Er drohte ihm sogar, sich auf der Stelle eine Kugel durch den Kopf zu schießen, wenn der Zar in ihm den ersehnten Diktator zu sehen glaubte. Diese Unterstützung in letzter Minute verhalf Wittes Ansichten zum Durchbruch, die sich im dritten Manifest jener tragischen Tage, dem Manifest vom 17. Oktober 1905, niederschlugen.

Nikolaus II. schrieb hierzu in sein Tagebuch: »Ich habe das Manifest um fünf Uhr unterzeichnet. Nach einem solchen Tag ist mein Kopf schwer, und meine Gedanken sind trübe. Herr, eile uns zu Hilfe und gib Rußland wieder inneren Frieden!« Diese Zeilen verraten ganz sicher nicht den mentalen Zustand eines erleichterten Mannes oder zumindest das Bewußtsein, einen sauberen und notwendigen Schnitt vollzogen zu haben. Im Gegenteil – sie beweisen seine andauernde Verunsicherung.

Das Zeitalter der Verfassung

Die Entscheidung indes war nun gefallen. Trotz aller Hintergedanken handelte es sich um echte Reformen, die Rußland veränderten. Das Manifest legte drei Prinzipien fest, die bisher stets umgangen oder aufgeschoben worden waren: Es gewährte erstens allen Untertanen des Selbstherrschers uneingeschränkt die Grundrechte freier Bürger; zweitens sagte es im Prinzip das allgemeine Wahlrecht zu, und drittens hielt es als »unverletzliche Regelung« fest, »daß kein Gesetz ohne die Zustimmung der Duma in Kraft treten kann und die Volksvertreter die Möglichkeit zur Teilnahme an der Kontrolle der von Uns eingesetzten Instanzen erhalten.«

Damit waren alle Forderungen des Semstwokongresses berücksichtigt – bis auf eine: die Kontrolle des Staatsbudgets. Das Manifest wurde sofort zusammen mit Wittes Memorandum veröffentlicht. Zwar tauchte die eine oder andere Forderung noch nicht darin auf, und auch wurde das Wort »Verfassung« nirgends erwähnt. In Anbetracht der Tatsache, daß es sich natürlich um eine Verfassung handele, so schrieb der Zar an seine Mutter, könne er sich nicht dazu durchringen, in der Öffentlichkeit ein derartiges Zugeständnis zu machen. Allerdings wurde auch der Begriff »Autokratie« nirgends mehr erwähnt. Eine bedeutsame Unterlassung, wenn man bedenkt, daß der Zar bisher immer auf die Betonung dieses – in seinen Augen – Dreh- und Angelpunkts der russischen Monarchie geachtet hatte. Es fehlten auch Hinweise auf den Status der Abgeordneten, auf die tatsächliche Macht der Duma und auf die Verantwortlichkeit der Minister ihr gegenüber. Schließlich vermißte man im Kapitel »Rechte und Frieden« auch die Erwähnung der Minderheitenrechte, ein in Finnland, Polen und im Kaukasus absolut drängendes Problem. Trotz dieser Lücken, deren Tragweite sich erst später bemerkbar machte, wurde dieses Manifest in Rußland wie eine Verfassung aufgenommen. Es katapultierte das Land in ein neues Zeitalter, in das Zeitalter der Verfassung, und selbst wenn sich der Zar in seinem Innern durch diesen Text nur teilweise gebunden fühlte, so ließ sich diese Veränderung doch nicht mehr umkehren.

Nach langen Irrungen und schmerzhaften Erfahrungen war Rußland somit am 17. Oktober 1905 in die Ära des Verfassungsstaates eingetreten. In politischer Hinsicht war nun alles möglich. Als Beweis hierfür genügte das Echo, das das Manifest sowohl innerhalb Rußlands wie auch im Ausland hervorrief. »Die Autokratie hat sich überlebt« – so hörte man als Kommentar aus allen europäischen Hauptstädten. Dort brach sich die Erleichterung Bahn, daß Rußland diesen bemerkenswerten Fortschritt vollzogen hatte und nun dem – vor allem von den europäischen Monarchien so gefürchteten – Gespenst der Revolution entronnen schien. Überall im Lande herrschte Freude. Die riesige Menge derer, die noch vor kurzem auf den Straßen demonstriert hatten, schwelgte geradezu in Begeisterung und forderte zugleich eine Amnestie für alle Opfer der Repression.

Auf die Streiks und Versammlungen folgten öffentliche und nicht immer friedliche Freudenkundgebungen. Sie wurden von dem Gefühl des Sieges getragen und von dem Gedanken genährt, daß sich die im Grunde besiegte Alleinherrschaft nun noch weiter zerschlagen lassen könnte. Doch unabhängig davon erkannte die Bevölkerung den entscheidenden Wandel an, der nun eingeleitet worden war und begrüßte ihn.

Im Verlauf der Krise hatten alle politischen Parteien an Statur gewonnen, aber nun fiel es ihnen schwer, den bürgerlichen Frieden anzunehmen und das Kriegsbeil zu begraben. Sie wußten noch nicht, was der Sieg für ihre Zukunft bedeuten würde. Die Liberalen waren mit dem Manifest nur halb und halb zufrieden. Sie hatten sich eine verfassunggebende Versammlung erhofft, die in voller Souveränität über die zukünftige Staatsform entschieden hätte. Sie mußten die Tatsachen jedoch akzeptieren und einsehen, daß sich das Volk nun hinter anderen Hirten scharte und sie auf die »Herde« nur noch geringfügig einwirken konnten. Gleichzeitig debattierten sie über die Wege, die sie aus der politischen Isolierung herausführen würden, und machten sich Gedanken über die Instrumente, die sie zur Teilnahme an dem beginnenden Veränderungsprozeß, das heißt der politischen Revolution Rußlands, befähigen würden.

Die Teilnahme an den Wahlen setzte eine organisatorische Struktur voraus. Auf ihrem Kongreß Mitte Oktober 1905 gründeten die Liberalen die Partei der »Konstitutionellen Demokraten« (K.D. = »Kadetten«) und entschieden sich, auf die Karte »Verfassung« zu setzen, um Rußland soweit wie möglich in Richtung moderne Demokratie zu drängen. Sozialisten jeglicher Couleur hingegen befürchteten, daß sich die während der Krise entstandene enge Verbindung mit dem Volk auflösen könnte. Ihre Parole lautete daher: »Die Reformen überholen und auf die Revolution zumarschieren.« Am hitzigsten traten für diese Richtung natürlich die Bolschewiken ein. Lenin faßte die Situation treffend zusammen, wenn er das Manifest als taktischen

Rückzug der Staatsmacht bezeichnete, die sich nicht nur auf die Zurücknahme der Konzessionen, sondern auf einen Gegenschlag vorbereite, und ihr die Kräfte des Volkes gegenüberstellte, das seinen Zusammenhalt und sein inzwischen gewecktes Bewußtsein bewahren müsse, um die Alleinherrschaft ein für allemal zu brechen.

Zwischen den Liberalen, die den möglichen politischen Fortschritt in Rußland betonten, und den revolutionären Plänen Lenins blieb noch genug Raum für Überlegungen, die die langfristige öffentliche Mobilisierung der Bevölkerung mit den durch das Manifest kurzfristig gegebenen Möglichkeiten verbanden. Mitspielen und dabei aber nicht die Revolution aus den Augen verlieren – so lautete das Motto der Sozialrevolutionäre und der Menschewiken. Das Herannahen der Wahlen brachte erst einmal Ordnung in all diese Überlegungen.

Die Regierung Witte

Die Bildung der Regierung Witte läutete eine neue politische Ära ein. Witte verhielt sich wie der Premierminister eines demokratischen Staates; er überließ keinem anderen die Zusammenstellung der Regierung und suchte persönlich ihre Mitglieder aus. Er ging dabei um so sorgfältiger vor, als er sich auf schwierige Beziehungen zwischen der noch zu wählenden Duma und seinem Kabinett einstellte. Darüber hinaus wußte er auch um die Voreingenommenheit des Zaren ihm gegenüber und gegenüber dem neuen System. Er erwartete von ihm Kniffe und Tricks, die wohl kaum im Einklang mit dem Geist des Manifests stehen würden, aber wohl unvermeidlich wären. Sein erstes Kabinett wollte Witte mit kompetenten und besonnenen Männern besetzen, die sowohl der Zar als auch die Gesellschaft akzeptieren konnten. Kaum hatte er die Kabinettsbildung abgeschlossen, als auch schon Schwierigkeiten auftauchten, die sich allerdings auf die noch instabile Situation im Land zurückführen ließen. Konnte er auf ein »durchschlagendes« Innenministerium verzichten, das gegebenenfalls in der Lage wäre, unruhestiftende Kandidaten in Schach zu halten? Witte verneinte diese Frage und übertrug die Aufgabe Peter Durnowo, einem Mann, der die nötige Erfahrung und Energie zu ihrer Durchführung besaß, dem aber auch ein schlechter Ruf vorauseilte. Als Witte Liberale wie Schipow und Gutschkow die Mitarbeit antrug, lehnten sie unter dem Vorwand der bestehenden moralischen Unterschiede zu Durnowo ab, um ihre tatsächlichen Skrupel bezüglich der Beteiligung an einem Kabinett mit geringen Zukunftschancen zu verschleiern. Witte hatte eine regelrechte Politiker-Regierung vorgeschwebt, ein Abbild der Gesellschaft, und nun sah er sich gezwungen, auf Beamte zurückzugreifen. Doch einige dieser Männer entwickelten sich zu kühnen Politikern, die Lösungsmodelle entwickelten, die, wären sie angenommen worden, zur Beruhigung des Landes und zu seiner Fortentwicklung beigetragen hätten.

Witte hatte alle Hände voll zu tun. Trotz der am 21. Oktober verkündeten politischen Amnestie zeigten sich die protestierenden Teile Rußlands unzufrieden. Sie verlangten die Ausdehnung der Amnestie auf alle Verbrechen, wobei sie weiterhin Forderungen stellten und Unruhe stifteten. Diese Amnestie trug gewiß nicht zur Befriedung der politischen Situation bei, da nun viele der heimkehrenden Exilanten ihre revolutionäre Ungeduld in den neugebildeten Organisationen auslebten. Für die einen ging die Amnestie nicht weit genug, die anderen hielten sie schlicht für einen Skandal. Gerade letztere, in der Hauptsache extremistische und ultranationale Organisationen der politischen Rechten, die bisher noch nicht in Erscheinung getreten waren, machten sich nun lautstark mit ihren Protesten gegen das »Chaos« bemerkbar, wie es ein französischer Staatsmann ein halbes Jahrhundert später bezeichnete.

Das Auftauchen der politischen Rechten erregte Aufsehen, denn sie brachte zu allen bisher bekannten Unruheherden eine neue Dimension ins Spiel, nämlich in den Städten wachsende Gewalt gegen Juden und auf dem Lande gegenüber Grundbesitzern. Auch wenn der Zusammenhang zwischen diesen beiden Gruppen auf den ersten Blick nicht zu erkennen ist, so zeigt er sich bei näherem Betrachten doch deutlich: Für diese ultrarechten Gruppen bedeutete der Rückzug der Autokratie ein Verbrechen, und sie waren überzeugt, daß die Anwendung von massiver Gewalt alle Probleme des zaristischen Rußlands lösen würde. Darüber hinaus stellten sie die Konzessionen, die man dem Zaren aufgedrängt hatte, als das Produkt eines »jüdischen Komplotts« oder einer »jüdischen-freimaurerischen Machenschaft« dar. Diese Gruppen präsentierten sich entweder als Parteien wie die »Union des russischen Volkes« oder in Form der berüchtigten »Schwarzen Hundertschaften«, die ihre Forderungen in die Öffentlichkeit schleuderten, um so den Lauf der Dinge zu beeinflussen. Unter Rufen wie »Lang lebe der Zar!« marschierten sie durch die Straßen und schwenkten dabei als farblichen Kontrast zu dem Meer der roten Banner die dreifarbige Flagge des Zaren und Porträts der Zarenfamilie. Festlich gekleidet suchten Delegationen dieser Gruppen immer öfter den Zaren bei Hofe auf, um ihn davon zu überzeugen, daß das wahre russische Volk, also jenes, das ihn liebte und das System der Autokratie beibehalten wollte, präsent war und durch sie vertreten wurde. Diese Ergebenheitsadressen aus einer jüngst vergangenen Zeit, die der Zar gegen seinen Willen beenden mußte, erschütterten Nikolaus II. und bereiteten ihn schon innerlich auf den Verrat an dem von ihm unterzeichneten Manifest vor. Sie nährten auch sein Mißtrauen und seine Feindseligkeit gegenüber Witte, dessen Rolle als »Fürsprecher der Juden« er bedauerte. Als wahrhaft schlimme Auswirkungen freilich hat man die von den Rechtsextremen ausgelösten Pogrome zu betrachten, die in allen Orten, wo Juden lebten, ein Terrorklima in bisher unbekanntem Ausmaß schufen.

Die Staatsmacht fühlte sich überfordert, ihr Schlendrian verführte die Bauern zur Einsicht, daß alles erlaubt sei, die Plünderung jüdischer Güter und die Verwüstung des hochherrschaftlichen Grundbesitzes. Die Unruhen auf dem

Lande weiteten sich zu einem allgemeinen Bauernaufstand aus, der den ganzen Winter 1905/1906 über andauerte. Ihre Anstifter fielen über Gebäude, Felder und Viehbestände her. Für die Bauern hatte das Oktober-Manifest die Stunde der Rache eingeläutet, insbesondere die Stunde der ungezügelten Aneignung von Grund und Boden. Um die Wogen zu glätten, annullierte Witte alle noch ausstehenden Zahlungen für den Rückkauf bäuerlicher Liegenschaften und beauftragte den Landwirtschaftsminister Nikolaus Kutler mit der Ausarbeitung einer Agrarreform. Kutlers Vorstellungen hätten mit Sicherheit einige der Forderungen befriedigt, beispielsweise die Verstaatlichung aller Güter mit mehr als tausend Hektar oder die Verteilung von Grund und Boden zum Nutzen der Bauern und Entschädigungszahlungen für die enteigneten Besitzer. Witte unterstützte das Projekt, der Zar hingegen entließ Kutler ganz einfach und stieß damit Witte und seine Regierung vor den Kopf.

Trotz der von Durnowo angeordneten Unterdrückungsmaßnahmen kehrte noch immer keine Ruhe ein. In Moskau schaukelte sich die Unzufriedenheit hoch, während St. Petersburg langsam wieder zur Ruhe kam, als der dortige Sowjet aufgelöst worden war und die vom Streik ermüdeten Arbeiter allmählich nicht mehr wußten, wogegen sie überhaupt noch protestieren sollten. Die Randregionen des Reiches gerieten in den Sog der Unruhen, auch wenn Witte dem Zaren am 22. Oktober ein Autonomiestatut für Finnland abgetrotzt hatte. Doch was sollte mit Polen geschehen? Welche Zugeständnisse waren hier notwendig? Aus Unsicherheit verhängte man zunächst einmal das Kriegsrecht über das Land. In diesem Auf und Ab von Beruhigung und Unterdrückung hatte Witte mit zwei größeren Schwierigkeiten zu kämpfen: Erstens blieb ihm zuwenig Zeit, um die Auswirkungen seiner Politik abzuschätzen, und zweitens häuften sich die Probleme. Und wenn sich dann in einem ausgelaugten Land auch noch die Eisenbahner ihrer Möglichkeiten zur Lahmlegung jeglichen Verkehrs bewußt wurden und sie durch sporadische

Streiks die Rückführung der Truppen aus dem Fernen Osten verhinderten, dann bedeutete dies eine zusätzliche Schwierigkeit, die die bestehenden noch verstärkte und eine politische Niederlage andeutete.

Trotzdem gelang Witte auf Anhieb ein Meisterstreich: Nach mehreren Verhandlungen erhielt er für ein Land, in dem das Chaos herrschte und das in großen wirtschaftlichen Schwierigkeiten steckte (im Jahr 1905 ging die Industrieproduktion zurück, und der Getreideanbau sank auf einen historischen Tiefstand, was angesichts eines Landes, das sich eine Revolution leistet, anstatt zu arbeiten, nicht zu verwundern braucht), von Frankreich einen Kredit in Höhe von 2,25 Milliarden Francs oder umgerechnet 884 Millionen Rubel. Das Vertrauen Frankreichs gegenüber seinem Verbündeten mag erstaunen. Die französischen Archive belegen, daß sich der französische Botschafter in St. Petersburg und mit ihm die Konsulate als Zeugen der aufgeheizten Stimmung an den Grenzen des Reiches keinen Illusionen über die Zustände in Rußland hingaben und die französische Regierung vor der Zukunft eines solchen Kredits warnten. Die Archive der Ochrana erhellen einen anderen Aspekt dieser Episode: Die Korruption von Teilen der politischen Klasse in Frankreich sowie der französischen Presse ermöglichten es russischen Agenten mit viel Überzeugungskraft – gestützt durch Schecks –, Rußland als Eldorado für das Geld französischer Sparer hinzustellen.

Im August 1906 hatte Nikolaus II. also seinen Kredit! Die Zeit drängte, denn die Duma stand kurz vor ihrem ersten Zusammentreten, und der Zar wollte sie aus derlei Mauscheleien heraushalten. Die Duma sollte den Haushalt nicht zu Gesicht bekommen, deshalb drängte er auf rasches Handeln und gewann in diesem Punkt sogar. Witte warf er übrigens vor, als Premierminister zu selbständig zu handeln und bei der Wiederherstellung der öffentlichen Ordnung versagt zu haben. Der Kaiser wollte sich – kurz gesagt – seiner so früh wie möglich entledigen und wünschte eine Regierung, die seinen Vorstellungen besser entsprach.

So kam es denn auch: Wittes Amtszeit als erster russi-

scher Ministerpräsident dauerte von Oktober 1905 bis
April 1906: sieben Monate nur – das war sehr kurz, zu
kurz, um alle Aufgaben zu lösen. Sein Nachfolger Goremykin, ein farbloser Mann ohne Profil und den Wünschen
des Zaren willfährig, entsprach dessen Vorstellungen von
einem Regierungschef eher. An die Stelle von Innenminister Duronowo, mit dem sich der Zar manchmal »auf dem
Rücken« Wittes verständigt hatte, trat der Gouverneur von
Saratow, Pjotr Arkadjewitsch Stolypin, der bei den Bauern-
aufständen in dieser Region hart durchgegriffen hatte und
dadurch dem Zaren aufgefallen war.

Ein schwacher Ministerpräsident und ein starker Innenminister – damit glaubte Nikolaus II. die richtige Mischung
gefunden zu haben, um die öffentliche Ordnung wiederherzustellen und seinen Einfluß auf die Regierung zu festigen. Das war ihm wichtig, weil er sich ja nun mit der neugewählten Duma auseinandersetzen mußte.

Das erste Parlament in der russischen
Geschichte

Die erste Duma wurde im Frühjahr 1906 gewählt und trat
am 27. April zum ersten Mal zusammen. Die Wahlen waren friedlich verlaufen, auch wenn das seit Dezember 1905
gültige Wahlgesetz keinen entscheidenden Fortschritt gegenüber dem vom August darstellte. Wieder einmal hatte
man über den Wahlmodus gestritten. Die Liberalen vertraten die Ansicht, daß der Zar durch seine Anerkennung
des allgemeinen Wahlrechts die Gesellschaft zufriedenstellen und die künftige Duma dazu bringen wollte, eine gemäßigte Rolle zu spielen, ohne letztendlich das vorherseh-
bare politische Gleichgewicht nachhaltig zu stören.

Doch in dieser Sache nahm Nikolaus II. eine Position
ein, die er leidenschaftlich verteidigte: Zum einen hielt er
die Vorstellung eines allgemeinen Wahlrechts für unerträglich und war überzeugt, daß ein derartiger Wahlmodus für
Rußland unweigerlich ein Abgleiten von der monarchi-

schen in die republikanische Staatsform nach sich ziehen würde. Darüber hinaus blieb er weiterhin der Vorstellung von einer dem Zaren und der Autokratie treu ergebenen Bauernschaft verhaftet, zumal das Wahlrecht ihren Wünschen Rechnung tragen sollte. Die neue Duma sollte sich, so wünschte es der Zar jedenfalls, auf die Pfeiler Bauernschaft und Adel stützen, und deshalb hatte man durch die Wahlrechtsänderung im Dezember 1905 den Zensus erheblich gesenkt und somit auch die Arbeiterklasse berücksichtigt. Selbst die Juden, die bisher an den Semstwoversammlungen nicht teilnehmen durften, wurden nun nicht mehr als Bürger zweiter Klasse diskriminiert. Zwar durften noch immer nicht alle wählen, aber der Weg zu einem echten allgemeinen Wahlrecht war immerhin eingeschlagen. Allerdings konnten sich die Wähler noch nicht für einen Kandidaten direkt entscheiden, sondern es wurde nach Ständen (nach Kurien, das heißt Grundbesitzer, Stadtbürger, Bauern und Arbeiter) abgestimmt. Dieses Wahlgesetz bevorzugte also eindeutig die Bauernschaft, so wie es der Zar wünschte.

Der Vorzug des neuen Systems bestand in der Freiheit, die es den politischen Parteien im Wahlkampf einräumte; sie trug zum sozialen Frieden und der Formung bürgerlicher Eigenschaften bei. Aus den Urnengängen schälte sich ein Parlament mit 468 Abgeordneten heraus, in das die »Konstitutionellen Demokraten« (K.D.) als stärkste Gruppe einzogen. Sie hatten ihren Wahlkampf geschickt geführt und 179 Mandate gewonnen, die sie mit hervorragenden Leuten besetzten.

Einer dieser K.D.-Abgeordneten, Professor Sergej Muromtschow, wurde zum Präsidenten der Duma gewählt, was ihr gleich zu Beginn eine Aura großer Intellektualität verlieh. Die Bauernschaft hatte der ihnen nahestehenden Sozialrevolutionären Partei (S.R.) die Gefolgschaft versagt, als diese zum Boykott der Wahl aufrief, und entsandte 94 Abgeordnete in die Duma, die sich als »Arbeitergruppe«, *Trudowiki*, bezeichnete. Auch die Sozialdemokratische Partei hatte zum Wahlboykott aufgerufen. Doch wäh-

rend die Bolschewiken unter der Führung Lenins, der die
»parlamentarische Verblödung« mit beißendem Spott über-
zog, die Teilnahme an der Wahl mit allen Mitteln zu unterbinden versuchten, um zu verhindern, daß die tatsächliche
Stärke beider Gruppierungen entlarvt würde, schwankten
die Menschewiken zwischen Boykott und Beteiligung. Das
Resultat dieser Uneinigkeit bestand in der Wahl von kümmerlichen achtzehn Abgeordneten. Die Vertreter der einzelnen Nationalitäten im russischen Reich verteilten sich
auf insgesamt achtzig Sitze und verschiedene Fraktionen,
während gut die Hälfte dieser Abgeordneten spezifische
Interessen zu verteidigen versuchten. Die Konservativen
fanden sich schließlich in einem Konglomerat von Organisationen wieder, die – alle zusammengenommen –
jedoch weniger als ein Zehntel der Abgeordneten stellten.

Der 27. April 1906 ist ein für die Geschichte Rußlands
erinnerungswürdiges Datum, denn an diesem Tag wurde
die neugewählte Duma eingeführt. Die Zeremonie hinterließ einen etwas zwiespältigen Eindruck: Zum einen ent-
mutigte die Absetzung Wittes, der trotz seiner Schwächen
ein hervorragender Denker war und so große Erfolge wie
den Frieden von Portsmouth und die französische Anleihe
vorzeigen konnte. Zum anderen bot sein Nachfolger Goremykin, ein siebenundsechzigjähriger Mann ohne Ausstrahlung, kaum Anlaß zu Hoffnungen; von ihm sprach
man nur als von »Ihrer Magnifizenz, der Gleichgültigkeit«. Sein politisches Credo beschränkte sich auf die ständige Unterwerfung unter den Willen des Zaren.

Es flößte auch nicht gerade Vertrauen ein, daß die neue
Verfassung in Gestalt von »Grundgesetzen« unmittelbar
vor dem ersten Zusammentreten der Duma veröffentlicht
wurde, denn sie ließen Zweifel über die wahren Absichten
des Zaren aufkommen. Diese Gesetze enthielten einen Pa-
ragraphen in bezug auf die Vorrechte der Krone. Die Version, die Witte dem Zaren vorgelegt hatte, sprach von der
»höchsten und alleinigen Herrschaft«, doch das Adjek-
tiv »unbegrenzt«, das bisher diese Formel begleitet hatte,

fehlte hier. Nikolaus II. stolperte beim Lesen darüber und stellte höchst alarmiert fest, daß er offenbar auf ein Erbe verzichten sollte, das er nicht mehr besaß, sondern nur als Treuhänder verwaltete, das er seinem Nachfolger aber in seinen Augen intakt zu übergeben hatte. Diese Verfassung bekräftigte zwar die Alleinherrschaft des Zaren, doch was bedeutete sie, wenn sie nicht mehr »unbegrenzt« war? Witte, der nichts scheute, damit der Text in Kraft treten konnte, entgegnete, daß, wenn man den Begriff »unbegrenzte Macht« wieder in den Entwurf aufnehmen würde, jede Überarbeitung der Grundgesetze überflüssig sei. Auch Graf Pahlen gab zu verstehen, daß das Manifest vom 17. Oktober diese Veränderung in der bisherigen Machtkonzeption durchaus rechtfertigen würde. Nikolaus II. stimmte diesen Argumenten letztlich zwar zu, beschloß aber zugleich, seine Konzeption der Autokratie schon bei der ersten Sitzung der Duma klarzustellen.

Auch die Machtbefugnisse der zweiten Kammer mußten die Unzufriedenheit der neugewählten Duma-Abgeordneten wecken. Diese Institution war durch die Umformung des Staatsrats entstanden und wurde noch vor der Wahl der Duma eingesetzt, damit ihr auch hier der Einfluß verwehrt werden konnte. Bis 1906 hatte es sich bei dem Staatsrat um eine etwas verschlafene Versammlung hoher Beamter und Vertreter des Adels gehandelt, die vom Zaren zum Dank für geleistete Dienste berufen worden waren und Gesetzesvorlagen auszuarbeiten hatten. Doch mit der Einsetzung der ersten Duma mußten die Kompetenzen zwischen den beiden Kammern neu aufgeteilt werden; vor allem, so dachte der Zar, sollte die neugewählte Volksversammlung durch eine besser zu kontrollierende Kammer ausgespielt werden. Deshalb verdoppelte er deren Zahl von bisher achtzig Sitzen. Die bislang auf Lebenszeit ernannten Staatsräte wurden nun jährlich neu bestimmt und darüber hinaus durch gewählte Vertreter der Kirche, des Adels, der Semstwos sowie der Handels- und Industriekammern ergänzt. Gewählt wurden sie nach dem Zensuswahlrecht, wodurch dieses Gremium leichter zu kontrollieren schien. Der Staatsrat erhielt die gleichen legislativen Kompetenzen wie die Duma.

So sah sich die neugewählte und leidenschaftlich ersehnte Volksvertretung gleich bei ihrer ersten Sitzung einem System gegenüber, das ihre Rechte äußerst knapp bemaß. Kein Gedanke mehr an eine verfassunggebende Versammlung! Statt dessen wurde dem Parlament eine vom Zaren kurz zuvor erlassene Verfassung oktroyiert und seine Autorität einem unausgewogenen Zweikammernsystem unterworfen. Die Grundgesetze hinkten weit hinter den sozialen Erwartungen der Gesellschaft her. Dennoch gab es nun endlich eine Verfassung – selbst der Zar war sich darüber trotz seiner Hintergedanken über das Wesen der Grundgesetze im klaren und führte diesen Tabubegriff fortan im Munde. Diese Verfassung entriß Rußland dem vorkonstitutionellen Stadium einer unkontrollierten Allmacht, und die Duma als erstes russisches Parlament verkörperte diesen Schritt in die Zukunft.

Welch ein Jammer, daß die erste Begegnung des Zaren mit dem Parlament so unglücklich verlief! Wer hatte Nikolaus II. nur eingeredet, die feierliche Einführung der ersten Duma nicht im Tauridenpalais, als ihrem späteren Haus, anzusetzen, sondern in den eigenen Winterpalast zu verlegen mit dem offensichtlichen Ziel, die Abgeordneten mit dem dort zur Schau gestellten Prunk zu beeindrucken? Denn die Abgeordneten entstammten keinesfalls alle dem Adel und der intellektuellen Oberschicht. Gekommen waren auch Arbeiter, Bauern und Handwerker in ihrer Alltagskleidung, manche vielleicht in ihrem Sonntagsstaat, der aber mit dem Glanz des Empfangs natürlich nicht mithalten konnte. Im hinteren Teil des Saales hatte sich der die Zeremonie beherrschende Hofstaat niedergelassen: der Zar auf seinem Thron und die Zarin, umgeben von Mitgliedern der Zarenfamilie. Die beiden Kammern mußten sich links und rechts vom Thron aufstellen. Eine große, aus der Elite des Adels ausgewählte Schar drängte in den Saal, während sich die Regierung, der kein eigener Platz zugewiesen worden war, gezwungen sah, sich unter die

214

Menge zu mischen. Nach dem feierlichen »Te Deum« wandte sich Nikolaus II. in Galauniform an die Abgeordneten. Was ihn dabei bewegte, beschrieb er in seinem Tagebuch am Ende dieses »denkwürdigen Tages, an dem der Empfang des Staatsrates und der Staatsduma stattfand, an dem zugleich letztere in ihr Amt eingeführt wurde ... Nach dem ›Te Deum‹ las ich die offizielle Grußadresse vor ... Ich habe lange gearbeitet, mein Herz ist erleichtert wegen des Erfolgs der Zeremonie«.

Natürlich durfte sich Nikolaus II. auch erleichtert zeigen. In seiner Rede nahm er das Wort »Verfassung« in den Mund, was er bisher noch nie getan hatte. Damit, so glaubte er, hatte er nun alle Wünsche seines Volkes erfüllt. Doch alle, die ihm an diesem Tag genau zuhörten, bewegte weniger das lang ersehnte Wort als vielmehr der formelle und kalte Charakter der Zeremonie und das, was sie als schweres Versäumnis betrachteten: Dem Zaren war das Wort »Amnestie« nicht über die Lippen gekommen, obwohl viele darauf gewartet hatten. Wieder einmal hatte er es in einer entscheidenden Stunde der Geschichte Rußlands trotz seines nachweislich guten Willens und seiner Emotion an politischem Gespür fehlen lassen.

Der Herrscher hatte eine, gemessen an den Erwartungen der Abgeordneten, viel zu prunkvolle Zeremonie angeordnet und gab sich während ihres Verlaufs gegenüber den Volksvertretern als immer noch unzugänglicher Souverän, der in dieser Stunde nichts von seiner manchmal durchscheinenden Sensibilität und Offenheit verriet: Nikolaus II. wollte die Abgeordneten mit dem Glanz seiner Macht beeindrucken, anstatt in ihre Herzen vorzudringen, und unterschätzte letztendlich das ungeheure Verlangen der Menschen am Ende einer langen Ära der Unterdrückung nach Gnadenerweisen und Amnestie. Kein Zweifel – hier verließ ein unglücklicher Herrscher den St.-Georgs-Saal, verzweifelt über die Kälte, die ihm während seiner Ansprache entgegengeschlagen hatte, und der trotzdem nicht von seinem Glauben ließ, die Lage könnte noch viel schlimmer sein.

Im Gegensatz zu ihrem Sohn schätzte die Mutter des Zaren die Situation richtig ein und bemerkte die haßerfüllten Gesichter, als es der Staatsminister bei Hofe, Graf Fredericks, fertigbrachte, die Abgeordneten mit »einer Bande von Kriminellen« zu vergleichen, »die nichts anderes anstrebten, als sich auf die Minister zu stürzen, um sie zu erwürgen«, und damit schloß: »Mit diesen Leuten werde ich niemals zusammenarbeiten!« Zarin Alexandra zeigte eine versteinerte und eisige Miene, sie versuchte ihre Gefühle erst gar nicht zu verbergen. Später meinte sie einmal: »Diese Leute vertreten nur sich selbst. Das wahre Volk, die Muschiks, wird von ihnen nicht repräsentiert.«

Nach ihrer Rückkehr in das Tauridenpalais verloren die Abgeordneten keine Minute, um ihre Antwort an den Zaren zu entwerfen, und nach hitzigen Debatten stand die Botschaft der ersten Duma auf die Ansprache des Zaren im Winterpalast. Sie war einstimmig angenommen worden und forderte vom Zaren Amnestie für alle Inhaftierten, einen der Duma verantwortlichen Minister, die Abschaffung des Staatsrats und die Enteignung des Großgrundbesitzes. Kurz gesagt: Die erste Duma erklärte alle *vor* ihrer Einsetzung vom Zaren getroffenen Anordnungen für null und nichtig. Sie wollte nichts Geringeres, als selbst über die Form der Machtausübung zu bestimmen, das heißt also, sich in eine verfassunggebende Versammlung zu verwandeln und damit die alleinige Trägerin der Volkssouveränität zu sein.

Und wieder einmal erkannte der Zar nicht, was gespielt wurde; er »verpaßte« die Gelegenheit zur Wiederaufnahme des Dialogs, die sich ihm bot. Er war nicht bereit, die von der Duma entsandte Delegation anzuhören. Statt dessen beauftragte er Goremykin, sie zu empfangen und ihr zu antworten. Wußte Nikolaus II. nicht, daß nun die Stunde gekommen war, um die gewählten Vertreter der Nation über den Inhalt der Verfassung aufzuklären, die er in seiner Rede erwähnt hatte? Warum war es nicht möglich, den bei der Einsetzung der ersten Duma verpatzten Dialog wiederaufzunehmen? Mußte der Zar überdies ausgerechnet

Goremykin mit der Aussprache mit einer Versammlung beauftragen, der seine Abneigung ihr gegenüber doch gerade dadurch ausgedrückt hatte, daß er ihr als »einzige« Gesetzesvorlage die Einrichtung einer Orangerie und eines Getränkeausschanks an der Universität von Dorpat vorgeschlagen hatte? Nein, Goremykin würde von der ersten Duma niemals als Gesprächspartner akzeptiert werden!

So kam es denn auch. Als der Ministerpräsident am 26. Mai die Antwort der Regierung auf die Duma-Adresse an den Zaren vorlegte, stieß er auf blanke Ablehnung. Unter all den erregten Rednern, die Goremykin verurteilten, fiel besonders Graf Hayden auf, was insofern bemerkenswert war, als es sich bei ihm um einen Abgeordneten der Rechten handelte. Heyden stellte fest, daß der Ministerpräsident durch seinen Vortrag alle Ansätze einer Verständigung zwischen Duma und Regierung zunichte gemacht hätte. Die Debatte endete in einem Mißtrauensvotum und forderte die sofortige Entlassung des gesamten Kabinetts.

Und wie würde der Zar darauf reagieren? Konnte er angesichts der Tatsache, daß sämtliche Brücken zwischen der ersten Duma und Goremykins Kabinett abgebrochen waren, passiv bleiben? Nein, er mußte sich zwischen der Auflösung des Parlaments und der Bildung einer neuen Regierung entscheiden. Auf jeden Fall erforderte ein derartiges Scheitern innerhalb nicht einmal eines Monats eine radikale Lösung.

Nikolaus II. schreckte vor der Aussicht auf Neuwahlen zurück, deren Ausgang unvorhersehbar war: Die Bevölkerung würde sich auf die Seite der Duma schlagen und solche Abgeordnete in den Tauridenpalais entsenden, die die Drohung eines Abgeordneten an die Adresse Goremykins umsetzen würden: »Die Stunde ist gekommen, in der die Exekutive vor den gewählten Vertretern der Nation weichen muß.« Trepow riet dem Zaren, gemäßigte liberale Kreise mit der Bildung einer neuen Regierung zu betrauen, und nannte Namen wie Muromtschow, den Präsidenten der Duma, oder Schipow, den Anführer der »Oktobristen«, der Vertreter des konservativen Flügels des liberalen Bürgertums und der Bourgeoisie. Stolypin schlug das Modell einer sogenannten gemischten Regierung vor, die sich aus gemäßigten Abgeordneten und staatlichen Beamten der gleichen politischen Richtung zusammensetzen sollte. Miljukow, der Fraktionsvorsitzende der Konstitutionalisten in der ersten Duma, verwarf die Teilung der Macht und verlangte Garantien für eine mit echten Befugnissen ausgestattete Regierung. Von diesem Punkt an konnte sich der Zar mit der Vorstellung eines liberalen Kabinetts nicht mehr anfreunden und entschied sich für die Auflösung der ersten Duma und Neuwahlen.

Noch während der Zar zauderte, steigerte sich das Parlament, das ja niemand konsultierte und das auch keinerlei legislative Arbeit zu leisten hatte, in hitzige Debatten um die Agrarfrage, das ewige russische Problem. Die Konstitutionalisten befürworteten die Verteilung des Grundbesitzes bei gleichzeitiger Entschädigung des ehemaligen Besitzers, während die Sozialisten auf eine Enteignung ohne Entschädigung drängten. Es handelte sich ohne Zweifel um eine akademische Auseinandersetzung, aber Nikolaus II. und seine Regierung mußten aufpassen, daß sie sich von den Vorschlägen der Duma, die sofort an die Öffentlichkeit getragen und von einem erheblichen Teil der Bevölkerung begeistert aufgenommen wurden, nicht überrollen ließen. Auch wenn die drohende Auflösung über dem Parlament schwebte, so verbot es sich doch, seine Aktivitäten nicht aufmerksam zu verfolgen.

Ihre Herausforderung durch die Parlamentarier beantwortete die Regierung völlig überraschend damit, daß sie im Büro der Duma einen Gegenvorschlag zur Agrarrevolution hinterlegte. Er sah die Verteilung des staatlichen Bodenbesitzes, Hilfen für diejenigen, die nach Sibirien auswandern wollten, sowie vergünstigte Kredite vor. Grundbesitz in privater Hand wollte die Regierung jedoch nicht antasten. Mit dieser Vorlage wollte sie die Duma zwingen, Maßnahmen zu diskutieren, die ihr nicht paßten, oder das Projekt rundweg abzulehnen mit der Konsequenz, daß die Volksvertretung ihre eigene Hinfälligkeit bewiesen hätte.

Im Grunde genommen suchten das Kabinett und Nikolaus II. nur einen Ausweg aus dem unlösbaren Konflikt mit dem Parlament, das heißt einen Vorwand für seine Auflösung.

Der Zar stellte öffentlich fest, daß die notwendige Agrarreform in Gesetzesform gegossen werden müsse. Wenn nun die Duma eine ernsthafte Auseinandersetzung mit diesem Thema ablehne, bliebe ihm ja nichts anderes als ihre Auflösung übrig. Als die Abgeordneten am 9. Juli am Tauridenpalais eintrafen, verwehrten ihnen Truppen den Zutritt mit dem Hinweis auf ein am Vortag erlassenes Dekret zur Auflösung des Parlaments. Gleichzeitig erhielt auch Goremykin seinen Abschied und wurde durch Stolypin ersetzt.

Die Auflösung der ersten Duma hatte eine gravierende Folge: Viele Abgeordnete der Konstitutionalisten und der linksstehenden Sozialisten entschlossen sich zum Protest und trafen sich im finnischen Wyborg, von wo aus sie die Russen im Namen der »Nationalen Souveränität« zum passiven Widerstand aufriefen: Sie sollten keine Steuern mehr bezahlen, ihre Ersparnisse bei Banken und Sparkassen abheben, um den Staat in den Bankrott zu treiben, und auch die Ableistung der Wehrpflicht verweigern. Zwar verhallte dieser Appell im russischen Reich ungehört, aber Nikolaus II. erkannte den Ernst der Lage sehr wohl. Die Unterzeichner des Aufrufs wurden zu Gefängnisstrafen verurteilt, und gleichzeitig wurden ihnen das passive Wahlrecht in bezug auf das Parlament und auch die Semstwoversammlungen aberkannt. Die Folgen dieses Strafakts bekam die zweite Duma zu spüren, denn er schloß viele begabte Männer, die sich eine gewisse parlamentarische Erfahrung und damit auch Besonnenheit angeeignet hatten, von der weiteren parlamentarischen Arbeit aus.

Die Frage ist, ob die Staatsmacht eine derartige Mißachtung der Verfassung jener Abgeordneten hätte tolerieren sollen? Sicher nicht, und dieses Mal hatte Nikolaus II. in der einzig angemessenen Form reagiert. Nun mußten Neuwahlen organisiert werden. Die Exekutive hoffte, daß aus

ihnen ein umgänglichereres Parlament hervorgehen würde, das den Versuch einer Kooperation im Rahmen der
vorhandenen Gesetze mit ihr wagen würde.

* * *

Mit der Auflösung der ersten Duma und der Entlassung
Goremykins ging eine Epoche zu Ende, nämlich die Zeit
der Revolution und ihrer unmittelbaren Nachbeben. Im
Sommer 1906 sah sich Rußland trotz des Scheiterns der ersten Duma in einem System verankert, das nicht mehr in
Frage gestellt werden konnte. Natürlich schienen die neuen
Institutionen gefährdet, aber sie existierten immerhin. Nach
der Auflösung des ersten Parlaments mußte man die Wahl
der zweiten Duma vorbereiten, denn es konnte sich niemand ernsthaft vorstellen, daß das Parlament einfach von
der Bildfläche verschwinden würde. Der konstitutionelle
Rahmen war festgelegt, auch wenn der Zar von Zeit zu
Zeit Zweifel daran äußerte. Selbst wenn er manchmal in
Versuchung geriet, das »Oktobermanifest« einfach zu vergessen, so wußte er doch, daß er es unterzeichnet hatte und
seine Unterschrift nicht verleugnen konnte. Der bereits vor
einiger Zeit in St. Petersburg, Kiew und Moskau verkündete Ausnahmezustand erinnerte ihn daran, daß jederzeit
wieder Unruhen ausbrechen konnten, die sich nur schwer
wieder unter Kontrolle würden bringen lassen. Er hätte die
Verfassung einige Monate früher erlassen sollen, um das
Volk zu besänftigen. Würde eine Rückkehr zu vorkonstitutionellen Zeiten, die zudem nicht lange dauern würde,
nicht noch größere Opfer fordern? Auch wenn sich der
Zar den Einsatz von Gewalt noch vorstellen konnte und
an die unbeirrbare Treue und Verläßlichkeit seiner Bauernschaft glaubte, so wußte er seit dem Sommer 1905 doch,
daß sein Thron gewackelt hatte und alle außerhalb des
russischen Imperiums ihn verloren geglaubt hatten. Er sah,
daß die Zahl der Attentate und der Meutereien in verschiedenen Häfen und bei einigen Regimentern zunahm.
Er hörte zwar gerne auf seine Umgebung, die ihm versi-

cherte, daß hinter all diesen Gewaltausbrüchen das wahre
und der Monarchie treu ergebene Rußland zur Erhebung
bereit sei, wenn er es riefe – doch in seinem tiefsten Innern
sah er klar.

Wer den Verlauf der Ereignisse verstehen will, sollte die
täglichen Einträge, die Korrespondenzen und die Bemerkungen eines auf die auf ihn herabstürzenden Prüfungen
derart schlecht vorbereiteten Zaren sehr genau untersuchen.
Im Jahr 1906 handelte Nikolaus II. immer noch als Schüler
Pobedonoszews, obwohl er sich seiner entledigt hatte, als
er Witte an die Macht brachte. Er hatte das Prinzip der Autokratie zweifellos aufgegeben, als er die Grundgesetze
und die Verfassung unterschrieb und sie mit schmalen Lippen verkündete. Doch tief in seinem Innern überzeugte
ihn die Rechtmäßigkeit seines Handelns nicht. In seiner
ganzen Erziehung hatte man ihm stets eingebleut, daß die
Monarchie als solche über der Person des Monarchen stehe, daß sie ihm anvertraut sei, damit er sie im gleichen Zustand, in der er sie erhalten hatte, seinem Nachfolger über-
gebe. Nikolaus II. fühlte sich zwischen diesem göttlichen
Prinzip, auf dem auch der Segen der Kirche ruhte, und den
Gesetzen dieser Welt hin- und hergerissen. Seine tiefe Religiosität verunsicherte ihn in bezug auf Sinn und Tragweite seines Tuns. Handelte er nicht den immanenten Gesetzen zuwider, die Rußland seit Iwan III. regierten? Dieser
innere Kampf, dessen Größe man nicht bestreiten kann,
veranlaßte ihn ohne Zweifel, bestimmte Konzessionen einzugehen – allerdings nicht ohne Einschränkungen, die man
jedoch mit seiner Mentalität begründen muß. Kasuisti-
sches war ihm absolut fremd, doch plagte ihn der Gedanke,
daß alle Entscheidungen, die ihm durch den Lauf der Dinge aufgezwungen wurden, möglicherweise illegitim seien.
Von daher ist auch sein Hang zu verstehen, sie nur halb-
herzig zu treffen und nicht immer das zum Erfolg der von
ihm akzeptierten Politik Notwendige zu tun.

Daß die Entstehung einer Verfassung in Rußland zunächst scheiterte, hat man zu einem großen Teil diesen
»mentalen Einschränkungen« zuzuschreiben. Dennoch hät-

te der Zar die Bilanz der beiden Jahre 1905/1906, die unter dem Eindruck einer außenpolitischen Niederlage, der Unruhen im Inneren und dem Ansteigen der revolutionären Flut standen, mit Fug und Recht als erfolgreich bezeichnen können, da es dem Land und ihm selbst gelungen war, dem Strudel zu entkommen, in dem beide unaufhaltsam auf eine Katastrophe zuzusteuern schienen. Aus chaotischen Zuständen hatte sich eine gewisse politische Ordnung herausgebildet. Auch wenn es ihm nicht so recht gefallen mochte, so mußte sich Nikolaus II. doch eingestehen, daß das Schicksal der zivilisierten Staaten, zu denen schließlich auch Rußland zählen wollte, auf der Grundlage einer Verfassung entschieden wurde. Dagegen konnte man insbesondere mit den Slawophilen und Konservativen einwenden, daß sich eine solche verfassungsrechtliche Ordnung weder mit der Tradition noch mit dem Wesen Rußlands vereinbaren ließe.

Doch jenes Rußland, auf das sie sich beriefen, existierte nicht mehr. Es hatte sich zu einer Industriemacht entwickelt, und die Arbeiterklasse belegte darin einen erheblichen Platz, während die Bauernschaft jenes Mir-System ablehnte, das diese ewig Gestrigen zum nationalen Mythos emporhoben. Obwohl es mit der ersten Duma noch nicht geklappt hatte, festigte sich der Parlamentarismus im politischen Leben Rußlands. Die Revolution von 1905, die die Monarchie zu verschlingen drohte, hatte unter der Voraussetzung ihrer Anpassungsfähigkeit letztendlich das politische Leben ermöglicht. Nicht alle Revolutionen verfuhren so gnädig; oft spülten sie in ihrem Verlauf sowohl ein ganzes Regime wie auch die in ihm lebenden Menschen hinweg.

Nikolaus II. war kein eifriger Leser von Geschichtsbüchern, wie sein Tagebuch beweist, und diese Bildungslücke verwehrte ihm 1905 die klare Einschätzung der Lage. Momente der tiefsten Bestürzung wechselten oft mit solchen der Zuversicht, und nie schien er sich die wichtigste Frage zu stellen, ob der Volksaufstand nicht sogar seine Herrschaft beenden könnte? Doch bei genauerer Betrachtung einiger Umstände erklärt sich das Scheitern der Revolution letztendlich von selbst. Die Streiks der Arbeiter als Ausdruck allgemeiner wirtschaftlicher Unzufriedenheit konnten nicht sehr lange dauern; die reguläre Armee unterstützte – von einigen Ausnahmen abgesehen – nie die Meuterer und verfügte mit ihren Waffen und Munition über jene Mittel, die die Aufständischen so schmerzhaft vermißten. Somit blieben die Unruhen in den großen Städten immer kontrollierbar, und die Revolution an sich bedeutete im Grunde nichts anderes als eine Abfolge von revolutionären Momenten, keinesfalls aber eine gelenkte und koordinierte politische Operation.

Der Zar hatte Glück, daß es in den revolutionären Kreisen diese Schwächen gab, aber mehr noch mit der Tatsache, daß Witte noch einmal zur Verfügung stand. Der Witte im Jahr 1905 war nicht mehr der gleiche wie im Jahr 1894; auch lag seine Aufgabe, die er zum größten Teil mit Erfolg beendete, auf einem ganz anderen Gebiet als in früheren Jahren. 1894 sollte er Rußland in die wirtschaftliche Moderne führen oder es – in heutiger Begrifflichkeit – dem Kapitalismus und der Marktwirtschaft öffnen. Das politische System interessierte ihn weniger. So gesehen, entschied er sich für dasselbe Ziel wie China zum Ausgang des 20. Jahrhunderts: Die Wirtschaft zuerst!

Im Jahr 1905, als Witte nur wenige Monate Zeit zur Durchführung seiner Aufgabe blieb, wollte er als Erneuerer des politischen Systems in Rußland in die Annalen eingehen. Sein politisches Handeln orientierte sich deshalb an den drei großen Problemen des russischen Imperiums: Beilegung der Finanzkrise, Lösung der Agrarfrage und Einführung eines Verfassungssystems. Innerhalb eines Jahres gelang es ihm, diese Aufgabe zu erledigen oder sie zumindest um entscheidende Schritte voranzubringen. Mit dem internationalen Kredit konnte er die durch den Krieg arg gebeutelten Staatsfinanzen wieder ordnen und beträchtliche Mittel zur Wiederankurbelung der gesamten Industrie zur Verfügung stellen. Die Krise der Landwirtschaft konnte nicht auf einen Schlag gelöst werden, doch seine Anordnungen wie Schuldenerlaß für die Bauern, Erweiterung des finanziellen Spielraums für die bäuerliche Genossenschaftsbank und die Einsetzung einer Kommission unter dem Vorsitz von Nikolaus Kutler zur Ausarbeitung eines allgemeinen Reformprogramms für den ländlichen Raum leisteten ihren unverkennbaren Beitrag zur Beruhigung der Bauernschaft. Und sie bereiteten eine Politik grundlegender Veränderungen vor, die Stolypin unter seinem eigenen Namen weiterführte.

Doch als größter Erfolg Wittes ist die Einführung einer Verfassung in Rußland zu werten. Trotz der Unzulänglichkeiten der Grundgesetze und entgegen der zögerlichen Haltung des Zaren sowie der Bremsversuche der Bürokratie war die *Revolution von oben* unter dem Druck der *Revolution von unten* möglich. Ihre Bedeutung erhielt diese Revolution weniger durch die tatsächliche Abschaffung der Alleinherrschaft oder die Einführung des Parlamentarismus als vielmehr durch ihre *Unumkehrbarkeit*. Der kaiserliche Herrscher und seine Bürokratie konnten wohl noch über eine Beschneidung der Macht des Parlaments nachdenken, sie konnten auch versuchen, das Wahlrecht zu ihren Gunsten so zu verändern, daß es ihnen eine willfährigere Volksversammlung bescherte, doch sie konnten nie mehr, auch keinen Augenblick lang, ernsthaft an die simple Abschaffung des Parlaments denken. So wie die manchmal gegenüber der Bürokratie kruden Semstwoversammlungen trotz mannigfacher Versuche nicht aufgelöst werden konnten, so fügte sich 1906 auch das Parlament definitiv in das politische System Rußlands ein.

In seiner kurzen Amtszeit von Oktober 1905 bis April 1906 gelang es Witte, Rußland aus dem System der Alleinherrschaft heraus und in die konstitutionelle Epoche des Zarenreichs hinüberzuführen. Er komplettierte sein früheres Werk des wirtschaftlichen Umbaus Rußlands zu einer modernen Industriemacht durch die Hinführung des Landes zu einem demokratischen Neubeginn. Selbstverständlich blieben noch viele wirtschaftliche, soziale und internationale Fragen ungelöst, mit denen sich seine Nachfolger herumzuschlagen hatten. Aber sie konnten in einem neuen politischen System arbeiten, das der Zar trotz aller Zurückhaltung letztlich doch *wollte*, denn ohne diesen Willen wäre Witte dessen Durchsetzung nicht gelungen.

Nach Witte und dem schwachen Goremykin – dessen war sich Nikolaus II. bewußt – durfte bei der Besetzung der Regierungsspitze kein Fehler mehr passieren, und nicht zuletzt deshalb, weil die betreffende Person vor der Duma bestehen mußte. Aus diesem Grund vertraute er die Regierungsbildung nun einem Politiker von staatsmännischem Format an. In Pjotr Arkadjewitsch Stolypin täuschte er sich nicht und auch nicht in seinem Entschluß, die Außenpolitik entscheidend aufzuwerten, um die internationale Position seines Landes endlich zu festigen. Sein neuer Außenminister Alexander Petrowitsch Iswolski teilte seine Meinung, Rußland habe, alles in allem gerechnet, in der Zeit der Katastrophen weniger Federn lassen müssen als angenommen, und somit sei die Stunde zum Wiederaufbau seiner äußeren Macht gekommen. Im Sommer 1906 setzte sich Nikolaus II. ein neues Ziel: Er wollte beweisen, daß die Autokratie selbst in ihrer durch die Verfassung beschränkten Form durchaus in der Lage sei, die Stellung Rußlands mit eigenen Mitteln zu sichern. Der Zar, dem so wenig Glück beschieden war, durchschritt eine optimistische Phase.

7. KAPITEL

Auf dem Weg zum liberalen Reich?

Der Regierungsantritt Stolypins im Jahr 1906 gestaltete sich zu einem größeren Ereignis. Der neue Mann
gefiel dem Zaren. Er verfügte über eine starke Persönlichkeit und war in allem anders als Witte. Seine Körpergröße
beeindruckte: Er war hochgewachsen und sah sehr russisch aus. Mit seinem Bart und seinem starken Körperbau
glich er jenen kleinadligen Grundbesitzern, für die Nikolaus II. eine besondere Zuneigung hegte. Außerdem war
Stolypin jung; im Jahr 1863 zur Welt gekommen, war er
fast gleich alt wie der Zar, was ihn von all den anderen
kahlköpfigen und schwerfälligen Ministern abhob. Aus
seiner Karriere in der Provinz hatte er sich eine große
Natürlichkeit bewahrt – auch das gefiel Nikolaus II. Eine
Tat hatte ihn allerdings in den Augen des Zaren ganz besonders ausgezeichnet: die Niederschlagung des Volksauf-
standes in Saratow, einer der unruhigsten und schwierigsten
Provinzen Rußlands. Mit Stolypin wehte nun der Hauch
jenes alten Rußlands durch den Palast, wo nach Meinung
des Herrscherpaares seine wahren Getreuen lebten. Der
neue Ministerpräsident gehörte nicht zu jenen ehrgeizigen
und hochnäsigen Greisen in der Hauptstadt, denen im
Rennen um Ämter und die Gunst des Zaren kein Kompromiß zu billig schien. Stolypin drückte sich lieber direkt,
manchmal sogar bewußt rücksichtslos aus, was dem Zaren gefiel. Der neue Regierungschef sagte, was er dachte,
und nicht, was der Zar erwartete. Für den zögerlichen, immer um Rat suchenden Nikolaus II. war dieser Mangel an
persönlicher Gefallsucht geradezu notwendig und zumindest zu Beginn der Zusammenarbeit auch verführerisch.
Endlich hatte er es mit einem tatsächlichen Gesprächspart-

ner zu tun, so wie zeitweise auch mit Witte, den die Ungnade eines Herrschers, der ihn kaum mehr ertragen konnte, dann von diesem Weg abbrachte – wofür Witte sich das Schimpfwort »Chamäleon« einhandelte! Stolypin bot für derartige Kritik keine Angriffsfläche. Er war ungeschliffen, und der Zar akzeptierte dies, weil er darin einen Charakterzug des echten Rußlands sah. Der neue Ministerpräsident war ein ausgeprägter Monarchist, die Verfassung akzeptierte er aus reinem Pragmatismus und stimmte auch darin mit dem Zaren überein. Beide haßten Revolutionäre. Für seinen Teil hatte Stolypin dies in Saratow bewiesen. Dennoch vertrat er die Überzeugung, daß Rußland mit der Zeit gehen mußte und die neuen Institutionen deshalb notwendig waren. Also mußte die Gesellschaft daran gewöhnt werden, insbesondere das ländliche Rußland, und genau dies setzte sich Stolypin zum Ziel.

Ein Mann vom Lande

Sein persönlicher und familiärer Werdegang hatten Stolypin auf die erfolgreiche Lösung seiner Aufgabe vorbereitet. Er stammte aus einem alten Adelsgeschlecht, das sich im Dienst für den Zaren immer wieder ausgezeichnet hatte. Sein Vater hatte als Berufssoldat im Krimkrieg mitgekämpft, deshalb wuchs der junge Stolypin, der in den Jahren nach der Niederlage zur Welt kam, im Dunstkreis jener immer wieder erzählten Kriegsgeschichten auf und entwickelte daher ein besonderes Interesse für die Schwächen seines Landes. Eine gründliche und breitgefächerte Grundbildung und ein Studium der Mathematik, das er mit einer wissenschaftlichen Arbeit über die Probleme ländlicher Gegenden abschloß, zeugten von seinem kultivierten Wesen und einer Neugier am intellektuellen Leben, die bei ihm weit größer war als bei vielen seiner Zeitgenossen. Den Umgang mit der Gesellschaft und deren Problemen lernte er sowohl durch seine Ämter als auch innerhalb seiner Familie. Er lebte als Beauftragter des Zaren in Litauen, wo seine Frau ausgedehnte Güter besaß, die er neben seiner Aufgabe bewirtschaftete, um derentwillen er in diesen Teil des Reichs geschickt worden war. Was ihm dort auffiel, unterschied sich allerdings in vielem von der ländlichen Gesellschaft, in der die Mehrheit der russischen Bauern lebte. Es gab kaum Dörfer, die Bauern verfügten über ihre Böden selbständig, auch wenn ihre Höfe noch so klein waren, und die Qualität ihres Anbaus sowie ihre Erträge lagen unvergleichlich viel höher als im russischen Mutterland. Aus dem Gefühl für Eigentum, das er bei den Bauern in seiner Nachbarschaft feststellte, kümmerten sie sich viel mehr um die Wertsteigerung ihrer Nutzflächen und gaben sich viel mehr Mühe als die russischen Bauern, um den technischen Standard ihrer Arbeitsmittel weiterzuentwikkeln. Ständig überraschten sie mit Verbesserungsvorschlägen. Wie alle Russen seiner Zeit war Stolypin entsetzt über das niedrige Bildungsniveau der russischen Bauern und war sich bewußt, daß der Erfolg in den ländlichen Gegenden nur über den intellektuellen Fortschritt der dort lebenden Bevölkerung zu erreichen wäre. Während seiner Zeit in Litauen dachte er viel über die Lösungen nach, die ihm für die Weiterentwicklung des Zarenreiches notwendig erschienen; dabei gelangte er zur Einsicht, daß man, um Rußland in ein modernes Land umzugestalten, gerade im ländlichen Raum die einschneidendsten Veränderungen durchführen müßte.

Als Folge seiner Vorschläge wurde Stolypin zum Gouverneur von Grodno ernannt und schließlich von Innenminister Plehwe, der ihn als entschlossenen und kompetenten Mann in seinem Ressort schätzte, nach Saratow in eine der unruhigsten Gegenden in ganz Rußland geschickt. Dort konnte Stolypin in jenen Jahren, in denen die Revolution am politischen Firmament wetterleuchtete, seine außergewöhnlichen Fähigkeiten sowie seine ihm eigene Methode unter Beweis stellen. Ihn trennten Welten von jenen hohen Beamten, für die eine Abordnung in die Provinz einer Verbannung gleichkam, denn er schaute sich in der Gegend, in der er lebte, genau um und sprach mit den

Menschen, über die er herrschte. Aufgebrachte, plündernde und brandschatzende Bauern jagten ihm keine Angst ein. Anstatt sich in seinem Gouverneurspalast zu verschanzen und die Polizei loszuschicken, begab er sich höchstpersönlich an den Ort des Aufstands. Dort bemühte er sich mit Ruhe und Verständnis um die Aufständischen, indem er sie überzeugte, daß sich ihre Probleme nicht durch eine Revolte lösen ließen, sondern nur durch Reformen, die er zusammen mit ihnen ausarbeiten wolle.

Die »Stolypinische Methode« fand allerdings nicht überall Anklang. Am meisten bekämpft wurde sie von den Terroristen, die sich stets und überall an den örtlichen Behörden zu reiben pflegten; sie waren ganz darauf versessen, jenen Mann aus dem Weg zu räumen, dem es gelungen war, einen Dialog mit den Bauern aufzubauen, und der dabei die Terroristen abgedrängt hatte. Stolypin schien einen besonderen Schutzengel besessen zu haben, denn er entging allen Attentaten. In dieser Zeit erwarb er sich einen Ruf, den kein anderer russischer Gouverneur für sich beanspruchen konnte. Er galt als *liberal*, obwohl er in erster Linie die zaristische Ordnung in der Gegend um Saratow wiederherzustellen hatte. Da er jedoch auf den Dialog und auf den direkten Kontakt mit der aufgebrachten Bevölkerung setzte und nicht auf Gewalt und Unterdrückung, wurde er von den Bauern auch gehört. Letzteres um so mehr, als seine Aufrufe zu Ruhe und Ordnung von der Aufforderung begleitet wurden, die anliegenden Probleme gemeinsam zu erörtern. Er wußte, daß die Bauern begierig waren auf landwirtschaftlich nutzbare Flächen. Wenn Stolypin aber diese Landbevölkerung, wo die Dorfgemeinschaft noch den üblichen Organisationsrahmen bäuerlichen Lebens bildete, mit seinen Erfahrungen in Litauen verglich, erkannte er, daß sich die Situation der Bauern, ihre Wut und ihre Bereitschaft zur Revolte so lange nicht ändern würden, wie sie unter dem Mir-System lebten.

Die relative Ruhe, die Stolypin in Saratow wiederherzustellen vermochte, weckte die Aufmerksamkeit des Zaren. Da Plehwe nicht mehr lebte, konnte er ihm auch nicht

mehr zur Seite stehen, doch das gewachsene eigene Ansehen Stolypins genügte bereits. In einem Gespräch mit Nikolaus II. kurz vor der Absetzung Goremykins gelang es
Pjotr Arkadjewitsch, den Zaren davon zu überzeugen, daß
seine Aufgabe nicht allein in der Rolle des »starken Mannes« bestünde, der in der Stunde der Auflösung der Duma
komme, da das Land auf dem Sprung stand und bereit war,
allen Umstürzlern ein williges Ohr zu leihen, da sich Attentate häuften und Chaos und Anarchie auszubrechen droh-
ten, um Ruhe und Ordnung wiederherzustellen. »Steuern
wir auf ein neues 1905 zu?« – Diese Frage trieb Nikolaus II. um, und er erwartete von Stolypin sofortige Lösungen. Dieser wußte sehr wohl, daß erst die öffentliche
Ordnung wiederhergestellt werden müsse, bevor man tiefgreifende Veränderungen angehen konnte. Doch es gelang
ihm, den Zaren von seiner eigentlichen Mission zu überzeugen: die Entwicklung eines konkreten Programms zur
Reformierung der Gesamtgesellschaft, das sich an der Reform des ländlichen Raums orientierte.

Nikolaus II. willigte in alles ein – er wollte nichts mehr
als die rasche Rückkehr zur Ordnung. Vor allem aber flößte ihm dieser Mann mit seinem friedlichen Gesicht, der zudem nur wenig älter war als er selbst und der die sonst übliche Speichelleckerei der Höflinge nicht nötig hatte,
großes Vertrauen ein.

Gewalt gegen Gewalt

Selbst ein so ruhiger und besonnener Mann wie Stolypin
erkannte, daß die Rückkehr zu Ruhe und Ordnung in St.
Petersburg andere Mittel erforderte als in Saratow. Der um
sich greifende Terrorismus forderte seine Unterbindung
geradezu heraus, und trotz seiner eigentlich anderslauten-
den Ziele begann die Regierung Stolypin genau damit.

Im Sommer 1906 brauchte man neben den bestehenden
Gesetzen nur noch wenig neue Bestimmungen, denn von
den 84 Provinzen des Zarenreiches befanden sich 82 im

Ausnahmezustand. Doch das verhinderte nicht, daß die Amtsführung Stolypins die Terroristen auf die Idee brachte, seine Herrschaft mit einem Paukenschlag zu eröffnen. Am 12. August erbebte seine Residenz unter einem besonders schweren Attentat, das mehr als 30 Opfer, darunter zwei schwerverletzte Kinder des Regierungschefs, forderte. Die Sozialrevolutionäre hatten allerdings ihr Hauptziel verfehlt: Stolypin blieb unverletzt und wollte nun hart durchgreifen. Dabei stützte er sich auf die Bestimmungen des Artikels 87, der im Falle einer aufgelösten Duma das Regieren durch Dekrete erlaubte. Stolypin setzte fliegende Militärgerichte ein, die revolutionäre oder terroristische Akte ohne viel Federlesens feststellten, darüber zu Gericht saßen und die Urteile von Soldaten sofort vollstrecken ließen, während den Angeklagten weder das Recht auf einen Anwalt noch gar auf Berufung zustand. Diese Schnellverfahren liefen über Wochen und verurteilten Tausende zum Tode oder zur Zwangsarbeit. Nikolaus II. wollte die Militärgerichte in ihren Entscheidungen unterstützen und verzichtete deshalb auf sein Gnadenrecht. Der Ausnahmezustand dauerte bis in den Frühling 1907. Liberale Kreise hielten Stolypin für einen Henker und bezeichneten die Stricke, mit denen die Verurteilten aufgehängt wurden, spöttisch als »stolypinische Krawatten«.

Natürlich lief dem Ministerpräsidenten das Ganze zuwider, denn so wie er die Gewalttaten der Terroristen verabscheute, so lehnte er auch Gewaltmaßnahmen von seiten des Staates ab. Muß Gewalt nicht generell verurteilt werden? – Um diese Frage ging die Diskussion in den politischen Kreisen Rußlands jener Tage. Zwar hielten die Sozialrevolutionäre Gewalt für eine Pflicht sowie für das geeignetste Sprachrohr des Volkes, doch selbst einige Liberale meinten, daß angesichts der staatlichen Gewalt den Gewalttaten des Volkes eine gewisse Berechtigung nicht abzusprechen sei. Stolypin entzog sich dieser Diskussion, konnte aber nicht die Augen vor der Tatsache verschließen, daß der Staatsterror, den anzuwenden er gezwungen war, zu seinen Vorstellungen nicht paßte. Rußland würde sich nie verändern, so seine Überzeugung, wenn derartige Methoden zur Aufrechterhaltung der öffentlichen Ordnung auf Dauer beibehalten würden. Daher beendete er den Ausnahmezustand, als sich im April 1907 erste Anzeichen der Beruhigung einstellten.

Der Zar war ihm dankbar, daß er den inneren Frieden wiederhergestellt hatte. Liberale Eliten rechneten Stolypin jedoch schon dem Lager der gewaltbereiten Kräfte zu und standen kurz davor, ihm jede politische Unterstützung zu entziehen.

Die zweite Duma

Bei seinem Amtsantritt hatte Stolypin auf die Bildung einer Koalitionsregierung gehofft, die ihm gegenüber der Duma einen besseren Stand geboten hätte, insbesondere bei der Ausarbeitung von Reformen. Seine Gesprächspartner, unter ihnen Schipow, verlangten einen hohen Preis für ihre Beteiligung an der Regierung: Von insgesamt fünfzehn Ministerien beanspruchten sie sieben, darunter Schlüsselministerien wie das Innen-, Justiz-, Landwirtschafts- und Bildungsressort. Auf derart übertriebene politische Forderungen konnte Stolypin nicht eingehen, ganz abgesehen davon, daß er sich das Innenministerium selbst vorbehielt. Nach dem Scheitern der Gespräche streckte er seine Fühler auch nach einigen gemäßigten Politikern wie Fürst Lwow, Gutschkow und Samarin aus, doch alle lehnten ab. So blieb ihm nicht erspart, wozu sich bereits seine Vorgänger genötigt sahen: Er mußte auf hohe Beamte zurückgreifen und sich auf die Konfrontation mit der Duma vorbereiten.

Zur gleichen Zeit, als er versuchte, die Gewalt zurückzudrehen, setzte sich Stolypin die Wahl einer Duma zum wichtigsten Ziel. Er wußte, daß die Reformen, die ihm am Herzen lagen, nur durch eine Rückkehr zur parlamentarischen Legalität zu bewerkstelligen waren, und dies, obwohl der Regierungschef ganz sicher kein glühender Verfechter des Parlamentarismus war, denn ihm erschien ein Parlament wenig nützlich. Doch sein ihm eigener Pragmatismus sagte ihm, daß die Duma seit 1906 einen festen Platz im politischen Leben einnahm und jedes Zurück ausgeschlossen war. Darüber hinaus glaubte er tatsächlich an die Vorzüge des *Rechtsstaats*, auch wenn er noch keine genaue Vorstellung von einer russischen Version eines Rechtsstaates besaß. Auf jeden Fall aber erforderte er die Beteiligung der gewählten Volksvertreter an der Macht. In seiner Auffassung, wie Rußland politisch zu organisieren sei, stimmte Stolypin mit dem Zaren einerseits zwar überein, andererseits aber auch nicht. Wie Nikolaus II. erwartete auch er sich von der parlamentarischen Debatte nicht viel, doch während der Zar immer wieder an der Verbindlichkeit des »Oktobermanifests« zweifelte und dabei häufig auch die endgültige Auflösung der Duma in Erwägung zog, stellte sich der realistische Stolypin auf den Standpunkt, daß das Parlament endgültig ein Bestandteil des politischen Systems in Rußland geworden und die Ausgrenzung der Volksvertreter vom politischen Geschehen nicht mehr möglich sei.

Bereits am ersten Tag seiner Amtszeit als Ministerpräsident setzte sich Stolypin für die Wahl der zweiten Duma ein, das heißt zunächst für die Ausschreibung der Wahlen. Doch nicht nur das; er wollte diese Wahlen auch gewinnen. Als Folge des Urnengangs schwebte ihm keine widerspenstige Duma vor, sondern ein Parlament, das seinen Ideen offener gegenüberstand als das vorige. Bot sich dafür nicht die Änderung eines erst kürzlich verabschiedeten Wahlgesetzes an, das man zudem erst einmal angewendet hatte und das auch schon zu einer Revision des Wahlgesetzes vom August 1905 geführt hatte? Aber Nikolaus II. verhielt sich in dieser Frage zurückhaltend. Er hatte sie bereits einige Wochen zuvor mit Goremykin diskutiert und hielt ein solches Vorgehen eigentlich für unangebracht.

Letztendlich wurde das Wahlgesetz nicht geändert, wenn man von einigen Retuschen absah, die die Zensusvoraussetzungen erschwerten. Chancen für ein gutes Wahlresultat sah der Premierminister vor allem in seiner Einflußnahme auf den Wahlkampf und auf den Ton, in dem er ablaufen würde; diese Methode des Stimmenfangs wurde ihm vor allem durch den Ausnahmezustand erleichtert, in dem sich fast das ganze Land noch befand. Die Regierung gewährte allen Parteien, die ihr nahestanden – und hier besonders den Oktobristen –, ihre offizielle Unterstützung, wodurch gerade letztere alle zur Wahlkampagne notwendigen materiellen und legalen Mittel erhielten. Alle anderen Parteien mußten sich der Wahl stellen, ohne sich vorab der Öffentlichkeit präsentieren zu können. Dabei hatten sich die Linksparteien durchaus weiterentwickelt. Nachdem sie vor der Wahl zur ersten Duma noch zum Wahlboykott aufgerufen hatten, machten sie nun ihren Willen zur Teilnahme klar und rührten trotz der gesetzlichen Hindernisse kräftig ihre Wahltrommel. Die Mitglieder der »Kadetten«-Partei (K.D.) hingegen standen schon vor dem Start als die großen Verlierer im Rennen um die Wahl fest: Ihre besten Vertreter hatte man von der Wahl ausgeschlossen, da sie den Aufruf zum Ungehorsam von Wyborg unterzeichnet hatten. Darüber hinaus mußten sie wegen der aktiven Wahlteilnahme der Linken einsehen, daß die Zeit der großen Wahlerfolge für sie vorüber war.

Zur großen Enttäuschung Stolypins stellte sich die Anfang 1907 gewählte zweite Duma als noch widerspenstiger heraus als ihre Vorgängerin. Die offensichtlichen Versuche des Regierungschefs, die Wahl zu manipulieren, waren von allen Seiten angeprangert worden und daher letztlich wirkungslos geblieben – sie hatten sich im Gegenteil als kontraproduktiv erwiesen. Die Sozialisten gingen mit 66 sozialdemokratischen Abgeordneten – in der Regel Menschewiken – und 37 Mandaten für die Sozialrevolutionäre als die großen Sieger aus dieser Wahl hervor. Dazu kamen noch 98 Abgeordnete der Arbeiterpartei, die *Trudowiki*. Damit bildete die Linke eine geballte Macht von mehr als 200 Abgeordneten, während die gesamte Rechte nur 52 (19 Oktobristen, 33 Vertreter der extremen Rechten) aufzubieten hatte. Die »Kadetten« als die großen Wahlverlierer schrumpften von vormals 179 Abgeordneten auf 88 Sitze, und unter ihnen fanden sich kaum Köpfe, denen man in der parlamentarischen Debatte richtungsweisende Beiträge zutraute. Zu erwähnen wären noch die Vertreter der Nationalisten, das heißt die 46 Abgeordneten aus Polen, und die 30 Muslime, die indes wenig Neigung verspürten, sich einer bestimmten Fraktion anzuschließen.

Alles in allem tendierte diese Duma ganz deutlich nach links. Schon kurz vor ihrer konstituierenden Sitzung am 20. Februar 1907 stand fest, daß sie mit der Regierung nicht kooperieren würde. Möglicherweise aber lag es gerade daran, daß sie so lange überlebte und sogar noch einen Monat länger amtierte als ihre Vorgängerin. Folgende Gründe mögen dies erklären:

Erstens war das Parlament fast vollständig ausgewechselt worden, nur 31 Abgeordneten war es gelungen, ihre Mandate zu verteidigen; zweitens fehlte es den meisten Vertretern an parlamentarischer Erfahrung, aber sie wußten, daß ihr Mandat innerhalb kürzester Frist enden konnte, wenn Stolypin mit dem neuen Parlament nicht zurechtkam; und drittens fiel es dem Hohen Haus aus diesen Gründen nicht schwer, sich auf die notwendige Vorsicht zu einigen und alle Konflikte mit der Regierung zu meiden, weil diese ganz schnell in der Auflösung der Duma enden konnten.

Auch die Staatsmacht agierte mit größter Vorsicht. Im ersten Moment nach der Bekanntgabe der Wahlergebnisse spielte Stolypin mit dem Gedanken einer sofortigen Parlamentsauflösung. Gleichzeitig wußte er jedoch, daß dies unmöglich war: Ein neuer Urnengang hätte die Vorbereitung eines neuen Wahlgesetzes erfordert und dafür hätte man Zeit gebraucht. Außerdem mußte man die Stimmung im Ausland, die Rußland wegen seiner repressiven Politik im Jahr 1906 entgegenschlug, bis zu einem gewissen Punkt berücksichtigen. Die Auflösung der ersten Duma hatte das Ausland als Scheitern der Reformpolitik betrachtet, und die Folge war, daß der Kurs der russischen Anleihen auf den ausländischen Märkten gefallen war. Wenn das Zarenreich das Vertrauen der westlichen Anleger nicht verlieren wollte, mußte es sich auf dem politischen Sektor zu äußerster Vorsicht zwingen.

Die konstituierende Sitzung der zweiten Duma fand ohne alle Feierlichkeit statt. Aber ihre parlamentarische Arbeit hob sich wohltuend von der ihrer Vorgängerin ab, selbst wenn Geschrei, Beleidigungen und Tumulte ihre Sitzungen »würzten«. Die Sozialdemokraten hatten wissen lassen, daß sie nur deshalb im Parlament säßen, um einerseits die Nutzlosigkeit der legislativen Arbeit zu beweisen und andererseits die Notwendigkeit der Einberufung einer verfassunggebenden Versammlung vor Augen zu führen, die der Monarchie ein Ende bereiten würde. In einem Brief an seine Mutter schrieb Nikolaus II.: »Ich erhalte Telegramme von allen Seiten, die mich bitten, die Duma aufzulösen. Doch ein solcher Schritt wäre verfrüht. Warten wir lieber auf eine Dummheit ihrerseits, und dann ist es rasch um sie geschehen.«

Geduld zählte nicht zu Stolypins Stärken, und angesichts der Verschleppungstaktik, die eine ernsthafte Auseinandersetzung über die Ziele der angestrebten Landwirtschaftspolitik in der Duma lähmte, wurde sie noch mehr auf die Folter gespannt. Der Streit mit dem Parlament verlagerte sich vielmehr auf die beiden Themenfelder Repression und die mögliche Unterstützung der Duma in Fällen der Anstiftung zur Meuterei im Militär. Bezüglich des ersten Punktes wurde die Duma nicht müde, Stolypin der unbarmherzigen Unterdrückung anzuklagen, und verabschiedete am 17. Mai eine Resolution, in der sie den »Staatsterrorismus« verurteilte. Doch den tatsächlichen Vorwand zu ihrer Auflösung lieferte sie damit, was Stolypin als ein »Komplott gegen die Sicherheit des Staates« bezeichnete. Zur Krise kam es, als der Abgeordnete Surabow in einer Rede die Armee massiv angriff, die »im Fernen Osten geschlagen, ihre Truppen lieber für repressive Maßnahmen einsetzt als zur Verteidigung des Landes«. Surabow rief die Soldaten auf, diese Einsätze zu verweigern, zu meutern und sich dem revolutionären Kampf der Gesellschaft anzuschließen. Ein

Aufruf zur Meuterei – da fackelte Stolypin nicht lange! Er befahl der Polizei die Durchsuchung eines Versammlungs-raumes der Sozialisten und ließ Flugblätter beschlagnah-men, die die Armee zum Aufstand ermunterten. Derarti-ge Traktate stellten zweifelsfrei eine Provokation dar. Vor allem aber bot ihre Entdeckung dem Premierminister die Gelegenheit, ein Komplott gegen die staatliche Sicherheit anzuprangern und die Aufhebung der parlamentarischen Immunität der sozialdemokratischen Abgeordneten zu for-dern, um sie unverzüglich der Justiz zu überstellen. Die Duma wehrte sich und berief eine Untersuchungskommis-sion unter dem Vorsitz des angesehenen Professors Kise-wetter ein. Da Stolypin befürchtete, die Angelegenheit würde im Sande verlaufen, holte er die Zustimmung des Zaren zur Auflösung der Duma ein, die am 3. Juni 1907 in Kraft trat.

In seiner Auflösungsorder legte der Zar auch das Datum zur Einberufung der nächsten Duma auf den 1. November fest. Doch dieses Mal waren beide, Zar und Premiermini-ster, fest entschlossen, sich gegen die Unwägbarkeiten der Wahl zu wappnen. Die sofort eingeleitete Änderung des Wahlgesetzes ermöglichte es Stolypin, ein Parlament nach seinen Vorstellungen wählen zu lassen. Inzwischen wurde auch das »Komplott«, das einigen Abgeordneten angela-stet wurde, zerschlagen. Dreißig Sozialdemokraten wur-den nach Sibirien verbannt und gleichzeitig viele ehemali-ge Abgeordnete der Linken unter Beobachtung gestellt, was deren Teilnahme an einem neuen Wahlkampf nicht ge-rade vereinfachte.

Die dritte Duma

Für Stolypin bildeten die Wahlen zur dritten Duma zwar ein unverzichtbares Mittel zur Durchführung seiner Re-formpolitik, nicht aber das Ziel. Wollte er das Land mo-dernisieren, mußte er eine Agrarreform großen Ausmaßes durchführen. Dazu benötigte er die Zustimmung der Duma.

In dieser Hinsicht vertrat er eine moderne politische Vision: Damit er die Agrarreform in den allgemeinen demokratischen Prozeß seines Landes einbetten konnte, mußte er sie mit den gewählten Vertretern der Nation aushandeln. Die Zeit, da Reformen allein *von oben* dekretiert wurden, war seiner Meinung nach seit 1905 vorbei. So gesehen lag ihm die Verankerung des Parlamentarismus im politischen Alltag Rußlands am Herzen. Um dies aber zu erreichen, hätte die Duma mitspielen müssen. Doch boten weder die Einstellung der Politiker mit den größten Wahlchancen noch das Wahlgesetz dazu die notwendige Unterstützung. Um der Entwicklung eines demokratischen Grundverständnisses Vorschub zu leisten, griff Stolypin auf undemokratische Mittel zurück. Er »manipulierte« das Wahlgesetz, um ein Parlament zu bekommen, das ihn anhören und mit ihm zusammenarbeiten würde.

Gemessen am Prinzip des allgemeinen Wahlrechts stellte das Wahlgesetz von 1907 einen bedeutenden Rückschritt dar. Es wurde wieder einmal ohne die Rücksprache einer gewählten Versammlung vorbereitet und wie üblich durch ein Manifest des Zaren verkündet. Vor allem aber griff es auf eine Reihe von Bestimmungen des vorigen Wahlgesetzes zurück. Für Nikolaus II. hingegen bedeutete es eine Konzession. Die zweite Duma hatte seine Geduld ungeheuer strapaziert, so daß er sich mehr denn je versucht fühlte, diese Institution abzuschaffen, die sich in seinen Augen so weit von einer echten Teilung der Macht entfernt hatte. Doch hätte die Abschaffung der Duma einen handfesten internationalen Skandal bedeutet. Nikolaus wurde deshalb rasch klar, daß er mit einem kontrollierbaren Parlament als Machtanhängsel besser bedient war. Ein Satz im Manifest vom 3. Juni 1907 unterstrich den geistigen Ursprung der Gesetzesvorlage und ihrer Ausführungsbestimmungen: »Die Duma muß gemäß russischen Denkens handeln.« Dieser Satz bedeutete nichts anderes, als daß ihr schlicht verboten wurde, sich als Volksvertretung nach westeuropäischem Muster zu fühlen.

Das neue Gesetz hatte Sergej Kryjanowski, der Assistent Stolypins und gleichzeitig wichtigste Berater des Zaren in diesen Fragen, ausgearbeitet. Dem Text lagen einige einfache Einsichten zugrunde: Die Zensusbestimmungen sollten verschärft und die Zahl der Abgeordneten aus den Reihen der Bauern, der Arbeiterschaft und der Nationalitäten sollte verkleinert werden. Im Klartext bedeutete das Gesetz eine Steigerung der Zahl der »Wahlmänner«, die von den Großgrundbesitzern gestellt wurden, um ein Drittel. Politischer Einfluß war ab jetzt an das Vermögen gebunden. Die Bauern hingegen büßten die Hälfte ihrer Vertreter ein. Die Zahl der Städte, in denen direkt gewählt wurde, sank von 21 auf sieben. Am schlimmsten aber traf es die nationalen Volksgruppen, von denen einige wie Zentralasien aus den künftigen Parlamenten völlig verdrängt wurden, während der Kaukasusregion und Polen nur noch ein Drittel ihrer ehemaligen Sitze im Parlament verblieben.

Der Erlaß dieses Wahlgesetzes ohne die Konsultation des Parlaments sei sein gutes Recht, hielt der Zar seinen Kritikern entgegen, denn alle Reformen, insbesondere jene zur Schaffung eines Parlaments, gingen ja schließlich auf seinen eigenen Willen zurück. So wie er 1905 das Recht besessen habe, ein Wahlgesetz einzuführen, so stehe ihm 1907 auch das Recht zu, es zu ändern. Dieser Gedankengang, der auch deutlich im Manifest vom 3. Juni zum Ausdruck kam, war nicht aus einem vorübergehenden Anfall von schlechter Laune des Zaren entstanden, sondern muß als eine grundsätzliche Einstellung zu Reformen und Verfassung betrachtet werden. Das Wort »gewähren«, das ganz bewußt in sämtlichen offiziellen Verlautbarungen des Zaren vorkam, beseitigte jeglichen Zweifel, daß man demokratische Reformen lediglich als eine *Schenkung* der Staatsspitze betrachten dürfe und keinesfalls als Ergebnis einer Übereinkunft oder gar eines Vertrags zwischen Staatsmacht und Gesellschaft. Allerdings hatten die Bürger Rußlands aus den vergangenen beiden Jahren, in denen sie zwei Wahlen mit einem mehr oder weniger liberalen Wahlmodus erlebt hatten, einige Erfahrung gesammelt und dementsprechend gelernt, während der Zar weiterhin auf seiner ursprünglichen Meinung beharrte. Der Graben, der ihn von seinen Untertanen trennte, verbreiterte sich immer mehr.

Doch das Wahlresultat bestätigte seine Bestrebungen, das Schicksal in eine bestimmte Richtung zu zwingen. Die dritte Duma trat am 1. November zum ersten Mal zusammen – ihre politische Achse hatte sich stark nach rechts verlagert. Sie umfaßte nun insgesamt 422 Abgeordnete, die sich unter anderem in 154 Oktobristen und 70 Anhänger verschiedener Rechtsparteien aufteilten. Damit wurde sie im großen und ganzen von einer Mitte-Rechts-Mehrheit beherrscht. Die »Kadetten« verfügten nur noch über 54 Sitze – sie waren wiederum stark abgerutscht – und die Sozialisten über 32 Mandate, die sich weiter aufteilten unter den Sozialdemokraten und der Arbeiterpartei. Die Sozialrevolutionäre waren in der dritten Duma nicht vertreten, weil sie die Wahlen boykottiert hatten. Da das Wahlgesetz von vornherein ein russisches Parlament vorsah, zogen nur 36 Abgeordnete der verschiedenen anderen Nationalitäten in die dritte Duma ein, also nicht mehr als das gesetzlich vorgesehene Mindestmaß.

Auch das neue Parlament mußte sich zwar erst noch an Disziplin gewöhnen, aber in seiner Zusammensetzung war es doch ein einfacherer Gesprächspartner für Stolypin. Als größte Fraktion in der Duma profitierten die Oktobristen von der Gunst der staatlichen Macht und »besetzten« die wichtigsten Ausschüsse Finanzen und Verteidigung. Mit Nikolai Chomiakow stellten sie auch den Präsidenten der Duma. Bei den Sitzungen verfolgten sie eine raffinierte Strategie: Da sie sich in zwei Lager – ein rechtes und ein linkes – aufteilten, konnten sie sich wie auf einer Wippe immer auf der Entscheidungsebene halten – so mit ihrem linken, den »Kadetten« zuneigenden Flügel oder mit ihrem rechten Flügel, wenn er zusammen mit der extremen Rechten die Mängel des Parlamentarismus anprangerte. Die Spaltung der Fraktion in zwei Lager war kein Zufallsprodukt; sie verdeutlichte vielmehr die heterogene Zusammensetzung der Oktobristen, deren Vorsitzender Alexander Gutschkow den Dumavorsitzenden Chomiakow schon sehr bald in seinem Amt beerbt hätte, weil der sich als rechtslastig herausstellte und unfähig war, Debatten mit der nötigen Gelassenheit zu leiten. Doch Gutschkow mißfiel sowohl dem Zarenhof als auch den Extremisten in der Duma, weil er das politische System Rußlands unablässig als *konstitutionelle* Monarchie bezeichnete.

Bemerkenswert an diesem Parlament war die Dauer seiner Amtszeit – die längste in der Geschichte Rußlands. Nach seiner konstituierenden Sitzung im Jahre 1907 amtierte es während der gesamten Dauer der gesetzlich vorgeschriebenen Legislaturperiode und umschiffte die Gefahr seiner Auflösung mit Erfolg. Auch wenn die dritte Duma durchaus Schwächen wie die unzureichende Vertretung aller gesellschaftlichen Gruppen und Nachgiebigkeit gegenüber dem Druck der Staatsmacht aufwies, so bedeutete ihr langes Leben an sich schon einen beachtenswerten Fortschritt. Das Parlament war kein vergängliches Produkt des zaristischen Willens mehr, sondern ein eigenständiges Organ, dessen Entwicklung von Gesetzen bestimmt wurde. Obwohl nur beschränkt unabhängig, ließ es hoffen, daß es als Institution aus dem politischen System Rußlands nie mehr verschwinden würde, gab es doch für den politischen Fortschritt und die Bewußtseinsbildung nichts der institutionalisierten Stabilität Gleichwertiges.

Mit einem solchen Parlament an seiner Seite konnte Stolypin endlich seine Pläne in die Tat umsetzen. Es wäre ein großer Fehler, die gesetzgeberische Tätigkeit der dritten Duma zu unterschätzen, selbst wenn sie sich hauptsächlich auf die Zustimmung zu Regierungsvorhaben beschränkte.

Wie bereits erwähnt, drehte sich das gesamte Stolypinische Reformsystem um die Reform des Bodenbesitzes. Die Überlegungen des Premierministers fußten auf der Überzeugung, daß sich das Mir-System auf die Entwicklung der Landwirtschaft und der Bauern verheerend auswirkte.

Stolypins Auffassungen zu diesem Thema als dem Kern der Gesamtvision dieses wahrhaft russischen Staatsmannes – möglicherweise des größten, den Rußland jemals hatte – sind nicht zu verstehen, wenn man nicht gleichzeitig sein gesamtes Reformvorhaben im Blick hat. Stolypin war überzeugt, daß Rußland nach 1905 in eine neue Ära eingetreten war, die sich von seiner bisherigen Geschichte völlig unterschied; deshalb mußten alle Elemente des neuen Rußlands fest verankert werden. Darüber hinaus spürte er, was ja auch das Jahr 1905 so brutal verdeutlicht hatte, daß das Land an einer Wegkreuzung stand, ihm aber zu wenig Zeit blieb, um sich genau zu überlegen, welchen Weg es nun einschlagen wollte: Revolution oder Reform? – Das war die Frage. Noch schien die Wahl einfach, nicht zuletzt aufgrund der Tatsache, daß sie sich seit 1905 eher als ein Wettrennen zwischen beiden Alternativen darbot. Als kultivierter Mensch, der sich in der Geschichte sowohl seines eigenen Landes als auch in der anderer Nationen gut auskannte – was ihn übrigens von vielen anderen der Staatsoberschicht unterschied –, war sich Stolypin bewußt, daß die Zeit der langsamen Entwicklungen oder gar des *Stillstands* für Rußland abgelaufen war. Die gegenüber seiner bisherigen Geschichte rascher verlaufende Zeit nahm nicht etwa einfach nur einen neuen Kurs, sondern stürzte geradewegs von dannen. Stolypin mußte gegen die unendliche Weite Rußlands und die zum Teil daraus entstehende Apathie ankämpfen, und er wußte genau, daß er für seine Pläne nicht über genügend *Zeit* verfügte. Von allen Menschen, die in den unruhigen Zeiten der Herrschaft Nikolaus' II. mit dem Problem der Anpassung an eine neue Ära zu kämpfen hatten, war Stolypin mit Sicherheit der einzige, der die Bedeutung des Faktors *Zeit* für große Vorhaben erkannt hatte und in Kategorien wie Dringlichkeit dachte.

Auf der Seite des politischen Gegners, im Lager der Revolutionäre, dachte mit Lenin ebenfalls ein Mann in diesen »Dringlichkeitskategorien«, dessen gefährlichster Feind Stolypin war, ohne daß dieser es womöglich wußte. Was sich Lenin über die Dimension Zeit im historischen Wandel dachte, mochte sich mit der Auffassung Stolypins nicht immer decken. Bis ungefähr 1910 interessierte er sich für diesen Faktor eher aus einer Ungeduld und Eigenwilligkeit heraus. Im Gegensatz zu Marx und seinen Adepten glaubte Lenin nämlich, daß man die Zeit beschleunigen konnte, ja sogar beschleunigen *mußte*. Eines der großen Diskussionsthemen des russischen Marxismus in damaliger Zeit rankte sich um die Frage: Soll der Lauf der Dinge beschleunigt werden, oder sollen nur die gesellschaftlichen Kräfte auf ihn einwirken? Diese Frage indes berührte Stolypin nicht. Aber Lenin erkannte von 1910 an, nachdem er die Reformpolitik des Ministerpräsidenten genauer betrachtet hatte, daß zwischen dem Reformator und den Revolutionären ein Wettrennen begonnen hatte und ihm nur eine sehr geringe Zeitspanne blieb, um Reformen zu verhindern und das Zarenreich in eine Revolution zu führen. Ein direkter Kampf zwischen diesen beiden Männern, die Rußlands Schicksal auf so unterschiedliche Weise bestimmten, fand in der Realität nicht statt, obwohl sich ihre Konfrontation während der gesamten Legislaturperiode der dritten Duma abspielte.

Die Agrarreform

Stolypin ging bei seinen Planungen stets von dem geringen intellektuellen Niveau der russischen Bevölkerung aus, die gerade dadurch für die eingeleitete Modernisierung völlig ungeeignet schien. Diese konnte seiner Überzeugung nach nur gelingen, wenn sich die Gesellschaft in der Lage sah, jene Institutionen sinnvoll zu nutzen, die ihr 1905 oktroyiert worden waren. Doch der größte Teil der Bevölkerung lebte und arbeitete auf dem Lande und hatte somit den größten Rückstand aufzuholen. Also mußte diese Schicht als erste verändert werden. Wenn dies nicht gelang, erübrigte sich ohnehin jegliche Verfassung. Das Zarenreich war schon immer ein Gebilde gewesen, das sich aus einer unzivilisierten Gesellschaft und einem scheinbar politischen System zusammensetzte, oder anders ausgedrückt: Rußland stellte eine Pyramide mit einem sehr schwachen Sockel dar, dessen Brüchigkeit der Krimkrieg, der russischjapanische Krieg und die anarchistischen Ausschreitungen des Jahres 1905 verdeutlicht hatten.

In Stolypins Augen litt die Bauernschaft unter zwei Übeln: Sie lebte – erstens – in dem beklagenswerten Mir-System der dörflichen Zwangsgemeinschaft und besaß daher – zweitens – auch keinen Sinn für Eigentum. Natürlich verlangten die Bauern auf der einen Seite mit großem Geschrei mehr Boden. Auf der anderen Seite aber fühlten sie sich im Schutze ihres Dorfes auch recht wohl, was sie von jeglicher Verantwortung befreite und alle auf die gleiche Ebene stellte. Neuen Boden wollten die Bauern nur im Rahmen dieses Systems erwerben. Wie aber konnten sie sich aus dieser Gedankenwelt befreien, in der sie seit 1861 durch ihr Statut gefangen waren? Und hier setzte Stolypins Agrarreform an: Er wollte die Dorfgemeinschaften auflösen sowie die landwirtschaftlichen Nutzflächen neu und nach anderen Kriterien verteilen, um so die Entstehung einer neuen Klasse von Landbesitzern auf dem Lande zu fördern. Dazu aber mußte trotz aller lautstarker Widerstände das bisherige Besitzsystem geändert werden. Man mußte große Güter teilweise enteignen und Mittel finden, um die notwendigen Entschädigungen und Einrichtungen zu finanzieren – ein offensichtlich komplexes Problem. Die landwirtschaftlichen Reformmaßnahmen der Jahre 1906 und 1907 versuchten, darauf eine Antwort zu geben.

Das erste Gesetz zur grundlegenden Verbesserung der Situation der Bauern, dem noch eine Reihe weiterer folgen sollte, wurde am 4. März 1906 verabschiedet und verfügte die Einsetzung von *Kommissionen zur Bodenorganisation*. Am 5. Oktober erkannte ein neues Gesetz den Bauern die volle bürgerliche Gleichstellung zu. Künftig konnten sie sich frei bewegen und ihr Dorf verlassen, wodurch die gutsherrlichen Landeshauptleute natürlich ihre Macht verloren. Damit waren auch die letzten Reste der Leibeigenschaft beseitigt, die man übrigens mit Ausnahme einiger Einschränkungen, die die geistige Entwicklung der Bauernschaft hemmten, bereits fünfundvierzig Jahre zuvor abgeschafft hatte.

Endgültig besiegelt wurde der ganze Vorgang durch das Gesetz vom 9. November 1906, das die neuen Besitzmodalitäten festlegte. Es unterschied zwei Typen von Landgemeinschaften. Für die Dörfer, die die Böden regelmäßig neu verteilten, sah die Reform das Recht eines jeden Bauern vor, jene Flächen für sich zu fordern, für die er über einen Rechtstitel verfügte. Er konnte sogar die Zuteilung von nicht-parzellierten Gemeinschaftsflächen verlangen. In den Dörfern hingegen, die ihre Äcker und Wiesen nicht regelmäßig neu verteilten, konnten die Bauern ihren Besitzanspruch auf die von ihnen bewirtschafteten Böden geltend machen. Damit bestimmten sie ihre Zukunft selbst, ohne dafür wie früher auf die Zustimmung der Dorfgemeinde angewiesen zu sein. Sie konnten also ihren eigenen Grundbesitz geltend machen oder in der Gemeinschaft bleiben. Es stand ihnen aber auch frei, ihre Nutzflächen zu verkaufen, um sich neue Perspektiven entweder in den Städten oder in dem vom Staat als so verheißungsvoll gepriesenen Sibirien zu suchen. Schließlich bestimmte das Gesetz noch, daß die Bauern, die ihr Dorf verließen, die Nutzrechte am dörflichen Gemeinschaftsgut (Wiesen, Weiden und Wälder) behielten. Nach 1911 konnten sie ihren Anteil daran sogar gerichtlich einfordern.

Finanzielle Maßnahmen flankierten diese liegenschaftsrechtlichen Bestimmungen. So brauchten die Bauern die rückständigen Jahresraten für ihren Freikauf nicht mehr zu bezahlen. Die bäuerliche Bodenbank gewährte den Bauern Kredite zu einem besonders günstigen Zinssatz, um sie zur Erweiterung ihres Grundbesitzes per Zukauf neuer Flächen zu ermuntern.

Sofort aber tauchte ein Problem auf: Gab es überhaupt genug Grund und Boden, um die Nachfrage der Bauern zu befriedigen? Da Stolypin den Forderungen der Sozialisten nach allgemeiner Enteignung nicht nachgeben wollte, konnte er nur zwei Maßnahmen zur Vergrößerung des privaten Grundbesitzes ergreifen, die er beide verwirklichte: den Verkauf von Staatsland oder dörflichem Grundbesitz und die Gewährung von finanzieller Unterstützung für Neusiedler in Sibirien; und auf diese Karte setzte er besonders.

Im Jahr 1907 brachen daher etwa 650000 Siedler nach Sibirien auf, wo Boden in grenzenloser Fülle zur Verfügung stand. In den Folgejahren pendelte sich dieser Exodus auf ungefähr 300000 Siedler pro Jahr ein. Im Gegenzug verließen allerdings jährlich mehrere 10000 Menschen Sibirien aus Enttäuschung über die materiellen Schwierigkeiten und die zur landwirtschaftlichen Erschließung dieses Landes notwendigen Anstrengungen wieder.

In ihren Zielen und ihrer Tragweite beeindruckte diese Agrarreform, die auf gleich zwei Erwartungen aufbaute. Da war zum einen die soziale Seite: Stolypin beabsichtigte die Entstehung einer modernen Bauernschaft innerhalb des Riesenreservoirs der gesamten ländlichen Bevölkerungsschicht. In ihrer Funktion als Grundbesitzer sollten sie allen anderen Landbewohnern als Vorbild dienen und diese dadurch mit der Zeit ebenfalls emporziehen. Zum anderen die moralische Seite: Stolypin setzte auf die fleißigen und alkoholabstinenten Bauern, die in dieser Zeit wahrscheinlich die Minderheit der Landbevölkerung stellten, in der Hoffnung, daß ihr materieller Erfolg die geradezu sprichwörtliche Trägheit und der Alkoholkonsum der russischen Bauern besiegen würde, die unzählige Reisende aus dem Ausland um die Wette ausgemalt und mit Verachtung überzogen hatten. Hatte nicht schon 1834 der französische Reisende Jean-Baptiste Nay ohne Umschweife festgestellt, daß »der russische Bauer ein Trunkenbold« sei? Hatte nicht der Sohn eines Leibeigenen gegenüber Alexandre Dumas d. Ä. in einem Gespräch betont, er sei »weder ein Trunkenbold noch ein Faulpelz, noch ein Spieler«? Reisende wie die beiden Genannten mögen oberflächlich und vorschnell geurteilt haben, doch Stolypin wußte sehr wohl, daß es galt, derartige Lebensgewohnheiten auf dem Lande auszumerzen, die Witte durch seine Alkoholsteuer eher bestärkt als abgebaut hatte.

Die durch das Gesetz vom 4. März 1906 eingesetzten Bodenkommissionen standen oft vor dem Problem, die Bauern von den Vorteilen einer Trennung von ihrem Mir zu überzeugen. Ein größerer Widerspruch ließ sich kaum denken. Stolypins Reform befreite die Bauern von ihrem größten Zwang, doch diese fühlten sich innerlich daran gebunden und vermochten sich nur zögerlich von ihren Gewohnheiten zu lösen.

Am Vorabend des Ersten Weltkrieges präsentierte sich die Bilanz dieser Anstrengungen zur Schaffung eines Bauernstandes mit eigenem Grundbesitz als bescheiden und bemerkenswert zugleich. Zweieinhalb Millionen Bauern hatten ihren Dörfern den Rücken gekehrt, um sich als selbständige Grundbesitzer niederzulassen. Das entsprach etwa einem Viertel aller ländlichen Haushalte. Wenn wir noch jene hinzuzählen, die in Regionen lebten, wo es das übliche Mir-System nicht gab, dann würde die Gesamtzahl der Kleingrundbesitzer eine nicht unerhebliche Größe ergeben. Bezogen auf das gesamte Zarenreich hingegen stellte die von Stolypin mit allen Kräften geförderte grundbesitzende Bauernschicht am Vorabend des Krieges nur eine Minderheit, und gerade darin lag auch einer der Gründe ihrer Schwäche in der Stunde der großen Abrechnung.

Es gab indes auch andere Gründe für die relativ bescheidene und daher prekäre Bilanz der Stolypinischen Agrarpolitik. Die Dörfer pflegten zumeist weit auseinanderliegende Äcker an ihre Bauern zu verteilen und trugen damit zur schlechten Ertragslage der russischen Landwirtschaft bei. Wenn sich nun einzelne Landwirte zum Austritt aus ihrer Dorfgemeinschaft entschlossen, erhielten sie trotz inständiger Bitten meist mehrere Parzellen (*otrub*) anstatt einer zusammenhängenden und daher einfacher zu bewirtschaftenden Fläche (*chutor*) als Privatbesitz. Die entgegen den Wünschen der Kommissionen und der Väter der Reform schleichende Dominanz der *otrub*- gegenüber der *chutor*-Lösung hatte zur Folge, daß vielen der unabhängigen (Neu-)Bauern der von Stolypin erhoffte Erfolg versagt blieb und somit den Mentalitätswandel als Ziel dieses eigentlich überzeugenden Modells von Grundbesitz in Bauernhand verhinderte. Immerhin erleichterten die jährlichen Abwanderungen von ungefähr drei Millionen Neusiedlern nach Sibirien den Druck auf den verfügbaren Grundbesitz im Altsiedelland.

Die guten Ernten in den Vorkriegsjahren blieben zwar noch weit hinter jenen der Agrarländer in Westeuropa zurück, aber die Ertragssteigerungen ermutigten die unabhängigen Bauern in ihren Bestrebungen trotzdem. Es wäre allerdings unangebracht, sich allein auf der Grundlage der wirtschaftlichen Ergebnisse ein ausgewogenes Urteil über die Politik bilden zu wollen. Gemessen am ursprünglichen Vorhaben gab es 1914 in Rußland zweifelsohne zu wenig bäuerliche Grundbesitzer; außerdem waren die ihnen gehörenden Flächen zu klein und lagen zu weit auseinander. Auch der technische Fortschritt, das heißt die Verbindung aus verbesserten Kenntnissen der Voraussetzungen einer modernen Landwirtschaft und dem Kauf entsprechender Maschinen und anderer technischer Ausrüstungsgüter, ging nur schleppend voran. Vor allem aber war es Stolypin letztendlich nicht gelungen, die Denkweise und Lebensform der großen Masse der Bauern in Bewegung zu bringen, die in ihren Dörfern wie in einem Kokon lebten, die Wagemutigen scheel beäugten und ihnen vorwarfen, die Dorfgemeinschaft durch ihre Forderungen in die Armut getrieben zu haben.

Aus diesem Vorwurf entstand später die Bewegung »der armen Bauern«, die die Bolschewiken in den zwanziger Jahren gegen die sogenannten *Kulaken* (Großbauern) aufhetzten. Der Klassenkampf auf dem Land entstand nicht zuletzt aus der Agrarreform Stolypins. Seine Schwierigkeiten bei der Unterstützung der Bauernschaft auf ihrem ungewissen Weg in die persönliche Unabhängigkeit via Grundbesitz erhellen und erklären die Probleme seines späten Nachfolgers Boris Jelzin, der sich bei dem Abenteuer der *Dekollektivierung* mit den gleichen Widerständen konfrontiert sieht. Nach einem dreiviertel Jahrhundert des kollektiven Lebens in einer Kolchose oder Sowchose erweist sich der russische Bauer des ausgehenden 20. Jahrhunderts als ebenso ängstlich wie jener zu Beginn des gleichen Jahrhunderts, wenn es für ihn darum geht, die Gemeinschaft zu verlassen und die ihm angebotenen neuen Nutzflächen in Besitz zu nehmen. Seine Bedenken heute gleichen jenen, die schon Stolypins Reform bremsten: Die Gemeinde (oder die Sowchose) beschützt uns; was würde aus mir, wenn ich allein eine schlechte Ernte einfahren müßte und wenn ich meine Schulden nicht mehr bezahlen könnte? Auch die Sowchose oder Kolchose reagiert nicht anders als der Mir vor ihr, wenn ein Mitglied beim angebotenen Privatbesitz zugreift: Einem derartigen Abenteurer überläßt man nur weit auseinanderliegende oder ertragarme Äcker. Das war früher nicht anders als heute. Hatte er trotzdem Erfolg, brannte man gegebenenfalls seine Ernte, seinen Hof und seine Ställe ab. *Der Muschik von Archangelsk*, ein Film aus der Zeit des Zerfalls der Sowjetunion, der die Geschichte eines Anwärters auf privates Grundeigentum erzählt, könnte ebensogut die Hindernisse und Enttäuschungen der Agrarreform Stolypins illustrieren.

Gerade deshalb darf das Hauptproblem, an dem Stolypin scheiterte, nicht übersehen werden. Die Unzulänglichkeit seiner reformerischen Maßnahmen resultierte aus dem Zeitmangel, den er vorausgesagt hatte. Vier Jahre nur lagen zwischen der Vorstellung der Reformen vor der Duma und dem Tod ihres Urhebers – nach ihm veränderte sich alles. Und nur sieben Jahre trennten die Debatte über die Agrarreform in der Duma vom Kriegsausbruch, der den Wandel im Zarenreich erstarren ließ. Konnte sich eine derart vielköpfige, inhomogene und schwerfällige Gesellschaft innerhalb so kurzer Zeit so gründlich ändern? Bildlich gesprochen, tauchten zwischen 1911 und 1914 Bauernhöfe in privater Hand im Meer des dörflichen Kollektivbesitzes nur als einzelne Inseln auf. Jenen, die das Wagnis eingegangen waren, und dabei handelte es sich übrigens oft um die Ärmsten der Armen, die den Sprung ins Ungewisse tatsächlich machten, hätten ein paar Jahre mehr vergönnt sein müssen, um auf ihre Kosten zu kommen und einen kleinen Gewinn daraus zu ziehen.

Nachdem die Agrarreform beschlossen und auf den Weg gebracht worden war, stand als nächste Aufgabe die Homogenisierung der Regierungspolitik mit dem Verfassungsorgan Parlament an. In der Tat hatte Stolypin im Zeitraum zwischen der Auflösung der zweiten Duma und der Einführung der dritten Duma gehandelt und dabei auf die Zustimmung eines nach seinen Vorstellungen »weise« gewählten Parlaments gesetzt. Die zahlreichen Gesetze, die ohne Mitwirkung der Volksvertretung beschlossen wurden, zeugten nicht unbedingt von einem ausgeprägten Verfassungsdenken. Doch dieses Vorgehen entsprach sowohl der gebotenen Eile als auch der übereinstimmenden Grundhaltung Nikolaus II. und Stolypins. Der Zar empfand wenig Skrupel, ohne parlamentarische Zustimmung zu regieren; es erschien ihm viel eher normal, denn er verspürte gegenüber einer gewählten Volksvertretung noch immer die gleiche mentale Blockade, zumal ihm das Beispiel der ersten und zweiten Duma nicht mit dem parlamentarischen System auszusöhnen vermochte. Ganz anders hingegen sein Ministerpräsident, der zwar auch nicht zu den Anhängern des Parlamentarismus zählte, aber die Volksvertretung trotzdem in seine Politik einbinden wollte. Er stand jedoch unter Zeitdruck, und deshalb prägte sein Handeln der Widerspruch zwischen dem Willen, die institutionellen Formen zu respektieren, und andererseits dem Gefühl, daß die Zeit drängte.

Am 10. Mai 1907 trat Stolypin also vor die frisch gewählten Parlamentarier, um für seine Agrarreform und die ihr zugrundeliegenden Voraussetzungen zu werben. Die dritte Duma war, was man im Französischen eine »unsichtbare Kammer« nennt; wie also konnte sie anders handeln, als jenen Mann zu unterstützen, der »Reformen und nicht die Revolution« für Rußland anstrebte. Diese Volksvertretung, die sich die Regierung so sehr gewünscht hatte, setzte sich vor allem aus Honoratioren zusammen, die die Bemühungen der Obrigkeit unterstützten wollten, anstatt sich in reiner Opposition zu verlieren, und sie erwies sich als überaus aktiv und kompetent. Verschiedene Fachkommissionen prüften die vom Ministerpräsidenten vorgelegten Projekte; gleichzeitig entwickelten sich im Plenum Debatten, die als ernsthafte parlamentarische Tätigkeit zu werten sind. Die dritte Duma diskutierte 2500 Gesetzesvorlagen der Regierung und präsentierte aus ihren Reihen über 200 Anträge. Sie zögerte auch nicht, die Regierung gegebenenfalls zur Rede zu stellen, wobei es zu vielen interessanten Aussprachen kam.

Stolypins Aufmerksamkeit erstreckte sich nicht allein auf den Agrarsektor – bei weitem nicht. Er brachte zahlreiche flankierende Initiativen zu bestehenden Gesetzen ein, die auf eine Veränderung des gesellschaftlichen Lebens im Zarenreich abzielten. In diesem Sinn erörterte die dritte Duma sehr oft Aus- und Fortbildungsmaßnahmen für die Bevölkerung, obwohl den von ihm initiierten Projekten bezüglich der Erweiterung des Sekundarunterrichts für Kinder aus armen Verhältnissen kein Erfolg beschieden war. Die Grundschulausbildung profitierte von den Bemühungen der Semstwos und der städtischen Versammlungen am meisten, selbst wenn der erteilte Unterricht inhaltlich zu wünschen übrigließ. Die Alphabetisierung der Generation der Agrarreformen hingegen gestaltete sich als großer Erfolg. Hatten zu Beginn des Jahrhunderts die Berichte der Kommission zur Überprüfung von Rekruten noch festgestellt, daß weniger als die Hälfte der zur Armee Einberufenen weder lesen noch schreiben konnte, so stieg der Anteil derer, die dies nun beherrschten, auf 75 Prozent.

In der gleichen Zeit erfuhr das Universitätsstatut zwar keine grundsätzliche Veränderung, aber seine Regeln wurden je nach Agitationsfreudigkeit der Studenten entweder liberal-wohlwollend oder eher repressiv ausgelegt. Im großen und ganzen aber bleibt festzuhalten, daß der Wunsch zur Hebung des intellektuellen Niveaus der Gesellschaft im universitären Bereich noch durch die Eröffnung neuer

Hochschulen unterstrichen wurde. In den Jahren 1908 und 1909 eröffneten in Moskau und Saratow zwei Universitäten, die eine in freier und die andere in staatlicher Trägerschaft, ihre Pforten. Andererseits setzte der neue Minister für Wissen und Bildung, Schwartz, wieder die Bestimmungen, die jüdische Studenten diskriminierten, in Kraft, die man 1905 ausgesetzt hatte, und löste dadurch eine heftige Debatte innerhalb der Duma aus. Sprecher aller politischen Fraktionen forderten unisono die Beibehaltung der liberalen Bestimmungen. In der Tat herrschte zu diesem Zeitpunkt allgemeine Ruhe an den Universitäten, und niemand wünschte das erneute Aufflackern von Studentenunruhen.

Stolypin bricht mit der Duma und dem Zaren

Die dritte Duma erschien nach außen hin zwar wie eine Honoratiorenversammlung, aber das hinderte sie nicht, sich mit Stolypin in den Bereichen Verteidigung und Semstwos heftigst zu überwerfen, die zumindest auf den ersten Blick weit außerhalb seiner politischen Interessen lagen. Diese Auseinandersetzungen brachten eine politische Krise ins Rollen, die das Ende seiner Regierungszeit einläutete.

Für die ersten beiden Dumaversammlungen, die einer revolutionären Zukunftsvision anhingen, existierte das Problem der Landesverteidigung nicht. Die Armee wurde schlicht als Stütze der zaristischen Autokratie betrachtet. Die dritte Duma hingegen vertrat die Meinung, daß die Modernisierung der Armee ein Bestandteil der allgemeinen Modernisierungsmaßnahmen des Landes sei, und beschäftigte sich deshalb fortgesetzt mit diesem Thema – entweder im Verteidigungsausschuß unter der Leitung Gutschkows oder in den Plenardebatten, die sich häuften, als die Balkankrise wieder einmal die Verwundbarkeit der russischen Streitkräfte entlarvte. Die Erinnerung an den Krimkrieg und die schmachvolle Niederlage im Fernen Osten

schwebten wie ein böser Engel über den parlamentarischen Debatten und verstärkten sich noch in den Jahren
1909/1910, als die internationale Lage immer bedrohli-
cher wurde. Stolypin entschloß sich, die Duma über Kredite für die Armee und die Marine abstimmen zu lassen,
und fand dabei die Unterstützung Gutschkows. Mit dem
1909 ernannten Kriegsminister, General Suchomlinow, geriet er allerdings rasch in Konflikt, weil dieser die Meinung
vertrat, daß für militärische Angelegenheiten allein der Zar
zuständig sei und sie daher nicht in die Duma gehörten.
Diese Ansicht teilten auch rechtsextreme Abgeordnete, deren Sprecher Purischkewitsch sich Diskussionen über einen Bereich verbat, der »allein dem autokratischen Oberhaupt der russischen Armee vorbehalten ist«.

Im Mittelpunkt der ausbrechenden Krise stand die Frage der – zugegebenermaßen – unklaren Kompetenzverteilung zwischen Zar, Regierung und Parlament, aber sie
berührte auch die Hintergedanken der wichtigsten Akteu-
re in der russischen Politik und brachte Stolypin an den
Rand des Bruches mit dem Zaren. Da es sich um eine entscheidende Frage für die Großmacht Rußland handelte,
bestanden die Abgeordneten darauf, sie in der Duma zu
behandeln. Manchmal allerdings verletzten sie den ihnen
vorgegebenen Kompetenzbereich, so als sie sich 1908 weigerten, den Haushalt der Marine zu verabschieden, oder
auch verschiedenen militärischen Sonderhaushalten nicht
zustimmten. Als sie im Jahr 1909 über Kredite und Projekte zur Aufrüstung der russischen Flotte debattierten,
mußten sie sich der Intervention des Staatsrats erwehren,
der sie der Einmischung in Bereiche beschuldigte, die allein
dem Zaren vorbehalten seien. In dieser Krise zwischen Duma und Staatsrat sah sich Stolypin in der unangenehmen
Lage eines Mannes, der von beiden Seiten der Illoyalität
geziehen wurde. Dabei keimte in ihm der Verdacht, daß
der Zar die Konfusion mit dem Ziel unterstützte, die Kompetenzen des Parlaments zu beschneiden, und ihn dabei
ohne sein Wissen für die Erreichung seines Ziels instrumentalisiert hatte. So wie Stolypin die Krise sah, waren

ihre beiden Aspekte für ihn unerträglich. Er entrüstete sich über die obskuren Machenschaften des Zaren und stemmte sich gleichzeitig gegen dessen Tricks gegenüber dem Parlament, die aus seiner Sicht das Vertrauensverhältnis zwischen ihm, dem Ministerpräsidenten und der Duma erschüttern sollten.

Die Semstwo-Krise war noch von ganz anderer Art: In ihr prallten Regierung und Parlament direkt aufeinander. Zwischen 1909 und 1910 hatte Stolypin ein Gesetz vorbereitet, das die Einführung der Landständeversammlungen auch in den westlichen Provinzen des Zarenreiches vorsah, zum Beispiel in Polen, wo man bei der Reform von 1874 aufgrund politischer Umstände auf diese Institution verzichtet hatte. Bereits seit seinem Amtsantritt hatte sich Stolypin mit diesem Gesetz gedanklich beschäftigt; im Mai 1910 hinterlegte er den entsprechenden Entwurf im Sekretariat der Duma. So wie es aussah, konnte er mit der Unterstützung des Parlaments rechnen, da dieses Projekt ursprünglich von den Oktobristen vorgeschlagen worden war.

Der Entwurf sah vor, daß alle sozialen Schichten zusammen, aber die Nationalitäten nach *Kurien* (eine für die Russen und eine für die Polen) getrennt abstimmen würden. Dieser Wahlmodus sicherte den Russen eine vorrangige Stellung zu, auch weil er für den Präsidentenposten der zu wählenden Landstände jeweils einen Russen bestimmte.

Die Oktobristen fügten eine Reihe Veränderungen in diese Vorlage ein, die samt und sonders die Wiederherstellung eines gewissen Gleichgewichts zugunsten der Polen vorsahen. Stolypin verteidigte seinen Vorschlag mit dem Argument, es sei an der Zeit, die historischen Rechte Rußlands in den Randregionen des Reiches zu schützen. Darin fand er die Zustimmung der Konservativen und der extremen Rechten. Bei der Abstimmung wurde sein Vorschlag schließlich mit einer sehr knappen Mehrheit angenommen und danach dem Staatsrat vorgelegt.

Die Debatte dort, von der sich Stolypin eine breite Zustimmung erwartete, bescherte ihm jedoch eine ebenso überraschende wie herbe Enttäuschung. Daß die Wellen während der Diskussion hochgingen, lag auch daran, daß das Gesetz die delikate Frage des Nationalitätenstatus im russischen Reich und hier speziell die Beziehung zwischen Russen und Polen berührte. Die einen warfen Stolypin vor, er bevorzuge die Russen auf Kosten der Polen, während ihn die anderen beschuldigten, den Nationalismus durch die Einrichtung zweier nationaler Kurien zu nähren. Am Ende mußte der Ministerpräsident mit ansehen, wie sein Gesetzesvorschlag abgelehnt wurde: 92 Räte hatten dagegen und 68 dafür gestimmt.

Aus dem Scheitern des Projekts im Staatsrat, einer Versammlung, die fest in der Hand des Zaren lag, folgerte der Ministerpräsident, daß die ganze Angelegenheit unter der Hand vom Hof aus gesteuert worden war. Dies erschien ihm als Beweis eines mittlerweile schleichenden Mißtrauens des Zaren ihm gegenüber. Auch verwirrte ihn sehr, daß seine ärgsten Gegner, Alexander Trepow und Pjotr Durnowo, nicht nur die Opposition im Staatsrat gegen diesen Plan angeführt hatten, sondern auch noch die besondere Gunst des Zaren zu genießen schienen. Stolypin irrte sich nicht, wenn er die Haltung des Zaren als offensichtlich sehr zwiespältig einschätzte. Obwohl er und der Präsident des Staatsrats den Wunsch des Zaren bezüglich der Annahme der Gesetzesvorlage verkündet hatten, ließ Nikolaus II. in den Tagen vor der Abstimmung eine ganze Reihe von Staatsräten wissen, daß sie sich bei der Stimmabgabe vollkommen frei fühlen sollten.

Stolypin war untröstlich, ja sogar wütend. Er überreichte Nikolaus II. sein Rücktrittsgesuch, das der Zar aber als verfrüht ablehnte, obwohl er in seinem Innersten den zu selbstsicheren Regierungschef loswerden wollte. Zar und Premierminister einigten sich schließlich auf einen Kompromiß, der zwar kaum dem Geist des Parlamentarismus entsprach, dafür aber einen Ausweg aus der Krise bot: Duma und Staatsrat wurden für drei Tage beurlaubt, und dafür trat Artikel 87 in Kraft, der den Erlaß des Gesetzes durch den Zaren ermöglichte. Die Reaktion der Duma erfolgte postwendend. Gutschkow trat als ihr Präsident zurück, und als am 15. März das Parlament wieder zusammentrat, übernahm der rechtskonservative Michail Rodsjanko ihren Vorsitz. Im Parlament fand Stolypin nun keinen so geeigneten Ansprechpartner mehr wie Gutschkow, und die Oktobristen sollten ihm diesen Verrat niemals verzeihen.

Das Ende und der Tod

Mit der Verabschiedung des Gesetzes hatte Stolypin alles verloren, seine Reputation als liberal denkender Politiker oder zumindest das, was davon noch geblieben war, und auch die Sympathie Nikolaus' II. Der Zar war zornig, weil er seinem Ministerpräsidenten in einer Entscheidung gefolgt war, die keinen – weder Liberale noch Konservative – zufriedenstellte. Mitten in der Semstwo-Krise hatte Stolypin seinen Rücktritt eingereicht, doch mit der Ablehnung des Gesuchs hatte der Zar den Abgang seines Ministerpräsidenten nur um wenige Wochen verzögert. Es brauchte nicht noch einmal formuliert zu werden, denn die Attentäter kamen dem zuvor. Am 1. September 1911 fiel Stolypin während einer Vorstellung in der Kiewer Oper vor den Augen der Zarenfamilie den Schüssen Dimitrij Bogrows zum Opfer. Bei dem Mordschützen handelte es sich um eine zwielichtige Gestalt: Er war Anarchist, verkehrte in den Kreisen der Sozialrevolutionäre, arbeitete aber auch für die Geheimpolizei. Dieser so simple Mord bestätigt, was das Opfer nur kurze Zeit zuvor selbst geäußert hatte, nämlich daß es die Polizei übernehmen werde, den Zaren von seinem in Ungnade gefallenen Ministerpräsidenten zu befreien. Wie so oft in der Geschichte, vor allem in der Rußlands, wurden solche Morde trotz der Bemühungen eigens eingesetzter Untersuchungsausschüsse nie restlos aufgeklärt. Sie pflegen nur eine Anzahl von Gerüchten zu nähren, deren unglaubwürdigste Version in diesem Fall die war, daß die Hoheiten selbst den Mord angestiftet hätten.

Die Nachkommen Stolypins ließen es sich trotzdem nicht nehmen, auf die Gleichgültigkeit des Zaren angesichts des Ablebens seines Ministerpräsidenten hinzuweisen, den Nikolaus II. nur vier Jahre zuvor mit so großem Wohlwollen empfangen hatte. Die Mutter des Zaren, die ihren Sohn gut kannte und seine Launenhaftigkeit gegenüber jenen bedauerte, die eng mit ihm zusammenarbeiteten, hatte während der Märzkrise notiert: »Mit der Zeit nimmt die Feindseligkeit des Zaren gegenüber Stolypin zu. Stolypin scheint heute zu gewinnen, doch das wird nicht lange dauern. Man wird ihn bald entlassen, und das wird sich als großes Unglück für den Zaren und für Rußland erweisen.« Sie schloß mit den Worten: »Mein armer Sohn hat wirklich keine glückliche Hand mit den Leuten.«

Dieser Mord beendete nicht nur das Leben Stolypins, er schloß auch ein Kapitel in der russischen Geschichte ab, nämlich den Versuch der Errichtung einer liberalen Herrschaft. Selbstverständlich gehorchte dieser »Liberalismus« seinen eigenen, eben für Rußland typischen Gesetzen. Die Notwendigkeit, den Terrorismus zu bekämpfen oder ihm vorzubeugen, sowie die unruhige Stimmung im Land hatten Stolypin ständig gezwungen, Repressionsmittel immer in Reichweite zu halten, nachdem er sie zu Beginn seiner Amtszeit so brutal eingesetzt hatte. Doch war nicht alles wild und brutal im Rußland jener Tage? Die Gewalt der Staatsmacht war sicher furchtbar. Aber die Gewalt des Terrorismus, die sich sogar im einfachen Bauern zeigte, der, aus seiner Erstarrung erwacht, alles um sich herum abschlachtete und zerstörte, machte aus diesem Land einen Einzelfall, auf den sich die klassischen und normalen Regierungsformen nur schwer anwenden ließen.

Bei diesem letzten Versuch der Modernisierung des Landes durch die Vermengung von autoritären und liberalen Herrschaftsmethoden war der Ministerpräsident an einer unkontrollierbaren Gesellschaft gescheitert, aber auch an der gesamten politischen Klasse, an erster Stelle aber am Zaren selbst. Daher muß das Verhältnis dieser beiden Männer genauer untersucht werden: Zu Beginn herrschte zwischen beiden ein tiefes Vertrauen, wahrscheinlich sogar Freundschaft, doch sie schlug ab 1908/1909 rasch in gegenseitiges Mißtrauen um und endete schließlich 1911 in der doppelten Machtprobe. Nach 1908/1909 litt der Zar unter der von seinem Premierminister unbeirrbar verfolgten Politik, die ihm in vielen Einzelaspekten bei weitem nicht behagte. Stolypin war ihm zu autoritär, zu persönlich in seinen Zielen, und er vergaß zu schnell, daß er letzten Endes nicht mehr war als der Ausführende des zaristischen Willens. Stolypin hingegen war von seinen Ideen außerordentlich überzeugt und unterstellte bei jedem Widerstand, auf den er beim Zaren stieß, daß dieser offenbar gegenteiligen Strömungen nachgegeben hatte oder gar das Opfer seiner eigenen Uneinsichtigkeit war.

Nach einer anfänglichen Periode des gegenseitigen Verstehens prallten der Wille Stolypins und der des Zaren aufeinander. Man hat sich in der Literatur angewöhnt, die Charakterschwäche des Zaren hervorzuheben. Schwach war er sicherlich, aber doch nicht ohne eigenen Willen oder Standfestigkeit. Darin liegt einer der großen Widersprüche seines Charakters. Nikolaus II. war nicht einfach halsstarrig. In den Angelegenheiten, die er für entscheidend wichtig hielt, wie das Wesen seiner Macht, seine Vorstellung von Rußland und dem Schicksal des Landes, bewies er einen unerschütterlichen Willen. Da er dies nicht verstanden hatte, glaubte Stolypin 1911 durchhalten und dem Zaren seine Ansichten aufzwingen zu können.

In jener Stunde, als der Premierminister die Entschlossenheit des Zaren mit seinem Rücktrittsgesuch testete, fielen zwischen ihnen folgende überaus erhellende Worte. Der Zar: »Beharren Sie nicht darauf, Sie müssen verstehen, daß die Annahme Ihres Rücktritts ein Präzendenzfall wäre. Wie würde eine nur mir verantwortliche Regierung dastehen, wenn die Minister bei jedem Konflikt mit der Duma oder dem Staatsrat gingen oder kämen?« Noch kurze Zeit zuvor hatte er erklärt: »Das Problem liegt nicht im Vertrauen. Es liegt in der Tatsache, daß wir in Rußland sind und nicht irgendwo anders. Daher kann ich nicht erlauben, daß man demissioniert.« Aus diesen Zeilen kann Nikolaus' II. ganze Auffassung von der Macht herausgelesen werden. Für ihn gründete die Autorität des Regierungschefs allein auf dem Willen des Zaren, und es interessierte nicht, was die Duma oder selbst der Reichsrat davon hielten. Daran war nicht zu rütteln, weil eben die Geschichte Rußlands bisher so verlaufen war. Damit wollte der Zar nicht irgendeinen Rückstand Rußlands andeuten, sondern einfach ganz klar auf einen für ihn grundlegend wichtigen Umstand hinweisen – eben die *nationale* politische Tradition.

So gesehen resultierte die Ungnade des Zaren gegenüber Stolypin letztlich nicht aus oppositionellen Einflüssen – diese blieben allenfalls zweitrangig. Sie hing vielmehr mit der Person des Ministerpräsidenten und seinen politischen Vorstellungen zusammen, die sich nicht vollständig mit den politischen Konzeptionen Nikolaus II. deckten.

Stolypins einsamer Kampf

Solange das Handeln (und nicht das Konzept) des Ministerpräsidenten dem Zaren für sein Land nützlich schien, gewährte er ihm Vertrauen und Unterstützung. Doch hatte Stolypin nicht schon 1908 die Aufgabe gelöst, die ihm übertragen worden war? Er hatte die öffentliche Ordnung wiederhergestellt und eine Reform der Landwirtschaft in die Wege geleitet. War das nicht genug? Mußte die Gesellschaft des Zarenreichs für Modernisierungspläne, deren Ziel in der Änderung ihrer Mentalität bestand, derart durcheinandergebracht werden? Genau an dieser Frage geriet Stolypin mit dem Zaren, den monarchistischen Eliten der Opposition und der Apathie der Gesellschaft aneinander. Kann man kann also sagen, daß er allein auf weiter Flur stand?

Wie bereits dargestellt, fühlte sich der Zar einer »nationalen« Prägung der politischen und gesellschaftlichen Entwicklung Rußlands stark verbunden. Er verdächtigte

Stolypin, diese Konzeption durch eine *westeuropäische* ersetzen zu wollen. Bei Hofe und in der Zarenfamilie teilten die Zarin (deren Einfluß auf die Politik Rußlands noch zu zeigen sein wird) und die »Onkel«, die bei wichtigen Debatten stets anwesend waren, einige einfache Auffassungen: Sie glaubten an die unmittelbare und geschichtliche Bindung der Bauernschaft an den Zaren. War es daher hinnehmbar oder gar vernünftig, die Mentalität des russischen Bauern durch den Umbau seines Lebensraumes, seiner Arbeits- und Lebensgewohnheiten zu verändern? In den Augen des Herrschers und seiner Umgebung bestand Stolypins vordringlichste Aufgabe in der Wiederherstellung von Ruhe und Ordnung und in der Ausübung seiner Funktionen als Regierungschef im Rahmen der bestehenden gesellschaftlichen Ordnung. Das Wort »Reform« hatte für Nikolaus II. und seinen Ministerpräsidenten nie exakt dasselbe bedeutet. Der Zar zeigte sich zwar offen für gewisse wirtschaftliche und gesellschaftliche Veränderungen, aber die Art und Weise der Beziehungen zwischen ihm und der Gesellschaft – vor allem der Schicht der Bauern – oder gar die Natur des bestehenden Systems standen für ihn nicht zur Disposition. Die Unstimmigkeiten zwischen dem Zaren und Stolypin entwickelten sich um diese quasi mythische Bindung in Form der persönlichen Treue zwischen dem Zaren und seinen Untergebenen. Nicht daß Stolypin sie jemals in Frage gestellt hätte, doch in seinen reformerischen Vorstellungen endete jeder Russe als Bürger, denn Stolypin wollte letzten Endes die Errichtung einer bürgerlichen Gesellschaft – dies aber hätte das totale Umkrempeln der kaiserlichen Vorstellungswelt bedeutet. All dies wurde so natürlich nie explizit dargestellt. Doch Nikolaus II. war zu klug, um die langfristigen politischen Konsequenzen der Stolypinischen Reformpolitik nicht zu erkennen oder sich gar damit abzufinden.

Die große Mehrheit des russischen Adels verhielt sich diesen Reformprojekten gegenüber indifferent. Sie beschäftigte vor allem zwei Probleme: der Erhalt der öffentlichen Ordnung und die Unversehrtheit ihrer Ländereien. Trotzdem wäre es vorschnell, sie für eine in sich geschlossene Gruppe zu halten, die sich gegenüber weitgreifenden und raschen Veränderungen unempfänglich und blind gezeigt hätte. Schon die Abschaffung der Leibeigenschaft hatte sie gezwungen, über ihre Beziehungen zu einer dem Gesetz nach freien, in ihrer Gedankenwelt jedoch unbeweglichen Bauernschaft nachzudenken. Die Privatarchive vieler russischer Familien enthüllen die je nach Familie sehr unterschiedlichen Beziehungsformen mit der Bauernschaft.

Eines der dafür interessantesten Beispiele bieten die Güter der Gräfin Sophie Panin, die im Jahr 1917 als Erziehungsministerin in die Regierung Kerenski aufgenommen wurde. Diese außerordentlich scharfsinnige Frau stand der »Kadetten«-Partei nahe und nahm sich der sozialen und moralischen Probleme energisch an. Bereits in den ersten Jahren dieses Jahrhunderts hatte sie mit der Durchführung von Reformen auf ihren Gütern begonnen. Sie verteilte aus eigenem Antrieb Äcker an ihre Bauern und unterhielt seit 1891 Kantinen mit unentgeltlichen Mahlzeiten für arme Schüler aus der St. Petersburger Umgebung. 1903 gründete sie ein »Volkshaus«, das täglich mehrere tausend Bedürftige, Schüler und auch Arbeiter aus der Umgebung und ihre Familien ernährte. Sie erhielten dort auch Unterricht im Lesen und Schreiben, außerdem standen ihnen Zeitungen, Bücher, Schachspiele und ein Theatersaal zur Verfügung. Hilfe an die Ärmsten, aber auch Unterricht, so lautete das Ziel dieser Initiative. Der Besitz der Gräfin Panin in der Gegend von Woronesch bot noch ein eindringlicheres Beispiel für die im Gang befindlichen Veränderungen auf dem Lande: Im Jahr 1861 verfügte ihre Familie dort noch über 39 000 Desjatinen, 1905 nur noch über 26 800. Die aus der Leibeigenschaft entlassenen Bauern bezahlten eine geringe Pacht, arbeiteten sonst jedoch völlig auf eigene Rechnung und durften weiterhin die sanitären und sozialen Einrichtungen nutzen, die sie errichtet hatte.

Natürlich ließ Sophie Panin sich nicht mit den üblichen Maßstäben messen. Im Jahr 1872 geboren, hatte sie jung geheiratet, war auf Befehl des Zaren jedoch sogleich wieder geschieden worden. Sie hatte sich früh in die Verwaltung ihrer Güter eingearbeitet und dabei auch ein soziales Engagement bewiesen, das ihre klaren Vorstellungen von den notwendigen Reformen bewies. Als die Bolschewiken sie nach der Machtübernahme aufforderten, ihnen den Schlüssel zum Tresor ihres Ministeriums auszuhändigen, lehnte sie dies mit der Begründung ab, sie könne ihm nicht den unrechtmäßigen Besitzern der Macht überlassen.

Doch auch weniger bedeutende Persönlichkeiten entwickelten ähnlich bemerkenswerte soziale Initiativen. Sophies Tante, die Gräfin Leonille Komarowski, ebenfalls eine geborene Panin (1840), richtete als sechsundvierzigjährige Witwe gegen Ende des 19. Jahrhunderts für die auf ihren Gütern arbeitenden ehemaligen Leibeigenen und Dienstboten ein Renten- und Sozialhilfesystem ein. Wie aus den Büchern ihrer Güter hervorgeht, wurden im Jahr 1916 Renten in Höhe von 4000 Rubel an mehrere alte Dienstboten ausbezahlt, also eine Summe, die etwa dem Gehalt eines noch in ihrem Dienst stehenden Gärtners entsprach. Derartige Summen bedeuteten natürlich keine Reichtümer, aber sie belegen das soziale Gewissen einiger Großgrundbesitzer gegenüber jenen, die ein Leben lang für sie gearbeitet hatten.

Aus solchen Beispielen darf allerdings nicht geschlossen werden, daß der grundbesitzende Adel seinen Bauern gegenüber stets und überall dieselbe Hochherzigkeit bewies. Doch ließen sich noch weitere anführen und würden in ihrer Summe beweisen, daß es ungerecht wäre, die Adelskaste durchweg als »Sklavenhalter« zu bezeichnen. Das zu einseitige Bild eines brutalen und realitätsfremden russischen Adels bedarf der Differenzierung, denn viele seiner Mitglieder wie Michail Bakunin, Iwan Petrunkewitsch oder gar Sophie Panin verspürten schon früh die Notwendigkeit einer grundlegenden Reform im Zarenreich und wendeten sich oft radikalen politischen oder sozialen Strömungen zu. Einige Großgrundbesitzer erkannten auch die Gewinnchancen der Modernisierungspolitik Stolypins und bauten ihre Güter in regelrechte Wirtschaftsunternehmen um, womit sie den Wert ihres Besitzes ganz erheblich steigerten. Da nur eine Minderheit innerhalb der Bauernschaft die Möglichkeit zum Landerwerb nutzte, entwickelte sich mit ihnen eine etwa fünfzehn Prozent umfassende Gruppe wohlhabender Bauern, die sich durch die sorgfältige Bestellung ihrer Äcker nach und nach dem Bild jenes Bauerntyps annäherten, der Stolypin als oberstes Ziel vorschwebte. Für die anderen hingegen blieb als gemeinsames Los nur die Armut und die zunehmende Arbeitslosigkeit.

Stolypin hatte sich zu einer stabilen politischen Ordnung bekannt und hoffte daher auf die Unterstützung der politischen Parteien bei der Umsetzung seiner Reformen, wurde aber auch in dieser Hinsicht enttäuscht. Natürlich mußte er davon ausgehen, daß die den Privilegien des Adels verpflichtete extreme Rechte ihm feindlich gesonnen war und den Grundbesitz der Aristrokraten vermutlich mit Zähnen und Klauen verteidigen würde. Die Oktobristen aber, denen er eine Mehrheit im Parlament beschert hatte, hätten ihn mehr unterstützen müssen. Aus der zu dieser Zeit stark wachsenden Unternehmerschaft bekannten sich viele mit der Begründung zu den Oktobristen, daß die auf ihre Güter und Privilegien versessenen Großgrundbesitzer die wirtschaftliche Entwicklung Rußlands hemmen würden. Doch trotz ihrer grundsätzlichen Zustimmung zu den notwendigen Agrarreformen konnte sich die Partei zu einer uneingeschränkten Unterstützung des Ministerpräsidenten nicht entschließen, sondern schwankte in Wahrheit zwischen einer realistischen Einschätzung der Situation in Rußland und ihrer tiefsitzenden Bindung an das unantastbare Prinzip des Besitzrechtes hin und her. Ihre Abgeordneten fürchteten, daß sich, wenn dieses Prinzip einmal angezweifelt würde, daraus als Folge der Reformen der Beginn seiner Zerstörung entwickeln würde. Aus dem großbürgerlichen Lager stellten sich nur die »Kadetten« hinter die Reformpolitik, doch aufgrund ihres Respekts vor dem Besitzrecht verlangten sie Entschädigungen für jene Grundbesitzer, die ihre Ländereien an die Bauern würden abgeben müssen.

Auf der entgegengesetzten politischen Seite einigten sich die Sozialrevolutionäre, die sich als die wahren Fürsprecher der Bauernschaft fühlten, und die Sozialdemokraten auf die Notwendigkeit zur entschädigungslosen Enteignung aller Landbesitzer. Damit aber war das Maß ihrer Gemeinsamkeit voll; über weitere Fragen des sozialen Umbaus gingen ihre Ansichten weit auseinander.

Für die Sozialrevolutionäre kam gar nichts anderes in Frage als die Verstaatlichung des gesamten russischen Grundbesitzes, um aus ihm dann den Bauern jene Äcker zur Verfügung zu stellen, die sie bestellten. Wie es sich damit genau verhalten sollte, erläuterte die programmatische Schrift aus der Feder Victor Tschernows im Jahr 1906: »Der Boden gehört niemandem, ein Nutzrecht kann nur durch Arbeit erlangt werden.« Später bezeichnete man dies mit dem Terminus »Besitz durch Arbeit«. Es verstand sich natürlich von selbst, daß dieser »Besitz« weder getauscht noch verkauft, noch übertragen werden durfte. Nur so konnte in den Augen der Sozialrevolutionäre der Sozialismus zunächst auf dem Land und dann in ganz Rußland siegen, womit die Revolution ihr Ziel erreicht hätte. An eine Entwicklung des Landes nach kapitalistischem Muster glaubten sie nicht. Ihrer Ansicht nach besaß Rußland eine Intelligentsia, die sich der Notwendigkeit eines radikalen Wandels bewußt war, und eine Bauernschaft, die von Landforderungen wenig hielt. Unter der Voraussetzung, daß man die beiden Gruppen zusammenbrachte, hielten sie eine rasche Revolution im Zarenreich für möglich.

Die Sozialdemokraten teilten diese Ansicht nicht, weil sie den Bauern nicht trauten. Obwohl sie im Jahr 1903 unter dem Einfluß Lenins noch davon ausgingen, daß der erfolgreiche Abschluß aller Veränderungen in Rußland Zeit benötigte, und deshalb ein sehr gemäßigtes, nur kleine Reformen forderndes Agrarprogramm verabschiedet hatten, führte sie die Revolution von 1905 zu einer radikaleren Sicht der Dinge. Als Peter Maslow für die Menschewiken einen Reformplan vorbereitete, vertrat er die Idee einer *Verstädterung* der landwirtschaftlichen Flächen, die man nach der Enteignung ihrer Besitzer gewählten lokalen Autoritäten zu übergeben hätte, die dann ihrerseits die Verteilung und Verwaltung der Äcker zu übernehmen hätten. Diesem Projekt Maslows, das von den Sozialdemokraten 1906 begraben wurde, stellte Lenin seine eigene Vision von der Zukunft der Bauernschaft gegenüber. Auch er trug den Erfahrungen des Jahres 1905 Rechnung, griff aber zudem auf Elemente aus Stolypins Agrarreform zurück. Sie bezeichnete er als »das preußische Modell«, das auf folgendem Prinzip beruhte: Förderung der besonders unternehmerisch denkenden Bauern und Konsolidierung ihrer Gruppe bei gleichzeitiger Trennung von der restlichen, sich langsamer entwickelnden Bauernschaft. Diesem »preußischen« stellte Lenin das »amerikanische« Modell gegenüber, das vom Prinzip der Chancengleichheit für alle Bauern ausging. Als Pragmatiker war er sich darüber im klaren, daß dessen Resultat dem gleichkäme, was man trotz allem von dem Stolypinschen Modell erwarten durfte, nämlich die Herausbildung einer ländlichen Elite, die jedoch unter dem Stichwort der Chancengleichheit sofort von den *Verlierern* des Fortschritts angefeindet würde. Gerade sie würden sich als Ausgebeutete, als verraten und ihrer Rechte beraubt betrachten und sich in großen Massen für den Klassenkampf auf dem Lande zusammenfinden.

Um die Gesellschaft zu teilen und ihren Kampfgeist zu schüren, setzte Lenin also dort an, wo Stolypin ein Modell und einen Anreiz schaffen wollte. Gleichzeitig bezog Lenin die Bataillone des ländlichen Proletariats in sein Kalkül ein, um das städtische Proletariat in seinem revolutionären Kampf zu unterstützen. Fürs erste genügte es, die Bauernschaft mit der Forderung nach sofortiger Aufteilung der Böden zu ködern. Mit anderen Worten: Lenin blieb dem klassischen Marxismus treu, der in der Bauernschaft nichts weiter als einen *rückständigen* und einem kleinbürgerlichen Gesellschaftsbewußtsein verhafteten Teil der Gesamtgesellschaft sah. Wie auch Marx erkannte er, daß der revolutionäre Kampf ohne die Beteiligung der Bauernschaft – laut Marx ein »unvollständiger Chor« – nur schwer durchzuführen wäre. In der Phase des Kampfes gegen die kaiserliche Macht mußte die gesamte Bauernschaft gewonnen werden, am besten mit der Forderung nach einer vollständigen Neuverteilung aller landwirtschaftlichen Nutzflächen. Was danach kam, würde man ja sehen ...

Die Ansichten über die Agrarreform und ihren Stellenwert für die Zukunft des Landes unterschieden sich von Partei zu Partei ganz erheblich. Alle, mit Ausnahme der Rechten, betonten die Notwendigkeit der Verstaatlichung von Grund und Boden, entweder mit Entschädigungszahlungen wie die »Kadetten«-Partei oder ohne Entschädigungen, wenn es nach den Vorstellungen der Sozialrevolutionäre und der Sozialdemokraten gegangen wäre. Doch nur die Sozialrevolutionäre und die »Kadetten« dachten an die Zukunft der Bauern. Für erstere bedeutete die Verteilung von Feldern, Wiesen und Wäldern an die Bauern, um sie in Eigenregie zu bestellen, den Weg zum Sozialismus. In den Augen der »Kadetten« wäre damit eine bürgerliche Revolution abgeschlossen, über die sie nicht hinausgehen wollten. Die Sozialdemokraten, die Bolschewiken und die Menschewiken interessierten sich für die Bauernschaft als solche so gut wie nicht – allenfalls für ihre Verwendung als revolutionäres Instrument. Ihre Vorstellungswelt befaßte sich allein mit der sozialistischen Revolution, wo die Bauern schließlich in der Arbeiterklasse eines industrialisierten Rußlands aufgehen würden.

Aus diesen Gründen erklärte sich keine der Parteien in der dritten Duma bereit, die Reformen Stolypins rückhaltlos zu unterstützen. Für alle bedeutete sie nichts weiter als eine kurzzeitige Erscheinung im politischen Leben des Zarenreichs. Mit Ausnahme der »Kadetten«-Partei hatte auch keine ernsthaft erwogen, die Stärkung einer Bauernschaft mit Grundbesitz in ihr Programm aufzunehmen.

Das parlamentarische System festigt sich

Stolypin stand nicht nur hinsichtlich seiner Agrarreform allein, denn auch in seinen Beziehungen zum Parlament unterstützte ihn niemand. Doch gerade in diesem Punkt leistete er mit wenigen Ausnahmen Hervorragendes. Zwar warf die Manipulation des Wahlgesetzes von 1907, aus der eine Reduzierung der Wählerschaft, insbesondere der Wähler der vielen Nationalitäten im russischen Reich resultierte, kein gutes Licht auf ihn, dafür aber errang er sich größte Verdienste um die Verankerung des Parlamentarismus in Rußland. In diesem Punkt hatte er die Mehrheit Rußlands gegen sich. Der Zar stand diesem System seit jeher kritisch gegenüber und hatte sich mit ihm, wie bereits gezeigt, nie abfinden können. Er verzieh der organisierten Volksvertretung nicht, daß sie sich nicht als der verlängerte Arm seiner Macht verstand. Auch seine Umgebung bei Hof empfand stets Feindseligkeit gegenüber der Duma. Niemand hatte je die Notwendigkeit ihrer Existenz begriffen oder gar erkannt, daß sich diese Entwicklung nicht mehr umkehren ließ. Bis zur Revolution herrschte die Illusion, man könnte sich der Duma jederzeit entledigen. Auch von den in ihr vertretenen politischen Parteien läßt sich nicht behaupten, daß sie zur Festigung ihrer Autorität beitrugen. Erst die Aufrufe zum Wahlboykott und dann die zu einer ablehnenden bis massiv feindseligen Beteiligung an der parlamentarischen Arbeit verwirrte einige Sozialrevolutionäre und sozialdemokratische Abgeordnete, die nicht mehr wußten, welcher Inhalt sich mit dem Begriff »Parlamentarismus« verband. Das Argument, jeder einzelne solle entscheiden, wann seine Mitarbeit opportun und wann der Boykott angebracht sei, stellte die Duma in ein recht unsicheres Licht. Wenn »Beteiligung« nichts anderes hieß, als das Parlament lächerlich zu machen oder seine Sitzungen in ein heilloses Durcheinander zu stürzen, dann konnte diese Institution in der Gesellschaft natürlich weder Interesse wecken noch Prestige gewinnen. Schließlich trugen auch die Unklarheiten über die Kompetenzverteilung zwischen Duma und Staatsrat, die in den Krisen 1909/1910 vollends aufbrachen, ihren Teil dazu bei, daß keiner den Status dieser Institution recht kannte.

Trotz der von allen Seiten auftauchenden Hindernisse gelang es Stolypin, die Duma im politischen Leben Rußlands zu verankern, obwohl er doch aufgrund seines Naturells so wenig vom Parlamentarismus hielt. Dennoch, und das hing mit seiner Auffassung einer reformorientierten Politik zusammen, sah er bald ein, daß eine Auflösung der Duma, nachdem sie nun einmal existierte, politisch höchst ungeschickt gewesen wäre. Er suchte daher beharrlich die Voraussetzung, die es ihr ermöglicht hätte, in der Öffentlichkeit tatsächlich eine Rolle zu spielen. Die Tatsache, daß die Manipulation des Wahlgesetzes zu diesen »Voraussetzungen« zählte, ist sicherlich bedauernswert, aber darüber sollte man nicht vergessen, daß sich Rußland im Jahr 1907 gerade erst auf den parlamentarischen Weg begeben hatte. Trotz des leichtfertigen Umgangs mit dem Wahlgesetz verdient sein Resultat letztendlich Anerkennung. Die dritte Duma blieb eine ganze Legislaturperiode im Amt. Dies bedeutete zweifellos einen Erfolg, weil sie einerseits viel länger amtierte als die erste und zweite Duma und weil andererseits das russische Parlament der Jahre 1907 bis 1912 trotz seiner unzureichenden Repräsentativität im Gegensatz zu seinen beiden Vorgängern ein beeindruckendes Zeugnis parlamentarischer Arbeit ablegte. Es war nicht nur allein das Forum turbulenter Versammlungen und skandalöser Zwischenrufe, sondern auch ein Ort der Arbeit, der Diskussionen und der Ausarbeitung von Gesetzesvorlagen.

Als sie endete, hatte die dritte Duma zwei Ziele erreicht: Sie war ein fester Bestandteil der politischen Landschaft und Praxis Rußlands geworden und hatte den Zustand eines vorübergehenden Phänomens verlassen, an dessen Zukunft niemand glaubte; und sie hatte sich als das Forum durchgesetzt, auf dem sämtliche Probleme des Zarenreichs diskutiert wurden.

Im Jahr 1912 dachte niemand mehr daran, den Fortbestand dieser Institution ernsthaft in Frage zu stellen, denn am Vorabend des Ersten Weltkriegs hatte die Volksvertretung und ihre Beteiligung am politischen Leben Eingang in das Denken und Fühlen der Menschen gefunden. Die vierte Duma wurde 1912 gewählt, und auch sie erfüllte ihr volles Mandat. Trotz ihrer stark rechtslastigen Tendenz bewies sie die Verwurzelung dieser Institution – wenn nicht gar das Vorhandensein eines parlamentarischen Systems.

Stolypin hinterließ das Zarenreich sicher nicht in einer Position der Stärke und des gefestigten Liberalismus. Sein Werk umfaßte auch ganz gegensätzliche Tendenzen. Die repressive Politik zu Beginn seiner Amtszeit stellte sich für die liberalen Elemente der russischen Gesellschaft als eine dunkle Zeit dar, die sie ihm niemals verziehen. Doch der unbestreitbare wirtschaftliche Fortschritt des Reiches trug seinen Teil zur Rückkehr zu Ruhe und Ordnung bei, die man nicht einfach mit der zweifellos traurigen Erinnerung an die »stolypinischen Krawatten« beiseite wischen konnte. Stolypin übergab seinen Nachfolgern 1911 eine Währung, die zu den stabilsten ihrer Zeit zählte. Der Staatshaushalt verzeichnete Überschüsse und blieb bis 1913 so. Die Erträge der Landwirtschaft schnellten ebenso in die Höhe wie die Produktion von Eisen und Kohle. Vor allem aber hatte sich das Bildungssystem ausgeweitet, und das wirkte sich auf die betroffene Generation, also jene, die 1914 zum Wehrdienst einberufen wurde, in meßbaren, ja sogar spektakulären Ergebnissen aus. Diese Verbesserung des allgemeinen Bildungsstandes und das, was ein Zeitzeuge als »den Durchbruch eines parlamentarischen Bewußtseins in der Gesellschaft« bezeichnete, trugen ganz sicher zur Entwicklung eines bürgerlichen Bewußtseins bei.

In einem Bereich allerdings scheiterte Stolypin ganz offensichtlich und dies mit moralisch nachteiligen Folgen – gemeint ist die Stellung der Juden im Zarenreich. Der Ministerpräsident wußte um die Bedeutung einer Reform in diesem Bereich, und er hatte von Beginn seiner Amtszeit an dem Zaren immer wieder vorgeschlagen, die Niederlassungs- und Berufsbeschränkungen der Juden aufzuheben. Aber Nikolaus II. verwarf diese Pläne, obwohl sich die Mehrheit des Ministerrats den Argumenten Stolypins nicht verschloß. Aus der Uneinsichtigkeit des Zaren entstanden verheerende Folgen für Rußland. Von den Zuständen entmutigt, entschlossen sich viele Juden zur Auswanderung, und damit verlor das Zarenreich eine bemerkenswerte Elite. Andere Juden hingegen engagierten sich massiv im revolutionären Kampf. Dieser moralische Makel blieb an Rußland aber auch haften, als es der Welt das Bild einer erfolgreichen Modernisierung bieten wollte. 1911 kündigten die Vereinigten Staaten den russisch-amerikanischen Pakt aus dem Jahre 1832, um damit ihrer Entrüstung über das Judenstatut Ausdruck zu verleihen.

Stolypin hatte Rußland so nah wie nur möglich an jenes liberale Reich herangeführt, das ihm vorschwebte. Daß ihm dies nicht vollkommen geglückt war, lag wahrscheinlich daran, daß ihm nicht genug Zeit blieb. Noch fataler wirkte sich indes aus, daß ihm der Zar anfänglich seine Unterstützung gewährte, sie ihm später aber wieder entzog. Als er ermordet wurde, war Stolypin politisch bereits ein toter Mann, der, von Nikolaus im Stich gelassen, nicht mehr imstande war, seine Politik weiterzuführen. Stolypin wollte die Stabilität seines Landes durch Reformen festigen, die ihm die Revolution erspart hätten, deren drohenden Ausbruch er ständig fühlte. Auch Nikolaus II. wollte das Reich durch Reformen festigen – sie durften nur nicht am System der Monarchie rütteln, denn dies hielt er für unvereinbar mit seinem eigenen Sendungsbewußtsein.

Das Unverständnis und später die Feindseligkeit des Zaren gegenüber seinem Regierungschef wurzeln in diesem Widerspruch zweier Auffassungen über die Stabilität Rußlands und des dafür zu entrichtenden Preises. Ohne Nikolaus II. konnte Stolypin seine Reformpolitik nicht zu einem glücklichen Ende führen. Er hatte die Zurückhaltung des Zaren schon sehr früh gespürt und gemerkt, daß ihm der Erfolg versagt bleiben würde. Doch das Rußland des Jahres 1911 glich dem von 1907 kaum noch. So fraglich sich

270

die Veränderungen in der Gesellschaft und im Denken vieler auch darstellen mochten, so existierten sie doch. Der Traum vom liberalen Reich, den Stolypin träumte, machte den Übergang von der Autokratie des Jahres 1905 zu den späteren Öffnungsversuchen des Zarenreichs möglich. Nach Witte hatte Stolypin – allerdings auf anderen Wegen – das gleiche Ziel verfolgt: den Umbau der uneingeschränkten Alleinherrschaft des Zaren in eine begrenzte, parlamentarische und aufgeklärte Autokratie. Voraussetzung allerdings war, daß sich der Strukturwandel im Denken der Menschen so deutlich niederschlagen würde, daß ein Rückfall dieser anders gewordenen Gesellschaft in frühere Zeiten ausgeschlossen war.

8. KAPITEL

Fatale Jahre

Im Jahr 1909 hatte das Zarenreich den russisch-japanischen Krieg, den »Blutigen Sonntag« von 1905 und die Reihe der schlimmen Jahre vergessen, die ihm gefolgt waren, als Nikolaus II. Stolypin gegenüber unvermittelt bemerkte: »Ich mag anfassen, was ich will – mir gelingt nichts, Pjotr Arkadjewitsch. Ich habe einfach kein Glück ... Der menschliche Wille ist so machtlos ...«

Als Stolypin daraufhin protestierte, wendete der Zar ein: »Wissen Sie, wann ich geboren bin? Am 6. Mai, am Tag des Hiob. Glauben Sie mir, Pjotr Arkadjewitsch, ich fühle es nicht nur, nein, es ist meine innerste Überzeugung, daß ich zu entsetzlichen Prüfungen auserkoren bin, aber für dieses Leiden auf Erden keine Entschädigung erwarten darf. Wie oft schon ging mir der Satz Hiobs durch den Kopf: ›Kaum fühle ich Furcht, ist das Unglück schon da, und alle Übel, die ich fürchte, sind durch mich selbst begründet‹.«

Der französische Botschafter am russischen Hof, Maurice Paléologue, der diesen Dialog wiedergibt, hob in seinem *Journal* zwei Charakterzüge des Zaren hervor, die auch in seinen Bemerkungen über Stolypin aufscheinen: Nikolaus II. war ein zutiefst pesimistisch veranlagter Herrscher, der glaubte, daß ihn ein schlimmes Schicksal verfolge. Und er verspürte sehr stark den Wunsch, sich dem zu unterwerfen, was er für den Willen Gottes hielt.

Beide Eigenschaften hatten sich in den relativ glücklichen Jahren nach dem russisch-japanischen Krieg nicht so deutlich gezeigt, weil die Energie eines Stolypin den Erfolg so oft gepachtet zu haben schien – in der Zeit des schwelenden Mißtrauens zwischen den beiden Männern, das zu seinem Sturz geführt hätte, wäre der Premierminister nicht unmitelbar vorher in der Kiewer Oper ermordet worden, zeigten sich diese Eigenschaften im Verhalten des Zaren jedoch sehr deutlich.

Den Jahren der Hoffnung, als so energische Politiker wie Witte und Stolypin sich mit ganzer Kraft und den ihnen eigenen Vorstellungen und Methoden für die Modernisierung Rußlands einsetzten, folgten schicksalhafte, verhängnisvolle Jahre. Sie brachten Schwierigkeiten aller Art – innere Probleme (öffentlicher und privater Natur) sowie außenpolitische Spannungen – über Rußland und ließen seine Zukunft düster erscheinen. Nikolaus II. geriet in den Strudel einer täglich wachsenden Unordnung, und kein Staatsmann von Format eilte dem bedrängten Herrscher zu Hilfe.

Die Tragödie einer Familie

Der sehnlich erwartete Thronfolger wurde im Jahr 1904 geboren – die so oft enttäuschten Bitten, Pilgerfahrten und Hoffnungen eines Elternpaares, dessen Privatleben sonst jedoch keine Schatten zu trüben schienen, waren offenbar endlich erhört worden. Die blühende Gesundheit seiner vier bildhübschen älteren Schwestern ließ die Tragödie nicht ahnen, die sich mit der Geburt des Zarewitschs Alexis ankündigte. Natürlich waren nicht nur im Haus Hessen-Darmstadt, aus dem die Gemahlin des Zaren stammte, Fälle von Hämophilie vorgekommen; diese Krankheit ging auf Königin Victoria zurück, deren neun Kinder in fast alle europäischen Höfe eingeheiratet und ihr insgesamt vierunddreißig Enkel beschert hatten, so daß dort überall das Risiko bestand, die Krankheit ausbrechen zu sehen. Außerdem war die allgemeine Kindersterblichkeit damals hoch und verschonte auch Königsfamilien nicht. Das Leben von Kleinkindern war auch von vielerlei anderen Krankheiten bedroht. Deshalb war die Befürchtung, daß sich ein Kind als Bluter entpuppte, nicht geringer als die, daß es von

Diphtherie, Pocken oder irgendeiner anderen schweren Infektionskrankheit angesteckt würde. Dieses Wissen war an den europäischen Höfen so weit verbreitet, daß bei der Hochzeit des Zaren niemand an das gesundheitliche Risiko dachte, das er damit einging. Das medizinische Wissen war ja noch längst nicht auf dem heute üblichen Stand, und nach vier kerngesunden Mädchen glaubte das russische Herrscherpaar nicht mehr wirklich, daß sich die Drohung auch bewahrheiten könnte.

Ihre Hauptsorge in den ersten zehn Jahren ihrer glücklichen Ehe richtete sich auf etwas anderes: Nikolaus II. und seine Frau Alexandra hatten sich aus dynastischen Gründen so sehr gewünscht, daß endlich ein männlicher Thronfolger geboren würde. Die Wahrheit über dessen Gesundheitszustand zeigte sich in den Wochen nach seiner Geburt und stellte seine Eltern vor eine dramatische Entscheidung – sollten sie Rußland die Wahrheit sagen oder sie vor ihm verbergen?

Die Hämophilie ist ein besonderes Leiden. Da es sich um eine Erbkrankheit handelt, belastet sie denjenigen, der sie überträgt, mit einem komplexen Gefühl aus Schuld und Fatalismus, wobei es keinesfalls sicher ist, daß sie auch übertragen wird. Von den vier Söhnen Königin Victorias litt nur einer, Prinz Leopold, an ihr, die anderen drei nicht. Insofern brauchte die russische Kaiserin auch nicht unbedingt damit zu rechnen, daß gerade ihr einziger Sohn von dieser heimtückischen Krankheit befallen würde. Es trifft zu, daß zwei Töchter Victorias, Alice und Beatrice, ihre hämophilen Erbanlagen auf ihre eigenen Töchter übertrugen, die in Rußland beziehungsweise Spanien ins Herrscherhaus einheirateten und beide Thronfolger zur Welt brachten, die an der Bluterkrankheit litten. Obwohl die Ärzte die Krankheit längst kannten und trotz aller Tragödien, die sie seit eineinhalb Jahrhunderten an den europäischen Höfen ausgelöst hatte, wußte die Medizin nicht, nach welchen Erbregeln diese Gene dominant würden – dies bestimme allein der Zufall, so ihre lakonische Feststellung. Und daß dieser Zufall nun ausgerechnet bei ihnen eingetreten war, schien dem Zar und seiner Frau um so unerträglicher, als er ihren einzigen Sohn betraf, von dem doch der Fortbestand der Dynastie abhing.

Die Hämophilie ist neben dem Aspekt ihres rein zufälligen Auftretens aber auch deswegen eine besondere Krankheit, weil es kein Heilmittel gegen sie gibt und weil sie völlig unerwartet auszubrechen pflegt. Der Bluter lebt mit seinem Leiden, ohne daß er weiß, wann und in welcher Form – entweder als innere oder äußere Blutung – es ausbrechen wird, noch wie man ihm vorbeugen könnte. Alles in allem handelt es sich bei Hämophilie also um eine Krankheit, die gänzlich unerwartet ausbricht und dadurch das Leben ihres Opfers völlig unvorhersehbar macht.

Im Falle des Zarenpaares bedeutete dieser doppelte Aspekt von »Unvorhersehbarkeit« (Ausbruch und weiterer Verlauf der Krankheit) in erster Linie, daß es sein Leben neu zu organisieren hatte. Alles wurde, so gut es eben ging, der Sorge um den kleinen Zarensohn untergeordnet; sämtliche Risiken mußten vermieden werden. Trotz dieser Einschränkung hatte das Herrscherpaar weiterhin seinen Pflichten nachzukommen, und der Zarewitsch blieb der Thronerbe. Daraus folgte ganz selbstverständlich, daß über seine Krankheit eisernes Schweigen gewahrt wurde: Rußland hatte keine Ahnung von der Tragödie, die sich innerhalb der kaiserlichen Familie abspielte, und dieses Schweigen – zur Vermeidung einer dynastischen Diskussion vielleicht notwendig – erwies sich für das Bild Nikolaus' II. und Alexandras bei der Bevölkerung später als absolut nachteilig.

Glück hatten beide nur insofern, als sie ihr privates Leben schon seit langem nach außen strikt abgeschirmt hatten und deshalb ihren Lebensstil nicht zu verändern brauchten – sie zogen sich höchstens nur noch mehr zurück. Aber Verhalten und Charakter des Herrscherpaares änderten sich sehr deutlich.

Wie allgemein bekannt, war die Zarin von Natur aus ängstlich, ja verschlossen. Sie lebte nur im engsten Familienkreis auf, und sie neigte zum Mystizismus. Diese Charakterzüge verstärkten sich unter dem Eindruck der Krankheit ihres Sohnes gewaltig. Da sie das Leiden auf ihn übertragen hatte und weil ihr nichts mehr am Herzen lag als seine Gesundheit, sprach sie ständig mit Gott. Sie wollte an ein Wunder glauben, das ihr Kind heilen würde. Sie glaubte, daß das Schicksal, das sie so hart getroffen hatte, der Ausdruck des göttlichen Willens sei und sie durch ihre Gebete hoffen durfte, diesem Willen einen Gnadenerweis abzuringen. Ihre an sich schon stark ausgeprägte Religiosität steigerte sich bis in krankhafte Züge hinein, was wiederum zahlreiche Konsequenzen nach sich zog. Sie beurteilte alles nur noch unter dem Aspekt der göttlichen Gebote und brachte für die moralischen Irrungen und Wirrungen ihrer Umgebung oder für alles, was sie für eine schlimme Aufweichung von Sitten und Moral hielt, keinerlei Verständnis auf. Ihr rigides Verhalten gegenüber einer wesentlich laxeren Gesellschaftsmoral sorgte bei Hofe ständig für Spannung und verschärfte die dort schwelenden Konflikte noch mehr. Aber das Schlimmste kam erst noch. Da sie die Hoffnung auf ein Wunder umtrieb, Gott aber beharrlich schwieg, wandte sich Alexandra einem insgesamt äußerst obskuren Milieu zu, in dessen Kreisen sie einen Wunderheiler zu finden hoffte.

»Mann Gottes« oder »Heiliger Teufel«?

Man braucht nun wirklich nicht alle die Wunderheiler und Scharlatane aufzuzählen, mit denen sie sich umgab, zum Beispiel Mitia Voliaba, den nach Christus Süchtigen – zumindest hielt man ihn dafür –, Daria Ossipowa, die sich ihrer seherischen Fähigkeiten rühmte, oder jenen Dr. Philippe aus Lyon, der umgehend aus Rußland ausgewiesen wurde, und schließlich noch den Magier Papus oder wie sie alle heißen mochten. Sie waren ihr alle begegnet und hatten ihre so unsagbar verrückten Hoffnungen in den Jahren genährt, in denen sie voll Angst auf ein Kind männlichen Geschlechts wartete.

Die Religiosität der Zarin braucht man übrigens nicht einmal als zu übertrieben zu bezeichnen. Die manchmal so exaltierte Verehrung, die sie dem heiligen Serafim von Sarow und dem Priester Johann von Kronstadt entgegenbrachte, hielt sich immer noch in dem von der orthodoxen Kirche geduldeten Rahmen. Als aber Rasputin auftauchte, trat neben die maßlose Religiosität der Zarin eine gefährliche Beeinflußbarkeit.

Das Leben dieses »Wunderheilers«, mit dem zahlreiche Biographien sich bereits beschäftigt haben, braucht hier nicht noch einmal nachgezeichnet zu werden. Trotzdem sollte man einige Merkwürdigkeiten erwähnen, an erster Stelle vielleicht sein Auftauchen in St. Petersburg im Jahr 1905, dem Jahr des »Blutigen Sonntags«, aber auch des Wirkens eines seiner Vorgänger, des falschen Doktors Gérard Encausse (genannt Papus), am kaiserlichen Hof.

Die Hauptstadt befand sich in hellem Aufruhr, als Papus-Encausse von Nikolaus II. und Alexandra nach Zarskoje-Selo eingeladen wurde, von wo aus der Zar den Lauf der Ereignisse angstvoll verfolgte und nicht wußte, wie er sich entscheiden sollte. Vom französischen Botschafter, Maurice Paléologue, kennen wir die unglaubliche Szene, als es diesem »Wundermann« in Gegenwart des Herrscherpaares und zweier Zeugen gelang, »den Geist des äußerst frommen Zaren Alexander III. erscheinen zu lassen. Obwohl ihm die Angst den Hals zuschnürte, fragte Nikolaus II. seinen Vater mit ruhiger Stimme, ob er die aller autokratischen Tradition so schädliche Strömung bekämpfen sollte, die Rußland zu überziehen drohte, oder nicht. Darauf der Geist: ›Mein Sohn, Du mußt die beginnende Revolution um jeden Preis ersticken. Sie wird eines Tages trotzdem wieder erwachen und dann um so heftiger, je entschiedener Du sie heute unterdrückst. Trotzdem, mein Sohn, fasse Mut und gib den Kampf nicht auf!‹« Das Kaiserpaar stand noch unter dem Schock dieser bedrückenden Weissagung, als Papus nachschob, seine magische Kraft erlaube ihm, die prophezeite Revolution abzuwenden, aber diese Kraft ende mit seinem Tode.

Hatte dies alles tatsächlich stattgefunden? Zunächst steht außer Zweifel, daß sich Papus in den Jahren 1905 und 1906 in Rußland aufhielt und vom Herrscherpaar empfangen worden war. Maurice Paléologue, von der Echtheit des Ereignisses überzeugt, weist in diesem Zusammenhang noch auf einen Bericht ähnlichen Inhalts hin, der ihm im Jahr 1916 zuging. Aber jenseits aller zu dieser Séance noch offenen Fragen bleibt das für Wunderheiler, Spiritisten und falsche Propheten günstige Klima am Zarenhof festzuhalten, von dem auch das Herrscherpaar erfaßt war. Auch kam es immer häufiger vor, daß diese Gestalten politische Ratschläge erteilten und ihr persönliches Schicksal mit dem Rußlands verknüpften. Papus, wie später auch Rasputin, soll 1906 erklärt haben, daß die Katastrophe über das Land hereinbreche, wenn er nicht mehr lebe. Und selbst Paléologue, ein nüchterner und vernünftiger Mann, notierte am 26. Oktober 1916 nach dem Tode von Papus: »Nun also kommt die Revolution.«

Rasputin, der im Leben des Herrscherpaares einen ungleich bedeutenderen Raum einnahm, weil er bei den Bluteranfällen des Zarewitschs einen wohltuenden Einfluß ausübte, stellt auch heute noch zweifelsohne ein historisches Rätsel dar: War er ein echter Wundertäter, ein »Starez«, oder ein Eremit mit übermenschlichen Fähigkeiten? War er ein Heiliger oder nur ein Wüstling? Und wie sollte man sich seiner entledigen? Der russische Historiker Andrej Amalrik, der zwar sicherlich kein Spezialist für die Zarenzeit war, entschied sich dafür, Rasputin als »Weisen« mit außerordentlichem politischen Gespür zu betrachten, der, was historisch gesichert ist, bei seiner Ankunft in der Hauptstadt zunächst unter dem Schutz allerhöchster kirchlicher Autoritäten stand. Niemand anderes als der Beichtvater der Kaiserin, der ehrwürdige Patriarch Theophasos, hatte ihn nach St. Petersburg gerufen und ihn dem Herrscherpaar empfohlen, das ihn im Sommer 1907 zum ersten Mal empfing.

Daß dieser sogenannte Mönch von ungepflegtem Äußeren – sein vor Schmutz starrender Bart und die schwarzen

Ränder unter seinen Fingernägeln wurden von allen, die ihn trafen, als besonders abstoßend empfunden – und mittelgroßem Wuchs auf das monarchische Paar einen angenehmen Eindruck machte, mag auf den ersten Blick überraschen. Aber zwei Eigenschaften an ihm verwischten den Eindruck des Zweifelhaften, den die Zarin bei seinem Anblick empfand: Er war wie ein einfacher Bauer gekleidet und erweckte mit seinen langen Haaren bei Alexandra das Bild des Muschiks. Damit verkörperte er für sie das wahre russische Volk in all seiner Unergründlichkeit, das, wie sie es empfand, das oberflächlich-künstliche Hofleben noch nicht verdorben hatte. Dazu kam dieser faszinierende Blick Rasputins: Zwei tiefliegende graue – andere sprechen von stahlblauen – Augen unter buschigen Brauen, die bald voller Naivität, bald hochkonzentriert blickten. Fürst Felix Jussupow, der in jener endlos langen Nacht, in der er auf den Tod des »Starez« wartete, genügend Zeit hatte, diesen Blick zu beobachten, bestand wie alle, die Rasputin getroffen hatten, auf der Behauptung, daß er magnetische Kräfte ausgestrahlt habe. Trotzdem erlagen nicht alle Zeitgenossen der Faszination Rasputins. Stolypin, der auf Bitten der Zarin den »Starez« empfing, entdeckte in den Augen Rasputins zwar eine »große hypnotische Kraft«, empfand aber auch »heftige Abneigung«. Sein Amtsnachfolger, Graf Kokowzow, der ebenfalls um ein Gespräch mit Rasputin ersucht worden war, empfand dabei dasselbe widersprüchliche Gefühl.

Daß ihm das Herrscherpaar indes eine derartige Hochachtung entgegenbrachte, besaß nur einen einzigen Grund: Rasputin vermochte die Verkrampfungen des Zarewitschs zu lockern, wenn dieser unter seinen inneren Blutungen litt. Damit schien unbestreitbar, daß er die Kraft besaß, das Leiden des kleinen Jungen zu lindern. Schaut man indes genauer hin, so scheint die Erklärung des Blutungsstopps, den man allein dem Wirken Rasputins zuschrieb, vielleicht doch wesentlich einfacher: Er verbot dem kranken Kind einfach die Einnahme von Aspirin, das ihm die Hofärzte verordnet hatten. Dieses schmerzstillende Mittel war 1899 entdeckt worden; bei dem kleinen Zarensohn wirkte es sich jedoch verhängnisvoll aus, indem es die Zahl der Blutungen erhöhte, anstatt sie zu senken. Der Naturmensch Rasputin und Feind jeglicher synthetischen Arznei befahl Nikolaus II. und Alexandra, dem Kind keinerlei Aspirin mehr verabreichen zu lassen, und warf wiederholt die auf dem Nachttisch des Zarewitschs vorbereiteten Tabletten aus dem Fenster. Daß sich dieser Entzug der Medikamente auf die Blutungen heilsam auswirkte, stand außer Zweifel, und warum sollten die von den Schmerzen ihres Kindes gemarterten Eltern nicht den segnen, der sie beruhigte? Warum auch sollte die leichtgläubige Zarin in Rasputin nicht jenen Wunderheiler sehen, den sie so sehnlich suchte? Dabei spielte für sie auch keine Rolle, daß er sich so wenig wusch, das heißt, »daß er stank wie ein Tier«.

Die zwischen Rasputin und dem Kaiserpaar herrschende Vertrautheit basierte auch auf dem Geheimnis um die Krankheit des Thronfolgers. Trotz der Entscheidung seiner Eltern, darüber nichts verlautbaren zu lassen, ließ sich gar nicht verhindern, daß die Unfälle des Zarewitschs – ein Stoß oder eine Schnittwunde –, manchmal aber auch eine innere Blutung ohne erkennbare Ursache, die ihm schier unerträgliche Schmerzen bereitete oder gar an die Schwelle des Todes führte, durchsickerten. Geschah dies, verbreitete der Hof Gesundheitsbulletins, und man zündete in den Kirchen Kerzen für die rasche Gesundung des Kindes an. Niemals aber wurde die Ursache seiner Krankheit erwähnt. Daraus folgte zunächst einmal, daß kein kompetenter Fachmann oder Arzt, der sich mit dieser Krankheit bereits auskannte, zugegen war und ein vernünftiges Heilmittel vorgeschlagen hätte. Nikolaus II. und Alexandra standen in solchen krisenhaften Momenten grenzenlos allein da und zeigten sich gerade deshalb gegenüber »Wunderheilern« oder jeglichen anderen Gaunern so aufgeschlossen, die von der Nachricht der mysteriösen Krankheit angezogen wurden wie die Motten vom Licht. Die namenlose Drohung über dem Leben des Zarewitschs trug mit dazu bei, daß die russische Gesellschaft krankte. Hätte sich die

Zarenfamilie entschlossen, ihr Geheimnis zu lüften, hätte sich die Bevölkerung bestimmt ihren unglücklichen Herrschern genähert, so aber entfernte sie das Geheimnis von ihnen immer mehr.

Die Krankheit des Zarewitschs und die Persönlichkeit Rasputins verwoben sich natürlich auch immer mehr zu einem Ganzen. Es kamen schlüpfrige Gerüchte über seine Beziehung zur Zarin und zu den Großfürstinnen auf, die jeglicher Grundlage entbehrten, weil niemand die tatsächlichen Fakten kannte. Warum erhielt ein schmutziger Muschik so viele Gunstbeweise und wurden ihm so viele Freiheiten zugestanden? Obwohl es nicht zutraf, daß er jederzeit Zutritt zu den kaiserlichen Gemächern hatte, so stimmte doch, daß er immer wieder – entweder gerufen oder aus eigenem Antrieb – in den entsetzlichen Stunden kam, wenn Alexis wieder eine Attacke der Krankheit ereilte. Der Skandal nahm rasch politische Dimensionen an. Die unglückliche Zarin, die in diesen Jahren nicht wußte, wer ihr helfen würde, ob Gott oder Staat, Rasputin oder die Regierung, nahm das sonderbare Wesen dieses politisch so gewieften Bauern hin, ja, sie förderte es sogar noch, indem auf ihr Drängen hin Gespräche zwischen Rasputin und Stolypin beziehungsweise Kokowzow stattfanden. Denn die Zarin glaubte fest an Rasputins angeborene Weisheit, die Weisheit des russischen Bauern, über den Gott seine Hand hielt. Diese Gespräche, begleitet von skandalösen Gerüchten, ließen die Befürchtung glaubwürdig erscheinen, daß die Macht offenbar aus den Händen des Herrschers in die dieses undurchschaubaren »Beraters« überging. Allmählich beschäftigten sich auch die Zeitungen mit der Affäre, aber allzu genaue Berichte fielen der Zensur zum Opfer. Deshalb wurden die Journalisten vorsichtig. Sie schrieben zwar über die Ausschweifungen Rasputins und seine selbstherrlichen Kompetenzüberschreitungen, verschwiegen aber seinen Namen wie auch die seiner berühmten Gönner und Förderer.

Der gewitzte »Starez« fühlte die Gefahr und floh als Pilger nach Jerusalem, dann als einfacher Besucher zu seinem

Freund und Komplizen, dem Mönch Heliodor. Dieser Ausreißversuch endete indes in einem noch schlimmeren Skandal als die vorhergehenden, da die orthodoxe Kirche und auch ihre oberste Autorität, der Heilige Synod, darin involviert waren. Rasputin versuchte doch tatsächlich, aus seiner religiösen Eigenschaft als Mönch die Autorität eines echten Priesters abzuleiten, und bediente sich dabei eines Analphabeten und Alkoholikers aus dem Bistum Tobolsk. Diese Forderungen weckten sogar in jenen Kreisen Zorn, die ihn innerhalb der Kirche bisher unterstützt hatten. Rasputin hingegen stellte sich als Opfer eines Komplotts dar und erhob nun mit Unterstützung der Kaiserin seinerseits Klage gegen den Heiligen Synod. Daraufhin verloren seine Gegner ihre Ämter und wurden gezwungen, Rußland zu verlassen.

Damit war das Maß voll! In der Duma fragte der Abgeordnete Gutschkow öffentlich nach der Unterstützung, die Rasputin bei Hof genieße. In Moskau warfen so integre Männer wie Alexander Samarin oder Graf Boris Scheremetew dem Heiligen Synod Korruption vor und verlangten die Einberufung eines Konzils zur Reform der russisch-orthodoxen Kirche.

In diesem persönlichen Drama reagierte der Zar aus Solidarität mit der Zarin nicht, die blind an Rasputin glaubte und nicht davon abließ, daß ohne die Anwesenheit des »Starez« bei Hofe das Leben ihres Sohnes gefährdet sei. Man schrieb das Ende des Jahres 1911. Sechs Jahre später erst sollte sich ein Konzil versammeln, und während dieser Zeit existierte der Heilige Synod weiter, verlor aber bei der Bevölkerung jeglichen Respekt. Deshalb blieb die Rückendeckung der Kirche für den Thron nutzlos. Das Zarenpaar bemerkte diese Verschiebung gar nicht, obwohl ihre Herrschaft dadurch in eine äußerst ernste Lage geriet.

Nikolaus II. hingegen glaubte fest, er habe mit dem Verbot jeglicher öffentlicher Diskussion zum Thema Rasputin seine Autorität genügend unter Beweis gestellt und damit die Angelegenheit bereinigt. Er täuschte sich, denn in diesen für ihn so fatalen Jahren bewegte sich das gesamte politische Leben Rußlands unmerklich in Richtung auf immer neue Unruhen hin.

Die vergessenen Reformen

Nach der Ermordung Stolypins mußte sich der Zar einen Nachfolger im Amt des Ministerpräsidenten suchen. Um die gleiche Zeit endete die Legislaturperiode der dritten Duma, so daß er vor der Wahl stand, entweder den Weg der Reformen weiterzugehen, oder – so die Versuchung, die er ständig fühlte – wieder zur traditionellen autokratischen Regierungsform zurückzukehren. Es war aber fraglich, ob eine solche Kursänderung überhaupt möglich war. Konnte man wie beim Regierungsantritt Alexanders III. noch eine öffentliche Meinung zum Schweigen verpflichten, die schon seit Jahren gelernt hatte, sich in Demonstrationen, durch die Stimmen ihrer Abgeordneten in der Duma und trotz Zensur in der Presse zu artikulieren? Nach der relativen Liberalisierung der Zarenherrschaft seit 1907, der nun fünfjährigen parlamentarischen Aktivitäten der Duma, der Mißbilligung, die auf dem vom Thema Rasputin überschatteten Privatleben der Zarenfamilie lastete, den öffentlichen Skandalen – nach all dem war die öffentliche Meinung aufgeheizt, die ihren Part im politischen Geschehen nicht aufgeben wollte, und war er auch noch so bescheiden. Ende 1911 zeigte sich ganz eindeutig, daß man ohne grausame Unterdrückungsmaßnahmen, deren Folgen sich nicht absehen ließen, die Jahre des Wirkens von Witte und Stolypin nicht auslöschen konnte.

Zum Nachfolger des ermordeten Stolypin wurde sein Finanzminister ernannt, Graf Wladimir Nikolajewitsch Kokowzow, ein sehr diskreter hoher Beamter von tadellosem persönlichem Ruf, dessen schwächlicher Charakter bisher aber jedermann verborgen geblieben war. Vor der Duma unterlief ihm 1908 ein böser verbaler Fauxpas, als es in einer Sitzung aus ihm herausplatzte: »Gott sei Dank haben wir kein Parlament!« Man kann sich also vorstellen, daß die Zarin, die ihn kurz vor seiner Ernennung im Zarenpalast Livadia auf der Krim empfing, zu ihm gesagt haben soll: »Geben Sie sich nicht zu viel Mühe, Ihrem Vorgänger ein ehrendes Andenken zu bewahren und ihm zuviel Bedeutung beizumessen ... Bleiben Sie Sie selbst. Suchen Sie keine Unterstützung bei politischen Parteien, sie zählen in Rußland nur wenig. Suchen Sie viel eher die Unterstützung des Zaren, und dann wird Gott Ihnen helfen.«

Als Kokowzow in der Nacht der Ermordung Stolypins in Kiew plötzlich die Zügel der Macht aufnehmen mußte, legte er bei einem sehr delikaten Thema gleich ein politisches Bravourstück vor: Der Mörder Stolypins, Dimitri Bogrow, war Jude, so daß man als Reaktion auf den Mord ein Pogrom extremistischer Gruppen befürchten mußte. Mit Unterstützung des Zaren rief Kokowzow Kosakenregimenter nach Kiew, die dort für Ruhe sorgten, und er hatte mit dieser Operation Erfolg. Dafür erhielt er von Nikolaus II. umgehend die Würde des Ministerpräsidenten. Der Zar erhoffte sich von ihm jedoch auch, daß er in der Affäre Rasputin die öffentliche Meinung beruhigen werde, aber in seinen Memoiren ließ Kokowzow später wissen: »Das Problem Rasputin entwickelte sich zu einem Thema, das während meiner gesamten Amtszeit als Ministerpräsident im Vordergrund stand.«

Die kaiserlichen Herrschaften erwarteten von dem neuen Ministerpräsidenten hingegen, daß er gerade darüber allgemeines Schweigen erzwingen könnte; als sich aber die Presse dieses Themas immer mehr bemächtigte, verbot der Zar höchstpersönlich jede weitere Erwähnung. Damit verletzte Nikolaus II. das geltende Pressegesetz, das jegliche Vorauszensur verbot, ganz bewußt, und er traf darüber hinaus noch rasch eine andere Entscheidung: Er ersetzte den amtierenden und gemäßigten Innenminister Alexander Makarow durch den für seine Härte bekannten Nikolaus Maklakow. Kokowzow hatte sich bei der Regierungsbildung noch gegen die Wünsche des Zaren durchgesetzt, der für das Amt des Innenministers mehrere als konservativ und repressiv geltende Kandidaten vorgeschlagen hatte, so daß Nikolaus II., der der Ernennung Makarows nur widerwillig zugestimmt hatte, jetzt – Ende des Jahres 1912 – die Gelegenheit gekommen sah, sein damaliges Nachgeben zu korrigieren.

Als Kokowzow sein Amt antrat, glaubte er sich der Unterstützung der konservativ-liberalen Oktobristen und der »Kadetten«-Partei sicher, obwohl ihm die Zarin ja empfohlen hatte, sämtliche politische Parteien zu ignorieren. Die Wahlen zur vierten Duma im November des Jahres 1912 schwächten diese beiden Parteien jedoch, auf die er zählte. Die Oktobristen erhielten nur noch 121 Mandate, und ihr Vorsitzender Gutschkow hatte seinen Wahlkreis sogar ganz verloren. Die »Kadetten«-Partei und einige mit ihr verbündete kleinere Fraktionen am linken Rand des Zentrums erreichten etwa 100 Sitze, während die für ihre unnachgiebige Haltung bekannten Rechtsparteien mit insgesamt 145 Abgeordneten (52 Rechtsextremisten und 93 Nationalisten) in die vierte Duma einzogen. Die Sozialdemokraten erhielten 13 und die Arbeiterpartei zehn Sitze. Dieses Parlament ließ den Befürwortern eines konstitutionellen Systems ebensowenig Raum wie den Anhängern einer Revolution. Es entsprach auch nicht den Wünschen Kokowzows und schon gar nicht der zunehmend gewaltbereiten Stimmung im Lande.

Die dritte Duma hatte kurz vor Ende ihrer Legislaturperiode noch einige fortschrittliche Sozialgesetze verabschiedet, so im Juli 1912 ein Gesetz über die Krankenversicherung, die als Pflichtversicherung eingeführt wurde. Seit aber die Regierung die Gewerkschaften öffentlich zugelassen hatte, entwickelte sich eine konstante Streikbereitschaft. In den Jahren 1910 bis 1914 war die Zahl der russischen Arbeiter auf 2,45 Millionen beträchtlich gestiegen; einen großen Teil von ihnen stellten ehemalige Bauern, die wegen der scheinbar besseren Lebensbedingungen in die Städte gezogen waren. Die Streiks verliefen wellenförmig. Ihr Epizentrum lag in den Goldminen an der Lena (April 1912), wo Streiks und Kundgebungen scharf unterdrückt wurden – dies kostete zwischen 150 und 200 Menschen das Leben. Die dritte Duma setzte eine Untersuchungskommission ein, um Licht in das Drama zu bringen, das die Presse vorab schon als »Zweiten Blutsonntag« bezeichnete. Geleitet wurde diese Kommission von einem jungen, glänzend begabten und auf die Verteidigung politischer Anklagen spezialisierten Rechtsanwalt namens Alexander Kerenski, der, kaum hatte er diese Kommission verlassen, sich als Wahlkandidat für die vierte Duma vorstellte. Er wurde gewählt und entfaltete sodann emsige Aktivitäten zur Vorbereitung der Revolution; so hielt er zahlreiche Treffen ab, verfaßte politische Broschüren und organisierte politische Clubs und Gruppen.

Inzwischen häuften sich die Arbeitsniederlegungen und dehnten sich auch immer weiter aus. Im Jahr 1913 wurde die Anzahl der streikenden Arbeiter auf anderthalb Millionen beziffert. Heißt das zwangsläufig, daß Rußland damals einer Revolution entgegentrieb? Sicher nicht, so die Antwort, aber die Bevölkerung spürte die Schwächen des politischen Systems und nutzte sie aus, um auf den Straßen und in den Universitäten ihre Forderungen zu stellen. Gerade in den Hochschulen loderte die Agitation, wie stets in kritischen Zeiten.

Die Staatsmacht hingegen bot mit ihrem schwerfälligen Behördenapparat und internen Konflikten das gewohnte Bild. Kokowzow verfügte weder über die Autorität noch die starke Persönlichkeit seiner großen Vorgänger Stolypin und Witte. Mal bekriegte er sich mit dem Verteidigungsministerium, das willkürliche Entscheidungen traf, mal mit Landwirtschaftsminister Kriwoschin, der in finanzpolitischen Fragen mitreden wollte. Kokowzow selbst behielt das Finanzministerium und das Ministerpräsidentenamt in seiner Hand. So verloren sich also die Politiker, auf die es nun ankam, in Kompetenzgerangel und nutzlosen internen Rivalitäten, obwohl die sichtbar wachsenden innenpolitischen Schwierigkeiten und auch das sich rasch verschlechternde außenpolitische Klima mehr denn je gemeinsames Handeln erfordert hätten. Die gesamten Umstände bezeugten eine Auflösung des politischen Systems in Rußland, das Politiker mit Format und Interesse am Staat zu nichts mehr zu bewegen vermochte. Die vergiftete Stimmung am Zarenhof wirkte sich lähmend auf alles in seiner Umgebung aus.

In diese gefährliche Stimmung platzte ein Finanzskandal um die – erst jüngst beschlossenen! – staatlichen Zuweisungen an die politischen Parteien. Als Finanzminister im Kabinett Stolypin hatte Kokowzow die Idee noch bekämpft, an politische Parteien, insbesondere an rechtsradikale, öffentliche Hilfsgelder zu zahlen. Während des Wahlkampfs im Jahr 1912 konnte er jedoch nicht mehr umhin zuzustimmen. 1913 wurde dann eine schmutzige Affäre bekannt, die Geldfragen, Parteienfinanzierung und Antisemitismus miteinander verband. Kokowzow wurde in einer öffentlichen Sitzung der Duma von rechtsextremen Parteien bezichtigt, ihnen finanzielle Mittel verweigert zu haben, »um jüdischen Finanzkreisen zu Gefallen zu sein«. Diese Vorwürfe mitten in einer Sitzung des Parlaments vermitteln eine Vorstellung von dem damals dort herrschenden Klima. Sie wurden auch in dem ultrakonservativen *Graschdanin*, dem Presseorgan des russischen Publizisten Fürst Wladimir Meschtscherski, abgedruckt.

Nach Meinung der Zarin, deren politischer Einfluß von Tag zu Tag stieg, hatte Kokowzow in seinem Amt total versagt. Sie warf ihm gleich mehrere Dinge vor: Der Ruf der Zarenfamilie habe wegen seiner Nachlässigkeit einen irreparablen Schaden erlitten, und Streiks und Unruhen seien nicht energisch genug unterdrückt worden. Diese ungerechten Attacken trafen den Premierminister gewiß zu Unrecht, aber er konnte sie auch nicht unterbinden, denn die vierte Duma zeigte sich nicht bereit, sich auch nur der geringsten Anordnung der Exekutive zu beugen. Unter dem Druck der Kaiserin, die einen Katalog an Vorwürfen zusammengestellt hatte, weil sie sich des zur Zeit grippekranken Ministerpräsidenten entledigen wollte, schwankte der Zar noch ein Weilchen, entschloß sich am 12. Februar

1914 aber dann doch zu den folgenden Zeilen: »Der rasche Wandel im politischen Leben Rußlands und die stürmische Entwicklung unseres Landes erfordern glaubwürdige und exakt aufeinander abgestimmte Entscheidungen, die nur ein neuer Mann treffen kann ... Ich erwarte Ihren letzten Bericht am Freitag um elf Uhr.«

Derart lapidar seines Amtes enthoben, durfte sich Kokowzow mit dem Gedanken trösten – oder über ihn staunen? –, daß er seinem Herrscher einen letzten und bemerkenswerten Dienst erwiesen hatte. Im November 1913 hatte Frankreich Rußland eine Anleihe von 500 Millionen Francs mit einer Laufzeit von fünf Jahren zur Verfügung gestellt, die für den Bau einer strategisch wichtigen Eisenbahnlinie bestimmt waren, um die Westgrenze des russischen Reiches zu schützen. Der Zar hatte endlich erkannt, was ihm Witte bereits zu Beginn des Jahrhunderts mit einer gewissen Beklemmung signalisiert hatte – nämlich die fehlenden Transportmittel in Richtung Westen und die daraus resultierenden Risiken im Fall eines militärischen Konflikts. Wie Witte hatte auch Kokowzow mit Frankreich einen dringend benötigten Kredit ausgehandelt und wurde nach Abwicklung des Geschäfts – ebenfalls wie Witte – nicht mehr benötigt und konnte abtreten.

In dem übrigens in einem herzlichen Ton gehaltenen Entlassungsschreiben hatte der Zar als Grund für die Neuberufung eines neuen, energischen und konsequenten Mannes auf die »wachsenden Schwierigkeiten« hingewiesen. Als der in seinen Gefühlen verletzte Kokowzow aber erfuhr, für wen er in so brüsker Weise entlassen worden war, wuchs sein Zorn nur noch mehr, denn bei seinem Nachfolger handelte es sich um niemand anderen als den altbekannten und inzwischen fünfundsiebzigjährigen Greis Goremykin, jenen Schwächling, der 1906 bereits die Nachfolge Wittes angetreten hatte! Diese Ernennung, wie auch Kokowzows Entlassung, ging auf den Rat Rasputins zurück, den die Zarin nur noch als »unseren Freund« bezeichnete. Goremykin war übrigens von seiner Nominierung selbst so überrascht, ja konsterniert, daß er vor sich hin murmelte: »Ich bin wie ein alter Pelzmantel, den man monatelang in Naphtalinblättchen legt, bei Gelegenheit wieder hervorholt, der von neuem eingeschlossen und bei Bedarf wieder hervorgeholt wird ...«

Nachdem Kokowzow aus dem Amt gedrängt worden war, besuchte er die Zarenmutter Maria Fjodorowna und wurde von ihr gebeten, den Zaren mit allen gebotenen Mitteln über die Einflüsse zu informieren, die von außen auf ihn einwirkten, und nannte in diesem Zusammenhang speziell den Namen ihrer Schwiegertochter. Maria Fjodorowna teilte dem Exministerpräsidenten ausführlich die Ängste mit, die sie beim Treiben der Zarin empfand, das in ihren Augen das Land in eine Katastrophe manövrieren mußte.

Aber 1914 kam jegliche Warnung zu spät, der Zar hörte sie nicht einmal. Nachdem der Zarewitsch während eines Aufenthaltes der kaiserlichen Familie in Spala mit dem Tode gerungen hatte, stand für die Kaiserin endgültig und unumstößlich fest, daß ohne Rasputin weder ihr Sohn noch die Dynastie noch schließlich ganz Rußland überleben würden. Zu ihrem krankhaften Mystizismus gesellte sich noch ein ausgeprägter Verfolgungswahn. Alexandra empfand jeden Angriff gegen den »Starez« als Attacke auf sich selbst. Innerhalb der großen Zarensippe hatte sie noch nie so allein und isoliert dagestanden. Sie lebte in ihrem Palast allein mit ihrer Familie und einigen engen Freunden. Sie hörte nur noch auf Rasputin und setzte Nikolaus II. mit ihren Ängsten, ihrem mystischen Verhalten und ihren Phantasien unter enormen Druck.

In diese Zeit der Stagnation – die Duma stritt mehr, als daß sie debattierte, die Regierung verlor jegliche Handlungsfähigkeit aus Angst, den Unwillen der Kaiserin oder des »Starez« zu erregen, und im Lande rumorte es – fiel mit den Feiern zum dreihundertjährigen Bestehen der Romanow-Dynastie dennoch ein Lichtstrahl der Hoffnung und Illusion. Die glanzvollen Feierlichkeiten dauerten von März bis Juni 1913, also drei Monate lang. Sie begannen in der Hauptstadt und setzten sich quer durch ganz Rußland fort. Das Zarenpaar begab sich mit großem Gefolge nach Kostroma, der Geburtsstadt des ersten Romanow Michail, der dort auch die Nachricht von seiner Wahl auf den russischen Thron erhalten hatte, und beendete seine Reise in Moskau. Dieses Mal blieben die Feierlichkeiten nicht nur von jedem Zwischenfall verschont, sondern die kaiserlichen Herrschaften erlebten im Gegenteil, wie ihnen die Bauern in Massen zujubelten, also jenes *wahre* Land, an das sie so sehr glaubten. Die Zarin sagte ein ums andere Mal: »Nun sehen Sie die Hasenfüßigkeit unserer Minister. Sie verbringen ihre Zeit damit, den Zaren mit ihrem Revolutionsgerede zu erschrecken, wo es doch genügt, daß wir erscheinen, und schon fliegen uns sämtliche Herzen zu.«

Sechzig Jahre später, 1971, fanden in dem Rußland benachbarten Iran ähnliche, ebenso glanzvolle und beeindruckende Festlichkeiten anläßlich des 2500jährigen Bestehens des persischen Reiches statt, und auch sie läuteten wie das Romanow-Jubiläum – aus der Rückschau gesehen – das Ende des Reiches ein. Damals beachtete es in Persien niemand, daß zwischen beiden Ereignissen möglicherweise eine Parallele bestand, obwohl sie sich, im historischen Kontext gesehen, aufdrängte: In beiden Fällen das gleiche verzweifelte Schlingern zwischen Reformpolitik und Revolution!

Dem Zaren gegenüber wiederholte Alexandra es immer wieder: »In diesen so unvergeßlichen Tagen haben wir das echte, wahre Rußland gesehen, das uns treu bleibt.« Trotzdem konnte der unbestreitbare Jubel der russischen Massen die beängstigenden Realitäten nicht vertreiben. Bei den Feierlichkeiten in Moskau mußte der totenbleiche Zarewitsch von einem Kosaken getragen oder in einer Karosse gefahren werden. Seine geheimnisvolle, so eisern verschwiegene Krankheit sprang jedermann in die Augen, und zum allgemeinen Mitleid gesellte sich die Unruhe: Konnte eine Dynastie mit einem derart kränklichen Thronerben weiter bestehen? Bei diesem prächtigen Jubiläumsfest, das Nikolaus II. und seine Frau als Versprechen für den weiteren, langfristigen Bestand der Dynastie betrachteten, fragten sich viele Beobachter, ob diese grandiosen Festlichkeiten nicht auch ebensogut ihr Ende markierten.

Viele erkannten nun auch die tiefe geistig-seelische Abhängigkeit des Zaren von seiner Frau, die diese kräftezehrenden Zeremonien aufgrund ihrer körperlichen und psychischen Probleme nur schwer ertrug. Es kam häufig vor, daß sie entweder ohnmächtig zu werden drohte oder am Rande eines Nervenzusammenbruchs stand. Nikolaus II. ließ sie in diesen Monaten nie aus den Augen. Wann immer es ihm notwendig erschien, unterbrach er eine Unterredung, verließ seine Gesprächspartner und eilte ihr zu Hilfe. Wer es beobachtete, hielt es für ein Zeichen der Schwäche des Herrschers.

Und wieder einmal sorgte Rasputin für einen Skandal, als er sich bei dem feierlichen *Te Deum* vor dem Gottesdienst kurzerhand auf einen für Dumamitglieder reservierten Stuhl in der Kirche »Zu Unserer Lieben Frau« in Kasan setzte. Kein Geringerer als der hünenhafte Dumapräsident Rodsjanko mußte ihn mit seinen eigenen Händen vertreiben. Auch dieses Kabinettstückchen, das Rasputin sich an diesem Tag geleistet hatte, wurde der Zarin persönlich angelastet.

Als Kokowzow, dessen Treue zum Herrscher niemand anzweifelte, das Resümee aus den Jubiläumsfeierlichkeiten zog, schloß er mit den Worten: »Der Kaiser muß begreifen, daß sich die Umstände verändert haben seit den Zeiten, als die Romanows Zaren wurden und ihnen ganz Rußland allein gehörte.« Seine Hoffnung zerschellte, wie nicht anders zu erwarten, an der unerschütterlichen Überzeugung Nikolaus' II. und seinen Vorstellungen eines geistigen Bandes zwischen dem Herrscher und seinem Volk, ein Bild, das die Zarin nach dieser Rundreise durch die russische Provinz unermüdlich bemühte.

Die 300-Jahr-Feier bot auch die Gelegenheit, eine Bilanz des Zarenreichs zu erstellen. Ein mehrere Kilogramm schweres Werk zählte sämtliche Daten und Fakten in Politik, Wirtschaft, Sozialpolitik und Kultur auf – kurz, es bildete den *tatsächlichen* Zustand des russischen Imperiums ab. Der nur in begrenzter Stückzahl gedruckte Band war allein für hochstehende, einflußreiche Persönlichkeiten bestimmt und enthielt eine ungeheure Fülle verläßlicher Angaben. Der Leser entnimmt ihm vor allem das erfolgreiche Bemühen um die Modernisierung des Landes. Rußland verfügte nun endlich über eine, wenn auch zahlenmäßig noch recht kleine, dafür wirtschaftlich höchst erfolgreiche Unternehmerschicht. Ihre Mitglieder hatten es innerhalb kurzer Zeit zu gewaltigem Reichtum gebracht. Manche von ihnen erwarben großartige Gemäldesammlungen von Meistern des 19. und 20. Jahrhunderts – aus ihnen setzen sich die heutigen Kunstschätze russischer Museen zusammen. Andere finanzierten die russischen Revolutionäre oder waren gar auf beiden Feldern aktiv. Auf jeden Fall hatte sich in einem Land, das noch wenige Jahrzehnte zuvor fest im Griff des großgrundbesitzenden Adels gelebt hatte, nun eine neue, politisch offene und für alles aufgeschlossene Schicht nach vorne geschoben. Sie bestand aus Geschäftsleuten, reich gewordenen Bauern und Mitgliedern der Intelligentsia, die in die Sphären politischer Macht aufgestiegen waren. In Rußland begann also eine Bürgerschicht zu existieren, die der Adel mit Herablassung und revolutionär gesinnte Kreise mit Verachtung behandelten.

Natürlich war der soziale Frieden noch weit entfernt. Aber der beständige wirtschaftliche Fortschritt, den sämtliche Statistiken dieses *Handbuchs* des russischen Reiches ausweisen, legte dem Leser doch nahe, daß Rußland auf wirtschaftlichem Gebiet sehr bald mit jenen Ländern gleichziehen würde, denen es sich als Staat bereits jetzt ebenbürtig fühlte. Was ihm zur Beilegung der sozialen und politischen Konflikte wirklich fehlte, war die kontinuierliche Weiterentwicklung der staatlichen Macht. Zwischen 1905, als der Zar ein beschränktes parlamentarisches System zugestehen mußte, und 1913 hatte sich seine Auffassung kaum verändert. Er bewies der vierten Duma gegenüber noch genauso wenig Respekt wie der ersten und betrachtete sie ebenfalls nur als zweitrangiges Element in der innenpolitischen Landschaft Rußlands. Aus dieser Einstellung heraus erklärt sich auch das Fehlen von Kontakten zwischen dem Herrscher und der Duma und die Wand zwischen Exekutive und Legislative; deswegen wurde letztere selbst auf lange Sicht von der Gesellschaft nie als integraler Teil der Staatsmacht anerkannt. Die Wahl von 1912 erhärtete den Eindruck, daß die Menschen in Rußland bei den Dumawahlen ihren Frust abreagierten, die Institution Duma aber nicht als den Ort betrachteten, wo die Probleme des Landes debattiert und verhandelt wurden. Unter diesen Voraussetzungen spielten sich trotz der relativen Ruhe dieser Jahre die »Beziehungen« zwischen den Organen des Staates und dem unzufriedensten Teil der Bevölkerung auf der Straße ab.

Deshalb genossen die Revolutionäre auch kein großes Ansehen. In der vierten Duma saßen insgesamt nur dreizehn Sozialdemokraten, darunter sechs Bolschewiki. Im Gegensatz zu den Sozialrevolutionären, für die die einzige Antwort auf die »Illusion der Reformen« im Wahlboykott bestand, nutzte Lenin beim Ausbruch des Ersten Weltkriegs die legalen Möglichkeiten, die seiner Partei offenstanden. Zuvor hatte er mit der finanziellen Unterstützung eines reichen Kaufmanns die *Prawda* gegründet, die trotz ihres revolutionären Inhalts in der Hauptstadt St. Petersburg ganz legal erschien. Auch die Arbeiterklasse, auf die sich die Anstrengungen der Sozialdemokraten in erster Linie richteten, war wegen ihrer ständigen Konflikte fast gelähmt. Deshalb ersparten sich die Arbeiter eine genaue Unterscheidung zwischen Menschewiken und Bolschewiken; in ihren Augen handelte es sich bei beiden Gruppen um unverbesserliche Kritikaster, die keinem Streit aus dem Wege gingen und sich mehr mit ihren persönlichen Konflikten beschäftigten als mit den alltäglichen Problemen eines Arbeiterlebens.

Aber auch die Sozialrevolutionäre spielten nur eine relativ geringe Rolle, obwohl sie sich nach eigener Aussage intensiv um die politische Erziehung der Bauern kümmerten. Nicht anders als Menschewiken und Bolschewiken stritten sich die Sozialrevolutionäre ebenfalls nur um Fragen der richtigen Strategie, oder es rivalisierten einzelne Personen miteinander. Aber noch ein weiteres verband sie mit den Bolschewiken: Beide waren Opfer der recht zweifelhaften Beziehungen, die einige ihrer Parteimitglieder zur Polizei unterhielten. Als der Kopf der sozialrevolutionären Kampforganisation, Evno Asjow, 1908 zunächst der Polizeispitzeltätigkeit angeklagt und dann 1909 von einem Parteigericht dafür verurteilt wurde, daß er als Agent der »Ochrana« gearbeitet hatte, begannen viele Genossen zu zweifeln. Seit Subatow hatte sich die Polizei immer wieder der Dienste solcher Spitzel aus den führenden Kreisen der Linksparteien bedient und sie für ihre Ziele eingespannt. Die Arbeiter und Bauern wurden nicht klug aus diesen Mesalliancen zwischen Polizei und Linken, blieben gegenüber den Organisationen, die sie mittrugen, jedoch mißtrauisch.

Die Distanz, die damals zwischen der russischen Gesellschaft und den politischen Parteien klaffte, die behaupteten, in ihrem Namen zu sprechen, kündigte bereits eine Revolution an, die auf der Straße stattfinden würde; als sie dann ausbrach, hielten sich diese Parteien heraus. In diesen so unsicheren Jahren schien aber der baldige Ausbruch revolutionärer Wirren noch sehr unwahrscheinlich.

Die nationale Krise

1905 zeigten die revolutionären Umtriebe an den Grenzen des Reiches Wirkung, in ausgeprägter Form aber nur dort, wo ein Arbeiterproletariat, wie beispielsweise in Baku, existierte. Diese Wirren wurden jedoch eher von Russen als von der dortigen Bevölkerung ausgelöst. Die kaiserlichen Behörden, die die Unterschiede im Verhalten der Ortsansässigen und der Russen sehr wohl bemerkten, schlossen daraus, daß mit Ausnahme der Kaukasusregion und Polens die Regimetreue der nicht-russischen Schichten außer Zweifel stehe. Dies erklärt aber auch ihre Herablassung gegenüber diesen Völkern, die sich gleich dreifach artikulierte: Der russische Nationalismus nahm, wie sich zeigte, bis zum Krieg immer weiter zu, dann wurde das Wahlrecht für diese Nationalitäten zunehmend eingeschränkt, und schließlich verzichtete man in zunehmendem Maße auf die Befriedungspolitik, die man nach 1905 eingeschlagen hatte.

Diese Linie mag sich zwar vor allem durch die Schmach der militärischen Niederlage gegen Japan erklären – aber sie war ganz gewiß nicht für die Randzonen des Zarenreiches angebracht, die von Schockwellen erschüttert wurden, die auf den ersten Blick kaum bemerkbar waren. Das zaristische Regime und vor allem seine Vertreter in den Grenzregionen wie der Gouverneur von Turkestan, General Kuropatkin, stellten in der Zeit nach diesem Desaster fest, daß die asiatischen Völker es als ausgleichende Gerechtigkeit für alle Nationalitäten empfanden, die unter der russischen Knute lebten. Seither schälte sich eine gewisse Solidarität unter ihnen heraus. Es gab viele untrügliche Zeichen, daß jede Schwächung des Zarenreichs alle dort lebenden Nichtrussen mit Genugtuung erfüllte.

In diesem Sinn stellte sich die schleichende Krise in den Jahren 1906 bis 1914 als Resultat einer doppelten Spannung dar: auf der einen Seite die imperialistische Politik Rußlands und auf der anderen die mehr oder weniger sichtbaren Reaktionen der nichtrussischen Nationalitäten, die sich jedoch innerlich auf jeden Fall vom russischen Reich entfernten. Innerhalb der politischen Parteien und der Zirkel zur Erhaltung der nationalen Kulturen im Vielvölkerstaat Rußland wurde häufig offen über das Problem seiner künftigen Organisation debattiert. Einstweilen verringerte das 1905 erlassene Wahlgesetz jedoch die Anzahl der den sogenannten Fremdstämmigen vorbehaltenen Sitze im Parlament – die mittelasiatischen Völker schloß es sogar gänzlich aus; die Russifizierungspolitik der beiden vorangegangenen Legislaturperioden der Duma sollte sie einen beträchtlichen Teil ihrer Autorität in den Randgebieten des Reiches kosten.

Gleichzeitig versetzte die Entwicklung der muslimischen Völker in Rußland die Regierung in Angst und Schrecken, aber sie erkannte darin auch beruhigende Elemente. Die Aufregung war nach den ersten Versuchen einer politischen Sammlungsbewegung aller Muslime in Rußland entstanden, wo es um mehr zu gehen schien als um islamische Schulen oder Regionen. Bereits 1905 hatten Vertreter gemäßigter islamischer Bewegungen bei Witte um die Erlaubnis gebeten, einen panislamistischen Kongreß abhalten zu dürfen. Witte lehnte die Bitte zwar ab, aber die Zusammenkunft fand trotzdem im August 1905 in Nischni-Nowgorod statt; etwa hundertfünfzig Teilnehmer wurden gezählt. Der Kongreß beschloß die Schaffung einer Union aller im Zarenreich lebenden Muslime. Ihre Aufgabe bestand in der Organisation regelmäßig stattfindender Kongresse zur Stärkung der islamischen Solidarität. Ihre weiteren Verpflichtungen regelte ein Vier-Punkte-Plan:

– Einigung der islamischen Glaubensgemeinschaft im Zarenreich;

– Hinwirkung auf die Errichtung einer Demokratie, in der die aus allgemeinen und gleichen Wahlen hervorgegangenen Volksvertreter an Legislative und Exekutive beteiligt würden;

– absolute Gleichheit zwischen Russen und Muslimen in bezug auf bürgerliche und konfessionelle Rechte;

– Vorschläge zur Gestaltung einer islamfreundlichen Kulturpolitik (islamische Schulen und Zeitungen und Bücher).

Dieses Programm beunruhigte die Staatsmacht, denn es vertrat trotz des maßvollen Tons, in dem es abgefaßt war, zwei Ziele, die sie nicht akzeptieren wollte: die Errichtung einer repräsentativen Demokratie und die Anerkennung einer kulturell absolut unabhängigen islamischen Glaubensgemeinschaft, deren Mitglieder auf sämtlichen rechtlichen Gebieten mit den russischen Untertanen des Zaren gleichgestellt wären. Dieser Weg führte in ihren Augen ja geradewegs in ein föderalistisch organisiertes Reich! Aus diesem Grund wird auch verständlich, warum die Regie-

rung versuchte, einen zweiten islamischen Kongreß (»Ittifac«) – wenn auch vergeblich – zu verhindern.

In der aufgeheizten Atmosphäre des damaligen Rußlands versammelten sich die Muslime im Jahr 1906 erneut
in der Hauptstadt und integrierten damit ihre Bewegung
in die bereits anlaufende Revolution. Der Kongreß einigte
sich auf eine Wahlstrategie, von der er sich die Wahl einer
in sich geschlossenen islamischen Fraktion in der Duma
versprach; gleichzeitig wurde beschlossen, sich für die
Wahlen und die spätere parlamentarische Tätigkeit mit der
»Kadetten«-Partei zu verbünden.

Im August 1906 fand der dritte und erstmals offiziell genehmigte Kongreß der Muslime im zaristischen Vielvölkerreich statt. Der Staatsmacht blieb nichts mehr anderes
übrig, als diese politisch aufstrebende Kraft anzuerkennen,
die über ein klares Programm verfügte, das ähnlich wie die
»Kadetten«-Partei eine konstitutionelle Monarchie, eine
Agrarreform und den 8-Stundentag forderte; hinzu kam
noch die speziell muslimische Forderung nach *absoluter
Gleichstellung* mit der russischen Bevölkerung.

Das Ziel, im Parlament eine geschlossene Vertretung aller muslimischen Interessen zu organisieren, war wohl etwas weltfremd und fromm, denn die Wahlen zur ersten
Duma erbrachten nur 25 muslimische Abgeordnete, die
sich nur zum Teil den Konstitutionellen Demokraten (»Kadetten«) anschlossen. Ihre Schwäche erklärte sich vor allem aus internen Streitigkeiten und verhinderte, daß sie
eine eigene parlamentarische Fraktion bilden konnten. In
der zweiten Duma saßen 35 Abgeordnete von ihnen; davon waren 29 »Ittifac«-Vertreter, die sich als eigene, mit
den »Kadetten« verbündete Fraktion organisierten. Das
Wahlgesetz von 1907 reduzierte die Zahl der muslimischen Delegierten auf zehn Abgeordnete in der dritten
Duma, und in der vierten Duma saßen schließlich nur
noch sieben, die kaum noch in Erscheinung zu treten vermochten. In die fünfte und sechste Duma, die beiden letzten des Zarenreichs, zogen nur noch Tataren und Kaukasier ein.

Die Entwicklung der Muslime im russischen Reich hatte die Verantwortlichen alarmiert – zu Unrecht übrigens –, die darin eine Demonstration des Panislamismus erblickten, an dessen Fortschritten außerhalb der Reichsgrenzen damals kein Zweifel bestand. Aber diese Sicht der Dinge war falsch, denn die russischen Muslime zeigten sich gegenüber Jamal El Din El Afghanis, der zur islamischen Solidarität gegen die Kolonisatoren aufrief und zudem aus dem vorhergehenden Jahrhundert stammte, sowenig empfänglich wie gegenüber der Jungtürkenbewegung, bei der sich dennoch eine Reihe muslimischer Intellektueller des Zarenreichs Anregungen holte und ihre Zusage, das Erstarken des Panislamismus in Rußland zu unterstützen. Diese Einigungsbewegung, die aus Istanbul die gebildeten islamischen Kreise in Zentralasien steuerte, gewann zwischen 1908 und 1914 an Einfluß. Aber die Anziehungskraft, die die Jungtürken auf die gesamte islamische Bevölkerung in Zentralasien ausüben wollten, wurde dort kaum erwidert, weil diese einem Nationalismus frönten, der zu der angestrebten panislamistischen Solidarität nicht paßte. Deshalb übertrieb die russische Regierung die Gefährlichkeit des wachsenden Einflusses der Türken oder ihrer Agitation in den von Turkvölkern besiedelten Gebieten bei weitem. Sie kam ihr auch insofern gelegen, als sie sie zum Vorwand nahm, Zentralasien aus dem politischen Leben Rußlands zu verbannen. Gleichzeitig scheute sie jedoch keine Mühe, dem befürchteten Erstarken des Panislamismus entgegenzutreten. Zu diesem Zweck richtete sie für Muslimkinder Grundschulen und Gymnasien ein, in denen eine »europäisierte« Elite herangebildet werden sollte, indem diesen Kindern der gleiche Unterricht erteilt wurde wie russischen Schülern. Zu dieser Aufgabe sah sich das Zarenreich auch gezwungen, weil sich die seit den Zeiten Katharinas II. von der Wolga aus operierenden Missionare nicht in die östlichen Steppen gewagt hatten. Das pädagogische Terrain war den strenggläubigen und antirussisch eingestellten Mullahs und Tataren überlassen worden, die die Solidarität mit dem Islam predigten.

Mit den Tataren hatte das offizielle Rußland seine liebe Not, denn seit Beginn des Jahrhunderts hatten sie sich an die Spitze der islamischen Sammlungsbewegung im Reich gesetzt. Mit ihren Forderungen nach einer Agrarreform und der Beteiligung aller Muslime am politischen Leben in Rußland mobilisierten sie ihre Glaubensbrüder. Außerdem stellte sich in den Siedlungsgebieten der Tataren, um die sich die Missionare der russisch-orthodoxen Kirche besonders bemüht hatten, ein Rückschlag der von der Reichsregierung initiierten Integrationspolitik ein. Obwohl es den Missionaren im Lauf der Jahrzehnte gelungen war, Tataren zum Christentum zu bekehren, gab es zu Beginn des 20. Jahrhunderts nicht nur einen Stillstand, sondern es setzte sogar ein Rückgang ein. Die Tataren hatten die islamische Religion und Kultur eben als mehr identitätsstiftend und größeres Bindemittel für ihre Gemeinschaft empfunden als das Christentum. Die gebildete tatarische Oberschicht war mit dem Koran und in enger Verbindung mit vielen russischstämmigen politischen Gruppen aufgewachsen, so daß sie sich als Speerspitze des gesellschaftlich-politischen Wandels in den islamischen Randgebieten des Zarenreichs verstand. Es genügte nicht, die Zahl ihrer Abgeordnetensitze in der Duma zu reduzieren, um sie zum Schweigen zu bringen. Im Gegenteil – die Verhinderung einer parlamentarischen Vertretung der Völker Mittelasiens radikalisierte deren Oberschichten und leistete im Zeitraum von 1910 bis 1914 einer Explosion Vorschub, die der Revolution von 1917 prompt voranging. Wenn also die Staatsmacht an ihrer äußersten Südostgrenze die politischen Rechte der Bevölkerung beschnitt und in ihren südwestlich gelegenen Randgebieten, wo man nationale und politische Forderungen bereits früher und geschickter artikuliert hatte, die russisch gewordenen Bevölkerungsschichten stärken wollte, dann bereitete sie eine insgesamt heftige Auseinandersetzung vor und provozierte Reaktionen, die einige Jahre später die Beziehungen zwischen dem politischen Zentrum und der Peripherie verhärten sollten.

Wie wir inzwischen wissen, hatte sich am Thema Polen ein schwerer Konflikt zwischen Stolypin und der dritten Duma entzündet, als der Ministerpräsident 1911 versuchte, das russische Semstwosystem in Polen zu installieren. Der Hintergedanke dieser Reform mit ihrer Begünstigung der Bauern und russischen Beamten zielte darauf ab, die russische Bevölkerung zu Lasten der polnischen Gutsbesitzer zu stützen. Zwei Jahre später war es dank der machtpolitischen Veränderung im Verhältnis der beiden Nationalitäten zueinander gelungen, die im Zuge dieser Reform in Polen eingeführten Stadträte so zusammenzusetzen, daß die dort hauptsächlich als Beamte lebenden Russen in einem Maße vertreten waren, das mitnichten ihrem tatsächlichen Bevölkerungsanteil entsprach. Aufgrund dieser Zusammensetzung von Semstwos und Stadtversammlungen setzte sich die russische Sprache als Amtssprache durch, was die polnische Bevölkerung natürlich noch mehr verbitterte.

Der Nachfolger Stolypins, Graf Kokowzow, führte die von seinem Vorgänger begonnene Politik der weitgehenden Beschneidung nationaler Freiräume stur weiter und setzte eine Verwaltungsteilung durch, die die Polen wieder einmal benachteiligte. So wurde das Cholmer Land zu einer eigenen Provinz erklärt und umschloß nun die beiden früher getrennten Regionen Lublin und Sieldce. Gleichzeitig wurde es unter dem Vorwand, die dortige Bevölkerung setze sich mehrheitlich aus Ukrainern zusammen, mit dem Verwaltungsbezirk Kiew vereinigt. Diese Entscheidungen empfanden die Polen als schmerzlich, und dies um so mehr, als sich nun plötzlich viele von ihnen in der Bevölkerungsminderheit wiederfanden und diese platte Russifizierung mit der Einführung des allgemeinen Wahlrechts in der benachbarten Donaumonarchie zusammenfiel. Die in Rußland und Galizien lebenden Polen tauschten ihre Erfahrungen und Enttäuschungen laufend aus und hofften gemeinsam auf eine baldige Wiedervereinigung Polens. In all den für dieses Land so unruhigen Jahren hatten es Stolypin und nach ihm Graf Kokowzow verstanden, Verwaltungsreformen, die einer Volksbeteiligung ganz offensichtlich entgegenkamen, mit einer Zurücknahme der Rechte der Polen zu verknüpfen. Bei diesen Verschiebungen auf Verwaltungsebene und territorialer Ebene nutzte Stolypin die Feindseligkeiten aus, die innerhalb dieses Völkergemischs aus Polen, Ukrainern und Juden bestanden, und spielte sie geschickt gegeneinander aus.

Die Gründe seines Handelns sind leicht zu durchschauen. Als aufmerksamer Beobachter aller unruhigen Strömungen im Zarenreich war ihm die anschwellende Woge nationaler Bestrebungen nicht entgangen, schließlich machte sie sich nicht nur innerhalb der russischen Grenzen bemerkbar, sondern auch in den drei Kaiserreichen; und hier kam Polen eine besondere Bedeutung zu. Im Jahr 1912 verstaatlichte Kokowzow die Eisenbahnlinie Wien–Warschau, die sich zuvor in polnischem Privatbesitz befunden hatte, und wechselte das bisher polnische Personal gegen Russen aus, eine Lösung, die zwei Fliegen mit einer Klappe schlug und die bereits Stolypin gründlich erwogen hatte. Und wieder einmal mußten sich die Polen düpiert vorkommen, denn in ihrem eigenen Land bestimmten nicht sie, sondern andere. Für Rußland hingegen schien die Sicherheit des Schienennetzes in einer so neuralgischen Zone durch russische Eisenbahner im Konfliktfall besser gewährleistet. Der Erste Weltkrieg sollte aber beweisen, wie illusionär diese Annahme war. Er zeigte auch die Gefährlichkeit einer Politik auf, die nationale Tendenzen an der Westgrenze des Zarenreichs unterdrückte, dort also, wo sich der Konflikt mit Deutschland entzünden mußte, obwohl man die antideutschen Gefühle in Polen leicht hätte für die Interessen Rußlands nützen können. Die Mehrdeutigkeit der Politik Stolypins und seines Nachfolgers hing auch damit zusammen, daß sich beide um eine klare Entscheidung herumdrückten. Hätten sie auf die Treue der Polen zu Rußland im Krieg gegen Deutschland gesetzt, hätten sie deren nationale Empfindlichkeiten auf jeden Fall mehr respektieren müssen.

Ähnlich wie in Polen lebte auch in der Ukraine eine zwi-

schen zwei Kaiserreichen aufgeteilte und deshalb durch
äußere Einflüsse ebenso verletzbare Bevölkerung. Ihre dem
Zarenreich einverleibten Teile besaßen keinerlei kulturelle
Rechte, während es sich für ihre in der Donaumonarchie
lebenden Brüder und Schwestern ganz anders verhielt. Die
galizischen Ukrainer genossen echte Meinungs- und Versammlungsfreiheit, von der zum Beispiel die »Proswita«-
Gesellschaft, die sich um die Bildung der ukrainischen Bauern kümmerte, die bemerkenswerte Universität von Lwow,
wo der große Historiker Mikola Hrusctschewski zu Beginn des Jahrhunderts lehrte, die Tschewtschenkoschule,
eine rein ukrainische Akademie der Wissenschaften, und
schließlich die Existenz politischer Parteien zeugten.

Gegenüber Ukrainern und Polen schwankte das offizielle Rußland zwischen notwendigen Zugeständnissen und
Rückfällen in die großrussische Knebelungspolitik, die in
den Jahren vor dem Ersten Weltkrieg von den Betroffenen
als außerordentlich hart empfunden wurde. 1905 aber begann eine Zeit der Liberalisierung, und eine Kommission
der russischen Akademie der Wissenschaften wurde unter
dem Vorsitz Alexander Charmatows beauftragt, Vorschläge zur »Verbreitung von Publikationen in ukrainischer
Sprache« vorzulegen. Bei diesem Schwung wundert es nicht,
daß sich in der östlichen Ukraine die Zahl der naturwis-
senschaftlichen Gesellschaften, Publikationen und Verbindungen (vor allem der »Proswita«) vervielfachte.

Stolypin aber beunruhigte diese Renaissance ukrainischer Kultur, weil Abgeordnete aus der Ukraine in der
zweiten Duma ihre nationale Autonomie verlangten. Deshalb erfolgte 1908 der Umschwung, der indes so deutliche
Züge von Zögern und Unsicherheit in sich barg, daß er die
Ukrainer noch mehr erregte. Die »Proswita«, die die Russen für das Zentrum ukrainischer Autonomiebestrebun-
gen hielten, wurde das erste Opfer administrativer Maßnahmen, die die Funktionsfähigkeit dieser Gesellschaft
stark einschränkten, bis sie 1910 endgültig verboten wurde. In der dritten Duma schließlich erläuterte Stolypin gerade an diesem Beispiel, warum er gegenüber »allen Strö-

mungen und Bewegungen, die die Einheit des Zarenreichs in Frage stellten«, so kritische Gefühle hegte.

In der Ukraine stellte sich mit der Bodenverteilung und einer den lokalen Gegebenheiten angepaßten Agrarreform jedoch das gleiche schwierige Problem wie in Mittelasien. In der Ukraine griffen die landwirtschaftlichen Reformen Stolypins nicht, weil er mit anderen Fragen zu kämpfen hatte, denn im Süden Rußlands gab es kein Mir-System, das man auflösen konnte, und keine Bauern, die sich zu selbständigen, wirtschaftlich unabhängigen Landwirten eigneten. Darüber hinaus gehörte fast alles Land Großgrundbesitzern, der staatliche Anteil fiel vergleichsweise gering aus. Deshalb nutzten die Vorschläge Stolypins den ukrainischen Bauern wenig, die zudem durch die Agrarreform von 1861 zermürbt waren, die den Großbesitz fast unangetastet und ihnen nur kleine Bodenanteile gelassen hatte. Da sie aus diesem Grund kein Ackerland hatten kaufen können, besaß die von Stolypin vorgesehene Abschaffung der Rückkaufraten auch keinen Wert für sie. Sie erwarteten vielmehr, daß staatlicherseits die ukrainischen Großgrundbesitzer enteignet würden – eine vergebliche Hoffnung.

In der Ukraine griffen Agrarfrage und Nationalitätenproblem ineinander über, weil den ukrainischen Bauern alle nur denkbaren Hindernisse von seinem Großgrundbesitzer trennten. Daraus entstand wachsende Unzufriedenheit, die in den Jahren vor dem Ersten Weltkrieg auf vielen Gebieten zudem einen nationalen Anstrich erhielt: Hatte sich zu Beginn des Jahrhunderts nur die ukrainische Oberschicht um nationalukrainische Fragen gekümmert, so erreichten die Probleme schon recht bald ihre Bauern, die in der von Vereinen, Verbänden und politischen Kreisen in der Ukraine reklamierten Autonomie eine Möglichkeit sahen, Grund und Boden zu erwerben und gleichzeitig die Russen aus dem Land zu drängen.

In den baltischen Provinzen standen Deutsche, die Stolypin großzügig unterstützte, indem er ihnen die Eröffnung deutscher Schulen und den Erwerb von Grundbesitz erlaubte, der lettisch-estnischen Bevölkerung gegenüber.

Hinter dieser Opposition verbargen sich – woran übrigens niemand zweifelte – Konflikte ganz anderer Art. Die Letten und Esten fühlten sich von dem deutschen Bevölkerungsteil schikaniert und ausgenutzt; außerdem neigten sie in ihren nationalen Gefühlen und gesellschaftlichen Vorstellungen zu radikalen Ideen und schlossen sich deshalb den russischen Sozialdemokraten an. Es gab jedoch noch einen anderen Grund: Die zaristische Regierung arbeitete in diesen Provinzen eher auf Bruch und Trennung hin als auf Versöhnlichkeit. Stolypin glaubte nämlich, daß er die Balten von ihrem wachsenden Nationalismus nur abbringen konnte, wenn er sie niederhielt. Aber gerade deshalb zahlte sich die Kehrseite seiner Politik, nämlich der deutschsprachigen Bevölkerung sehr weit entgegenzukommen und damit ihre Hinwendung zu Rußland und ihre Verbundenheit mit dem Reich zu neutralisieren, nicht aus, wie der Erste Weltkrieg schlagend bewies.

In Finnland gab es keine Bevölkerungsschicht, die sich zwischen Russen und Finnen hätte schieben können, um sie voneinander abzuschirmen. Darüber hinaus bündelten sich die nationalen Gefühle der Finnen in ihrem Reichstag wie in einem Brennglas, so daß es hauptsächlich wegen der Grenzen seiner parlamentarischen Zuständigkeit zu Spannungen mit den Russen kam. Diese Auseinandersetzungen nahmen seit 1908 zu, als die russischen Nationalisten in der dritten Duma die Abschaffung des Finnland im Jahr 1905 gewährten Autonomiestatus verlangten.

In dieser Frage vertrat Stolypin eine gemäßigte Position. Ihm schwebte vor, die finnische Selbstverwaltung zum Teil zu erhalten – was sich in der Beibehaltung des Reichstags ausdrückte – und dies mit der Wiederbelebung eines umfassenden russischen Mitspracherechts zu verbinden. Deshalb beauftragte er eine gemischte Kommission, Vorschläge für ein neues Autonomiegesetz für Finnland vorzulegen. Aus den Vorarbeiten dieser Kommission schälte sich eine parlamentarische Institution heraus, die die Bezeichnung »Reichstag« nicht mehr verdiente, denn was sie noch entscheiden durfte, konnte auch ein Landtag regeln. Und diesen »Reichstag« und seine Abgeordneten auch noch der russischen Duma zu unterstellen war eine schwierige Aufgabe! 1909 wurde er zum ersten Mal aufgelöst und ein zweites Mal 1910 nach seiner Umwandlung, für die die gemischte Kommission votiert hatte. Aber die nun, 1910, tagenden finnischen Parlamentarier widersetzten sich, schlossen sich zusammen und erklärten, daß sie schon selbst ihre Kompetenzen definieren würden. Die zaristische Regierung wollte nicht nachgeben und setzte eine harte Russifizierung Finnlands in Gang: Das finnische Parlament wurde beurlaubt und die Lokalverwaltung Finnlands massenhaft mit russischen Verwaltungsbeamten durchsetzt. Außerdem erhielten Russen das Recht, im Land Geschäfte zu eröffnen und Handel zu treiben, ohne daß sie die Genehmigung finnischer Behörden einholen mußten. Angesichts dieser Entscheidungen proklamierten örtliche Stadtverwaltungen und Stadträte die Pflicht zum bürgerlichen Ungehorsam, und die Bevölkerung folgte ihrem Aufruf in großem Umfang. Viele Finnen wurden verhaftet und in St. Petersburg abgeurteilt.

Von 1912 an schlug dem russischen Reich aus Finnland ein viel entschlossenerer und unwiderruflicherer Widerstand entgegen als aus all seinen anderen Randprovinzen. Generalgouverneur Bobrikow, der 1911 sein Amt an seine bisher rechte Hand, Gouverneur Sein, übergab, machte sich für die *totale* Russifizierung Finnlands stark. Eine Politik, die dann auch uneingeschränkt verfolgt wurde. Sie provozierte bei den Finnen eine derartige Empörung, daß die meisten von ihnen jegliche Zusammenarbeit mit den Russen verweigerten und schon der Versuch einer Aussöhnung aussichtslos schien.

Finnland stand in seiner Auflehnung nicht allein – die zaristische Verwaltung hatte wegen des Anwachsens nationalistischer Forderungen in allen Grenzregionen mit diesem Problem zu kämpfen.

Auch außenpolitisch wächst die Gefahr

Gerade weil sich die Beziehungen zu seinen Ministerpräsidenten und zum Volk für den Zaren so enttäuschend gestalteten, zeigte sich Nikolaus II. um so entschlossener, die Zügel der Außenpolitik fest in seinen Händen zu halten. In den unsicheren Jahren vor Ausbruch des Ersten Weltkriegs beweisen seine Einschätzungen der internationalen Situation und seine außenpolitischen Ziele erstaunliche Weitsicht. Er interessierte sich zunehmend für die Balkanländer, weil er sich für die slawische Welt besonders verantwortlich fühlte. Er wollte endlich die Meerengenfrage lösen und verhielt sich gegenüber dem Deutschen Reich, dessen expansionistische Pläne er klar erkannte, äußerst reserviert. Außerdem strebte er für die Sicherheit Rußlands einen Dreibund an, in dem die Freundschaft mit Frankreich an erster Stelle stand.

Der Zar, den sein privates Schicksal und die innenpolitischen Kämpfe in seinem Reich hatten reifen lassen, verfolgte in der Außenpolitik persönliche Vorlieben und besaß ein genaues Programm: Der junge und treuherzige Nikolaus, den sein Vetter Willy in den Schären von Björkö noch nach Belieben hatte steuern können, war einem Herrscher gewichen, der in Bezug auf die Zukunft in Kategorien der internationalen Sicherheit dachte, mehr übrigens, als er sich mit der inneren Sicherheit seines Reiches beschäftigte. Hieraus erklärt sich auch, daß er bei der Auswahl seiner Außenminister ein besseres Gespür bewies und mit ihnen im ganzen gesehen engere Verbindungen pflegte als mit seinen Regierungschefs. Darüber hinaus besaß er außenpolitisch eine sehr viel freiere Hand als in der Innenpolitik, ungeachtet der Tatsache, daß er in gewissem Umfang die öffentliche Meinung natürlich berücksichtigen mußte. In diesem Sinn stand es der Duma durchaus zu, über Militärkredite zu debattieren, aber die tatsächlich wichtigen außenpolitischen Entscheidungen blieben allein dem Zaren überlassen.

Nach Graf Lamsdorff, dessen Karriere im Außenministerium mit den Friedensverhandlungen in Portsmouth endete, wohin er Witte begleitet hatte, fühlte Nikolaus II. die Notwendigkeit, einen neuen Mann an die Spitze der russischen Diplomatie zu stellen, der seine Lehren aus den Niederlagen gezogen hatte und es verstehen würde, ein für das Prestige Rußlands günstiges Geflecht von außenpolitischen Verbindungen und Bündnissen zu knüpfen. Die Wahl des Zaren fiel auf Alexander Iswolski, der sich zwischen 1906 und 1910 mit der Lösung so heikler Probleme wie der Gestaltung der Beziehungen Rußlands zu Japan hatte herumschlagen müssen, dem Streit mit England wegen der Abgrenzung der beiderseitigen Einflußsphären in Persien, Afghanistan und Tibet, vor allem aber mit der Frage der Öffnung des Seewegs ins Mittelmeer für russische Dampfschiffe. Denn gerade diese Frage lag dem Zaren am Herzen. Für ihre Lösung unterbreitete Iswolski 1908 Österreich-Ungarn einen listigen Vorschlag: Rußland würde sich mit der Annexion Bosniens und der Herzegowina durch die Donaumonarchie einverstanden erklären (wo diese die Zunahme der serbischen Agitation befürchtete), wenn sich Wien im Gegenzug zur Unterstützung des russischen Begehrens nach einer Revision des Meerengenvertrages bereit erklären würde, um russischen Schiffen die Durchfahrt durch die Dardanellen zu gestatten. Dieser in den Augen Iswolskis simple Kuhhandel löste jedoch die große Balkankrise von 1908/1909 aus, die Rußland zu einem vollständigen Rückzug zwang: In der Meerengenfrage hatte es gar nichts erreicht; die Serben, die sich über das geplante Abkommen empörten, mußten sich ohne russische Hilfe gegen die Donaumonarchie wehren, und außerdem hatte das Zarenreich seinen Anspruch als Schutzmacht aller slawischen Völker verwirkt.

Diese quälende Niederlage veranlaßte den Zaren, seine Außenpolitik von Grund auf zu ändern. Aber das neue Konzept erforderte einen neuen Minister, obwohl der Zar Iswolski während der gesamten Krise gestützt hatte. Er entließ ihn also und berief Sergej Dimitrewitsch Sasonow zu seinem Nachfolger; als Trost erhielt Iswolski den Botschafterposten in Paris. Die Wahl Sasonows erwies sich aber nur zum Teil als glücklich.

Der neue Außenminister erfreute sich wegen seines verwandtschaftlichen Verhältnisses zu seinem damals noch allmächtigen Schwager Stolypin großer Wertschätzung. In national gesinnten Kreisen stellte man beide Männer gern auf die gleiche Stufe, weil Sasonow wie Stolypin sowohl Standfestigkeit als auch ein nationalpolitisch ehrgeiziges Programm zu verkörpern schienen. Aber nicht nur in Rußland, auch in allen europäischen Regierungszentralen genoß Sasonow einen exzellenten Ruf. Er galt als intimer Kenner der internationalen Beziehungen, als integrer und in seinem Denken konsequenter Mann. Leider entsprach die glänzende Reputation der Persönlichkeit des Ministers aber nicht ganz. Seine zweifellos vorhandenen Fähigkeiten wurden durch eine übergroße nervöse Reizbarkeit und eine mehr vom Gefühl als vom Verstand bestimmte Herangehensweise an Probleme eingeschränkt. In gewisser Weise von ähnlichem Charakter wie der Zar selbst, wirkte sich die Veranlagung Sasonows auf dessen Entscheidungen nicht immer glücklich aus. Hin und wieder verschlimmerten ihre gemeinsamen Charaktermängel die Auswirkungen ihrer Entschlüsse nur noch. Dies mußte um so bedenklicher stimmen, als Sasonow seinem Herrscher zu einer Zeit diente, die sich auf außenpolitischem Gebiet als die gefährlichste seiner Regierungszeit herausstellte, weil das europäische Gleichgewicht von Tag zu Tag mehr bedroht schien.

Seit 1910 war klar, daß die Balkanländer ein Pulverfaß darstellten, das jederzeit zu explodieren und damit die unmittelbar angrenzenden Nachbarreiche Rußland und die österreichisch-ungarische Doppelmonarchie ins Verderben zu reißen drohte. Genauso offensichtlich war es, daß Deutschland Bestrebungen entwickelte, deren Preis möglicherweise Rußland zu bezahlen hätte. Deshalb erschien die Entscheidung, welchen Weg das Zarenreich einschlagen sollte, einfach: Es mußte sowohl seinen Beitrag für die Befriedung des Balkans leisten als auch gleichzeitig ein

308

Bündnissystem stärken, das ihm das erfolgreiche Einschreiten gegen Ziele der deutschen Außenpolitik ermöglichte. Obwohl Sasonow dies bekannt war, verfolgte er eine sehr komplexe Außenpolitik, die ihre Kraft in verschiedenen Zielen zersplitterte und bei den für Rußland unbedingt notwendigen Verbündeten nur Verwirrung stiftete. Die Meerengenfrage entwickelte sich bei Sasonow zur fixen Idee, die seine gesamte Balkanpolitik beherrschte. Seit Österreich-Ungarn jedoch Bosnien und die Herzegowina annektiert und damit jene stillschweigende Nicht-Angriffsübereinkunft gebrochen hatte, die die russisch-österreichischen Beziehungen seit 1886/87 beherrschte, sah sich Rußland gezwungen, nicht nur das Deutsche Reich, sondern auch Österreich-Ungarn genau zu beobachten.

Der Zar und sein Außenminister betrachteten die allgemeinen Querelen auf dem Balkan jedoch nicht nur unter dem Blickwinkel ihrer Gefährlichkeit für den europäischen Frieden, sondern erblickten in ihnen auch eine Möglichkeit, Revanche für die Erniedrigung Rußlands in den Jahren 1904/1905 und 1908/1909 zu üben. Unter diesem Aspekt erschien es sogar möglich, von den Balkanwirren dieses Mal im Hinblick auf eine mögliche Aufteilung des Osmanischen Reiches zu profitieren, um schließlich in die Position zu rücken, von der Nikolaus II. und Sasonow träumten. Vor dem Hintergrund dieser Wünsche und Planspiele wird die Unterstützung des serbisch-bulgarischen Bündnisses durch Rußland deutlich, dem sich auch noch Montenegro und Griechenland anschlossen und das eine durchaus mögliche österreichisch-deutsche Intervention schwächen sollte.

Dabei unterschätzte Sasonow jedoch die Eigeninteressen seiner Verbündeten auf dem Balkan. Sie wollten ihre Rechnungen mit dem Osmanischen Reich unbedingt begleichen und dachten gar nicht daran, auf die russischen Ermahnungen zur Vorsicht zu hören oder gar den begrenzten Zielsetzungen zu folgen, die ihnen das Zarenreich vorgab. So konstant Sasonow im Jahr 1912 die Rolle des Zauberlehrlings auf dem Balkan gespielt hatte, so sehr bemühte er sich nun darum, den Konflikt auf die Halbinsel zu beschränken und ihn nicht in einen europäischen Krieg ausarten zu lassen. Der Preis, den er für seine einstmals kurzsichtige Politik zu bezahlen hatte, war nicht unerheblich, denn mit den Bulgaren und Serben rivalisierten zwei slawische Völker miteinander. Das offizielle Österreich-Ungarn geriet indes bei der Vorstellung in helle Empörung, Serbien nun als fünfte Kolonne Rußlands auf dem Balkan zu betrachten. Das Deutsche Reich beschloß, sich im Bedarfsfall auf die Seite der Donaumonarchie zu stellen, und verlangte von Rußland den Verzicht auf Unterstützung der serbischen Pläne, während sich England bei der Londoner Botschafterkonferenz als Schiedsrichter in die Friedensgespräche nach dem Ersten Balkankrieg einschaltete.

Weder dem im Dezember 1912 unterzeichneten Waffenstillstand noch dieser Konferenz gelang es, auf dem Balkan irgend etwas zu regeln. Deshalb setzte sich der Konflikt im Juli 1913 mit den militärischen Erfolgen eines Osmanischen Reiches im Zweiten Balkankrieg fort, das nichts mehr wünschte als Revanche für seine Niederlage im Ersten Balkankrieg. Der Frieden von Bukarest im August 1913 beendete zwar die Kämpfe für eine Zeitlang, aber nicht die Haßgefühle, die den Weg in den Ersten Weltkrieg pflasterten. Alle Kriegsparteien des Zweiten Balkankriegs und vor allem die Bulgaren dachten ausschließlich an die Rückeroberung ihrer verlorenen Gebiete, und allen blieben die beiden Balkankriege als eine Reihe entsetzlicher Grausamkeiten in Erinnerung. Österreich-Ungarn bereitete die Revanche schon vor.

Bis 1913 hatte Nikolaus II. die Vermeidung eines europäischen Krieges als das oberste Ziel seiner Außenpolitik angesehen, aber seit diesem Jahr hielt er ihn für unvermeidlich. Deshalb trat für ihn die Stärkung des russischen Bündnissystems nun in den Vordergrund. Da die Zeit für eine wegen der deutsch-türkischen Annäherung und daraus folgenden Möglichkeit kriegerischer Verwicklungen mit dem Osmanischen Reich längst notwendige Allianz mit den Balkanländern abgelaufen war, wendeten sich der Zar und Sasonow in dem Jahr, das zwischen dem Zweiten Balkankrieg und dem Ausbruch des Ersten Weltkriegs lag, verstärkt einem Dreibund mit Frankreich und England als Partnern zu.

Wahrscheinlich erhoben sich in Rußland damals auch Stimmen, die eine Vertiefung der außenpolitischen Verbindungen Rußlands zum Deutschen Reich forderten. Schließlich hatten 1910 beide Reiche in Potsdam eine Vereinbarung unterzeichnet, wonach sich St. Petersburg dem Bau der seit 1903 von der Hohen Pforte in Istanbul gewünschten Bagdadbahn nicht mehr widersetzte, während Berlin die russischen Interessen in Persien entsprechend der in der russisch-englischen Konvention von 1902 niedergelegten Form anerkannte. Damit hatten sich die drei Mächte den Vorderen Orient geteilt, den Berlin für einen ihm zur Verfügung stehenden Markt hielt. Der Vertrag von Potsdam hatte die russisch-deutschen Beziehungen etwas entspannt, ein Umstand, der es Kaiser Wilhelm II. in seinem Brief vom 21. April 1911 an Nikolaus II. ermöglichte, von der »gegenseitigen Freundschaft« zu sprechen, die beide Länder verbinde. Am 3. Februar 1913 schrieb Wilhelm II. an seinen Vetter, weil er den Potsdamer Vertrag trotz der sich verschlimmernden Situation auf dem Balkan für die Grundlage einer dauerhaften beiderseitigen Annäherung hielt: »Ich hoffe mit Dir auf eine rasche Lösung der Balkanprobleme und wünsche von ganzem Herzen, mit Dir in diesem Ziel zusammenzuarbeiten. Natürlich muß Österreich-Ungarn als nächster Nachbar dieser Staaten genau beobachten, was sich dort zusammenbraut. Ich hatte aber den Eindruck, daß es damit keine eigenen Ziele verfolgt. Es möchte ganz einfach keinerlei Veränderungen der europäischen Karte, die sich für seine territoriale Integrität als gefährlich herausstellen können.«

Wenn Nikolaus II. diese beschwichtigenden Worte in Erinnerung an Björkö auch überging, so nahm er doch die in seinem Reich kursierenden Ansichten über eine Veränderung der russischen Bündniskonstellation zur Kenntnis.

So entwarf Pjotr Durnowo, der ehemalige Innenminister im Kabinett Witte, im Februar 1914 in einem Memorandum das Szenario einer von der deutsch-englischen Rivalität beherrschten internationalen Lage. Für Durnowo hatte Rußland durch seine Annäherung an Großbritannien das Deutsche Reich in der Balkanfrage geradezu in die Arme Österreich-Ungarns getrieben, eine in seinen Augen abwegige Situation. Rußland und Deutschland trennte nicht der geringste Konflikt, wie er schrieb, vor allem nicht auf dem Balkan, wo die entscheidende Rolle Rußland zukomme, während sich Deutschland dort nur aus Zufall eingebunden sehe. Andere Verfechter einer deutsch-russischen Option wiederum sahen in den Konzessionen Rußlands an die deutschen Minoritäten in den baltischen Provinzen ein starkes Argument für eine deutsch-russische Annäherung.

Mochten derartige Ansichten zu Beginn des Jahrhunderts noch einige Aussicht auf Erfolg besessen haben, so war es in den Jahren 1913 und 1914 dafür zu spät. Preußen und Österreich hatten inzwischen über die gemeinsame deutsche Sprache enge Verbindungen mit Deutschland geknüpft, daß sich niemand ernsthaft vorstellen konnte, Wilhelm II. werde sie zugunsten einer deutsch-russischen Verbindung lösen. Aber auch das Dreierbündnis, das der deutsche Kaiser in seinem Brief an Nikolaus II. skizzierte, erschien wenig plausibel. Rußland und Österreich trennte auf dem Balkan ein offener Konflikt, und zwei Kriege hatte die Feindschaft zwischen den beiden Ländern gründlich geschürt. Wenn sich das Zarenreich mit Wien hätte verständigen wollen, hätte es zunächst auf seinen Anspruch verzichten müssen, das Herz der slawischen Welt zu sein, also auf das oberste und am hartnäckigsten verfolgte Ziel seiner Außenpolitik in jenen Jahren der wachsenden Gefahr. Auch hatte unabhängig von recht weit auseinanderliegenden Zielen und Versuchen die russische Außenpolitik von 1908 bis 1914 stets die Gewißheit wie ein roter Faden durchzogen, daß die Macht des Zarenreichs und sein Einfluß auf dem Zusammenschluß aller slawischen Völker beruhten. Außerdem glaubte Nikolaus II. für seine Person weder an ein Bündnis mit dem Deutschen Reich, noch wollte er es. Vielmehr setzte er seine profranzösische Linie konsequent auch dann fort, als am drohenden Ausbruch eines gesamteuropäischen Krieges keinerlei Zweifel mehr bestand.

Angesichts dieser Situation blieb Nikolaus II. nichts anderes übrig, als sich durch die Stärkung der russischen Verteidigungskräfte auf den militärischen Zusammenstoß vorzubereiten. Ab 1912 beschloß er ein Militärprogramm mit fünf Jahren Laufzeit. Es umfaßte Maßnahmen zur Mobilisierung der Streitkräfte, die Verbesserung der Transportmöglichkeiten und die Modernisierung der Artillerie. Die innerrussischen Krisen verhinderten jedoch die Umsetzung eines solchen Programms. Bis 1914 war noch nichts geschehen, wobei der Zeitraum bis zum Ausbruch des Krieges ohnehin schon zu kurz bemessen war. Seit 1912 intensivierte sich übrigens die Zusammenarbeit zwischen dem russischen und dem französischen Generalstab, um die Kampfpläne beider Seiten zu koordinieren.

In den Gesprächen hing eine der größeren Schwierigkeiten mit der Frage zusammen, auf welchen seiner beiden Gegner, Deutschland oder Österreich-Ungarn, sich das Zarenreich würde mehr einstellen müssen. Der russische Generalstab vertrat die Meinung, es wäre wünschenswert, sich zunächst der österreichisch-ungarischen Kräfte zu entledigen, die er aus Gründen ihrer Aufmarschschwierigkeiten und wegen der hohen Zahl der in den k.u.k.-Streitkräften dienenden slawischen Soldaten für verwundbar hielt; gerade im letzten Punkt rechnete er mit Massendesertionen slawischer Einheiten, die sich entweder ihren russischen Brüdern anschließen oder mindestens weitere Kampfhandlungen verweigern würden.

Die französische Seite hingegen drängte Rußland, zuerst Deutschland den Krieg zu erklären, das in einem Zweifrontenkrieg zurückweichen müßte und in seine Niederlage automatisch eine demoralisierte Donaumonarchie mitreißen würde. Obwohl beide Generalstäbe sie übereinstimmend als unbedeutenden Gegner bezeichneten, bestanden über die strategischen Konsequenzen dieser Ausgangsposition unterschiedliche Meinungen zwischen Paris und St. Petersburg. Der schließlich gefundene Kompromiß erwies sich jedoch als wirkungslos und versetzte dem Zarenreich wahrscheinlich den Todesstoß.

* * *

In den Jahren nach Stolypins Tod bedrückten Rußland drei schwere Probleme: Erstens die privaten Schwierigkeiten des Zaren; zweitens die so zäh verlaufende innenpolitische Entwicklung seines Reiches, die jede mitreißende Initiative vermissen ließ und statt dessen nur sämtliche Schichten der Bevölkerung, insbesondere aber die nichtrussischen Nationalitäten verdroß, die unter einer kaum verhüllten Russifizierungspolitik stöhnten; und drittens die so oft ungeschickte Außenpolitik Rußlands, obwohl der Zar deren Eckdaten genau kannte und sich auf die wesentlichen Probleme, nämlich die Balkanfrage und den unvermeidlichen europäischen Krieg, zu konzentrieren versuchte.

Man kommt auch nicht daran vorbei, einen politischen Niedergang zu konstatieren, der nach den Versprechungen und Hoffnungen des Jahres 1905 einsetzte und die Gesellschaft des Zarenreichs strangulierte. Läßt sich deshalb aber behaupten, daß Rußland einer Revolution entgegentrieb und diese damals so unvermeidbar schien wie der Krieg? Nein, diese Ansicht wäre falsch! Der wirtschaftliche Aufschwung blieb ungebrochen, und die Modernisierung Rußlands war kein Hirngespinst. Die Industrialisierung des Reiches, die zwar noch unbefriedigende, aber dennoch unleugbare Herausbildung einer Unternehmerschicht und einer Bauernschaft, die auf eigenem Grund und Boden wirtschaftete, veränderten die bisherigen Strukturen der russischen Gesellschaft mit Windeseile.

Wenn der nationale Zusammenhalt, die Entstehung einer Nation, als das andere Ziel der Modernisierung Rußlands nicht in denselben Bahnen verlief wie beispielsweise in Japan, dann deshalb, weil ein Vielvölkerstaat zunächst die ethnischen Unterschiede innerhalb seiner Grenzen akzeptieren muß, bevor er sie in die Formen der politischen Organisation überträgt – sei es, daß er diesen Völkern wie in einem Bundesstaat Autonomie zugesteht, sei es, daß er die ethnischen Unterschiede gänzlich leugnet und diese Völker *zwangsweise* integriert. Genau diese Strategie verfolgte Nikolaus II., der sich stets als Treuhänder und Garant der *Einheit* Rußlands im räumlichen wie kulturellen Sinne verstand. Dies erklärt auch, warum seine Regierung, nachdem sie den Minoritäten Zugeständnisse gemacht hatte, in den Jahren 1908 und 1909 wieder die Zügel anzog. Aber da die Reichsregierung wußte, welche Spannungen sich an den Grenzen Rußlands aufbauten, verband sie die Russifizierungs-»Peitsche« mit dem »Zuckerbrot« der Nachgiebigkeit auf manchen Gebieten.

Ein Beispiel bietet die unterschiedliche Verwaltung der Grenzregionen, wo jeder Gouverneur die Vorgaben aus St. Petersburg je nach politischer Situation (man konnte Polen nicht so regieren wie Turkistan) oder nach den Regeln der bevorzugten Behandlung bestimmter Minoritäten (wie die Deutschen seit 1910 in den baltischen Provinzen) angemessen durchsetzte. Diese relative Geschmeidigkeit in der Behandlung der nichtrussischen Grenzgebiete erklärt, warum die rußlandfeindliche Agitation dort kaum über den Rahmen einer Revolte hinausgelangte. Natürlich gab es auch hier Unterschiede: Polen, das 1863 von der politischen Landkarte Europas verschwunden war, stand ständig unter russischem Zwang, wodurch neue Erhebungen im Keim erstickt werden sollten. Ein ähnlicher Druck erwies sich in Zentralasien und im Kaukasus jedoch als unnötig; solange die russische Regierung eine Politik verfolgte, die sich den sozialen und kulturellen Gegebenheiten der Minderheiten anpaßte, blieb der Schein des Friedens gewahrt.

Im Jahr 1914 gab es für Nikolaus II. gute Gründe zu der Annahme, daß sich sein Reich nach den Ausbrüchen des Jahres 1905 wieder gefestigt hatte. Ganz ohne Konzessionen war dieser Prozeß nicht verlaufen. Die wichtigste Ver-

315

änderung traf in seinen Augen das Repräsentativsystem der Duma, dem er sich so lange widersetzt und das seine Hinhaltetaktik überlebt hatte. Obwohl die vierte Duma die Bevölkerung des Zarenreichs sicher viel weniger repräsentierte als die erste und zweite Duma, war der Gedanke einer aus freien und allgemeinen Wahlen hervorgegangenen Volksvertretung doch tief in das Bewußtsein aller Russen gedrungen und hatte auch den Veränderungsprozeß des parlamentarischen Systems beschleunigt, selbst wenn der Zar dies nicht wahrhaben wollte. Dieses Umdenken ließ sich übrigens nicht allein an der Duma festmachen. Auch die Landständeversammlungen und Stadtparlamente kamen aufgrund von Wahlen zustande; das Wahlrecht kannte hier zwar einige, aber keine wesentlichen Einschränkungen. Die russische Gesellschaft hatte mehr oder weniger selbst Anteil an der Lösung ihrer Probleme, sie wußte genau, daß es sich bei dieser Teilnahme um ein *Recht* handelte, das in sich den Keim seiner Erweiterung trug und das niemals mehr zurückgenommen werden konnte. Die politischen Parteien nahmen dieses Recht für sich in Anspruch, sie veröffentlichten Programme und vertraten Forderungen, die wiederum auf den Reifungsprozeß des gesamtgesellschaftlichen Bewußtseins einwirkten.

Selbstverständlich blieb noch viel zu tun, aber das Zarenreich von 1914 ließ sich nicht mehr mit dem von 1904 vergleichen. Selbst wenn die Modernisierung des Landes, die Witte aus Gründen des ethnischen Pluralismus einleitete und die Stolypin fortsetzte, noch keine Nation im modernen Wortsinn geschaffen hatte, so trug sie doch zur Entwicklung einer ihrer selbst und ihrer Ziele bewußten Gesellschaft bei. Eine bürgerliche Schicht war im Entstehen begriffen. In den glücklichen Jahren nach 1905 machte sich der russische Staat – man möchte fast sagen furchtsam – die Vorstellung des *Rechtsstaats* zu eigen, verharrte dann jedoch im ungewissen. Das Zarenreich war nicht mehr der autokratisch regierte Staat der Zeit vor 1905, aber als Verfassungsstaat, in dem namentlich die Duma demokratische Umgangsformen pflegte, ließ es sich auch noch nicht ansprechen. Allein der Zar bremste den Durchbruch seines Reiches zum verfaßten Staatswesen, deshalb darf seine Rolle in der Entwicklung Rußlands nicht unterschätzt werden. Nikolaus II. betrachtete die Konzessionen, die man ihm abgerungen hatte, nur als Ergebnis bestimmter politischer Umstände. In seinen Augen standen sie im direkten Widerspruch zur *Natur* des Staates, dessen Bürde er übernommen hatte, zur politischen Tradition Rußlands und, wie er meinte, zu den Wünschen und Zielen seiner wahren Bevölkerung.

Nikolaus II. dachte exakt in den Kategorien, die Charles Maurras später in Frankreich mit aller ihm zur Verfügung stehenden Verve und mit dem Bild des »parlamentarisch verfaßten liberalen Rechtsstaats« (»pays légal«) und dem »Staat, in dem der Monarch als Schiedsrichter zwischen Interessengruppen handelt und so für die Ordnung der inneren Verhältnisse sorgt« (»pays réel«), vertrat. Was der Zar auch tat und wie er auch entschied, stets dachte er dabei an das *wahre* Land, das Land des »Muschiks«. Auch seine Ansicht zur Einheit Rußlands, zum inneren Zustand seines Reichs und der slawischen Welt und dessen, was er in der Außenpolitik als »Zusammengehörigkeitsgefühl« bezeichnete, entstammte derselben Logik. In den Stürmen der Jahre 1905 bis 1914 und auch in seinem gewiß nicht nur friedlichen Privatleben bewies Nikolaus II., den die historische Legende als schwachen und unentschlossenen Herrscher darzustellen beliebt, in der Verteidigung seiner Auffassung vom Wesen Rußlands und seiner eigenen Bürde als Herrscher dieses Landes eine unermüdliche Kraft und Entschlossenheit. Für ihn war eine Modernisierung Rußlands nur im Rahmen dieser strikten Konzeption machbar. Angesichts dieser Auffassung wird auch klar, warum das Zarenreich im Jahr 1914 ein so zerrissenes Bild bot: Auf der einen Seite befand es sich im Stadium der Modernisierung, und auf der anderen präsentierte es sich in weiten Teilen noch genauso wie früher. Nikolaus II., der sich in seinem Temperament so sehr von seinen vom Reformeifer besessenen Vorgängern – Peter der Große und Katharina die Große – unterschied, hat dasselbe Werk wie sie vollbracht, als er den russischen Staat der industriellen und wirtschaftlichen Modernisierung öffnete. Seine Reformpolitik kam »von oben«, aber das Rußland des Jahres 1914 schleppte seine Gesellschaft weiter mit sich.

9. Kapitel

Das Reich zerfällt

Am Vorabend des Ersten Weltkriegs standen Rußland drei Wege offen. Der erste setzte die Entwicklung seit 1905 fort und führte unaufhaltsam in Richtung eines industrialisierten, modernisierten, vom Wirtschaftsaufschwung und vom gesellschaftlichen Fortschritt geprägten russischen Staates, in dem das Parlament trotz aller Unzulänglichkeiten seinen festen Platz im politischen Leben einnahm. Viele konnten sich vorstellen, daß die autokratische Herrschaft mittelfristig in eine konstitutionell-parlamentarische Monarchie oder, wie sich so mancher Liberale wünschte, in eine parlamentarische Demokratie überführt würde.

Der zweite Weg führte Rußland eher in eine Revolution politisch gemäßigter Kräfte, so wie es sich die Menschewiken wünschten. Sie erhielten 1914 die Unterstützung der II. Internationale, die sich beim Kampf zwischen Bolschewiken und Menschewiken auf die Seite der Menschewiken stellte, weil sie die Bolschewiken wegen ihrer ständigen Streitsucht, ihrer polemischen Attacken und ihres Verhaltens verachtete, das so wenig zu dem puritanischen Geist der Sozialdemokratie paßte. Mit dieser Unterstützung im Rücken hofften die Menschewiken, die russische Arbeiterschaft um sich zu sammeln und den politischen Wechsel vorzubereiten.

Der dritte und – wenn man den Zustand Rußlands im Jahr 1914 genauer betrachtet – am wenigsten plausible Weg führte in eine radikale Revolution, in der die Bolschewiken die Oberhand behalten würden. Dies war kaum vorstellbar, weil die Anhänger Lenins in den Kreisen des internationalen Sozialismus in Ungnade gefallen waren und sich ihr überzogenes Programm kaum mit den Wünschen wichtiger gesellschaftlicher Kräfte nach einem progressiv-liberalen Wandel deckte. Als darüber hinaus Lenin beim Herannahen des Krieges immer häufiger über den Zusammenhang von Krieg, Niederlage und Revolution sprach, verfehlten seine Reden ihren Eindruck auf die Bevölkerung nicht, aber dennoch ging ein Ruck durch sie: Wie beim Ausbruch des japanisch-russischen Krieges geriet das Land in den Sog eines überwältigenden Patriotismus, der die Bevölkerung plötzlich mit dem Herrscher und den politisch Verantwortlichen quer durch alle Ebenen vereinte.

Ein unvermeidbarer Krieg?

Mußte das Zarenreich bei Ausbruch des Krieges tatsächlich mit jener militärischen Katastrophe und ihren politischen Folgen rechnen, die man inzwischen kennt? War die Erinnerung an den russisch-japanischen Konflikt, der die Niederlage außerhalb des Landes so eng mit der Revolution im Inneren verknüpft hatte, nicht frisch genug, um den Herrscher von einer derart fatalen Entscheidung abzubringen?

Das Jahr 1914 bot vielerlei Gründe, warum sich die Erfahrungen des russisch-japanischen Krieges von 1904/1905 kaum auf die Entscheidung Rußlands auswirkten, in den sich abzeichnenden großen Krieg einzutreten. Der Kaiser und mit ihm viele andere glaubten, daß Rußland in Europa wegen der ständigen Aufwärtsentwicklung seiner Wirtschaft und trotz seiner so sprunghaften Innenpolitik den Ruf eines »neuen Amerikas« genoß; die Modernisierung trug ihre Früchte und hatte die Gesellschaft stabilisiert – so jedenfalls dachten der Zar und seine Ratgeber. Die Reise des französischen Staatspräsidenten Raymond Poincaré im Juli 1914 nach Rußland bestätigte die Bedeutung, die Frankreich diesem Land beimaß. Natürlich handelte es sich zu diesem Zeitpunkt noch darum, den Frieden zu retten, und nicht um die Vorbereitung eines Krieges.

Außerdem sollte bei dem Besuch Poincarés die »Dreier-Entente« in einen »Dreibund« umgewandelt werden, um sich gegen den drohenden Krieg zu wappnen. Dabei verfehlte die Militärparade am 23. Juli in Krasnoje Selo, an der 60 000 Soldaten teilnahmen, ihren Eindruck auf den französischen Gast nicht, der in ihr einen überzeugenden Beweis der militärischen Stärke Rußlands erblickte.

Während man sich bei diesem Besuch noch über den Frieden unterhielt, war der Krieg bereits ausgebrochen. Der Zar begriff die weitreichenden und unmittelbaren Folgen der Krise sofort. Er wußte, daß Österreich nach Norden und Westen keinerlei Handlungsspielraum besaß, seit Bismarck die Einheit Deutschlands vollendet hatte und sich die Donaumonarchie nur auf dem Balkan ausdehnen konnte, wo es zwangsläufig mit dem russischen Reich aneinandergeraten mußte. Für die russischen Zaren bestand seit 1871 kein Zweifel, daß eines Tages eines der beiden Reiche dem andern würde weichen müssen, wobei in diesem Fall Serbien noch nicht einmal zählte, das seit 1908 aufgrund seiner ehrgeizigen Ziele auf dem Balkan ständig für Unruhe sorgte. Bei jeder dieser Krisen war Rußland am Ende zurückgewichen. Also stellte sich die Frage, ob ihm dies noch einmal gelingen würde, ohne sein Gesicht als Großmacht zu verlieren. Das österreichische Ultimatum an Serbien im Jahr 1914 und die seitens des Deutschen Reiches gegenüber Wien immer häufiger bewiesene Unterstützung überzeugten Nikolaus II., daß er vor den nun bestehenden Zwängen nicht mehr wie früher zurückweichen konnte. Der Zar war sich dessen so sicher, daß er sogar seinen Vetter Wilhelm II. mit allem Nachdruck bat, Österreich vom Rücktritt seiner für den europäischen Frieden so fatalen Entscheidung zu bewegen. Die vielen Telegramme, die in jenen dramatischen Julitagen zwischen St. Petersburg und Berlin hin- und hergingen, zeigen ganz klar, daß der Zar gleichzeitig auf die Karten Frieden wie Kriegsbereitschaft setzte.

Zu den Vorbereitungsmaßnahmen für den Kriegsfall zählte auch eine Teilmobilmachung, die der Zar nach einigem Zögern und trotz der Ratschläge Wilhelms II. anordnete. In diesem Sinn telegrafierte der deutsche Kaiser am 17. Juli: »Wenn nach Deinen Erklärungen und denen Deiner Regierung Rußland tatsächlich gegen Österreich mobil macht, dann verliert die Vermittlungsaktion, die Du mir anvertraut hast, ihren Sinn [...]. Du, nur Du allein trägst die Verantwortung für Frieden oder Krieg.« Einen Tag später, am 18. Juli 1914, schrieb wiederum Wilhelm II. in einem Telegramm: »Zur Zeit liegt es noch in Deiner Hand, den Krieg zu verhindern, denn niemand bedroht die Ehre und Macht Rußlands [...]. Du kannst den Frieden noch retten, wenn Du mit der Einstellung der Kriegsvorbereitungen einverstanden bist, die sich gegen das deutsche und österreichisch-ungarische Reich richten.« Die Frage ist, welche Gründe hinter dieser Teilmobilmachung standen: Sollte sie »nur« die Entschlossenheit Rußlands in einer Krise beweisen und die These widerlegen, daß es sich im Fall einer Spannung zurückzuziehen pflegte, oder war sie zur Einschüchterung Österreich-Ungarns gedacht? Ließ sich in den kriegsvorbereitenden Maßnahmen der deutliche Wille des Herrschers erkennen, sich, wie hin und wieder behauptet wurde, Hals über Kopf in den Krieg zu stürzen?

Die Jahre 1904 und 1914 trennten Welten, und Nikolaus II. darf ganz sicher unterstellt werden, daß er die Folgen seiner Entscheidungen genau abgewogen hatte, selbst wenn er nicht wußte – aber wer ahnte das damals schon? –, daß der Krieg so lange dauern und sich zu einem solchen Flächenbrand ausbreiten würde. Bei seinen Überlegungen ging der Zar von einem kurzen, nur wenige Wochen oder höchstens einige Monate dauernden Krieg aus, dessen Ausgang sich rasch abzeichnen würde. Fest steht, wie sich aus der Analyse der Umstände ergibt, unter denen der Zar diese Entscheidung traf, daß er die russische Bündnistreue auf gar keinen Fall in Frage stellen wollte und Rußland keinerlei Kompromißmöglichkeiten mehr zur Verfügung standen. Im Land fand diese Haltung – abgesehen von den Bolschewiki – allgemeine Unterstützung, denn die öffentliche Meinung neigte wie in Frankreich eher dazu, den Krieg zu akzeptieren.

Nur zwei vorausschauende, von der Kriegsgefahr alarmierte Männer erhoben dagegen ihre Stimme: der aus Biarritz herbeigeeilte ehemalige Ministerpräsident Witte und – Rasputin. Dem französischen Botschafter am Zarenhof, Maurice Paléologue, vertraute Witte seine entschiedene Ablehnung einer Kriegsbeteiligung Rußlands an: »Dieser Krieg ist ein Wahnsinn. Er wurde dem Zaren von unfähigen und kurzsichtigen Politikern aufgedrängt und kann für Rußland nur unselig enden. Allein Frankreich und England können sich vom Sieg einigen Profit erhoffen, wobei mir deren Sieg sogar noch recht zweifelhaft erscheint.« Als ihm Paléologue die Vorteile ausmalte, die sich für Rußland aus einem siegreichen Krieg ergeben würden, meinte Witte: »Selbst wenn wir den kompletten Sieg unserer Koalition mit Frankreich und England unterstellen und davon ausgehen, daß die Hohenzollern und Habsburger um Frieden betteln müssen, bedeutet dies nicht nur den Zusammenbruch der germanischen Übermacht, sondern auch die Ausrufung der Republik in allen mitteleuropäischen Staaten und damit auf einen Schlag auch das Ende der Zarenherrschaft!«

Diese düstere Prophezeiung der politischen Folgen des Krieges verband Witte mit der Feststellung, daß Rußland keinerlei Eroberung brauche, solange es noch nicht einmal ernsthaft damit begonnen habe, seine Räume in Sibirien, Turkestan und im Kaukasus, ganz zu schweigen von weiten Gebieten in Rußland selbst, zu besiedeln. Und würde, so argumentierte Witte weiter, bei einer Zerstückelung Österreichs und des Deutschen Reiches nicht außerdem die Gefahr bestehen, daß Rußland als indirekte Folge des Sieges den gesamten russisch besetzten Teil Polens verlieren könnte? »Wenn Polen in seiner territorialen Integrität wiederhergestellt wird, begnügt es sich nicht mit dem autonomen Status, den man ihm so leichtsinnig versprochen hat, sondern wird seine absolute Souveränität fordern und erhalten.«

Man kann nicht umhin, die Weitsicht dieses Staatsmannes zu bewundern, der einige Jahre zuvor vom Zaren von der Macht verdrängt worden war, aus Schmerz darüber im Ausland lebte, aber bereits in den ersten Stunden eines Krieges, den man leicht zu gewinnen glaubte, in seine Heimat zurückkehrte und sämtliche Kriegsfolgen voraussagte.

Der zweite, der voraussah, daß der Krieg für Rußland unglücklich enden werde, war Rasputin, der bereits anläßlich der Balkankrise von 1908 gemeint hatte: »Der Balkan lohnt keinen Krieg!« Im Jahr 1914 weilte er in den Wochen unmittelbar vor Kriegsausbruch in Sibirien, wo er sich von den Folgen eines Attentates erholte. Von dort telegrafierte er an die Kaiserin: »Papa soll bloß die Finger vom Krieg lassen! Krieg bedeutet das Ende Rußlands und Ihr eigenes. Sie alle werden untergehen!« Dem Zaren schrieb er: »Lieber Freund. Ich sage es noch einmal. Eine dunkle Wolke aus unermeßlichem Unglück und Leid wird sich auf Rußland herabsenken. Über einem unendlichen Meer von Tränen und bald auch von Blut wird stockfinstere Nacht herrschen. Du bist der Zar, der Vater des Volks. Laß nicht zu, daß der Wahnsinn siegt und Du auch Dein Volk verlierst. Man mag Deutschland besiegen, aber was wird aus Rußland? Wenn man daran denkt, so gab es in all den vergangenen Jahrhunderten noch kein beklagenswerteres Opfer. Es wird im Blut ertrinken.«

Der Krieg, das patriotische Band zwischen Zar und Bevölkerung

Keine Warnung half – der Krieg brach aus und wurde in Rußland sogar noch begrüßt!

Für das Zarenreich bedeutete der deutsche Nachbar eine viel präzisere, nähere und leichter zu identifizierende Bedrohung als Japan. Der Ausbruch der Feindseligkeiten in Fernost 1904 hatte schon patriotischen Jubel ausgelöst; verglichen aber mit der Begeisterung, die das russische

Volk im Jahr 1914 durchwogte, verblaßte der Beginn des russisch-japanischen Krieges. Wo immer sich der Zar oder Mitglieder seiner Familie zeigten, fiel die Menge auf die Knie und klatschte Beifall. Ikonen und Fahnen, die die Demonstranten schwenkten, übermittelten dem Herrscherpaar die Botschaft, daß nun endlich jene nationale Einmütigkeit des *wahren* Volkes bestand. Obwohl Nikolaus II. in seinem Tagebuch nicht von dem gewohnt nüchternen Ton abwich, schimmerten doch die Gefühle durch, die diese Begeisterung seines Volkes in ihm wachrief und die er so selten angetroffen hatte.

Sämtliche revolutionären Aktivitäten, die seit 1912 wieder zugenommen hatten, verloren angesichts des patriotischen Elans der Bevölkerung plötzlich ihre Bedeutung. Streiks gehörten der Vergangenheit an, weil sich die russischen Arbeiter mit Feuereifer auf die Kriegsproduktion stürzten. Die Bevölkerung akzeptierte auch das bereits in den ersten Kriegstagen verfügte Verbot des Alkoholverkaufs, was sich allerorten in einer bemerkenswerten Friedlichkeit der Gemüter niederschlug. Durch die Straßen torkelten keine Betrunkenen mehr; auch die Straffälligkeit ging zurück, selbst wenn diese heilsame Maßnahme nach einigen Monaten auf unterschiedliche Weise wieder umgangen wurde.

Hier ist nicht der Ort, um die Geschichte des Ersten Weltkrieges wieder aufzurollen; hier geht es vielmehr um die Analyse der Auswirkungen des Krieges auf das russische Reich.

Nach der Kriegserklärung zeigte nicht nur die Bevölkerung ihre Einstellung, daß »dieser Krieg ihr Krieg« sei, wie Alexander Kerenski später notierte, sondern vor allem auch die Duma, die am 8. August tagte und den Militärhaushalt einmütig verabschiedete. Nicht einmal die Bolschewiken vermochten sich trotz der Appelle Lenins, einer Abstimmungsniederlage den Boden zu bereiten, dem Rest der Abgeordneten zu entziehen, und zogen es vor, sich lediglich ihrer Stimmen zu enthalten. Die Duma konnte sich für dieses Mal völlig zu Recht als eine in die russische Gesellschaft voll integrierte Institution fühlen. Am 2. August hatte der Zar übrigens seine Absicht angekündigt, beide Kammern zusammenzurufen, um damit die fugenlose Einigkeit all jener zu unterstreichen, die im Land politische Verantwortung trugen. Ließ sich diese Geste nicht als Zeichen interpretieren, daß er in seinem Innern die gewählte Volksversammlung endlich akzeptiert hatte? Die Beobachter des Reichs sahen darin einen Fortschritt des konstitutionellen Gedankens – oder erhofften ihn sich zumindest. In der allgemeinen Begeisterung der Dumasitzung gingen die skeptisch-fatalistischen Worte des greisen Goremykin unter, die ganz einfach nicht in diese Situation paßten. Dafür überwog der Eifer, mit dem alle Parteiführer in der Duma Vorschläge präsentierten; sogar die Bolschewiken sprachen von der Notwendigkeit, Rußland zu verteidigen.

Schon kurz nach Beginn der Kampfhandlungen ließ sich der Unterschied zwischen dem Schwung der Bevölkerung und der eher konfusen Situation nicht übersehen, die an der Spitze des Reiches herrschte. Namentlich in der Armee standen sich Kriegsminister General Suchomlinow und der Oberkommandierende der russischen Armeen, Großfürst Nikolai Nikolajewitsch, ein Onkel des Zaren, in unversöhnlichem Haß gegenüber und verweigerten jegliche Zusammenarbeit. Dem Kriegsminister sagte man desolate private Verhältnisse nach; außerdem weckten sein Geiz, seine Habgier und seine allgemein bekannte Anfälligkeit für Korruption im Land überall Mißtrauen. Darüber hinaus gereichte dem fast Siebzigjährigen sein Aussehen nicht gerade zum Vorteil: Er war klein und kahlköpfig, besaß ein Raubtiergesicht und unstete Augen. Maurice Paléologue behauptete von ihm, daß er bereits auf den ersten Blick tiefes Mißtrauen einflöße.

Bei Großfürst Nikolai nichts von alledem. Der siebenundfünfzigjährige Oberkommandierende war ein überschlanker, sehr großer und dabei sehr gutaussehender Mann mit einem freundlichen Gesicht, das ein gepflegter Bart umrahmte und aus dem die blauen Augen je nach Situation durchdringend oder weich blickten. Die Soldaten vergötterten ihn; auch im Land besaß er in diesen kritischen Stunden ein nicht unwesentliches Prestige, denn man kannte seine Standfestigkeit und seinen Mut. Er verkörperte den Typ des russischen Kriegers, der letztendlich noch jeden Gegner bezwang. Alles in allem umstrahlte ihn 1914 eine wahrhafte Gloriole, die vergessen ließ, daß die dritte Duma 1908 seinen Rücktritt vom Amt des Oberbefehlshabers erzwungen hatte, so daß Suchomlinow sich als Herr der russischen Streitkräfte betrachtete. Die Wiedereinsetzung seines Rivalen stürzte ihn in Verzweiflung. Gemeinsame Entscheidungen und einheitliche Befehlswege waren in dieser Situation natürlich nicht zu erwarten, so daß die Zwietracht zwischen den beiden Männern bald tragische Folgen zeigte.

An der Staatsspitze hielt der Zar die Zügel zwar in der Hand, aber es zog ihn mit Macht auch an die Spitze der Armee. An diesem Punkt sei ein kurzer Blick auf die Gründe der Entscheidung geworfen, die er im August 1914 noch nicht treffen konnte, dafür aber ein Jahr später: Nikolaus II. hatte sich in dem Regiment, das er in seiner Kronprinzenzeit führte, immer sehr wohl gefühlt; wahrscheinlich weil er sich dort am wenigsten eingeengt gefühlt und das größte Zugehörigkeitsgefühl empfunden hatte. Was übrigens niemand bei ihm vermutete, was aber der Krieg zeigen sollte, war seine große körperliche Einsatzbereitschaft. Moderne Staatschefs pflegen ihre Truppen kurz zu besichtigen und erklären sich allenfalls noch zu einem kurzen Abstecher an die Front bereit; keinem unter ihnen aber fiele es im Traum ein, als Truppenführer ins Feld zu ziehen. Nikolaus II. hingegen wollte bereits bei Kriegsausbruch den Oberbefehl über seine Armee persönlich übernehmen, ließ sich aber angesichts des Widerstands seiner Umgebung im August 1914 noch einmal davon abbringen – widersprach sein Vorhaben doch allen Traditionen. Am Zarenhof nun fühlte er sich unnütz, unglücklich und sah sich an der Ausübung dessen, was er für seine Pflicht hielt, gehindert. Wie sein Tagebuch bezeugt, richtete sich seine ganze Aufmerksamkeit auf die Armee, während sich die Kaiserin und ihre älteren Töchter um die Pflege Verwundeter kümmerten.

Bei Kriegsbeginn stellte das Land erleichtert fest, daß die Günstlinge des Kaiserpaars, denen man einen fast okkulten und verderblichen Einfluß auf Nikolaus II. und Alexandra nachsagte, aus ihrer unmittelbaren Umgebung verschwunden waren. Rasputin hatte man für einige Zeit aus der Hauptstadt verbannt; die Vertraute der Kaiserin – oder ihr böser Geist – Anna Wyrubowa, die mit Rasputin ständig in Verbindung stand und für die Aufrechterhaltung seines Einflusses sorgte, konnte aufgrund eines Unfalls ihre Aktivitäten nicht fortsetzen. Der Aussöhnung des Herrscherhauses mit Rußland schien nichts mehr im Wege zu stehen.

Von der Begeisterung in die Niederlage

Die heitere Stimmung in Rußland wurde jedoch bald durch verheerende Nachrichten von der Front gestört. Da Frankreich durch den sofort erfolgten deutschen Vorstoß in Schwierigkeiten geriet, mußte Rußland innerhalb kurzer Zeit zwei Armeen gegen das Deutsche Reich aus dem Boden stampfen. Ihre Anfangserfolge ließen auch auf einen Sieg hoffen, bis Ludendorff die russischen Streitkräfte durch geschickte Taktik in einem schwierigen Gelände in die Falle lockte. An den Masurischen Seen, am 31. August 1914, erlitt die Armee General Samsonows eine vernichtende Niederlage: 70 000 russische Soldaten fielen, und 100 000 gerieten in deutsche Gefangenschaft. Eine Woche später wurde auch die erste russische Armee unter dem Befehl General Rennenkampfs geschlagen, die bereits vor Königsberg stand – hier waren 60 000 Gefallene zu beklagen.

Eigenartigerweise erwähnt der Zar diese militärischen Katastrophen in seinem Tagebuch nicht, wo doch der Selbstmord Samsonows auf dem Schlachtfeld ein grelles

Licht auf das Ausmaß der russischen Niederlage warf. Nikolaus erfreute sich lieber an den täglichen Erfolgsmeldungen von der galizischen Front, wo Rußland tatsächlich glanzvolle Siege über die österreichisch-ungarischen Streitkräfte erfocht.

In den Folgemonaten geschah in den gegnerischen Lagern nichts, was entscheidend gewesen wäre, aber die energische Kriegsführung der deutschen Truppen fügte den Russen fortgesetzt Verluste zu. Diese erreichten 1915 wahrhaft schreckliche Dimensionen: Das russische Heer hatte durch Tod, Verwundung, Fahnenflucht oder Gefangennahme 1,2 Millionen Mann verloren, so daß sich die russische Führung zunächst gezwungen sah, neue Truppen auszuheben: 700 000 wurden zu den Fahnen gerufen; außerdem sah sich Rußland auf allen Gebieten mit Nachschubproblemen konfrontiert, insbesondere gerieten die Munitionslieferungen ins Stocken.

Noch wirkten sich diese Rückschläge weder auf die öffentliche Meinung im Zarenreich insgesamt noch auf seine Führungskreise negativ aus. Dort erkannte man das Ausmaß der Schwierigkeiten, die auf das Land bald zukommen sollten, noch nicht. Von den politischen Kreisen und dem Herrscher selbst wurden die Niederlagen übrigens als Folge der Verpflichtungen betrachtet, die man gegenüber Paris eingegangen war: Rußland hatte seine Kräfte aufsplittern müssen, um Frankreich zu entlasten, und die russischen Erfolge über die österreichische Armee bestätigten immer mehr die anfängliche Taktik, zuerst die österreichischen Streitkräfte niederzuwerfen und dann mit geballter Kraft gegen das deutsche Heer vorzugehen. Nun aber schien der Zweifrontenkrieg der Russen gegen Deutschland und Österreich den entscheidenden Erfolg, mit dem man fest gerechnet hatte, zu verhindern. Die Richtigkeit der russischen Einschätzung läßt sich tatsächlich nicht von der Hand weisen und auch nicht die Ansicht, daß der Preis, den Rußland für das Kriegsbündnis mit Frankreich zu entrichten hatte – neben der vernichtenden Niederlage der russischen Streitkräfte –, der Einsturz des Zarenreichs gewesen sei.

Zu Beginn des Jahres 1915 wußte die russische Öffentlichkeit noch nicht viel über den wahren Zustand ihrer Streitkräfte. Im Laufe der Monate bis zum Sommer veränderte sich die Situation rasch – sowohl an der Front wie auch in der Etappe. Im Frühjahr 1915 beschloß die deutsche Oberste Heeresleitung nämlich, sich bevorzugt der Ostfront zuzuwenden, um die russischen Streitkräfte zur Kapitulation und die politische Führung Rußlands zum Abschluß eines Separatfriedens zu zwingen. Sie setzte deshalb am 15. April 1915 eine Offensive in Gang, die völlig überraschend auf eine Armee traf, die durch frühere Verluste bereits ausgelaugt war und schwer unter dem Mangel an militärischen Ausrüstungsgütern, insbesondere an Munition, litt. Durch ihre ununterbrochenen militärischen Operationen, die sich auf die russischen Verbände so katastrophal auswirkten, kontrollierten die Deutschen bis Ende des Sommers ganz Polen, den Hauptteil der baltischen Provinzen und Galiziens. Die deutsch-österreichischen Truppen nahmen mehr als eine Million Kriegsgefangene; die Zahl der russischen Gefallenen läßt sich nicht mehr feststellen.

Dieses Mal beschränkte sich das Unheil nicht allein auf den militärischen Bereich, sondern betraf ganz Rußland. Große Teile des Zarenreichs, in denen 23 Millionen Russen lebten, waren von den Mittelmächten besetzt. Die Zivilbevölkerung war vor ihrem Vorrücken ins Landesinnere geflohen. Dieser Exodus, verbunden mit dem Rückzug der russischen Truppen, und das Bild, das die Krankenhäuser boten, in die zahlreiche Verwundete eingeliefert wurden, konfrontierten das Land auf einen Schlag mit der Realität. Der Krieg hatte russischen Boden erreicht, und überall ließen sich die Zeichen der Niederlage mit Händen greifen.

Die russische Öffentlichkeit brach nun den Stab über ihre Regierenden. Der Volkszorn richtete sich vor allem gegen die Kaiserin, »die Deutsche«, und mit ihr gegen alle Personen, die man für ihre Ratgeber hielt. In den Augen einer Menge, die sich an Alexandra gerieben und sie mit ihrem Haß verfolgt hatte, nützte es nichts, daß sich die Kaiserin stets kritisch mit ihren früheren Landsleuten auseinandergesetzt hatte. Die aufgebrachte Öffentlichkeit nahm nicht zur Kenntnis, daß Rußland trotz aller Niederlagen und Verluste weder aufgegeben noch den von den Mittelmächten gewünschten Sonderfrieden unterzeichnet hatte, und auch nicht, daß sein Widerstand den Verbündeten kostbare Zeit eingebracht und es allein damit schon seinen Beitrag für den Sieg im Jahr 1918 geleistet hatte. Diese Zusammenhänge kannte die Öffentlichkeit im Zarenreich nicht, noch vermochte sie sie zu begreifen. Seit dem Sommer 1915 war Rußland im Inneren noch verwundbarer als an der Front.

Fahnenflucht und Schlamperei griffen immer mehr um sich. Der Zar wußte, daß er die daran Hauptschuldigen benennen mußte. Er entließ deshalb den amtierenden Kriegsminister und ersetzte ihn durch den sehr viel aktiveren und moderner denkenden General Poliwanow. Diese Ernennung, die man in Rußland als Verheißung eines Neuanfangs begrüßte, traf auf den entschiedenen Widerstand der Zarin, die mit ihrer Kritik ebensowenig zurückhielt wie Rasputin, der seinen Gefühlen sogar noch mehr freien Lauf ließ. Von diesem Zeitpunkt an konnte es der Öffentlichkeit nicht mehr verborgen bleiben, was sie schon längst geahnt hatte, daß sich nämlich die Zarin und der »Starez« ständig in die Kriegsführung und die hohe Politik des Landes einmischten – ein weiterer Grund für die Schwächung der Position des Zaren, wie sich noch herausstellen sollte.

Der Monarch spürte damals übrigens genau, daß er einer grundsätzlichen Kabinettsumbildung nicht mehr ausweichen konnte. Er mußte der Öffentlichkeit »Köpfe« opfern, um sie von der Ernsthaftigkeit seines Vorhabens zu überzeugen, in bezug auf eine effizientere Kriegsführung neue Wege zu gehen. Wer aber bot sich an, um die russische Politik erfolgreicher als bisher zu führen? Keine andere Frage wurde seit den ersten Monaten der deutschen Großoffensive im Jahr 1915 so offen diskutiert. Für jeden, der politisch dachte, quer durch alle politischen Parteien, hatten die kaiserliche Autokratie mit Ministern, die direkt vom Zaren ernannt wurden, und die Verwaltung des Reiches ihre Unfähigkeit dem Land schon genügend bewiesen. Die militärischen Verluste verlangten einfach eine neue Form der Herrschaft, deren Grundzüge bereits zwischen den Zeilen der Reformen von 1905 hindurchschimmerten: Umwandlung der Autokratie in eine konstitutionelle, ja sogar parlamentarische Monarchie. Die erste Etappe dieses Wandels bestand danach in der vollständigen Übertragung der Exekutive an die Duma, vor allem aber des Rechtes, Minister zu ernennen und zu entlassen. Als Nikolaus II. im Jahr 1915 eine gründliche Kabinettsumbildung in Angriff nahm, überließ er der Duma zwar noch nicht das Recht der Ministerernennung, folgte bei seiner Kandidatenauswahl aber dem Grundsatz, daß sie auch für die Duma akzeptabel sein mußten.

Hier kann man Anzeichen einer möglichen Veränderung des russischen Herrschaftssystems erkennen, um eine innere Krise abzuwenden, die die Gefahren des Krieges verschärfte. Noch nie war sich Nikolaus II. der zwingenden Notwendigkeit eines echten Wandels so klar bewußt wie in diesem Sommer 1915. Gleichwohl wollte er dies nicht offen zugeben und versuchte von der Autokratie zu retten, was er 1905 noch hatte bewahren können. Liest man seine Notizen, Stellungnahmen und andere Schriften oder analysiert sein gesamtes Tun in diesen Sommermonaten, so zeigt sich ganz klar, daß er sich den notwendigen Veränderungen nicht widersetzen wollte. Aber er stand auch hier wie bis zu seinem Ende unter dem ständigen Druck der Zarin. Die Briefe, die sie an Nikolaus II. schrieb, enthüllen den Einfluß, den sie ausübte, aber auch den, unter dem sie selbst stand: »Unser Freund findet ...«, »Unser Freund sagt ...« – diese Formel taucht gebetsmühlenhaft in all ihren Briefen und in sämtlichen Gesprächen auf, wie die folgenden Beispiele zeigen:

10. Juni 1915: »Unser Freund sagt, daß man die zweite Reserve noch nicht einzuberufen braucht. Wenn der Befehl

jedoch schon ergangen ist, sag zu Nikolascha [Großfürst Nikolai, der Oberkommandierende], daß Du auf der Rücknahme des Befehls bestehst.«

12. Juni 1915: »Entschuldige bitte, aber die Ernennung des neuen Kriegsministers gefällt mir nicht.«

15. Juni 1915: »Als Grigori [Rasputin] gestern hörte, daß Samarin [zum Oberprokuror des Heiligen Synods] ernannt wurde, war er verzweifelt, weil er Dich doch noch vor acht Tagen darum gebeten hatte, dies nicht zu tun.«

Man könnte in jedem der bei dem Zaren täglich eintreffenden Briefe ganze Passagen zitieren, die auf den tiefen Graben hinweisen, der zwischen den Entscheidungen des Herrschers und den ihm über sein »Medium« Alexandra vermittelten Wünschen Rasputins bestand.

Der Zorn der beiden richtete sich stets gegen die Duma, der sie schlicht das Recht der Beteiligung an der politischen Macht absprachen. Die Kammer hatte bis zum 9. Januar 1915 getagt und sollte in dringenden Sonderfällen wieder zusammengerufen werden. Im Sommer 1915 bestand eine derartige Situation, und die Verantwortlichen mehrerer politischer Parteien verlangten eine Sondersitzung. Am 27. Juni veröffentlichte die Presse eine entsprechende Verfügung des Zaren an Goremykin. Drei Tage später notierte Paléologue: »Dieser Erlaß des Zaren bewegt die Gemüter. Von allen Seiten wird das sofortige Zusammentreten der Duma verlangt. Man fordert auch, daß die Minister dem Parlament verantwortlich seien, was indes nicht weniger bedeutet als das Ende der Autokratie.«

Genau dem versuchte die Zarin zuvorzukommen, als sie am 25. Juni, das heißt zwei Tage vor dem Bekanntwerden des Erlasses, an ihren Mann schrieb: »Wie ich hörte, marschiert jener gräßliche Rodsjanko mit einigen anderen zu Goremykin, um von ihm zu verlangen, daß die Duma sofort zusammengerufen würde. Oh, ich bitte Dich, laß das nicht zu! Das ist nicht ihre Sache. Sie wollen über Dinge diskutieren, die sie nichts angehen. [...] Gott sei Dank ist Rußland kein Verfassungsstaat, obwohl diese Subjekte versuchen, eine Rolle zu spielen und ihre Nase in Dinge zu stecken, in die sie sich eigentlich gar nicht einmischen durften.«

Trotz des offenen Drucks der Zarin auf Nikolaus II. trat die Duma in der zweiten Julihälfte zusammen. Zum ersten Mal in der Geschichte des russischen Parlaments hatten alle Parteien die Zeit genutzt, um sich auf diese Sitzung vorzubereiten und gemeinsame Positionen auszuarbeiten. Die politisch gemäßigten Fortschrittsparteien hatten sich aus Widerstand gegen die seit 1914 verfolgte Politik auf eine gemeinsame Front und ein gemeinsames Programm gegen die Regierung geeinigt. Nach der offiziellen Eröffnung der Sitzung durch den greisen Goremykin, den alle Teilnehmer übereinstimmend als senil empfanden, warfen die Abgeordneten dem Kabinett Unfähigkeit und Machtmethoden vor, die nun einer demokratischen Gewaltenteilung weichen müßten. Diese Sitzung der vierten Duma, die ja schon nach den Kriterien des eingeschränkten Wahlrechts gewählt worden war, bedeutete eine echte Kehrtwendung der russischen Politik. Der Zusammentritt der Abgeordneten bewies, daß die parlamentarische Institution allein schon durch die Tatsache ihrer Existenz und trotz der Mängel, die ihrer Wahl anhafteten, in der Lage war, Verantwortung zu übernehmen, sich durchzusetzen und sich trotz ihrer systemkonformen Zusammensetzung in eine Volksvertretung zu verwandeln, die diesen Namen auch verdiente. Trotz aller Einschränkungen, die man ihr auferlegt hatte, erlangte die vierte Duma im Verlauf dieses so tragischen Sommers 1915 die Würde eines echten Parlaments.

Am 5. August stimmten die 375 Abgeordneten über die Frage ab, ob man General Suchomlinow mitsamt seinen Mitarbeiter vor Gericht stellen sollte – 345 der Parlamentarier stimmten dafür. Darüber hinaus lehnte sich die vierte Duma auch gegen die Rolle auf, die Rasputin bei Hofe spielte, und verlangte – allerdings vergeblich – seine Entfernung aus dem öffentlichen Leben und auch aus der Hauptstadt. Aber der positive und wichtigste Aspekt dieser Sitzung betraf die Vorschläge, die die Duma vorlegte.

Am 25. August schlug der »progressive Block« aus den Mittelparteien (von den Oktobristen über die »Kadetten« bis hin zu den Progressisten), der sich erst kurz vor Beginn der Sitzungsperiode gebildet hatte, ein umfangreiches Neun-Punkte-Programm vor. Niemand konnte einen Vorschlag beiseite schieben, hinter dem 300 von 420 Parlamentsmitgliedern standen.

Die Forderungen des »progressiven Blocks« waren im ganzen gesehen beachtlich, gemäßigt und in manchen Punkten sogar vorsichtig. Diese Abgeordneten forderten die Bildung einer Regierung, die »das Vertrauen der Bevölkerung« besitze. Sie vermieden es aber, die Frage der Ministerverantwortlichkeit anzuschneiden. Sie verlangten eine enge Zusammenarbeit zwischen dieser Regierung und der vierten Duma, um ein politisches Programm zu erarbeiten, dem alle würden zustimmen können. Die Beschneidung der allmächtigen Bürokratie, die Entwicklung eines Katalogs von Menschen- und Bürgerrechten in Rußland, eine Amnestie für politische Gefangene, die Abschaffung diskriminierender Maßnahmen zur Ausgrenzung verschiedener gesellschaftlicher Gruppen – insbesondere der Juden – und eine liberalere Politik im Hinblick auf die im Reich lebenden Nationalitäten und andere Punkte wurden in diesem Programm gefordert, das von glänzenden Rednern vorgetragen wurde.

Diese vierte Duma, die man als so blaß eingeschätzt hatte, hatte in ihren Reihen beeindruckende Persönlichkeiten vorzuweisen. Ihren strahlendsten Stern besaß sie ohne Zweifel in Alexander Kerenski, der sich als Anwalt aus politischen Gründen Angeklagter bereits einen Namen gemacht hatte. An seiner Seite der Georgier und Führer der Menschewiken, N. S. Tschcheidse, der in den Debatten einen gleichsam revolutionären Ton anschlug. Auch die Liberalen besaßen begabte Redner, zum Beispiel den Rechtsanwalt Basilius Maklakow. Sein Beitrag zur denkwürdigen Sitzung des 14. August, in der die Diskussion über die Munitionsprobleme der russischen Armee in eine gnadenlose Abrechnung mit dem Regime umschlug, zielte vor allem

darauf ab, ein »Munitionskomitee« außerhalb der Bürokratie zu gründen, das jene neue »Kompetenz« erhalten
sollte, die die Duma gemeinsam anstrebte.

Der Neun-Punkte-Plan des »progressiven Blocks«, der
stark an ein Regierungsprogramm erinnerte und den die
provisorische Regierung im Frühjahr 1917 auch mit wenigen Abstrichen übernahm, leitete eine echte politische Krise, fast eine neue Ära ein: Bewegte sich Rußland etwa auf
ein parlamentarisch-demokratisches System zu?

Paléologue kommentierte: »Zwischen der Bürokraten-
kaste und der Vertretung der Nation ist ein offener Kampf
entbrannt. Werden sie sich wieder aussöhnen? Rußlands
ganze Zukunft hängt daran.«

Der Zar ist aus dem Spiel

Der Wind hatte unterdessen gedreht, denn nun spielte der
Zar nicht mehr mit. Am 25. August 1915, als der »progressive Block« in der Duma seinen Neun-Punkte-Plan
vorstellte, setzte der russische Außenminister den französi-
sischen Botschafter, aber auch die Botschafter der anderen
Bündnismächte von dem Entschluß des Zaren in Kenntnis,
das Oberkommando über die russischen Streitkräfte seinem Onkel, dem Großfürsten Nikolai, zu entziehen und
sich selbst zu übertragen. Der Außenminister fügte als persönliche Anmerkung hinzu: »Ich kann Sie versichern, daß
ich diese Entscheidung des Zaren ungemein bedaure.«

Nicht nur Sasonow beklagte diese Entscheidung aufs
tiefste. Die Zarenmutter, die meisten Minister, die ihn in
Briefen anflehten, seinen Entschluß zurückzunehmen, und
Rodsjanko – sie alle versuchten ihn zu überzeugen, daß er
einen Fehler beging, der schlimme Folgen nach sich ziehen
werde, und daß die russische Öffentlichkeit weder die Ab-
berufung des Großfürsten, der fast als einziger ihr Vertrauen genoß, noch die Funktion gutheißen würde, die
auszufüllen sich Nikolaus II. zutraute. Am 27. August
faßte Paléologue seinen Pessimismus in Worte: »Die neue

Nachricht erzeugt einen kläglichen Eindruck. Alle sind der Ansicht, daß der Zar von Strategie nichts versteht und er nun die Verantwortung für alle militärischen Niederlagen zu tragen hat; schließlich, so munkelt man allenthalben, habe er den *bösen Blick*. Im Volk verbreitet sich die Neuigkeit mehr als Gerücht, aber mit noch schlimmeren Folgen. Man sagt, das Kaiserpaar fühle sich in Zarskoje Selo nicht mehr sicher und flüchte sich deshalb in die Arme der Armee.«

Dieser Kommentar zeigt, wie tief der Zar in der öffentlichen Meinung gesunken war. Welchen Weg hatte er von den Huldigungen seines Volkes zu Kriegsbeginn innerhalb nur eines einzigen Jahres bis zum Hochsommer 1915 zurückgelegt! Wenn eine so abergläubische Bevölkerung wie die russische vom »bösen Blick« sprach, dann konnte dies nicht ohne Folgen bleiben. Dieses Attribut, das sie dem Zaren anhängte, zeigt, daß sie sich durchaus noch an die entsetzlichen Ereignisse in der Kodynka und das militärische Desaster von 1905 erinnerte und von den militärischen Entscheidungen des Zaren wenig Gutes erwartete.

Warum hatte er sich so entschieden, und warum hielt er trotz so gegenteiliger Meinungen so hartnäckig an seinem Entschluß fest? Mindestens drei Gründe hatten ihn dazu getrieben: Er war endlich mit sich im reinen, das heißt mit der Rolle, die ihm sein Instinkt und Temperament diktierten. Dann hatte er ja bereits 1904 und im April 1914 an die Spitze seiner Armee treten wollen, woran man ihn gehindert hatte – dies sollte nicht übersehen werden. Und schließlich konnte er nun endlich, wie ihm sein Gewissen vorschrieb, die Gefahr mit jenen teilen, deren Leben ständig auf dem Spiel stand.

Dieser Entschluß befreite ihn auch von den politischen Kämpfen in der Hauptstadt und von seinem Konflikt, den er ständig mit sich austrug: Der Verstand, und dessen war er sich genau bewußt, befahl ihm, den Vorschlägen und Forderungen der vierten Duma zu folgen, das heißt, das autokratische Herrschaftssystem ein für allemal zu liquidieren, und dem aufgebrachten Rußland das demokratische System zu schenken. Bei der Umsetzung dieser Kenntnis behinderte ihn jedoch die tief in seinem Herzen verwurzelte Gewißheit, daß es ihm nicht zustehe, weder die Autokratie noch das sie stützende ideologische Gerüst in irgendeiner Weise anzutasten.

In dieser zwiespältigen Gewißheit fühlte er sich durch den Druck der Zarin noch zusätzlich gelähmt, die diese Ideologie über sämtliche aus der historischen Situation geborenen Forderungen nach mehr Freiheit und Demokratie stellte. Sie handelte in der *unerschütterlichen Überzeugung*, daß der Zar jenes Prinzip des absolut Guten verkörpere, das ihm das göttliche Gesetz eingab – und daran erinnerte sie Nikolaus auch immer wieder. Wenn er sich also an die Spitze seiner Streitkräfte stellte, dann verschob er sein persönliches Dilemma auf später und hoffte als Fatalist, der er war, daß Gott für ihn entscheiden werde. Und um diesen Punkt abzuschließen, sollte man noch erwähnen, daß die vergangenen Wochen Nikolaus II. in einen ständigen Konflikt mit seiner Frau gestürzt hatten und sie sich nun beide in der gleichen Entscheidung wiederfanden. Damit fielen die Vorwürfe in sich zusammen und machten dem früheren guten Einvernehmen Platz, obwohl ihn die Kaiserin wahrscheinlich energisch zu seinem Entschluß getrieben hatte.

In diesem Sinn schrieb sie ihm in einem Brief am 22. August 1915: »Du hast diesen großen Kampf allein für Dein Land und Deinen Thron mit Bravour und Entschlossenheit gekämpft ... Du hast Deine Macht gezeigt und bewiesen, daß Du der *autokratische Herrscher* bist, ohne den Rußland nicht existieren kann ... Verzeih mir bitte, mein Engel, daß ich Dich nicht in Frieden ließ und so insistiert habe, aber ich kenne Dein sanftmütiges Wesen und Dein gutes Herz zu gut, nur dieses Mal mußte es zurückstehen ... Dies alles geschieht nur zu unserem Besten, wie unser Freund sagt.«

Dieser Brief enthält alles und beleuchtet vor allem die Hintergründe der Entscheidung des Zaren – die gemeinsame Sichtweise der Autokratie, Rasputin und den Kampf, den die Kaiserin offenbar führen mußte, um den Herrscher daran zu hindern, auf die entgegengesetzten Ratschläge zu hören, die ihm so reichlich unterbreitet worden waren.

Nachdem er sich entschieden hatte, brach Nikolaus II. ins Hauptquartier der russischen Streitkräfte in Mogiljow auf. Zwei Monate später ließ er den Zarewitsch nachkommen – ein angesichts der Krankheit des Kindes recht seltsamer Entschluß. Drei Monate nach seiner Ankunft im Hauptquartier wurde Alexis im Dezember 1915 von unstillbarem Nasenbluten befallen, das die Rückkehr zu seiner Mutter und natürlich den Ruf nach Rasputin erforderte. Im Frühjahr 1916 hatte sich seine Gesundheit indes so weit gefestigt, daß er zu seinem Vater zurückkehren konnte und in Mogiljow trotz zweier kleinerer Anfälle bis Dezember 1916 blieb. Warum aber wollte der Vater seinen kranken Sohn, der so viel Fürsorge benötigte, bei sich haben?

Der Zar dachte politisch und gefühlsmäßig zugleich. Als Politiker hielt er es für notwendig, daß das Kind mit ihm das Schicksal der Armee in einer so schwierigen Zeit teilte, um den Offizieren die dynastische Kontinuität des Hauses Romanow eindringlich vor Augen zu führen oder, mit anderen Worten, die unheilbare Krankheit irgendwie zu verleugnen und den Thronfolger bereits zu diesem Zeitpunkt zu präsentieren. Das war klug gedacht, denn wie anders hätten sich im Denken derer, die für die Rettung des Vaterlandes kämpften, Treuegefühle besser schmieden lassen als durch die Verkettung von Gegenwart und Zukunft? – Als einfühlsamem Vater festigte sich in Nikolaus II. der Eindruck, daß die Krankheit seines Sohnes vielleicht doch nicht so schlimm war und eine geringere Bedrohung darstellte, als man dachte, wenn man den Zarewitsch an den größeren Gefahren teilhaben ließ. In gewisser Weise versuchte dieser Zar, der sich selbst so sehr vom Pech verfolgt fühlte, in den letzten Jahren seiner Herrschaft und seines Lebens dem Unglück zu trotzen und es damit endlich zum Rückzug zu bewegen. Gegen diese Entscheidung protestierte die Zarin trotz ihrer Verbundenheit mit ihrem Sohn nicht, vor allem wohl, weil »unser Freund versichert, daß ihm nichts passieren wird«.

Unter politischem Aspekt ließ sich die Entscheidung des Zaren, das Oberkommando an sich zu ziehen, nur als Desaster bezeichnen. Neben der Verantwortung, die er nun für künftige Niederlagen selbst würde tragen müssen, worauf man ihn ja hingewiesen hatte, schien jetzt der Weg für die Zarin und mit ihr natürlich auch Rasputin frei, das Reich nach ihrer Façon zu regieren – und dies erwies sich als noch viel schlimmer. Alexandra fühlte sich tatsächlich als Regentin und tat sich in ihrem Briefstil auch keinerlei Zwang mehr an: »Ich habe diesen Feiglingen gezeigt, wer künftig die Hosen anhat.« (23. August) »Samarin muß weg, und das so schnell wie möglich. Er wird so lange keine Ruhe geben, wie er mir, unserem Freund und Anja [Anna Wyrubara] Unannehmlichkeiten bereiten kann.« (29. August) Darüber hinaus lasen sich ihre Briefe schon fast wie Anordnungen: »Jage Samarin und die Bischöfe [die sich weigerten, Rasputins Wünschen nachzukommen] davon.« »Unser Freund ist der Ansicht, daß Du alle Minister auswechseln mußt, in erster Linie Schtscherbatow und Samarin, da er sich mit ihnen nicht gegen die Duma durchsetzen kann.« »Jetzt, wo ich mit Chwostow gesprochen habe, kann ich Dir seine Ernennung empfehlen.« (17. September) ...

Die Minister kamen und gingen, je nachdem, ob sie der Zarin gefielen oder ihr Mißtrauen weckten – die Duma mochte dagegen einwenden, was sie wollte. Das ganze Land fühlte sich von dem Teufelspaar Alexandra/Rasputin regiert – Paléologue bezeichnete die Reaktion darauf als »Murren und Brausen in den Straßen«. Daß diese Situation natürlich zahlreiche Tuscheleien über das Privatleben der Zarin provozierte, ließ sich nicht vermeiden, selbst wenn sie jeglicher Grundlage entbehrten. Wenn ein Volk, wie am Beispiel der »Österreicherin« Marie-Antoinette oder der »Deutschen« Alexandra ersichtlich, seine Herrscherinnen haßt, ist es auch bereit, ihnen die schlimmsten moralischen Verfehlungen zu unterstellen, und im Fall der

Zarin traf es tatsächlich zu, daß sich auf sie nun plötzlich sämtliche Haßgefühle und die gesamte Frustration der Massen konzentrierten.

Trotzdem verbarg sich hinter den Motiven des Volkszorns eine Portion Wahrheit, die – tragischerweise – aus der Korrespondenz der Kaiserin aufscheint. Ihre sämtlichen Briefe zeigen es, und sie wiederholte es auch mündlich immer wieder: Sie fühlte sich »gezwungen«, gegen die Gutartigkeit (oder Schwäche) ihres Mannes anzukämpfen. Sie glaubte, ihn stets daran erinnern zu müssen, daß er der *Alleinherrscher* Rußlands sei, das heißt der Zar, der niemand anderem Rechenschaft schuldig sei als Gott. Nikolaus II. selbst nahm den Begriff gar nicht mehr in den Mund, wie uns das Tagebuch des britischen Militärattachés, Sir John Hanbury-Williams, anvertraut, oder höchstens ironisch: Als der Zar nämlich bemerkte, daß seine Befehle kaum noch befolgt wurden, sagte er zu ihm: »Nun sehen Sie, was ein Autokrat ist!«

In Petrograd betrachtete es die Zarin vor allem als ihre Aufgabe, als Dolmetscherin Rasputins zu fungieren, der, wie sie sagte, »*weiß*, was auf welchem Gebiet zu tun« sei, ganz gleichgültig, ob es sich um den Rückruf von Rekruten, um die Auswahl eines Ministers oder um die Entscheidung handelte, welche Position die Regierung gegenüber der Volksvertretung einnehmen sollte.

Eminente politische Folgen hatte vor allem die Abkühlung im Verhältnis des Zaren zur vierten Duma. Nikolaus überging ihre Kommentare zu dem ständigen Ministerwechsel, und während das Reich die Parlamentsdebatten mit wachsender Aufmerksamkeit verfolgte, gehorchte er letzten Endes der Linie, die ihm die Zarin diktierte: »Wir brauchen keine Minister, die der Duma verantwortlich sind. Wir sind dafür noch nicht reif, und überdies würden sie den Ruin Rußlands bedeuten. Wir sind kein Verfassungsstaat und können es auch nicht werden. Unser Volk wurde dafür nicht erzogen, und unser Kaiser herrscht – Gott sei Dank – absolut.« (Brief vom 7. September 1915)

Manchmal aber ließ sich der Zar auch von der anderen

Seite überzeugen. So vertagte er die Sitzungen der Duma auf Bitten Goremykins, der sich nicht mehr anders zu helfen wußte, um ihre Hitzköpfe in die Schranken zu weisen; gleichzeitig aber ordnete Nikolaus II. an, daß die Legislaturperiode am 3. September 1915 endete. Da das Parlament darüber nicht in Kenntnis gesetzt wurde, akzeptierte es das kaiserliche Mißtrauen nicht. Ende September entließ Nikolaus, wie immer unter dem ständigen Drängen der Kaiserin, die Minister, die ihm so dringend davon abgeraten hatten, den Oberbefehl über die Armee zu übernehmen. Der Innenminister wurde auf Empfehlung der Kaiserin durch Alexander Chwostow ersetzt, der als Kreatur Rasputins galt. Damit düpierte der Zar die Duma und setzte wieder stärker auf die Regierung, deren hervorragendste Köpfe er gleichwohl ohne Vorwarnung wieder entließ.

Kurz vor der Haushaltsdebatte in der Duma verlor der Zar allerdings die Beherrschung: War denn Goremykin überhaupt nicht mehr imstande, auch nur den kleinsten Widerstand zu überwinden? Hatte ihm die Kaiserin nicht am 6. November 1915 geschrieben: »Unser Freund meint, daß es gut wäre, wenn ich mich mit Goremykin treffen und sanft mit ihm sprechen würde. Denn was soll er denn tun, wenn die Abgeordneten ihn auspfeifen? Das ist kein Grund, die Duma aufzulösen!!«

Nikolaus II. entschloß sich Anfang 1916, den greisen Ministerpräsidenten zu ersetzen und einen Nachfolger zu suchen. Das Land hielt ihn schon seit längerer Zeit für senil und erwartete seinen Rücktritt. Die Kaiserin pflegte ihn in ihren Briefen halb mitleidig, halb herablassend als »der Alte« zu titulieren. Aber wer sollte Goremykin ersetzen? Natürlich wieder unter fortgesetzter Einmischung der Kaiserin und Rasputins fiel seine Wahl auf den fast siebzigjährigen Boris Stürmer, ein ehemaliges Mitglied des Reichsrats. Der neue Ministerpräsident war zwar Monarchist, aber ungeschickt und autoritär bis zum Exzeß, und er stand wegen Korruption unter Anklage. Ganz untragbar in diesem Fall aber war sein deutscher Name, und das gerade jetzt, wo Rußland mit den Deutschen Krieg führte, deshalb zutiefst deutschfeindliche Gefühle hegte und hinter der Wahl des Zaren eine Nacht-und-Nebel-Aktion Deutschlands auf russischem Territorium vermutete. In Petrograd und Moskau kam es zu wahren Ausschreitungen gegen alles Deutsche. Sich unter diesen Umständen für einen deutschstämmigen Premierminister zu entscheiden, kam einer echten Provokation gleich.

Die Zarin schrieb dazu am 4. Januar 1916 an den Zaren: »Ich glaube, man sollte seinen deutschen Namen kaschieren, da wir ja wissen, wie loyal er ist. (Hat Deine altgediente Korrespondentin nicht mit Dir schon über ihn gesprochen, mich deucht jedenfalls so?)« Aber drei Tage später, am 7. Januar: »Stürmer wird uns eine Weile nützlich sein, und dann kannst Du ihn, wenn Du willst, durch einen anderen ersetzen. Bloß erlaube ihm nicht, seinen Namen zu verändern, denn dies würde ihm schaden. Du erinnerst Dich, daß auch Gregori das gesagt hat? Stürmer schätzt Gregori sehr, und das ist sehr gut.«

Diese Wahl und das geringe Gespür, das der Zar den Bemerkungen über den Namen des neuen Ministerpräsidenten entgegenbrachte – »an den werden sich alle gewöhnen«, schrieb ihm die Zarin –, zeigen, wie sehr ihm seine Entfernung von Petrograd den Sinn für die politische Realität geraubt hatte. Wer ihn im Hauptquartier besuchte, fand ihn insgesamt verjüngt, gelassen und glücklich. Das änderte sich jedoch im Lauf des Jahres 1916, als die innenpolitische Situation immer gefährlicher wurde. Zu Jahresbeginn war er sich der Feindseligkeit und Aufregung in seinem Volk und des Risikos, so mit den Emotionen zu spielen, indem er der Gesellschaft einen Regierungschef mit deutschem Familiennamen vorsetzte, kaum bewußt – oder wollte daran auch schlicht nicht denken. Er verkannte die Empfindlichkeit der Bevölkerung ebenso wie die der Duma.

343

Deutschland und die Nationalitäten
im russischen Reich

Nikolaus II. erkannte auch das gefährliche Spiel nicht, in das zur gleichen Zeit die deutsche Kriegsstrategie die einzelnen Nationalitäten in Polen, den baltischen Provinzen und Finnland einbezog. In den westlichen Randgebieten des Reiches begann es zu knirschen, und der Herrscher wußte nichts davon – seine Minister und seine engsten Berater übrigens auch nicht. Dennoch sollte dieser Aspekt des Krieges noch Folgen für Rußland haben.

Der Krieg hatte nämlich in Rußland eine zweite Front, an der es um den nationalen Zusammenhalt des Landes ging, eröffnet, die niemand bemerkte. Bis 1914 stellten die im Zarenreich lebenden Völker für die Staatsmacht nur ein internes Problem dar. Kaum aber hatte der Krieg begonnen, erlangten sie für die internationale Politik Bedeutung, so daß sich alle kriegführenden Parteien, die Alliierten wie die Mittelmächte, um sie bemühten, und dies sollte sich für Rußland ganz entsetzlich auswirken.

Der Erste Weltkrieg stellte die Nationalitäten im Zarenreich vor die Frage ihrer Loyalität zum Staat in Zeiten des Krieges – ein für sie bis dahin fast unbekanntes Problem. Wenn sie wie die kaukasischen Völker weit genug vom Kriegsschauplatz entfernt wohnten und mit den Kriegsparteien nicht im direkten Kontakt standen, brauchten sie sich über diese Frage nicht den Kopf zu zerbrechen. Ihre Loyalität bestand in der zeitweiligen Zurückstellung ihrer Forderungen und in ihrer Beteiligung an den für alle gemeinsamen Kriegsanstrengungen. Anders aber lagen die Dinge, wenn diese Bevölkerungsteile, wie die deutsche Minderheit, ethnisch mit einer der kriegführenden Parteien verbunden waren, wie die Balten strategisch wichtige Orte bewohnten oder sich gar, wie beispielsweise die Polen und Ukrainer, beiden Lagern zugehörig fühlten. Für sie wurde es dann noch schwieriger zu erkennen, was ihre Loyalität implizierte oder gar welches der drei kämpfenden Kaiserreiche sie bevorzugen sollten.

Bei Ausbruch des Krieges glaubte niemand, daß sich diese Frage einmal stellen würde. Am 8. August 1914 stimmten sämtliche Abgeordneten, auch die Vertreter der einzelnen Nationalitäten – obschon zahlenmäßig gering –, in ihrer patriotischen Begeisterung in der Duma für die Militärkredite. Aber trotz der allgemeinen Gleichgültigkeit gegenüber den Problemen der nationalen Minderheiten fühlten in beiden kriegführenden Lagern doch viele den Sinn und die Notwendigkeit, sich mit der polnischen Frage näher auseinanderzusetzen. Immerhin gehörten die Polen zu je einem Drittel zu den drei Ländern Deutsches Reich, Rußland und Österreich-Ungarn und besaßen ein außerordentlich stark entwickeltes Nationalgefühl – es gab also gute Gründe, Polen ins politische Kalkül zu ziehen.

Großfürst Nikolai, der Oberbefehlshaber der russischen Armee, stellte sich zu jenem Zeitpunkt, als österreichisch-ungarische Truppen im russisch besetzten Teil Polens in Eilmärschen vorrückten und Wien erklärte, daß es diese Eroberungen als endgültig betrachte, voll und ganz hinter die Autonomie Polens. Auch die Oberste Heeresleitung im Deutschen Reich interessierte sich für die Gefühle der russischen Polen in bezug auf das Zarenreich. Eine Antwort auf diese Frage fiel nicht leicht, da diese Polen selbst nicht wußten, wem sie zur Loyalität verpflichtet waren – einem autonomen Polen oder Rußland. Die Nationaldemokraten begrüßten das Eintreten des Großfürsten für ein autonomes Polen, denn sie versprachen sich davon die Hilfe der russischen Polen für das Zarenreich. Demgegenüber optierten die polnischen Sozialisten, angetrieben von Marschall Josef Pilsudski, in dieser Frage für die Mittelmächte, weil sie von ihnen eher die Zusage der politischen Autonomie für Polen erwarteten. Diese »Austrophilen« setzten auf die russische Niederlage und hofften in der Stunde des Friedens auf Entlohnung für ihre antirussische Haltung. Auf der anderen Seite glaubten die, die zum russischen Reich hielten, an den Sieg der Entente und die Möglichkeit reicher Belohnung nach dem Krieg.

Zwischen Russen und Österreicher schob sich mit den Ukrainern ein anderer nationalistischer Keil; genauer gesagt, handelte es sich um Ukrainer, die schon immer unter dem doppelköpfigen Adler der Donaumonarchie gelebt hatten, und solche, die aus Rußland ausgewandert waren. Wie die sozialistischen Polen zählten sie auf die Hilfe Österreich-Ungarns, um die relative Unabhängigkeit der östlichen Ukraine zu sichern. Aber die verantwortlichen Kreise in Österreich stellten bald fest, daß es schwierig, wenn nicht gar unmöglich war, Polen und Ukrainern gleichzeitig Versprechungen zu machen, solange zwischen ihnen Feindschaft herrschte. Je weiter Österreich-Ungarn in Polen vordrang, um so mehr versuchte es, die dort lebenden Einwohner für sich zu gewinnen, die sie in Wahrheit nach dem Krieg unter ihren Fittichen behalten wollte. Aus diesem Ziel folgte neben anderem auch, daß man sich dem ukrainischen Begehren gegenüber taub stellte, was wiederum Rußland momentan vor einer zusätzlichen Zuspitzung der Krise bewahrte.

Letzten Endes kam es aber am meisten auf den deutschen Standpunkt an, denn das Deutsche Reich war der erste Gegner Rußlands und weniger verwundbar als die Donaumonarchie, die rasch herbe militärische Rückschläge einstecken mußte.

1914 noch betrachtete die deutsche Regierung das russische Nationalitätenproblem allein unter dem Aspekt der Grenzen. An dem Tag, an dem der Krieg ausbrach, erklärte Reichskanzler Bethmann Hollweg: »Rußland muß so weit wie möglich zurückgedrängt werden, und seine Herrschaft über die nichtrussischen Völker muß ein Ende finden.« Dies schien ein frommer Wunsch, denn gerade zu dieser Zeit brauste eine Woge vaterländischer Begeisterung durch das russische Reich, und wer hätte sich damals je vorgestellt, daß der russische Koloß einmal besiegt würde?

Die deutsche Offensive im Sommer 1915 stellte die bisherigen Gegebenheiten des Problems auf den Kopf und spitzte die Nationalitätenfrage gewaltig zu. Innerhalb weniger Wochen hatten Deutschland und Österreich Polen,

Litauen und einen Teil der Ukraine erobert, und nun standen die Mittelmächte vor zwei Fragen. Erstens: Welchen Beitrag konnten die nichtrussischen Nationalitäten für den Zerfall des Zarenreichs oder – anders gesagt – für den deutsch-österreichischen Sieg leisten? Zweitens: Welche Lösungsvorschläge für ihre Zukunft sollte man ihnen unterbreiten, die sowohl den deutsch-österreichischen Interessen im Krieg als auch der Welt nach dem Krieg dienten?

Die niederschmetternden Ereignisse an der russischen Westgrenze veränderten im Verein mit den Überlegungen, zu denen sie Berlin und Wien inspirierten, die deutschen Berechnungen in gewisser Weise; und weil Österreich-Ungarn selber ein Vielvölkerstaat war, kannte es diese Probleme bereits seit langer Zeit und verfuhr in seinen Beziehungen zu den Polen und Ukrainern entsprechend. Nach den großen Niederlagen des russischen Heeres mußte das Deutsche Reich seinen Irrtum bei der Beurteilung des russischen Durchhaltewillens eingestehen: Welche Nackenschläge das Zarenreich auch immer noch würde hinnehmen müssen – es würde sich nie zur Unterzeichnung des vom Deutschen Reich gewünschten Sonderfriedens bereit erklären. Wollte man es also militärisch besiegen, so mußte es von innen heraus gesprengt werden, und dafür schien eine Revolution das beste Mittel. Aber Deutschland mußte zugeben, daß Rußland 1915 weder für einen gewaltsamen Umsturz noch für einen Sonderfrieden reif war. In dieser Situation schien Polen plötzlich die Aussicht zu eröffnen, dieses Ziel doch noch zu erreichen, und Rußland, das ja polnisches Territorium besetzte, leistete dazu sogar noch Beihilfe.

Am 1. August 1915 entschloß sich Goremykin endlich dazu, die Zusagen zu machen, auf die Großfürst Nikolai bisher gedrängt hatte, ohne daß man ihm gefolgt wäre, und die die Polen schon seit so langer Zeit erwarteten. Vor der Duma verkündete der Regierungschef feierlich, daß Polen endlich seine Autonomie erhalten werde. Diese Erklärung erfolgte reichlich spät, und die im Reich lebenden Polen verhielten sich entsprechend skeptisch. In Berlin und

347

Wien hingegen herrschte große Aufregung. Was wäre, wenn die Polen Goremykin beim Wort nehmen würden? Sie würden nicht nur Petrograd unterstützen, sondern es stand auch zu befürchten, daß ihre in den Grenzen der Mittelmächte lebenden Brüder ähnliche Forderungen stellen und sich zu einem autonomen Polen zusammenschließen würden. Diese Befürchtung herrschte vor allem auf seiten der Österreicher, die wußten, auf welch wackligen Füßen ihr Reich wegen der starken nationalistischen Strömungen stand, und die deshalb den Slogan der Unabhängigkeit nicht allzusehr strapazieren wollten. Das wegen seiner Homogenität starke Deutsche Reich stellte sich hingegen auf den Standpunkt, daß die nationale Agitation im russischen Reich letzten Endes durchaus seinen Einsturz herbeiführen könnte.

Von nun an war die deutsche Führung fest entschlossen, auf die Karte der nichtrussischen Nationalitäten im russischen Reich zu setzen. Weniger Standfestigkeit bewies sie jedoch, als es darum ging, welche Mittel sie in diesem Spiel anwenden wollte. Obwohl die polnische Frage der Auslöser war, die ihr den Weg gewiesen hatte, es doch mit der inneren Auflösung Rußlands zu versuchen, zögerte sie dennoch, sich dabei zu sehr auf die Polen zu stützen. Zunächst deshalb, weil die polnischen Eliten in den drei Kaiserreichen allzuoft die Vorstellung umtrieb, daß ‚wenn ihr Land wieder vereint wäre, dies mit seiner totalen Unabhängigkeit einherginge. Bei diesem Ziel rechneten sie insbesondere auf die Staaten wie natürlich die Mittelmächte, in deren Herrschaftsbereich kein polnischer Boden lag und die von Natur aus dazu neigten, die Polen von Rußland zu befreien, aber damit nicht gleichzeitig ihr eigenes Territorium beschneiden mußten.

Blickten diese nichtsozialistischen polnischen Eliten in die Zukunft, so wollten sie nach dem Krieg eine internationale Diskussion über ihr Schicksal in Gang bringen. Dies nun wiederum paßte dem Deutschen Reich nicht, für das die polnische Frage eine interne Angelegenheit bleiben mußte. Die führenden deutschen Politiker in Berlin wußten übrigens über die Bedeutung der Polen innerhalb der bolschewistischen Partei sehr genau Bescheid, und dieses Wissen hielt sie zur Vorsicht an. Revolutionäre Ideen außerhalb Rußlands zu verbreiten, indem man etwa die polnischen Solidaritätsgefühle stärkte, kam gar nicht erst in Frage.

Nach längeren Überlegungen hielt die deutsche Führung die Balten und das ukrainische Volk für besonders geeignet, das Nationalitätenproblem als propagandistische Speerspitze aufzuwerfen, ohne daß man davon allzu schlimme Folgen für die Mittelmächte befürchten mußte. Deshalb wurden sie von der deutschen Seite ausersehen, die innere Einheit des Zarenreichs auf die Probe zu stellen.

In diesem Umkreis tummelten sich schon recht seltsame Gestalten, die im bezahlten Auftrag Deutschlands versuchten, nationalistische Gruppen und Strömungen mit Bolschewiken zusammenzubringen, wie Parvus, den Trotzki später als deutschen Agenten entlarvte. Dieses Spiel mit nationalistischen Gefühlen war indes nicht einfach, und jeder Staat, der wie das Deutsche Reich versuchte, diese Taktik in seine Kriegsstrategie aufzunehmen, entdeckte schon nach kurzer Zeit ihre unangenehmen Seiten – man konnte in diesem Spiel rasch als Zauberlehrling dastehen. Die Ententemächte glaubten für kurze Zeit, bei ihren Gegnern Probleme aufwühlen zu können, und interessierten sich deshalb für das Bündnis der Nationalitäten, das im Jahr 1915 Emigranten aus aller Herren Länder in der Schweiz gründeten. Als erstes Zeichen ihrer Existenz beabsichtigten sie die Veröffentlichung einer Landkarte der nationalen Minderheiten in Europa; mit ihr wollten sie eindringlich auf ihr Problem aufmerksam machen und bewirken, daß es in die Friedensverhandlungen nach dem Krieg einbezogen würde.

Diese Karte stürzte die deutsche Führung in größte Verwirrung: Wie konnte man verhindern, daß Elsaß-Lothringen und die verschiedenen »unerlösten« nationalen Minoritäten der österreichisch-ungarischen Donaumonarchie in diese Minoritätenkarte aufgenommen würden? Schneller und geschickter als ihren Gegnern gelang es den Deutschen, die Urheber dieser Karte, nämlich Polen, Balten und vor allem ukrainische Kreise, davon zu überzeugen, daß nichts dringlicher sei, als in erster Linie den Blick auf Rußland zu richten und vor allem sein Vielvölkerreich zu kartieren.

Obwohl die Frage der nationalen Minderheiten nun auf diese Weise in den Mittelpunkt der allgemeinen Aufmerksamkeit gerückt war, bewiesen die russischen Politiker – auch die, die sich dem Zarenreich am meisten verbunden fühlten – wieder einmal ihre politische Blindheit. Im Frühjahr 1916 führte Paul Miljukow, einer der herausragenden Persönlichkeiten der »Kadetten«-Partei, eine Delegation der vierten Duma in die Ententestaaten England, Frankreich und Italien. Zu dieser Gruppe gehörten auch drei nichtrussische Abgeordnete, die nur darauf warteten, ihre nationalen Forderungen zu Gehör bringen zu können! Diese Reise geriet schnell von ihrem ursprünglichen Ziel, interparlamentarische Verbindungen zwischen den Volksvertretungen der Ententemächte herzustellen, ab und wendete sich dem eigentlich nicht vorgesehenen, aber doch so brennenden Problem der Nationalitäten im russischen Vielvölkerreich zu.

Als man von Miljukow – was nahelag – Näheres über die Zukunft Polens wissen wollte, antwortete der, daß Polen ein Bestandteil Rußlands sei und man für seine Zukunft einen mehr oder weniger deutlich ausgeprägten Autonomiestatus, ähnlich dem Irlands, anstrebe. Aber, so präzisierte er, über das künftige Polen würde nur im Rahmen der russischen Oberhoheit entschieden, das heißt, sein politisches Schicksal liege allein in der Hand Rußlands, das eine Internationalisierung der Diskussion um Polen niemals zulassen werde. Im Jahr 1916 mußten solche Erklärungen auf die Polen, denen sie natürlich schnell kolportiert wurden, sowie auf die französischen, englischen und italienischen Gesprächspartner Miljukows verletzend wirken. Dadurch entwickelte sich in den Ententestaaten die Meinung, daß die Nationalitätenfrage im russischen

Reich viel tiefer reichte, als seine politischen Führer dachten, und sich ihre Lösung nur auf internationalem Parkett finden ließe. Als sich Miljukow auf dieser schwierigen Rundreise die heftigen Vorwürfe seiner nichtrussischen Abgeordnetenkollegen anhören mußte, kam er um die Erkenntnis nicht herum, daß für sie ein autonomer Status schon gar nicht mehr in Frage kam, sondern sie bereits von echter Unabhängigkeit träumten.

Die führenden Politiker der Ententemächte beunruhigte die innere Schwäche Rußlands, derer sie erst bei dieser Reise der russischen Delegation so richtig gewahr wurden. Mehr noch aber befremdete sie, daß die russischen Politiker ihre Sprache nicht mäßigten und nicht versuchten, sich an die neuen politischen Erfordernisse anzupassen. Aber die Entente brauchte Rußland zu sehr, um ihm in dieser Situation ihre Ansichten zu dieser heiklen Frage aufzuzwingen. Maurice Paléologue, der französische Botschafter, der in Petrograd zur gleichen Zeit das Gespräch mit polnischen Vertretern suchte, um sie zu beruhigen, versprach ihnen, auf die russische Politik dahingehend einzuwirken, daß die versprochene Autonomie nicht zurückgenommen würde; gleichzeitig versuchte er, die Polen von der Vorstellung einer Internationalisierung der polnischen Frage abzubringen. Den getreuen Bündnispartner Frankreich zwang die noch immer bestehende Furcht vor einem Separatfrieden Rußlands mit dem Deutschen Reich zwar auf die Seite der russischen Regierung, aber es konnte die polnischen Ansprüche auch nicht ganz von der Hand weisen. Am meisten Sorge bereitete den polnischen Nationalisten »die Schwäche des Zaren«, wie sie Maurice Paléologue anvertrauten.

Um die polnische Frage drehten sich dann auch alle Debatten auf der zwar kaum bekannten, aber für die Zukunft Rußlands dennoch wichtigen »Konferenz der beherrschten Nationen« in Lausanne im Juni 1916. Diese Konferenz warf auch die Frage der nationalen Ziele der Elsässer und Lothringer auf und hätte für alle Vielvölkerstaaten in Europa schlecht verlaufen können, wenn nicht das Deutsche

Reich in kluger Voraussicht einige dieser nationalen Minderheiten, die eine Vermittlungsrolle übernehmen konnten, in seine Konferenzvorbereitung einbezogen hätte. So hat es dafür gesorgt, daß sich die Konferenz am Ende in ein Tribunal für das russische Reich verwandelte, das als »Sklavenhalterstaat« bezeichnet wurde, »der seine nationalen Minderheiten erwürgt«.

Kaum jemand begriff die Folgen dieser Konferenz, die sich nicht einfach beiseite schieben ließen. Sie stellte zunächst nämlich klar, daß die Probleme der nationalen Strömungen in Rußland keine Erfindung verrückter oder verblendeter Köpfe oder gar extremistischer Exilanten waren, sondern daß diese Minderheiten innerhalb der allgemeinen Unzufriedenheit im Zarenreich zwar keine gemeinsamen Thesen vertraten, wohl aber die grundsätzliche Einstellung vieler Völker im russischen Reich repräsentierten. Die Ereignisse des Jahres 1916 in Mittelasien sollten dies bestätigen. – Die zweite Lehre, die sich aus dieser Konferenz ziehen ließ, war, daß die Unzufriedenheit der nationalen Minderheiten nicht mehr nur isoliert bestand, sondern bereits so weit an Kraft gewonnen hatte, daß man auf dem kleinsten gemeinsamen Nenner des Gewissens künftig von »Unterdrückung der Minderheiten« sprach. Lausanne stellte für das Deutsche Reich, aber auch für Lenin den Augenblick der Wahrheit dar: Beide erkannten plötzlich, daß in der Nationalitätenfrage genügend Sprengstoff steckte, um das Zarenreich zu zerstören, und hier sein wundester Punkt lag, den Lenin später als das »schwächste Glied der Kette« bezeichnete. – Drittens schließlich wurde in Lausanne wahrscheinlich zum ersten Mal von jener »Solidarität der Unterdrückten untereinander« gesprochen, die sich von nun an im Laufe des 20. Jahrhunderts immer weiterentwickelte. Seit Marx gab es nur eine anerkannte Solidarität, nämlich die der unterdrückten Arbeiterklasse. In Lausanne vernahm man zum ersten Mal, daß auch ganze Völker in der Unterdrückung lebten und diesbezüglich ebenfalls eine Art »Internationale« darstellten. Hier kündigten sich der marxistische Begriff der »Solidarität mit der Dritten Welt« der Konferenz von Baku im Jahr 1920 und die Vorform der wesentlich weiterentwickelten Solidaritätsgefühle afrikanischer und asiatischer Staaten auf der Konferenz von Bandung im Jahr 1955 an.

Noch aber befinden wir uns im Juni des Jahres 1916. Alle Teilnehmer der Lausanner Konferenz stimmten darin überein, das künftige Schicksal Polens als Testfall zu betrachten. Es würde entweder den Erfolg oder das Scheitern jener Emanzipation unterdrückter Minoritäten einleiten, die man am Ufer des Genfer Sees so lauthals gefordert hatte.

Im Sommer 1916 trat für die deutsche Führung fast alles hinter die große Hoffnung auf einen Separatfrieden mit Rußland zurück; kaum einer, der nicht daran dachte. Die Ablösung Sasonows vom Posten des Außenministers und die Amtseinführung seines Nachfolgers, Boris Stürmer, wurden als Werk der Hofkamarilla gewertet, die sich darüber den Zugriff auf die russische Außenpolitik erhoffte. Schon seit einigen Wochen hatte sich Rasputin immer wieder vernehmen lassen: »Ich will Samsonow nicht mehr. Ich habe von ihm die Nase voll.« (23. Juli 1916) Paléologue, den dieser Ämterwechsel alarmierte, telegrafierte am 25. Juli an seine Regierung, daß er zwar keinen unmittelbaren Wechsel in der russischen Außenpolitik befürchte, daß aber dann, »wenn in einigen Monaten der militärische Kampf nicht alle unsere Hoffnungen in die Tat umsetzt und wenn sich der Sieg für die russischen Streitkräfte als günstiger herausstellen sollte als für unsere eigenen Armeen, daß dann die deutsche Klientel in Petrograd wegen ihrer zahlreichen Verbindungen zum Außenministerium gefährlich wird«. Bedarf es bei diesen Worten der Erinnerung, daß die Zarin äußerst deutschfeindlich dachte und Rasputin den Krieg für eine tödliche Bedrohung Rußlands und der Monarchie hielt?

Die französischen Ängste und die Hoffnungen der Deutschen bewirkten, daß über die polnische Frage zunächst einmal von allen Seiten Grabesstille herrschte. In Berlin und Paris war man der gleichen Meinung, daß kein Bedarf bestand, Rußland zu irritieren. Nachdem sich im Herbst 1916 die Hoffnung auf einen Separatfrieden aber zerschlagen hatte, entschloß sich das Deutsche Reich zu einem politischen Paukenschlag: Am 5. November 1916 erklärten die Mittelmächte gemeinsam ihre Absicht, den polnischen Staat wiederherzustellen. Diese Willenserklärung betraf natürlich nur den territorialen Aspekt des neuen Staates und seiner (eingeschränkten) Souveränität, aber die Ankündigung stellte Rußland mit einem Schlag vor ein neues Problem, das nicht nur in der unmittelbaren Gegenwart, sondern natürlich auch in Zukunft lastete.

Der neue Staat, den die Mittelmächte proklamiert hatten, umfaßte nur den russisch besetzten Teil des polnischen Territoriums. Seine Souveränität war begrenzt, da die Mittelmächte seine staatsrechtliche Form, eine konstitutionelle Erbmonarchie, zusammen mit den Staatsorganen festgelegt hatten. Dieses Zerrbild eines Staates war weder Herr seiner Außenpolitik noch seiner Streitkräfte, die deutscher Kontrolle unterstellt waren. Für diese Entscheidung bezahlten die Mittelmächte zwar mit den nun drastisch gesunkenen Aussichten auf einen Sonderfrieden mit Rußland, aber sie besaß auch Vorteile: Rußland hatte es nicht verstanden, ihr zuvorzukommen, und hatte immer nur vom künftigen Autonomiestatus der Polen gesprochen, ohne ihn auch klar zu beschließen. Das Deutsche Reich hatte vorgeführt, daß die Zukunft der nationalen Minoritäten in Rußland nicht vom Zarenreich, sondern von anderen, äußeren Mächten geregelt würde. Wenn wir diesem Faktum noch hinzufügen, daß sowohl Deutschland als auch Österreich-Ungarn glaubten, in dem neuen polnischen Staatsgebilde Truppen in etwa der Stärke von drei Divisionen stationieren zu können, dann hatte die ganze Operation ihren Aufwand offenbar gelohnt. Ein weiterer Vorteil für das Deutsche Reich: Die russische Grenze rückte durch das *polnische Glacis* von der deutschen Grenze weg, so wie es sich Reichskanzler Bethmann Hollweg bereits zwei Jahre zuvor gewünscht hatte.

Rußland empfand den neuen Staat als schlimmen Affront, aber nun war es zu spät, die Initiative wieder an sich zu reißen, und was konnte es den Polen außer einer Autonomie, an die diese nicht mehr glaubten und die ihnen nun ja nicht einmal mehr genügt hätte, denn bieten? Viel eher bleibt festzuhalten, daß weder der Zar noch seine unmittelbare Umgebung je daran gedacht hatten, das Problem der nationalen Minderheiten innerhalb der bestehenden Grenzen des russischen Reiches ernst nehmen zu müssen. Sie träumten eher davon, bei den Friedensverhandlungen Konstantinopel zu bekommen, das heißt, den Problemen, die im Zarenreich bereits bestanden, noch weitere hinzuzufügen.

Ansonsten ließ sich ein deutlicher Unterschied zwischen den tatsächlichen Folgen der Operation der Mittelmächte und denen feststellen, mit denen sie gerechnet hatten. Die polnischen Nationalisten begehrten nämlich gleich aus zwei Gründen auf: Die Mittelmächte hatten eine Entscheidung gefällt, ohne sie vorher zu konsultieren; und dieser Entschluß hatte ein polnisches Staatsgebilde, aber keinen polnischen Staat geschaffen.

Wie andere nationale Minderheiten innerhalb des russischen Reiches, die diesen Vorgang genau beobachteten, schlossen die Polen daraus, daß sie sich von Rußland ganz sicher nichts erwarten durften, sie gleichzeitig aber die Entscheidung der deutschen Führung auch nicht zu befriedigen vermochte. Ihre wichtigste Erkenntnis bestand also darin, daß sämtliche Probleme der nationalen Minderheiten *allein* von einem *internationalen Forum* im Rahmen der Friedensverhandlungen gelöst werden könnten. Die Entente-Staaten schließlich leisteten dieser Erkenntnis unfreiwillig Vorschub.

Als Antwort auf die deutsche Entscheidung stellte die russische Führung deren ungesetzlichen Charakter fest und bekräftigte ihre eigene Absicht, Polen die Autonomie zu gewähren, sobald der Sieg der Entente feststehe. Die Polen, die diesen Status noch gar nicht besaßen, gerieten darüber in helle Verzweiflung. Um das russische Reich zu bestärken, boten ihm die Entente-Regierungen ihre Mithilfe

355

an. Aber auch dieses Angebot bedeutete für Rußland ein erbärmliches Ergebnis, denn die Entente-Länder bezogen so in der polnischen Frage gewollt oder ungewollt Position und bestätigten damit ihre Mitverantwortung. Damit hatte diese Frage *ipso facto* eine internationale Dimension erreicht!

Von 1916 an resultierte aus dem Fall Polen und der deutschen Taktik, nationale Minoritäten in Rußland als Hebel zur Demontage des Reichs zu benutzen, eine grundsätzlich veränderte Behandlung nationaler Fragen; aber das sollte sich erst nach dem Ersten Weltkrieg zeigen. Bis dahin hatten diese Fragen nur die souveräne Verantwortung der Einzelstaaten berührt, was Historiker wie Pierre Renouvin und Jean-Baptiste Duroselle auch ganz deutlich herausstreichen: Bis zur Mitte des Ersten Weltkriegs widerstrebte es den Staaten Europas, sich in die inneren Angelegenheiten anderer Staaten einzumischen. Jeder einzelne von ihnen hielt die eigene Souveräntität so hoch, daß er doch sehr zögerte, bevor er die souveränen Rechte eines anderen Staates ins Wanken brachte. Nach 1916 gewann die Idee des Minoritätenschutzes durch die internationale Staatengemeinschaft an Raum, und dazu hat die Krise des russischen Reiches in starkem Maße beigetragen. Es spannt sich ein weiter Bogen von der Verteidigung des nationalen Selbstbestimmungsrechts durch Präsident Wilson im Jahr 1918 bis zur NATO-Konferenz über die europäische Stabilität (»Partnerschaft für den Frieden«) im Jahr 1994 in Brüssel, und alles beweist, daß in der Geschichte des 20. Jahrhunderts nationale Probleme immer häufiger international diskutiert wurden. 1916 aber bezahlte Rußland die Zeche alleine.

Wir werden bei der Darstellung der Oktoberrevolution noch auf die konkreten Folgen der Behandlung nationaler Minderheiten zurückkommen. Zuvor aber sei noch eine andere Folge ihres Auftauchens auf der Bühne des Ersten Weltkriegs betrachtet, nämlich die Schlüsse, die Lenin für seine revolutionäre Strategie daraus gezogen hat.

Die Nationalitätenfrage – ein Hebel
der Revolution?

Im Jahr 1913 hatte Lenin zwar auf einen Krieg gehofft, aber noch nicht daran zu glauben gewagt: »Ein Krieg zwischen Rußland und Österreich wäre für die Revolution sehr hilfreich. Aber es bestehen wohl nur geringe Chancen, daß uns Franz-Joseph und Nicki diesen Gefallen tun«, schrieb er an Maxim Gorki. Der Krieg kam dann ja trotzdem, und Lenin erklärte vor seiner Partei, daß die Niederlage eines Reiches, das die Polen, Ukrainer und andere Nationalitäten unterdrücke, für den politischen Erfolg der Arbeiterklasse notwendig sei. Zu Kriegsbeginn schien ihm allein die militärische Niederlage Rußlands entscheidend, denn für die nationalen Minderheiten hatte er in seiner revolutionären Strategie noch keinen Platz gefunden. Natürlich hatte er über dieses Problem schon häufig nachgedacht. Da Rußland ein Vielvölkerstaat war, sahen sich die russischen Sozialisten schon bald gezwungen, in dieser Frage Stellung zu beziehen; sie sahen sehr wohl voraus, daß dieses Problem – in der Vergangenheit unwichtig – für die Zukunft eine überragende Bedeutung erhalten und sich mit dem angestrebten Klassenkampf vermengen oder ihn sogar vom ersten Platz in ihrer Prioritätenliste verdrängen würde.

Von 1903 an stellten Lenin wie die österreichischen Sozialisten fest, daß es in ihren Reichen Probleme mit nationalen Minderheiten gab. Wenn er sich dafür interessierte, dann nicht, um sie theoretisch zu analysieren, sondern aus rein strategischen Gründen. In den Jahren vor Kriegsausbruch diskutierten die russischen Sozialisten intensiv über diese kontroversen Fragen, und, wie bekannt, präsentierte Lenin 1913 »einen großartigen Georgier«, später unter dem Namen Stalin bekannt, der den Auftrag erhielt, den bolschewistischen Standpunkt zum Begriff der Nation zu erarbeiten.

Lenin selbst beschäftigte sich mit dem Selbstbestimmungsrecht, das, wie er 1914 sagte und auch schon früher ausgeführt hatte, sogar das Recht der Abspaltung einschließe; »Abspaltung« – dieses Wort verwendete er in Zukunft bevorzugt. In seinen Augen sollte das russische Reich seinen gesamten peripheren Besitz an den Reichsgrenzen verlieren. Mit dieser Ansicht setzte er sich in Widerspruch zu seinen Kampfgefährten, die es nicht notwendig fanden, das zukünftige revolutionäre Gemeinwesen durch territoriale Einbußen und den Verlust der dortigen Bevölkerung zu schwächen. Sie warfen ihm vor allem vor, die revolutionäre Bewegung von ihren eigentlichen Zielen abzuwenden, indem er sich um die Befriedigung der nationalen Bestrebungen kümmerte. Aber Lenin war ein von der Idee des sofortigen Handelns besessener Stratege. Für ihn galt Napoleons Maxime: »Man handelt und sieht dann weiter.« Was ihn 1914 mit Besorgnis erfüllte, war, daß seine Partei nicht gegenüber anderen politischen Formationen in Rußland ins Hintertreffen geriet, die ebenfalls für das Selbstbestimmungsrecht der Völker eintraten. Er dachte vor allem an den Einfluß seiner Partei, denn er ahnte, daß die Stunde der Explosion in diesem von Widersprüchen zerrissenen russischen Reich bald schlagen würde.

1916 änderte er seine Linie, weil er beobachtete, wie der nationale Wille zur Unabhängigkeit erstarkte. Dieser unendliche Krieg, in dem die Niederlage eines der beiden kämpfenden Lager immer unwahrscheinlicher schien und weiter denn je in die Ferne rückte, legte ihm den Gedanken nahe, sich geeignete Elemente zu suchen, die den Gang der Ereignisse zu beschleunigen vermochten. In diesem Jahr, als die Staatsmacht das Land noch im Griff hatte, wußte er, daß das russische Proletariat noch nicht imstande war, eine Revolution auszulösen. Er wußte auch, daß dieses Proletariat bei einem Umsturzversuch allein schon aufgrund seiner zu geringen Stärke nicht den Sieg davontragen würde. Dafür aber ließ sich der Hebel über die nationalen Minderheiten im Zarenreich ansetzen. Sollte man ihn aus der Hand geben, wo sich doch die enttäuschten Gefühle an den Grenzen Rußlands bis hin zum offenen Aufstand mittelasiatischer Völkerschaften gegen die Beschlüsse aus Petrograd im Sommer 1916 immer deutlicher zeigten?

Aus dieser raschen Entwicklung des Minderheitenproblems schloß Lenin in seiner im April 1916 veröffentlichten Schrift *Die Sozialistische Revolution und das Recht der Völker auf Selbstbestimmung*, daß in der gegebenen komplexen Situation der beiden europäischen Vielvölkerreiche das Proletariat zur Erreichung seiner Ziele auch die Interessen der Völker verteidigen mußte und nicht allein die seiner eigenen Klasse. Damit war die Verbindung zwischen dem Klassenkampf des russischen Proletariats und dem Freiheitsstreben der nationalen Minderheiten im Zarenreich hergestellt, so daß Lenin eine neue Form des revolutionären Handelns legitimierte, das die spontane Kraft der um ihre Hoffnungen betrogenen und bereits kampfbereiten nationalen Minderheiten als Mittel im revolutionären Kampf einsetzte.

Noch aber schien Lenins neue Taktik reichlich theoriebefrachtet – immerhin lebte er selbst noch im Ausland, in Rußland bildeten die Bolschewiken eine Minderheit, und der Zar herrschte nach wie vor. Dennoch muß Lenin unter allen, die über die Zukunft des russischen Reiches nachdachten, als der wahrscheinlich weitsichtigste betrachtet werden. Er hatte nämlich die Möglichkeit entdeckt, dem revolutionären Kampf bedeutende Volksmassen zuzuführen, die er nicht zu bitten brauchte, sich für irgendein exakt umrissenes Ziel einzusetzen; er gewann sie für sich ganz einfach durch seinen Einsatz für ihr Recht, das Reich verlassen zu können. Einige Monate später bereits besaß ein solcher Appell eine unwiderstehliche Kraft, und weil die tragenden Schichten des Reiches dies bis zum bitteren Ende nicht begriffen, entglitt ihnen die Kontrolle über das Anschwellen der nationalistischen Wünsche und Ziele.

Als die Bolschewiken ihre Landsleute mit ihrem späteren brutalen Vorgehen so sehr in Wut versetzt hatten, daß diese ernsthaft ein Überschwenken ins andere Lager erwogen, stießen die Generäle der Weißen Armee im Jahr 1920 die Volksgruppen, die ihnen bei der Erringung des Sieges hätten helfen können, mit ihrer stolzen Überheblichkeit wieder zurück, daß ihr Ziel allein in der Wiederherstellung des Zarenreiches bestehe.

Nur Lenin besaß eine Ahnung von dem Wie der Zerstörung dieses Reiches, war aber unter seinesgleichen praktisch der einzige Visionär. Im Sommer 1916 sollte ihn das Verhalten der nichtrussischen Minderheiten an den russischen Grenzen jedoch bestätigen. Den unmittelbaren Grund für deren Empörung stellte das kaiserliche Dekret vom 25. Juni 1916 dar, das die mittelasiatischen Völker zum Militärdienst verpflichtete, obwohl sie bis dahin nicht zu dienen gebraucht hatten. Diesen als *Inorodtsys* (»Fremdartige«) bezeichneten Untertanen des Zaren vertraute die russische Regierung nur sehr begrenzt. Da sie den Russen rechtlich nicht gleichgestellt waren, unterlagen sie auch nicht deren Pflichten, das heißt, sie brauchten bis zu diesem Dekret auch keinen Militärdienst abzuleisten.

In Petrograd hielt man diese Mobilisierungsorder wegen der schlimmen Verluste, die die russischen Verbände hatten hinnehmen müssen, und wegen der Notwendigkeit, frische Truppen in den Krieg zu werfen, jedoch für unausweichlich. Allerdings bewies die russische Regierung, als sie den Dienst bei der kämpfenden Truppe zur Pflicht erhob, wieder einmal ihre Ahnungslosigkeit bezüglich der allgemein vorherrschenden Stimmung im Lande, wo der patriotische Elan der ersten Kriegstage längst jäher Ernüchterung gewichen war, und auch hinsichtlich der Situation, die damals in Mittelasien herrschte. Woher sollte sie sie auch kennen? Die örtlichen Behörden signalisierten die Ungefährlichkeit dieser Mobilmachungsorder, wie man zum Beispiel in einem Bericht über die Regierungstreue der Nomaden und Bauern zu Anfang Juni 1916 lesen konnte: »Die Bevölkerung in Mittelasien ist friedlich.« Nur den gebildeten muslimischen Eliten in diesen Gegenden, die pantürkischen Lehren zuneigten, trauten sie in puncto Loyalität nicht ganz über den Weg.

Trotz der soeben erwähnten friedlichen Stimmung un-

ter Bauern und Nomaden war die Spannung in den mittelasiatischen Regionen des Reiches seit Jahren gestiegen und
ganz besonders seit Ausbruch des Ersten Weltkriegs. Dafür
wäre als erster Grund die russische Besiedlungspolitik zu
nennen. Seit der Agrarreform Stolypins waren russische
Bauern ermutigt worden, in Mittelasien neuen Grund und
Boden zu suchen. Obwohl der Krieg den Zustrom der russischen Neusiedler bremste, wirkte sich diese Politik doch
nicht weniger folgenreich aus. Die Zahl der Kolonisten
hatte die für die eingesessenen Völker noch erträgliche
Schwelle längst überschritten. Im Jahr 1915 erhielt der für
die Steppengebiete zuständige Gouverneur eine Bittschrift,
die heftig beklagte, daß man »den Kirgisen kein Land mehr
gelassen hatte außer den Gipfeln der Berge, wo es keine
Weiden mehr gibt«. Es bestanden aber noch zwei weitere
Gründe für die Verärgerung der Steppenvölker: Die Gouverneure verlangten von den Nomaden Steuern und forderten sie zu geregelter Arbeit auf, die sie als Zwangsarbeit verstanden, und die russischen Händler bezahlten den
Bauern vor Ort nur Dumpingpreise für die Erträge ihrer
Felder.

Von Petrograd aus betrachtet, war Mittelasien eben nur
eine typische oder sogar besonders zurückgebliebene Kolonie. Warum also sollte man sie anders behandeln?

Im Lauf der Kriegsjahre bemerkten deren Völker jedoch
die zunehmende Schwächung des Zarenreiches und begannen gegen die Präsenz der Russen auf ihrem Boden auf-
zubegehren. Bereits zu Beginn des Jahres 1916 griffen turkmenische Stämme Chiwa, die Hauptstadt des russischen
Protektorats gleichen Namens, an. Ihr Ansturm konnte
erst abgewehrt werden, als der Militärkommandant des
Bezirks Syr-Darja Verstärkung erhielt; ihren Aufstand bezahlten die Turkmenen mit harten Unterdrückungsmaßnahmen, an die sie sich noch lange voller Erbitterung erinnerten.

Das Dekret vom 25. Juni platzte in eine ohnehin schon
gereizte Stimmung. Es bestimmte, daß alle Männer zwischen 18 und 45 Jahren zum Dienst in den Arbeitsbatail-

lonen der Streitkräfte oder auch in anderen Heeresabtei-
lungen einberufen werden konnten. Der Text des Dekrets
war aber so ungenau abgefaßt, daß sich die männliche Bevölkerung Mittelasiens plötzlich in die Abhängigkeit von
mittelmäßigen russischen Beamten gestellt sah, die ihre
Fragen entweder nicht beantworten konnten oder aber
versuchten, die Aushebungslisten zu manipulieren und zu
fälschen. General Kuropatkin versuchte immer wieder, die
Aufmerksamkeit seines (Kriegs-)Ministeriums auf die un-
zumutbaren Zustände, hervorgerufen durch den Ämter-
mißbrauch unfähiger oder gar unzuverlässiger Beamter, zu
lenken – umsonst. Weil Mittelasien in der Hauptstadt als
Kolonie galt, wurden seine Mahnungen und Warnungen
dort nie gehört.

Das Ergebnis dieses Hochmuts ließ nicht lange auf sich
warten. Am 4. Juli 1916 brachen in dem usbekischen Ort
Chodjent Unruhen aus, die sich innerhalb eines Monats
auf die gesamte kasachische Steppe ausdehnten. In Usbekistan wurden russische Siedler und Beamte bestialisch ermordet, ihre Höfe beziehungsweise Büros geplündert und
sämtliche Kommunikationsstränge zerstört. Aber erst in
den Steppengebieten verwandelte sich der Aufstand in eine
echte Revolution.

Die Situation der Steppennomaden und ihr Haß auf die
russischen Siedler erklären die Gewalttätigkeit ihrer Erhebung. In dem Augenblick nämlich, als das kaiserliche Dekret bekanntgemacht wurde, zirkulierten Gerüchte, daß
noch die letzten, zur freien Verfügung der Nomaden stehenden Gebiete konfisziert und an russische Siedler vergeben würden. Die Reaktion auf diese Neuigkeiten erfolgte
umgehend: Angehörige des Stammes der Dunganen, die
aus dem chinesischen Teil Turkestans nach Rußland gekommen waren, flohen nach China und verbreiteten dort
das Gerücht von Massakern in Mittelasien. Die Kirgisen
erhoben sich zuerst am 26. August 1916 in Pichpek und
danach in der gesamten Steppe. Die russische Armee, die
nicht wußte, wo sie zuerst eingreifen sollte, ob in die Unruhen im Usbekenland oder in die, die in den von Kasa-

chen und Kirgisen bewohnten Gebieten tobten, begann überall ihr grausames Unterdrückungswerk. Die russischen Siedler stellten zu ihrer Selbstverteidigung Milizen auf, und keine der beiden Seiten scheute vor Massakern zurück. In diesen Kämpfen verloren 2000 Siedler ihr Leben, aber die Zahl der getöteten Nomaden lag um ein Vielfaches höher. Fast ein Drittel der kirgisischen Bevölkerung wich schließlich nach China aus, und viele ihrer Dörfer gingen in Flammen auf. Demgegenüber ließen sich die Unruhen in der kasachischen Ebene eher lokalisieren, endeten aber mindestens ebenso tragisch. Die Kasachen organisierten unter der Leitung ihres Führers Amangeldi Imam Uli, später eine der führenden kommunistischen Persönlichkeiten in Mittelasien, einen echten Guerillakrieg: Sie tauchten überall unerwartet auf und lieferten sich Scharmützelgefechte mit den Truppen von General Lazarow, die allerdings nicht über die notwendige Beweglichkeit verfügten, um diesem unerwarteten Widerstand hinreichend zu begegnen.

Auch in den Gebieten östlich des Kaspischen Meeres tobte der Sturm der Empörung gegen das Mobilisierungsdekret. Einige Stämme wie die Tekke-Turkmenen, die man bereits früher zu den russischen Fahnen gerufen hatte, akzeptierten einen Kompromiß, wonach die jungen Rekruten ihren Wehrdienst in den örtlichen Polizeiregimentern ableisteten und sie dafür wieder in ihre Nomadenzelte zurückkehren durften; die meisten Stämme aber verweigerten den Befehlen der Regierung den Gehorsam. Angesichts der Durchlässigkeit der Reichsgrenzen flüchteten einige von ihnen nach Persien und Afghanistan. Wieder andere rebellierten offen und setzten ihren Kampf auch noch fort, als der mittlere Teil Turkestans bereits mehr oder weniger zum Frieden zurückgekehrt war. Der Aufstand hatte in ganz Turkestan mehr als dreitausend russische, aber noch viel mehr einheimische Opfer gefordert; die Bauernhöfe waren zum großen Teil niedergebrannt – am Jahresende 1916 mehr als 9000. Trotz der ganz offensichtlichen Rückkehr zu Ruhe und Ordnung griffen einheimische Kämpfer immer wieder russische Posten an, wobei eine große Zahl von Angestellten und Beamten den Tod fand, und versuchten mehrmals, alle Verbindungen nach außen abzuschneiden.

Wer die Ereignisse des Jahres 1916 in Zentralasien aufmerksam betrachtet, stellt am Ende zwei Formen nationaler Selbstbehauptung oder zwei voneinander unterschiedliche Revolten fest. In Turkistan mit seinem starken russischen Einfluß (Verwaltung, Handel) kämpften die Aufständischen verbissen gegen die russischen Beamten und Händler, gegen Verwaltungszentren und Verkehrsverbindungen, das heißt, sie versuchten alle Merkmale der russischen Präsenz zu zerstören. In den Steppengebieten, wo sich die russischen Siedler beim Zugriff auf landwirtschaftliche Nutzflächen so rücksichtslos gezeigt hatten, richtete sich der Zorn der Nomaden allein auf diese Siedler. In beiden Fällen handelte es sich um eine zutiefst *antirussische* Revolte. Die Zusammenstöße zeigten unverhüllt nationalistische und regierungsfeindliche Züge. Die Steppenbewohner lehnten die russische Macht mit all ihren Repräsentanten (Verwaltungsfachleute oder Siedler) rundweg ab. Hauptsächlich aber weigerten sie sich, nun plötzlich dem kaiserlichen Befehl zu gehorchen.

Ein weiteres Charakteristikum dieser Revolte ist in der fast vollständigen Beteiligung aller Steppenbewohner zu sehen. Deshalb handelte es sich um einen Flächenbrand, der beide Bevölkerungsteile, Bauern wie Nomaden, mobilisierte. Die gebildeten Schichten und ihre Anführer Munavar Quari, Mahmud Chodja Behbudi und Baytursun Oghli hielten sich der Guerilla gegenüber auf Distanz, obwohl Behbudi, dessen Ruf als Intellektueller damals über ganz Zentralasien strahlte, mehr oder weniger offen den zivilen Widerstand predigte. Die örtliche Geistlichkeit wiederum stellte sich vorbehaltlos hinter die Aufständischen und glorifizierte die Revolte stellenweise als *heiligen Krieg*. Demgegenüber interessierten sich die örtlichen politischen Parteien, insbesondere die Sozialisten, nicht im geringsten für die Forderungen der Einheimischen und ergriffen gerne Partei für die Russen; dadurch trugen sie zur Überzeugung der mittelasiatischen Eliten bei, daß nun die Ära der kolonialen Konfrontation begonnen habe.

Daraus ergeben sich zwingend die folgenden zwei Schlüsse: Zunächst bleibt die Gleichgültigkeit der Staatsmacht gegenüber den Aufständischen in dieser Region – wir befinden uns immerhin in der zweiten Jahreshälfte 1916 – festzuhalten, obwohl General Kuropatkin als Chef der russischen Streitkräfte in Mittelasien die Gefährlichkeit und die neuen Wesenszüge dieser Aufstände sehr wohl begriffen und Petrograd darüber ganz sicher nicht im unklaren gelassen hatte. Aber seine Warnungen interessierten offenbar niemand. Es ist auch aufschlußreich, daß diese Unruhen, die ja eine ganze Grenzregion erfaßt und bereits auch russische Streitkräfte, wenn auch in ungenügender Zahl, mobilisiert hatten, nirgends erwähnt wurden. Keine Zeitung und kein diplomatischer Schriftwechsel der damaligen russischen Führung berichtete davon. Weder der Zar noch die Zarin oder Rasputin, die im allgemeinen gut unterrichtet waren, noch gar die Botschafter der auswärtigen Mächte am Zarenhof schienen je Kenntnis von jener Beinahe-Revolution erhalten zu haben, die das russische Reich in seinen zentralasiatischen Teilen ernsthaft bedrohte. Da sie auch die Beziehungen zu Nachbarstaaten betraf, hätte sie zumindest Außenminister Sasonow interessieren müssen, aber auch der ließ über dieses Thema kein Wort verlauten.

Die zweite Schlußfolgerung ist, daß seit Sommer 1916, also einige Monate vor dem Ausbruch der Februarrevolution im Jahr 1917, diese in Mittelasien bereits Gestalt angenommen hatte. Obwohl es im westlichen Teil Turkestans mehr oder weniger gelungen war, den Aufstand niederzuwerfen, setzte er sich in den nordöstlich angrenzenden Steppengebieten fort. Die gesamte Region (heute Usbekistan, Turkmenistan, Tadschikistan, Kasachstan und Kirgisistan) gehorchte dem russischen Willen nicht mehr, sondern – mehr noch – fiel vom russischen Reich ab. Lenins These über die Aushöhlung des Reiches, der Königsweg jeder Revolution, bestätigte sich in den von Petrograd so weit entfernten muslimisch bewohnten Gebieten an der Südgrenze Rußlands. Die daran interessierten Kreise merkten es sehr schnell, so daß im Februar 1917 die Führer der nationalistischen Bewegungen in den Steppengebieten durchaus zu Recht betonten: »Bei uns hat 1917 schon im Sommer 1916 begonnen!«

* * *

Um die Mitte des Jahres 1916 befand sich das russische Reich in einer widersprüchlichen Lage. In militärischer Hinsicht zeichnete sich auf den Gebieten Organisation und Kampfmittel eine gewisse Erholung ab. Die Zusammenarbeit des intelligenten und ehrlichen Kriegsministers Alexei Poliwanow, des Nachfolgers des unfähigen und korrupten Suchomlinow, mit den Industriellen der Kriegsgüter produzierenden Unternehmen und mit dem Munitionskomitee, das die vierte Duma durchgesetzt hatte, ermöglichte eine fühlbare Entspannung der Situation in bezug auf Ausrüstung und Munition. Darüber hinaus konnte Rußland seit Beginn des Jahres 1917 auf Nachschub von seiten seiner Verbündeten und Amerikas zählen, der die Kampfkraft seiner Truppen erheblich verbesserte, die bisher unter einem schlimmen Mangel an Kampfgerät gelitten hatten.

Diese Fortschritte erlaubten der russischen Regierung im Juni 1916, als ihre Verbündeten in Frankreich an der Somme kämpften, die Eröffnung einer gewaltigen Offensive in Galizien (erste Brussilow-Offensive). Die k.u.k.-Armee wurde davon überrascht, weil sie die russischen Verbände einer solchen Anstrengung für unfähig gehalten hatte. Außerdem hatte der österreichische Generalstab viele seiner Truppen aus Galizien abgezogen und an die Trentinofront geworfen, wo sie auf erbitterten italienischen Widerstand stießen. Deshalb waren die in Galizien verbliebenen k.u.k.-Streitkräfte sofort außer Gefecht gesetzt. An Gefallenen, Verwundeten und Gefangenen verloren sie mehr als eine Million Menschen. Der Zusammenbruch war so total, daß sich das Deutsche Reich gezwungen sah, seinem Bundesgenossen umgehend einige Divisionen zu Hilfe zu schicken, um ihn im Krieg zu halten. Über die russischen Erfolge entzückt, notierte Maurice Paléologue am 19. Juni dennoch beunruhigt die Meinung, die einer der ranghöchsten Offiziere in der russischen Armee, General Michail Beljajew, ihm gegenüber geäußert hatte: »Obwohl die Fortschritte gegen die Österreicher die Erholung der russischen Armee beweisen, haben wir noch nicht einmal mit dem Kampf gegen die Deutschen begonnen.«

So bot die Bilanz der russischen Offensive im Jahr 1916 Licht- und Schattenseiten. Da sie erfolgreich verlief, wirkte sie sich gleich in zweierlei Hinsicht positiv aus: Sie flößte der russischen Armee neuen Mut ein, die, nun verantwortungsvoller kommandiert und besser ausgerüstet, auf ein Ende der ständigen Niederlagen hoffen durfte. Und der russische Vormarsch hatte die Moral der k.u.k.-Streitkräfte zerstört und Deutschland zur ständigen militärischen Unterstützung der Donaumonarchie gezwungen, um ihr die weitere Teilnahme am Krieg zu ermöglichen.

Die weniger erfreuliche Seite der gelungenen Offensive war jedoch, daß das russische Reich vor dem Hintergrund seines militärischen Wiedererstarkens politisch inzwischen gleich doppelt geschwächt worden war: Zunächst hatte es in seinen nichtrussischen Teilen jegliche Autorität verloren, obwohl dies seine Führer nicht wahrhaben wollten.

Und von diesem Autoritätsverlust spannte sich der Bogen über die unverhohlene Feindseligkeit der Polen und Ukrainer, die immer stärker an den politischen Strukturen sowie dem Status aller nichtrussischen Gebiete und Völker im Reich zweifelten, bis hin zum offenen Abfall der mittelasiatischen Völker. Damit schrumpfte die Autorität der russischen Regierung auf gefährliche Weise.

Obwohl man im Reich selbst dieser Gefahr kaum gewahr wurde, erkannten sie außerhalb doch all jene, die darauf setzten, daß sich das Zarenreich mit jedem Stück

Land, das an seiner Peripherie wegbrach, auch selbst seinem Zusammenbruch näherte. Ob nun die deutsche Regierung oder Lenin – sie alle konnten sich durch diesen Zerfallsprozeß bestätigt sehen, wobei die verwandten Sichtweisen der Deutschen und des späteren Revolutionsführers übrigens in einer Annäherung ihrer Strategien mündeten.

Es war aber vor allem die Staatsmacht selbst, die mit ihren Methoden und Maßnahmen zum Zerfall des Reiches beitrug. Seit sich der Zar im August 1915 entschlossen hatte, den Oberbefehl über alle russischen Streitkräfte zu übernehmen, und dafür die Hauptstadt verließ, hatte er seine Allmacht verschiedenen Personen überlassen, ohne daß klar erkennbar war, wie sie ihm diese später wieder zurückgeben würden. Der zerbrechliche und glanzlose Goremykin an der Spitze der Regierung hatte diese sofort in eine Position der Schwäche manövriert. Hat nicht bereits 1896 der Oberprokuror des Heiligen Synods, Pobedonoszew, Nikolaus II. suggeriert, daß die Stunde des Rücktritts für Goremykin geschlagen habe? Und hatte der Ministerpräsident nicht selbst den Zaren mit den Worten um Entlassung gebeten: »Um meinen Sarg brennen schon die Kerzen. Was für meine Beerdigung noch fehlt, ist mein Körper.« Weniger der Zar als vielmehr die Zarin, die ihm wegen seiner unerschütterlichen Treue zum Grundsatz der Autokratie ungeheures Vertrauen schenkte, hinderte ihn an seinem Rücktritt – im Verein mit Rasputin.

Nachdem Nikolaus II. Petrograd verlassen hatte, stand Goremykin einem Geisterkabinett vor, in dem die Minister kamen und gingen, ganz wie es der Zarin paßte: Schtscherbatow, Samarin, Kriwoschin, Charitonow und später Sasonow. Kaum setzte der greise Ministerpräsident den Fuß über die Schwelle der Duma, empfingen ihn Spott und Pfiffe; in der Volksvertretung selbst ließ man ihn gar nicht zu Wort kommen. Als ihm schließlich zu Beginn des Jahres 1916 Boris Stürmer nachfolgte und an dessen Stelle zu der nach der Winterpause wieder zusammentretenden Duma sprechen sollte, fühlte der Zar trotz der räumlichen Entfernung, daß das Erscheinen dieses wegen seines deutschen Namens von vornherein diskreditierten Ministerpräsidenten, dem außerdem ein sehr zweifelhafter Ruf vorauseilte, womöglich einen Skandal auslösen würde. In dieser Situation bewies der Herrscher politische Klugheit: Da er Stürmer nicht allein vor die Abgeordneten treten lassen wollte, beschloß er unter dem Vorwand, Parlamentspräsident Rodsjanko den »St.-Annen-Orden« zu verleihen und beiden Kammern einen Besuch abzustatten, sich zusammen mit Stürmer dorthin zu begeben. Am 9. Februar 1916 betrat er in Begleitung des neuen Ministerpräsidenten das Parlament, wobei Stürmer fast übersehen wurde. Am gleichen Tag notierte Maurice Paléologue über diesen ungewöhnlichen, glänzend gelungenen Einfall des Kaisers: »Seit es in Rußland eine repräsentative Volksvertretung gibt, hat der Zar zum ersten Mal die Duma aufgesucht. Sonst pflegten sich die Abgeordneten in das Winterpalais zu verfügen, wenn sie dem Zaren ihre Aufwartung machen wollten.«

Nicht allein Paléologue, sondern auch andere bezeugten, daß diese Initiative des Herrschers von den Volksvertretern mit Ausnahme der Rechtsextremen sehr freundlich aufgenommen wurde und sie sich sehr aufgeschlossen gegenüber einer Geste zeigten, die sie für eine Äußerung des Respekts gegenüber der Institution Duma hielten. Weiterhin berichtete der französische Botschafter vom Mißvergnügen der Zarin und Rasputins, was plausibel erscheint. In ihren Briefen an den Zaren findet sich jedenfalls kein Wort, daß diese Idee von ihr oder ihrem Mittelsmann gekommen sei. Dadurch wird die Vermutung bestärkt, daß der Herrscher nicht ständig dem Einfluß seiner Frau unterworfen war, was sie im übrigen beklagte, sondern er zwischen dem Vertrauen, das er ihr schenkte, und dem, das er in seine eigene Intuition setzte, hin und her schwankte.

Es zeigte sich nun aber rasch, daß sich auch Stürmer mit der Duma nicht verstand und keine Basis einer gemeinsamer Arbeit herzustellen vermochte. Infolgedessen wies dieses Kabinett, das ebenfalls immer den personellen Änderungswünschen »unseres Freundes« ausgesetzt war, nicht mehr Beständigkeit auf als seine Vorgänger. Im März 1916 entließ der Zar Kriegsminister Poliwanow, der in seiner Behörde wieder Ordnung geschaffen hatte, unter dem fadenscheinigen Vorwand, daß er sich mit den Kreisen der »Kriegsindustrie«, das heißt also der Duma, »zu sehr eingelassen« habe. Diesem Rausschmiß waren drängende Bitten der Zarin vorausgegangen: »Poliwanow ist ganz schlicht ein Verräter.« (23. Februar) »Maklakow ... bittet ebenfalls inständigst darum, daß man sich Poliwanows als eines Revolutionärs entledigt, über den bloß Gutschkow seine schützende Hand hält.« (28. Februar) Als Alexandra schließlich von der Entlassung des von ihr so sehr verabscheuten Kriegsministers erfuhr, lautete ihr Kommentar: »Das war ein solches Glück!« und weiter: »Welch ein Segen, daß Du Dich von ihm getrennt hast!« (2. März 1916) Ihrem Entzücken über den erzwungenen Rücktritt Poliwanows entsprach der gewaltige Ärger, den sie mit ihrer Intrige in weiten Kreisen geweckt hatte: Ein kompetenter Mann hatte gehen müssen, um General Dimitrij Schuwajew, einer farblosen Persönlichkeit ohne anerkannte Verdienste, Platz zu machen. Der britische Militärattaché, Alfred Knox, meinte dazu: »Die Entlassung Poliwanows ist ein Unglück ...«, und über Schuwajew: »Seine einzige Tugend besteht darin, daß er aus dem Fenster springt, wenn Ihre Majestät dies von ihm verlangt.«

Danach war Außenminister Sasonow an der Reihe, den die Zarin – zu Recht übrigens, wie Paléologue bestätigt – der Absicht verdächtigte, eine der Duma verantwortliche Regierung bilden zu wollen. Eine solche Absicht war in den Augen Alexandras unerträglich und kostete einen zuverlässigen Minister Amt und Würden, der das Vertrauen der verbündeten Regierungen genoß: »Ich wünsche mir nichts mehr, als daß Du einen geeigneten Nachfolger für Sasonow findest ... Der alte Goremykin und Stürmer hielten noch nie viel von ihm, weil er auf der europäischen Bühne und vor den Abgeordneten ein derartiger Feigling ist ...« (4. März)

Tatsächlich aber mußte Sasonow wegen der Frage des Autonomiestatuts für Polen gehen, für das er sich eingesetzt hatte, aber sein Sturz war sorgfältig vorbereitet worden. Auch er trug die Handschrift der Zarin, denn Nikolaus II. hatte dem Autonomieversprechen bereits zugestimmt. Die Briefe Alexandras erinnerten ihn indessen immer wieder an die Notwendigkeit, die Einheit des Reiches zu bewahren, das er einst dem Thronerben unversehrt weiterzugeben habe. In Wirklichkeit aber warf der Zar seinem Außenminister viel eher dessen ständige Verbindung zu liberalen Kreisen vor. Als Boris Stürmer an seine Stelle rückte, der nun in Personalunion den Posten des Premier-, Innen- und Außenministers vereinte, war die Bestürzung in den Hauptstädten der Ententemächte groß. Der britische Botschafter Buchanan notierte: »Niemals werde ich einem Manne [Stürmer] vertrauen, dessen Wort nicht zählt.«

Auch im Innenministerium standen die Dinge nicht zum besten in einer Zeit, da sich Rußland in einer höchst unruhigen Periode befand. Alles begann damit, daß die Zarin, die sich in Alexis Chwostow vernarrt hatte, ihn zum Minister ernennen ließ. Dann aber, als sie seine Unfähigkeit – ob zu Recht oder nicht – bemerkte, die in der Presse umlaufenden Gerüchte über Rasputin abzustellen, schrieb sie Ende Februar 1916 an den Zaren: »Ich bin so unglücklich, daß ich Dir auf den Rat Grigoris hin Chwostow empfohlen habe. Du warst ja gegen seine Ernennung …« Der glücklose Innenminister wurde also mit Dank verabschiedet und zunächst durch Boris Stürmer persönlich und danach durch Alexander Protopopow, bis dahin Vizepräsident der Duma, ersetzt. Die Entscheidung für diesen gutaussehenden, sechzigjährigen Sohn eines Großgrundbesitzers und Textilindustriellen in Simbirsk, der sich zu den Oktobristen zählte, einen gewissen Charme besaß und in der Duma vor allem von Rodsjanko geschätzt wurde, stellte sich dennoch als keine gute Idee heraus. Protopopows Gesundheitszustand war labil; auch zeigte der Mann keine innere Konstanz. Beides bewog ihn, bei Wunderheilern aus Rasputins Umgebung Hilfe zu suchen. Von letzterem stammte auch der Rat, den Alexandra natürlich umgehend an den Zaren weitergeleitet hatte: »Nehmen Sie bitte Protopopow als Innenminister. Er kommt aus der Duma und wird wissen, wie seine Abgeordnetenkollegen zum Schweigen zu bringen sind!« Gerade weil dieser Satz öffentlich bekannt wurde, provozierte die Ernennung Protopopows zur rechten Hand Boris Stürmers einen echten Skandal in der ersten Kammer, zumal der neue Minister trotz der deutlichen Verärgerung seiner Mitabgeordneten seinen Sitz in der Duma behalten wollte.

Alles in allem erwies sich diese Ernennung als schlicht verheerend: Der Mann war nicht nur gesundheitlich angeschlagen; vielmehr brachte ihn seine angeborene Eitelkeit dazu, sich völlig mit dem Herrscherpaar und den Grundsätzen der Autokratie zu identifizieren, obwohl er bisher als Liberaler gegolten hatte. Seine Ernennung fügte sich nahtlos in die lange Reihe jener so dummdreisten Vorschläge der Zarin ein und trug dazu bei, die Beziehungen zwischen Regierung und Duma wieder einmal zu unterminieren und den bereits beklagenswerten Ruf Alexandras im Land noch weiter zu beschädigen.

Diese wirre Politik, Minister zu ernennen, um sie kurze Zeit später wieder zu entlassen, die in der Desorganisation der Regierung endete, beschränkte sich jedoch nicht allein auf Minister – der gesamten Reichsverwaltung widerfuhr das gleiche Schicksal. In praktisch allen Provinzen wechselten zwischen 1915 und 1916 die Gouverneure, was manches Verwaltungsräderwerk blockierte oder ganz zerbrach und das Leben in den Provinzen in permanente Unordnung brachte.

Nicht genug damit, daß sich die Zarin das Recht herausnahm, Personen für Ministerposten vorzuschlagen oder sie durch ein kaiserliches Entlassungsschreiben auch wieder zu stürzen, mischte sie sich auch noch in militärische Operationen ein: »Mir scheint, daß das Hauptquartier mehr Zug vertragen könnte.« (12. August 1915); »Unser Freund bittet Dich, daß unsere Truppen nach Riga marschieren.« (November 1915) Und mitten in der Brussilow-

Offensive im Sommer 1916: »Unser Freund hofft, daß unsere Truppen nicht die Karpaten angreifen.« (8. August 1916)

Bei der Lektüre dieser Briefe wird einerseits die Neigung des Zaren deutlich, seine Frau über alle Entscheidungen zu informieren, die er traf, andererseits aber auch seine Furcht davor, daß die Informationen, die er ihr mitteilte, in andere Hände fielen. Wie oft mußte sie ihm versichern: »Nur unser Freund weiß davon. Aber er weiß auch, was gut ist ...«

Manche Vorschläge Rasputins ließen tatsächlich gesunden Menschenverstand erkennen. Als Bauer, der Rußland und seine Bewohner gut kannte, hörte er die Reaktionen der Gesellschaft und verstand sie. So, als er der Zarin und über sie dem Zaren vorschlug, bevorzugt Züge mit Grundnahrungsmitteln verkehren zu lassen, um die Ernährungssituation der Stadtbevölkerung zu entspannen: »Seit drei Tagen schlägt er vor, Züge nur noch für den Transport von Butter, Mehl und Zucker einzusetzen, die noch notwendiger sind als Fleisch und Munition.« (10. Oktober 1915) Zweifellos ein kluger Rat, aber was wog er angesichts so vieler beunruhigender Eingriffe des gleichen Ratgebers in das öffentliche Leben!

Die russische Gesellschaft wußte über den Wirrwarr an ihrer Spitze, über seine Gründe und den ungebremsten Einfluß der Zarin genau Bescheid. Den Herrscher hielt sie nur noch für schwach und nicht mehr imstande, seine Rolle auszufüllen. Niemand dankte ihm die Beweise an Mut, die er ablegte, und seine Anwesenheit an der Front wurde eher als Flucht vor der Verantwortung der Macht empfunden. Während der ganzen Zeit der allgemeinen Zersetzung des russischen Reichs, die sich indes ganz bestimmt noch nicht als Revolution bezeichnen läßt, verlor die Monarchie schlicht deswegen an Boden, weil es der ferne Herrscher, den man obendrein noch für schwächlich hielt, nicht vermochte, für seine Vorstellung einzutreten, daß Autorität eine Notwendigkeit, und zwar eine legitime, sei. Nikolaus II. trug selbst Schuld, wenn sein Bild bei der Bevölkerung wegen seiner resignativen Haltung gegenüber Ereignissen und Einflüssen verblaßte. Hatte er nicht im Sommer 1915 auf die vielen Beschwörungen, doch in der Hauptstadt zu bleiben, dort seine Rolle als Staatschef zu übernehmen und sie nicht in andere Hände zu geben, geantwortet: »Vielleicht bedarf es ja eines Versöhnungsopfers, um Rußland zu retten. Ich werde dieses Opfer sein.«

Paléologue, der diese Worte am 2. September 1915 weiterverbreitete, stellte mit Bedauern fest, daß in ihnen Passivität, Resignation und jener Hang zum Fatalismus zum Ausdruck kamen, der sämtliche Katastrophen akzeptiert. So schwierig sich das Jahr 1916 für Rußland deswegen auch gestaltet hatte, so wenig war die große Revolution ausgebrochen. Eine ausgefeilte Situationsanalyse und vor allem der politische Wille, sich nach ihr zu richten, wären für diese Monarchie noch eine letzte Chance gewesen, deren Streitkräfte im Felde unbesiegt waren.

10. KAPITEL

Letzte Hoffnungsfunken

So schwierig sich die politische Situation in Rußland nach zwei Kriegsjahren darstellte, so hatten sich doch auch positive Elemente erhalten oder waren in dieser Zeit sogar erst entstanden. Sie bewiesen, daß die Reichsverwaltung – bis zu einem bestimmten Punkt auch die Bevölkerung – die Probleme noch genügend im Griff hatte, um die Funktionsfähigkeit des Landes weiterhin zu gewährleisten.

Die »unsichtbare Revolution«

Seit 1915 hatte die Regierung und vor allem der Zar die Notwendigkeit begriffen, die Privatindustrie, die Duma und die Gesellschaft für die Kriegsanstrengung zusammenzuschließen. Der Mangel an Rüstungsgütern und auch mangelhafter Sachverstand, die die anfänglichen Niederlagen zum Teil mit verursacht hatten, verlangten, daß man künftig »anders regiere«. Eine der Lösungen, für die sich hauptsächlich die Duma einsetzte, bestand in der Reform des politischen Systems und im Verlangen nach einer parlamentarisch verantwortlichen Regierung. Soweit wollte Nikolaus II. natürlich nicht gehen. Angesichts der Umstände gestand er jedoch Teilreformen zu, die in bezug auf ihre Notwendigkeit für die Kriegsführung zeitlich gebunden waren; daraus entstanden gemischte Kommissionen aus Regierungsvertretern, Mitgliedern der Duma und der Unternehmerschaft.

Das erste Gremium dieser Art war das Sonderkomitee für die Beschaffung von Munition unter Vorsitz des damals noch amtierenden Kriegsministers Suchomlinow. Danach entstanden der Verteidigungsrat und weitere spezielle Beratungsgremien, zum Beispiel für die Beseitigung von Engpässen in der Treibstoff- und Nahrungsmittelversorgung und für die Verbesserung des Transportwesens. Schließlich kam auch noch ein Kriegskomitee zustande, das sich zur Unterstützung der Arbeit des Verteidigungsrats um die Zusammenführung von militärischen Kreisen und privater Kriegsgüterindustrie kümmerte. Diese verschiedenen Gremien ermöglichten vielen Abgeordneten der beiden Kammern, sich an den Debatten und Entscheidungen über diese Themen zu beteiligen, die sich natürlich unmittelbar auf den wirtschaftlichen Sektor auswirkten. Die Fortschritte in der Munitionsherstellung, die bei Kriegsbeginn 1914 noch so unzureichend gewesen war, hatten die Lücken an der Front inzwischen geschlossen.

Zu Beginn des Jahres 1916 beschloß der Verteidigungsrat die Verstaatlichung der beiden großen russischen Waffenschmieden, das heißt der Putilow- und Obukow-Werke, um die Kriegsproduktion weiter anzukurbeln. Damit beabsichtigte man die Verhinderung von Streiks, die die Produktion empfindlich gelähmt hätten. Das Transportkomitee kümmerte sich um die eminent wichtige Verbesserung des bestehenden Schienennetzes oder ließ neue Eisenbahnlinien bauen. Diese Maßnahmen erlaubten eine bessere Beförderung von Truppen und kriegswichtigen Ausrüstungsgütern, die die Alliierten Rußland lieferten.

Aus diesen Organen ragte der Verteidigungsrat als besonders angesehene Institution heraus, weil er die weitreichendsten Vollmachten besaß. Er bestand zu mehr als der Hälfte aus Dumaabgeordneten und tagte zweimal wöchentlich unter dem Vorsitz des Verteidigungsministers. Dieser militärisch-industrielle Beratungskreis, der über Antennen in ganz Rußland verfügte, machte es sich sogar zur Gewohnheit, Arbeiter aus den Betrieben, die für die Armee produzierten, zu seinen Sitzungen zu bitten. Aus gutem Grund übrigens, denn durch die Einbindung der Arbeiterklasse in die gemeinsamen Kriegsanstrengungen wurden

Arbeitsniederlegungen und Forderungen von vornherein unterbunden, die die Produktion gestört hätten. Aber wie bei jedem Zugeständnis, so ergaben sich auch aus dieser zweifellos mutigen Konzession widersprüchliche Folgen: Auf der einen Seite stärkte sie die Arbeitsdisziplin in den Rüstungsbetrieben; auf der anderen Seite trug die wahrhaft revolutionäre Initiative, die Arbeiter plötzlich an der Macht teilhaben zu lassen, auch zu deren politischen Bewußtseinsbildung bei. Sie begriffen ihre Bedeutung für das Land und waren nicht mehr bereit, die allein von oben ausgeübte Macht zu akzeptieren.

Diese Gremien entstanden, um die Last der Kriegsanstrengungen auf viele Schultern zu verteilen und sie damit zu erleichtern. Aufgrund ihrer Zusammensetzung und gemeinsamen Arbeit kam ihnen jedoch eine politische Funktion zu. Damit markierten sie die konkrete Ausübung der Macht betreffend eine nicht wieder umkehrbare Veränderung, die der gesamte Regierungsapparat zunächst noch gar nicht erkannte. Auch Nikolaus II. begriff trotz seines kategorischen Neins zu einer parlamentarisch verantwortlichen Regierung, die für ihn den Wechsel zu einem tatsächlich an eine Verfassung gebundenen politischen System bedeutete, nicht, daß diese Komitees den Parlamentariern den Weg zur Exekutive geöffnet und bereits die Fundamente für eine an der politischen Macht beteiligte Gesellschaft gelegt hatten. Das russische Reich glitt also langsam in ein anderes politisches System hinüber, ohne daß dies irgend jemand so richtig bemerkte.

Neben diese kriegsbedingten, bereits hochpolitischen Komitees wäre noch der seit Sommer 1915 entstehende »Semgor«, das heißt die Vereinigung von Semstwos und Stadtdeputiertenversammlungen, zu stellen. Der Zar hatte stets jeglichen Zusammenschluß der örtlichen Landstände und der städtischen Selbstverwaltungsgremien auf das schärfste verurteilt, weshalb sich deren Vertreter zur größten Behutsamkeit auf dem Weg zu einer Dachorganisation genötigt sahen. Nun verlangte aber der Krieg die Bündelung aller nichtstaatlichen und staatlichen Anstrengungen.

Die gewaltigen militärischen Niederlagen in der Anfangsphase des Krieges hatten die Krankenhäuser mit Verwundeten überschwemmt und die Straßen mit Kriegsflüchtlingen verstopft; wer anders konnte sich ihrer annehmen außer karitativen Organisationen? Diese Hilfe schrieb die »allrussische Union der Semstwos« auf ihre Fahnen, die sich im Jahr 1914 unter der Führung von Fürst Grigori Jewgenjewitsch Lwow formierte. Diesem Beispiel folgten die Gemeinderäte vieler Städte, und im November 1915 schlossen sich beide Verbände im »Semgor« zusammen. Als gemeinsames Emblem wählten sie das rote Kreuz, das den Zaren über die Ziele der beiden Organisationen beruhigen sollte.

Diese Hilfen waren aber nur der sichtbare Teil all dessen, was die gesamte Zivilbevölkerung leistete, um die Pflichten einer Staatsmacht zu übernehmen, der das Verwundeten- und Flüchtlingsproblem über den Kopf zu wachsen drohte, weil sie mit einem langen Krieg nicht gerechnet hatte. Im ganzen Land, vor allem in den Städten, wo das Leben bereits recht schwierig geworden war, organisierten sich freiwillige Helfer in kleinen Gruppen, die sich um die dringendsten Probleme wie die Aufnahme von Flüchtlingen und Verwundeten und die Lebensmittelversorgung kümmerten. Die Bauern schlossen sich, ohne eine amtliche Stelle zu fragen, freiwillig zu Kooperativen zusammen, um ihre Erzeugnisse in den Städten zu verkaufen, die wegen Transportproblemen unter Versorgungsengpässen litten. Davon unabhängig dachte sich die Landbevölkerung für ihre eigenen Zwecke ein Verteilersystem aus, das die zusammengebrochenen oder halb gelähmten staatlichen Verteilerkreise ersetzte.

Im Jahr 1916 gab es keine Schwierigkeiten, die die Bevölkerung nicht selbst zu meistern versuchte, obwohl man ihr noch immer die politische Macht vorenthielt und sie zwei Jahre eines Krieges erschöpft hatten, dessen Ende nicht abzusehen war. Rußland bot damals schon ein eigenartiges Spektakel: auf der einen Seite die Gesellschaft, die entdeckte, daß sie ihre Alltagsprobleme selbst in die

Hand nehmen konnte, und sich nur noch auf ihre Eigeninitiative verließ, und auf der anderen Seite eine zunehmend desorientierte Staatsmacht, die ihre Beziehungen zur Gesellschaft nur noch mit Mühe aufrechterhielt und eigentlich langsam zerfiel.

Wenn schon die Regierungsseite die Dimension der Verschiebung der Verantwortlichkeit nicht zu begreifen schien, so erkannte die politische Opposition sie doch ganz genau. Ihr gemäßigter Teil, der die Autokratie in eine konstitutionelle Monarchie umwandeln wollte, zog aus diesem Phänomen den Schluß, daß der Krieg die entsprechenden Voraussetzungen für diese Umwandlung geschaffen hatte und sich diese neue Realität im politischen System Rußlands niederschlagen würde, sobald wieder Frieden herrschte. In dieser Entwicklung lag für Rußland und für seinen Herrscher in der Tat eine große Chance. Die Gesellschaft lernte den Umgang mit der Demokratie. Hätte die Staatsmacht doch diese unsichtbare Revolution bemerkt und daraus die Konsequenzen gezogen – vielleicht wäre es dann noch möglich gewesen, Rußland in jene politische Moderne zu katapultieren, nach der es seit 1905 strebte.

Die Duma greift nach der Macht

Seit 1914 hatte sich die materielle Situation der Bevölkerung laufend verschlechtert, und dies zeigte sich zunächst in der Versorgung der Städte. Die Industrie war auf Kriegsproduktion umgestellt und produzierte für den zivilen Bereich nicht mehr. Die Bauern konnten nicht mehr kaufen, was sie brauchten, und fühlten, von Ausnahmen abgesehen, deshalb wenig Neigung, ihre eigenen Erzeugnisse zu verkaufen. Diese an sich klassische Situation in Kriegszeiten wurde im Fall Rußlands durch die logistischen Probleme noch verstärkt. Rasputin hatte, wie bereits gezeigt, die Zeichen der Verzweiflung in der Gesellschaft bemerkt; er schlug Alarm und forderte, daß man dem Lebensmitteltransport Vorrang vor der Beförderung militärischer Güter einräumte. Er wußte, was aus den gravierenden Lebensmittelengpässen folgte: Preissteigerungen auf dem Binnenmarkt, alarmierende Nachrichten über die nach oben offene Preisspirale, die wiederum die Bauern veranlaßten, immer mehr Vorräte zu hamstern, und in den Städten Geschäfte, die den immer länger werdenden und verzweifelten Käuferschlangen nur noch leere Regale bieten konnten. Auch Heizmaterial wurde knapp, und der in Rußland ohnehin strenge Winter kündigte sich für 1916 als so bitter kalt an, wie schon lange nicht mehr. Die hungernden und frierenden Einwohner der beiden Hauptstädte Petrograd und Moskau murrten, und öffentliche Aufläufe nahmen immer mehr zu. Darüber hinaus machten sich nun die Folgen des Verkaufsverbots von Wodka bemerkbar; die Erträge aus der Alkoholsteuer gingen deutlich zurück, was sich auf den Staatshaushalt jedoch nicht sonderlich auswirkte. Die Bevölkerung aber, die das Alkoholverbot im Jahr 1914 akzeptiert hatte, erblickte nach 1916 darin nur eine weitere Schikane des Staates.

Innenminister Protopopow schlug zwar vieles vor, um die wachsende Unruhe in der Bevölkerung zu dämpfen. So plante er beispielsweise, alle möglichen Dinge zu beschlagnahmen, und konnte sich dann doch nicht dazu entschließen. Auch wollte er den Stadtverwaltungen unter dem Vorwand, daß man die gemeinsamen Anstrengungen nicht verzetteln dürfe, verbieten, die Bewältigung der Versorgungsengpässe selbst in die Hand zu nehmen. Letzten Endes aber unternahm er gar nichts, obwohl sich die Polizeiberichte in beunruhigenden Informationen über Vorfälle überboten, die sich landauf, landab ereigneten. Paléologue, der die innenpolitische Wendung Rußlands mit Sorge verfolgte, attestierte am 9. Oktober 1916 dem Innenminister eine Verschlechterung seines geistigen Zustandes: »Er äußert ultrareaktionäre Meinungen und ein ebensolches politisches Programm. Wie er sagt, habe er keine Angst, sich den Kräften der Revolution zu stellen, und wolle sie bei Bedarf sogar herausfordern, um sie zu zerschmettern ... Solche Äußerungen würden sich durch seinen Gesundheitszustand erklären, wie man mir versichert; plötzlich auftretende, negative charakterliche Veränderungen und Überspanntheiten der Vorstellungswelt seien typische Vorboten einer allgemeinen Paralyse.«

Zu den öffentlichen Protesten der Hausfrauen, die zusammenströmten und ihre Wut über die Lebensmittelknappheit abließen, kamen noch die Unruhen in den Fabriken. Die Arbeiter verlangten das Recht, sich von der Werkbank oder aus der Werkstatt entfernen zu dürfen, um für ihre Familien Nahrungsmittel zu besorgen. Wenn man ihnen diese Forderung abschlug, kam es zum Streik. Aber selbst dort, wo besonnene Vorgesetzte solche Arbeitsunterbrechungen erlaubten, stellten sich dieselben Folgen ein: Die Produktion litt darunter.

Die russische Armee widerstand der allgemeinen moralischen Erosion in der Bevölkerung bis Ende 1916 am ehesten; im ganzen gesehen, verzeichnete sie nur wenige Deserteure, aber in einzelnen Truppenteilen nahmen die Schwierigkeiten zu. Dies zunächst, weil man in den beiden Kriegsjahren noch sehr viele kampfunerfahrene Reservisten hatte eingliedern müssen. Außerdem wußten sie über die Stimmung in der Heimat Bescheid und neigten deshalb insgesamt viel eher zu Protest und Streik. Und das Offizierskorps, das in den bisherigen Kämpfen so stark dezimiert und durch hastig ausgebildete Neuzugänge aufgefüllt worden war, verlor in der Truppe an Autorität. Die genaue Durchleuchtung der Feldpost durch die Militärzensur ergab, daß sich trotz aller Verbote viele Soldaten immer kritischer über die Kriegsführung und den Staat äußerten. Die Reservisten in der Etappe, die ihre Kameraden zur Front aufbrechen sahen und keinerlei Lust verspürten, ihnen zu folgen, stellten ebenfalls eine kritische Masse von mehr als zwei Millionen Männern dar. Sie ließen kein gutes Haar an der Politik des Reiches, die in ihren Augen eine Reaktion der Gesellschaft geradezu herausforderte.

Die wachsende allgemeine Unzufriedenheit entging weder der Regierung noch der Opposition – allein schon die

Polizeiberichte rückten den moralischen Zerfall des Landes in grelles Licht –, aber die Staatsmacht baute weiterhin Luftschlösser. Nikolaus II. bekam im Hauptquartier von den Tumulten nichts mit. Seine Frau glaubte weiter fest daran, daß es sich nur um böswillige Ruhestörungen handelte, während der tatsächliche Zustand des Reiches durch die unerschütterliche Treue aller »echten« Russen zu ihren kaiserlichen Hoheiten gekennzeichnet sei. Sie erging sich in idyllischen Plänen, in denen »die Kaufleute, die sich so ungeheuer bereichert haben, gewaltige Summen für eine Staatsanleihe zeichnen würden, mit der man unseren aus dem Krieg heimkehrenden Soldaten Arbeit verschaffen könnte, so daß sie nicht mehr aufs flache Land zurückkehren, wo sich sofort Unzufriedenheit zeigen würde. Jeder hat die Pflicht, irgendwelche Geschichten und Unruhen zu vermeiden, indem er rechtzeitig Beschäftigungsmöglichkeiten für sie bereitstellt, denn für Geld arbeiten sie gerne.« (Brief vom 26. April 1916) Fünf Monate später, am 26. September 1916, schrieb sie: »Gestern gab es in Moskau Unruhen. Protopopow schickte sofort Wolkonski los, der, wie ich gerne gestehe, keine Zeit verlor.« Für die Zarin stellte sich alles recht einfach dar. In ihren Augen würden militärische Autorität und eine geschickt plazierte Anleihe ganz schnell eine Agitation stoppen, deren Gefährlichkeit sie völlig verkannte. Der Innenminister, zu dessen Aufgaben die Aufrechterhaltung der öffentlichen Ordnung gehörte, erwies sich dazu als völlig unfähig. Er flüchtete sich in die Fiktion, die Monarchie retten zu können, obwohl er nicht wußte wie.

Auch der oppositionelle »progressive Block« bemerkte, wie das Land in Richtung Abgrund rutschte. Um zu verhindern, daß dieses Abgleiten in der Katastrophe endete, das heißt in einer Revolution, die die Gemäßigten zusammen mit der Monarchie hinwegfegen würde, wie sie von nun an ständig befürchteten, hielten sie es für ihre Aufgabe, die allgemeine Unordnung rasch zu beenden und der Regierung die politische Macht zu entreißen. Die »Kadetten«-Partei erarbeitete im Oktober 1916 eine Strategie für

Rußland, wie es wieder auf festen Boden gelangen könnte, aber die Meinungen innerhalb der Partei gingen auseinander. Auf der einen Seite Parteichef Paul Miljukow,
der von den Regeln des parlamentarischen Kampfes nicht
abgehen wollte, und auf der anderen wesentlich radikaler
denkende Parteimitglieder, für die allein eine Sorge zählte,
nur ja nicht von der Woge der Empörung überrollt zu werden, und die für ihre Entschlossenheit auch sichere Beweise liefern wollten – Beweise, die sie sich von einem gewaltigen politischen Schlag versprachen. Diesen Coup stellten
sie sich als Anklage Stürmers und seines gesamten Kabinetts wegen Hochverrats vor. Eine riskante Strategie, denn
Stürmers Amtsführung bot keinerlei Handhabe dafür.
Man mochte es drehen und wenden, wie man wollte – Unfähigkeit im Amt war nun mal kein Landesverrat. Außerdem war nicht ausgeschlossen, daß eine solche Anklage
gegen die Regierung in Kriegszeiten das Land sofort destabilisieren würde: Man mußte mit Gegenschlägen der
Armee und mit dem Abbruch der Beziehungen zu den Verbündeten rechnen.

Stürmer, über das Komplott informiert, das in der Duma gegen ihn geschmiedet wurde, ersuchte den Zaren um
die Erlaubnis, entweder das Parlament auflösen zu dürfen
oder es wenigstens entscheidend zu schwächen, indem
man sämtliche Abgeordnete im wehrfähigen Alter an die
Front schickte. Trotz des Drängens der Zarin – »die Duma
ist innerlich verfault; sie erschreckt niemanden, denn wenn
sie sich zu widerwärtig gebärdet, wird sie eben beurlaubt«
(3. Oktober 1916) – wollte sich Nikolaus II. hier nicht entscheiden. So kam es also, daß die Duma am 1. November
1916 wieder zusammentrat, wobei weder sie noch das Kabinett sich in irgendeiner Form darauf vorbereitet hatten. In dieser Dumasitzung war nichts wie sonst. Stürmer
hatte bei den ausländischen Gesandten erreicht, daß sie
sich nach der Eröffnungsrede Präsident Rodsjankos zur
gleichen Zeit aus dem Tauridenpalais entfernten wie das
Kabinett. Maurice Paléologue meinte: »Die Botschafter
verließen das Parlament, weil sie den Skandal ahnten

und es für tunlich hielten, nicht darin verwickelt zu werden.«

Kaum hatten die Regierung und die Botschafter der Sitzung den Rücken gekehrt, ergriff Miljukow nach einigen stürmischen und wie bei Kerenski sogar gehässigen Einlassungen das Wort. In seiner von Mäßigung und deshalb von sehr viel mehr Autorität als die seines Vorredners geprägten Rede klagte er Stürmer und sein Kabinett des Landesverrats an. Er bezog sich dabei besonders auf das fragwürdige Verhalten von Stürmers Sekretär und behauptete, daß über dessen Vermittlung deutsches Geld an den Regierungschef geflossen sei. Die staatliche Zensur verbot zwar die Weiterverbreitung dieser Rede, aber der Text zirkulierte in schriftlicher oder mündlicher Form trotzdem in der Gesellschaft. Darüber hinaus wurde der Brief von Fürst Lwow verbreitet, den er im Namen der »allrussischen Union der Semstwos« (Semgor) an den Dumapräsidenten geschrieben und worin er seiner Beunruhigung über eine Regierung Ausdruck verliehen hatte, die mit dem Wort »Verrat« in Verbindung gebracht werde: »Ein schlimmer Verdacht und Gerüchte über Verrat streuen die Annahme aus, daß die Hand des Feindes heimlich in unsere öffentlichen Angelegenheiten hineinwirkt ... Die Delegierten des Semgor [...] sind also entschlossen, die Duma in ihren Anstrengungen um die Einsetzung einer fähigen Regierung zu unterstützen, die sich der Mittel des Landes wirksam bedient.«

In den Vorschlägen, die in der Duma zirkulierten, und nach dem Brief des Fürsten Lwow witterte das Land überall Verrat und warf Stürmer mit seinem deutschen Namen, die Zarin und Rasputin mißtrauisch zusammen in einen Topf. In den Sitzungen der Duma, die eine Woche dauerten, wurde die herrschende Staatsmacht und das monarchische System pausenlos angegriffen. Der Abgeordnete Basilius Maklakow, ganz sicher kein politischer Extremist, erklärte im Verlauf einer dieser tumultartigen Sitzungen: »Die Zarenherrschaft und die Interessen Rußlands sind künftig getrennt.«

In diesem politischen Unwetter traf der Zar schließlich eine Entscheidung aus eigener Initiative. Unter dem vereinten Druck der Zarin und Stürmers, die Duma aufzulösen, und unter dem Drängen seiner Frau, Stürmer nur von einer seiner Funktionen zu entbinden, ihn ansonsten aber im Kabinett zu halten, machte er am 7. November 1916 einen radikalen Schnitt, enthob Stürmer seiner sämtlichen Ämter und übertrug die Regierungsverantwortung an Alexander Trepow.

Trepow hatte im Kabinett bisher als Verkehrsminister gedient und war der jüngste aller Ministerpräsidenten, die seit dem Ausscheiden Stolypins dieses Amt bekleidet hatten. Er galt als kompetenter Techniker, weil er den Bau des Eisenbahnnetzes um Murmansk geleitet hatte, und zählte zu den erbitterten Feinden Rasputins, von dem er das Land nach seinem Machtantritt befreien wollte. Über die Berufung Trepows entstand sofort ein tiefer Konflikt zwischen Zar und Zarin. Das Ganze war ohne sie und gegen ihre Meinung beschlossen worden, was sie in ihren Briefen an den Zaren auch überdeutlich beklagte! Noch nie war sie dermaßen desavouiert worden, aber das sollte sich ändern ... Wie Paléologue bestätigt, »fuhr sie auf der Stelle mit dem Zug nach Mogiljow ins Hauptquartier, um wenigstens Protopopow zu retten, der auch mit ihr im Zug saß«.

Als der Zar Trepow empfing – die Zarin weilte immer noch in Mogiljow –, bat ihn der neue Ministerpräsident, sich den lästigen Innenminister vom Hals schaffen zu dürfen; mehr noch, er forderte dessen Entlassung sogar als Voraussetzung für seine eigene Amtsübernahme. Dieses Mal wollte Nikolaus II. aber seiner Frau einen Gefallen tun. Er befahl Trepow, auf dem Posten zu bleiben, auf den er ihn vor kurzem berufen hatte, und sich mit Protopopow zu arrangieren. Daß der Zar auf sein Verlangen nicht einging, war für den neuen Ministerpräsidenten um so bedauerlicher, als er gerade mit den Verantwortlichen in der Duma über die Unterstützung seiner Politik verhandelte und ihnen dafür versprechen mußte, den verhaßten und verachteten Ministerpräsiden ein- für allemal beiseite zu schaffen.

Obwohl sich der Zar im Kampf gegen den in dieser Frage auf ihm lastenden Druck schließlich für einen Kompromiß entschied, wäre er trotzdem jenen Dämonen fast entronnen, die ihn immer wieder gegen die Duma aufhetzten. Die Korrespondenz zwischen Zar und Zarin enthüllt einen dramatischen Konflikt um das Thema Protopopow und – mehr noch – um die grundsätzliche Einstellung dazu, wem die Macht zukomme. Über den ersten Punkt schrieb sie am 5. Dezember 1916 an ihren Mann: »Du hast den Kampf um Protopopow unterstützt, wir haben nicht umsonst gelitten« und wies damit explizit auf einen offenbar sehr lebhaften Streit hin. Bereits einige Tage früher, am 12. November 1916, hatte sie so deutlich wie nie zuvor ihre Meinung über die Spannung zwischen Herrscher und Duma ausgedrückt: »Der Zar allein herrscht und nicht die Duma«, und: »Ich mache mir Sorgen um Dein Herrschertum und die Zukunft von Baby [gemeint ist der Zarewitsch Alexander Nikolajewitsch, A. d. Ü.].« Außerdem hatte sie noch nie so unverhohlen wie in den folgenden Worten Rasputin zum allein fähigen Führer der russischen Politik erklärt: »Man muß nur ihm [Rasputin] gehorchen, ihm vertrauen und ihn um Rat fragen. Man darf nie denken, daß er nicht alles weiß, denn Gott hat ihm alles enthüllt.«

Ein hysterischer Rat – gewiß, aber er erschließt eine Persönlichkeit, die Tag für Tag mehr in einer Mischung aus Autoritätsgehabe und mystischer Blindheit versank und in der die totale Vermischung zwischen Gott und »unserem Freund« herrschte. Dabei erforderte die Situation gegen Ende des Jahres 1916 von allen Beteiligten eine kaltblütige und weitsichtige Analyse. Die Duma spürte, wie ihre Autorität wuchs und dies den Herrscher natürlich zunehmend zwang, mit ihr die Basis für einen Kompromiß zu suchen, Nikolaus II. diesen Gedanken aber nicht in die Tat umsetzen durfte: War also noch Zeit genug, um die Ordnung im »Haus Rußland« wiederherzustellen?

Als Ministerpräsident Trepow sich am 10. November mit einem liberalen Regierungsprogramm an die vierte Reichsduma wendete, das ihr eine enge Zusammenarbeit mit der Exekutive und rasche Reformen vorschlug, vermochte er sich kaum Gehör zu verschaffen. Tumultartig griffen die Abgeordneten wieder einmal die *Illegalität*, die in Rußland herrsche, und den Einfluß Rasputins an, den sie für unerträglich, skandalös und gefährlich hielten: »Er ist noch schlimmer als einst jener falsche Dimitrij!« donnerte der Abgeordnete Wladimir Purischkewitsch unter Anspielung auf den Dimitrij mit Beinamen Samoswanez (»der Sich-Selbstberufene«), der 1603 in der Zeit der Wirren als rechtmäßiger Thronprätendent und Zarewitsch in Südrußland aufgetaucht war und sich als der jüngste, den Mördern Godunows angeblich entkommener Sohn Grosnyjs ausgab.

Dem Protestgeschrei, das die Minister empfing, und den flammenden Proklamationen, die von allen Seiten auf sie niederprasselten, hatte Trepow wenig entgegenzusetzen. Sein Angebot, mit der Duma loyal zusammenzuarbeiten, kam zu spät. Das Parlament hatte seine Fähigkeit entdeckt, auf den Gang der Ereignisse einzuwirken, und wußte, daß es einer schwankenden Exekutive die Macht Stück um Stück entreißen konnte. Trotz der niederschmetternden Aufnahme seiner Vorschläge glaubte Trepow, daß er mit seiner Ankündigung, die Verbündeten würden Rußland nach dem Krieg Konstantinopel und die Meerengen zuschlagen, noch einen starken Trumpf aus dem Ärmel ziehen könnte. Durch diese Enthüllung, die zuvor in zahlreichen Geheimtreffen mit den Botschaftern der verbündeten Länder abgesprochen worden war, hoffte der neue Ministerpräsident, die nationale Glut wieder zu entfachen, und gerade hier fiel die Enttäuschung am größten aus. Die innere Krise Rußlands und die greifbare Chance des totalen Zusammenbruchs der Exekutive heizten die Leidenschaften mächtig an. Wen kümmerten da schon die Meerengen? Rußland hatte im Krieg lange genug auf der Stelle getreten, außerdem lag Frieden in weiter Ferne und zeich-

nete sich zu undeutlich ab. Es schien deshalb absolut überflüssig, das Fell des türkischen Bären in der parlamentarischen Debatte zu verteilen, bevor man ihn erlegt hatte.

Das erste Treffen zwischen Trepow und der Reichsduma stand also unter keinem guten Stern, deshalb fand kein
weiteres mehr statt. Nach der flammenden Rede Purischkewitschs überdeckte der Schatten Rasputins wieder das
politische Leben Rußlands. Die gesamte politische Klasse,
mit Ausnahme natürlich seiner Schützlinge und einiger
Freunde der Zarin, wurde von dem Gedanken beherrscht,
sich Rasputins zu entledigen. Ohne Unterstützung aus der
Duma, weil er an Protopopow festhielt, und in all seinen
Plänen gelähmt, versuchte es der Ministerpräsident mit einem Trick, der Rasputin in den Augen seiner allerhöchsten
Förderer total diskreditieren sollte: Er ließ alle schriftli-
chen Unterlagen über ihn so zusammenstellen, daß sich
eine Verschwörung abzuzeichnen schien, und er versuchte, Rasputin zu kaufen. Der, als gewitzter Bauer, durchschaute aber den Plan und eilte sofort zur Zarin, um sich
bei ihr über den Ministerpräsidenten zu beschweren.

Das Strickmuster, dem Trepow weiter zu folgen gedachte, war einfach. Die Sitzungsperiode der Duma war
von Mitte Dezember 1916 bis Anfang Januar 1917 unterbrochen worden. Diese Entscheidung des Ministerpräsidenten, die Reichsduma nach Neujahr 1917 wieder einzuberufen, wurde von der Zarin heftig kritisiert, die sich
nach der dramatischen Novembersitzung für eine sehr lange Unterbrechung der laufenden Sitzungsperiode, das heißt
für eine Art versteckter Auflösung der Duma, wie sie hoffte, ausgesprochen hatte. Trepow aber erwartete sich von
seinem Entschluß, in einer wegen der Beseitigung Rasputins starken Position wieder vor der Duma erscheinen zu
können. Die Kaiserin platzte schier vor Wut. Sie erbat sich
Hilfe bei der »Union des russischen Volkes, das die Auflösung der Duma fordert«, und beschwor ihren Mann:
»Löse die Duma auf! ... Ich, oder ganz einfach das ruhige
Gewissen Rußlands, hätte Lwow, Miljukow, Gutschkow
und Poliwanow nach Sibirien geschickt.« Da sie aber nicht

alle Abgeordneten dahin verbannen konnte, unterstützte sie ihre Schützlinge in der Duma mit allen Mitteln und betrieb im übrigen die Entlassung des Ministerpräsidenten. Dazu kam es im Januar 1917, als Rasputin bereits nicht mehr lebte. Inzwischen trug das ständige Ministerkarussell einen neuen Amtschef namens Nikolai Nikolajewitsch Pokrowski ins Außenministerium. Die Gunst, die er genoß, verdankte er weniger seiner besonderen Eignung – er war Bankier – als vielmehr der ständigen Suche nach neuen Köpfen, die seit Nikolaus' Abreise nach Mogiljow in Mode gekommen war. Die Ernennung dieses glaubwürdigen und integren Außenministers blieb in der Stunde der totalen Auflösung des politischen Systems praktisch unbemerkt.

Das Ende Rasputins

Nachdem die Duma ihre Arbeit zunächst eingestellt hatte, blieben die meisten ihrer Abgeordneten in der Erwartung in der Hauptstadt, daß die Geschäfte bald wiederaufgenommen würden. Dort debattierten und agitierten sie oder schmiedeten das eine oder andere kleine Komplott. In der Zarenfamilie hingegen sorgte in diesen Tagen ein letzter Versuch für größte Aufregung, eine Situation zu bereinigen, deren Gefahren ihre Mitglieder sehr viel deutlicher empfanden als Nikolaus II. und Alexandra.

Seit langem schon hatte die Witwe Alexanders III. und Mutter des Zaren versucht, ihren Sohn vor den auf ihn einwirkenden Einflüssen zu bewahren. Außerdem hatten Mitglieder der kaiserlichen Familie ihn durch mehr oder weniger geschickte Vorstöße fast kniefällig gebeten, allein zu herrschen, das heißt, die ihm zustehende Regierungsgewalt mit niemandem zu teilen. Im Winter 1916 nun herrschte in der gesamten Zarenfamilie das Gefühl höchster Dringlichkeit; man beschloß einen letzten Versuch, Nikolaus aus seiner Blindheit für das, was sich in Rußland tatsächlich abspielte, zu reißen. Die Gelegenheit dazu ergab sich bei der Rückreise des Zaren von einem Besuch in Kiew. Großfürst Nikolai Michailowitsch, ein Vetter des Zaren und hoch angesehener Historiker – er leitete die Russische Historische Gesellschaft –, suchte ihn auf und übergab ihm im Lauf ihrer Unterredung einen Brief, der noch einmal versuchte, sämtliche Aspekte der verfahrenen Situation schriftlich zusammenzufassen, die ihm der Großfürst mündlich schon wiederholt vorgetragen hatte: Als liberal denkender Mann war Nikolai Michailowitsch überzeugt, daß sich Rußland nun endlich und ohne weiteren Verzug dem Parlamentarismus öffnen müßte. Um diesen Prozeß zu beschleunigen, müßte sich der Zar mit der Duma verständigen – eine Forderung, die der Großfürst bereits mehrfach erhoben und stets verteidigt hatte. Als wichtigsten Grund seiner Unterredung mit dem Zaren aber nannte der Brief des Großfürsten die Sorge um das gesunkene moralische Niveau der russischen Monarchie. Er ermahnte den Herrscher, nun scharf durchzugreifen, das heißt, die Zarin wenn schon nicht aus seinem Leben zu entfernen, so sie doch wenigstens aus allen politischen Angelegenheiten herauszuhalten: »Du vertraust ihr, das ist auch verständlich«, schrieb er ihm, »was aber über ihre Lippen kommt, ist das Ergebnis geschickter Verdrehungen und nicht die Wahrheit. Wenn Du nicht imstande bist, diesen Einfluß von ihr fernzuhalten, dann schütze wenigstens Du Dich davor.«

Dieser in einem sehr maßvollen Ton abgefaßte Brief wog die Argumente geschickt ab; er klagte die Zarin nicht direkt an, sondern präsentierte sie eher als das Opfer eines lasterhaften Einflusses. Und was tat der Zar mit diesem Schreiben? – Er übergab es der Zarin! Warum? Vielleicht hoffte er, daß die Botschaft seines Vetters sie zur Vernunft bringen und ihn, Nikolaus, in seinen Bemühungen um dieses Ziel unterstützen würde? Vielleicht ahnte er auch gar nicht, welchen Sturm er mit diesem Brief bei ihr entfesseln würde, denn sie duldete keinerlei Widerspruch gegen den, der ihren verwirrten und unruhigen Geist beherrschte. Die Antwort folgte auf dem Fuß, denn Alexandra schrieb einen jener Schmähbriefe, die von ihrer zunehmenden Verrücktheit zeugten: »Ich habe Nikolais Brief mit größtem Abscheu gelesen. Man müßte ihm eigentlich das Wort abschneiden und ihm drohen, daß er nach Sibirien verschickt wird, wenn er noch einmal auf dieses Thema oder mich zu sprechen kommt.«

Diese Drohung der Verbannung nach Sibirien für alle, die die Zarin für ihre Feinde hielt, zog sich als ein ihren geistigen Zustand bezeichnendes Leitmotiv durch ihre gesamte damalige Korrespondenz. Diese Zwangsvorstellung zeigte, wie sie sich von der Realität immer mehr entfernte. Je weiter sich die Situation entwickelte und den Zaren Autorität kostete, desto rascher mußte er die Zusammenarbeit mit der Duma suchen und sich endlich in Richtung einer echten und nicht bloß halbherzigen Reform bewegen. Die arme Zarin, von all dem abgeschnitten, träumte inzwischen von der absoluten Macht ohne Duma und andere Feinde, von einer Welt, in der schon die Androhung einer Verbannung nach Sibirien ausreichen würde, um jede Kritik im Keim zu ersticken. Rußland hatte sich dagegen in den letzten zehn Jahren mit Riesenschritten einem politischen System genähert, in dem die politische Alleinherrschaft durch die Gegengewichte Parlament und gesellschaftliche Kräfte aufgewogen wurde. Das wußte der Zar, und in den schrecklichen Wochen, als sich das Schicksal der russischen Monarchie tatsächlich entschied, widerstand er, so gut es ging, dem Mitleid, das er gegenüber der Person empfand, die sein Leben teilte, es aber gleichzeitig schulmeisterte. Alexandra hatte keine Ahnung von den Veränderungen im Lande und glaubte, wie ihre Reaktionen beweisen, immer noch, daß wenn man das Pendel nur weit genug in die andere Richtung stieß, man es anhalten und wieder zur absoluten Monarchie zurückkehren könnte. Diese Sturheit, eine verschwundene Welt zu neuem Leben wecken zu wollen, rüttelte die Zarenfamilie am meisten auf und erklärte ihre plötzliche Aktivität.

Nach dem gescheiterten Vorstoß von Großfürst Nikolai Michailowitsch wurde Großfürst Pawel Alexandrowitsch, ein Onkel des Zaren, von der Familie mit dem Versuch beauftragt, ihn wieder zur Vernunft zu bringen, dieses Mal jedoch in einer anderen, eher vom Gedanken an eine Verfassung getragenen Form, um die Zusammenstöße zu vermeiden, die mit jedem Angriff auf die Persönlichkeit der Zarin einhergingen. Deshalb appellierte Pawel Alexandrowitsch an den Zaren: »Kündigen Sie eine Verfassung an, um einen Schock zu provozieren und damit allen Linksextremisten das Wasser abzugraben.«

In unterschütterlicher, ja versteinerter Ruhe erwiderte ihm der Zar, daß er bei seiner Krönung geschworen habe, seinem Nachfolger eine intakte Autokratie zu hinterlassen. Unter verfassungsrechtlichem Aspekt war diese Antwort nicht korrekt, und in politischer Hinsicht beschwor sie eine frühere Staatsmacht, aber keine, die sich seit zehn Jahren stark verändert hatte. Nikolaus jedoch war bei diesem Gespräch nicht allein, denn auch Alexandra nahm daran teil. Und aus ihrem Verhalten folgte das weitere. Der Großfürst sah sich gezwungen, mit Rasputin über seinen Vorschlag zu sprechen, während Alexandra wieder einmal ihren »Starez« leidenschaftlich pries, der, wie sie voll Pathos ausführte, »nun das Schicksal aller Propheten kennenlernt, die zu ihren Lebzeiten verkannt und verfolgt werden«.

Selbst die Witwe Großfürst Sergejs, Ella, die Schwester Alexandras, die Nonne geworden war, kam aus ihrem Kloster, um die Zarin von ihrem Irrtum zu überzeugen. Auch sie erreichte nichts – im Gegenteil: Sie wurde trotz der so engen Verbindung zwischen den beiden Schwestern und trotz des Respekts, den die Zarin allen religiösen Dingen entgegenbrachte, wie eine Feindin verjagt.

Das Scheitern der vereinten Bemühungen der Romanow-Familie ließ die eine Frage offen, die alle beschäftigte: Wie konnte man sich Rasputins entledigen? Dieses Problem mußte schon deshalb alsbald gelöst werden, weil die Romanows auch um die persönliche Sicherheit des Zaren fürchteten. Rasputin lag der Kaiserin nämlich Tag für Tag in den Ohren, sie sei eine »zweite Katharina die Große«.

Ihren kaiserlichen Gemahl betrachtete er hingegen nur als reine Seele, als »ein Kind Gottes«. Wie die Briefe Alexandras beweisen, verfehlten die verbalen Verführungskünste des »Starez« durchaus nicht ihren Eindruck auf sie. Seit 1915 konnte sie sich über die politischen Fähigkeiten des Kaisers, über die historische Verantwortung, die er fühlte, und seine Schwächen ein Bild machen. Im allgemeinen erklärte sie sie mit seinem »guten Herzen«, oft aber sagte sie ihm auch ganz ungeschminkt, was sie davon hielt. Deshalb befürchtete die Zarenfamilie, Rasputin könnte Alexandra soweit bringen, mit einem Gewaltstreich die Macht an der Spitze des Staates zu verändern. Im übrigen hatte »der Freund« Fürst Felix Jussupow, dem Gatten von Großfürstin Irina Alexandrowna, einer Nichte des Zaren, bereits den Weg gewiesen, den er in bezug auf die Beseitigung der Schwierigkeiten Rußlands für den besten hielt: Sollte man nicht auf den Zaren einwirken, zugunsten seines Sohnes abzudanken und die Regentschaft für den Knaben der Zarin übertragen?

Die Möglichkeit eines Staatsstreichs trieb nicht nur die unmittelbaren Verwandten des Zaren um; in einer anderen Variante erschreckte sie auch die Zarin, die versuchte, ihre Ängste Nikolaus II. mitzuteilen. Würde diese Familie, die sie haßte, nicht in guter russischer Tradition versuchen, den Zaren zu zwingen, seinen Platz für Großfürst Nikolai, dessen Ansehen in der russischen Armee keinen Schaden gelitten hatte, zu räumen und sie, die Zarin, in ein Kloster zu verbannen? Alexandra glaubte fest an ein derartiges Komplott und hatte darin nicht einmal ganz unrecht: Obwohl sich die Verwandten des Zaren über die Perspektiven einer erzwungenen Abdankung noch sehr bedeckt hielten, verfolgten sie ganz offen die Idee, Nikolaus II. zum Eingeständnis zu zwingen, daß die Kaiserin künftig nicht mehr an seiner Seite bleiben könnte. Aber Rasputin paßte auf, er schürte die Furcht und das Mißtrauen Alexandras und stürzte sie dadurch in ihr eigenes Verderben.

Nachdem nun alle Vorstöße der Familie an Nikolaus II. abgeprallt waren und sich auch ein Komplott gegen die Zarin allein oder gegen das Herrscherpaar als undurchführbar erwies, weil die Risiken eines Wechsels an der Spitze des russischen Reiches dies verboten, dessen Staatsmacht sich aufzulösen begann, zeichnete sich die Ausschaltung des Pseudomönchs als einzige sofort greifbare Lösung ab.

Dieses Mordkomplott resultierte aus zwei Absichten, einer rationalen und einer irrationalen. Zum einen schien es vernünftig, den Kaiser von einem Mann zu befreien, der ihn so viel Ansehen gekostet hatte und der seine Machtstellung bedrohte. Zum anderen, und hier kam das Irrationale der geplanten Beseitigung Rasputins ins Spiel, hatte Purischkewitsch bei seiner flammenden Rede in der Duma von »den dunklen Kräften« gesprochen, die sich auf die Romanow-Dynastie herabgesenkt hätten und sie nach und nach zerstörten. Der »Heilige Teufel« nun stellte in jeder Hinsicht die perfekte Inkarnation dieser finsteren und magischen Kräfte dar, die das russische Volk stets faszinierten und die es gleichzeitig fürchtete. Wie oft schon hatten sich diese widerstreitenden Gefühle in seiner Geschichte gezeigt! Auch Ende 1916, als sich die Schwierigkeiten und Tragödien häuften, glaubte die russische Bevölkerung fest daran, daß hauptsächlich derartigen »Kräften« alles Schlimme zu verdanken sei. Das erklärt auch, warum Fürst Felix Jussupow, der Purischkewitsch bei seiner Rede in der Duma schweigend, aber hellwach zugehört hatte, ihn sofort in den Plan einweihte, der in seinem Kopf Gestalt anzunehmen begann.

Wie aber kam der lebenslustige und reiche, bis dahin so oberflächliche Lebemann Jussupow dazu, sich in ein solches Unternehmen zu stürzen? Ein Blick auf seine komplexe und empfindsame Persönlichkeit mag hier weiterhelfen. Man sagte ihm nach, er sei der »schönste Mann des Reiches«, und das war vielleicht nicht einmal übertrieben. Aber seine feinen Gesichtszüge, eine überbehütete Kindheit, die sorgfältige Erziehung durch eine Mutter, die daran verzweifelte, nur Söhne geboren zu haben, und ihn wie ein kleines Mädchen kleidete, dessen Niedlichkeit alle entzückte – das alles bürdete ihm eine Last auf, die er tragen mußte, wie er selbst zugab. Den Geschmack an weiblicher Kleidung hatte er auch noch im Erwachsenenalter nicht abgelegt. Deshalb erregte er in den Kleidern und mit dem Schmuck seiner Mutter, der schönen Prinzessin Sinaïda Jussupow, in den Nachtlokalen der Hauptstadt die Aufmerksamkeit und Verehrung der Gardeoffiziere, die nicht wußten, auf was sie sich da einließen. Obwohl homosexuell durch und durch, war er mit einer der schönsten und zauberhaftesten Erbinnen des Zarenreichs verheiratet. Und bis zu seinem Tod ließ er es gegenüber dieser Frau an Respekt und Verehrung nie fehlen. Jussupow vereinte zwei Seelen in seiner Brust. Ein unruhiger Geist, den Oscar Wilde so faszinierte, daß er versuchte, sich mit ihm zu identifizieren. Er spielte mit sich selbst, begeisterte sich für alles Fremde, Übernatürliche und beschäftigte sich gerne mit okkulten Dingen. Aufgrund seiner Heirat zählte er zum inneren Kreis der Zarenfamilie und stand wohl auch deshalb treu zur Monarchie. Als sich Mitglieder dieser Familie nun immer häufiger im geheimen trafen, um die Möglichkeiten einer Rettung der Herrschaft zu erörtern, das heißt Rasputin von dem Herrscherpaar zu entfernen und Nikolaus II. davon zu überzeugen, sich nicht mit einem Bündel unausgereifter Reformmaßnahmen zu begnügen, sondern nun dringend eine echte Verfassung zu verkünden, reifte in Jussupow der Entschluß, daß es an ihm sei, die im Interesse des zaristischen Reiches notwendige Tat zu vollenden, nämlich Rasputin zu töten.

Er dachte darüber auch deshalb so intensiv nach, weil er dieses Gefühl mit seinem engen Freund, Großfürst Dimitri Pawlowitsch, dem Sohn des Großfürsten Pawel, teilte, dem es nicht gelungen war, den Zaren zur Verkündigung einer Verfassung zu bewegen.

Alexandra betrachtete Dimitri als ihren liebsten Verwandten. Sie schätzte ihn trotz ihres generellen Mißtrauens gegen die Zarenfamilie als charmanten und bezaubernden Mann, den sie so gerne in ihr Lager herübergezogen hätte, was ihr indes nicht gelang. Dimitri wiederum vertrat die Meinung, daß es nach dem Scheitern der Vermittlungsmission, mit der die Familie seinen Vater beauftragt hatte, nun seine Pflicht sei, für die Ablösung Rasputins zu sorgen. Felix Jussupow und er diskutierten endlos über das, was sie für ihre Pflicht hielten und was für ersteren auch eine Art Ausgleich darstellte: Man hatte ihn nicht in die Armee berufen, und es paßte ihm gar nicht, sein Leben in fröhlicher Muße in Petrograd zu verbringen, wo es kaum noch jüngere Männer gab. Als Jussupow nun der Rede Purischkewitschs lauschte, geriet er in Begeisterung und sah, wie sich die Fäden zu einem Komplott verknoteten. Es brauchte nur wenige Tage, um eine fünfköpfige Verschwörergruppe zu bilden und mit ihr den Plan bis zur Ausführungsreife zu besprechen. Bei dem Zirkel handelte es sich um Jussupow selbst, Großfürst Dimitri und Purischkewitsch, dessen tiefe monarchistische Gefühle sich in der Vorstellung einer direkten und aktiven persönlichen Beteiligung an der Rettung des Zarenregimes ausdrückten. Ein junger Leutnant nahmens Suchotin und der Armeearzt Lasovert zählten ebenfalls zu den Verschwörern.

Jussupow höchstpersönlich plante die Durchführung der ganzen Operation, zunächst deshalb, weil er den falschen Wundermönch kannte und sein Vertrauen genoß. Er hatte Rasputin schon mehrfach getroffen und bei Rückenschmerzen auch die magnetische Kraft seiner Hände in Anspruch genommen. Zur Durchführung des Mordes schlug er einen auf der Moika gelegenen Palast seiner Eltern vor. Für Rasputin war es eine Ehre, dort eingeladen zu sein.

Die ganze Sache begann indes gar nicht gut, denn Rasputin war auf der Hut. Die Verschwörer, unfähige Schwätzer, konnten kein Geheimnis bei sich behalten. In ganz Petrograd schwirrte das Gerücht, das ausgerechnet auch noch von ihnen selbst verbreitet worden war: daß die Stunde der Bestrafung Rasputins gekommen sei. Auch der »Heilige Teufel« hatte davon gehört und verdoppelte seine Vorsichtsmaßnahmen; beispielsweise verließ er nach Hereinbrechen der Nacht sein Haus nicht mehr. In dieser Situation schrieb er jenen berühmten Brief an den Zaren, der seinem Ruf als legendärer Prophet weitere Nahrung verschaffte:

»Ich fühle, daß ich noch vor dem 1. Januar sterben werde. Ich möchte dem russischen Volk, dem Zar, der Zarin, den Kindern und dem gesamten Rußland mitteilen, was sie werden begreifen müssen. Wenn ich von gewöhnlichen Mördern, besonders von meinen bäuerlichen Brüdern, umgebracht werde, hast Du, Zar von Rußland, nichts zu befürchten. Du wirst auf dem Thron bleiben und weiterregieren. Du brauchst auch nicht um Deine Kinder zu fürchten, die noch jahrhundertelang in Rußland herrschen werden. Wenn mich aber Großgrundbesitzer töten oder andere Adlige mein Blut vergießen, wird es für immer an ihren Händen kleben. Sie werden Rußland verlassen müssen, und Brüder werden Brüder töten ... Zar, wisse, daß wenn einer Deiner Verwandten die Verantwortung für meinen Tod zu tragen hat, werden alle Deine Angehörigen und Kinder die nächsten zwei Jahre nicht überleben. Das russische Volk wird sie töten.«

Trotz seiner Ahnungen und unguten Gefühle ließ sich Rasputin in die Falle locken, die fünf Vertreter der Elite Rußlands, unter ihnen ein Mitglied der Zarenfamilie, für ihn aufgestellt hatten. Damit sollte sich also der zweite Teil seiner Prophezeiung erfüllen.

Jussupow hatte sich inzwischen mit dem »Starez« häufig getroffen, um eine gewisse Ungezwungenheit mit ihm herzustellen. Er versprach ihm, daß er endlich die schöne Prinzessin Irina Jussupow zu Gesicht bekäme. Die Anziehungskraft, die schöne Frauen auf Rasputin auszuüben pflegten, und seine Eitelkeit schläferten sein Mißtrauen ein, so daß er die Einladung Jussupows in sein Palais annahm, wo ihn sein Gastgeber mit vergifteten Süßigkeiten und vergiftetem Wein ein recht seltsames Mahl hatte zubereiten lassen. Der brave Doktor Lasovert, der die Vorbereitungen überwachte, versicherte, daß man mit der verwendeten Giftmenge ein ganzes Regiment hätte umbringen können.

Niemand hat diese Schreckensnacht besser nacherzählt

als der an Rasputins Tod am meisten Interessierte, Fürst Jussupow selbst, den die Erinnerung an dieses Drama bis zu seinem Tode verfolgte. Hier der wohl wichtigste und um einige vertrauliche Anmerkungen ergänzte Teil aus dem erzählerisch zweifellos begabten Bericht. Jussupow begann zunächst, mit Rasputin allein zu essen, während seine Freunde ein Stockwerk höher auf den Augenblick warteten, den leblosen Körper Rasputins wegschaffen zu können. Im Lauf des Essens beobachtete der Fürst zunächst verblüfft und dann ob des, wie er sofort annahm, übernatürlichen Schauspiels entsetzt, daß ein Mann ohne mit der Wimper zu zucken die giftigsten Substanzen schluckte und ihn, Jussupow, der auf die Anzeichen des Todeskampfes lauerte, dann ausdrücklich aufforderte, ihn, Rasputin, mit seinem von der Gitarre begleiteten Gesang zu unterhalten, eine Kunst, die der Fürst, wie die ganze Hauptstadt wußte, meisterhaft beherrschte. Aber wie sollte der Fürst seiner Kehle oder Gitarre in einem solchen Augenblick überhaupt Töne entlocken? Den Preis für diese Demonstration einer übernatürlichen Kraft und dafür, auf die Folgen eines absolut tödlichen Gifts warten zu müssen, für dieses Tête-à-tête eines Mörders mit seinem Opfer, das scheinbar nicht enden wollte, hätte Jussupow in der Stille der Nacht fast selbst bezahlt. Sein Verstand begann zu taumeln. Um dem Wahnsinn zu entrinnen, der, wie er deutlich fühlte, über ihn kam, raffte er sich zu einer letzten Willensanstrengung auf und schoß das Magazin seines Revolvers auf Rasputin in dem Augenblick leer, als Rasputin, noch kraftsprühender denn je und weil sich die Prinzessin zu verspäten schien, ihm vorschlug, den Rest der Nacht bei den Zigeunern zu verbringen. Der Revolver war erfolgreich, wo das Gift versagt hatte, und Jussupow lief weg, um seine Freunde zu holen. Nachdem sie sich allesamt sorgfältig vom Tod des Muschik überzeugt hatten, wickelten sie den leblosen Körper in ein Bärenfell und versuchten sich wieder zu beruhigen. Wenn ihnen auch Rasputins Widerstandsfähigkeit gegen das Gift unerklärlich blieb, so hatten doch wenigstens die Schüsse die Dinge wieder in den Bereich des Faßbaren geholt: Rasputin war, wie sein Tod bewies, ein sterblicher Mensch und kein schreckeneinflößendes übermenschliches Wesen. Er mochte zu Lebzeiten lasterhaft bis furchterregend gewesen sein, nun aber war er endlich tot. Die Schatten, die die Monarchie umgeben hatten, schienen zu weichen.

Aber die Euphorie dauerte nicht lange. Mitten in ihrer ausgelassenen, fast hysterischen Euphorie, die auf diese wahnsinnige Anspannung folgte, ergriff die Verschwörer plötzlich das Gefühl, daß sie der Wahnsinn und übernatürliche Kräfte wieder gepackt hätten: Der Tote schien zu neuem Leben erwacht. Er richtete sich auf und stürzte sich mit Geheul auf seinen Mörder. Er würgte ihn und schnürte ihm die Gurgel zu, gerade als ob er ihn ebenfalls mit in den Tod reißen und damit ihrer beider Schicksal auf ewig vereinen wollte. Das Gift, die Schüsse, der soeben festgestellte Tod – das alles brach plötzlich über diese unglaubliche Szene herein, in der sich der Tote aufrichtete, um den zu erwürgen, der ihn soeben ermordet hatte, und in der es dem jungen, lebendigen und unverletzten Mörder nicht gelang, sich aus dem Griff des Toten zu befreien – war es Alptraum oder Realität?

Als es Jussupow mit Schlägen auf den röchelnden Rasputin endlich glückte, sich von ihm zu befreien, taumelte der aus dem zuvor abgeschlossenen Zimmer, kletterte schwankend die wenigen Stufen hinauf, die es vom Portal trennten, und floh ins Freie. Purischkewitsch reagierte als erster auf die Schreckensrufe des Fürsten, stürzte dem »Starez« nach, feuerte aus seinem Revolver vier Schüsse auf ihn ab und schlug so lange auf ihn ein, bis er endlich in den Schnee stürzte.

Dieses Mal hatte der Leichnam endgültig die Welt der Lebenden verlassen. Die Verschwörer rollten ihn in Vorhänge, verschnürten das Paket und warfen es in die eisigen Fluten der Newa. Als man drei Tage später die Leiche fand, stellte sich heraus, daß Rasputin weder durch das Gift noch durch die Schüsse ums Leben gekommen war. Die Autopsie ergab als Todesursache vielmehr Ertrinken und Erfrieren, so als ob der Ex-Mönch hätte zeigen wollen, daß ihm keine menschliche Hand etwas anzuhaben vermochte und nur die Natur als Ausfluß des göttlichen Willens den »Mann Gottes« besiegen konnte.

Dokumente, die vor kurzem ausgegraben wurden, legen übrigens den Schluß nahe, daß Rasputin gar kein Gift zu sich genommen hatte, was die Fähigkeiten der Verschwörer in einem neuen Licht zeigt, aber gleichzeitig auch seine außerordentliche körperliche Widerstandskraft verständlich macht, die er bereits vor seinem Tod bewiesen hatte.

Bereits am nächsten Tag machte sich am Kaiserhof Unruhe breit. Im Morgengrauen hatte eine der Töchter Rasputins die Vertraute der Zarin, Anna Wyrubowa, alarmiert, weil sie sich über das lange Ausbleiben ihres Vaters sorgte. Die Zarin schrieb sofort an Nikolaus II.: »Wir alle sind hier versammelt. Kannst Du Dir unsere Gefühle und Gedanken vorstellen – unser Freund ist verschwunden! Gestern hat ihn Ania [Anna Wyrubowa] noch gesehen. Er sagte ihr, daß ihn Felix zu einem Fest am Abend eingeladen hätte, um dort Irina kennenzulernen. Er wurde mit dem Auto abgeholt. Heute nacht gab es bei Jussupow einen Riesenskandal. Alle waren zusammen. Dimitri, Purischkewitsch und alle waren betrunken. Die Polizei hörte Schüsse. Purischkewitsch sei aus dem Haus gelaufen und habe geschrien, daß unser Freund getötet worden sei. Die Polizei und Kriminalbeamte sind nun bei Jussupow. Sie wagten sich nicht früher hin, weil sich Dimitri noch im Hause aufhielt.«

Die von der Kaiserin unverzüglich befohlene Untersuchung wurde dadurch erschwert, daß ein Mitglied des Kaiserhauses in die Angelegenheit verwickelt war. In einem solchen Fall bedurfte jede kriminaltechnische Aufklärung einer ausdrücklichen Anordnung durch den Zaren höchstpersönlich.

Der Tod Rasputins löste widersprüchliche Reaktionen aus. Während die Kaiserin tödlich getroffen schien und auf Rache sann, empfand Nikolaus II. ganz anders. Er fühlte für den »Starez« nur mäßige Sympathie und unterwarf sich, ihn betreffend, eher den Wünschen der Kaiserin. Auch in seinem Tagebuch schlug sich sein Schmerz nur recht bedingt nieder. In den ersten Tagen, als ihn Alexandra in ihrer Aufregung über Rasputins Verschwinden und dann über seine Ermordung ständig auf dem laufenden hielt, erwähnt er über diese Angelegenheit gar nichts. Erst am 21. Dezember 1916 folgte die erste Eintragung: »Meine Familie und ich wohnten einem traurigen Schauspiel bei. Der Sarg mit dem Körper des unvergeßlichen Grigori, der im Haus von Jussupow in der Nacht vom 16. auf den 17. Dezember auf unmenschliche Weise ums Leben kam, wurde in das Grab hinabgesenkt.«

Und damit endete sie auch schon, die »Grabrede« Nikolaus' II. auf Rasputin. Der Kaiser äußerte auch sonst kaum Schmerz oder Furcht. Für ihn zählte nur der Mord – ein Verbrechen, in das auch ein Mitglied der Kaiserfamilie tief verwickelt war und dessen Opfer sich stets als Heiliger ausgegeben hatte. Auch wenn dieser letzte Punkt Nikolaus II., den im Gegensatz zu seiner Frau Alexandra wesentlich vernünftigeren Christen, weniger berührte, so war doch jedes Verbrechen für ihn als Christ, der an das Unterworfensein des Menschen unter den Willen Gottes glaubte, absolut inakzeptabel. Im speziellen Fall Rasputin trat noch eine weitere Komponente hinzu: Für ihn als Vater seines einfachen Volkes war es absolut unerträglich, wenn ein Muschik getötet und dann auch noch unter Beihilfe von Großfürst Dimitri ermordet worden war.

Auch die Zarin betrachtete die Bluttat als Mord, aber nicht als x-beliebigen Mord. Für sie hielt Rasputin das Leben ihres eigenen Sohnes in seinen Händen. Sie glaubte aus vollem Herzen und widerspruchslos an die dunklen Prophezeiungen »von unserem Freund«. Pierre Gillaird, der Erzieher der Zarenkinder, beschrieb in seinen Erinnerungen das Leid, das er in den Zügen der Zarin las, und schloß seine Eintragungen mit den Worten: »Man hat ihren Glauben zerstört und den getötet, der als einziger ihr Kind zu retten vermochte. Als er von ihr gegangen war, schienen sämtliche Unglücksfälle oder Katastrophen möglich. Es begann die Zeit des Wartens, des quälenden Wartens auf das Unglück, das sich nun nicht mehr vermeiden ließ.«

Von der Empörung des Kaisers (»Die Vorstellung, daß an einem Mitglied meines Hauses das Blut eines einfachen Bauern klebt, beschämt mich zutiefst!«) bis hin zur unerschütterlichen Überzeugung der Zarin, daß man einen Heiligen ermordet hatte (sie ließ in den Sarg Rasputins eine von sämtlichen Angehörigen des Kaiserhauses unterzeichnete Ikone und einen Text legen, der den Schutz des *Seligen* auf die Familie herabflehte), spiegelte alles das Gefühl des drohenden Unheils wieder, das sämtliche Romanows beherrschte. In ihren Augen war Mord nicht das geeignete Mittel, um die Probleme ihrer Dynastie zu lösen. Großfürstin Olga, die Schwester des Zaren, sprach ihm mit einem Satz aus dem Herzen: »Daß ein Enkel des Befreier-Zaren [Alexander II.] einen Bauern mit eigenen Händen ermordet, zeigt, wie tief wir gesunken sind!«

Angesichts der Reaktion der Bevölkerung auf Rasputins Tod relativierten sich die Schuldgefühle einiger Angehöriger der Zarenfamilie. In Petrograd und in Moskau überwog die Freude. In den Straßen beglückwünschten sich die Menschen, daß das Land nun endlich von einem »Spion« befreit sei, und man zündete deswegen Kerzen in den Kirchen an. Auf dem flachen und weit abgelegenen Land empörten sich die Bauern über den Mord an einem der Ihren, einem Muschik. Der Tod des »Starez« wurde schon ganz klar vor dem Hintergrund des Klassenkampfes gesehen.

Die Mörder kamen mit einer milden Strafe davon: Großfürst Dimitri mußte den Rest seines Militärdienstes in Persien ableisten, und Jussupow wurde auf einem seiner Güter in Mittelrußland unter Hausarrest gestellt. Diese »Ausweisungen« aus der Hauptstadt sollten ihnen später, als sich Petrograd zum Zentrum der Revolution entwickelte, das Leben retten. Auch an Purischkewitsch wagte sich niemand heran. Zu Beginn des Jahres 1917 besaß ein Abgeordneter der Duma, der noch dazu mit Fug und

Recht auf seine Rolle als Rächer verweisen konnte, jegliche Immunität, die sich nicht allein auf seine Eigenschaft als Parlamentarier, sondern auch auf seine persönliche Autorität, die er sich erworben hatte, und auf die wachsende Macht des Parlaments gründete.

Durfte sich die russische Monarchie nach Rasputins Tod nun als gerettet betrachten? Nein, denn in der Realität änderte sich durch den Mord nichts, außer daß die Person des Zaren nun in den Brennpunkt der allgemeinen Agitation rückte.

Die Agonie beginnt

Als erste Folge aus dem Tod Rasputins sah sich Nikolaus II. vollständig isoliert. Als er beschloß, seinen Neffen für die Tat zu bestrafen, sah er sich plötzlich einer echten Palastrevolte gegenüber, denn die meisten Mitglieder der Familie legten ihm ein Gnadengesuch vor, in dem sie die Aufhebung der Strafe gegen den Großfürsten verlangten. Das konnte der Zar aus zwei Gründen nicht akzeptieren:

Erstens deutete er die Gleichgültigkeit der Unterzeichner gegenüber einem vollendeten Mord als Zeichen ihres gesunkenen sittlichen Empfindens, und zweitens las er aus der Petition auch einen Angriff auf seine kaiserliche Autorität heraus. Zwar war von ihr nicht mehr viel übrig, aber um so krampfhafter bemühte er sich, sie zur Geltung zu bringen.

Er hielt diesen Vorstoß für einen Beweis mangelnder Solidarität ihm gegenüber und beschloß, sich künftig mit Frau und Kindern in Zarskoje Selo einzuschließen und sich um niemanden mehr, höchstens noch um Staatsgeschäfte zu kümmern. Alle, die ihn in jener Zeit zu Gesicht bekamen, fanden ihn verzweifelt oder – wie es Kokowzow schien – dem Abgleiten in eine Depression nahe oder gar zur Abdankung bereit.

Das politische Leben schien seinen gewohnten Gang zu gehen. Ministerpräsident Trepow wurde zu Jahresbeginn entlassen und durch Fürst Nikolai Golizyn, einen alternden Mann, ersetzt, der für seine neue Aufgabe keine andere Qualifikation vorweisen konnte, als daß er bisher eine der Wohltätigkeitsstiftungen der Kaiserin geleitet hatte. Daß er Trepow im Amt nachfolgen sollte, erschreckte ihn, und er bat den Zaren dringend, ihm dies zu ersparen. Vergeblich, denn im Januar 1917 boten sich nicht mehr sehr viele Kandidaten für diesen Posten an.

Was durfte man sich vom Zaren unter diesen Voraussetzungen noch erhoffen? Wie sehr vermochten Entscheidungen über die Einführung einer Verfassung die Wogen der Revolution noch zu stoppen?

Ein letzter Vorstoß, eine Mischung aus außenpolitischem Druck und einem Komplott, wurde unternommen, um einen Herrscher zu stürzen, der in den Augen der meisten der Gefahr nicht mehr standhalten konnte, wie sich inzwischen deutlich zeigte. Zunächst versuchte man es mit außenpolitischen Mitteln. In diesen ersten Januarwochen 1917 alarmierte die Instabilität Rußlands die Bündnispartner, die im Fall einer Revolution befürchten mußten, daß diese geradewegs in einen Sonderfrieden Rußlands mit den Mittelmächten führen mußte. König Georg V. von England beauftragte seinen Botschafter, Sir George Buchanan, den Zaren davon zu überzeugen, daß es nun allerhöchste Zeit sei, die Konzessionen zu gewähren, die ihm das Vertrauen der Volksmassen wieder zurückgewinnen würden. Bei der Unterredung fand der englische Botschafter einen Mann vor, der dermaßen in seinem starren Denkschema gefangen war, daß ihn nichts dazu brachte, von seiner Position abzurücken. Das Vertrauen der Bevölkerung wiedergewinnen? Wie ein Peitschenhieb kam es zurück: »Es ist nicht an mir, das Vertrauen meines Volkes zu verdienen, sondern an ihm, mein Vertrauen zu verdienen.« Politische Zugeständnisse? Wieder und wieder das Beharren auf seiner persönlichen Macht. Der Mythos der Autokratie und die Gewißheit, daß seine politischen Konzessionen nur in das gegenwärtige Unheil geführt hätten, beherrschten künftig sein Denken. Er war in diesen dramatischen Tagen weit weg, in denen ihn jeder bei seinem ständigen Bemühen im Stich ließ, Rußland zu verändern. Er glaubte, falsch gehandelt zu haben, und zwei Sätze tauchten in fast allen Gesprächen der letzten Wochen vor der Revolution auf: »Ich wollte der Duma gefallen. Sehen Sie nun, was ich dafür bekomme«, und: »Soll ich mich seit zwanzig Jahren immer und in allem getäuscht haben?«

Sein Außenminister Pokrowski, der aus seinen Kontakten mit den ausländischen Botschaftern die Sorgen kannte, die Paris und London umtrieben, unternahm nun denselben Vorstoß, den der englische Botschafter zwei Tage zuvor bereits versucht hatte. Er wies den Herrscher auf den Stimmungsumschwung in der Bevölkerung hin, der, wie er vom Ministerpräsidenten kurz zuvor erfahren habe, deutlich aggressive Züge annehme; sogar schon in den Regimentern der Hauptstadt spreche man offen davon, »den Zaren auszutauschen«. Wie auch der englische Gesandte rannte Pokrowski gegen eine Mauer aus Teilnahmslosigkeit und aufreizendem Machtgefühl. Im Gegensatz zu George Buchanan durfte er sich nach der Audienz wenigstens rühmen, mit einem heiteren und freundlichen Herrscher gesprochen zu haben, der das Gespräch mit den Worten schloß: »Die Situation ist nicht so tragisch. Alles wird sich regeln.«

In Wahrheit aber präsentierte sich gerade diese Situation so tragisch wie nie zuvor, und der einzige Ausweg, sie wieder einzurenken, den man in der Umgebung des Zaren sah, bestand in einem Herrscherwechsel.

In der Zarenfamilie wurden Tag und Nacht konspirative Pläne geschmiedet; man unterhielt heimlich Kontakte mit gewissen Regimentern, um sich ihrer Mithilfe bei einer Palastrevolution zu vergewissern, die den Thron direkt berühren würde: Demzufolge sollte der Zar abdanken, die Zarin in einem Kloster verschwinden und der Zarewitsch unter der Regentschaft von Großfürst Dimitri und Großfürst Nikolai Nikolajewitsch erzogen werden. Dieser Plan, der zunächst um die plötzlich so populär gewordene Person Dimitris gesponnen wurde, scheiterte, weil der nicht

Hand an den Zaren legen wollte – Rasputin zu töten war eine Sache, den Herrscher zu verraten eine andere. Aber nicht nur darüber kam der Plan zu Fall, sondern auch wegen der Geschwätzigkeit der Beteiligten und der Wachsamkeit der Ochrana.

Ein anderer Plan, dieses Mal aus der Fraktion der Liberalen in der Duma, machte die Runde. Die Liberalen hatten nämlich begriffen, daß sie im Fall einer Revolution von der Linken an den Rand des politischen Geschehens gedrängt würden. Dumapräsident Rodsjanko, dem Protopopow im Herbst die Nachricht hatte zukommen lassen, daß der Zar erwäge, ihn, Rodsjanko, als Nachfolger Stürmers zu berufen, hatte darauf geantwortet, daß – ganz hypothetisch gesprochen – ein geistig gesunder Mann, der für eine solche Aufgabe ausersehen sei, zur Bedingung machen müßte, daß die Zarin bis zum Ende des Krieges nach Livadia gebracht und ihr untersagt werden müsse, sich in irgendeiner Form in das öffentliche Leben einzumischen. Auf Drängen seines jüngeren Bruders, des Großfürsten Michail, diese Lösung zu akzeptieren – die Zarin nicht einzusperren, sondern nur aus der Politik zu entfernen –, empfing Nikolaus II. Rodsjanko Ende Januar und dann noch einmal kurz vor Wiedereröffnung der Dumasitzungsperiode im Februar; beide Male weigerte er sich, diesem Vorschlag zu folgen. Außerdem wollte er sich vor Kriegsende keinerlei politische Zugeständnisse entlocken lassen. Gerade in diesem Gespräch fragte der Zar den Dumapräsidenten, ob er, Nikolaus, *sich während seiner gesamten Herrschaft stets und in allem geirrt habe*, und Rodsjanko, der ihm soeben mitgeteilt hatte, daß er riskiere, sein Volk vor die Wahl der Treue zum Herrscher oder des Wohles des Landes zu stellen, besaß den Mut, die Frage des Zaren zustimmend zu beantworten.

Auch Gutschkow schaltete sich in das ränkevolle Spiel ein und schlug vor, die Macht an den jungen Thronerben und die Regentschaft bis zu dessen Volljährigkeit an Großfürst Michail zu übertragen. Da er mit dem Widerstand des Zaren gegen diesen Vorschlag rechnete, stellte er sich vor, seinen Zug auf der Strecke nach Zarskoje Selo zu stoppen und Nikolaus II. auf der Stelle zur Abdankung zu zwingen. Der Plan besaß nur einen Haken – ihm fehlte die militärische Unterstützung. Außerdem kam ihm schon deswegen wenig Gewicht zu, weil zu dieser Zeit zahlreiche Komplottpläne zirkulierten und die ranghohen Offiziere, die man in sie einweihte, bald nicht mehr wußten, welchen von ihnen sie unterstützen sollten. Den der erzwungenen Abdankung des Zaren? Den der Regentschaft Großfürst Michails? Den der zeitweiligen Übertragung der Macht vom Zaren auf Großfürst Nikolai Nikolajewitsch, der damals noch von den Kämpfen an der Kaukasusfront festgehalten wurde, aber dann nach einigem Zögern doch den Verzicht vorzog? Letzten Endes krankten sämtliche Umsturzpläne an ihrem improvisierten Charakter und an der Unerfahrenheit derer, die sie sich ausgedacht hatten. Die gemäßigten Kräfte in der Duma erwarteten vom Herrscherhaus das Angebot einer seriösen Abwechslung von Regierungsmacht und Personen, während sich die Großfürsten eine Lösung des Problems letzten Endes vom Parlament erhofften.

Nur der Vollständigkeit halber und um die Aufzählung der Störungs- und Verschwörungsversuche endlich zu beenden, sei noch ein versuchter Staatsstreich erwähnt, den Protopopow, noch immer Innenminister und geistig verwirrter denn je, anzettelte. Damit war das Maß für Nikolaus II. voll. Er entschloß sich zur Auflösung der vierten Duma und bat seinen ehemaligen Innenminister Nikolaus Maklakow, ein entsprechendes Auflösungsdekret zu entwerfen, das binnen Jahresfrist Neuwahlen vorschrieb. Ein letztes Mal glaubte der Zar an die Illusion, den Lauf der Dinge stoppen zu können, aber diese vierte Duma dachte gar nicht daran, die Auflösungsorder zu befolgen; ihre Mitglieder bereiteten vielmehr fieberhaft die Wiedereröffnung der Sitzungsperiode vor.

Und wieder einmal spielte Nikolaus II. mit dem Gedanken, dieser Hauptstadt zu entfliehen, deren politische Entwicklungslinien ihm so dermaßen entglitten waren. Die

Armee, sein Refugium, zog ihn nach wie vor mächtig an, so daß er sich in den letzten Februartagen entschloß, erneut an die Spitze des Generalstabs zurückzukehren. Wahrscheinlich durch diese Entscheidung wieder mit sich im reinen, rief er mehrere Minister, unter ihnen Fürst Golizyn, zusammen und eröffnete ihnen, er wolle vor seiner Abreise vor die Duma treten und ihr mit dem Ziel, die Zügel des Landes wieder in die Hand zu nehmen, feierlich verkünden, daß er nun endlich den Wechsel vom autokratischen zum konstitutionell-parlamentarischen Regime akzeptieren und ein der Duma verantwortliches Kabinett einsetzen wolle. Einige Stunden später verließ er Petrograd, um sich in sein geliebtes und im Vergleich zu der aufgeregten Hauptstadt friedliches Hauptquartier zu begeben. Vor seiner Abreise kam er offenbar noch einmal auf seinen erstmaligen und erstaunlichen Sinneswandel zurück. Wenige Tage später brach die Revolution aus, und seine noch amtierende Regierung hörte auf zu bestehen.

Die Frage ist, ob es sich bei Nikolaus' Angebot um einen echten Versuch handelte, endlich den entscheidenden Schritt vor der Duma zu tun, oder nur um einen Köder? Weder sein Tagebuch noch die Briefe der Zarin, noch gar die Äußerungen von Zeitzeugen erlauben eine abschließende Antwort. In Zarskoje Selo waren die Kinder an Masern erkrankt und nahmen die Aufmerksamkeit Alexandras vorübergehend voll in Anspruch; sie kam kaum noch zum Schreiben. In Petrograd hatte die Duma künftig freie Bahn, und das galt auch für alle, die nun begannen, sich auf den Straßen zu versammeln.

* * *

Bot sich in den letzten Monaten vor Ausbruch der Revolution dem Herrscher eine allerletzte Chance, die politische Tat zu vollenden, die Rußland noch von ihm erwartete? Er hätte sich bis zum Schluß durchaus auf einige Elemente struktureller Art stützen können, wie die sich in Stadt und Land ausdehnende Selbstverwaltung seiner Untertanen, die Bedeutung der aus Industriellen, Arbeitern und Regierungsvertretern zusammengesetzten Ausschüsse und ihre Arbeit für eine möglichst effektive Kriegsführung und vor allem auf die wachsende Unruhe der bürgerlich-gemäßigten Dumaabgeordneten. Gerade sie versuchten in der Endphase des Zarenreichs alles, um die in ihren Augen drohende Katastrophe schließlich doch noch abzuwenden und Nikolaus II. bei dem entscheidenden Schritt der Proklamation einer Verfassung den Weg zu ebnen; auch waren sie bereit, ihm bei dem Versuch zu helfen, sich von den Einflüssen zu trennen, die das ganze Land beklagte und verfluchte. Es gab – kurz gesagt – noch so viele Möglichkeiten, die der Zar bis zum Ende hätte nützen können, um wenigstens zu versuchen, das Land zu beruhigen und sich dabei auf die Kräfte zu stützen, die ihm weiterhin günstig gesonnen waren oder ihn zumindest für das geringere Übel hielten.

Daß die Möglichkeit einer Revolution im Verlauf der letzten Monate des Jahres 1916 mit jedem Tag mehr an Plausibilität gewann, darf nicht geleugnet werden. Aber noch stand bis zuletzt nicht fest, ob Nikolaus II. nicht doch noch die Chance bekommen würde, den Gang der Ereignisse umzukehren. Der Haß der Bevölkerung und der privilegierten Klassen konzentrierte sich auf die Zarin, die so sehr alles verkörperte, was das russische Volk beklagte: Sie war Ausländerin, autoritär und dem Einfluß eines Menschen von überaus zweifelhaftem Ruf unterworfen. Ihn hielt die überwältigende Mehrheit aller Russen bis zu seinem Tod für einen Betrüger, Wüstling und wahrscheinlich auch Verräter. Aber schon bald nach seinem Tode veränderte sich das Bild Rasputins bei den Bauern, die weitab von der Hauptstadt lebten, unmerklich. Ihnen sollte er später als Prophet, als »Opfer« der Hochmögenden und Großen und als Inkarnation des auf ewig traurigen Loses des Muschiks erscheinen. Vorläufig aber überwog noch der Haß auf seine Person. Hätte ihn der Herrscher aus freien Stücken aus seiner Umgebung verbannt, wozu man ihn ja häufig zu bewegen versucht hatte, dann hätte Ni-

kolaus II. einiges an verlorengegangenem Terrain wieder-
gutmachen können.

Als er aber im Februar 1917 erneut zu seiner Armee
flüchtete, erschien er seinen Landsleuten nur noch als das
traurige Bild eines gescheiterten Herrschers.

11. Kapitel

Eine Monarchie wird hinweggefegt

Der Zar verließ die Hauptstadt am 22. Februar 1917 in der Überzeugung, daß seine Abreise kein Risiko darstelle und keinerlei unkontrollierbare Unordnung ausbreche. Er konnte sich tatsächlich in Sicherheit wiegen. In der Bevölkerung von Petrograd herrschten zwar Irritation und Nervosität, aber die Polizeiberichte bestätigten den geringen Organisationsgrad dieser Unruhen. Die gelegentlichen Mißfallenskundgebungen reichten für einen Volksaufstand auf breiter Ebene noch nicht aus. Außerdem fehlten die Führergestalten, die die russische Gesellschaft hätten motivieren können, weil sie größtenteils noch im Exil weilten.

Die Hauptstadt war zumindest theoretisch auf Unruhen vorbereitet, denn die Lektion von 1905 war von den Behörden verstanden worden. Der Stadtgouverneur verfügte seit längerem über eine Garnison von 160 000 Mann, und er besaß auch einen Plan, wie sich spontane Volksaufstände wieder in den Griff bekommen ließen. Die Ordnungskräfte setzten sich aus verschiedenen Gattungen zusammen: In der Hauptstadt selbst bestanden sie aus 3 500 Polizisten, 3 500 berittenen Kosaken und aus mehreren 100 000 Mann in den 14 Gardebataillonen. Darüber hinaus standen an den Stadtgrenzen noch einmal mehr als 100 000 Soldaten in Alarmbereitschaft. General Chabalow an der Spitze dieser Truppen besaß bei der Bevölkerung einen ähnlich schlechten Ruf wie Kriegsminister Beljajew oder der ewige Innenminister Prototopow. Alle drei hielt man für Kreaturen Rasputins; dessen Tod einige Wochen zuvor hatte sich indes noch nicht in der Ablösung dieser drei von ihren Posten ausgewirkt.

411

Diesen Truppen standen in Petrograd knapp doppelt so viele Arbeiter gegenüber. 1914 hatte man dort etwa 250 000 Arbeiter gezählt, aber nach drei Kriegsjahren war ihre Zahl jetzt auf fast 400 000 Personen gestiegen; die allermeisten von ihnen arbeiteten in Kriegsgüter produzierenden Unternehmen. Das Kräfteverhältnis zwischen den Ordnungskräften und den möglicherweise aufständischen Arbeitern brauchte die Staatsmacht also nicht übermäßig zu beunruhigen – allerdings nur rein zahlenmäßig: Die Moral der Truppen, die eine revolutionäre Bewegung niederwerfen sollten, ließ doch sehr zu wünschen übrig. Die Baracken, in denen sie hausten, wiesen Baumängel auf, die Offiziere verhielten sich wie kleine Tyrannen, und der Dienst der Truppe war eintönig. General Chabalow, an den sich vor Februar 1917 mehrere diesbezügliche Beschwerden gerichtet hatten, weigerte sich hartnäckig, eine Strömung zur Kenntnis zu nehmen, die sich nach dem Abrücken eines Teils der hauptstädtischen Garnison an die Front dort eingeschlichen hatte.

Gründe für die Unzufriedenheit der Bevölkerung

Der Winter 1916/1917 war ungewöhnlich streng, und neben die klirrende Kälte traten noch Versorgungsmängel. Zwischen Dezember 1916 und Februar 1917 schnellten die Preise für Grundnahrungsmittel in die Höhe. So hatte man für Brot 15 Prozent, für Kartoffeln 25 Prozent, für Milch 40 Prozent, für Wurstwaren 50 Prozent und für Eier 100 Prozent mehr zu bezahlen als zuvor. Diese enormen Preissteigerungen sorgten in der Hauptstadt für große Unruhe. Immer wieder wurde behauptet, daß Hunger und Not das Los der Armen und die Reichen davon ausgenommen seien. Als sich in den ersten Januarwochen Demonstrationen, Arbeitsniederlegungen und andere massenwirksame Ereignisse häuften, stand bereits fest, daß immer häufigere Volksaufläufe dem Jahr 1917 wohl insgesamt ihren Stempel aufdrücken würden. Am 9. Januar strömten fast 300 000 Menschen durch die Straßen, um des »Blutigen Sonntags« im Jahr 1905 zu gedenken; Arbeitsniederlegungen in Petrograd und Moskau begleiteten diese Demonstration. Als weiterer Vorwand spontaner Demonstrationen diente die Nachricht, daß die zunächst auf den 6. Januar festgelegte Wiedereröffnung der Duma auf den 14. Februar verschoben worden sei.

In diesem Zusammenhang kam dem Aufruf der »Gruppe der Arbeiter in den Munitionsfabriken« [im folgenden »Gruppe der Arbeiter«, A.d.Ü.] vom 24. Januar, den Tag der Wiedereröffnung der Duma mit einer Massendemonstration zu begehen, die größte dramatische Bedeutung zu. Diese Gruppe, deren Kurs die Menschewiken bestimmten, propagierte in ihrer Forderung nach einer *provisorischen Regierung* zur Verteidigung demokratischer Grundsätze ein unerhört radikales Ansinnen. Mit dem Einverständnis des Zaren ließ Innenminister Prototopow diese Gruppe auf der Stelle und unter der Begründung verhaften, daß sie nicht nur innerhalb der Petrograder Arbeiterklasse, sondern weit darüber hinaus an Einfluß gewinne. Diese Entscheidung stellte sich als grundsätzlich falsch heraus, denn indem sämtliche Mitglieder dieser Gruppe in denselben Sack gesteckt wurden, stieß man deren gemäßigt sozialistisch denkende Elemente vor den Kopf und zerstörte jede Möglichkeit einer Zusammenarbeit zwischen dem linken Flügel der Duma und der Arbeiterklasse. Damit waren die Brücken schon vorzeitig abgebrochen und der Platz für linksextreme Sozialisten frei. Trotzdem nahmen an der für den 14. Februar vorgesehenen Massendemonstration nur relativ wenig Menschen teil.

In diesem aufgrund des Aufbegehrens in der Bevölkerung brodelnden Klima besaßen die politischen Parteien offensichtlich wenig Einfluß auf die Masse der Arbeiter. Die Bolschewiken, deren bekannteste Führer noch im Exil im Ausland weilten, hatten im Oktober 1916 unter der Leitung von Alexander Schljapnikow, Molotow und Salutski in Petrograd heimlich ein Büro gegründet. Dieses Komitee, oder auch Büro, vertrat in Rußland das im Ausland residierende bolschewistische Zentralkomitee und sollte die Arbeiter um die Partei der Bolschewiken zusammenschließen. Wie gering sein Einfluß aber war, zeigte sich am 10. Februar 1917. An diesem Tag hatten die Bolschewiken nämlich eine Demonstration zum Gedenken des Prozesses gegen die Mitglieder des St. Petersburger Sowjets organisiert. Sie erlebten jedoch einen totalen Reinfall, weil die Kundgebung von den Arbeitern fast völlig ignoriert wurde.

Die Menschewiken hatten sich in ihrer Haltung gegenüber dem Krieg noch nicht eindeutig festgelegt, weil sie in einen Flügel, der den Krieg fortführen wollte, und in einen anderen der sogenannten Internationalisten zerfielen. Ihre Schwäche aufgrund ihrer Spaltungstendenzen vertiefte sich noch durch die Verhaftung der »Gruppe der Arbeiter« im Januar 1917, die ihre Speerspitze gewesen war.

Neben Bolschewiken und Menschewiken mit ihrem ewigen ideologischen Streit sei noch der extrem linke Flügel der Sozialdemokraten, die *meshraionzi*, genannt, zu deren Anführern Leo Trotzki zählte.

Wie die Menschewiken, so stritten auch die Sozialrevolutionäre noch darüber, wie sie sich zum Krieg stellen sollten. Ihren zur Weiterführung des Krieges bereiten Flügel führte in der Duma Alexander Kerenski an, der in seinen oft heftigen Reden immer wieder ein bemerkenswertes rhetorisches Talent bewies. Die Gespaltenheit der Sozialisten aller Couleur verhinderte, daß sie sich an die Spitze einer Arbeiterschaft stellen konnten, die auf Weisungen wartete.

Die »sechs Tage«, in denen
die russische Monarchie zerbrach

Am 21. Februar 1917 befand sich Nikolaus Suchanow, offiziell Beamter im Landwirtschaftsministerium und, was weniger bekannt war, Sozialist, ein Freund Gorkis und Kerenskis, als der einzige einigermaßen kompetente Führungskader in der Hauptstadt. Ihm verdanken wir die scharfsinnigste Beobachtung der russischen Revolution. An diesem Tag saß er in seinem Büro und hörte eine junge Verwaltungsangestellte im Nachbarzimmer sagen: »Ich glaube, jetzt beginnt die Revolution.«

Darauf der Kommentar Suchanows: »Diese jungen Mädchen wußten doch gar nicht, was eine Revolution ist, und ich glaubte ihnen nicht ... Keine einzige politische Partei bereitete sich erkennbar auf den großen Umsturz vor. Alle dachten doch nur nach, träumten, ahnten, fühlten ... Nein, eine Revolution erschien zu unwahrscheinlich! Jedermann wußte, daß sie nicht realistisch, sondern nur ein Traum war, der Traum langer und schwieriger Jahre, die Hoffnung mehrerer Generationen ...«

Der Mann wußte Bescheid, und seine Worte rechtfertigten die Ruhe der Behörden. Dennoch brachen am 21. Februar in Petrograd Unruhen und Volksbewegungen aus, die diese Behörden aufschreckten. Ausgelöst wurden sie, wie häufig bei Revolutionen, durch Nahrungsmittelknappheit und Versorgungsengpässe oder auch – wie hier – durch eine Laune der Natur. Bis zu diesem Tag hatte strenge Kälte geherrscht, die die Bewohner der Hauptstadt in ihren Häusern zurückhielt. Plötzlich schlug das Wetter um, wie die Zarin in ihren Briefen bestätigte: »Wir haben vier oder fünf Grad Kälte; es wird milder.« Am 24. Februar notierte sie: »Acht Grad, leichter Schneefall«, und fügte dieses Mal hellsichtig hinzu: »Wäre die Luft kälter, würden diese Leute sicher zu Hause bleiben.« (25. Februar)

Wie recht sie hatte, denn mit dem Anstieg der Temperatur wuchs auch die Unzufriedenheit über die angespannte Ernährungssituation in der Stadt. Die Mehlreserven schmolzen dahin. Man schätzte, sie würden noch neun Tage reichen, aber da es auch an Holz fehlte, buken die Bäcker kein Brot. Die Menschenschlangen vor ihren Läden waren lang, und dort herrschte eine gereizte Stimmung. So richtig in Wut aber schlug sie erst um, als die Behörden keinerlei praktische Hilfen in Aussicht stellten. Am 25. Februar schrieb Alexandra an Nikolaus II.: »Boïsman schlägt vor, daß Chabalow die Bäckereien mit Militär schützen und sie unverzüglich zum Brot backen veranlassen solle, schließlich sei ja genug Mehl vorhanden. Einige Bäcker haben geschlossen ... Ich kann nicht verstehen, warum man hier keine Lebensmittelkarten einführt, dadurch könnte man Unruhen vermeiden.« Zwei Tage später ging sie noch weiter: »Es ist dringend notwendig, daß hier wie in jedem Land Brotmarken eingeführt werden. Bei Zucker hat man es doch genauso gemacht.«

Umherschwirrende Gerüchte über die Brotrationierung stifteten in der Bevölkerung der Hauptstadt noch größere Verwirrung. Die Bäcker, bereits in höchster Unruhe über die Schlangen vor ihren Läden, von denen sie Ausbrüche von Gewalttätigkeiten befürchteten, erlagen immer häufiger der Versuchung, ihre Geschäfte zu schließen.

Der Frauentag, eine Erfindung der Sozialisten, fiel auf den 23. Februar, also auf den Tag nach der Abreise des Zaren nach Mogiljow. Dieser Tag bot aufrührerischen Elementen, die zwar wachsenden Zulauf erhielten, aber noch nicht organisiert waren, die Möglichkeit, sich zu versammeln. Arbeiter aus den metall- und textilverarbeitenden Betrieben legten ihre Arbeit spontan nieder und strömten auf die Straße. Dort bildeten sich lange Menschenkolonnen, die vor allem Brot, aber dem Gebot des Frauentags entsprechend auch die Gleichheit der Geschlechter forderten. Man hörte hier und dort zwar auch kriegs- und vor allem autokratiefeindliche Parolen, aber alles in allem zeigte sich der deutliche Wille, Konfrontationen zu vermeiden.

Obwohl sich die Straße gemäßigt verhielt, gingen die Wogen in der Duma hoch. Seit einer Woche schon tagte sie ununterbrochen, und die Abgeordneten der Linken hielten flammende Reden über immer dasselbe Thema: Die Monarchie solle sich dem Volk gegenüber entweder öffnen, oder man werde sie stürzen. Am 24. Februar schrieb die Zarin: »Hoffentlich wird Kerenski wegen seiner entsetzlichen Rede in der Duma gehängt« und beobachtete das Parlament in den folgenden Tagen voll aufmerksamer Unruhe. Ihrer Überzeugung nach würde in den Straßen unter einer Bedingung wieder Ruhe einkehren, »daß man nicht auf die Menge schießt. Trotzdem muß die öffentliche Ordnung aufrechterhalten bleiben. Man darf die Menge nicht über die Brücken lassen, wie man es bisher tut. Aber dieses Problem der Lebensmittelversorgung kann jeden verrückt machen.« (25. Februar)

Der Ton und der eher vernünftige Inhalt der Vorschläge der Kaiserin verblüfften. War das dieselbe Frau, die sich so lange Zeit dermaßen exaltiert und so zur Ereiferung bereit verhalten und die so oft strenge Strafen für all diejenigen gefordert hatte, die ihre Meinung nicht teilten? Mit einem Schlag bewies sie, die von ihrem Mann getrennt und mit ihren kranken Kindern allein war, eine erstaunliche Ruhe und Fähigkeit, die Ereignisse zu analysieren, wenn sie Minister und Generäle zu sich rief. Sie bemerkte, daß sich die Duma in einen Ort verbaler Exzesse verwandelt hatte, die es ihr unmöglich machte, die Situation im Griff zu behalten. Sie erkannte auch sehr genau die Unschlüssigkeit des Kabinetts, das nicht wußte, welchen Weg es einschlagen sollte. Selbst wenn sie bestimmte Demonstrationen als Versammlung von »Radaubrüdern« abqualifizierte, sah sie doch deren tiefere Gründe – in erster Linie den Hunger – und rief unablässig nach konkreten Maßnahmen, um die Not der Bevölkerung zu lindern. Angesichts einer tiefen Krise und endlich vom Einfluß Rasputins befreit, gewann die Zarin an Statur, wobei es eigentlich nebensächlich blieb, daß sie an seinem Grab regelmäßig Trost suchte.

Suchanow beobachtete diese Revolution, die er noch nicht so recht einschätzen konnte, mit großer Leidenschaft. Am Abend des Frauentags hielt er zwei aufwühlende Fakten der Krise fest. Zum ersten Mal hatte sich, wie er schrieb, eine mit allen Machtmitteln ausgestattete Regierung als unfähig erwiesen, die revolutionäre Bewegung einzudämmen. Zum zweiten verblüffte ihn die Entschlußlosigkeit der Obrigkeiten. Noch handelte es sich in seinen Augen nicht um einen echten, das heißt von breiteren Bevölkerungsschichten getragenen Aufstand, sondern nur um Unruhen, so daß das Zögern der Staatsmacht durch die Furcht, sie durch zu hartes Dreinschlagen in eine Revolution zu verwandeln, plausibel erschien. Maurice Paléologue, der die Ereignisse wie Suchanow genau beobachtete, kreidete diese Entscheidungsschwäche dem Innenminister an. Sein Ansprechpartner, Außenminister Prokowski, ließ ihm in diesen Tagen eine verzweifelte Botschaft zukommen: »Ich würde diesen Unruhen nur untergeordnete Bedeutung beimessen, wenn mein Kollege Innenminister nur einen Hauch von Vernunft besäße. Aber was ist von einem Mann zu erwarten, der jeglichen Sinn für die Realität verloren hat und jeden Abend mit dem Schatten Rasputins spricht? Auch in der vergangenen Nacht verbrachte er Stunden damit, das Gespenst des Starez anzurufen.« (25. Februar)

Nach dem 24. Februar überstürzten sich die Ereignisse. Die Streikenden, die zur Teilnahme an dem Demonstrationszug freigestellten Arbeiter der Putilow-Werke und die Frauen dachten gar nicht daran, nach Hause zu gehen, sondern strömten weiterhin durch die Straßen; auch Studenten und Bürger stießen zu ihnen. Die Menge vergrößerte sich unaufhaltsam, die Rufe wurden aggressiver. Mit der Zeit mischten sich unter die Rufe nach einer Verbesserung der materiellen Situation auch politische Parolen; man stimmte sogar die *Marseillaise* an.

Die Polizei versuchte, die Demonstranten zu zerstreuen, aber die Kosaken folgten ihr darin nur zögernd, und schon flogen Fraternisierungsrufe durch die Luft. Die freundschaftliche Haltung der Bevölkerung tat das ihre, um die Truppen zu verwirren, die das Zarenregime für seine sichersten Stützen hielt.

Am 25. Februar geriet die Situation völlig außer Kontrolle. Petrograd wurde durch einen fast überall befolgten Generalstreik gelähmt, und das gesamte einfache Volk der Stadt trieb sich auf der Straße herum. Überall stachelten Redner mit improvisierten Brandreden die Menge auf, bevor die Polizei zugunsten der Armee das Feld räumte, und am Abend endlich entschlossen sich die Verantwortlichen zur Unterdrückung dieser Unruhen mit militärischen Mitteln.

Der Zar für seinen Teil befand sich in einer schwierigen Situation, die schließlich auch zur Katastrophe beitrug. In Mogiljow war er von den Ereignissen abgeschnitten und, um deren Tragweite zu ermessen, angewiesen auf diejenigen, die ihn darüber informierten, das heißt, noch schlechter als im Hauptquartier konnte er gar nicht unterrichtet sein. Prototopow und General Chabalow ließen ihn durch ihre außerordentlich beschönigende Darstellung im Glauben, daß es sich in Petrograd um eine Situation handelte, die beide mehr oder weniger bereits unter Kontrolle hätten. Die Zarin schickte ihrem Nikolaus zwar sehr viel alarmierendere Botschaften, bestand aber vor allem darauf, daß man auf die Menge keinesfalls schießen dürfe. Der Zar war diesbezüglich anderer Meinung. Er glaubte, daß nur noch eine energische Reaktion die Menge zur Vernunft bringen könnte, und kabelte am 25. Februar an Chabalow: »Ich befehle Ihnen, die Unruhe in der Hauptstadt morgen zu ersticken. Ich lehne sie jetzt, wo wir uns in einem schwierigen Krieg mit Deutschland und Österreich befinden, schärfstens ab.«

Am Abend desselben Tags ließ Chabalow überall Plakate aufhängen, die Zusammenrottungen verboten und die Bevölkerung auf den Schießbefehl der Truppen hinwiesen, die von ihrer Waffe gegen alle Gebrauch machen werden, die sich diesem strikten Befehl nicht beugten. Die ersten Schüsse fielen bereits am gleichen Abend; sie wurden auf dem Newski-Prospekt abgefeuert und hinterließen zahlreiche Opfer. Suchanow behauptet: Wenn die Staatsmacht in diesem Augenblick »stark genug gewesen wäre, offen und mit aller Macht anzugreifen, hätte sie eine unbewaffnete Volksmenge zerstreuen und die Leute zwingen können, nach Hause zu gehen, so daß der Aufstand noch hätte – selbst mit provisorischen Mitteln – im Keim erstickt werden können«.

Genau das hatte Nikolaus II. auch angeordnet, aber dafür hätte es loyaler Truppen bedurft. Am Morgen des 26. Februar lagen die Plakatblätter mit dem energischen Appell Chabalows verschmutzt und zerrissen am Boden. Kein Mensch kümmerte sich mehr darum, im Gegenteil, die Protestmenge in den Straßen war über Nacht noch viel größer geworden als am Vorabend und bewegte sich auf die Kampfeinheiten zu, die dort Stellung bezogen hatten.

Nachdem sie sich stundenlang in gespannter Stimmung abwartend gegenüber gestanden hatten und in dieser Zeit, wie Suchanow notierte, eine gewisse Verwirrung herrschte, ereignete sich das Unerwartete, das Rußland endgültig in den Strudel der Revolution riß: Während die Nacht herniedersank, meuterte eine Kompanie aus dem Regiment Pawlowskis. Aber nicht genug damit, daß sie zu der Volksmenge übergelaufen war, die Mannschaftsdienstgrade, die Unteroffiziere und Offiziere dieser Kompanie appellierten die ganze Nacht und den ganzen folgenden Tag an ihre Kameraden aus anderen Regimentern, ihrem Beispiel zu folgen und sich der Menge anzuschließen – mit Erfolg: Ein Regiment nach dem anderen, wie das Regiment Preobrashenski, das Litauische Regiment und das Regiment Semionowski, beteiligten sich an der Meuterei. Die Truppen, die der Chef des Petrograder Militärbezirks schickte, um Ruhe und Ordnung wiederherzustellen, gingen in der Menge auf; ihre Waffen waren von Arbeitern konfisziert worden, die sich nun endlich selbst verteidigen konnten. Am 27. Februar strömten sie vor den Gefängnissen der Hauptstadt zusammen und befreiten alle Gefangenen, unter ihnen natürlich auch ihre erst jüngst eingesperrten Anführer. Waffen und Führer, die nicht mehr im Gefängnis saßen – jetzt konnte sich die Arbeiterbewegung organisieren.

Am Abend dieses 27. Februar 1917 war die Revolution vollendet: Zahlreiche öffentliche Gebäude wie Polizeikommissariate, das Arsenal, der Justizpalast und die Gebäude der Geheimpolizei standen in Flammen. Der Winterpalast war von der Menge gestürmt worden, und die aufständischen Regimenter marschierten in Richtung Tauridenpalais, dem Sitz der Duma, die die Ereignisse bisher nur als Zuschauer verfolgt hatte.

Nun hatte die Stunde der politischen Entscheidung für alle geschlagen. Als Nikolaus II. über eine Situation unterrichtet wurde, die man ihm als unkontrollierbar schilderte, entschloß er sich endlich zur Rückkehr nach Petrograd. In der Nacht zuvor hatte er eine verzweifelte Botschaft Rodsjankos erhalten: »In der Hauptstadt herrscht Anarchie. Die Regierung ist gelähmt … Man muß unverzüglich eine Person, die das Vertrauen des Landes genießt, mit der Neubildung der Regierung beauftragen«, aber der Zar begriff nicht, daß er nun dringend handeln mußte. Er unterstellte Rodsjanko und allen anderen, die angstvolle Appelle an ihn richteten, ihm durch Erpressung politische Konzessionen entreißen zu wollen, die er schon längst verweigert hatte. Er glaubte immer noch, die Situation durch Festigkeit wiederherstellen zu können.

Deshalb ließ er General Iwanow vier Eliteregimenter von der Front abziehen und in die Hauptstadt schicken. Gleichzeitig befahl er Rodsjanko telegraphisch die Auflösung der vierten Duma und entschloß sich, nach Petrograd zurückzukehren, um dort die Situation selbst in die Hand zu nehmen. Großfürst Michail, sein Bruder, beschleunigte den Aufbruch mit einem telegraphischen Alarmruf. Die abenteuerliche Rückkehr des Zaren vom 28. Februar auf den 1. März erklärt, warum er, wie später noch auszuführen sein wird, gar nicht mehr imstande war, sich dem Druck zu widersetzen, der seine Abdankung verlangte.

Welche Macht der Revolution?

Die aufgebrachte Menge in den Straßen löste das Problem, wem nun die Regierungsgewalt zustehe, natürlich nicht. Das Kabinett fühlte sich überfordert und ließ keinen Regierungswillen mehr erkennen, so daß Ministerpräsident Golizyn am Abend des 27. Februar zurücktrat. Er benachrichtigte den Zaren von seinem Entschluß und bat ihn, ein Übergangskabinett einzusetzen. Er schlug sogar die Bildung einer Militärregierung unter der Führung des Zarenbruders, Großfürst Michail, vor, aber Nikolaus II. verlor über diesen Vorschlag kein Wort, zu sehr war er davon überzeugt, daß seine persönliche Anwesenheit in der Hauptstadt die Ordnung wiederherstellen würde.

Als einziges Staatsorgan blieb die Duma übrig, an die sich die Menge der führungslosen Aufständischen zunächst wendete, aber auch das Parlament wußte nicht, wie es mit einer Volkserhebung umgehen sollte. Seine Mitglieder, zumindest die bürgerlich-gemäßigten unter ihnen, fühlten sich in einem Zwiespalt. Schließlich bestand das Kaisertum ja noch, an der legitimen Macht des Herrschers hatte sich nichts geändert, und ihn in dieser Situation herauszufordern, erschien unmöglich. Wenn man aber die Augen vor der Realität, vor der Volksmenge verschloß, die von der Duma Entscheidungen erwartete, so bestand die Gefahr, die Kontrolle über die Revolution zu verlieren. Auch die Entscheidung des Zaren, die Duma aufzulösen, brachte die Abgeordneten in ihren Überlegungen nicht weiter. Für sie war es undenkbar, sich selbst aufzulösen und aus dem Tauridenpalais auszuziehen.

Die Debatte innerhalb des Parlaments streifte bereits an gefährliche Grenzen, wenn selbst Präsident Rodsjanko die Frage aufwarf, ob man sich nicht für eine Lösung entscheiden sollte, die einen Verfassungsbruch darstellen würde. »Und was sollen wir der Bevölkerung antworten?« gab Kerenski unter Hinweis auf die Männer, die sich in dem Sitzungssaal drängelten und die Abgeordneten umringten, zurück. Wassily Schulgin, obwohl monarchistischer

Abgeordneter, zwang Rodsjanko mit den Worten »Wir müssen die Macht übernehmen, sonst werden es andere tun« zum Rückzug vor der Bevölkerung, und der Dumapräsident folgte ihm. Das Parlament, das sich der Anordnung des Zaren widersetzt hatte, wählte ein »Provisorisches Dumakomitee«, das Vertreter aller Fraktionen vereinte. Seine bekanntesten Mitglieder waren neben Rodsjanko selbst Miljukow, Fürst Lwow, Kerenski, Tschcheidse und Schulgin. So unzureichend dieses Komitee auch war und so unklar seine Ziele sein mochten, zu denen es sich bekannte, so stellte es in den Augen der Menge am 28. Februar 1917 doch die legitime Macht dar. Aus allen Schichten der Bevölkerung strömten Abordnungen in den Tauridenpalais, um es ihrer Unterstützung zu versichern.

Zur gleichen Zeit zeichnete sich aber ein weiteres Machtzentrum ab; seine Mitglieder versammelten sich ebenfalls im Tauridenpalais, was – man braucht es kaum zu betonen – die dort herrschende Unübersichtlichkeit nur noch erhöhte. Es gewann rasch an Bedeutung, weil die Revolutionäre viele politische Gefangene befreit hatten, die sich sofort diesen seit dem 23. Februar in den Fabriken oder Stadtvierteln von der Volksmenge spontan gewählten Arbeiterkomitees anschlossen. Am 28. Februar sollten sich diese Komitees »ohne konkretes Ziel im Tauridenpalais einfinden«, wie Suchanow schrieb, »um allen Möglichkeiten vorzubeugen«. Kerenski höchstpersönlich stellte das provisorische Dumakomitee und diese Vorform eines Sowjets der Arbeiter- und Soldatendeputierten mit der Begründung nebeneinander: »Es war notwendig und für jedermann einsichtig, daß für die Repräsentanten des Aufstandes Räume bereitgestellt würden. Die Duma brauchte diese Männer aus dem Volk zur Wiederherstellung der Ordnung. Das hatte mit Klassenkampf nichts zu tun. Zwischen drei und vier Uhr nachmittags fragten mich die Organisatoren [des Sowjets] ganz einfach, ob ich für sie geeignete Räume finden könnte. Ich sprach darüber mit Rodsjanko, und danach wurde alles geregelt ...«

Kerenski weiter: »Und so begannen die beiden Rußlands, das der bürgerlichen Oberschicht, das die Partie bereits verloren hatte, es aber noch nicht wußte, und das
Rußland der Arbeiter, das auf die Macht zusteuerte, es
aber noch nicht ahnte, ihre Zusammenarbeit.«

Diese seltsame Analyse schließt den Kreis der Betrachtungen Suchanows über diese auf so sonderbare Weise zustande gekommene Doppelherrschaft, die über ihre konkreten Ziele noch keinerlei Vorstellung besaß. Maurice
Paléologue bemühte sich, die Entwicklung der verworre-
nen politischen Lage minutiös zu verfolgen. Er kam zu
dem Ergebnis, daß die Meuterei der Soldaten sowohl die
Führer der liberalen Parteien als auch die der Arbeiter total überrascht hatte und sich daraus deren mangelhafte
Vorbereitung auf die Situation erklärte. Wie er des weiteren festhielt, hegten die bürgerlich-liberalen Kreise in der
Duma um Rodsjanko, Miljukow und Maklakow bereits
gewisse Zweifel, ob die Monarchie in Rußland noch zu
retten sei. Auf jeden Fall bestanden am Abend des 28. Februar 1917 in Rußland zwei politische Machtzentren (wobei das Land an der Monarchie prinzipiell noch festhielt).
Aber niemand wußte, wie sich die Beziehungen zwischen
den beiden entwickeln würden, oder gar, von woher plötzlich eine Regierung auftauchen würde. Die maßgeblichen
Männer des sozialistisch geprägten Sowjets waren unter
Bezug auf die Geschichte Westeuropas und die marxistische Lehre davon überzeugt, daß Rußland für den Sozialismus noch nicht reif sei. Deshalb schien es in ihren Augen durchaus folgerichtig, wenn die Duma als Vertretung
des Bürgertums Rußland in die Demokratie hinüberführ-
te. Die provisorische Regierung, die schließlich zustande
kam, wurzelte in der Duma, obwohl sie ihre Legitimation
vom (sozialistischen) Sowjet übertragen oder – sollte man
sagen – abgetreten bekam.

Die vordringlichste Aufgabe für Duma und Sowjet bestand zunächst in der Wiederherstellung von Ruhe und
Ordnung. Es hatte bereits Plünderungen und Metzeleien
gegeben. Minister und Beamte waren verjagt und einge-

sperrt worden. Obwohl beide Lager die Bedeutung der Armee kannten, kümmerten sie sich um deren zu erwartende Reaktion ebensowenig wie um die aufständischen Soldaten, die an der Seite der Arbeiter weiterkämpfen wollten, weil sie ihren Offizieren und überhaupt jeder Art von Obrigkeit mißtrauten. Der Sowjet stellte eine Militärkommission auf und unterstellte sie dem provisorischen Dumakomitee. Diese etwas seltsame Zusammenarbeit warf angesichts der in der Petrograder Garnison herrschenden Anarchie ein bezeichnendes Licht auf die Befürchtungen beider Instanzen. Auch Kerenski war Mitglied dieser Militärkommission. Er tauchte in den beiden Tagen 28. Februar und 1. März überall auf; er rackerte unermüdlich, um die Kontrolle über die aufständischen Truppen in der Hauptstadt zurückzugewinnen. Als ersten Schritt in diese Richtung ließ die Kommission zahlreiche Offiziere verhaften, was aber nur Öl ins Feuer der Unabhängigkeitsgelüste der Soldaten goß.

Die provisorische Regierung und der Sowjet, letzterer über die Vermittlung seines Exekutivkomitees *Ispolkom,* bewiesen nur geringe Neigung zur Zusammenarbeit – mehr als das läßt sich beim besten Willen nicht behaupten. Miljukow, der sich energisch um die Aufstellung eines Kabinetts bemühte, hatte mit dem *Ispolkom* über die Beteiligung sozialistischer Vertreter verhandelt und erreicht, daß eine Regierung unter dem Vorsitz von Fürst Lwow zustande kam. Lwow übernahm auch das Innenministerium, eine an sich schon schwere Bürde in so turbulenten Zeiten. Er kniete sich in seine Arbeit so hinein, daß er auf beiden Posten scheitern mußte. Außenminister wurde der allseits anerkannte und bereits amtserfahrene Historiker Miljukow; seine große Schwäche lag in seinem Festhalten an der Monarchie, selbst als diese nicht mehr bestand. Kerenski wurde Justizminister und gehörte gleichzeitig dem Exekutivkomitee des Sowjets an. Von ihm hatte er die Erlaubnis zur Mitarbeit in der Regierung erhalten, obwohl sich diese Instanz nur nach heftigem Zögern zur Unterstützung einer »bürgerlichen« Regierung bereitfand. Weitere Regierungsmitglieder waren Gutschkow (Kriegsminister), Michail Tereschtschenko (Finanzen), Andrej Tschingarow (Landwirtschaft) sowie einige weniger bekannte Persönlichkeiten. Die meisten Mitglieder der neuen provisorischen Regierung waren Konstitutionalisten. Ihrer Überzeugung zufolge mußte eine verfassunggebende Versammlung (Konstituante) gewählt werden, die strukturelle Reformen beschließen würde.

Insgesamt gesehen war die neue Regierung offensichtlich in zwei Lager gespalten. Im bürgerlichen wollten Politiker wie Miljukow, Gutschkow und Fürst Lwow die Macht der Bourgeoisie durch militärische Siege und Bereinigung der innenpolitischen Situation erhalten; ihr Hauptinteresse galt also der Herstellung von Ruhe und Ordnung im Land, was der provisorischen Regierung ihre Handlungsfähigkeit zurückgeben und ihr ermöglichen sollte, den Krieg unter normalen Bedingungen fortzuführen. Im anderen, mehr nach links tendierenden Lager vertraten Kerenski, Tereschtschenko oder auch Verkehrsminister Nikolai Nekrassow die Auffassung, daß diese Ziele bei aller wünschenswerten Überordnung der provisorischen Regierung über den Sowjet eher durch die Berücksichtigung und nicht die Verdrängung der Forderungen der Arbeiter- und Soldatendeputierten erreicht würden.

Die provisorische Regierung mußte bereits vor ihrer vollständigen Konstituierung zwei Niederlagen einstecken, die eine düstere Zukunft erwarten ließen. Als erstes akzeptierte sie als Basis ihrer zukünftigen Politik ein Acht-Punkte-Programm, das nach intensiven Verhandlungen des Dumakomitees unter Leitung Miljukows mit dem *Ispolkom* und seinem Sprecher Tschcheidse in einer Nachtsitzung am 1. März verabschiedet worden war. Es enthielt Bestimmungen, die auf der Zukunft des Landes noch schwer lasten sollten.

1. Amnestie für alle politischen Gefangenen;
2. Gewährung aller demokratischen Grundrechte und Grundfreiheiten, inklusive des unbegrenzten Streikrechts;
3. Abschaffung aller Privilegien oder Rechtsvorenthal-

tungen aufgrund der nationalen Zugehörigkeit und sozialen Herkunft;

4. Einberufung einer verfassunggebenden Versammlung, deren Mitglieder in allgemeinen, direkten, gleichen und geheimen Wahlen bestimmt würden;

5. Auflösung aller bestehenden Polizeiorgane, die durch Milizen mit gewählten Offizieren ersetzt würden;

6. Bestimmung aller örtlichen Selbstverwaltungsorgane durch allgemeine, direkte, gleiche und geheime Wahlen;

7. Zusicherung, daß die an der Revolution beteiligten militärischen Einheiten ihre Waffen behalten durften und nicht wieder an die Front geschickt würden;

8. Aufrechterhaltung der Disziplin in der Armee, dabei aber Ausweitung der zivilen Bürgerrechte auf alle Soldaten.

Diese acht Punkte trugen, wie sich bald herausstellte, sehr wesentlich zur Desorganisation des gesamten öffentlichen Lebens bei. Weder nutzte es den Selbstverwaltungsgremien, Semstwos oder städtischen Gemeinderäten, daß sie sich mitten in einer Umbruchsituation unvorbereitet Neuwahlen stellen, noch gar, daß sie neue und bisher unbekannte Pflichten übernehmen sollten. Den aufständischen Regimentern ihre Waffen zu belassen hieß nichts anderes, als ihnen die Druckmittel in die Hand zu geben, mit denen sie sich die provisorische Regierung gefügig machen konnten. Punkt eins des Programms, das Amnestieversprechen für alle politischen Gefangenen, ebnete den Weg für gefährliche politische Extremisten aus ihrer Verbannung im Ausland oder aus ihrem sibirischen Exil direkt in die Hauptstadt, wo sie, wie zu erwarten stand, das bürgerlich-gemäßigte Lager im Handstreich überrollen würden.

Und was sollte die Zusicherung, die militärische Disziplin werde aufrechterhalten, wenn die vereinigten Arbeiter- und Soldatendeputierten, der Sowjet, gleichzeitig jenen berüchtigten Befehl Nummer 1 erließen? Der nämlich dekretierte, daß

– alle Truppenteile sofort Soldatenräte zu wählen hatten,

– jede Kompanie einen gewählten Vertreter an den Sowjet in Petrograd abstellen mußte,

– nur der Sowjet für alle politischen Angelegenheiten
der Armee zuständig war und Soldaten die Befehle der
provisorischen Regierung nur dann zu befolgen brauchten, wenn sie sich mit denen des Sowjets deckten,

– sämtliche Waffen unter der Obhut der Soldatenräte
verbleiben sollten und der Zugang zu ihnen den Offizieren
versagt war,

– Soldaten, die während ihres Dienstes der militärischen Disziplin unterworfen waren, im übrigen die gleichen Rechte hatten wie normale Zivilisten (hier lehnte man
sich an Punkt 8 des von der provisorischen Regierung ge-
billigten Rahmens an)

– und daß schließlich die Offiziere ihre Ehrentitel verloren.

Damit existierte die Befehlsgewalt der provisorischen Regierung gegenüber den Streitkräften nicht mehr; in letzter
Instanz hatte nun der Sowjet das Kommando übernommen. Man konnte zwar einräumen, daß sich die Befehlsgewalt des Sowjets zunächst allein auf die militärischen
Verbände in und um Petrograd beschränkte. Niemand
konnte die Reaktionen der kämpfenden Truppe im voraus wissen, ja noch nicht einmal, wie man sie erreichte. Es
herrschte also blanke Unkenntnis. Trotzdem verhinderten
die einmal festgelegten Prinzipien, daß die Armee jemals
ein zuverlässiges Instrument in der Hand der provisorischen Regierung wurde, und schwächten deren Position
bereits am Tage ihrer Entstehung entscheidend.

Blieb noch der Zar. Was sollte aus ihm werden? Was
konnte er selbst unternehmen?

Am 1. März 1917 saß Nikolaus II. im Zug von Mogiljow nach Petrograd. Er saß zurückgelehnt, dachte an seine Instruktionen an General Iwanow und hoffte, bei seiner Ankunft in der Hauptstadt die Truppen vorzufinden,
die den Aufstand niederschlagen würden. Um diese Truppen nicht zu behindern, hatte Nikolaus II. übrigens einer
Änderung seiner Reiseroute zugestimmt. Dadurch verlor

er Zeit, was Konsequenzen nach sich zog, die er nicht vorausgesehen hatte. Anstatt in der Hauptstadt im Kreise seiner Anhänger der Delegation zu trotzen, die ihn aufsuchen würde, um seine Abdankung zu fordern, mußte er die letzten Augenblicke seiner Herrschaft allein in einem Zug verbringen, den man nach Pskow umgeleitet hatte: Nikolaus II. war und blieb eben ein unglücklicher Herrscher bis zum Ende.

Er saß in seinem Zug wie eine Maus in der Falle, kein Gedanke an die Zurückeroberung der Hauptstadt. Trotzdem versuchte er, die Macht mit dem Entwurf eines Manifests zurückzugewinnen, das ihm von verschiedenen Anhängern unterbreitet worden war. Dieses Manifest kündigte nun endlich jene »parlamentarisch verantwortliche Regierung« an, die er bisher immer zurückgewiesen hatte (vgl. *Anhang I*, S. 509). Das Drängen General Ruskis, des Oberkommandierenden der Nordwestfront, hatte Erfolg – der Zar gestand auf einmal alle notwendigen Konzessionen zu. Aber in der Nacht vom 1. auf den 2. März erhielt der General, der sich vom Nutzen dieser Zugeständnisse in letzter Minute ohnehin nicht viel erwartete und eine insgesamt etwas zweifelhafte Loyalität an den Tag legte, aus Petrograd exakte Informationen über die Situation: Die Zeit für weitere Initiativen des Kaisers war vorbei, die Stunde der Abdankung hatte geschlagen! Das Manifest verließ den Zug nicht mehr.

Wenn auch nicht mehr, um Nikolaus II. persönlich, so doch um wenigstens die Monarchie zu retten, verlangte General Alexeijew von den Frontkommandeuren eine Botschaft an den Zaren, in der sie ihn um die Abdankung zugunsten seines Sohnes und die Regentschaft Großfürst Michails baten. Nachdem Nikolaus II. diese Botschaft gelesen und sich den Bericht Ruskis über die Gesamtlage angehört hatte, entschloß er sich nach einiger Überlegung zur Abdankung.

Trotzdem blieben ihm schlimme Stunden nicht erspart, in deren Verlauf ihm die Entscheidung, die er bereits allein getroffen hatte, auch noch von Leuten abgetrotzt wurde, die er bisher für seine Getreuen gehalten hatte. Zunächst unterzeichnete er in Pskow tatsächlich die Abdankungsurkunde, die General Alexeijew vorbereitet hatte und mit der er die Regierungsgewalt entsprechend den in einer Monarchie üblichen Bestimmungen auf seinen Sohn übertrug. Inzwischen aber hatte die Duma in Petrograd entschieden, daß Gutschkow und Schulgin an der Zeremonie der Abdankung teilnehmen und die Urkunde nach Petrograd bringen sollten; deswegen wurden sie in aller Eile nach Pskow geschickt. In den sechs Stunden, während der Herrscher auf ihre Ankunft wartete, hatte er genügend Muße, um über die Zukunft nachzudenken und in Ruhe die Probleme abzuwägen, die sich aus der Übertragung seiner Macht – welch entsetzliche Bürde in einem solchen Augenblick! – an den kranken Thronerben ergeben würden, wenn diese Macht nicht mehr absolut, sondern durch eine Verfassung eingeschränkt sein würde. Danach ließ er den Arzt Dr. Fjodorow rufen und fragte ihn, ob sein Sohn imstande sei, unter normalen Bedingungen zu regieren. Fjodorow antwortete ihm offen: »Die Krankheit ist unheilbar, und der Thronerbe wird stets außerordentliche Vorsicht walten lassen müssen, aber auch sie wird ihn vor Unfällen nicht schützen.« Seinem Urteil als Arzt fügte er noch seinen Standpunkt als Mensch hinzu: Das Herrscherpaar würde seiner Meinung nach ins Ausland abgeschoben und könnte von dort aus nicht in die Erziehung seines Sohnes eingreifen. Selbst wenn man ihm den Verbleib in Rußland erlaubte, würde jegliche Bindung zwischen ihm und dem neuen Zaren unterbrochen.

Als Gutschkow und Schulgin eintrafen, hatte Nikolaus II. nach langem schmerzlichem Abwägen zwischen der anfänglichen Form des Thronverzichts und seinen Überlegungen aus dem Gespräch mit Dr. Fjodorow den Schluß gezogen, daß eine Abdankung zugunsten seines Sohnes unmöglich sei, weil man die zarte Gesundheit des Heranwachsenden nicht Fremden anvertrauen dürfe, die von seiner ohnehin nur wenig erforschten Krankheit keinerlei Ahnung hatten. Der Vater hatte über den Herrscher gesiegt, eine Entscheidung, deren tragische Konsequenzen niemand, weder er noch seine Gesprächspartner aus der Duma, absehen konnte.

Als er den beiden Abgeordneten den Thronverzicht für sich und seinen Sohn mitteilte und die kaiserliche Macht direkt auf seinen Bruder übertrug, schienen diese sichtlich konsterniert. Durfte er denn auch für seinen Sohn auf den Thron verzichten? Eine zweifellos etwas theoretische, aber schließlich nicht unnütze Frage, denn die parlamentarischen Abgesandten glaubten, wie übrigens auch andere, daß die Erscheinung eines zwar kränkelnden, aber so schönen Knabens die Menge immer wieder in Rührung versetzen würde – oder anders ausgedrückt: Unschuld als gutes politisches Argument. Gutschkow sprach es gegenüber Nikolaus II. sogar an: »Wir zählten auf die Person des jungen Alexej Nikolajewitsch, um die Übertragung der Macht behutsam zu vollziehen.« Aber der Noch-Herrscher ließ sich nicht erweichen und unterzeichnete die neue Abdankungsurkunde. Tatsächlich werden im Archiv der Hoover Foundation in Stanford, USA, mehrere zeitlich aufeinanderfolgende und bewegende Entwürfe dieser Urkunde aufbewahrt.

Dann unterzeichnete der Zar zwei ganz andere Dokumente. Das eine bestätigte Fürst Lwow offiziell als Chef der provisorischen Regierung, und das andere ernannte Großfürst Nikolai Nikolajewitsch zum Oberbefehlshaber der Streitkräfte, das heißt zu Nikolaus' Nachfolger an der Spitze der Armee.

Die offizielle Abdankungsurkunde trägt das Datum vom 2. März 1917; sie enthält mit 15 Uhr jedoch eine falsche Stundenangabe des Thronverzichts, weil erst am Abend alles vorüber war. Der Herrscher wollte mit dieser kleinen Schummelei klarstellen, daß seine Entscheidung abzudanken von ihm freiwillig und keinesfalls unter dem Druck der Duma getroffen worden war.

Viel wichtiger aber war, daß er auch im Namen seines Sohnes auf den Thron verzichtete. Damit hatte Nikolaus II. die Grundsätze der gültigen russischen Thronfolgeordnung bewußt ignoriert, denn diese schrieb zwingend vor, daß der Sohn dem Vater auf den Thron nachfolgen *mußte* und ein minderjähriger Thronfolger auf seine Rechte gar nicht verzichten konnte. Mit dieser eigenmächtigen Änderung verhielt sich Nikolaus II. zum letzten Mal als jener Autokrat, der von der persönlichen Machtvollkommenheit eines russischen Herrschers so durchdrungen war, daß sie sich im Ernstfall sogar über das Gesetz stellen konnte.

Sein Entschluß, gleich für zwei Romanows auf den Thron zu verzichten, bedeutete in letzter Instanz den Untergang des russischen Zarentums. In Petrograd tendierte die Stimmung in der Bevölkerung und namentlich in politischen Kreisen bereits in diese Richtung. Durch den Sowjet hallten Rufe wie »Nieder mit den Romanows!«, »Nieder mit der Monarchie!«, »Wir wollen keinen Zar mehr!«, und man machte sich bereits daran, diesbezügliche Demonstrationen in der Öffentlichkeit zu organisieren. Als aber die beiden Abgesandten aus Pskow mit der Abdankungsurkunde zurückkehrten, wußte keiner mehr, weder in der provisorischen Regierung noch im provisorischen Exekutivkomitee des Sowjets, welcher Lösung man sich anschließen sollte. Kerenski sprach sich eindeutig für die Abdankung des neuen Zaren Michail aus, während die Verfechter der Zarenherrschaft, Miljukow, Gutschkow und Schulgin, leidenschaftlich für den Erhalt der russischen Monarchie eintraten. Man kam schließlich überein, sich mit dem neuen Herrscher zu treffen, wobei die Mehrheit auch dessen Abdankung verlangte, und wollte die Veröffentlichung des Thronverzichts Nikolaus II. bis zur Entscheidung Michails hinausschieben.

Mit einer solchen Nachricht hatte der designierte Zar nicht gerechnet. Er hielt sich in Gatschina auf, wo ihn das Telegramm seines Bruders erreichte, das ihm sowohl seine Thronbesteigung als auch die Ankunft einer Delegation der provisorischen Regierung ankündigte.

Michail war weder dumm noch feige und hätte seine Rolle als konstitutioneller Monarch vorzüglich gespielt. In den zehn Jahren, in denen Alexandra und Nikolaus so verzweifelt auf einen Thronfolger warteten, hatte er diese Position im Wartestand eingenommen. Aber nach der Geburt des Zarewitschs hatte er sein Leben nach seinem Geschmack gestaltet, eine geschiedene Frau geheiratet, was ihn allein schon von der Thronfolge ausschloß, und wenig Interesse am politischen Leben bewiesen. Die Nachricht von seinem neuen Status stürzte ihn in größte Verwirrung. Gleichzeitig seinen Bruder wie auch seinen Neffen um den Thron zu beerben, nur weil die Revolution es eben verlangte, erschien ihm eine wenig verlockende Perspektive.

Seine Gesprächspartner steigerten seine Ratlosigkeit nur noch. Natürlich versuchten Miljukow und Gutschkow, ihm vor Augen zu führen, daß er kein Recht habe, auf den Thron zu verzichten, daß die Monarchie der Zement sei, der das riesige russische Reich mit seinen so unterschiedlichen Bewohnern zusammenhalte, und daß, wenn die Monarchie untergehe, das Land sich in ein Abenteuer stürzen würde, dessen Ausgang unvorhersehbar sei, weil man mit Sicherheit schon jetzt feststellen könnte, daß es aus diesem Prozeß geschwächt und verkleinert hervorgehe. Kerenski argumentierte aus seiner Sicht nicht weniger hitzig: Wenn Michail den Thron gegen den Willen des Volkes annehme, werde er damit revolutionäre Urgewalten entfesseln, die niemand mehr bändigen könnte; ganz ungeachtet dessen könnte dann niemand mehr, nicht einmal mehr die Duma, für sein Leben garantieren.

Diese Worte überzeugten den designierten Herrscher. Er faßte den Entschluß, auch für seine Person abzudanken – aber nicht bedingungslos: Er werde auf die Krone verzichten, solange sie ihm nicht von einer verfassunggebenden Versammlung angeboten würde, und »das wird man ja sehen«, fügte er hinzu. Der ob dieser Worte begeisterte Kerenski fiel Michail buchstäblich um den Hals, während Fachleute wie Nekrassow und Nabokow, der Geschäftsführer der provisorischen Regierung, und Baron Nolde auf einem Schülerpult die schriftliche Abdankung des letzten Romanow entwarfen.

Am Morgen des 4. März wurden die beiden Dokumente veröffentlicht. Die russische Monarchie hatte aufgehört zu existieren.

Michails Thronverzicht läßt sich leicht begreifen, und Angst spielte dabei gewiß keine Rolle. Er hatte eingesehen, daß sich die Mehrheit der Duma und auch ein Teil der kaiserlichen Familie gegen den Vorschlag des Exzaren stemmten, besonders Großfürst Nikolai, der ein Blutbad befürchtete.

Der Doppelbeschluß Nikolaus' II. verdient eine genauere Betrachtung. Die definitive Entscheidung bezüglich seines Sohnes läßt sich zwar ohne Schwierigkeiten erklären, aber nicht die, die ihn persönlich betraf. Nikolaus II. hatte sich stets einer Mission verpflichtet gefühlt, die ihm nicht von Menschen übertragen worden war. Er regierte als Herrscher, weil Gott es so wollte, und daran konnte er nichts ändern. Deshalb fiel ihm der Thronverzicht so unendlich schwer, nicht aus Machthunger, sondern weil er sich nicht sicher war, ob ihm das moralische Recht zustehe, sich von seiner Bürde als Herrscher entlasten zu dürfen. Der Begleittext aus seiner Abdankungsurkunde enthüllt sein bemerkenswert nobles Denken und beleuchtet seine Überlegungen:

»In den Tagen des großen Krieges gegen den äußeren Feind, der seit fast drei Jahren danach trachtet, Unsere Heimat zu unterjochen, hat Gott, der Herr, geruht, Rußland eine weitere Prüfung aufzuerlegen. Die inneren Unruhen drohen sich verhängnisvoll auf den weiteren Fortgang des Krieges auszuwirken. Das Schicksal Rußlands, die Ehre Unserer heldenhaften Armee, das Wohl des Volkes und die ganze Zukunft Unseres Vaterlandes verlangen, den Krieg um jeden Preis bis zum siegreichen Ende fortzuführen. [...]

In diesen für das Leben Rußlands entscheidenden Tagen erachten Wir es als Gewissenspflicht, Unserem Volk den Zusammenschluß aller seiner Kräfte zur baldigen Erlangung des Sieges zu erleichtern, und haben es in Übereinstimmung mit der Reichsduma für richtig befunden, dem

434

Thron des Russischen Reiches zu entsagen und die oberste Macht niederzulegen. Da Wir Uns nicht von unserem geliebten Sohn trennen wollen, übertragen Wir die Nachfolge Unserem Bruder, dem Großfürsten Michail Alexandrowitsch, und geben ihm unseren Segen für seine Thronbesteigung. Wir verlangen von Unserem Bruder, die Staatsgeschäfte in völliger Übereinstimmung mit den Vertretern des Volkes in den gesetzgebenden Körperschaften zu führen und ihnen im Namen Unserer geliebten Heimat einen unverletzlichen Eid auf die Prinzipien zu leisten, die von ihnen festgelegt werden.

Wir rufen alle treuen Söhne Rußlands auf, ihre patriotische und heilige Pflicht zu erfüllen, indem sie dem Zaren in dessen schwerem Augenblick nationaler Prüfung Gehorsam leisten und ihm zusammen mit den Vertretern des Volkes helfen, das Russische Reich auf den Weg des Wohles und Ruhmes zu führen.

Gott stehe Rußland bei!

Nikolaus«

Paléologue, der den Text an sich brachte, kommentierte ihn am 3. Dezember hart, fast streng: »Die Geschichte kennt wenig derart erhebende und so tief bedeutsame Ereignisse von solch gewaltiger Tragweite. Aber gibt es darunter auch nur ein einziges, das sich in so einfachen, gewöhnlichen und prosaischen Formen vollzogen hätte und in dem der wichtigste Held mit einer solch perfekten Gefühlskälte entfernt worden wäre?« Erklären konnte sich der französische Botschafter diesen Vorgang nur durch den Charakter des Kaisers, den er stets auf die gleiche Weise beschrieben hat: Nikolaus II. neigte zur Resignation und dazu, sein Schicksal kampflos hinzunehmen.

Dieses Urteil wird dennoch weder dem inneren Kampf noch den besonders ungünstigen Umständen gerecht, in denen Nikolaus II. lebte. Von seinem Temperament her war er sicherlich Fatalist, aber er war es, wie seine gesamte Regierungszeit beweist, dann nicht, wenn es um seine Herrschaft ging. Um abzudanken, mußte er ganz besondere Gründe verspürt haben, die weder seinen so ungewöhnlich oft bewiesenen Mut noch irgendeine persönliche Sorge berührten. Allein sein Patriotismus und das Gefühl einer vorrangigen Pflicht veranlaßten ihn zu dieser Entscheidung, die so wenig zu seinen sonstigen Überzeugungen paßte: Er wollte unbedingt die Verpflichtungen einhalten, die er seinen Kriegsverbündeten gegenüber eingegangen war. Deshalb bildete der Krieg, die Folgen der Revolution auf seine Fortführung und die Notwendigkeit, bis zum Sieg durchzuhalten, den gedanklichen Kern seines Abdankungsmanifestes. Er traf seine Entscheidung, weil es die Rettung des nationalen Zusammenhalts und die militärischen Anstrengungen im Felde so und nicht anders erforderten.

War diese Überlegung richtig? Die Kette der folgenden Ereignisse erwiesen das Gegenteil; der Sturz der russischen Monarchie war auch von Deutschland eingeleitet worden, das ihn zwar nicht durchführen, aber doch einen nützlichen Beitrag leisten konnte, um genau das Ziel zu erreichen, das der Zar stets vermeiden wollte – Rußland als kriegsführende Macht auszuschalten! Bei seinen Überlegungen hatte der letzte Zar die einzige Möglichkeit, die ihm nicht seine gewohnte Umgebung bei Hofe, sondern sein momentanes militärisches Gefolge einflüsterte, durchaus im Kopf: Seine Abdankung würde Rußland retten, sie entspreche den Wünschen der Armee und trage damit zum Sieg bei. Dieser Mann, der sich in den Kreisen seiner Offiziere stets wohl gefühlt hatte und glaubte, daß auf ihnen das Schicksal Rußlands ruhe, konnte das Drängen der Armeeführer, die er selbst ernannt hatte, nicht übergehen. Deshalb übten die Telegramme der Frontkommandeure, die ihn auf Betreiben der Generäle Alexejew und Ruski erreichten, einen entscheidenden Einfluß auf seine Überlegungen aus. Diese Botschaften direkt aus vorderster Frontlinie übertrugen ihm die Stimmen derjenigen, die dort kämpften. Sie besaßen für ihn eine ganz andere Bedeutung als die Meuterei einiger Regimenter in der Etappe – auch die Isolation, die ihn in Pskow umgab, beeinflußte ganz ohne Zweifel die Richtung seiner Gedankengänge.

In seinem Zug konnte er sich nicht mit den Seinen in Verbindung setzen und stand unter dem Einfluß zweier Männer, die seinen Thronwechsel eigentlich bereits im voraus begrüßten: General Ruski hatte dem Zaren stets wenig Sympathie entgegengebracht und hielt die Monarchie ohnehin für eine Einrichtung ohne Zukunft. General Alexeijew stand eher unter dem Eindruck der Ereignisse, die er für unumkehrbar hielt. Die Kaiserin betonte in ihren Briefen, die sie zu ihrem Mann zu schmuggeln versuchte, völlig zu Recht, daß sie in der gleichen Situation Druck in der entgegengesetzten Richtung ausgeübt hätte, und wenn nun die ersten Schritte in Richtung Abdankung getan würden, während man ihn absichtlich von der Hauptstadt fernhielt, dann nur, um ihn zu einer einsamen Entscheidung zu zwingen.

Obwohl von seiner Armee verlassen, konnte sich der Ex-Zar nicht entschließen, sich seinerseits von ihr zu trennen. Sofort nach seiner Abdankung eilte er nach Mogiljow und nicht in die Hauptstadt. Im Hauptquartier verfaßte er seine Abschiedsbotschaft an die Armee, deren Veröffentlichung – und das war besonders ergreifend – von den neuen Machthabern Rußlands verhindert wurde: »Gestürzte Monarchen sind nicht mehr befugt, einen Tagesbefehl auszustellen, selbst wenn es sich um einen Abschiedsbefehl handelt«, befand der Sowjet in Petrograd. Nikolaus II. verbrachte fünf Tage im Hauptquartier und empfing in dieser Zeit General Hanbury-Williams, den britischen Militärattaché. Im Laufe des Gespräches sagte er zu ihm: »Denken Sie daran, daß einzige was zählt, ist der Sieg über Deutschland.«

Und wie sollte man mit einem gestürzten Herrscher umgehen? Nikolaus II. hoffte, mit seiner Familie auf die Krim reisen zu dürfen und dort abseits aller politischen Agitation zu leben; er erklärte sich auch zur Ausreise nach England oder in irgendein anderes Land bereit. Aber die provisorische Regierung entschied anders. Am 7. März beschloß sie, »um den Schutz für den abgedankten Zaren und seine Frau zu garantieren«, die Familie unter Hausar-

437

rest zu stellen. Die Exzarin wurde in Zarskoje Selo sofort arretiert und Nikolaus II. am nächsten Tag von Mogiljow in die Hauptstadt »begleitet«. Danach lebte der »Bürger Romanow« mit seiner Familie fünf Monate lang isoliert und unter starker Bewachung in Zarskoje Selo. In dieser Zeit waren er und seine Angehörigen einer rücksichtslosen Wachmannschaft ausgeliefert; niemand wußte, welches weitere Schicksal sie erwartete.

Was sollte man für die Familie beschließen? Die Antwort auf diese Frage trennte die provisorische Regierung vom Sowjet, und es zeigte sich, daß in letzter Instanz der Sowjet seine Ansichten durchsetzen konnte. Die neuen legalen Machthaber Rußlands sorgten sich vor allem um die leibliche Sicherheit des »Bürgers Romanow« – des »Ex«, wie dieser sich mit Vorliebe selbst bezeichnete – und seiner Familie und wünschten sich deshalb so bald wie möglich die Ausreise des früheren Herrscherpaares. Hierüber fanden mit England Gespräche statt, die die Briten in wenig schmeichelhaftem Licht erscheinen lassen. Miljukow, der Außenminister der neuen Regierung, fragte in London offiziell an, ob die kaiserliche Familie dort aufgenommen würde, und erhielt zunächst eine positive Antwort. Premierminister Lloyd George stand dieser Entscheidung eher reserviert gegenüber, aber Nikolaus II. war mit dem englischen König George V. verwandt (und ihre äußere Ähnlichkeit, über die sie sich in vergangenen Zeiten stets amüsiert hatten, ließ an dieser Verwandtschaft nicht den Hauch eines Zweifels), und Alexandra war darüber hinaus die Lieblingsenkelin von Königin Victoria. Da die Bitte um Asyl nicht von den ehemaligen russischen Herrschern, sondern von der provisorischen Regierung ausging, durfte England annehmen, daß sein Einverständnis die neuen Machthaber des verbündeten Landes nicht verstimmen würde. Statt dessen wurde mehr über die Kosten des Aufenthalts der Asylanten gesprochen: Die provisorische Regierung sollte für deren standesgemäße Lebensführung aufkommen, denn England lehnte es ab, selbst für deren Bedürfnisse zu sorgen.

Die Übereinstimmung dauerte nur kurze Zeit. Die britische Regierung mußte rasch zur Kenntnis nehmen, daß sie auch mit dem Sowjet zu rechnen hatte, und hier bot sich ein ganz anderes Bild. Der Sowjet in Petrograd bekämpfte den Exherrscher mit unverminderter Feindschaft. Ständig hetzte er gegen den »Tyrannen«, den »Blutsauger«, und »die Deutsche«. Unaufhörlich erinnerte er an den Präzedenzfall Ludwigs XIV., an dessen Flucht nach Varennes und an die Gefahr, die ein Exherrscher im Ausland, außerhalb der russischen Kontrolle, darstelle. Um schließlich jeglicher Möglichkeit vorzubeugen, daß »die Romanows wieder auf die Bühne der Geschichte zurückkehren, müssen diese furchtbaren Personen an den Sowjet ausgeliefert werden«.

Und das war nicht nur ein frommer Wunsch. Der Sowjet ließ nichts unversucht, um Nikolaus II. in seine Hände zu bekommen. Er schickte eine Abteilung Soldaten mit dem Auftrag nach Zarskoje Selo, sich der Person des Exzaren zu bemächtigen und ihn in der Peter-und-Paul-Festung bis zum Beginn seines möglichen Prozesses und natürlich bis zu seiner Hinrichtung einzusperren. Wenn es trotzdem nicht dazu kam, so deshalb, weil der Sowjet trotz seiner haßerfüllten Äußerungen zögerte, über diesen Punkt mit der provisorischen Regierung in Streit zu geraten. Das am 9. März nach Zarskoje Selo geschickte Kommando, das den gestürzten Herrscher mitnehmen sollte, beschränkte sich dann auch auf die Feststellung, daß er ausreichend bewacht sei. Seine Überstellung in die Festungshaft wurde auf später verschoben, weil die provisorische Regierung dem Sowjet gegenüber versicherte, sie garantiere den Verbleib des »Bürgers Romanow« in Rußland. Um jedoch ganz sicherzugehen, wies der Sowjet die Eisenbahner an, sämtliche Transporte nach Murmansk in dem Fall zu stoppen, daß Kerenski die Zarenfamilie dorthin begleiten sollte, um sie auf ein Schiff nach England zu bringen. Damit hatte der Sowjet alles getan, um das Exil der kaiserlichen Familie zu verhindern.

Kommen wir zum Ende. Der Sekretär von König

George V. teilte dem englischen Außenministerium sehr sachlich mit: »Ihre Majestät ist nach langer Überlegung und angesichts der Gefahren, die eine Reise für die kaiserliche Familie bedeuten würde, aber auch aus allgemeinen Erwägungen zur Ansicht gelangt, daß es nicht vernünftig sei, ihr die Erlaubnis zu gewähren, sich in unserem Lande niederzulassen.« Damit hatten sich die Tore Englands für Nikolaus II. und die Seinen also noch vor Ende März geschlossen. Ein kurz darauf veröffentliches Kommuniqué des Foreign Office erklärte in einem dürren Satz: »Die Regierung Seiner Majestät besteht nicht auf ihrem Angebot, der russischen Kaiserfamilie Gastfreundschaft zu gewähren.« Auch Dänemark, die Heimat der Zarenmutter, verhielt sich nicht einladender, so daß sich die Romanows an zwei miteinander rivalisierende Körperschaften ausgeliefert sahen. Die eine, die provisorische Regierung, wollte vermeiden, daß sich die Revolution mit dem Blut des letzten Herrschers von Rußland befleckte, während die andere von nichts anderem träumte.

Kerenski, der in der Duma so viele flammende Reden gegen die Romanows gehalten hatte, reiste mehrere Male nach Zarskoje Selo, zunächst, um sich von der Anwesenheit des Zaren zu überzeugen, aber auch, um einen Ausweg aus dem heiklen Problem zu finden. In seinen Memoiren gestand er, dem Charme des Zaren verfallen zu sein, den er früher für einen »blutrünstigen Tyrannen« gehalten hatte. Von nun an setzte er sich dafür ein, das Los jedes einzelnen der Gefangenen, die auf Befehl des Sowjets getrennt lebten, zu erleichtern und sie im Rahmen des Möglichen vor der Lynchjustiz einer enthemmten Bevölkerung zu bewahren.

In den fünf Monaten ihres Hausarrests in Zarskoje Selo, in denen die Revolution außerhalb des Schlosses seit diesem Frühling eine neue Stufe erreicht hatte, erlebte die Zarenfamilie zwischen Hoffen und Bangen schwere Tage, aber jedes der Familienmitglieder versuchte, das Beste aus ihnen zu machen. Der Exkaiser las, arbeitete ein wenig im Garten, spazierte in dem Teil des Parks, der ihm noch zur

Verfügung stand, und schien endlich von einer Last befreit. Kerenski und mit ihm andere Zeugen, zum Beispiel der Schweizer Hauslehrer des Zarewitschs, Gilliard, der damals detailliert Tagebuch führte, bestätigten, daß den ehemaligen Herrscher weniger sein eigenes Schicksal als vielmehr die Auflösungserscheinungen der Armee beschäftigten. Ihn trieb die Sorge um, daß Rußland dem Kriegsbündnis treu blieb und bis zum Kriegsende kämpfte. Die Liebe zum Vaterland und das Pflichtbewußtsein blieben im Herzen des gescheiterten Herrschers eingemeißelt. Die Persönlichkeit Nikolaus' II. erklärt sich in letzter Konsequenz durch dieses patriotische Gefühl und seine Treue zur Armee. Nicht ein einziges Mal beklagte er sich, zur Abdankung gezwungen worden zu sein, unter erniedrigenden Umständen leben zu müssen oder gar über die Leiden seiner Familie. Seine ständige Unruhe konzentrierte sich vor allem auf Rußland und die Kampfmoral seiner Truppen an der Front. Alles übrige legte er in die Hand Gottes, dessen Willen, wie er glaubte, man anzunehmen hatte.

12. KAPITEL

»Löst Rußland auf und reißt
es in Stücke«

Am 17. März 1917* notierte Maurice Paléologue in seinem Tagebuch: »Die französische Revolution begann mit der Ausrufung der *einen und unteilbaren Republik.* Für diesen Grundsatz opferte sie Tausende von Köpfen und rettete die Einheit Frankreichs. Die russische Revolution hingegen hörte auf den Befehl: *Löst Rußland auf und reißt es in Stücke!*«

Dieser Satz trifft exakt zu und beschreibt den Weg vom April 1917 bis zur Ermordung der Zarenfamilie. Dieses Kapitel beleuchtet kurz die wichtigsten Ereignisse dieses Zeitraums, doch im Mittelpunkt steht nicht die Chronologie der Revolution, die bereits in vielen Werken abgehandelt wurde; es will vielmehr die Unterbrechung des Reformkurses erhellen, mit dem das Zarenreich den Anschluß an die Moderne zu finden hoffte.

Nach der Abdankung endete die Verbindung Rußlands mit dem persönlichen Schicksal Nikolaus' II. und seiner Familie. Es entwickelte sich eine persönliche Tragödie, während das Land in eine Phase immer größerer Unruhen rutschte.

Der englische Botschafter Sir George Buchanan glaubte im März an das Ende der Agitation in Rußland, und sein

---

* Im Laufe der in diesem Kapitel dargestellten Ereignisse änderte sich der russische Kalender. Alles, was vor dem 1. Februar 1918 geschah, wurde nach dem Julianischen Kalender, alle Ereignisse danach werden nach dem Gregorianischen Kalender datiert, der zu diesem Zeitpunkt von den neuen Machthabern durchgesetzt wurde.

442

Premierminister Lloyd George schickte der provisorischen Regierung daraufhin ein Telegramm: »Wir sind der Meinung, daß die Revolution der größte Dienst war, den das russische Volk den seit August 1914 im Kampf stehenden Alliierten erweisen konnte. Die Wahrheit, so wie wir sie sehen, zeigt, daß dieser Krieg vor allem sowohl dem Kampf um eine vom Willen des Volkes getragene Regierung als auch seiner Freiheit galt.«

Diese optimistischen Äußerungen verrieten eine tiefe Unkenntnis sowohl der Umstände, unter denen sich die Februarrevolution entwickelte, als auch der Richtung, in die sie strebte. Die Revolution war aus zwei Strömungen heraus entstanden, die ihre Kräfte für einen Augenblick vereint hatten. Am unteren Ende der Gesellschaftspyramide kämpfte die Arbeiterklasse gegen die Widrigkeiten des täglichen Lebens und geriet zusammen mit einer durch ihre Niederlagen verbitterten Armee in den Sog spontaner und an Heftigkeit und Gewalt von Tag zu Tag zunehmender Protestbewegungen, die schließlich mehr oder weniger unbewußt in den Willen zur Zerschlagung des gesamten Systems mündeten. Es handelte sich dabei nicht um eine konzertierte Entscheidung, sondern mehr um den Zorn breiter Schichten, der in eine Revolution umschlug, als er durch das herrschende Regime nicht mehr gebremst werden konnte.

An der Spitze der Gesellschaft hingegen hatte das liberale Bürgertum die Notwendigkeit einer politischen Wachablösung erkannt und versucht, sie politisch abzusichern. Doch die Revolution war nicht nur durch dieses höhere Bürgertum in die Wege geleitet worden – was ein sehr wichtiger Punkt ist –, sondern es war im Gegenteil unschlüssig geblieben und wollte seine Stunde abwarten. Die Träger der Revolution, das waren die Massen.

Nachdem sie die Zarenherrschaft erfolgreich beseitigt hatten, mußten sie allerdings feststellen, daß ihnen die Führer fehlten, die ihnen die weitere politische Richtung gewiesen hätten. Daraufhin wandten sich die Aufständischen an das Bürgertum und übertrugen ihm die Macht, die sie der Monarchie zwar entrissen hatten, mit der sie aber nichts anzufangen wußten. Ein im übrigen ganz natürliches Vorgehen auch insofern, als der sich formierende und von den Sozialrevolutionären und Sozialisten beherrschte Sowjet nach demselben Muster zu handeln gedachte. Mit Ausnahme der Anhänger Lenins hatten die Sozialisten schon immer geglaubt, daß die Revolution entsprechend der in unendlichen Auseinandersetzungen zu Beginn des Jahrhunderts entwickelten marxistischen Revolutionstheorie die Macht über einen bestimmten Zeitraum hinweg der Bourgeoisie überlassen müsse.

An diesem Punkt offenbarte sich aber deren große Schwäche: Sie war zwar an der Macht, aber sie hatte sie nicht erobert. Sie regierte im Auftrag jener Kräfte, die ihr die Autorität übertragen hatten und die von sich glaubten, die bürgerlichen Vertreter kontrollieren oder gar lenken zu müssen. Diese Situation bestand zwischen dem 3. März 1917 und dem Oktober desselben Jahres; aus ihr leitete sich die gesamte jüngste Geschichte Rußlands ab.

Die provisorische Regierung und der Krieg

Bei der Amtseinführung der Regierung Lwow beherrschten zwei Probleme die politische Szene: Wie sollte das neue Rußland aussehen? Und: Sollte sich Rußland weiterhin am Krieg beteiligen?

An der ersten Frage scheiterte die provisorische Regierung sofort. Sie hoffte, die Monarchie in der einen oder anderen Form aufrechterhalten zu können, aber das gelang ihr nicht. Wahrscheinlich hatten jene, die auch Großfürst Michail die Abdankung nahegelegt hatten, diesem Akt zumindest in der Theorie einen provisorischen Status zugestanden und die Frage der künftigen Regierungsform bis zur Einberufung einer verfassunggebenden Versammlung aufgeschoben. Die Wahl dieser Versammlung war aber nicht vor Ende des revolutionären Prozesses im Herbst vorgesehen, das heißt erst nach der Debatte über die künftige Re-

444

gierungsform Rußlands. Nach dem 3. März glaubte in Regierungskreisen aber niemand mehr, daß die Frage der Wiederherstellung der Monarchie noch einmal aufbrechen würde.

Das noch viel dringendere Problem aber war der Krieg. Die provisorische Regierung wollte ihn wegen der gegenüber den Alliierten eingegangenen Verpflichtungen fortsetzen. Doch damit stieß sie auf zwei während ihrer kurzen Amtszeit ständig wachsende Schwierigkeiten. Zum einen mußte sie gegen die rapide abnehmende militärische Disziplin in der Armee ankämpfen. Der erste Tagesbefehl (Prikas Nr. 1) führte dort die vollständige Gleichstellung von Offizieren und Mannschaften ein. Keine der in der Armee bis dato geltenden Bestimmungen blieb bestehen.

Dies sorgte innerhalb des Offizierskorps für Zorn und Verbitterung, das sich beim Petrograder Sowjet über die durch den ersten Tagesbefehl verordnete Unordnung heftig beschwerte; deshalb wurde am 5. März ein zweiter Tagesbefehl ausgegeben, um die erregten Gemüter zu beschwichtigen. Tatsächlich aber wollte im Sowjet niemand diesen verwirrenden Text geschrieben haben, und deshalb kam der Entschluß, ihn wieder zu korrigieren, nicht ungelegen; er zeigte jedoch keinerlei Wirkung. Soldatenräte, die in der Armee wie Pilze aus dem Boden schossen, entpuppten sich als sehr aktive Träger der Politisierung, und das Oberkommando der Armee ließ sie in der Hoffnung gewähren, daß wegen seiner konzilianten Haltung politisch eher gemäßigte Soldaten und Offiziere gewählt würden. Zunächst aber wendeten sich diese Räte mit Petitionen an den Sowjet und forderten ihn zur sofortigen Behandlung der Agrarfrage auf, da die Mehrheit der Soldaten aus bäuerlichen Verhältnissen stammte. Im ganzen gesehen trugen sie ihren Teil dazu bei, die Truppe zu überzeugen, daß die Regierung wenig Vertrauen verdiente und die Interessen der Gesellschaft und des Vaterlandes eher durch den Petrograder Sowjet vertreten würden.

Obwohl also die Disziplin zusammenbrach und die Offiziere allein und demoralisiert zurückließ, fiel die Armee nicht sofort auseinander. Natürlich hatte der nicht enden wollende Krieg den russischen Soldaten 1917 jegliche Hoffnung genommen und ihnen enorme Verluste beschert. Sie zweifelten an den Fähigkeiten ihres Oberkommandos und pflegten ihren Offizieren zu mißtrauen, die in ihren Augen vom unmittelbaren Kampfgeschehen zu weit entfernt waren und zu sehr an ihren Privilegien hingen. Die Truppe wußte, daß die sie vertretenden Räte, das Recht, diese zu wählen und die Gleichstellung mit den Offizieren auf die Initiative des Petrograder Sowjets zurückgingen. Trotzdem erklärte sie sich im März 1917 weder zur Fahnenflucht bereit, zu der sie die Bolschewiken aufforderten, noch zur offenen Meuterei. Die Soldaten verlangten die Bodenreform und erwarteten von der Revolution die Erfüllung ihrer Wünsche. Damit aber fühlte sich die Armee in ihrer Gesamtheit zwischen dem Willen, die heimatliche Erde zu retten – von defätistischen Gedanken also noch keine Spur – und dem erklärlichen Wunsch nach Beendigung des Krieges hin- und hergerissen.

Allen Widrigkeiten an der Front und der abnehmenden Disziplin zum Trotz verweigerte die Armee im März 1917 die Weiterführung des Kampfes noch nicht. Die öffentliche Meinung hingegen beurteilte diese Frage erheblich kritischer. Sie verabscheute den Krieg, sah sie darin doch die Quelle ihrer alltäglichen Schwierigkeiten, und erwartete von der Revolution eine rasche Lösung des Konflikts, in den sich Rußland verstrickt hatte. Die provisorische Regierung sah sich also gezwungen, ihre internationalen Verpflichtungen mit dem Druck der kriegsmüden Öffentlichkeit im eigenen Land in Einklang zu bringen. Am 4. März überreichte Miljukow den Alliierten eine Note, in der er den Willen der provisorischen Regierung zur Einhaltung der durch das kaiserliche Rußland getroffenen Verpflichtungen bestätigte: »Die Ziele Rußlands haben sich nicht verändert«, so seine Worte.

Doch am 14. März veröffentlichte der Petrograder Sowjet in der *Iswestija* einen Artikel, der seine eigene, aus einer sehr konfusen Diskussion hervorgegangene Sicht der

Dinge darlegte und eigentlich nichts anderes bedeutete als eine Antwort auf die offizielle Note vom 4. März. Dieser Text forderte die Völker Europas auf, den Frieden zu erzwingen. Große Wirkung entfaltete der Appell indes nicht, denn der Sowjet traute sich noch nicht, den Frieden in aller Öffentlichkeit zu verlangen. Doch ein aus dem Exil zurückgekehrter Menschewik, der überaus kluge und überzeugende Zeretelli, versuchte, den Sowjet zu eindeutigen Aussagen zu bewegen. Die Linke enthüllte daraufhin ihr Programm in Form von Slogans wie »Frieden ohne Annexionen und Entschädigungen!« Die Alliierten zeigten sich ob dieser raschen Entwicklung beunruhigt, die sie als unkontrolliert einschätzten. Aufgrund des Drängens der ausländischen Botschafter (»Ich ermuntere Miljukow, so sehr ich kann«, schrieb in dieser Zeit Paléologue) gab der Außenminister am 27. März eine Erklärung ab, in der er die Position des Sowjets und die internationalen Verpflichtungen Rußlands in Einklang zu bringen versuchte: »Das Ziel des freien Rußlands liegt nicht in der Beherrschung anderer Völker oder der Eroberung ihres nationalen Territoriums, sondern in der Errichtung eines dauerhaften Friedens auf der Grundlage des Rechts der Völker zur Selbstbestimmung.«

Dieser »große Schlenker« stellte Paléologue kaum zufrieden. Er bezeichnete die Erklärung als »vage Formel«, die den tiefgreifenden Konflikt zwischen der provisorischen Regierung und dem Sowjet in Petrograd verschleiern sollte. Miljukow, dem gegenüber er diese Bemerkung machte, konterte: »Ich betrachte es als großen Erfolg, daß ich diese Formel in meine Erklärung einflechten konnte.« Der offene Konflikt ließ sich dadurch allerdings nur für kurze Zeit verschieben. Am 18. April sandte Miljukow den Alliierten eine Botschaft, die Paléologue sowohl hinsichtlich ihres Inhalts als auch ihres »absichtlichen vagen und konfusen Stils« bedauerte, die aber wenigstens eine Etappe der Debatte beendete. Die Note Miljukows verknüpfte im Grunde zwei Dokumente und zwei Ziele, was Paléologue sehr genau erkannte: Sie griff die Erklärung vom 27. März wieder auf, fügte ihr aber in beschwichtigender Form den festen Willen Rußlands zur Fortführung des Krieges hinzu. Kerenski segnete diese Note ab, die erst nach einer langen Debatte entstanden war und die dennoch eine handfeste Krise auslöste. Der Sowjet verlangte ihren Widerruf, und in der Bevölkerung rumorte es wegen ihr. Demonstranten zogen durch die Straßen, und Miljukow wurde, wo immer er auftauchte, ausgebuht.

Die Krise stürzte nicht nur die provisorische Regierung in Unruhe, sondern auch den Sowjet, da sie neue Kräfte in der politischen Auseinandersetzung wachrief. Auf der Rechten drängte General Kornilow, der Militärkommandant der Hauptstadt, entschieden auf die Rückkehr zur öffentlichen Ordnung; dafür war er auch bereit, die Streitkräfte gegen die Demonstranten und damit gegen die Arbeiter einzusetzen! Auf der Linken – und hier handelte es sich um etwas Neues – bemühte sich der soeben nach Rußland zurückgekehrte Lenin, die brodelnde Stimmung im Volk zu seinen Gunsten einzufangen, um sie für ein größeres Ziel als nur die Feindseligkeit gegenüber der Bourgeoisie zu kanalisieren. Der Sowjet wollte den Soldaten das Verlassen der Kasernen verbieten und erzürnte damit Kornilow, der sich jede Einmischung in seine Kompetenzen verbat, von seinem Amt zurücktrat und an die Front zurückkehrte. In Moskau herrschte zwar ein uneingeschränktes Veranstaltungsverbot, doch die Bolschewiken riefen zu öffentlichen Versammlungen auf, stellten sich an deren Spitze. Diese keinesfalls spontanen Unruhen besaßen ihre Anstifter, und diese wiegelten zur gleichen Zeit die Arbeiter in den Vorstädten Petrograds auf. Doch erfolgten all diese Agitationen noch zu früh, denn die Bevölkerung stand in ihrer Mehrheit treu zur provisorischen Regierung, an deren Legitimation sie noch nicht zweifelte.

Die Männer an der Spitze dieser Regierung hingegen repräsentierten zunehmend weniger eine Gesellschaft, die immer radikaler und rascher auseinanderfiel. Miljukow und Gutschkow zogen sich aus ihren Ämtern in der Regierung zurück, deren »bürgerliche« Epoche ihrem Ende entgegenging. Der Linksruck der Straße erzwang die Bildung einer Koalitionsregierung. Sie wurde zwar noch immer von Fürst Lwow geführt, aber nun traten fünf Sozialisten in das Kabinett ein, die die Position Kerenskis verstärkten, der das Marine- und das Kriegsministerium leitete. Bei diesen neuen Kollegen handelte es sich um Viktor Tschernow im Agrar-, Matwej Skobelew im Arbeits-, Irakli Zeretelli im Post-, Paul Perewerzow im Justiz- und Alexej Petschechonow im Versorgungsministerium. Aus dieser ungleichen Regierungsmannschaft ragten drei brillante Köpfe hervor: Kerenski, Zeretelli und Tschernow. Nikolai Suchanow beschrieb dieses Kabinett als »die rechtmäßige Vermählung der Groß- und Kleinbourgeoisie«.

Dieser »Hochzeit« ging traditionsgemäß auch ein »Ehevertrag« voraus. Alle Lager dieser politisch bunten Koalitionsregierung verständigten sich auf die sozialistische Linie eines »Friedens ohne Entschädigung und Annexionen«. Im Gegenzug akzeptierten die Sozialisten die Fortsetzung des Krieges und die Notwendigkeit, die Streitkräfte materiell und moralisch wieder aufzurüsten. Die gesamte Regierung verpflichtete sich zur Einrichtung einer Kontrollinstanz über das Produktions- und Transportwesen sowie zur Einleitung einer Agrarreform zur Förderung eines Demokratisierungsprozesses; in bezug auf die Wiederherstellung der öffentlichen Ordnung aber setzte man vor allem auf die sozialistischen Kabinettsmitglieder. Politisch ein zweifelsfrei vernünftiges Programm, das jedoch nicht jenes neue Element in sein Kalkül einbezogen hatte, um das sich seit April 1917 die gesamte Politik Rußlands drehte – Lenin und die Bolschewiken.

»Alle Macht den Sowjets«

Die Rückkehr Lenins sollte den Gang der Revolution endgültig verändern, die gemäßigten Politiker an die Wand spielen und Rußland nicht nur in den politischen, sondern auch in den geographischen Zerfall führen.

An dieser Stelle ist es angebracht, sich eingehender mit jenem Mann zu befassen, der das Schicksal Rußlands so tiefgreifend veränderte, und seine Vorstellungen näher zu betrachten. Als Lenin seinen Fuß wieder auf russischen Boden setzte, war er mit nur siebenundvierzig Jahren zwar noch relativ jung, aber trotzdem bereits ein erfahrener Revolutionär, selbst wenn man bezweifeln mag, daß sich seine Überzeugungen allein aus der Hinrichtung seines Bruders herleiteten, der 1887 wegen umstürzlerischer Umtriebe am Galgen geendet hatte. Was ihn und seine Weltanschauung zweifelsohne entscheidend beeinflußt hatte, waren sein Ausschluß aus der Universität – er hatte ihn sich aufgrund seiner Agitation in Studentenkreisen und der behördlichen Zwangsmaßnahmen während der Herrschaft Alexanders III. eingehandelt –, die anschließende Isolation und sein Hang zur Lektüre hauptsächlich ökonomisch-politischer Bücher. Diese Neigung hielt sein Leben lang an: Lenins wichtigste Werke schöpften aus seinen *Heften*, in denen er alles festhielt, was er zu einem bestimmten Thema gelesen hatte, und auf denen stets die »Conclusio« seiner Manuskripte beruhte. Als Beispiel dafür mag sein Werk *Der Imperialismus als höchstes Stadium des Kapitalismus* dienen, zu dem die *Hefte zum Imperialismus* als Begleitmaterial erschienen. Aus der Sicht des Intellektuellen muß Lenin eher als Kompilator denn als originaler Theoretiker gesehen werden. Vor allem aber – und darin lag sein Genie – war er ein Pragmatiker, der nur ein Ziel kannte: die Eroberung der Macht!

Schon als er sich im letzten Jahrzehnt des 19. Jahrhunderts den Vorstellungen der Sozialdemokratie anschloß, impfte er ihr seine eigenen Gedanken über die Geschichte und ihre Ziele ein. Er wandte sich von Anfang an der Arbeiterklasse in der Überzeugung zu, daß sie straff und zentralistisch organisiert werden müsse. Die der Arbeiterschaft vorgegebenen Ziele galten natürlich um so mehr für die Partei, dem Lenkungsinstrument dieser Klasse. Im Gegensatz zur überwiegenden Mehrheit der Sozialdemokraten glaubte Lenin nicht, daß es eine für die Revolution geborene ideale Volksschicht gebe. Im Gegenteil. Seiner Meinung nach achtete die Arbeiterklasse viel zu sehr auf ihre unmittelbaren Interessen, lebte in einem dem englischen Gewerkschaftsdenken verhafteten Selbstverständnis und hatte nichts mehr im Blick als die Verteidigung ihrer Forderungen. Um diesen Mangel an *Klassenbewußtsein* auszugleichen, war es von entscheidender Notwendigkeit, die Arbeiter zu organisieren: »Das politische Klassenbewußtsein kann nur von außen geweckt werden, das heißt, es wird außerhalb des ökonomischen Ringens geboren und entwickelt sich außerhalb der Beziehungen zwischen Arbeitern und Arbeitgebern.«

Was tun?, Lenins berühmte Schrift, war diesem Problem gewidmet und enthüllte, was er mit letzter Besessenheit verfolgte, nämlich die politische Macht sowie jegliche Form der Verschwörung, die zu ihrer Ergreifung führen würde. Lenin war der Erbe Tkatschows, der ja ebenfalls die erfolgreiche Machtübernahme in den Mittelpunkt der Veränderung der Gesellschaft gestellt hatte. Auch wenn Lenin, der den wichtigsten Teil seines Lebens im Exil verbrachte, sein Denken bis 1905 allein auf organisatorische Probleme konzentrierte, so zog er trotzdem seine Lehren aus dem mißglückten Aufstand des »Blutigen Sonntags« und folgerte, was wiederum seinen Pragmatismus deutlich bewies, daß in Rußland jede Revolution ohne Beteiligung der Bauern scheitern mußte. Deshalb galt für ihn, eine *demokratische Revolution der Arbeiter und der Bauern* vorzubereiten, für die er auch Teile des Bürgertums zu gewinnen hoffte, das er für keine monolithisch festgefügte Klasse hielt. Dieses taktische Interesse an der Bauernschaft trennte ihn von den Menschewiken ebenso wie die Feststellung, daß für eine Revolution die verschiedenen Nationalitäten in einem Vielvölkerreich einen wirkungsvollen Hebel bieten konnten, wenn man den Betroffenen nur vorgaukelte, daß man ihren Wünschen Rechnung tragen werde.

Schon vor dem Krieg hatte Lenin bei seinen Studien im Londoner British Museum und in den Schweizer Bibliotheken alle Werkzeuge seiner Machtübernahme erarbeitet:

Partei, Arbeiterklasse, Bauernschaft und die Nationalitäten. Doch echte Anhänger gewann er mit seinen Ideen kaum, zumal sein lauthals verkündeter Defätismus zu Beginn des Krieges nicht dazu angetan war, sein Prestige in Rußland oder im Ausland zu erhöhen.

Vor seiner Rückkehr im Jahr 1917 war die bolschewistische Partei gespalten. Lenin führte sie von außen und hielt eine kompromißlose Rede über den Frieden, die Verstaatlichung der Böden und die kollektive Organisation der Produktion. Darüber hinaus verfocht er das Recht der Völker auf Selbstbestimmung, das heißt, er forderte die Zerschlagung des russischen Reiches. Kamenjew, Stalin und Muralow führten die Partei von innen. Angesichts der geringen Mitgliederzahl der bolschewistischen Partei – vor der Februarrevolution zählten die Bolschewiken in Petrograd nur etwa 10 000 Genossen und in Moskau nicht einmal so viele, während sie im ganzen Land im Frühjahr 1917 auf kaum mehr als einige 10 000 weiterer Sympathisanten sicher rechnen konnten – einigten sich ihre drei Führer auf Zu-rückhaltung bei der Äußerung extremistischer Ansichten, die zu sehr von der Linie des Petrograder Sowjets abwichen.

Anders als Lenin, der den Krieg in eine Revolution verwandeln wollte, hatte sich die Troika der inneren Führung zusammen mit allen anderen Linken auf Friedensverhandlungen mit den Mittelmächten geeinigt, um der provisorischen Regierung damit Luft zu verschaffen. Alle drei wollten die ständige Revolution nicht: »Es reicht nicht, die Macht zu ergreifen, man muß sie auch behalten.« Der Graben zwischen dem Parteichef im Exil und den in Rußland lebenden drei Revolutionsführern fiel angesichts des Schicksals ganz besonders auf, das letzteren Lenins Mitteilungen bereiteten, die unter der Rubrik *Briefe von anderswo* in der *Prawda* erscheinen sollten. In diesen *Briefen* rief Lenin zum Boykott der provisorischen Regierung auf und forderte die Bewaffnung der Arbeiter. Doch seine vorsichtigen Führungskollegen veröffentlichten nur einen einzigen *Brief von anderswo*, aus dem sie zudem sämtliche Spitzen

452

gegen die provisorische Regierung sorgfältigst gestrichen hatten, und beließen es dann dabei.

Aber Lenin kehrte nicht wegen versöhnlicher Gesten nach Rußland zurück. Er wollte die Revolution und in dem noch andauernden Krieg den für eine Revolution geeigneten Moment herauspicken.

In bezug auf Lenin und den Krieg haben sich zwei gegensätzliche Thesen dauerhaft verfestigt. Folgen wir der offiziellen Geschichtsschreibung der UdSSR und der Meinung derjenigen, die deren Ansicht innerhalb oder auch außerhalb des Landes mehr oder weniger übernehmen mußten, unterhielt Lenin keine wie auch immer geartete Verbindung zum Deutschen Reich; auch wirkten sich seine Ansichten über den Ersten Weltkrieg auf die internationalen Beziehungen überhaupt nicht aus. Eine andere und nicht minder radikale Schule betrachtet Lenin hingegen als willfährigen Handlanger Deutschlands, der mit dessen finanzieller Unterstützung Rußland dazu brachte, aus dem Krieg auszutreten.

Die Wahrheit aber ist, wie aus den Akten ersichtlich, viel komplexer, auch wenn sie zumindest in Teilen die zweite These stützt. Die finanziellen Verbindungen zwischen Lenin und Deutschland sind unbestreitbar, auch wenn sie nur indirekt bestanden. Die Beweise können in den deutschen Archiven eingesehen werden. Diese Verbindungen, die schließlich zum Untergang des Zarenreichs führten, liefen hauptsächlich über zwei Männer, deren Aufgabe in der Verteilung finanzieller Zuwendungen allein in Verbindung mit der von Lenin vorgegebenen Politik bestand.

Einer dieser Männer war Alexander Helphand, genannt »Parvus«. Es handelte sich um eine geheimnisumwitterte Persönlichkeit, die im Januar 1915 auf der diplomatisch-militärischen Bühne erschien. Als Befürworter der *ständigen* Revolution hatte Parvus im Jahr 1905 für kurze Zeit den Sowjet in St. Petersburg geleitet. Im Jahr 1914 lebte er in Konstantinopel, wo er zweifelhaften Geschäften nachging, als ihm der Kriegseintritt der Türkei an der Seite Deutschlands ein ganz neues Betätigungsfeld eröffnete. Bis

453

dahin hatten ihm seine revolutionären Umtriebe kaum Türen von Regierungszentralen geöffnet. Erst Lenins defätistischer Wahlspruch in bezug auf »Krieg und Revolution« bot den deutschen Behörden Anlaß, das »Projekt Parvus« zu starten. Seine Spur in deutschen Archiven kann erst seit dem 10. Januar 1915 nachgewiesen werden, da zu diesem Zeitpunkt ein Mitarbeiter des deutschen Außenministeriums auf dem Empfang von »Dr. Parvus«, der diesen Titel übrigens zu Unrecht trug, zwecks Übergabe eines Memorandums mit dem Titel *Vorbereitungen eines politischen Massenstreiks in Rußland* bestand. Auf 18 Seiten entwickelte Parvus, gestützt auf Lenins Konzeptionen, unter dem Titel »Frieden und Freiheit« einen umfassenden Plan, mit dem Ziel, nicht nur Zentralrußland, sondern auch Finnland, die Ukraine, Sibirien und die Kaukasusregion zu lähmen. Der deutschen Regierung schien dieser Plan ernsthaft genug, so daß der Staatssekretär im kaiserlichen Schatzamt am 7. März 1915 folgendes telegraphisch anwies: »Zwei Millionen Mark für die revolutionäre Propaganda in Rußland zur Verfügung stellen.«

Nachdem er sich in Kopenhagen niedergelassen hatte, eröffnete Parvus auch in Stockholm ein *Büro für internationale Handelsbeziehungen* und setzte Jakow Hanetski, einen Vertrauten Lenins, als dessen Leiter ein. Letzterer verweigerte zwischen 1915 und 1917 zwar jeglichen Kontakt mit Parvus und erhielt auch keinerlei Zuwendungen aus dem deutschen Sonderfonds, denn diese Zahlungen flossen direkt in die revolutionäre Propaganda. Doch wäre es in diesem Stadium naiv zu glauben, daß dem »Projekt Parvus« andere als Lenins eigene Ideen zugrunde lagen.

Ein anderes Postulat Lenins, nämlich die Nationalitäten im Zarenreich einzusetzen, um dessen Zerstörung zu beschleunigen, griff Graf Romberg auf, der in der Schweiz ansässige deutsche Koordinator aller subversiven und zugleich antirussischen Strömungen im russischen Vielvölkerreich. Als Gesandter Deutschlands in Bern war Romberg ganz sicher kein Anhänger Lenins – im Gegenteil, denn er befürchtete, die Thesen des russischen Revolu-

454

tionsführers könnten sich auch innerhalb der Mittelmächte niederschlagen. Dennoch hielt er die Ideen Lenins für brauchbar und nützlich genug, um sie innerhalb der nationalistischen Unabhängigkeitsbewegungen im Zarenreich zu verbreiten. Allerdings unterstützte er nur die Minderheiten, die für ihre Angehörigen in Deutschland und im österreichisch-ungarischen Kaiserreich keine mögliche Ansteckungsgefahr bedeuteten. Da er aus diesem Grund den in beiden Kaiserreichen lebenden Polen mißtraute, bevorzugte Romberg die Balten und gewann dadurch einen Esten und Vertrauten Lenins namens Alexander Kesküla. Über ihn entwickelten sich indirekte Kontakte zwischen Lenin und Romberg, der die nationalen Bewegungen organisierte und finanzierte, die im Sinne einer Zersetzung des russischen Reichs agitierten. Wenn wir dem hinzufügen, daß Parvus, dessen Denkschrift vom März 1915 zum Teil ebenfalls auf eine Verbindung von nationalistischen und gesellschaftlichen Bewegungen setzte, Kesküla nahestand, der wiederum direkte Unterstützung von Romberg erhielt, so erkennen wir doch recht eigenartige Verbindungen.

Trotzki zeigte sich über Parvus' Deutschfreundlichkeit besorgt, den der ehemalige bolschewistische Abgeordnete in der Duma, Grigori Alexinski, als »Agenten im Solde Deutschlands« bezeichnete. Nach einer kurzen Zusammenkunft in Bern brach Lenin mit Parvus und untersagte Bucharin jede weitere Zusammenarbeit mit ihm, doch Hanetski hielt die Verbindung zwischen den beiden Männern weiterhin aufrecht – eine wahrhaft verworrene Situation. Um sie so klar wie möglich zu schildern, bleibt festzuhalten, daß sich Lenin in dieser Zeit auf gar keinen Fall kompromittieren wollte. Daher handelte er offensichtlich aus Vorsicht, nicht aus Überzeugung, denn wie wenig Skrupel er kannte, wenn es um die Beschaffung von Subsidien für die Partei ging, hatte er in den Jahren vor dem Krieg bewiesen, wofür er von der II. Internationalen entsprechend gerügt worden war. Allerdings dürfte ihm nicht entgangen sein, daß seine Rede jene Vorhaben unterstützte, die Parvus in Berlin vorgeschlagen hatte.

Im Frühjahr 1917 hingegen brauchte er die Deutschen genauso, wie er ihnen wiederum nützte.

In Petrograd hatte sich die Situation trotz des Drucks des Sowjets festgefahren; Rußland dachte gar nicht daran, sich um Frieden zu bemühen, wie die Erklärung Miljukows vom 4. März 1917 bestätigte. Die Reichsregierung in Berlin schloß daraus, daß die Rückkehr Lenins nach Rußland die Revolution beschleunigen und die Neigung der provisorischen Regierung, Frieden zu schließen, unterstützen werde. Für Lenin hingegen war es inzwischen unerträglich geworden, abseits der Ereignisse in Rußland zu leben. Das offensichtliche Übergehen seiner Anweisungen durch die in Petrograd verbliebene Parteileitung bestärkten ihn in der Notwendigkeit, die Dinge wieder selbst in die Hand zu nehmen. Wie aber sollte er aus der Schweiz nach Rußland gelangen? fragte er sich und ähnlich auch die Gegenseite in Berlin: Soll der Trumpf Lenin schon jetzt ausgespielt werden? Romberg hielt ein rasches Vorgehen für das Beste und redete Reichskanzler Bethmann Hollweg in diesem Sinn zu. Parvus setzte sich ebenfalls dafür ein, und am 13. April (dem 20. März nach Julianischem Kalender) telegrafierte Oberst Wachendorf vom Auswärtigen Amt wahrscheinlich an die Adresse Rombergs: »Ihre Kaiserliche Hoheit hat heute morgen beschlossen, daß die russischen Revolutionäre durch Deutschland zu transportieren und mit Propagandamaterial auszustatten sind, um in ihrem Land arbeiten zu können. Sollte ihnen die Einreise nach Schweden verweigert werden, dann wird das Oberkommando der Wehrmacht Vorbereitungen treffen, um sie durch die deutschen Linien zu bringen. Das Oberkommando ist bereit, alle in der Schweiz verbliebenen Revolutionäre nach Rußland zu geleiten.«

Zur gleichen Zeit bestätigte ein Telegramm Rombergs an den Reichskanzler den Empfang der zu diesem Vorhaben bestimmten Mittel.

Am 27. März (9. April) verließen die Bolschewiken Zürich. Folgt man der Leninschen Legende, so wollte Wladimir Iljitsch in einem versiegelten Eisenbahnwaggon durch Deutschland reisen, um dadurch seine Unabhängigkeit gegenüber dem Kaiserreich zu verdeutlichen. Von der Schwester Lenins, Anna Uljanowa-Elissarowa, wissen wir allerdings, wie es tatsächlich war. Sie schilderte diese Reise in einem Beitrag der zum zehnten Jahrestag der Oktoberrevolution herausgegebenen Enzyklopädie *Granat*, und es gibt keinen Grund, an ihren Worten zu zweifeln: »Wladimir Iljitsch beschloß, in einem *versiegelten* Waggon via Deutschland zurückzukehren. Diese Geschichte wurde oft von Wladimir Iljitschs eigenen und anderen Feinden der Bolschewiken angeführt, um sie des Verrats zu beschuldigen [...]. Die Übereinkunft mit den deutschen Behörden besagte lediglich, daß die Reisenden durch Deutschland fahren und dabei kategorisch jede Zusammenkunft und jedes Gespräch mit wem auch immer verweigern würden. Aus diesem Grund hatte man den Begriff *plombierter Waggon* gewählt.«

Lenin und seine einunddreißig Reisegefährten, zu denen auch seine Frau Nadejda Krupskaja, Sinowjew und seine Familie, Radek, Inessa Armand (eine Französin, die mit einem 1909 zum Bolschewismus übergetretenen Industriellen verheiratet und zugleich die Freundin und Vertraute Wladimir Iljitschs war) gehörten, durchquerten problemlos Deutschland, dann Schweden und kamen am 3. April 1917 (16. April entsprechend dem Gregorianischen Kalender) in Petrograd an. Miljukow war offenbar durch eine befreundete Botschaft heimlich von diesem Transport informiert worden, doch hielt er die Rückkehr des Revolutionsführers für eine wenig bedeutsame Neuigkeit. Er glaubte, wenn erst die Umstände dieser Rückkehr – damit meinte er die Hilfestellung der Deutschen bei dieser Reise – bekannt würden, wäre Lenin diskreditiert.

Die von der deutschen Regierung unterstützte Rückkehr Lenins bedeutete die Erfüllung der undurchsichtigen Träume und Umtriebe von Parvus und Romberg; sie sollte Miljukows Optimismus und die Erwartungen der Deutschen aber auch auf eine harte Probe stellen. Hatte die Regierung in Berlin richtig gehandelt, als sie auf diese Karte setzte? Denn obwohl Lenin im *eigentlichen* Sinn kein deutscher Agent war, hatte man ihn doch offensichtlich nach Rußland gebracht, um eine Aufgabe zu erledigen, deren Erfüllung im höchsten Interesse des Deutschen Reiches lag. Er selbst war sich dessen bewußt, hoffte aber letztendlich, daß die russische Revolution, die die deutsche Hilfe ermöglichte, auch das deutsche Kaiserreich fortspülen würde.

Zugleich zeigte sich ebenso eindeutig, daß die bolschewistische Partei seit 1917 über bedeutende finanzielle Mittel für Propagandazwecke verfügte; die unerwartete Entfaltung ihrer Presse nach dem Februar 1917 sprach Bände. Die Korrespondenz Lenins mit Hanetski zwischen Februar und April, der die Verteilung der Gelder zu kontrollieren hatte, ist sehr aufschlußreich. Sie belegt darüber hinaus den Kontakt zwischen den beiden und die Tatsache, daß Hanetski Lenin Mittel zur Verfügung stellte, damit dieser die Schweiz verlassen konnte. In Anbetracht dessen war die Vorsicht Lenins nur zu verständlich, auch wenn er einen enormen Gewinn aus der Unterstützung Deutschlands zog. Die Frage ist, ob die Bolschewiken in ihrem Land auch ohne diese Hilfe plötzlich so stark geworden wären.

Lenins Rückkehr verlief nach einem bereits eingefahrenen Ritual. So wie alle Rückkehrer vor ihm, zum Beispiel Georgij Plechanow, der große Vordenker des russischen Marxismus, wurde er am finnländischen Bahnhof mit Blumen und Hochrufen begrüßt. Der Sowjet hatte Nikolaj Tschcheidse zur Begrüßung geschickt. Er erfüllte seinen Auftrag in gewählten Worten und erklärte Lenin, daß man von ihm eine Zusammenarbeit mit der eingesetzten Regierung erwartete, um diese in ihrem Handeln zu stärken. Lenin waren Empfang und Grußworte gleichgültig, er hielt eine kurze Rede und eilte dann zu seinen bolschewistischen Freunden. Vor ihnen ließ er die Katze aus dem Sack: Er verurteilte implizit nicht nur die seit Februar verfolgte Strategie, sondern verkündete auch ohne Umschweife das Ende der ersten Etappe der Revolution und daß man nun in die Phase der sozialistischen Revolution eintrete. Der

Krieg müsse beendet, mit der bestehenden Regierung Schluß gemacht und »alle Macht den Sowjets« übertragen werden. Mit diesen Worten brachte er alle gegen sich auf, die Menschewiken, die Sozialrevolutionäre und das Zentralkomitee der bolschewistischen Partei, das sich weigerte, die, wie man sie später nannte, *April-Thesen* abzudrucken.

Die Haltung, die Lenin verteidigte und bald auch seinen Kollegen aufzwang, entsprang seiner Analyse der Vorgänge im Jahre 1905 und der darauf folgenden Niederlage. Wie damals sah er auch nun den Einfluß der Sowjets steigen, die er früher abgelehnt hatte. Seine Parole »Alle Macht den Sowjets« mochte seine Anhänger zwar verwirren, sie läßt sich angesichts des leninschen Pragmatismus allerdings leicht verstehen. In seinen Augen eigneten sich die Sowjets am besten für die Zersetzung des bürgerlichen Staates. Natürlich zeigte sich in ihnen auch die Spontaneität der Massen, die er allerdings nie wollte. Im April 1917 war er zwar kein Anarchist mehr, noch unterstützte er den spontanen Ausbruch der Massen, aber er erkannte die Situation, die den Zusammenbruch des Staates vollenden konnte. Daher akzeptierte er momentan zwar die Institution der Arbeiter- und Soldatenräte und erklärte sie sogar zu seiner Speerspitze, dachte aber gleichzeitig schon daran, sie in der folgenden Etappe zu isolieren und zu bolschewisieren.

Zwei Männer durchschauten diese Strategie sofort: Kamenjew, der zusammen mit Stalin noch der Vorstellung einer zeitlich begrenzten Stabilisierung der Revolution in ihrer bürgerlichen Phase zuneigte, und Trotzki, der sich dem bolschewistischen Lager noch nicht angeschlossen hatte, aber mit seiner eigenen Theorie der »permanenten Revolution« den *April-Thesen* Lenins recht nahekam. Letzterem blieb – auch unter dem Eindruck der Ereignisse – nur wenig Zeit, seine zaudernden Anhänger zu überzeugen.

Die »bolschewisierte« Revolution

Die Aprilkrise 1917, die das Ende des ersten rein bürgerlichen Kabinetts der provisorischen Regierung einläutete und zur Bildung einer Mitte-Links-Regierung führte, eröffnete mit den durch die Bolschewiken manipulierten Unruhen auch auf der Ebene der Revolution eine neue Phase. Lenin war gerade erst zurückgekehrt, aber sein Fußvolk zeigte sich schon sehr aggressiv. In jenen denkwürdigen Apriltagen schienen sich in den Straßendemonstrationen und in den regierungsfeindlichen Parolen die Reaktionen auf die neuen Forderungen abzuzeichnen – vielleicht nicht unbedingt aufgrund eines vorbereiteten Plans, aber zumindest als ein Versuch, die Grenzen des Möglichen auszuloten. Die Aufmärsche, deren Spruchbänder »Alle Macht den Sowjets« forderten, entsprachen völlig der von Lenin vorgegebenen Richtung.

Zwei Monate nach dieser Krise stellte sich die Machtfrage im Juni 1917 schon deutlicher, als Kriegsminister Kerenski den Zeitpunkt für eine militärische Offensive an der Front gekommen sah. Damit wollte er sowohl die Alliierten vom guten Willen Rußlands überzeugen als auch durch einen Sieg endlich die Hände für die Beruhigung der inneren Front freibekommen, an der die Unruhen nicht aufhören wollten. Mit der Durchführung der Offensive wurde General Brussilow betraut. Für die Bolschewiken – oder vielmehr für Lenin – bot sich eine außerordentlich günstige Gelegenheit; er kannte die Kriegsmüdigkeit der Soldaten und wollte diesen Umstand nutzen. Wenn Brussilows Offensive allerdings erfolgreich verlief, so fürchtete er nicht zu Unrecht, würde dies die Regierung stärken und die Position der Bolschewiken schwächen. Aus diesem Grund bereitete er für den 10. Juni eine bewaffnete Demonstration vor, die durch einen Generalstreik in der Hauptstadt unterstützt wurde; beide sollten zum Frieden und zum Sieg der Sowjets aufrufen. Viele seine Anhänger erschraken über diesen Plan, den sie für einen Putschversuch und zugleich für eine Ausgeburt des »Abenteuergeistes« Lenins hielten.

Doch dem blieb keine Zeit, um andere Möglichkeiten zu erproben, den Weg an die Macht zu verkürzen; der Petrograder Sowjet, dessen Position durch den gleichzeitig stattfindenden Sowjetkongreß gestärkt wurde, hatte nämlich sämtliche Demonstrationen verboten. Vorsichtshalber rief Lenin seine Truppen also wieder zurück.

Die folgenden Tage gaben ihm trotzdem recht: Nach einigen Anfangserfolgen brach die russische Offensive zusammen. Diesmal hatten Moral und Gehorsam der Truppe ihren Tiefststand erreicht. Am 6. Juli endete das Unternehmen in einem Desaster. Ohne es schon zugeben zu wollen, hatte Rußland den Krieg bereits verloren. Für Kerenski bedeutete diese Niederlage eine Schwächung, außerdem war er als Politiker in Mißkredit geraten. Für Lenin bestand nun kein Zweifel mehr: Die im Juni unterbrochene Operation konnte wiederaufgenommen werden, dieses Mal war der Staatsmacht die Luft ausgegangen!

Er sollte sich indes täuschen. Am 3. Juli begannen die Bolschewiken mit dem, wie sie hofften, endgültigen Sturm auf die Regierung. Zu den sorgfältig vorbereiteten Massendemonstrationen stießen Truppenteile, die sich in Auflösung befanden. Doch in der allgemeinen Verwirrung entwickelte sich der Putsch zur Katastrophe für die Bolschewiken. Nach zwei Tagen gelang es der Regierung, die öffentliche Ordnung wiederherzustellen und die Verhaftung Lenins und einiger seiner Stellvertreter wegen Hochverrats anzuordnen. Lenin hatte sich jedoch schon in Finnland in Sicherheit gebracht und überließ es seinen politischen Freunden, mit den Folgen seines gescheiterten Putschversuchs fertig zu werden.

Am 7. Juli 1917 übernahm Kerenski die Leitung eines zunächst noch sozialistischen Kabinetts, ehe drei Wochen später wieder die Koalition zusammentrat. Und doch unterschied sich die neue Lage grundsätzlich von jener, die noch zwei Monate zuvor geherrscht hatte. Von nun an diktierte Lenin – wenn auch aus dem Untergrund – die Vorgaben an die Partei. Der sechste Parteikongreß fand Ende Juli in Abwesenheit Lenins statt, doch Stalin sprach in seinem Namen und in Anlehnung an die *April-Thesen*. Nach dem Aufruf, »alle Macht den Sowjets« zu geben, schlug nun die Stunde, »alle Macht der durch die bolschewistische Partei geführten Arbeiterklasse« zu überlassen.

Diese Parole mutete in einer Stunde, da die Bolschewiken eine Niederlage einstecken mußten und das Volk nicht wußte, wem es nun glauben sollte, geradezu lächerlich an. Aber die Regierungsseite wußte auch nicht, wie sie nun fortfahren sollte. Das Koalitionskabinett setzte sich aus acht Sozialisten und sieben bürgerlichen Ministern zusammen. Sie standen völlig unter dem Einfluß Kerenskis, der zwar ein guter Redner, wenn nicht gar Maulheld war, sich als Regierungschef jedoch als schwach und unentschlossen herausstellte. Nach den Putschversuchen im Juni und Juli mußte er die Notwendigkeit, zu handeln und die Entscheidungen zu fällen, die ihm die Unterstützung des Volkes eintragen würden, einfach erkennen. Im Juli und August 1917 bestand an den Wünschen der Bevölkerung keinerlei Zweifel: Sie wollte das Ende des Krieges und die Durchführung einer Agrarreform! Aber Kerenski versteifte sich trotz aller militärischen Niederlagen und trotz einer zusammenbrechenden Armee auf die Fortsetzung des Krieges. An Reformen, so seine Worte, war erst nach den Entscheidungen der verfassunggebenden Versammlung zu denken, doch dachte er gar nicht daran, diese Versammlung wählen zu lassen.

Die Regierung hatte wegen des allgemeinen Durcheinanders in der Gesellschaft und an der Front allen Grund zur Furcht und ernannte deshalb General Kornilow zum Chef der Armee. Die Wahl war auf den richtigen Mann gefallen. Als verdienter und erfahrener Soldat und zudem wenig geneigt, sich in die Politik einzumischen, schien er der zur Wiederherstellung der öffentlichen Ordnung und zur Stärkung der Regierung Geeignetste zu sein. Für dieses Ziel forderte Kornilow allerdings völlige Unabhängigkeit von der Politik und, zumindest nach Kerenskis Meinung, übertrieben hohe Vollmachten. Der Regierungschef fürchtete nämlich einen Militärputsch nicht weniger als einen

462

Staatsstreich der Bolschewiken. Darunter litt natürlich die Verständigung zwischen Regierungschef und Armeeführer.

Der Mitte August in Richtung Riga gestartete Vorstoß der deutschen Streitkräfte stieß kaum auf Gegenwehr; Rußland sah sich wieder einmal in großer Gefahr. Militärische Niederlagen der Russen, die es den deutschen Truppen erlaubten, bis fast nach Petrograd durchzustoßen, und die wahrscheinliche Reaktion des Volkes und der Armee auf die Konzessionen (unter anderem die Einsetzung des Kriegsrechts) an Kornilow, zu denen sich die Regierung schließlich doch noch durchgerungen hatte, um die Anarchie zu ersticken, konnten das Pulverfaß jederzeit und um so mehr explodieren lassen, als Gerüchte die Vorbereitung eines bolschewistischen Staatsstreichs für Ende August ankündigten und die Regierung ihnen Glauben schenkte.

Zu diesem Zeitpunkt spielte sich vieles ab, das sich nicht leicht durchschauen ließ. Im allgemeinen Wirrwarr festzuhalten bleibt aber, daß Kornilow zu Recht glaubte, er müßte die Regierung mit militärischen Maßnahmen gegen den Sowjet und die Bolschewiken stützen, wenn nicht sogar retten. Kerenski hingegen spielte ein falsches Spiel, um sich des Generals zu entledigen, den er zunächst selbst um Hilfe gebeten hatte. Das Ergebnis war, daß Kornilow Regimenter auf die Hauptstadt marschieren ließ, während sämtliche Linksparteien gegen den in ihren Augen »Putsch der Rechten« mobilisierten, der fast kampflos beendet wurde.

Zwei Dinge lehren diese eher dummen als tragischen Ereignisse: Auf der einen Seite verfing sich eine Regierung, die nur noch als Schatten ihrer selbst existierte, in ihren eigenen Intrigen und war unfähig, auch nur die geringste Eigeninitiative zu entwickeln. Ihre Politik führte ständig nur in Sackgassen. – Auf der anderen Seite wartete das Volk noch immer auf »Frieden und Land«. Darüber hinaus folgte aus diesen Ereignissen, daß sich die bis dahin heillos zerstrittene Linke unter der Führung der Bolschewiken einigte, wodurch deren Einfluß auf die Massen ins Unermeßliche stieg. Kerenski war, wenn nicht gar der Anstifter, so doch zumindest der eigentlich Verantwortliche für diese Entwicklung, da sich seine Politik nur noch in der Behandlung von Nebensächlichkeiten und widersprüchlichen Entscheidungen erschöpfte. Suchanow schrieb: »Die bis dahin frei erfundene bolschewistische Gefahr war nun Wirklichkeit geworden. Der Sowjet der Hauptstadt, die anderen Sowjets, die kämpfende Armee, die Garnisonen in der Etappe – alles fiel Lenin zu. Die gesamte Staatsmacht lag nun in den Händen der mit den Massen eng verbündeten Bolschewiken.«

Die von Lenin als Ziel avisierte Bolschewisierung des Landes wurde von den Linksparteien genau registriert, die daraus ihre Konsequenzen zogen. Die Menschewiken und die Sozialrevolutionäre erkannten, daß sie künftig eine härtere Gangart einschlagen mußten, wollten sie auf die Dauer den Ereignissen nicht hinterherhinken, und so schlingerte das Land in eine neue Revolution.

Die Regierung nahm die Herausforderung an und präsentierte sich in einem vierten Koalitionskabinett, das am 24. September unter der Führung Kerenskis zusammentrat. Zwischen ihr und dem Volk waren aber praktisch sämtliche Brücken abgebrochen. Trotzki, der soeben aus dem Gefängnis entlassen und am 4. September an die Spitze des Petrograder Sowjets gewählt worden war, erklärte ohne Umschweife, daß die Regierung nichts mehr regiere und der zweite, kurz vor der Eröffnung stehende Kongreß der Sowjets alle vorliegenden Probleme lösen werde.

Alle Macht den Bolschewiken

Der Kongreß der Sowjets hatte sich noch kaum richtig versammelt, da griffen die in einem revolutionären Militärkomitee organisierten Bolschewiken auch schon nach der Alleinherrschaft. Sie besetzten das Winterpalais und verhafteten die dort versammelten Minister der provisorischen Regierung. Die Spuren der Februarrevolution verblaßten.

Am 26. Oktober legte Lenin, nach dem Staatsstreich der Bolschewiken in der Nacht vom 24. auf den 25. Oktober nun Herr der Macht, dem Kongreß drei Dekrete vor. Das erste bestimmte eine neue, noch immer »provisorische« Regierung, die Rußland bis zum Zusammentritt einer verfassunggebenden Versammlung im November 1918 interimistisch führen sollte, während sich die beiden anderen Dekrete mit der endgültigen Regelung des Friedensschlusses und der Bodenreform beschäftigen.

Das *Dekret über den Frieden* leitete sich aus der Haltung ab, die Lenin seit 1914 vertreten hatte, und wurde als erste Amtshandlung der neuen Machthaber beschlossen. Lenin appellierte darin an »alle kriegführenden Völker«, »ohne Reparationen und Annexionen Frieden zu schließen sowie ihre multinationalen kolonialen Reiche aufzulösen«. Ein äußerst interessanter Appell, denn er richtete sich nicht an die Regierungen, sondern direkt an die Völker und *gegen* ihre Regierungen. Lenin setzte sich dabei über das gesamte klassische Ordnungssystem der internationalen Beziehungen hinweg und zeigte, daß er eine neue politische Ordnung schaffen wollte. Er ignorierte bewußt die auf Staaten und zwischenstaatliche Beziehungen gegründete internationale Gesellschaft, um an ihre Stelle eine neue Internationale der Völker zu setzen. Ob sich deren Regierungen gegenüber seinem Appell taub stellten, berührte ihn nicht, denn seiner Meinung nach sollten die Völker das Problem der Friedensregelung gerade so lösen wie Rußland, ihre Regierungen also schlicht durch Absetzung beseitigen. Damit schloß er in der Praxis den Kreis zwischen Krieg und Revolution, den er bis dahin in der Theorie entwickelt hatte. Das *Friedensdekret* war nichts anderes als ein Aufruf zur Revolution an alle Völker, und Lenin stellte mit ihm seine Ziele vor. Die Machtübernahme in Rußland bedeutete in seinen Augen nur den ersten Schritt, das erste Glied in einer Kette weiterer revolutionärer Ereignisse, die das Gesicht Europas verändern mußten. Außerdem definierte dieser Aufruf den noch jungen Sowjetstaat als jenen neuen Staatstyp, nach dessen Vorbild die Weltrevolution noch viele weitere neue Staaten erzeugen würde.

Aber die Völker überhörten Lenins Appell, nur – welche Ironie der Geschichte! – die Regierungen der Mittelmächte lauschten ihm aufmerksam, denn sie benötigten den Sonderfrieden mit Rußland dringend, um die Kämpfe an ihrer Ostfront beenden und die dort stationierten Truppen an die Westfront werfen zu können. Hatte Lenin in diesem Fall also mit Zauberlehrlingen gespielt? Die Verhandlungen zum Vorfrieden und schließlich der Friedensschluß von Brest-Litowsk im März 1918 bescherten den Mittelmächten eine Kampfpause, ohne ihnen darüber den Sieg im Krieg zu ermöglichen. Abgesehen von einigen kurzfristigen Aufständen in Bayern, in Ungarn und trotz des Zusammenbruchs der k.u.k.-Monarchie hatte sich die politische Ordnung inzwischen konsolidiert. Nur in Rußland bestätigte sich die Prophezeiung Lenins vollständig, daß der Krieg und die militärische Niederlage in die Revolution führe. Außerdem mußte er später zugeben, daß sein Programm nicht über den Frieden von Brest-Litowsk hinausreichte. Die Bolschewiken vermochten zwar innerhalb ihrer Landesgrenzen eine »neue Welt« zu schaffen; außerhalb dieser Grenzen mußten sie jedoch mit der bestehenden Welt zusammenarbeiten und sich benehmen wie die Regierungshäupter aller anderen traditionellen Staaten auch.

An diesem 26. Oktober 1917 trat auch das zweite der drei Dekrete, das *Dekret über den Grund und Boden* in Kraft, das den gesamten Großgrundbesitz entschädigungslos enteignete und in die Hände derjenigen überführte, die ihn bearbeiteten. Dieses Dekret zielte natürlich auf eine Agrarreform ab, die die verfassunggebende Versammlung erst noch beschließen sollte; aber die großen, durch dieses Dekret festgelegten Linien würden nun nicht mehr verändert werden können. Das bedeutete fürs erste die öffentliche Erfüllung der Wünsche und Ziele der Bauern, indem deren Recht auf Eigentum an Grund und Boden anerkannt wurde. Daß dies im scharfen Widerspruch zum Reformprogramm der Sozialisten stand, interessierte zu einem Zeitpunkt herzlich wenig, wo es für die frischgebackenen Machthaber allein um ihre Unterstützung durch die Bauern ging. Eine anders lautende Entscheidung wäre übrigens fast unmöglich gewesen, denn seit dem im Juli 1917 immer weiter um sich greifenden Durcheinander hatten die Bauern überall in Rußland schon landwirtschaftliche Flächen an sich gebracht und damit bereits selbst für eine Art Agrarreform gesorgt. Ihnen das geraubte Land im Oktober wieder abzunehmen hätten sie als Provokation empfunden, und dies wäre das beste Mittel gewesen, um sie gegen die Bolschewiken aufzuhetzen.

Die dritte und nicht weniger entscheidende *Deklaration über die Rechte der Völker in Rußland*, die am 2. November 1917 erlassen wurde, legte vier Prinzipien fest:

1. die Gleichheit und Souveränität der Völker Rußlands,

2. das Recht dieser Völker auf freie Selbstbestimmung bis hin zum Ausscheiden aus dem russischen Staatsverband und zur Bildung eigener Staaten,

3. die Beseitigung aller Privilegien und Beschränkungen,

4. die freie Entwicklung der nationalen Minderheiten und ethnographischen Gruppen, die das Territorium Rußlands bewohnen.

Die Folgen dieses Dekrets zeigten sich umgehend. Die von Rußland wegstrebenden Tendenzen, die bereits seit Monaten bestanden, schlugen sich im ehemaligen Reichsgebiet überall in Unabhängigkeitserklärungen nieder: Finnland, die baltischen Staaten, die Ukraine, Armenien, Georgien und Aserbeidschan sowie die Don- und Kubankosaken erklärten sich für autonom. Dadurch wurde das ehemals zaristische und nun bolschewistische Rußland erheblich verkleinert. Schon kurz darauf stellte Trotzki ganz offen die Frage, ob der bolschewistische Staat ohne den Weizen und die Kohle der Ukraine oder ohne das Öl und die Erze aus dem Kaukasus würde überleben können. Andere Bolschewiken hingegen sollten sich bald für die Möglichkeit einer Verbindung von sozialistischem Programm und Bauerneigentum interessieren. Aber das ist eine ganz andere Geschichte ...

Die Tragödie der Zarenfamilie

Seit Frühjahr 1917 hatte sich kein Mensch mehr um das Schicksal der Romanows gekümmert. Dennoch blieben die sechs Personen – unter ihnen ein abgedankter, aber gleichzeitig eine jahrhundertealte Legitimität repräsentierender Herrscher und sein Thronfolger – in angstvoller Unsicherheit über das ihnen bestimmte Schicksal.

Als Nikolaus II. die Abdankungsurkunde unterzeichnete, hatte er gehofft, sich mit seiner Familie bis Kriegsende auf die Krim zurückziehen zu dürfen, wo ihm die vom revolutionären Schrecken weit entfernt lebende Bevölkerung zumindest noch friedliche Gefühle bewahrt hatte. Nach kurzem Zögern wies Kerenski, der damalige Regierungschef, diese Lösung mit dem Argument zurück, er könne für die Sicherheit der Zarenfamilie auf der Reise vom Zentrum der Macht, Petrograd, bis in die weit davon entfernte Krim nicht garantieren. Da sie also weder in ihr Schloß Livadia noch nach England reisen durften – ein Plan, der sich inzwischen ebenfalls zerschlagen hatte –, mußten sie in Zarskoje Selo bleiben, das von Tag zu Tag mehr einem Gefängnis glich. Der Bewegungsspielraum, den man ihnen anfangs noch zugestanden hatte, wurde enger und die Quälereien durch ihre Bewacher immer häufiger. Sie erkannten, daß sie schlimmer behandelt wurden als jeder andere Normalbürger in Rußland.

Mit der wachsenden Macht der Bolschewiken geriet ihre persönliche Sicherheit zum drängenden Problem. Dem Entschluß Kerenskis, die Zarenfamilie nach Tobolsk in Sibirien zu schicken, lagen sehr viel mehr Motive zugrunde, als er dem Exherrscher gegenüber zugab. Als er nämlich im Juli 1917 Nikolaus II. von der Notwendigkeit dieser Maßnahme zu überzeugen versuchte, argumentierte er, es

468

sei seine, Kerenskis, Pflicht, die Familie vor der Rachsucht der Bolschewiken zu schützen und sie in Tobolsk vor deren Zugriff in Sicherheit zu bringen. Die Wahrheit sah anders aus: Im Juli kümmerten sich die Bolschewiken gar nicht um die Romanows, aber Kerenski selbst befürchtete die Sammlung monarchistischer Kräfte, die die provisorische Regierung wieder vertreiben könnten. Solange sich der Exherrscher in der Nähe von Petrograd aufhielt, konnte er jederzeit als Vorwand für eine antibolschewistische, im weiteren Sinn antirevolutionäre Verschwörung oder gar für den Versuch der Wiedereinführung der Zarenherrschaft dienen. Wenn Kerenski also den Zaren so weit entfernte, dann schützte er damit nur seine eigene Macht.

Aber Tobolsk wurde nicht allein deshalb zum künftigen Aufenthaltsort des Zaren gewählt, sondern auch wegen der Entfernung der Stadt von der Front, von wo aus sich ein Militärputsch entwickeln konnte; außerdem bot die Gegend Sicherheit, weil nur wenige Bahnlinien dorthin führten. Dem vertrauensseligen Nikolaus II. sicherte Kerenski zu, er könne nach dem Zusammentritt der verfassunggebenden Versammlung, die das neue Regime zweifellos stabilisieren würde, als einfacher Bürger leben, wo er wollte.

Die Gefangenschaft in Tobolsk ließ sich wegen der Isolation der Gefangenen und der für sie schwierigen materiellen Bedingungen hart an: »Seit einigen Tagen bekommen wir von anständigen Menschen, die wissen, daß wir unsere Ausgaben für Lebensmittel einschränken mußten, Butter, Kaffee, trockene Kuchen und Marmelade«, notierte Nikolaus II. am 28. Februar 1918. Aber die Kaiserfamilie ertrug die Lebensbedingungen, die sie sich zuvor niemals hätte vorstellen können, mit großer Würde. Das Drama des Exherrschers spielte sich anderswo ab, das heißt in seinen Gedanken, ob der Entschluß abzudanken richtig gewesen war. Obwohl von der Außenwelt fast hermetisch abgeriegelt, hatte er von der Oktoberrevolution und dem Entschluß Lenins erfahren, den Krieg zu beenden. Der Privatlehrer des jungen Alexander, Pierre Gilliard, berichtet von den Gefühlen, die Nikolaus II. damals umtrieben: »Ich hörte zum ersten Mal, daß der Zar seine Abdankung bedauert. Schließlich hatte er seine Entscheidung in der Hoffnung getroffen, daß die, die seine Entfernung von der Macht wollten, den Krieg bis zum guten Ende führen und Rußland retten würden ... Nun leidet er, mit ansehen zu müssen, daß sein Machtverzicht unnötig war und er, der nur das Wohl seines Vaterlandes wollte, ihm mit seinem Weggang eher geschadet hat! Diese Vorstellung quälte ihn immer mehr und entwickelte sich in der Folgezeit bei ihm zu einer großen moralischen Angst.«

Nach der Machtergreifung der Bolschewiken verschärfte sich das Schicksal der Gefangenen. Man demütigte sie immer mehr und zwang Nikolaus II. wie alle Offiziere, seine Epauletten abzulegen. Der Abzug der Wachsoldaten, die noch der kaiserlichen Armee angehört hatten und die durch Bolschewiken ersetzt wurden, verwandelte die Eingeschlossenen in echte Häftlinge, die unzählige Provokationen und Erniedrigungen zu ertragen hatten. Solange sie in Tobolsk aber noch alle beisammen waren, bestand Hoffnung. Durch verschiedene Kanäle erfuhren sie von außen von der Sorge um ihr Schicksal und von Versuchen, sie aus ihrer Lage zu befreien.

Bis zum Sturz Kerenskis hatten die Romanows solche Pläne wenig beachtet. In ihrer Naivität glaubten sie an das ihnen von der provisorischen Regierung gegebene Versprechen und folglich auch an eine friedliche Lösung ihres Schicksals. Erst im Winter 1917/18 wurde die Lage für sie gefährlich. Die erfolgreiche Machtübernahme der Bolschewiken gab Anlaß zu verschiedenen Fluchtplänen, die für die Familie ersonnen wurden; aber alle waren entweder absurd, wenig organisiert oder boten aus anderen Gründen keine Aussicht auf Erfolg. Als viel gefährlicher stellten sich jedoch die mit diesen Plänen einhergehenden Gerüchte heraus, weil sie die Bolschewiken beunruhigen mußten, denen das Aufkommen einer ihnen feindseligen Stimmung außerhalb der Hauptstadt und insbesondere in Sibirien nicht verborgen geblieben war.

Damit war das Interesse derjenigen, die über das Romanow-Problem noch kaum nachgedacht hatten, geweckt, und von nun an begannen sich widersprüchliche Pläne zu verknoten, die einige Wochen später blutig enden sollten.

Traf das Attribut »Nikolaus der Blutige« auf den Exzaren wie weiland in Frankreich auf Ludwig XVI. zu? In Erinnerung an die Revolution von 1798 forderten viele Bolschewiken einen Schauprozeß. Sie hofften, daß er in der Gesellschaft die letzten Spuren monarchischer Gesinnung oder Anhänglichkeit an den Exzaren tilgen werde. Lenin hatte übrigens, noch lange bevor sich dieses Problem stellte, brutal angemerkt, man müßte eigentlich allen Romanows, wenigstens aber hundert von ihnen den Kopf abschlagen! Im März 1918 wollte er zumindest offiziell keine öffentliche Verhandlung, obwohl er mit dieser Möglichkeit rechnete. Die Situation vor Ort in Sibirien und der Bürgerkrieg forderten jedoch rasch eine außergewöhnliche Lösung.

Die Bolschewiken im Sowjet von Jekaterinenburg (Swerdlowsk) hatten nämlich beschlossen, daß Tobolsk für einen »derart gefährlichen Gefangenen« wie den früheren Herrscher kein geeigneter Aufenthaltsort sei. Sie begründeten ihre Entscheidung damit, daß eine Flucht aus Tobolsk in eine andere, von Revolutionären mehr oder weniger freie beziehungsweise von ihnen bewachte Stadt leicht möglich sei (in Tobolsk verlief das Leben, weil abseits vom Schienennetz gelegen, tatsächlich ruhig), und damit, daß die Schneeschmelze im Frühjahr einen derartigen Fluchtversuch begünstige. Diese Gegebenheiten boten in ihren Augen Anlaß genug, Nikolaus II. und eventuell seine Familie nach Jekaterinenburg zu bringen, um sie dort, wie es ihrem eigentlichen Status entsprach, ins Gefängnis zu werfen. Komplizierter wurde das Ganze aber noch durch den Plan des Omsker Sowjets, der im Grunde das gleiche beabsichtigte, nur eben mit der Abweichung, die kaiserliche Familie nach Omsk zu schaffen, so daß sich die beiden großen Städte in Sibirien über die Frage entzweiten, wer für die Haft des Exzaren nun zuständig sei. Es gab verschiedene Versuche, ihn zu entführen. Nikolaus II. und die Sei-

nen waren inzwischen zu wertvollen Geiseln beziehungsweise zum Symbol für die revolutionäre Wachsamkeit oder
vielleicht sogar zum gewichtigen Unterpfand bei Verhandlungen mit der Zentralregierung für die Stadt geworden,
die ihn in ihren Mauern gefangenhielt.

Gleichzeitig beschloß die bolschewistische Führung, die
sich inzwischen in Moskau, dem politischen Mittelpunkt
des neuen Staates, niedergelassen hatte, den ehemaligen
Herrscher zu holen, und schickte einen altgedienten Bolschewiken namens Wassili Jakowlew mit dem Auftrag
nach Tobolsk, die Zarenfamilie nach Moskau zu bringen.
Dort angekommen, stellte Jakowlew fest, daß Alexej an
beiden Beinen gelähmt und nicht transportfähig im Bett lag.
Die Lähmung war aus einem Bluterguß entstanden, denn
die Hämophilie des Knaben war wieder mit aller Macht
ausgebrochen. Deshalb entschied Jakowlew, den Zaren allein mit sich zu nehmen, aber Alexandra machte einen
Strich durch seine Rechnung. Sie, wie übrigens Nikolaus II.
auch, war fest davon überzeugt, die bolschewistische Regierung wünsche den Exzaren wegen seiner Gegenzeich-
nung des Friedensvertrags von Brest-Litowsk zu sehen.
Dies traf zwar absolut nicht zu, um aber einen Moment
der Schwäche bei ihrem Gatten zu verhindern, wollte Alexandra ihn begleiten. Dadurch wurde die Familie auseinan-
dergerissen: Nikolaus II., seine Frau und seine Tochter,
Großfürstin Maria, reisten, wie sie dachten, unter strenger
Bewachung nach Moskau, während der Zarewitsch und
seine drei weinenden Schwestern in Tobolsk blieben und
dort ihre Eltern zurückerwarteten. Der pathetische Bericht
Gilliards bezeugt den Mut, die Würde und die Hoffnung
der ganzen Familie, in Moskau bald wieder vereint zu sein.
Am 7. Mai 1918 notierte Gilliard jedoch: »Die Kinder erhielten einen Brief aus Jekaterinenburg, der ihnen zwar erklärte, daß ihre Eltern wohlauf und gesund seien, aber
nicht, warum ihr Zug in dieser Stadt angehalten hatte.«

Tags darauf wußte er mehr: »Die Wachoffiziere und
Wachsoldaten, die die Majestäten begleiteten, sind aus Jekaterinenburg zurückgekehrt. Sie erzählen, daß der Zug

des Zaren bei seiner Ankunft in Jekaterinenburg von Rotgardisten umringt worden sei; der Zar und die Zarin wurden im Ipatiew-Haus eingesperrt.«

Dieser kurze Bericht gibt die Folgen einer recht befremdlichen Situation wieder. Im »Roten Ural« konnte oder wollte der Moskauer Abgesandte, Jakow Swerdlow, der Vorsitzende des Exekutivkomitees des ZK und persönliche Vertraute Lenins, seinen Willen gegen die Genossen von Jekaterinenburg nicht durchsetzen, die sich buchstäblich zu dem Zeitpunkt des Exherrscherpaares und ihrer Tochter bemächtigten, als der Zug ihre Stadt passierte. Das bolschewistische ZK, das sich damals mit den Schwierigkeiten eines aufflammenden Bürgerkriegs und einigen Erhebungen nationaler Minderheiten herumzuschlagen hatte, war sich seiner Macht noch nicht sicher. Deshalb schien es die beste Lösung, den Exherrscher wohlbewacht in einer Gegend oder Stadt zu wissen, in der die Revolutionäre uneingeschränkt herrschten. Somit würde es den Monarchisten im Gefolge der Weißen Armee unmöglich, den zu befreien, der ihnen als Banner dienen sollte.

Diese letzte Leidensetappe der Romanows zeichnete sich durch besondere Entsetzlichkeit aus und stand von vornherein unter keinem guten Stern. Als Nikolaus II. begriff, daß der Zielort der Reise Jekaterinenburg sei, erklärte er: »Ich werde hingehen, wohin auch immer gewünscht, aber gewiß nicht in den Ural«, und Jekaterinenburg galt in der Tat als Hochburg des »Roten Ural«. Dort lebten Extremisten aller Art, Bolschewiken, Anarchisten und Sozialrevolutionäre, die ständig und lautstark die Hinrichtung des »Blutsäufers« verlangten. Die Haftbedingungen der Romanows gestalteten sich so, wie sie es schlimmer nicht befürchten konnten. Um sie noch mehr von der Außenwelt abzuschneiden, wurde um das Ipatiew-Haus eine Palisade gebaut. Innerhalb des Hauses sahen sie sich ständig der Indiskretion der Garden ausgesetzt, die überall eindrangen, Obszönitäten an die Mauern kritzelten, unaufhörlich die Zimmer durchwühlten und stahlen, was ihnen unter die Finger kam.

Im Juli wurde die gesamte Wachmannschaft ausge-
tauscht; die neuen Wachsoldaten standen unter dem Befehl
von Jakow Jurowski, einem Mitglied des ZK des Ural-
sowjets und Angehörigen der örtlichen Tscheka.

Während die Zarenfamilie durch den Haß der Bolschewiken im Ural wie in einem Schraubstock zusam-
mengepreßt wurde, gestaltete sich auch die Lage des neuen
bolschewistischen Staatsgebildes zunehmend schwieriger.
Nach der Unterzeichnung des Vertrages von Brest-Litowsk
begehrte der linke Flügel der Sozialrevolutionäre, der die
neuen Machthaber früher unterstützt hatte, gegen die an-
gebliche »Kommissarokratie« Lenins auf und verstärkte
seine Kräfte durch enttäuschte Arbeiter. Am 4. Juli stellte
er auf dem 5. Sowjetkongreß ein Mißtrauensvotum gegen
die Regierung. Die Sozialrevolutionäre unterlagen damit
zwar und mußten sich zurückziehen, setzten aber in den
Städten ihr aufständisches Treiben fort. In Moskau beispielsweise wurde der deutsche Gesandte, Graf Mirbach,
von einem der Ihren ermordet, worüber es zu einer diplomatischen Krise zwischen dem Deutschen Reich und dem
neuen russischen Staat kam.

Überall griffen ausländische Kräfte ein. Im März 1918
landeten Truppen der Alliierten in Murmansk, und im
April nahmen die Japaner Wladiwostok ein; Mitte Mai
erhob sich das Tschechische Korps. Dieser starke, 30 000
Mann umfassende Verband bestand aus ehemaligen Gefangenen und Deserteuren der österreichisch-ungarischen
Armee, die die Bolschewiken mit dem Versprechen auf ihre
Seite gezogen hatten, daß ihre Führung nach dem Krieg für
die Bildung eines unabhängigen tschechischen Staates sorgen werde. In der Wolgastadt Samara gründeten sie zusammen mit den Sozialrevolutionären eine »Regierung«
und stellten eine Armee gegen die Bolschewiken auf. In
Omsk entstand aus Angehörigen der »Kadetten«-Partei,
der Sozialrevolutionäre und Monarchisten eine provisorische »Regierung Sibiriens«. Jekaterinenburg lag etwa auf
halbem Wege zwischen Samara und Omsk, die beide gegen die neue bolschewistische Staatsmacht rebellierten,

und wurde von den »weißen« Streitkräften bedroht. Wenn nun auch diese Stadt fiel, dann würde sich der gesamte »Rote Ural« zum Aufmarschgebiet der monarchistischen Konterrevolution entwickeln. Und in dieser unsicheren Gegend der Zar – er wurde für Lenin ein schwieriges Problem! Es war zu spät, um ihn in diese oder jene, mehr Sicherheit versprechende Gegend zu bringen, so daß Lenin nichts anderes übrigblieb, als ihn und seine gesamte Familie beseitigen zu lassen.

Die Morde fanden in der Nacht des 16. Juli 1918 im Erdgeschoß des Ipatiew-Hauses statt. Die gesamte Zarenfamilie wurde mitten in der Nacht geweckt, in ein Zimmer geführt und zusammen erschossen – Eltern und Kinder. Der kranke Alexej, den sein Vater auf den Armen trug, kam geradezu grausam um (vgl. den Bericht Jurowskis, der das Tötungskommando befehligte, *Anhang II*, S. 511). Die Leichen wurden anschließend in einen Schacht außerhalb der Stadt gebracht, eingeäschert und die Reste mit Säure übergossen, um sämtliche Spuren zu verwischen.

Diese totale Zerstörung der sterblichen Überreste sollte zunächst verhindern, daß man sie zu Reliquien erklärte, aber auch, um der Regierung die Möglichkeit zu geben, das Massaker leugnen zu können. Tatsächlich rankten sich um die toten Romanow-Körper unzählige Legenden, und sie boten Anlaß zu vielen versuchten Gaunereien. Schwindler streuten später Gerüchte aus, die an Überlebende des Massakers glauben ließen. So hieß es, daß die Zarentöchter (unter denen Anastasia die größte Aufmerksamkeit all derjenigen auf sich zog, die falsche Nachrichten weiterverbreiteten), der Zarewitsch und sogar der Zar höchstpersönlich überlebt hätten.

Nicht zuletzt das Geheimnis der unermeßlichen Schätze des Zaren, die in ausländischen Koffern schlummern sollten, reizte Betrüger und Gauner und die, die sie unterstützten. Journalisten, die sich nicht die Zeit für eine gründliche Recherche nahmen, oder ganz skrupellose Zeitgenossen unter ihnen verbreiteten darüber Artikel, Pamphlete und Bücher, die jeglicher Glaubwürdigkeit entbehrten.

Bleibt noch das Wichtigste, nämlich die Klärung der Frage, warum die Bolschewiken alle Romanows vernichten wollten, derer sie habhaft werden konnten. In Perm und in Alapajewsk wurden verschiedene Mitglieder der Zarenfamilie wie Großfürst Michail Alexandrowitsch, der Bruder des Zaren, Großfürst Sergej Michailowitsch, ebenfalls ein Bruder Nikolaus' II., die Söhne des Großfürsten Konstantin Konstantinowitschs, Fürst Wladimir Paley und die Großfürstin Elisabeth (Ella), eine Schwester der Zarin, unter entsetzlichen Umständen hingerichtet. Glaubten die Bolschewiken, damit verhindern zu können, daß sich ihre Gegner um ein Mitglied der Romanow-Dynastie scharen würden? Gleichzeitig steckten sie wegen der Morde in Jekaterinenburg bis zum Hals in politischen Schwierigkeiten – schließlich bot die Ermordung eines Herrschers allein schon Grund genug für das Entsetzen der internationalen Öffentlichkeit. Aber der gewaltsame Tod einer Zarin und vor allem ihrer Kinder – vier junge Mädchen und ein kranker kleiner Knabe, fast schon an der Schwelle des Todes – ließ sogar die russische Bevölkerung erschaudern. Die Haltung der bolschewistischen Machthaber verriet ihre Ratlosigkeit. So ließen sie Informationen über die Hinrichtung des Zaren durchsickern, schoben aber die Verantwortung für diese Entscheidung allein dem Sowjet von Jekaterinenburg zu und streuten die Nachricht aus, daß sich die restliche Familie im Ausland in Sicherheit befinde. Danach deutete das ZK in Moskau mehrfach an, daß ihm gegen einige Zugeständnisse sogar die Möglichkeit offenstehe, die überlebenden Mitglieder der Zarenfamilie zu befreien. Aber trotz allem führte schließlich kein Weg daran vorbei – man mußte in dieser Frage etwas unternehmen.

Es war bekannt, daß der Uralsowjet ein Kommuniqué vorbereitet hatte, das über die Erschießung der Zarenfamilie berichtete; er hatte es vor Ort verbreitet und gebeten, es in ganz Rußland zur Kenntnis zu bringen. Swerdlow ließ den Passus »Familie« streichen, so daß das letztendlich veröffentlichte Kommuniqué nur berichtete, der Exzar sei auf Beschluß des örtlichen Sowjets exekutiert worden, weil man von einem Versuch erfahren habe, ihn zu entführen (vgl. *Anhang III, S. 515*). Eine von Swerdlow unterschriebene Erklärung des Präsidiums des zentralen Exekutivkomitees erklärte diese Hinrichtung für rechtens. Man mußte jedoch bis ins Jahr 1919 warten, bevor sich das ZK in Moskau zu dem Eingeständnis bequemte, daß kein Mitglied der Zarenfamilie die Tragödie im Ipatiew-Haus überlebt hatte.

Lenin versuchte alles, um sich von seiner Entscheidung freizusprechen, den Zaren und eine ansehnliche Zahl der Kaiserfamilie ermorden zu lassen. Um sich von möglichen Anklagen reinzuwaschen, leugnete er jegliche persönliche Beteiligung an dem Beschluß und fügte auch noch das Argument hinzu, dies alles sei wegen der Gefahr notwendig gewesen, der sich die Bolschewiken damals ausgesetzt gesehen hätten. Die mangelnde Logik dieser Argumentation ließ sich mit der gewohnten Präzision des Leninschen Denkens eigentlich kaum vereinbaren. Auf jeden Fall mußte er von seinen eigenen Leuten kurz danach ein Dementi hinnehmen: Trotzki, der die Idee eines öffentlichen Prozesses gegen Nikolaus II. unterstützt und sich bei Swerdlow über die Voraussetzungen erkundigt hatte, unter denen der Entschluß der Ermordung der Zarenfamilie gefallen war, antwortete Lenin kühl: »Wir haben hier [in Moskau] entschieden. Iljitsch [Lenin] vertrat die Überzeugung, daß wir den Weißen kein Symbol überlassen durften, um das sie sich sammeln konnten.« Die Untersuchung, die Richter Sokolow in der Zeit veranlaßt hatte, als die Weiße Armee Sibirien beherrschte, erlaubt ein besseres Verständnis dessen, was sich in jener schicksalhaften Nacht abgespielt hat.

Dieses Verständnis setzt zwei Fragen und zwei Antworten voraus:

Erste Frage: Warum ein solcher Mord? Immerhin verhinderte er einen öffentlichen Prozeß gegen Nikolaus II., der es den Bolschewiken ermöglicht hätte, sämtliche Verbrechen der Vergangenheit auf den kaiserlichen Angeklagten abzuwälzen und die eigene Legitimation auf seine, durch eine öffentliche Anklage erwiesenen Fehler zu gründen.

Zweite Frage: Wie ist zu erklären, daß der juristisch ausgebildete und historisch so versierte Lenin ein Verbrechen bevorzugte, obwohl er sich wohlweislich hütete, es in der Öffentlichkeit einem Prozeß vorzuziehen, der an die großen Stunden der Französischen Revolution erinnerte?

Auf diese beiden Fragen gibt es wahrscheinlich zwei Antworten:

Erstens: Ein öffentlicher Prozeß erlaubt es dem Angeklagten, seinen Standpunkt ohne Rücksichtnahme darzulegen, zumindest aber nachfolgenden Generationen ein Bild zu hinterlassen, an dem sich schwerlich manipulieren läßt. Ludwig XVI. wurde offenbar ganz umsonst der persönlichen Schuld an den so schlimmen Übeln bezichtigt, unter denen sein Land so litt. Das Revolutionstribunal konnte nicht verhindern, daß er als Mann von beeindrukkender Würde und dem Mut auftrat, den seine Zeitgenossen selbst so schätzten. Das Tribunal konnte Malesherbes weder den Mund verbieten noch sein großartiges Plädoyer einfach tilgen.

Zweitens: Wahrscheinlich konnte keine Staatsmacht ihre Angeklagten so perfekt zwingen, sich selbst als Schandfleck der Gesellschaft darzustellen, und sie dadurch in erbärmliche und feige Hampelmänner zu verwandeln, wie die bolschewistische. Im Jahr 1918 hatte sie diese Technik allerdings noch nicht voll entwickelt, so daß für Lenin aller Grund zur Befürchtung bestand, Nikolaus II. könnte es gelingen, sich in der Würde und dem Mut zu präsentieren, den er seit Ausbruch der Revolution bewiesen hatte.

Für Lenins Weigerung, Nikolaus II. vor ein Gericht zu stellen, gibt es einen, im tiefsten Sinn des Wortes *politischen* Grund. Im Jahr 1918 behauptete Lenin nämlich noch, eine Revolution eingeleitet zu haben, die sich mit keiner anderen vergleichen lasse – eine Revolution, die in eine neue, der Menschheit unbekannte Welt hinübergeführt und die jegliche Vorstellungskraft überstiegen hätte. Ein Prozeß

wie jener gegen Karl I. oder Ludwig XVI. hätte in seinen
Augen die russische Revolution in die schon bekannte Tradition von Volkserhebungen gestellt und damit zumindest
auch die Möglichkeit einer späteren Restauration ange-
deutet. Wenn Lenin also bewußt an dieses Szenario nicht
anknüpfte, deutete er damit die *Unumkehrbarkeit* »seiner«
Revolution an. Und war es, um diesen Anspruch noch besser zu verdeutlichen, da nicht klüger, die *gesamte* russische
Dynastie auszulöschen, das heißt etwas zu tun, an das die
englischen und französischen Revolutionäre gar nicht gedacht hatten? Die Morde im Ipatiew-Haus und die, die vor
oder nach ihnen quer durch den Ural passierten, sind als
Ergebnis einer eigenständigen Revolutionskonzeption zu
werten, die jegliche Verwandtschaft mit ähnlichen Ereignissen in der Vergangenheit von sich wies, indem sie das
Irreparable mit dem Irreversiblen verband. Zumindest Lenin war von dieser Verknüpfung überzeugt.

* * *

Mit dem Tod Nikolaus' II. verschwanden auch sämtliche,
noch sichtbare Spuren jener Veränderungen, die er in seiner gesamten Regierungszeit angestoßen oder mitgetragen
hatte. Die Erinnerung an sie begann bereits während des
Krieges zu verblassen und wurde mit dem Ende des letzten
russischen Zaren völlig ausgelöscht. Dennoch beweisen zwei
ganz unterschiedliche Ereignisse aus dem Jahr 1917, daß
der »Geist des Übergangs« in Rußland noch lebte. Obwohl
in ihren Auswirkungen von eher ephemerer Natur, kann
dieser Bericht ohne ihre Erwähnungen nicht enden, denn
sie enthalten den Keim der Hoffnung für ein Land, das im
Jahr 1918 den Krieg durch den Terror ersetzte.

Die verfassunggebende Versammlung oder:
Urnen gegen den Staatsstreich

Als die Bolschewiken am 25. Oktober 1917 die Macht an sich rissen, konnten sie der Frage einer verfassunggebenden Versammlung nicht ausweichen. Die provisorische Regierung hatte ihre Einberufung noch zurückgestellt und auch die Diskussion der Forderungen in der Bevölkerung bis zum Tag ihres Zusammentretens aufgeschoben. Das kostete sie deren Unterstützung. Als guter Stratege wollte Lenin die Wiederholung dieses Fehlers unbedingt vermeiden, was er sich auch um so weniger leisten konnte, als sich Kerenski im August 1917 nach der Krise der provisorischen Regierung endlich entschlossen hatte, die Wahlen zur verfassunggebenden Versammlung auf den 12. November und deren konstituierende Sitzung zwei Wochen später anzuberaumen.

Die Bolschewiken mußten sich also anpassen. Lenin hegte jedoch keinerlei Zweifel, daß die Machtergreifung *vor* den Wahlen es den neuen Machthabern erlauben würde, dem Wählervolk ein Votum zu ihren Gunsten abzupressen. Die Wähler aber machten durch Lenins Rechnung einen dicken Strich, denn sie stimmten außerordentlich solide ab. Sie verweigerten den Bolschewiken nicht nur die erhoffte Unterstützung, sondern verwiesen sie mit nur 24 Prozent gegenüber 40 Prozent für die Sozialrevolutionäre sogar deutlich in die Minderheit. Der bürgerliche Block kam zwar noch schlechter weg, weil er insgesamt nur siebeneinhalb Prozent, darunter fünf Prozent für die »Kadetten«-Partei, erhielt, aber schließlich hatte er Rußland seit der Februarrevolution auch nur enttäuscht. Auf die Zahl der Sitze in der neuen Versammlung umgerechnet, erhielten die Bolschewiken nur 175 der 700 möglichen Mandate; erst durch ihr Bündnis mit dem linken Flügel der Sozialrevolutionäre stellten sie etwa 30 Prozent aller Abgeordneten. Diese Wahlniederlage fiel für die Bolschewiken um so deftiger aus, als sie das Mißfallen der Wähler über die einige Tage zuvor erfolgte bolschewistische Machtergreifung ausdrückte und deutlich den Unterschied zwischen einem Staatsstreich und demokratischen Wahlen unterstrich.

Dieser Urnengang ist wegen der massiven Wahlbeteiligung und der Ruhe und Ernsthaftigkeit der Wähler bei ihrer Stimmabgabe als Beweis des politischen Fortschritts der russischen Gesellschaft zu sehen. Hier zeigte sich der Erfolg der Reformen seit 1905. Sie waren es gewohnt zu wählen und hatten das vielleicht noch nicht so deutlich ausgeprägte Gefühl ins allgemeine Bewußtsein gerückt, daß sich der politische Wille des Bürgers letzten Endes an den Wahlurnen und nicht auf der Straße ausdrückte. Wenn es in all den turbulenten Jahren einen Augenblick gab, in dem sich die erfolgreichen Bemühungen all derer ermessen ließen, die im Rußland Nikolaus' II. an Reformen mitgearbeitet hatten, dann war es diese Wahl zur verfassunggebenden Versammlung.

Welch wunderbarer und doch so vergänglicher Augenblick! Den Bolschewiken blieb gar nichts anderes übrig, als nun die Konsequenzen aus ihrer öffentlichen Abfuhr zu ziehen, und diesbezüglich konnte man sich eigentlich nur zwei vorstellen: Entweder übergaben sie die Macht an die Wahlsieger, das heißt, sie erkannten den Willen des Souveräns Volk an, oder sie setzten sich im Namen einer anderen politischen Logik über diesen Willen hinweg.

Lenin entschied sich für die zweite Lösung. Seine Partei folgte ihm darin zwar nicht vollständig, aber Wladimir Iljitsch verfügte über eine unerschütterliche Position, die er in den *Thesen über eine verfassunggebende Versammlung* im Dezember 1917 auch darlegte: Für ihn standen die Interessen der Revolution über den formalen Rechten einer verfassunggebenden Versammlung. Diese hatte sich der Revolutionsregierung entweder zu unterwerfen oder ihr Mandat niederzulegen.

Lenins *Thesen* bestimmten auch den Gang der Ereignisse am 5. Januar 1918, dem Tag des Zusammentritts der verfassunggebenden Versammlung. Die Delegation der Bolschewiken legte dort eine Erklärung des Exekutivkomitees des ZK vor, die die Beschlüsse des II. Sowjetkongresses bestätigte; eine Erklärung unter anderem über die bereits erfolgte Festlegung des neuen Regimes in Rußland. Nach einer Debatte über die These der Vorzeitigkeit der sozialistischen Revolution, die die Menschewiken, gestützt auf die Ergebnisse der soeben nach dem allgemeinen Wahlrecht erfolgten Wahlen zur verfassungsgebenden Versammlung, verteidigten, stimmte die Versammlung mit einer Mehrheit von 237 Stimmen gegen die Resolution der Bolschewiken. Die in freien und allgemeinen Wahlen gewählten Volksvertreter erklärten also, daß eine demokratische Ordnung keinen Staatsstreich billigt.

Tags darauf zog Lenin *seine* Konsequenzen aus der Ablehnung. Er verbot den bolschewistischen Abgeordneten, in die Versammlung zu gehen, und ließ eine vom Exekutivkomitee des »Rats der Volkskommissare« ratifizierte Resolution verteilen, die die verfassunggebende Versammlung für aufgelöst erklärte. Niemand kämpfte für die Rettung der legal gewählten Versammlung. Die Revolution hatte fast schon ein Jahr gedauert und die russische Gesellschaft erschöpft; diejenigen, die sie gewählt hatte, erwiesen sich als unfähig, den Bolschewiken zu trotzen. Von niemandem kam ein historischer Satz, in dem jenes berühmte Wort nachgehallt hätte: »Wir sind hier, weil es das Volk so will ...«

Die Wahlen zur verfassunggebenden Versammlung hatten den Fortschritt des politischen Bewußtseins in Rußland unter Beweis gestellt. Ihre kampflose Auflösung hingegen deckte die Ermüdung der Gesellschaft, die Unfähigkeit der liberalen Eliten und den Zynismus der Bolschewiken auf. Sie zeigte, daß für Rußland keinerlei Chance mehr bestand, den Weg des politischen Fortschritts weiterzugehen. Der »Tyrann Romanow« war beseitigt, und davon profitierte eine Tyrannei, wie sie bis dahin noch keine menschliche Gesellschaft erlebt hatte. Das russische Reich hatte so sehr dafür gekämpft, seine Rückständigkeit aufzuholen, nun aber setzte es zu einem Sprung an um fast 100 Jahre zurück.

Das Kirchenkonzil von 1917
und die geistige Freiheit

Nach dem Tod des Patriarchen Hadrian, des Führers der
russisch-orthodoxen Kirche im Jahr 1700, erklärte Zar Peter der Große allen, die sich um dessen Nachfolge sorgten:
»In Zukunft bin ich Euer Patriarch«. Peter der Große löste die Funktion des Patriarchats also auf und ersetzte es
per Ukas am 25. November 1721 durch das Kollegium des
»*Heiligen Synods*«. Der Feindseligkeit des Zaren lagen
zwei Motive zugrunde: erstens die Autorität der Kirche,
denn deren höchste Würdenträger zögerten nicht, die weltliche Macht zu maßregeln, wann immer ihnen das notwendig erschien. Und zweitens: Die russische Kirche stemmte
sich seinem Bemühen entgegen, Rußland dem Abendland
gegenüber zu öffnen.

Im Jahr 1721 unterband er den Dualismus von weltlicher und geistlicher Gewalt. Er unterwarf die Kirche seinem Willen, indem er sie auf die Ebene einer reinen Legi-
timationsinstanz für die weltliche Macht herabdrückte;
auf diese Weise fungierte die russisch-orthodoxe Kirche
zwei Jahrhunderte lang als Sprachrohr des Staates. In der
Reformphase des Landes um die Wende des 19. zum 20.
Jahrhundert erwachte auch die Kirche und forderte in Erinnerung an die Zeit des Patriarchats mit Nachdruck die
Aufhebung der Strukturen, die einst ihre Unabhängigkeit
und Würde zerbrochen hatten. Nikolaus II. hatte sich nach
1905 wiederholt für die Restauration des Patriarchats ausgesprochen.

Das Konzil wurde mitten in den Revolutionswirren am
15. August 1917 eröffnet. Die Beschlüsse der Konzilsväter
und überhaupt die Erinnerung an dieses Ereignis fielen
zwar rasch dem allgemeinen Vergessen anheim, aber für
die russische Orthodoxie besaß es wegen des Geistes, der
es durchströmte, und durch seine Art, eine Epoche zu beenden, die gleiche Bedeutung wie das II. Vatikanische Konzil
ein halbes Jahrhundert später für die katholische Welt. Diese Versammlung russisch-orthodoxer Metropoliten stellte

die einstige Patriarchatsverfassung wieder her, bestätigte nachdrücklich die Notwendigkeit einer Trennung von geistlicher und weltlicher Macht auf ewig und forderte eine vertiefte Reflexion über die Lehre der russischen Orthodoxie. Nach der Restitution der früheren Kirchenverfassung wurde der Metropolit Tichon am 5. November 1917 auf den Thron des Patriarchen gewählt.

Die orthodoxe Kirche in Rußland befand sich nun wieder in völliger Übereinstimmung mit ihrer kanonischen Überlieferung und versuchte, die Gottesidee mit allen Mitteln gegenüber einer weltlichen Macht zu entfalten, die einem schrankenlosen Atheismus frönte. Diese Kirchenrenaissance dauerte aber nur kurz, denn die Kirche geriet wegen der systematischen Verfolgung ihrer Gläubigen und Diener rasch in einen scharfen Konflikt mit dem neuen Sowjetstaat. Patriarch Tichon kam ins Gefängnis, viele der Metropoliten und Popen wurden getötet oder deportiert. Sie mußte sogar dem erfolgreichen Versuch ihrer Zerstörung von innen heraus zusehen, als die Sowjetmacht die Entstehung der sogenannten progressiven »Lebendigen Kirche« förderte und damit eine offizielle Kirchenspaltung auslöste, deren Bedeutung die orthodoxen Gläubigen nicht sofort erkannten. Im Jahr 1922 hatte Lenin die Spaltung vollendet und bemerkte anschließend: »Die Trennung von Kirche und Staat besteht schon. Nun muß nur noch das Volk von der Religion getrennt werden!«

Daß das Konzil so rasch in Vergessenheit geriet, daß die Bolschewiken seine Auswirkungen für null und nichtig erklärten und der Sowjetstaat 1943 die patriarchalisch verfaßte russische Kirche anläßlich der »offiziellen Aussöhnung« zwischen Stalin und ihr wieder in eine Art Heiligen Synod wie zur Zeit Peters des Großen zurückverwandelte, hat ihr natürlich kaum genutzt. Trotzdem blieben die Organisation und die Grundsätze geistlicher Besinnung, die ihr das Konzil von 1917 zurückgegeben hatte, im Glauben der russischen Christen während des ausgehenden 20. Jahrhunderts bestehen. Warum wohl entschied sich Patriarch Alexis II. 1991 nach langem Zögern für die Un-

484

abhängigkeit der Kirche vom Staat und damit gegen die Rückkehr zur Tradition der nationalen Kirche, die sich ihm, wäre sie zu dieser Tradition zurückgekehrt, als Instrument, aber auch als ein in seinen politischen Stil eingebundener Partner ausgeliefert hätte? Doch wohl nur, weil ein Teil der Gläubigen an die Lehren des Konzils von 1917 erinnerte. Für die Zukunft der postsowjetischen russischen Föderation kann das Einigungswerk von 1917 in bezug auf die Erarbeitung einer laizistischen Staatskonzeption, die alle religiösen Überzeugungen respektiert, nicht hoch genug eingeschätzt werden.

Bezogen auf die Vergangenheit zeugte das Konzil vom reformerischen Geist, der Rußland trotz aller Restriktionen und Versuche, wieder in die Vergangenheit zurückzukehren, von 1894 bis 1914 durchwehte. In diesen Jahren beherrschte das Konzil ein der Tradition zwar verpflichteter, sich deren widersprüchlicher Aspekte aber auch bewußter Zar. Die Regierungszeit des tiefgläubigen Nikolaus II. fiel mit einer Periode der Besinnung in den führenden Schichten zusammen, man denke nur an die entschiedene Frontstellung sozialistischer Intellektueller wie der Philosophen Nikolai Berdjajew oder Alexander Bogdanow gegen die materialistischen Tendenzen der Intelligentsia oder an die Augenblicke geistlicher Massenhysterie bei Heiligsprechungen. Solange Nikolaus II. herrschte, wurden nicht weniger als sieben Personen heiliggesprochen (in den beiden vorausgegangenen Jahrhunderten waren es gerade einmal vier Personen gewesen). Glaube bedeutete hier nicht Bigotterie, sondern den klaren Willen, innerhalb des Rahmens eines festgefügten Glaubens, den Nikolaus II. als den vorherrschenden Zug des »wahren« Rußlands interpretierte, an dem raschen Veränderungsprozeß der russischen Gesellschaft teilzunehmen. So gesehen, besetzte das Konzil von 1917 als Werk der Emanzipation und Modernisierung seinen festen Platz innerhalb der allgemeinen Umwandlung Rußlands.

Das Manifest von 1905 hatte die Gewissensfreiheit eingeführt. Das Konzil griff diesen Faden auf und verkündete die Freiheit der orthodoxen Kirche vom Staat. Daß diese Entwicklung ihren Höhepunkt gerade zur Zeit der Oktoberrevolution erreichte, ist bezeichnend. Angesichts des totalitären atheistischen Staates, den die Bolschewiken wollten, hielt sich in Rußland das Zeugnis einer anderen Auffassung. Wie die Wahlen zur verfassunggebenden Versammlung, so erinnerte das Konzil daran, daß die Gewissensfreiheit gegenüber einer kollektivistischen Staatsordnung eine letzte Zuflucht darstellte. Beide Ereignisse tauchten die weitere Zukunft der erfolgreichen bolschewistischen Machtübernahme in ein nicht gar so strahlendes Licht, denn sie stellten den Menschen und sein freies Gewissen einer gesellschaftlichen Utopie gegenüber, die sich allein am Kollektiv und dem »gelenkten« Bewußtsein seiner Angehörigen orientierte.

Epilog

Für die Bolschewiken war Nikolaus II. nur »der Blutsäufer«. Seine Familie, seine Zeitgenossen und eine Reihe von Historikern haben ihn als »schwach und ziellos« beurteilt; Sigmund Freud diagnostizierte ihn gar als »Neurotiker«. Aber keines dieser Attribute trifft auf den Punkt, wird dem letzten Zaren gerecht oder beschreibt ihn vollständig. Auch seine Herrschaft muß neu gesehen werden; sie wurde allzuoft als eine Zeit sukzessiver Fehlentscheidungen beschrieben, die unweigerlich in die Revolution führten. Aber war sie demgegenüber nicht auch eine Periode des ständigen Bemühens, das Zarenreich in ein Land zu verwandeln, das sich vom alten Rußland unterschied und – unter Wahrung seiner Grundsätze – dennoch eine Revolution auf wirtschaftlichem Gebiet einleitete? Das tragische Ende dieses Herrschers und die Revolution, die Rußland nicht erspart blieb, trugen zum Negativimage seiner Person und seiner Herrschaft bei, getreu dem Motto: Beweist der Mißerfolg nicht die Fehler eines Menschen oder einer Zielsetzung? Die Gewalt, mit der die Oktoberrevolution 1917 erfolgte, und ihre lange Dauer sowie der Triumph der kommunistischen Ideologie, der die Reformbemühungen des Ancien régime im Namen einer immanenten Gerechtigkeit und »historischen Notwendigkeit« auf den Scheiterhaufen der Geschichte warf, erklären natürlich das so klägliche Andenken an diese Vergangenheit. Aber gerade die bewußt verdrehte Sichtweise, in die man den letzten russischen Zaren und seine Ziele bisher zwängte, fordert eine ausgewogenere Neubewertung seiner Person geradezu heraus.

Die Persönlichkeit Nikolaus' II., die ja bereits viele Zeitgenossen vor Rätsel gestellt hatte, war allem Anschein nach einfach, tatsächlich aber zwiespältig strukturiert. Häufig wurde er mit Ludwig XVI. verglichen, und wenn dabei der Aspekt der »historischen Wahrheit« im Vordergrund stand, wurden der französische König und der russische Zar auf die gleiche Stufe gestellt: Beiden fehlte offenbar der starke Charakter und ein klarer Herrschaftsplan. Der Vergleich zwischen diesen beiden, so tragisch endenden Monarchen mag dann in gewisser Weise nützen, wenn der Betrachter mehr sucht als bloße Stereotypien. Nikolaus II. war so schwach wie Ludwig XVI., besaß aber einen unerschütterlichen Willen, wenn er um das für ihn Wichtigste kämpfte, das heißt um seine Vorstellung von seiner Mission.

Wie Ludwig XVI., der bei der Nachricht vom Tode Ludwigs XV. aufstöhnte: »Welche Bürde erwartet mich, und niemand hat mich gelehrt, sie zu tragen; der Himmel bricht auf mich herab!« und zu Malesherbes bei dessen Entlassung bemerkte: »Sie Glücklicher! Warum nur darf ich meinen Platz nicht verlassen!«, so seufzte auch Nikolaus II. häufig über das finstere Schicksal, das ihn auf den Thron gesetzt hatte, anstatt ihn als einfachen Soldaten leben zu lassen. Wie Ludwig XVI. arbeitete Nikolaus II. nach seinem Regierungsantritt viel, aufmerksam, pflichtbewußt, auf Effizienz bedacht und stets in Übereinstimmung mit seinem Gewissen. Wie Ludwig XVI. auch, so bewies er in den tragischen Stunden seines Lebens beispielhaften Mut und Würde, obwohl es ihm im Gegensatz zum König von Frankreich nicht beschieden war, diesen Mut seinem Volk in einem öffentlichen Prozeß und in einer Hinrichtung vor aller Augen zu zeigen.

Aber damit noch nicht genug der Parallelen zwischen den beiden. Beide Herrscher hatten auch unter dem Verhalten und der – bisweilen ungerechten – Unpopularität ihrer Frauen zu leiden, mit denen sie die Krone teilten: Marie-Antoinette, »die Österreicherin«, und Alexandra, »die Deutsche«, lehnten sich beide gegen das Leben bei Hofe auf und entfremdeten sich damit ihrer höfischen Umgebung. Aus unterschiedlichen Gründen, aber mit dem gleichen Ergebnis entschieden sie sich für die Schlichtheit des Privat- und gegen den Glanz des Hoflebens. Weil beide

Frauen die höfische Etikette verachteten, erwuchsen in ihrer Umgebung Sticheleien und Intrigen gegen sie – mehr noch: Weil das jeweilige Herrscherpaar seinen Part am Hofleben und an den Salons des Adels vernachlässigte, wurden von dort Gerüchte, Verleumdungen und Pamphlete gegen sie in Umlauf gesetzt. Aber die beiden Herrscher sahen sich nicht nur an ihren Höfen isoliert, sondern zunehmend auch von ihren Völkern. Als sie dann in das Kesseltreiben von Unzufriedenheit und Nörgelei gerieten, die von allen Seiten gleichzeitig, das heißt von den Spitzen der Gesellschaft wie auch von ihrer Basis auf sie herabprasselte, stand von vornherein fest, daß niemand sie verteidigen würde. Die Einsamkeit der beiden Familien wurde zwar durch die Anwesenheit ihnen sehr nahestehender Personen gemildert, die wie die Prinzessin von Lamballe oder Anna Wyrubowa bald die Position von Günstlingen bekleideten, aber damit auch zur Unpopularität der Herrscherfamilie beitrugen. All diese Umstände ließen das Leben am Hof von Versailles und in Zarskoje Selo sehr ähnlich erscheinen, auch wenn die eisig-steife Zurückhaltung Alexandras so gar nicht an das frivol-fröhliche Wesen Marie-Antoinettes erinnerte. Jenseits der Ähnlichkeiten ihrer Lebensführung trennten Ludwig XVI. und Nikolaus II. zwei große Unterschiede – gemeint sind ihr persönliches Schicksal und der Entwicklungsstand ihrer Länder.

Ludwig XVI. bedrückte keine persönliche Tragödie, weder von seiner Abstammung her noch in seinem Privatleben. Nikolaus II. dagegen lebte unter dem Trauma der Erinnerung an seinen von einer Bombe zerfetzten Großvater, und ihn plagte die Angst vor Attentaten, die so viele Würdenträger aus seiner Umgebung dahinrafften. Wenn ihn schon das lange Warten auf einen Thronfolger auf eine harte Probe gestellt hatte – übrigens nicht nur ihn, sondern auch andere Herrscher –, so bedeutete die Hämophilie des Zarewitschs, daß diesem jederzeit ein qualvoller Tod drohen konnte. Diese Drohung erzeugte bei Nikolaus II. große politische Angst, die gerade die zweite Hälfte seiner Regierungszeit überschattete. Die tiefe Überzeugung, vom

Unglück verfolgt zu sein, verließ ihn nie, sie war Bestandteil seines Wesens; Ludwig XVI. hingegen fühlte sich als glücklicher Mensch.

Aber nicht nur das persönliche Schicksal der beiden Herrscher unterschied sich grundlegend voneinander, sondern auch der Entwicklungsstand ihrer Länder im Augenblick ihrer Thronbesteigung. Das Frankreich des Jahres 1779 präsentierte sich als ein gesellschaftlich privilegiertes Land. Die Leibeigenschaft, die in fast ganz Europa noch bestand, gab es in Frankreich zu diesem Zeitpunkt nicht mehr. Auch wenn die französischen Bauern ein Leben in Armut führten, so nagten sie doch weniger am Hungertuch, als sie behaupteten, oder wie Pierre Gaxotte schrieb: »Sie hüllten sich zwar in einen Mantel aus Lumpen, aber führten ein friedliches, manchmal sogar auskömmliches Leben.« Auch außenpolitisch gestalteten sich die Geschäfte wieder erfreulich, die Expedition nach Amerika war ein Erfolg [gemeint ist die Entsendung einer französischen Armee unter General Rochambeau in den amerikanischen Unabhängigkeitskrieg 1780, A.d.Ü.]. Ludwig XVI. baute die französische Marine wieder auf, wahrte auf dem Kontinent Frieden und rächte sich dabei auf seine Weise am Frieden von Paris (1763). Hätte er nicht den Fehler begangen, die Generalstände einzuberufen, wäre sein Land wahrscheinlich weiterhin friedlich geblieben.

Nicht so im Falle Nikolaus' II. Als er den Thron bestieg, sah er sich sofort mit vielfältigen Wünschen konfrontiert. Man erwartete von ihm die Auflösung des autokratischen Polizeispitzelsystems (Ochrana), das Alexander III. aufgebaut hatte, die Einleitung politischer Reformen und die Förderung der wirtschaftlichen Entwicklung Rußlands. Kaum auf dem Thron, mußte er sich den bereits revolutionären Forderungen der »Pugatschows der Universitäten«, dem niemals erloschenen Terrorismus und einer zutiefst unzufriedenen Gesellschaft stellen. Die Außenpolitik in seiner Regierungszeit war von Kriegen und internationalen Mißerfolgen geprägt, und auch innenpolitisch hatte er nicht gerade einen glücklichen Start: Den Semstwovertretern, die ihm kurz nach seinem Regierungsantritt ihre Hoffnungen unterbreiteten, antwortete er verletzend schroff, daß »ihre Träume absurd« seien. So schwierig diese Herrschaft begonnen hatte, so diffizil gestaltete sich auch ihr weiterer Verlauf. Nikolaus II. hatte recht, wenn er sich am Ende seiner Regierung auf die Behauptung versteifte, daß ihn das Glück nur selten begünstigt habe.

Sein politisches Ziel, das er von der langen Reihe der Romanow-Herrscher vor ihm übernommen hatte und das sie alle mehr oder weniger verfolgt hatten, bestand in der Modernisierung Rußlands. Peter der Große, der hier zum ersten Mal einen spektakulären Bruch gewagt hatte, hinterließ seinen Nachfolgern eine der Antworten auf die ewige Frage: Welchem Weg soll Rußland folgen und welchen Vorbildern soll es nacheifern? Seine Antwort lautete klipp und klar: Folgt dem Vorbild des Abendlandes! Er selbst verlagerte seine Hauptstadt in den äußersten westlichen Zipfel Rußlands und öffnete ein »Fenster« zur Ostsee. Damit bewies er seinen unerbittlichen Willen, alles typisch Russische, ja sogar *Asiatische* in Rußland zu tilgen. Er ließ die kleinen Kremls, das heißt die Zitadellen, in vielen Städten Rußlands abreißen und schaffte das Tragen von Bärten und der aus der Bojarenzeit stammenden Kleidung genauso rigoros ab wie das Patriarchat der russisch-orthodoxen Kirche und ihren Einfluß auf die Bevölkerung. An die Stelle der altrussischen Lebensformen setzte er die abendländische Technik und lud Menschen aus ganz Europa ein, sich in Rußland niederzulassen, um es zu »zivilisieren«.

Diesem Beispiel wollte und konnte Nikolaus II. nicht folgen. Er war von subtilerer und eigenwilligerer Natur, als es seine unbeschwerte Jugend als Thronfolger vermuten ließ. Seine politische Philosophie setzte sich aus vier Überzeugungen zusammen, die auf seine Erziehung und den Einfluß Pobedonoszews und seines Vaters zurückgingen; die anderen waren ihm entweder angeboren, oder er hatte sie sich im Lauf seiner Herrschaft erworben.

Erstens: Auf Pobedonoszew ging zurück, was er über

die Macht eines Zaren und dessen Aufgabe dachte. Die Autokratie betrachtete er als das politische System, das die Geschichte und der Wille Gottes Rußland beschert hatten, weil dies mit dem allgemeinen Bewußtsein konform ging. Diese Auffassung von Politik vermengte eine Interpretation der russischen Geschichte als einer im Lauf der Jahrhunderte entwickelten Autokratie mit einer moralisch-religiösen Betrachtungsweise des Phänomens Macht. Die Autokratie, das hatte Pobedonoszew seinem Schüler gründlich eingetrichtert, war die »Entscheidung Gottes« in bezug auf Rußland. Dem Träger dieser Selbstherrschaft kam also die historisch gewachsene, aber auch religiös begründete Aufgabe zu, das politische System aufrechtzuerhalten und genau so weiterzugeben, wie er es empfangen hatte.

Und hier kommt – zweitens – ein für Nikolaus II. charakteristischer Zug ins Spiel – seine Frömmigkeit. Sein Glaube an Gott war tief, aufrichtig und entbehrte jeglicher Bigotterie. Die Erfüllung seiner Pflichten als Herrscher betrachtete er als die Erfüllung einer christlichen Pflicht. Aus dieser Pflichtauffassung leitete sich auch das dritte hervorstechende Merkmal des letzten Zaren ab, das heißt seine Sichtweise der russischen Gesellschaft. Als er den Thron bestieg, stand Rußland an der Schwelle eines industriellen Aufschwungs. Aber weder der wachsende Kapitalismus noch die Entwicklung der Welt der Industriearbeiter veränderten die soziologische Realität des Landes, nämlich das ungeheure Übergewicht der bäuerlichen Bevölkerung, entscheidend: Um die Jahrhundertwende lebten nur 13 Prozent aller Russen in Städten, die das flache Land wie Inseln umschloß; seine Bauern bildeten noch immer die zahlenmäßig größte Bevölkerungsschicht. Natürlich unterlag auch das bäuerliche Rußland Veränderungen, so wenn sich dort neben den adligen Großgrundbesitzern und zum Teil auf ihre Kosten beispielsweise eine Schicht wohlhabender Bauern herausbildete. In diesem Sinn ist *Der Kirschgarten* von Anton Tschechow mehr als ein bedeutendes Stück Literatur, denn es stellt diesen soziologischen Wandel bemerkenswert deutlich dar.

Im Denken des letzten Zaren verschmolzen das Bild des russischen Bauern und das Bild Rußlands zu einer Einheit, weil die Bauern den größten Bevölkerungsanteil stellten, das heißt das unverfälschte, vom Stadtleben noch unberührte Rußland bildeten; weil Nikolaus II. in diesem Rußland die Inkarnation des jahrhundertealten russischen Wesens erblickte und weil das ländliche Rußland den orthodoxen Glauben bewahrte.

Wie die slawophilen Populisten (Narodniki) des 19. Jahrhunderts unter Führung von M. Chailowski und P. Lawrow, so schrieb auch Nikolaus II. dem Muschik Tugenden zu, die das moderne urbane Leben auszulöschen versuchte. Dieses Vertrauen in die Bauern und ihre Stärken erklärte auch, daß er für das Rumoren innerhalb der Arbeiterschaft, dessen Bedeutung er überdies unterschätzte, so wenig zugänglich war. Der Grund dieser politischen Taubheit lag darin, daß er sich den Austausch von Gefühlen zwischen Volk und Herrscher nur in Form einer *direkten Verbindung* vorstellen konnte, etwa so, wie sie zwischen dem Zaren und dem ihm gegenüber loyalen Muschik bestand. Die Stabilität des bäuerlichen Weltbildes, das im orthodoxen Glauben ruhte, verlieh Nikolaus II. eine Sicherheit, die viele seiner Entscheidungen bis zum Ende leitete.

Als vierter Faktor seines politischen Weltbildes ist hervorzuheben, daß er die Reformbedürftigkeit Rußlands im Lauf der Jahre immer deutlicher erkannte. Diese Einsicht hatte er von seinen Vorfahren geerbt. Die dynastische Kontinuität schloß die Absicht ein, Rußland zu modernisieren. Aber diesem generellen Selbstverständnis aller regierenden Romanows vor ihm fügte er seine eigenen Vorstellungen von Macht und Gesellschaft hinzu, und daraus leiteten sich seine Vorbilder und Ziele ab. Da er Westeuropa als Vorbild für den russischen Umbau ablehnte, blieb seiner Meinung nach für die Erneuerung des Landes kein anderer Weg als sich an den beiden typisch russischen Elementen der starken Bauernschaft und der vom orthodoxen Glauben diktierten moralischen Postulate zu orientieren – kurz: Die Modernisierung des Landes bestand für ihn aus

493

einer Verbindung von Moderne und sorgfältig gehütetem Russentum. So gesehen, erscheint Nikolaus II. als das genaue Gegenteil Peters des Großen. Er war aber auch der Antityp eines Lenin, obwohl zwischen Peter dem Großen und Lenin keinerlei Gemeinsamkeit bestand. Nikolaus II. war sicherlich kein bedingungsloser Imitator des Abendlandes, denn was Peter der Große und Lenin als inakzeptable *asiatische Barbarei* ansahen, betrachtete Nikolaus II. als das von der Geschichte geformte *Wesen Rußlands*.

So bestand das politische Ziel des letzten russischen Herrschers schließlich darin, dieses Wesen mit der Moderne in Einklang zu bringen. Um dies zu erreichen, mußte er mit den besonderen Umständen des russischen Erbes einen Kompromiß schließen. Bei seiner Thronbesteigung im Jahr 1894 erbte er intensive Spannungen – Nachwirkungen einer langen Geschichte und so unterschiedlicher Herrschaftsformen wie die Alexanders II. und Alexanders III. – und eine außenpolitisch schwache Position; beides kam für seine Pläne teuer zu stehen.

Innenpolitisch hatte er sich mit einer bereits langdauernden politischen Krise auseinanderzusetzen, die sich mit den Mitteln der Autokratie zwar noch eine Zeitlang verschleiern, aber nicht mehr befrieden ließ. Wie auch sollte man die lange Tradition der Bauernaufstände brechen, in deren Verlauf sich von Epoche zu Epoche gewaltige Bauernmassen hinter irgendwelchen Pugatschows erhoben? Bakunin hatte völlig zu Recht auf ein typisches Merkmal dieser Bauernschaft hingewiesen, nämlich ihre Bereitschaft zur Revolte und ein angeborener Sinn für Revolution. Wenn er diesen Zug den Ansichten von Karl Marx über die deutschen Bauern gegenüberstellte, so teilte er in diesem Punkt die Sicherheit Nikolaus' II.: Rußland konnte seine Zukunft nur auf seinen spezifischen Besonderheiten aufbauen und nicht auf dem Vorbild Deutschlands oder Frankreichs. Auch konnte die Veränderung Rußlands nicht ohne die Einbindung jener latent vorhandenen Strömung der *pugatschowschtschina* sowie der abstrakt denkenden, regimefeindlichen und ständig rumorenden Intelligentsia-

Schicht der *Pugatschows der Universitäten* erfolgen. Dies waren die Kräfte, die die russische Krise zu Beginn des neuen Jahrhunderts verkörperten. Auch sie drängten ständig auf die längst fällige Veränderung. Nikolaus II. mußte gegen sie antreten. Reform oder Revolution? Reformen, um die Revolution zu vermeiden? Nikolaus blieb gar keine andere Wahl, wobei er sehr genau wußte, daß Reformen sich manchmal auch als Humus entpuppen, aus dem der Geist der Revolution sprießt.

Nikolaus II. mußte sich zudem der Herausforderung stellen, die darin bestand, daß er den Machtanspruch Rußlands auf einer unbestritten schwachen außenpolitischen Position bauen wollte. Der Krimkrieg hatte Alexander II. zur bitteren Einsicht gebracht, daß Rußland nicht die Möglichkeit besaß, eine ehrgeizige Außenpolitik zu treiben. Er bemühte sich, den Graben, der sein Land von den europäischen Großmächten trennte, durch Reformen im Inneren aufzuschütten. Sein Sohn Alexander III. setzte, weil ihn die deutsch-österreichischen Aktivitäten auf dem Balkan irritierten, und auch zur Hebung seiner internationalen Reputation, auf das falsche Pferd, nämlich Frankreich und eine expanisionistische Politik in Mittelasien. Aber selbst für diese noch vorsichtige Politik fehlten die militärischen Machtmittel. Nikolaus II. mußte – wohlgemerkt gleichzeitig – die russische Wirtschaft modernisieren und sich um die Verbesserung der militärischen Ausrüstung kümmern. Beides zusammen setzte eine nicht leicht zu bewältigende Neuverteilung der verfügbaren Ressourcen voraus.

Wollte er solch ehrgeizige Ziele weiterverfolgen, mußte er die Hindernisse überwinden, die in den geographischen Gegebenheiten und der Gesellschaft Rußlands lagen. Das erste Hindernis für die Modernisierung bestand in der ungeheuren Weite des russischen Reiches, die ihn vor Transportprobleme und Fragen der Verwaltung stellte. Wie wollte er denn diese Riesenräume bis in ihren letzten Winkel erreichen, um dort Reformen durchzusetzen, und woher die Beamten nehmen, die notwendig waren, um seine Politik weiterzutragen und in die Praxis umzusetzen? Aus der räumlichen Entfernung zwischen dem Zentrum der Macht und ihren Bürgern folgten erstens eine gewisse Verwässerung der kaiserlichen Autorität, zweitens gewisse Freiheiten in der Umsetzung der politischen Maßnahmen und im Verhalten der Amtsträger vor Ort und drittens Mängel in der Informationsübermittlung. Lange bevor sich Nikolaus II. mit dieser Problematik zu befassen hatte, zeichnete schon *Der Revisor* Gogols ein Bild dieser Auswirkungen der unendlichen Ausdehnung Rußlands.

Zum Problem des Raumes trat das der unterschiedlichen Bevölkerungsschichten und ihrer Lebensgewohnheiten. Gegen Ende des 19. Jahrhunderts präsentierte sich Rußland als ein geschlossenes, zusammenhängendes Reich, das in seinen Grenzen viele Völker von je unterschiedlicher Tradition und Konfession vereinte. Wie sollte man für den orthodox Gläubigen und dem den Lehren Mohammeds folgenden Bauern, dem halbislamischen Nomaden und dem buddhistischen Jäger das Bewußtsein eines gemeinsamen politischen Ziels legitimieren und aus diesem gesellschaftlichen Konglomerat eine zusammenhängende Gesellschaft aufbauen, die sich an ein Geflecht gemeinsamer Werte und Normen gebunden fühlte? Bis zum Ende des 19. Jahrhunderts galt in Rußland die Regel – oder zumindest dort, wo es auf starke, religiös oder ethnisch festgefügten Kulturen wie den Islam stieß –, die Vielfalt zu respektieren und politisch-administrative Maßnahmen unterschiedlich zu handhaben. Aber wie stets, wenn sich die Reformtätigkeit im russischen Reich auf allgemein gültige Fortschritte im Bildungswesen, die generelle Freiheit, Forderungen zu stellen, die Teilnahme aller Reichsuntertanen am öffentlichen Leben, das Äußern sozialer Wünsche und die Unterschiedlichkeit der Völker bezog, vergrößerten sich die bereits erwähnten Hindernisse noch zusätzlich.

Man hat schon oft die Modernisierung in Rußland und Japan miteinander verglichen, und Cyril Black veröffentlichte hervorragende und anregende Werke hierüber. Diese Vergleiche aber pflegen in der Feststellung zu münden, daß Modernisierung einer homogenen Gesellschaft, die sich zudem noch um ein gemeinsames politisches Ziel sammeln läßt, ein Kinderspiel gegenüber der Aufgabe sei, die der zu lösen hat, der eine aus vielen Völkern und Kulturen bestehende Gesellschaft regiert. Welches andere Land außer dem Zarenreich hatte sich dieser Herausforderung zu stellen, und dies auch noch vor dem Hintergrund der gleich zweifachen Benachteiligung durch Raum und Vielfältigkeit?

Zu den bereits bestehenden Schwierigkeiten trat ein neues Problem – die Zeit. Die Herrschaft des letzten Zaren dauerte genau zwei Dezennien, denn der Erste Weltkrieg beendete erst einmal sämtliche Modernisierungspläne, aber er sollte sich auch als Prüfstein für die inzwischen erzielten Ergebnisse herausstellen. In diesen zwanzig Jahren mußte Nikolaus II. versuchen, all jenen zuvorzukommen, die die Revolution als erste Etappe des gesellschaftlichen Wandels verkündeten, wobei der Zar sicher nicht wußte, wie deutlich dieser Wandel ausfallen würde. – Diese beiden Jahrzehnte waren jedoch auch durch Krisen wie die Ermordung Stolypins im Jahr 1905 und durch Kriege, zum Beispiel den russisch-japanischen Krieg und die beiden Balkankriege 1912 und 1913, geprägt. Darüber hinaus blieb Nikolaus II. die Erkenntnis nicht erspart, daß sich die für eine nützliche Politik notwendigen friedlichen Fristen zwischen den Krisen zunehmend verkürzten und der verrückte Wettlauf in den endgültigen Abgrund erheblich an Geschwindigkeit gewann.

Ein Haupthindernis für erfolgreiche Reformen bildete das nur gering entwickelte gesellschaftliche Bewußtsein der russischen Bevölkerung. Sie rief zwar unisono nach Reformen, doch ist zu fragen, über welche Stützen die Staatsmacht verfügte, die diese Erneuerungen akzeptierten oder sich gar aktiv daran beteiligten? Die privilegierten Schichten wie Hocharistokratie, Landadel und Großgrundbesitzer erkannten entweder die Dringlichkeit von Reformmaßnahmen nicht oder fühlten sich durch den Preis in Unruhe versetzt, den sie dafür in Form von Verzicht auf Privilegien, von Landabtretungen und Beteiligung bisher unterprivilegierter Schichten an der Macht hätten entrichten müssen. Ein weiterer, kaum verheißungsvollerer Aspekt der durch die Reformen erzwungenen gemeinsamen Anstrengungen ist die Passivität und Gleichgültigkeit jener Kreise, die der Schriftsteller Iwan Gontscharow (1812 bis 1891) in seiner Romanfigur Oblomow, dem größten »Schläfer« der Weltliteratur, nachzeichnete, einem Symbol für die Zeit, die zwischen dem Rußland der ausgehenden Leibeigenschaft und der Zukunft lag. Und was jenen »herrlichen Muschik«, den Dreh- und Angelpunkt im Denken Nikolaus' II., anging, so lassen sich seine Eigenschaften mit Unwissenheit, Hang zum Alkoholismus und Initiativlosigkeit umschreiben; gerade sie bremsten den Fortschritt der bäuerlichen Welt in dramatischer Weise. Nicht nur gegen deren Strukturen mußte Stolypin ankämpfen, sondern auch gegen den Bauern selbst. Das ging so lange, bis dieser Bauer seinen aufrührerischen Instinkt wiederentdeckte, der ihn von Zeit zu Zeit immer wieder dazu getrieben hatte, sich zu erheben und alles um sich herum zu zerstören.

Letzten Endes genügten weder ein Ziel noch guter Wille allein, um Rußland zu verändern, seine innere Krise zu lösen und die Schwäche nach außen zu bekämpfen. Man mußte auch mit den Problemen fertig werden, die sich aus seiner räumlichen Ausdehnung, aus der Zeit, der Unterschiedlichkeit seiner Völker und der jegliche Veränderung strikt ablehnenden Mentalität seiner Bewohner ergaben. Welche Autorität war für einen solchen Ehrgeiz stark genug, um einer Gesellschaft, die sich meistens gegen sie stellte, und ihrer Apathie radikale Reformen aufzuzwingen – Reformen, deren positive Auswirkungen sich meist erst nach längerer Zeit einstellten, während das Leiden an ihnen oder der dafür zu zahlende Preis sofort fällig waren? Das vermochte nur eine hoch über ihren Untertanen thronende *absolute* Macht. Keine dem Parlament verantwortliche Regierung, die nach ihren Wählern schielen mußte und dem Druck gesellschaftlicher Kräfte unterworfen war, hätte ihren Willen ähnlich klar diktieren können. Man braucht ja nur einen Blick auf die uns umgebende Welt zu

498

werfen, um die Schwierigkeiten zu erkennen, auf die jede Regierung im ausgehenden 20. Jahrhundert trifft, wenn sie nicht einmal ein Reformbündel, sondern nur eine einzige einfache Neuerung durchsetzen will. Dann wird rasch klar, daß in Rußland zu Beginn dieses Jahrhunderts mit Ausnahme des Inhabers der absoluten Macht niemand eine solche Reformpolitik beschließen und in die Praxis umsetzen konnte. Dafür bedurfte es der Autokratie.

Nikolaus II. war Autokrat, und aus tiefer Überzeugung, aber auch weil er sich dringend notwendigen Reformen gegenübersah, Bewahrer dieser Herrschaftsform. Darüber hinaus trieb ihn die Gewißheit, daß es nur der Selbstherrschaft gelingen konnte, eine vergleichbare Aufgabe anzupacken: die Autokratie im Dienst von Reformen, die wiederum sie in ein schlechtes Licht rückten, also der reformbewußte Autokrat wider Willen – genau das kennzeichnete Nikolaus II. und seine Herrschaft.

In Nikolaus II. offenbarte sich der kaiserliche Wille, auf den keine Reform noch einer ihrer einzelnen Abschnitte verzichten konnte. Er, und nur er, suchte sich in Witte und Stolypin die Architekten seines Reformgebäudes. Als Stolypin die Wiederherstellung der Ordnung gelungen war und die Kaiserin mitsamt dem ganzen Hof seine Entlassung verlangte, stellte sich der Zar bewußt hinter ihn. Andere Reformmaßnahmen wie die Durchsetzung des Goldrubels, die Rubelparität, die Landreform und sogar die Einberufung des Parlaments verlangten ihm dieselben eindeutigen Willensäußerungen ab. In seinem Privatleben ließ sich Nikolaus II. sicherlich beeinflussen und auch, wenn es um die Ernennung eines ihm gleichgültigen Ministers ging. Aber nicht eine seiner Taten, die sich an die mit derart vielen Widerständen befrachteten Reformen knüpften, wäre in die Annalen aufgenommen worden, wenn er nicht gesagt hätte: »*Ich will es!*« Niemand außer ihm selbst, weder ein Stolypin noch ein Witte, die Kaiserin oder irgendeiner seiner stets in die Dinge sich einmischenden Onkel, hätte die großen Entscheidungen durchsetzen oder ihm seine Ansichten aufzwingen können.

In gleicher Form prägte sein Wille die wichtigen Entscheidungen der Außenpolitik. So im russisch-japanischen Krieg und vor allem im Ersten Weltkrieg, wo er gegen alle Ratschläge am Bündnis mit Frankreich festhielt und sofort eine Front gegen das Deutsche Reich eröffnete. Diese Entscheidung kam ihn teuer zu stehen, denn aus ihr resultierte die vernichtende Niederlage der russischen Streitkräfte bei Tannenberg. Auch als sich Rasputin zur Zeit seines größten Einflusses gegen den Kriegseintritt Rußlands engagierte, stellte ihm Nikolaus die Bündnisverpflichtungen und seinen Entschluß entgegen, diese zu respektieren. Nach 1915/1916 wischte er jeden Gedanken an einen Sonderfrieden mit den Mittelmächten beiseite, und das konnte nur er. Seine Haltung als schlichte und für schwache Charaktere so typische Halsstarrigkeit zu bezeichnen, hieße vergessen, daß er seine Willensstärke nicht nur dann unter Beweis stellte, wenn es um sein Lebensziel ging, die Macht Rußlands zu modernisieren und weiterzuentwickeln. Sie zeigte sich auch in seinem Willen, das Oberkommando der russischen Armee getreu dem Vorbild des aufgeklärt absolutistischen Herrschers Friedrich II. von Preußen zu übernehmen, der in seinem *Politischen Testament* von 1752 geschrieben hatte: »Der Herrscher muß im Frieden der für das Wohlergehen des Staates nützlichste und im Krieg folglich der Feldherr sein, der die Armee führt.«

Als autokratischer Herrscher setzte Nikolaus II. sämtliche Machtinstrumente ein, die ihm das damalige Rußland zur Verfügung stellen konnte, zum Beispiel die Bürokratie. Obwohl heftig umstritten, stellte sie sich trotz all ihrer Fehler als eine für die Umsetzung der auf höchster Ebene getroffenen Entscheidungen unumgängliche Institution dar. Als Ergebnis und Werkzeug des Wandels in Rußland zugleich aber sind die von den Bürgern gewählten repräsentativen Selbstverwaltungsorgane zu nennen. Die Semstwos, die sich aus den Reformen Alexanders II. entwickelt hatten, kannte die politische Landschaft Rußlands bereits vor Nikolaus II., und kaum hatte der neue Zar den Thron bestiegen, übermittelten sie ihm ihre Forderungen, aber

auch ihren Wunsch, zur Fortentwicklung Rußlands beizu-
tragen. Der Platz, den sie in der Reformpolitik und bei deren Verbreitung in dem riesigen russischen Reich besetzten, rückte sie in den Rang der bevorzugten »Macher« des
Verwandlungsprozesses. Dasselbe gilt für die Reichsduma,
die im Jahr 1905 als eine vom Herrscher unabhängige,
parlamentarische Instanz entstand, die er zwar auflösen,
aber gegen deren vom Volk gewählte Abgeordnete er nicht
vorgehen konnte und deren Kompetenz in bezug auf die
Formulierung des Volkswillens er anerkennen mußte.

Trotz seiner tiefsitzenden Zweifel an der Duma ließ Nikolaus II. sie durch ihre Debatten und Programme am
Wandel mitarbeiten. Trotz aller Fehler und Schwächen
dieser Institution bezeugt die Geschichte der dritten Duma
den Platz, den sie im öffentlichen Leben einnahm, sowie
die Umgestaltung der politischen Landschaft, die schon allein aufgrund ihrer Existenz stattfand. Nikolaus II. gelang
zugegebenermaßen nur ein zeitlich begrenzter Erfolg, da
die Oktoberrevolution 1917, nicht schon die Februarrevolution, diesen Übergang zur Moderne bereits in seinen Anfängen unterbrach, dessen entscheidende Etappe die *Kon-
stitutionalisierung* des politischen Systems darstellte.

* * *

1913 schrieb Anna Achmatowa: »Das echte und nicht das
kalendarische 20. Jahrhundert näherte sich entlang dem
breiten Strom der Legende«. Sie unterstrich damit, daß in
diesem Jubeljahr der Romanow-Dynastie die Stunde der
Schlußabrechnung gekommen sei, und man konnte das
vollendete Werk tatsächlich ermessen. Es bot Licht- und
Schattenseiten – gewiß, aber es war nicht zu leugnen. Auf
der einen Seite stand das deutliche Aufkommen des Kapitalismus und ein Modernisierungswerk, das Rußland »europäisierte«; auf der anderen eine revolutionäre Strömung
marxistischer Prägung unter der Industriearbeiterschaft,
die den Bruch vorbereitete, den Sprung Rußlands in die
Unwägbarkeiten der Revolution.

Der Staat wurde offiziell zwar noch autokratisch geführt, aber seine konstitutionellen Züge mehrten und vertieften sich. Eine bürgerliche Schicht hatte sich etabliert und begann, bei all ihrer Zerbrechlichkeit und Ungewißheit über das eigene Wollen, in Erscheinung zu treten. Den Hintergrund beherrschte die riesige Masse der Bauern, die Reservearmee für die Industrialisierung wie für die Revolution.

Im Jahr 1909 hatte Stolypin gesagt: »Lassen Sie uns zwanzig Jahre, und Sie werden Rußland nicht mehr wiedererkennen.« Zwei Jahre nach seiner Prophezeiung wurde er ermordet, und fünf Jahre danach unterbrach der Erste Weltkrieg den Übergangsprozeß des Landes. Aber noch bevor sich das alte vom neuen Rußland verabschiedete, standen sich dort zwei Meinungen gegenüber. Die eine hielt das russische Reich noch nicht reif für die Demokratie, und die andere behauptete, Rußland hätte dieses Stadium bereits hinter sich gelassen und sei reif für die unausweichliche und bald hereinbrechende Katastrophe.

Nikolaus II. fehlten vielleicht Berater, die sein Handeln und seine Absichten bereits im Stadium des noch theoretischen Entwurfs hätten korrigieren können, was diese Ziele besser legitimiert hätte. Es charakterisiert Nikolaus II. und seine unglückliche Herrschaft, daß zwischen ihm und der kulturellen Elite des Landes keine Verbindung bestand. Diesen Aspekt sollte man bei der Würdigung des letzten Zaren nicht vergessen. Das Fehlen dieser Beziehungen zwischen Zar, Intellektuellen und Künstlern mag erklären, warum diesen so reformorientierten Herrscher bisher niemand in die Kategorie der *aufgeklärten Autokraten* eingereiht hat. Die Herrschergestalten des zwar auch despotischen, aber aufgeklärten Absolutismus, zum Beispiel Friedrich der Große, Katharina II. und bis zu einem gewissen Punkt auch Joseph II., pflegten ihre Machtposition im Zeitalter der Aufklärung durch ihre Kontakte zu bedeutenden Philosophen und deren Lobpreisungen auf sie zu stärken. Denker wie Voltaire, Diderot und Freiherr von Grimm kamen diesen Erwartungen pflichtgemäß nach,

502

denn sie empfanden den Despotismus dieser Monarchen als legitim, da er ja im Sinne einer Festigung des Fortschritts waltete; Voltaire stilisierte »das Jahrhundert Ludwig XIV.« gar zum Vorbild der aufgeklärten Monarchie. Anders gesagt: Unter aufblühenden Künsten und Wissenschaften beschritt der Herrscher im Namen des Allgemeinwohls den Weg der Vernunft und stärkte dadurch wiederum seine herrscherliche Autorität.

Es läßt sich nicht bestreiten, daß diese aufgeklärten Monarchen manchmal und gerade dann selbst als Philosophen zu betrachten sind, wenn sie das Aufblühen der Kultur in ihrer Umgebung unterstützen. Das gedruckte Lebenswerk Friedrichs des Großen könnte eine Bibliothek füllen; seine verschiedenen Memoiren-Bände enthalten wertvolle Abhandlungen und Betrachtungen zur politischen Wissenschaft.

Das Denken Katharinas II. wies sicher weniger Brillanz und Orginalität auf; dennoch entfalteten ihre Schriften und Bemühungen um die Entwicklung des intellektuellen Lebens und der russischen Sprache beachtliche Bedeutung.

Verglichen mit diesen Herrschern, die in Berlin oder St. Petersburg Hochschulen gründeten, und im Hinblick auf deren Gespräche mit den glänzendsten Geistern ihrer Zeit erweckte Nikolaus II. den Eindruck, besonders weit von jeglichem Bildungsehrgeiz entfernt zu sein. Gemessen an der Elle von Witz und Geist erweist sich sein *Tagebuch* als intellektuell äußerst dürftig, so sehr es den Leser auch anzurühren vermag. Die geistigen Eliten seiner Zeit wird man weder in seiner unmittelbaren Umgebung noch am Kaiserhof finden. Auf die Ära der Philosophen war am Hof des russischen Reiches die Zeit der Wunderheiler und der Wirrköpfe gefolgt, deren Denken Spiritistisches mit Mystischem und Okkultischem und anderen derartigen Neigungen vermischte. Ihr Ansehen bestand nicht erst seit den Jahren, als die Hämophilie des Zarewitschs bereits den Verstand des Herrscherpaares erschüttert hatte, sondern schon lange davor.

Und trotzdem fiel die Herrschaft des letzten Zaren exakt mit einer der glänzendsten Epochen der russischen Kultur, dem »Silbernen Zeitalter«, zusammen. 1894, also im Jahr der Thronbesteigung Nikolaus' II., veröffentlichte Peter Struwe seine *Kritischen Beobachtungen über die Wirtschaftsentwicklung in Rußland*, ein Buch aus unverfälscht wirtschaftsliberalistischem Geist. Ebenfalls im Jahr 1894 entstand in der Literatur die Schule des russischen Symbolismus mit Namen wie Andrej Belyi (Pseudonym für B. N. Bugajew), Wjatscheslaw Iwanow, Alexander Blok und anderen. In dieser Zeit entwickelten sich auch der russische Futurismus und das Ringen um philosophisch-religiöse Inhalte fernab aller konfessionellen Bindung, das sich in den Namen Dimitri Merejkowski, Zinaïda Grippius, Wassilij Rosanow, Wladimir Sergejewitsch Solowjew und Nikolai Berdjajew widerspiegelt. Damals kamen auch die großen russischen Schriftsteller Anton Tschechow, Maxim Gorki und Iwan Bunin zu Ruhm und Anerkennung; letzterer erhielt 1933 übrigens als erster russischer Schriftsteller den Nobelpreis für Literatur. Eine geradezu revolutionäre Erneuerung der dramatischen Kunst ging von dem 1897/1898 eröffneten »Moskauer Künstlertheater« unter Leitung von Konstantin Stanislawski aus. Revolutionär waren auch die Entwicklung auf dem Gebiet der bildenden Kunst und schließlich neue Wege in der russischen Musik, die dieses »Silberne Zeitalter« mit der Vollendung von Strawinskys *Le Sacre du printemps* 1913 beschließen.

Die Jahreszahlen 1894 und 1913 umschließen eine Zeitspanne von zwanzig Jahren, in denen sich die autokratische Staatsmacht mehr schlecht als recht bemühte, Rußland die für seinen Eintritt in die Moderne notwendigen Institutionen und Mittel zu geben. 1894 bis 1913, das bedeutete zwei Jahrzehnte, in deren Verlauf ein unglücklich regierender Herrscher genau diese Absicht verfolgte, auch wenn er dabei fühlte, daß er sich selbst verleugnete, und er auf der anderen Seite doch genau wußte, daß er nur so und nicht anders handeln konnte. 1894 bis 1913, das sind zwei Jahrzehnte, in denen Rußland eine kulturelle Blüte erlebte, die sich auf alle künstlerischen Gebiete auswirkte.

In diesen zwei Dezennien bestanden tatsächlich drei Rußlands, die sich nur in Feindschaft und Mißtrauen begegnen konnten: das Rußland der Staatsmacht und der Reformen, das Rußland des »Silbernen Zeitalters« und das Rußland der ungeduldigen Revolutionäre.

Hätten sie ihre Kraft und ihr Streben vereint, wäre daraus das »Jahrhundert Nikolaus' II.« entstanden, dessen Ruhm irgendein Voltaire besungen hätte … Aber vielleicht erklären die unterschiedlichen Wege, die diese drei Rußlands einschlugen, die Katastrophe, in der das russische Reich schließlich versank. Es ist nicht unnötig zu erwähnen, daß Merejkowski und Zinaïda Grippius die Herrschaft des allerchristlichsten Zaren Nikolaus II., die auf dem autokratischen Prinzip fußte, als »Herrschaft des Antichristen« empfanden. Wie tief war der Graben, der das Rußland der Reformen von dem des »Silbernen Zeitalters« trennte!

* * *

Wer versucht, diese Herrschaft und ihre Zielsetzung aus kurzer Distanz einzuschätzen, dem drängen sich unweigerlich Begriffe wie »Scheitern«, »Bruch«, »Trennung«, »Auflösung« auf.

Muß man aber nicht den Übergang in die Moderne, den Nikolaus II. versuchte, auch wieder unter den Aspekt der langen Geschichte der Modernisierung Rußlands stellen, die die Romanow-Dynastie von Anfang an gewollt hatte und die ihre dreihundertjährige Geschichte prägte? Da zeigt sich ganz deutlich, daß es sich um ein ständiges Wollen, um fortgesetzte, oft gescheiterte, aber immer wieder in Angriff genommene Versuche handelte. Ist das die russische Version des Sisyphos-Mythos, ein Lallen der Geschichte? Jacques Le Goff zitiert in diesem Zusammenhang Heraklit, für den der Mensch nicht zweimal im gleichen Fluß badet, und schließt aus diesem Streben nach Fortschritt mit einem Wort Fernand Braudels: »Die Geschichte kennt Strukturen von sehr langer Dauer. Auf ih-

505

nen gründet sich die gemeinsame Identität von Männern und Frauen, die lange Zeit und durch Generationen hindurch miteinander gelebt haben.«

Betrachtet man die Herrschaft Nikolaus' II. und den auf so tragische Weise unterbrochenen Übergang, für den der letzte Zar steht, im Licht der »langen Dauer« der russischen Geschichte, so wird beides in die ihnen zustehenden Dimensionen gerückt: Was unter Nikolaus II. mißglückte, stellt sich aus heutiger Sicht als eine für Rußland wichtige Etappe auf dem steinigen Weg dar, seinen Rückstand gegenüber Europa aufzuholen, und als ein unumgänglicher Schritt bei der Rückkehr dieses seltsamen Landes in die europäische Zivilisation.

Wer kann heute zweifeln, daß diese Etappe notwendig war, um auch der postsowjetischen Erneuerung den Weg zu bahnen?

ANHANG

ANHANG I

Manifest vom 1. März 1917

Durch Gottes Gnaden
Wir Nikolaus II.
Kaiserliche Majestät aller Russen, König von Polen, Groß-
herzog von Finnland ...

verkünden dies all Unseren loyalen Untertanen.

Im festen Willen, die Verwaltung Unseres Kaiserreichs neu
aufzubauen, schlagen Wir vor, die Einführung einer neuen
Struktur des Staates mit dem Ende des Krieges zu verbinden. Unsere ehemalige Regierung, die die Verantwortlichkeit des Ministerpräsidenten gegenüber dem in seinen
gesetzgebenden Organen vertretenen Volk ablehnte, hat
Mittel gefunden, diese historische Etappe auf unbegrenzte
Zeit zu verschieben. Die Ereignisse der letzten Tage haben
jedoch gezeigt, daß eine Regierung, die keine Mehrheit in
diesen Institutionen der Gesetzgebung hinter sich hat, die
Unruhen weder vorhersehen noch verhindern kann, die
stattgefunden haben.

Zu Unserem großen Schmerz haben die Auseinandersetzungen in Unserem Land die Hauptstadt in einer Zeit
erfaßt und von den für ein siegreiches Ende des Krieges so
notwendigen Verteidigungsanstrengungen abgelenkt, wo
sie Rußlands Schicksal auf dem Schlachtfeld entscheidet.

Diese neue Prüfung wurde auch mit Hilfe eines listigen
Feindes über Unser Volk gebracht, und Rußland durchlei-
det eine schwere Prüfung. Dennoch vertrauen Wir auf die
göttliche Vorsehung und sind zutiefst überzeugt, daß das
russische Volk zum Wohle Unseres Vaterlandes aus diesem
Konflikt siegreich hervorgehen und es nicht zulassen wird,

daß die Machenschaften des Feindes triumphieren werden.

Wir, die Unterzeichnenden, beschließen, dem russischen Staat eine auf die Grundsätze einer Verfassung gegründete Ordnung zu geben, und gleichzeitig dekretieren Wir, daß Reichsrat und Reichsduma ihre Tätigkeit wiederaufnehmen, die durch Unsere Anordnung eingestellt wurde.

Wir ermächtigen den Präsidenten der Duma, umgehend eine provisorische Regierung zu ernennen, die das Vertrauen des Landes genießt und die in Übereinstimmung mit Uns die Einberufung einer gesetzgebenden Versammlung überwachen wird, die rasch die neuen grundlegenden Gesetze für das Russische Reich überprüfen und verabschieden wird, die durch die Regierung vorgestellt werden.

Möge diese neue Staatsordnung dem Erfolg, Ruhm und Glück Unseres teuren Rußlands dienen.

Gegeben zu Zarskoje Selo am 1. März 1917 im 23. Jahr Unserer Herrschaft.

[A.d.Ü.: Dieses von Nikolaus II. sowie seinen Brüdern Großfürst Michael Alexandrowitsch und Kirill Wladimirowitsch unterzeichnete Manifest nahm niemand mehr zur Kenntnis; vergleiche dazu: Edward Radsinski, *Nikolaus II. Der letzte Zar und seine Zeit*, München 1992, Seite 202].

ANHANG II

Die Erschießung Nikolaus' II.

I – Am 16. Juli kam ein chiffriertes Telegramm in Perm an, die Romanows zu erschießen. Man hatte zunächst vor, Nikolaus II. vor ein Gericht zu stellen, aber das Herannahen der Weißen Armee verhinderte diesen Plan. Am 16. Juli, abends um 18 Uhr, verkündete Filipp Golostschokin, daß der Befehl ausgeführt werden müsse. Um Mitternacht rollte ein Lastwagen vor das Ipatiew-Haus, um später die Leichen der Erschossenen abzutransportieren. Um 18 Uhr wurde der minderjährige Küchengehilfe Leonid Sednejew weggeschickt, was die Romanows und ihre Familie stark beunruhigte. Der Arzt der Familie, Dr. Jewgenij Botkin, fragte nach dem Grund dieser Maßnahme. Man sagte ihm, der Onkel des Jungen habe sich aus dem Gefängnis befreit und wolle seinen Neffen sehen.

Der Junge wurde am nächsten Tag in seine Geburtsstadt geschickt. Der Lastwagen kam nicht um Mitternacht, sondern erst um 1.30 Uhr. Dies verzögerte die Ausführung der Anordnungen. In diesem Augenblick war es soweit: Zwölf Personen mit Revolvern (unter ihnen fünf Letten) waren für die Durchführung des Erschießungsbefehls ausgewählt worden. Zwei der Letten weigerten sich, auf die Mädchen zu schießen.

Die Welt lag in tiefem Schlummer, als der Lastwagen vorfuhr. Botkin wurde geweckt und weckte seinerseits die anderen. Man erklärte dies damit, daß sich die Romanows eine Etage tiefer begeben sollten, weil die Stadt unruhig sei. Sie kleideten sich innerhalb einer halben Stunde an. Im Erdgeschoß hatte man sich für ein Zimmer entschieden, dessen holzgetäfelte Wände mit Bleiplatten ausgekleidet waren, damit die Kugeln nicht abprallen konnten. Man hatte sämtliche Möbel aus dem Raum entfernt. Das Mordkommando hielt sich im Nebenraum auf. Die Zarenfamilie schöpfte keinen Verdacht. Der Kommandant des Kommandos erschien ganz allein, um sie nach unten zu begleiten. Nikolaus II. trug seinen Sohn auf den Armen. Die anderen Familienmitglieder trugen Kissen oder andere kleine Gegenstände.

Als sie das Zimmer betraten, fragte Alexandra Fjodorowna: »Gibt es hier nicht einmal einen Stuhl? Dürfen wir uns nicht einmal setzen?« Der Leiter des Mordkommandos ließ zwei Stühle bringen; Nikolaus II. setzte sich auf den einen, Alexandra auf den anderen Stuhl. Den übrigen befahl der Kommandant, stehen zu bleiben.

Als sich alle an ihren Plätzen befanden, ließ er seine Leute kommen. Sie betraten das Zimmer, und der Kommandant sagte zu den Romanows: »Angesichts der Tatsache, daß Ihre Verwandten fortgesetzt Anschläge auf Sowjetrußland verüben, hat das Ural-Exekutivkomitee verfügt, Sie zu erschießen.« Nikolaus II. drehte sich zu seiner Familie um; dann schien er zu begreifen, wandte sich dem Kommandanten zu und fragte: »Was ist? Was ist?« Der Kommandant wiederholte seinen Satz hastig noch einmal und befahl dem Kommando, sich bereit zu machen. Den Männern war vorher gesagt worden, wer auf wen schießen sollte, und es war befohlen worden, auf das Herz zu zielen, um größere Blutlachen zu vermeiden und schnell fertig zu werden. Nikolaus drehte sich wieder zu seiner Familie um und sagte nichts mehr. Die anderen riefen durcheinander, das alles dauerte einige Sekunden. Dann fielen die Schüsse; nach zwei bis drei Minuten war alles vorbei. Der Kommandant schoß aus nächster Nähe auf Nikolaus, der wie ein Fels stürzte. Auch die Zarin starb sofort nach ihrem Mann, und die anderen Familienmitglieder (insgesamt zwölf Personen) wurden in einer wilden Schießerei niedergemacht ... Die Schützen ballerten wie von Sinnen, aber Alexej, drei seiner Schwestern, die Hofdame und Botkin lebten noch. Das überraschte den Kommandanten, denn alle Schützen hatten auf die Herzregion gezielt. Verwunderlich war auch, daß die Kugeln von irgend etwas abprallten und durch das Zimmer flogen; als man versuchte, die Zarentöchter mit einem Bajonett zu erledigen, drang es nicht durch deren Korsett, man mußte wieder schießen. Deswegen dauerte das ganze Massaker etwa zwanzig Minuten.

Danach schleppte man die toten Körper in den Lastwagen und bedeckte sie mit großen Planen, damit das Blut nicht zu sehen war.

II – Er [Nikolaus II.] fragte: »Was?« und drehte sich zu Alexej um. Ich schoß sofort und tötete ihn auf der Stelle. Danach setzte eine wilde Schießerei ein. Das Zimmer war klein, aber alle hatten Platz nehmen können und die Erschießung hätte in organisierter Form ablaufen können. Viele der Schützen schossen aber offensichtlich von der Türschwelle aus, und die Kugeln sprangen wegen der Steinmauer wie Hagelkörner durchs Zimmer. Darüber hinaus wurde die Schießerei hektischer, weil alle Getroffenen zu schreien begannen. Ich hatte große Mühe, die Ballerei zu beenden. Die Kugel eines hinter mir stehenden Schützen pfiff mir um die Ohren … Als das Schießen aufhörte, zeigte sich, daß die Töchter, Alexandra Fjodorowna, die Hofdame und auch Alexej noch lebten. Ich nehme an, sie hatten sich aus Angst oder vielleicht unabsichtlich auf den Boden geworfen, auf jeden Fall, sie lebten noch. Daraufhin begannen wir, sie einzeln zu erledigen (ich hatte zuvor schon angeordnet, auf das Herz zu zielen, damit kleine Blutlachen entstünden). Alexej hockte wie versteinert auf dem Boden, und ich tötete ihn. Die anderen schossen auf die Mädchen, aber erfolglos, und Jermakow versuchte es mit seinem stumpfen Bajonett; danach schossen wir ihnen Kugeln in den Kopf. Erst im Wald entdeckte ich, was zunächst verhindert hatte, daß wir die Töchter und Alexandra Fjodorowna töten konnten.

(Diese beiden leicht voneinander abweichenden Berichte über die Ermordung der Zarenfamilie stammen von dem Kommandanten des Erschießungskommandos, Jakow Jurowski. Den ersten erstattete er einem Gremium alter Bolschewiken am 1. Februar 1934 in Swerdlowsk. Der zweite entstand aus Aufzeichnungen Jurowskis im Jahr 1920.)

ANHANG III

Flugblatt des sowjetischen ZK in Moskau, das im Juli 1918 überall verbreitet wurde.

Die Erschießung von Nikolaus Romanow

Vor einigen Tagen wurde Jekaterinenburg, die Hauptstadt des Roten Ural, durch das Vorrücken tschechischer Banden bedroht; gleichzeitig wurde ein konterrevolutionäres Komplott aufgedeckt, das den gekrönten Peiniger aus den Händen der Sowjetmacht befreien wollte. Aufgrund dessen beschloß das Ural-Exekutivkomitee, Nikolaus Romanow zu erschießen. Der Beschluß wurde am 16. Juli ausgeführt. Frau und Sohn von Nikolaus Romanow befinden sich an einem sicheren Ort.

Das sowjetische Zentralexekutivkomitee hat diese Entscheidung geprüft und den Beschluß des Ural-Exekutivkomitees für richtig befunden.

BIBLIOGRAPHIE UND QUELLEN

Allgemeine Darstellungen

Über Nikolaus II.

Jeltschaninow, A., *Zarstwowanije gossudarja Imperatora Nikolaja Alexandrowitscha* (»Die Herrschaft von Zar Nikolaus Alexandrowitsch«), St. Petersburg, Moskau 1913. (Diese Biographie wurde mit Zustimmung von Nikolaus II. veröffentlicht.)

Ferro, M., *Nicolas II.*, Paris 1990.

Grunewald, C., de, *Le Tsar Nicolas*, Paris 1965.

Lieven, D., *Nicolas II., Emperor of all the Russias*, London 1993.

Massie, R.K., *Nicholas and Alexandra*, New York 1971.

Oldenbourg, S., *Zarstwowanije Imperatora Nikolaja II.* (»Die Herrschaft Zar Nikolaus II.«), Belgrad, München 1939, 1949, 2 Bde.

Radsinsky, E., *The Life and Death of Nicolas II.*, New York 1992.

Radziwill, C., *Nicolas II. The Last of the Tsars*, London 1931.

Troyat, H., *Nicolas II.*, Paris 1991.

Korrespondenzen, Augenzeugenberichte, Erinnerungen

Nikolaus II., *Dnewnik Imperatora Nikolaja II. (1890–1906)* (Tagebuch von Zar Nikolaus II.), Berlin 1923.

Nikolaus II., *Dnewnik Imperatora Nikolaja II.* Moskau 1991.

Nikolaus II., »Dnewnik Imperatora Nikolaja II.«, in: *Krasny Archiv*, Bde. XX, XXI, XXII, XXVII, Moskau 1927–1928.

Nikolaus II., *Polnoje sobranije retchei Imperatora Nikolaja II. (1894–1906)* (Eine Sammlung sämtlicher Reden, die Nikolaus II. gehalten hat), St. Petersburg 1906.

Nikolaus II., *Letters of the Tsar to the Tsaritsa, 1914–1917*, London 1929.

Nikolaus II und Maria Fjodorowna, »Perepiska Nikolaja II i Marii Feodorowny 1905–1906« (»Briefe von Nikolaus II. an Großfürstin Maria Fjodorowna«), in: *Krasny Archiv*, Bd. XXII, 1927.

Nicolas II., *Correspondance entre Nicolas II. et Guillaume II.*, *1894–1914*, Paris 1924.

Alexandra, *Lettres de l'Impératrice Alexandra Feodorovna à l'Empereur Nicolas II.*, Paris 1927.

Awdejew, A. D., »Nikolai Romanow, w Tobolskje i w Jekaterinburgje« (»Die Romanowfamilie in Tobolsk und Jekaterinenburg«), in: *Krasnaja Nov'*, V, 1928.

Awdejew, N., *Rewoljuzija 1917: Chronika Sobytii* (Die Revolution von 1917, eine Chronik der Ereignisse), 6 Bde., Moskau 1923–1930.

Benckendorff, P., *Last Days at Tsarskoe Selo*, London 1927.

Bompard, M., *Mon ambassade en Russie*, Paris 1937.

Buchanan, Sir George, *My Mission to Russia. London*, 2 Bde., New York 1923.

Gapon, G., *Les Mémoires du pope Gaponje. Les dessous de la Révolution russe*, Paris 1906.

Gilliard, P., *Le Tragique Destin de Nicolas II et de sa famille*, Paris 1938.

Hanbury-Williams (britischer Militärattaché, Sir John), *The Emperor Nicholas as I knew him*, London 1922.

Iswolski, A., »Correspondance diplomatique« (1906–1911), in: *Les Éditions internationales 1937*, 2 Bde., Paris 1937.

ders., *The Memoirs of Alexander Izvolski*, London 1920.

Jakowlew, W., »Posledni reis romanowych, Wospominanija« (»Die letzte Reise der Romanows. Erinnerungen«), in: *Ural*, Nr. 8, 1988.

Jussupow, Fürst F., *Avant l'exil*, Paris 1952.

Kerenski, A., *La Russie au tournant de l'Histoire*, Paris 1967.

Kocheljew, A.I., *Sapiski* (Erinnerungen), Berlin 1884.

Kokowzew, W.N., *Is mojego proschlogo: wospominanija*, *1903–1919*. (Erinnerungen an meine Vergangenheit), 2 Bde., Paris 1933.

Kryjanowski, S. E., *Wospominanija* (Erinnerungen), Berlin 1938.

Lamsdorff, W., *Dnewnik W. N. Lamsdorffa, 1886–1890* (Tagebuch von V. N. Lambsdorff 1886–1890), Moskau, Leningrad 1926.

ders., *Dnewnik W. N. Lamsdorffa, 1894–1896* (Tagebuch von V. N. Lamsdorff), Moskau 1991.

Maklakow, V., *Memoirs of V. A. Maklakov: the first State Douma*, Bloomington, Indiana 1964.

Maklakow, W., *Wlast: obschtschestwennost na sakatje staroi Rossii* (Staatsmacht und Gesellschaft im Niedergangs des Russischen Reiches), Paris 1936.

Melgunow, S. P., *Posledni Samoderjez* (»Der letzte Autokrat«), Moskau 1917.

Miljukow, P., *La Crise russe*, Paris 1907.

ders., *Wospominanija* (Erinnerungen), New York 1955.

Mossolov, A., *At the Court of the last Tsar*, London 1935.

Uchtomskij, E., *Voyage en Orient de son Altesse impériale le Tsarévitch*, Paris 1893.

Paléologue, M., *La Russie des Tsars pendant la Grande Guerre*, 3 Bde., Paris 1922.

Petrunkewitsch, I. I., *Is sapisok obschtschestwennogo dejatelja* (Erinnerungen an eine politische Aktion), Berlin 1934.

Pobedonoszew, K., *Reflections of a Russian Statesman*, London 1896.

ders., *Pisma Pobjedonoszewa k Aleksandru III.* (Briefe Pobedonoszews an Zar Alexander III.), Moskau 1925–1926.

Purischkewitsch, V., *Comment j'ai tué Raspoutine*, Paris 1924.

Rodsjanko, M. W., *Gossudarstwennaja Duma i fewral'skaja rewoljuzija 1917 goda* (Die Reichsduma und die Februarrevolution 1917), Rostow am Don 1919.

ders., *Le Règne de Raspoutine*, Paris 1927.

Robien, L. de, *Journal d'un diplomate en Russie, 1917–1918*, Paris 1967.

Sasonow, S. D., *Les Années fatales*, Paris 1927.

Schipow, D., *Wospominanija i dumy o perejitom* (»Gedanken und Erinnerungen an das, was ich erlebt habe«), Moskau 1918.

Schtschegoljew, P. E., *Otretschenije Nikolaja Wtorogo. Wospominanija otschewizew. Dokumenty* (Die Abdankung Nikolaus' II. Zeugenerinnerungen, Dokumente), Leningrad 1927.

ders., *Padenije zarskogo reshima* (Der Sturz des Zarenregimes), 7 Bde., Leningrad 1924–27.

Spiridowitsch, A., (russ. General), *Les Dernières Années de la cour de Tsarskoje Selo*, 2 Bde., Paris 1928.

Suchanow, N., *Sapiski o rewoljuzii* (Aufzeichnungen über die Revolution), 7 Bde., Berlin, Moskau 1922–1923.

Vyroubova, A., *Memories of the Russian court*, NewYork 1923.

Witte, S., *Wospominanija* (Erinnerungen), 3 Bde., Moskau 1960.

Zeretelli, I., *Wospominanija* (Erinnerungen), 2 Bde., Paris 1963.

Aktensammlungen und Dokumente

Alexejew, W. A., *Gibelzarskoi semi: mify i realnost (nowye dokumenty o tragedii na Uralje)* (Das Ende der Kaiserfamilie. Mythos und Realität. Neue Dokumente über die Tragödie im Ural), Jekaterinenburg 1993.

Borba sa wlast sowjetow w Tobolskoi gubernii 1917–1920. Sbornik dokumentow (Der Kampf der Sowjets um die Macht in der Gegend von Tobolsk), Swerdlowsk 1967.

Gibelzarskoi semi (Das Ende der Zarenfamilie), hrsg. v. N. Ross, Frankfurt 1987. Dieses Werk schildert die Untersuchung über das Ende der Zarenfamilie, die Richter N. Sokoloff im April 1919 leitete. Sämtliche Dokumente befinden sich in: *Documents of the Investigation into the Death of Nicolas II.* Sokolov Archives, Houghton Library, Harvard Un. Kilgour Collection.

Interrogatoires des ministres, conseillers généraux, hauts fonctionnaires de la Cour impériale russe par la Commission extraordinaire du Gouvernement provisoire de 1917«, in: *La Chute du régime tsariste*, Paris 1927.

Jakowoi-Rawiski, W. I. (Hrsg.), *Sbornik materialow po musulmanstwu* (Aktensammlung über Mohammedaner), St. Petersburg 1899.

Kerenski, A. und Browder, R., *The Russian Provisional Government 1917*, 3 Bde., Stanford 1961.

Monarchija pered Kruschenijem: 1914–1917: – Bumagi Nikolaja II i drugie dokumenti (Die russische Monarchie vor ihrem Sturz, 1914–1917. Papiere Nikolaus' II. und andere Dokumente), Moskau, Leningrad 1927.

Poslednie dni romanowych – Dokumenty , materialy, dnewniky, sledstwija, wersii (Die letzten Tage der Romanows. Dokumente, Materialien, Untersuchungen, Tagebücher, Berichte), Swerdlowsk 1991.

Sokolow, N., *Ubiistwo Zarskoi Semi* (Die Ermordung der Zaren-familie), Berlin 1925. Siehe auch: les Archives Sokolov.

Allgemeine Darstellungen über Rußland

Karamsin, N. M., *Istorija Gossudarstwa Rossii*, 12 Bde., St. Pe-tersburg 1892.

Karpowitsch, M., *Imperial Russia 1801–1917*, New York 1932.

Kljutschewski, W. O., *Kurs russkoi Istorii*, 5 Bde., Moskau 1956–1958.

Leroy-Beaulieu, A., *L'Empire des tsars et les Russes*, 3 Bde., Paris 1889–1893.

Martow, Maslow, Potressow, *Obschtschestwennoje dwijenije w Rossii w natschalje XX weka* (Strömungen in der russischen Gesellschaft zu Beginn des 20. Jahrhunderts), St. Petersburg 1909.

Pares, R., *History of Russia*, New York 1960 (Neuauflage der Ausgabe von 1937).

ders., *Russia and Reform*, London 1907.

Pascal, P., *Histoire de la Russie des origines à 1917*, Paris 1976.

Platonow, S., *Histoire de la Russie des origines à 1918*, Paris 1929.

Raeff, M., *Comprendre l'Ancien Régime russe*, Paris 1982.

Rjasanowski, N., *Histoire de la Russie. Des origines à 1984*, Paris 1987 (1. Auflage 1963).

Seton-Watson, H., *The Decline of Imperial Russia, 1855–1914*, London 1952.

Sokoloff, G., *La Puissance pauvre: Une histoire de la Russie de 1815 à nos jours*, Paris 1993.

Szamuely, T., *La Tradition russe*, Paris 1974.

Weidlé, V., *La Russie absente et présente*, Paris 1949.

Zur Entwicklung Rußlands

Black, C., *The Transformation of Russian Society. Aspects of Social Change since 1861*, Cambridge, Mass. 1970.

Black u. a., *The Modernization of Japan and Russia. A Compar-ative Study*, New York, London 1975.

Blackwell, W. L., *Russian Economic Development from Peter the Great to Stalin*, New York 1974.

Crisp, O., *Studies in the Russian Economy before 1914*, London 1976.

Finn-Jenotajewski, A., *Kapitalism w Rossii, 1890–1917* (Der Kapitalismus in Rußland), Moskau 1925.

Gerschenkron, A., *Economic Backwardness in Historical Perspective*, Cambridge, Mass., 1962.

Miller, M., *The Economic Development of Russia, 1905–1914*, New York 1967.

Mosse, W. E., *Perestroika under the Tsars*, London 1992.

Portal, R., *La Russie industrielle 1884–1927*, Paris 1956.

Robinson, G. T., *Rural Russia under the Old Regime*, New York 1932 und London 1967.

Shanin, Th., *The Roots of Otherness: Russia's Turn of Century, Bd. I: Russia as a Developing Society*. Yale Un. Press 1986.

Struwe, P., *Krititscheskije sametki k woprossu ob ekonomitscheskom raswitii kapitalisma w Rossii* (Kritische Anmerkungen zur Entwicklung des Kapitalismus in Rußland), St. Petersburg 1894.

Zu speziellen Themen der russischen Geschichte

Besançon, A., *Le Tsarévitch immolé*, Paris 1967.

Billington, J., *The Icon and the Axe. An Interpretative History of Russian Culture*, London 1966.

Cherniavski, M., *Tsar and People*, New Haven, London 1961.

Edelman, N.: *Revoljuzija swerchu w Rossii* (Die Revolution von oben in Rußland), Moskau 1989.

Etkind, E., Nivat, G., Serman, I., Strada, V., *Histoire de la littérature russe: Le XX siècle: L'âge d'argent*, Bd. IV, Teil 1 Paris 1987.

Pipes, R., *Russia Under the Old Regime*, New York 1974.

Offizielle Texte

Gossudarstwennaja Duma. Stenografitscheskije otschety (Stenographische Berichte aus den Sitzungen der Reichsduma von 1906–1915), St. Petersburg und Petrograd 1906–1915.

Imperatorski Wserossiski prestol. Nasledije prestola po osnowym gossudarstwenym sakonam (Der Kaiserthron von Rußland. Die Thronfolge nach der Thronfolgeordnung des Russischen Reiches), Paris 1922.

Korkunow, N., *Russkoje gossudarstwennoje prawo* (Das öffentliche Recht Rußlands), St. Petersburg 1897.

Polnoje Sobranije sakonow rossiiskoi imperii (Vollständige Sammlung der Gesetze des russischen Reichs), St. Petersburg 1864.

Raschin, A. G., *Nasselenije Rossii sa sto let 1811–1913* (Schwankungen in der Bevölkerung Rußlands in den hundert Jahren von 1811–1913), Moskau 1956.

Rossija w proschlom i nastojaschtschem w pamjatrech sot ljetija zarstwowanija dershawnago doma Romanowych (Rußland gestern und heute. Zum 300jährigen Bestehen der Romanowdynastie), Moskau 1913.

Sakonodatelnye akty perechodnogo wremeni (Gesetzestexte aus der Zeit des Übergangs), St. Petersburg 1907.

Troinizki, N. A., *Pjerwajia wseobschtschaja perepis nasselenija Rossiiskoi imperii 1897 g. obschtschii swod* (Die erste allgemeine Volkszählung in Rußland, Allgemeines), 2 Bde., St. Petersburg 1905.

BIBLIOGRAPHIE ZU DEN EINZELKAPITELN

1. Kapitel

Adams, E. (Hrsg.), *Imperial Russia after 1861 – Peaceful modernization of Revolution?*, Boston 1965.

Arsenjew, K., »Gorodskoje Uprawlenije« (Die Gemeindeverwaltung), *Dictionnaire encylopédique*, Bd. IX, St. Petersburg 1893.

Axelrod, P., *Perejitoje i peredumanoje* (Was ich erlebt und worüber ich nachgedacht habe), Berlin 1903.

Bensidoun, S., *Alexandre III*, Paris 1990.

Byrnes, R., *Pobedonostsev. His Life and Thought*, Bloomington 1968.

Drujinin, N. M., *Russkaja derewnja na perolomie 1861–1880 gg.* (Das russische Land außerhalb der Städte in den Jahren 1861–1880), Moskau 1978.

ders. (Hrsg.), *Krestjanskoje dwijenije* (1881–1889) und (1890–1900), (Das bäuerliche Leben), 2 Bde., Moskau 1959 und 1960.

Firsow, N. N., »Alexandr III«, in: *Byloje*, Moskau 1925.

Kerblay, B., *Du Mir aux agrovilles*, Institut d'études slaves, Paris 1985 (bes. S. 27 bis 71: Die Zeit nach der Reform).

Kolossow, A., *Aleksandr III. Jego litschnost; intimnaja shisn i prawlenije* (Alexander III., seine Persönlichkeit, sein Privatleben und seine Regierung), London 1902.

Kusmin-Karawajew, *Semstwo i derewnja* (Semstwo und flaches Land), St. Petersburg 1904.

Maslow, P. P., *Agrarny wopros w rossii* (Die Agrarfrage in Rußland), Moskau 1906.

Mestscherski, W. P., *Moi wospominanija 1897–1912* (Meine Erinnerungen 1897–1912), 3 Bde., SLND.

Miljutin, D. A., *Dnewnik* (Tagebuch; besonders Bd. IV, der die Jahre 1881–1882 behandelt), Moskau 1950.

Mosse, W. E., *Alexander II. and the Modernization of Russia*, New York 1958.

Nasarewski, W. W., *Zarstwowanije Aleksandra III.* (Die Herrschaft Zar Alexanders III.), Moskau 1910.

Owen, I. G., *Capitalism and Politics in Russia. A Social History of Russian Merchants 1855–1905.* Cambridge, Mass., London 1980.

Peasant in Nineteenth Century Russia (unter Leitung von W. Vucinich), Stanford Un. Press 1968.

Plechanow, G., »Alexander III.«, in: ders., *Werke*, Bd. 24, Moskau 1927.

Pobedonoszew, C., *L'Autocratie russe. Mémoires politiques. Correspondance officielle et documents relatifs à l'histoire du règne de l'Empereur Alexandre III de Russie*, Paris 1927.

Poljakow, A., »Zar mirotworjez« (Der Befreier-Zar), in: *Golos Minuwtschego*, Moskau 1918, Nr. 1, 3.

Polowzow, A. A., *Dnewnik, 1883–1892* (Tagebuch), 2 Bde., Moskau 1966.

Portal, R. (Hrsg.), *Le Statut des paysans libérés du servage*, Paris 1963.

Rambaud, A., »L'armée du tsar Alexandre III«, in: *Revue bleue*, Paris 1893.

Sajontschkowski, P. A., *Rossijsskoje samoderjawije w konze XIX stoletija* (Die russische Autokratie gegen Ende des 19. Jahrhunderts), Moskau 1970.

ders., *Samoderjawije i Russkaja armija na rubeje XIX-XX w. 1881–1903* (Die Autokratie und die Armee in Rußland um die Wende vom 19. zum 20. Jahrhundert), Moskau 1973.

ders., *Otmena krepostnogo prawa w rossii* (Die Abschaffung der Leibeigenschaft), Moskau 1960.

Tolstoi, L., *O golodje* (Über den Hunger), St. Petersburg 1891.

Walujew, P. A., *Dnewnik 1877–1884* (Tagebuch 1877–1884), Petrograd 1919.

2. Kapitel

Literaturhinweise für dieses Kapitel entnehme man der allgemeinen Bibliographie, den Darstellungen von Nikolaus II., sowie der Rubrik »Korrespondenzen, Augenzeugenberichte, Erinnerungen«.

3. und 4. Kapitel

Anfimow, *Krestjanskoje chosjaistwo Jewropeiskoi rossii* (Die bäuerliche Wirtschaft im europäischen Rußland), Moskau 1980.

Anspach, A., *La Russie économique et l'oeuvre de Monsieur de Witte,* Paris 1904.

Belokonski, I. P., *Semskoje dwijenie* (Die Semstwobewegung), Moskau 1910.

Bensidoun, S., *L'Agitation paysanne en Russie de 1881 à 1902,* Paris 1975.

Bloch, J. de, *Les Finances de la Russie,* Paris 1912.

Carrère d'Encausse, H., »L'agitation révolutionnaire en Russie, 1898–1904«, in: *Revue d'histoire moderne et contemporaine,* 1977.

Chromow, P. A., *Ekonomitscheskoje raswitie Rossii w XIX–XX ww* (Die Wirtschaftsentwicklung Rußlands im 19. und 20. Jahrhundert), Moskau 1969.

Cyon, E. de, *L'Alliance franco-russe,* Lausanne 1895.

Dubnow, S., *History of the Jews in Russia and Poland,* 3 Bde., Philadelphia 1916–1920.

Emmons, T., Vucinich, W. S. (Hrsg.), *The Zemstvo in Russia. An Experiment of Local Self-Government,* Cambridge 1982.

Franck, S., *Cultural Conflict and Criminality in Russia 1861–1900,* Brown Un. 1987 (PHD).

Frölich, K., *The Emergence of Russian Constitutionalism 1900–1904. The relationship between mobilization and political group formation in pre-revolutionary Russia,* Den Haag 1981.

Galai, S., *The Liberation Movement in Russia 1900–1905,* Cambridge 1973.

Girault, R., *Emprunts russes et investissements français en Russie, 1887–1914,* Paris 1973.

Graenberg, L., *The Jews in Russia, 1881–1917,* New Haven 1951 (2 Bde.; im 2. Bd. wird diese Epoche abgedeckt).

Judge, E., *Plehve,* Syracuse 1983.

Kassow, S., *Students, Professors and the State in Russia,* Berkeley 1989.

Kassow, S., *The Russian University in Crisis, 1899–1911,* Princeton 1976 (PHD).

Komitet Ministrow, *Nascha shelesnodoroshnaja politika* (Unsere Eisenbahnpolitik), 2 Bde., St. Petersburg 1902.

Koni, A., *Sergej Juljewitsch Witte: otrywok wospominanij* (Erinnerungen an S. Witte), Moskau 1925.

Laue, Th. von, *Sergej Witte and the Industrialization of Russia*, New York 1963.

Mehlinger, H., Thompson, J., *Count Witte and the Tsarist Government in the 1905 Revolution*, Bloomington 1972.

Mirny, *Adressy semstw 1894–1895: ich polititscheskaja programa. Pjerwaja zarskaja retsch* (Eingaben der Semstwos von 1894 bis 1895 und die erste Rede des Zaren), Genf 1896.

Nikolajew, A., *Selskoje samouprawlenije* (Die Selbstverwaltung auf dem Land), St. Petersburg 1906.

Nowikow, A. I., *Sapiski semskogo natschalnika* (Aufzeichnungen eines Landeshauptmanns), St. Petersburg 1899.

Pearson, Th., *Russian Officialdom in Crisis: Autocracy and Local Self-Government*, Cambridge 1989.

Philippot, R., *Les zemstvos*, Paris 1991.

Pipes, R.: *Struve: Liberal of the left, 1870–1905*. Cambridge, Mass. 1970.

ders., *Social Democracy and the St. Petersbourg Labor Movement 1885–1897*, Cambridge, Mass. 1963.

Schneiderman, J., *Sergei Zubatov and Revolutionary Marxism. The Struggle for the Working Class in Russia*, Ithaca 1976.

Solowjew, I. B., *Samoderjawije i dworjanstwo w 1902–1907 gg.* (Die Selbstherrschaft und der Adel), Leningrad 1981.

Spiridowitsch, A., *Histoire du terrorisme russe 1886–1917*, Paris 1930.

Tugan-Baranowski, M., *Russkaja fabrika w proschlom i nastojaschtschem* (Die russischen Fabriken gestern und heute), St. Petersburg 1898.

Weselowski, B., *Istorija semstwa sa 40 let* (Vierzig Jahre Geschichte der Semstwos), 4 Bde., St. Petersburg 1901–1911.

Witte, S. *Samoderjawije i semstwo. Konfidenzialnaja sapiska 1899* (Selbstherrschaft und die Semstwos, vertraulicher Bericht, 1899, mit einem Vorwort von P. Struwe), Stuttgart 1901.

Worobec, Ch., *Peasant Russia: family and communitiy in the postemancipation period*, Princeton 1991.

5. Kapitel

Dallin, D., *The Rise of Russia in Asia*, Cambridge 1950.

Glinski, B. (Hrsg.), *Prolog russko-japonskoi woiny* (Prolog zum russisch-japanischen Krieg), St. Petersburg 1915 (vgl. zu diesem Thema auch S. Witte, *Selbstherrschaft und Semstwos*, a.a.O.)

Hudson, G. F., *The Far East in World Politics*, New York 1939.

Korostovets, I., *Prewar Diplomacy: the Russian Japanese Problem*, Diary of Korostovets, London 1920.

Kuropatkin, A., »Dnewnik« (Tagebuch), in: *Krasny Archiv*, Bd. II, 1925.

Malosemzew, A., *Russian Far Eastern Policy 1881–1904. With a Special Emphasis on the Causes of the Russo-Japanese War*, New York 1977.

Renouvin, P., *Histoire des relations internationales, 1871–1914*, Bd. VI., Paris 1955.

ders., *La question d'Extrême-Orient, 1840–1940*, Paris 1946.

Romanow, B., *Rossija w Mandschurii* (Rußland in der Mandschurei), Leningrad 1928.

ders., *Diplomatitscheski otscherk russko japonskoi woiny* (Die diplomatischen Aspekte des russisch-japanischen Krieges), Moskau 1947.

Sa kulisami zarisma (Hinter den Kulissen des Zarismus), Leningrad 1925.

Summer, B., *Tsardom and Imperialism in the Far East*, London 1942.

Warner, D., Warner, P., *The Tide and Sunrise: A History of the Russo-Japanese War, 1904–1905*, New York 1974.

White, J. A., *The Diplomacy of the Russo-Japanese War*, Princeton 1964.

Zabriskie, A.: *American-Russian Rivalry in the Far East*, Philadelphia 1946.

6. Kapitel

Anweiler, O., *Les Soviets en Russie*, 1905–1921, Paris 1972.

Ascher, A., *The Revolution of 1905: Russia in disarray*, Stanford 1988.

ders., *The Revolution of 1905: Authority restored*, Stanford 1992.

Coquin, F. X., *La Révolution russe manquée*, Brüssel 1985.

Coquin, F. X., Gervais-Francelle, C. (Hrsg.), *1905. La Première Révolution russe*, Paris 1986.

Gefter, M. I., *Ekonomitscheskie predposylki perwoi russkoi rewoljuzii* (Die wirtschaftlichen Quellen der ersten russischen Revolution), Leningrad, Moskau 1955.

Geller, L., Rowenskaja, N., *Peterburgskie i Moskowskie sowjety rabotschich deputatow 1905 g. (w dokumentach)* (Die Sowjets der Arbeiterdeputierten in St. Petersburg und Moskau im Jahr 1905), Moskau, Leningrad 1926.

Grinewitsch, V., *Professionalnye dwijenije rabotschich* (Strömungen innerhalb der organisierten Arbeiterschaft), St. Petersburg 1908.

Harcave, S., *First blood: the Russian Revolution of 1905*, London 1964.

Kowalevski, M., *La Crise russe. Notes et impressions d'un témoin*, Paris 1906.

Lasarewski, *Sakonodatelnye akty perechodnogo wremeni 1904–1906* (Akten zu Gesetzen aus der Zeit des Übergangs 1904–1906), St. Petersburg 1907.

Mehlinger, H., Thompson, J. M.: *Count Witte and the Tsarist Government in the 1905 Revolution*, Indiana Un. Press 1972.

Pankratowa, A. N. u. a. (Hrsg.), *Rewoljuzija 1905–1907 g. w rossii. Dokumenty i Materialy*, Moskau 1961.

Sablinski, S., *The Road to Bloody Sunday*, Princeton 1976.

Sacharowa, I. G., »Krisis samoderjawija nakanunje rewoljuzii 1905 goda« (»Die Krise der Selbstherrschaft am Vorabend der Revolution von 1905«), in: *Woprossy istorii*, Nr. 8, August 1972, S. 119–140.

Sawitsch, G. G. (Hrsg.), *Nowy gossudarstwennoi stroi Rossii* (Die neue Staatsorganisation Rußlands), St. Petersburg 1907.

Schermenski, E. D., *Burshuasija i zarism w perwoi russkoi rewoljuzii* (Bürgertum und Zarenherrschaft während der ersten russischen Revolution), Moskau 1970.

Schwartz, S., *The Russian Revolution of 1905*, Chicago 1967.

Shurnaly i postanowlenija wserossiskogo sjesda semskich dejatelei w Moskwje s 10 do 15 junja 1907 g. (Protokolle und Entschließungen des Semstwokongresses in Moskau vom 10.–15. Juni 1907), St. Petersburg 1907.

Sidorow, A. L. (Hrsg.), *Wyschy podjom rewoljuzii 1905–1907 gg. woorushenoje wostanije nojabr-dekabr 1905* (Die »Spitze« der Revolution von 1905 – Die Militärrevolte im November/Dezember 1905), Moskau 1955.

Szeftel, M., *The Russian Constitution of April, 23, 1906*, Brüssel 1976.

Trussowa, N. S., *Natschalo perwoi russkoi rewoljuzii janwarmart 1905* (Der Beginn der ersten russischen Revolution Januar–März 1905), Moskau 1955.

Verner, A. M., *The Crisis of the Russian Autocracy: Nicholas II and the 1905 Revolution*, Princeton 1990.

Witte, S., *Samoderjawije i semstwa* (Die Selbstherrschaft und die Semstwos), Stuttgart 1901.

7. Kapitel

Atkinson, D., *The End of the Russian Land Commune*, Stanford 1983.

Awretsch, A., *Stolypin i tretija Duma* (Stolypin und die III. Reichsduma), Moskau 1978.

Baynac, J., *Les Socialistes-révolutionnaires de mars 1881 à mars 1917*, Paris, R. Laffont 1979.

Belokonski, I. P., *Semstwo i Konstituzija* (Semstwo und Verfassung), Moskau 1910.

Bestujew, I. W., *Borba w rossii po woprossam wneschnei politiki 1906–1910* (Der Konflikt in Rußland und Probleme der Außenpolitik), Moskau 1961.

Bogrow, W., *Dmitri Bogrow i ubiistwo Stolypina* (D. Bogrow und die Ermordung Stolypins), Berlin 1931.

Danilow, I., *Weliki Knjas Nikolai Nikolaiewitsch* (Großfürst Nikolai Nikolajewitsch), Paris 1930.

Djakin, W. G., *Samoderjawije, burshuasija i dworjanstwo w 1907–1911 gg.* (Die Selbstherrschaft, die Bourgeoisie und der Adel in den Jahren 1907–1911), Leningrad 1978.

Dubrowski, S. M., *Stolypinskaja reforma* (Stolypins Reform), Leningrad 1925.

Dresden, A. (Hrsg.), *Zarism w borbje s rewoljuzii 1905–1907* (Das zaristische Regime im Kampf gegen die Revolution), Moskau 1936.

Gere, W., *Snatschenije III gossudarstwennoi Dumy w istorii rossii* (Der Platz der III. Reichsduma in der russischen Geschichte), St. Petersburg 1912.

Gessen, I. W., *Iskljutschitelnoje polojenije* (Der Staat in Not), St. Petersburg 1908.

Haimson, L., *The Politics of Rural Russia*, Bloomington 1979.

Healy, A., *The Russian Autocracy in Crisis*, Hamden 1976.

Hosking, G., »Stolypin and the Octobrist Party«, in: *Slavonic & East European Review*, 47, 1969.

Isgojew, A., *P. A. Stolypin: otscherk shisni i dejatelnosti* (Stolypin, sein Leben und Werk), Moskau 1912.

ders., *Russkoje obschtschestwo i rewoljuzija* (Die Gesellschaft Rußlands und die Revolution), Moskau 1910.

Kisewetter, A., *Na rubeshe dwuch stolety* (An der Wende zweier Jahrhunderte), Prag 1929.

Koefoed, C. A., *Russkoje semleustroistwo* (Die Organisation des ländlichen Raums in Rußland), St. Petersburg 1914.

ders., *My share in the Stolypin agrarian Reforms*, Odense 1985.

Krasilnikow, N. P., *P.A. Stolypin i jego dejatelnost w I, II i III gossudarstwennoi dume* (Stolypin und seine politische Tätigkeit in der I.–III. Reichsduma), St. Petersburg 1912.

Kretschetow, P., *Stolypin: jego shisn i dejatelnost* (Stolypin, sein Leben und Handeln), Riga 1910.

Leontowitsch, V., *Histoire du libéralisme en Russie*, Paris 1987.

Levin, A., *The Second Douma. A Study of the Social Democratic Party and the Russian Constitutional Experiment*, New Haven 1940.

ders., *The Third Douma*, Hamden 1973.

McNeal, R., *Russia in transition. 1905–1914. Evolution or Revolution?*, New York 1970.

Maklakow, W. A., *Perwaja gossudarstwennaja Duma* (Die erste Reichsduma), Paris 1939.

Menashe, L., *Alexander Goutchkov and the Origins of the Octobrist Party*, New York 1966.

Owen, L. A., *The Russian Peasant Movement 1906–1917*, New York 1963.

Pintchuk (Ben Sion): *The Octobrist in the Third Douma, 1907–1912*, Seattle 1974.

Polejaew, P., *Six années. La Russie de 1906 à 1912*, Paris 1912.

Poljanski, N. N., *Zarskie wojennye sudy w borbe s rewoljuzii*

1905–1907 gg (Die zaristischen Militärgerichte im Kampf gegen die Revolution 1905–1907), Moskau 1958.

Prokopowitsch, S. N., *Kooperatiwnoje dwijenije w rossii* (Die Genossenschaftsbewegung in Rußland), Moskau 1913.

Sawitsch, G. G. (Hrsg.), *Nowy gossudarstwennoi stroi rossii* (Die neue Staatsorganisation in Rußland), St. Petersburg 1907.

Sbornik retschei Petra Arkadjewitscha Stolypina (Eine Sammlung der Reden P. A. Stolypins), St. Petersburg 1911.

Serebrennikow, A., *Ubiistwo Stolypina. Swidetelstwa i dokumenty* (Der Mord an Stolypin, Zeugenaussagen und Dokumente), New York 1986.

Solschenizyn, A., behandelt Probleme dieser Epoche in: *Die Frage am Ende des 20. Jahrhunderts*, München 1994, und in: *Das rote Rad*, 4 Bde., München 1987–1990.

Suchomlinow (General), *Erinnerungen*, Berlin 1924.

Stolypin, A., *L'Homme du dernier tsar, Stolypin* (Erinnerungen), Paris 1931.

ders., *De l'Empire à l'exil* (Erinnerungen posth. vom Sohn dieses Staatsmannes. Im 1. Teil Genealogie), Paris 1996.

Strachowski, L. I., »The Statesmanship of Peter Stolypin. A Reappraisal«, in: *Slavonic Review*, Nr. 37, 1959.

Taube, M. de, *La politique russe d'avant-guerre et la fin de l'Empire des tsars*, Paris 1928.

Tomakow, G., *Stolypin and the Third Douma*, Washington 1981.

Treadgold, D., *The Great Siberian Migration: Government and Peasant Resettlement from Emancipation to the First World War*, Princeton 1951.

Zenkowski, A. W., *Prawda o Stolypine* (Die Wahrheit über Stolypin), New York 1987.

ders., Stolypin: *Russia's Last Great Reformer*, Princeton 1986.

8. Kapitel

ZUM THEMA »RASPUTIN« ERSCHIENEN INZWISCHEN
ALS WICHTIGE WERKE:

Amalrik, A., *Raspoutine*, Paris 1982.

Beletski, S., *Rasputin*, Petrograd 1923.

Bienstock, J., *Raspoutine et la fin d'un règne*, Paris 1917.

Enden, M. de, *Raspoutine ou la fascination,* Paris 1976, 1991.

Fuhrmann, J., *Rasputin. A life,* New York 1990.

Murat (princesse Lucien): *Raspoutine et l'aube sanglante,* Paris 1918.

Radziwill (princesse C.): *Rasputin and the Russian Revolution,* New York 1918.

Rasputin, M., *Rasputin, the Man Behind the Myth: a Personal Memoir,* Englewoodcliffs 1977.

Rodsjanko, M., *Le Règne de Raspoutine,* Paris 1928.

Simanowitsch, A., *Raspoutine,* Paris 1930.

Soloviev-Raspoutine, M., *Mon père Grigori Raspoutine. Mémoires et notes.* Paris 1925, neue Fassung Paris 1966.

Spiridowitsch, A., *Raspoutine, 1863–1916,* Paris 1935.

Ternon, Y., *Raspoutine, une tragédie russe,* Brüssel 1991.

Troyat, H., *Raspoutine,* Paris 1996.

Wilson, C., *Rasputin and the Fall of the Romanov's,* New York 1964.

Selbstverständlich muß, wer dieses Thema bearbeitet, auch die über den Mord an Rasputin bereits zitierten Werke von V. Purischkewitsch und F. Jussupow berücksichtigen.

ÜBER DIE INNENPOLITISCHE SITUATION

Gossudarstwennaja Duma. Sprawotschnik (Handbuch über die Reichsduma 1913), St. Petersburg 1913.

Berdjaew, N., *Les Sources et le sens du communisme russe,* Paris 1951.

Dan, F., *Proischoshdenije Bolschewisma* (Die Ursprünge des Bolschewismus), New York 1946.

Haimson, L., *The Russian Marxism and the Origins of the Bolschevism in Russia,* Cambridge 1955.

Hosking, G. A., *The Russian Constitutional Experiment. Government and Duma 1907–1914,* Cambridge 1973.

Martow, L., *Sapiski sozial-demokrata* (Aufzeichnungen eines Sozialdemokraten), Berlin 1922.

Stoljarow, L., *Sapiski russkogo krestjanina* (Bericht eines russischen Bauern mit einem Vorwort von B. Kerblay), Paris 1986.

Tschernow, W., *Sapiski sozialista-rewoljuzionera* (Aufzeichnungen eines Sozialrevolutionärs), Berlin 1922.

White, H.J., *The Rise of Democracy in Prerevolutionary Russia*, New York 1962.

Wortman, R. S., *The Development of Russian Social Consciousness*, Chicago 1976.

ÜBER DIE BALKAN-LÄNDER

Nincic, M., *La Crise bosniaque et les puissances européennes*, Paris 1937.

Schmitt, B., *The Annexation of Bosnia*, Cambridge 1937.

Seton-Watson, R., *The South Slave Question*, London 1911.

ders., *The Rise of Nationality in the Balkans*, London 1917.

Thaden, E. C., *Russian and the Balkan Alliance of 1912*, Pennsylvania 1965.

ÜBER DIE NEIGUNG DES HERRSCHERPAARS ZUM MYSTIZISMUS

Gorainow, I., »Serafim de Sarov. Sa vie. Entretiens avec Motowilow. Instruction spirituelle«, in: *Spiritualité orientale*, Nr. 11, 1973.

Der hl. Johann von Kronstadt, *Moja shisn' wo christe* (Mein Leben in Christus), Moskau 1894.

Timofejewitsch, A., *Prepodobny Serafim Sarowski* (Der heilige Serafim von Sarow), New York 1953.

ÜBER DAS 300JÄHRIGE BESTEHEN DER ROMANOW-DYNASTIE

Bogdanowitsch, E. W., *Istoritscheskoje Palomnitschestwo naschego zarja w 1913 g.* (Die Pilgerreise unseres Zaren zu historischen Stätten im Jahr 1913), St. Petersburg 1914.

9. und 10. Kapitel

ÜBER DEN ERSTEN WELTKRIEG

Adamow, *Konstantinopl i Proliwy* (Konstantinopel und die Meerengen), Moskau 1925.

L'Allemagne et les Problèmes de la Paix pendant la Première Guerre mondiale, 2 Bde., Paris 1962, 1966.

Emez, W. A., *Otscherki wneschnei politiki Rossii, 1914–1917*, (Anmerkungen zur russischen Außenpolitik), Moskau 1977.

Fay, S. B., *The Origins of the World War*, 2 Bde., New York 1928.

Golowin, N., *Woennye usilja Rossii w mirowoi woinje* (Die Kriegsanstrengungen Rußlands im Ersten Weltkrieg), 2 Bde., Paris 1939.

Gourko, V., *Memories and Impressions of War and Revolution in Russia 1914–1917*, London 1918.

Jelavitch, B., *A Century of Russian Foreign Policy*, New York 1964.

Lieven, D., *Russia and the Origins of the First World War*, London 1984.

Melgunow, S. P., *Legenda o separtnom mire* (Die Legende um den Sonderfrieden), Paris 1957.

Polner, T. I., *Russian Local Government During the War and the Union of Zemstvos*, New Haven, Connecticut 1930.

Semmenikow, W. P., *Monarchija pered Kruschenijem 1914–1917* (Die Monarchie vor ihrem Sturz 1914–1917), Moskau 1927.

Sidorow, A. L., *Ekonomitscheskoje polojenije Rossii w gody perwoi mirowoi woiny* (Die wirtschaftliche Lage Rußlands in den Jahren des Ersten Weltkriegs), Moskau 1973.

Smith, C., *The Russian Struggle for Power: A Study of Russian Foreign Policy During the First World War*, New York 1956.

Solschenizyn, A., *Lénine à Zurich*, Paris 1975.

Spiridowitsch, General A.: *Welikaja Woina i fewral'skaja rewoljuzija 1914–1917 gg.* (Der Erste Weltkrieg und die Februarrevolution 1914–1917), 2 Bde., New York 1962.

Truchowski, *Sowremennoje semstwo* (Der Semstwo heute), Petrograd 1914.

Sajontschkowski, A. M., *Mirowaja Woina* (Der Erste Weltkrieg), Moskau, Leningrad 1934.

Zeman, Z. A., *Germany and the Revolution in Russia*, London 1958.

Zeman, Z. A., Scharlau, W., *The Merchant of Revolution*, London 1965.

DIE BEZIEHUNGEN ZU DEN ALLIIERTEN

Ignatjew, A. W., *Russko-Angliskie otnotschenija nakanune ktjabr'skoi rewoljuzii* (Die englisch-russischen Beziehungen am Vorabend der Oktoberrevolution), Moskau 1966.

Joffe, A. E., *Russko-Franzuskie otnotschenija w 1917 godu* (Die russisch-französischen Beziehungen im Jahr 1917), Moskau 1958.

Nolde, B., *L'Alliance franco-russe. Les origines du système diplomatique d'avant-guerre*, Paris 1936.

ÜBER DIE KONFERENZ VON LAUSANNE UND DIE NATIONALITÄTENFRAGE

Annales des nationalités, notamment IIIe Conférence des nationalités, documents préliminaires, Lausanne 1916.

Burmistrowa, T., *Nazionalny wopros i rabotschie dwijenije w Rossii* (Die Frage der Nationalitäten und die Arbeiterbewegung in Rußland), 3 Bde., Moskau 1954.

Carte éthnographique de l'Europe, Lausanne 1918 (kommentiert).

Dmowski, *La Question polonaise*, Paris 1909.

Filasiewicz, S., *La Question polonaise pendant la guerre*, Paris 1922.

Gabrys, *Vers l'indépendance lituanienne*, Lausanne 1920.

Kautsky, K.: *Nazionalism naschego wremeni* (Der Nationalismus von heute), St. Petersburg 1905.

Miljukow, P., »Dnewnik Miljukowa« (Das Tagebuch Miljukows), in: *Krasny Archiv*, Bd. 54–55.

Senn, A., *The Russian Revolution in Switzerland*, Cambridge 1970.

ÜBER DIE AUFSTÄNDE IN ZENTRALASIEN

Allworth, E. (Hrsg.), *Central Asia, a Century of Russian Rule*, New York 1967.

»Dshisaksoje wostanije 1916 g.« (Die Erhebung von Djischak 1916), in: *Krasny Archiv*, LX, 1933.

Galuzo, P., *Turkestan Kolonija* (Die Kolonie Turkestan), Moskau 1929.

Kuropatkin, A., »Dnewnik« (»Tagebuch«), in: *Krasny Archiv*, II, 1922.

Mindlin, Z., »Kirgisy i rewoljuzija« (Die Kirgisen und die Revolution), in: *Nowy Wostok*, 1924.

Turkestanski Krai. Sbornik materialow (Aktensammlung über das Gebiet Turkestan), 20 Bde., Taschkent 1912–1916.

Safarow, G., *Kolonialnaja rewoljuzija* (Die Kolonialrevolution), Moskau 1921.

Sokol, E. D., *The Revolt of 1916 in Russian Central Asia*, Baltimore 1953.

11. Kapitel

Basily, N. de, *Memoirs*, Stanford 1973.

Bunyan, J., Fischer, H., *The Bolschevik Revolution 1917–1918. Documents and Materials, Stanford* 1934.

Buranow, I. A., Chrustalew, W. M., *Gibel' Imperatorskogo doma 1917–1919 gg.* (Das Ende des Kaiserhauses 1917–1919), Moskau 1992.

Chamberlin, W. H., *The Russian Revolution*, London, New York 1935.

Schermenski, E., *IV Gossudarstwennaja Duma i swerjenije zarisma w Rossii* (Die vierte Reichsduma und der Sturz der Zarenherrschaft), Moskau 1976.

Schljapnikow, A., *Semnadzaty God* (Das Jahr 1917) 3. Bde., Moskau 1922.

Schugajew, D., *Rewoljuzionnoje dwijenije w Rossii w awgustje 1917 g.: rasgrom Kornilowskogo mjatesha* (Die revolutionäre Bewegung im August 1917. Das Ende des Kornilow-Aufstandes), Moskau 1959.

Daniels, R.V., *Red October*, New York 1967.

Ferro, M., *La Révolution de 1917, Bd. II. Octobre. Naissance d'une société*, Paris 1976.

Hasegawa, T., *The February Revolution, Petrograd 1917*, London 1981.

Irochnikov, M., Protsai, L., Cheliaev, J., *The Sunset of the Romanov Dynasty*, Moskau 1992.

Katkov, G., *The Kornilov Affair*, London, New York 1980.

Keep, J., *The Russian Revolution. A Study in Mass Mobilization*, New York 1976.

Kerenski, A., *The Catastrophe*, London 1927.

Melgunow, S. P., *Kak Bolschewiki sachwatili wlast'* (Wie die Bolschewiken die Macht eroberten), Paris 1953.

Miljukow, P., *Istorija Wtoroi Russkoi Rewoljuzii* (Die Geschichte der zweiten russischen Revolution), Sofia 1921.

Mints, I. (Hrsg.), *Dokumenty welikoi proletarskoi rewoljuzii* (Dokumente über die Große Proletarische Revolution), Moskau 1938.

ders., *Istorija welikogo oktjabrja* (Die Geschichte des Großen Oktober), 3 Bde., Moskau 1967–1970.

V. D. Nabokov and The Russian Provisional Government, New Haven 1976.

Noulens, J., *Mon ambassade en Russie soviétique, 1917–1919*, Paris 1933.

Pipes, R. (Hrsg.), *Revolutionary Russia*, Cambridge, Mass. 1968.

Rabinovitch, A., *The Bolsheviks Come To Power*, New York 1976.

Robien, L. de, *Journal d'un diplomate en Russie, 1917–1918*, Paris 1967.

Rosenberg, W.; *Liberals in the Soviet Revolution. The Constitutional Democratic Party, 1917–1921*, Princeton 1974.

Sadoul, J., *Notes sur la révolution bolchevique*, Paris, 1971 (1. Aufl. 1919; die vorliegende Auflage wurde überarbeitet).

Schapiro, L., *The Origins of the Communist Autocracy*, London 1977.

ders., *The Russian Revolutions of 1917*, New York 1984.

Ulam, Adam A., *Les Bolcheviks*, Paris 1973.

Wasjukow, W. S., *Wneschnjaja Politika wremennogo prawitelstwa* (Die Außenpolitik der provisorischen Regierung), Moskau 1966.

Zeretelli, I., *Fewralskaja rewoljuzija* (Die Februarrevolution), 2 Bde., Paris 1963.

ZWEI AKTENSAMMLUNGEN

Dekrety Sowjetskoi Wlasti (Die Dekrete der Sowjetmacht), Bd. 1, Moskau 1957f.
Sowjetsko germanskije otnotschenija (Die deutsch-sowjetischen Beziehungen), Bd. 1 (Frieden von Brest-Litowsk), Moskau 1968.

12. Kapitel

DAS ENDE DER KAISERFAMILIE

(Die Titel, die in der allgemeinen Bibliographie zu diesem Thema bereits genannt wurden, und die »Erinnerungen« von Pierre Gilliard sind hier nicht berücksichtigt).

Alferew, E., *Pisma zarskoi Semi is satotschenija* (Briefe der Kaiserfamilie aus ihrer Gefangenschaft), New York 1974.

Alexander, M. (Großherzog), *Once a Grand Duke*, New York 1932.

Benckendorff, P., *Last Days at Tsarskoe Selo*, London 1927.

Buxhoeveden, S., *The Life and Tragedy of Alexandra Feodorovna*, London 1928.

Dehn, L., *The Real Tsaritsa*, London 1922.

Joffe, G., *Rewoljuzija i sudba Romanowych* (Die Revolution und das Schicksal der Romanows), Moskau 1992.

ders., *Welikij oktjabr' i epilog zarisma* (Der Oktober 1917 und der Abgesang der Zarenherrschaft), Moskau 1987.

Kerenski, A., Bulygin, P., *The Murder of the Romanov*, London 1935.

Markow, S., *Pokinutaja Zarskaja Semja 1917–1918 g.* (Die Zarenfamilie – hilflos und verlassen), Wien 1928.

Melgunow, S., *Sudba Imperatora Nikolaja II posle otretschenija* (Das Schicksal von Zar Nikolaus II. nach seiner Abdankung), Wien 1928.

Pankratow, W. S., *S zarem w Tobolske: is wospominanii* (Mit dem

Zar nach Tobolsk – Auszüge aus meinen Erinnerungen),
Leningrad 1925.

Radsinsky, E., *Nikolaus II. Der letzte Zar und seine Zeit*, München 1992.

Steinberg, M. D., Chrustalew, V. M., *The Fall of the Romanov. Political Dreams and Personal Struggles in a Time of Revolution*, Yale Un. Press 1995.

Volkov, A., *Souvenirs d'Alexis Volkov, valet de chambre de la tsarine Alexandra Feodorovna, 1910–1918, Paris* 1928.

Wilton, R., *Poslednie dni Romanowych* (Die letzten Tage der Romanows), Paris 1923.

ÜBER DIE VERFASSUNGGEBENDE VERSAMMLUNG

Maltschewski, I. (Hrsg.), *Wserossisskoje Utschreditelnoje Sobranije* (Die allrussische verfassunggebende Versammlung), Moskau, Leningrad 1930.

Radkey, O., *The Election of the Russian Constituent Assembly of 1917*, Cambridge, Mass. 1950.

Rubinstein, N., *Bolschewiki i Utschreditelnoje Sobranije* (Die Bolschewiken und die verfassunggebende Versammlung), Moskau 1938.

Snamenski, O., *Wserossisskoje Utschreditelnoje Sobranije* (Die allrussische verfassunggebende Versammlung), Leningrad 1976.

Wischniak, M., *Wserossisskoje Utschreditelnoje Sobranije* (Die allrussische verfassunggebende Versammlung), Paris 1932.

ZUR RUSSISCH-ORTHODOXEN KIRCHE IN DEN JAHREN 1917 UND 1918

Kartaschew, A., *Otscherki po istorii Russkoi Zerkwi* (Essay über die Geschichte der russischen Kirche), 2 Bde., Paris 1952.

Meyendorff (Erzpriester Johann), *L'Église orthodoxe hier et aujourd'hui*, Paris 1960.

Rogelson, L., *Tragedija Russkoi Zerkwi 1917-1945* (Die Tragödie der russischen Kirche), Paris 1977.

Struve, N., *Les Chrétiens en URSS*, Paris 1963.

Ware, T., *L'Orthodoxie, Église des sept conciles*, Brugge 1968.

QUELLEN DER AUTORIN

Persönliche Gespräche, die die Autorin während der Entstehungszeit dieses Buches geführt hat; ihre Gesprächsnotizen fanden hauptsächlich bei der Niederschrift der Kapitel 7, 8 und 11 Verwendung. Sie sprach mit:

Gräfin Elisabeth Grabbe, der letzten Hofdame, die von Zarin
   Alexandra ernannt wurde; zwischen 1956 und 1975 in Paris;
Fürst Felix Jussupow in Paris 1966;
Fürstin Irene Jussupowa in Paris von 1966 bis 1968;
F. Kerenski in Stanford 1966 und 1967 in Paris;
Gräfin Nathalie Lamsdorff, geb. Chwostow, einer Schwester Alexis Chwostows, bis 1977 in Paris;
Graf Paul Lamsdorff-Galagane über seine *Unveröffentlichten Memoiren*, die er insbesondere über seinen Onkel, den Außenminister und über das Treffen zwischen Nikolaus II. und Wilhelm II. in Björkö angelegt hatte;
Gräfin Sophie Panin 1955 in New York;
Alexandra Stolypin (Gräfin Keyserling) in Paris 1959.

Darüber hinaus besuchte die Autorin das Archiv des Ritterguts Gorodnia, wo das Privatarchiv der Gräfin L. Komarowski aufbewahrt wird, und wertete die Bände der Jahre 1861 bis 1880 und 1912 bis 1917 aus.
Ebenfalls ausgewertet wurde das *Unveröffentlichte Tagebuch* von Madame Hélène Chlebnikow, geb. Lastours, über die Februarrevolution in Petrograd.

INSTITUTIONEN (GLOSSAR)

Verfassunggebende Versammlung: *Utschreditelnoje Sobranije.* Sie wurde am 12. November 1917 gewählt und am 19. Januar 1918 wieder aufgelöst.

Zentrales Exekutivkomitee der Sowjets: *Wserossisski Ispolnitelnoi Zentralnoi komitet Sowjetow rabotschich, soldat i krestjan.* Dieses Zentralkomitee wurde während des I. Allrussischen Kongresses der Sowjets im Juni 1917 gegründet und als *Wzk* oder *ZIK* bezeichnet.

Bäuerliche Dorfgemeinschaft (Gesamtheit ihrer Mitglieder und als Körperschaft): *Mir* oder *Obschtschina*

Staatsrat (bis 1917 Reichsrat): *Gossudarstwenny Sowjet.* Von Alexander I. 1810 nach dem Vorbild Napoleons I. gegründet. Fungiert nach 1905 als echte 2. Kammer.

Ministerrat: *Sowjet Ministrow.* Bezeichnung der russischen Regierung seit Mitte des 19. Jahrhunderts bis 1917.

Konstitutionelle Demokraten (Partei): *Kadetten* oder *Kadettenpartei (K.D.)*; Entstehung der Partei am 26. Oktober 1905.

Staatsduma (bis 1917 Reichsduma): *Gossudarstwennaja Duma.* Erstes russisches Parlament, das im April 1906 zum ersten Mal tagte.

Provisorische Regierung: *Wremennoje Prawitelstwo.* Sie wurde nach der Februarrevolution 1917 am 11. März 1917 eingesetzt und am 25. Oktober 1917 gestürzt.

Oktobristen (Partei): Die Partei entstand 1905 aus der Spaltung der *Konstitutionellen Demokraten* in einen rechten Flügel (Oktobristen) und einen linken Flügel (*Kadetten*).

541

Patriarchat von Moskau: Einsetzung unter Zar Boris Godunow 1589; beseitigt von Peter dem Großen 1721; wiedererrichtet durch das Konzil der russisch-orthodoxen Kirche im Jahr 1917.

Der Heilige Synod: *Swjateischi Sinod*. Begründet durch das »Geistliche Reglement« Peters des Großen, das zur Kontrolle der russisch-orthodoxen Kirche ein geistliches Kollegium mit Behördencharakter an die Stelle des bisher amtierenden Patriarchen setzte. Es bestand zunächst aus zehn, dann aus zwölf Priestern unter dem Vorsitz des »Oberprokurors des Heiligen Synods«. Die Institution wurde durch das Konzil im Jahr 1917 wieder beseitigt.

Senat: Gegründet durch Peter dem Großen 1721; amtierte nach 1864 als oberster Gerichtshof Rußlands; abgeschafft am 22. November 1917.

Sozialrevolutionäre Partei (S.R.): Entstanden aus der Bewegung der Narodniki, die 1881 zerschlagen wurde. Die Reste dieser Bewegung schlossen sich 1900 auf einem Geheimtreffen in Charkow zusammen, aus dem 1901 die Sozialrevolutionäre Partei (S.R.) hervorging.

Sozialdemokratische Partei: Gegründet im Jahr 1898. Fünf Jahre später (1903) spaltete sich die Partei in zwei Flügel, die *Bolschewiken* unter Führung W. I. Uljanows (später W. I. Lenin) und die *Menschewiken*.

Semstwo (russ. Plural: Semstwa): Landständeversammlung, die 1864 als Selbstverwaltungsorgan mit beschränkten Vollmachten unter Zar Alexander II. entstand.

ZEITTAFEL

Anmerkung

Der *Julianische* Kalender wurde in Rußland bis zum 1. Februar 1918 verwendet und dann von der neuen Sowjetregierung durch den *Gregorianischen* Kalender ersetzt. Die in diesem Buch genannten Daten folgen bis zum 1. Februar 1918 dem *Julianischen* Kalender, d. h. sie stehen dem *Gregorianischen* Kalender bis 1900 um zwölf, zwischen 1900 und 1917 um 13 Tage nach.

1856	18. 3.	Der Vertrag von Paris beendet den Krimkrieg.
1861	19. 2.	Abschaffung der Leibeigenschaft.
1864		Justizreform; Gründung der Semstwos.
1868	6. 5.	Geburt von Nikolaus Alexandrowitsch, dem künftigen Zaren Nikolaus II.
1881	1. 3.	Ermordung von Zar Alexander II.; sein Sohn Alexander III. wird Kaiser.
1887	8. 5.	Vollstreckung des Todesurteils an Alexander Uljanow, dem Bruder Lenins.
1890 – 1891		Reise des Zarewitsch Nikolaus in den Nahen und Fernen Osten.
1891		Baubeginn der Transsibirischen Eisenbahn; Hungersnot in Rußland.
1894	20. 10.	Tod Alexanders III. Beginn der Herrschaft Nikolaus' II.
	14. 11.	Hochzeit von Nikolaus II. und Alix von Hessen-Darmstadt.
1895		Verhaftung von W. I. Uljanow (Lenin); Geburt der Zarentochter Olga.
1896	Mai	Krönung von Nikolaus II. in Moskau; Katastrophe in der Kodynka.
	Oktober	Reise des Herrscherpaars nach Frankreich.
1897		Einführung der Goldwährung.
1898		Erster Parteitag der Sozialdemokratischen Arbeiterpartei Rußlands in Minsk.

1899		Unruhen an den russischen Universitäten.
1901		Ermordung Nikolai Bogolepows; Gründung von »Polizeigewerkschaften«.
1902		Entstehung der Sozialrevolutionären Partei.
	Winter	Ermordung Sipjagins; W. Plehwe wird zu seinem Nachfolger als Ministerpräsident ernannt.
1901 – 1902		Lenin verfaßt seine Schrift *Was tun?*.
1903		Spaltung der Sozialdemokratischen Arbeiterpartei Rußlands in (kompromißlose) »Bolschewiken« und (kompromißbereite) »Menschewiken«.
	Juli	Pilgerreise des Herrscherpaars nach Saratow.
	16. 8.	Entlassung Wittes.
1904		Beginn des russisch-japanischen Krieges.
	27. 1.	Angriff der japanischen Streitkräfte auf Port Arthur.
	15. 7.	Plehwe fällt einem Attentat zum Opfer.
	30. 7.	Geburt des Zarewitsch Alexej.
	September	Fürst Swjatopolk-Mirski zum Nachfoger Plehwes ernannt.
	November	Kongreß der Semstwos in St. Petersburg.
1905		Rasputin läßt sich nach einem kurzen Aufenthalt im Jahr 1903 endgültig in St. Petersburg nieder.
	Januar–Mai	Die russischen Streitkräfte erleiden in Port Arthur, Mukden und in der Seeschlacht von Tsushima schwere Niederlagen.
	9. 1.	Der »Blutige Sonntag«.
	Februar	Ermordung von Großfürst Sergej.
	Mai–Juni	Der erste Sowjet in Iwanowo-Wosnessensk.
	4. 7.	Vertrag von Björkö mit Wilhelm II.
	6. 8.	1. Manifest des Zaren – die Duma als beratendes parlamentarisches Organ.
	25. 8.	Vertrag von Portsmouth.
	Oktober	Gründung der Konstitutionellen Demokraten(Kadetten); Entstehung des ersten Sowjets in St. Petersburg.
	17. 10.	Das zweite Manifest (»Oktobermanifest«) des Zaren stellt eine Duma mit gesetzgebender

		Gewalt auf der Grundlage des allgemeinen Wahlrechts in Aussicht; Witte wird erneut zum Ministerpräsidenten ernannt.
	Dezember	Blutige Straßenkämpfe in Moskau.
1906		Abkommen über eine französische Anleihe.
	April	Witte tritt zurück; er wird durch I. Goremykin ersetzt.
	27.4.–8.7.	Amtsdauer der ersten Reichsduma.
	6.7.	Innenminister P. Stolypin folgt Goremykin an der Regierungsspitze nach.
	August	Einsetzung von Kriegsgerichten.
	November	Agrarreform Stolypins.
1907	20.2.–2.6.	Zweite Reichsduma; neues Wahlgesetz.
	1.11.	Eröffnung der dritten Reichsduma, die bis zum 9. Juni 1912 tagte.
1908		Annexion Bosnien-Herzegowinas durch Österreich-Ungarn.
1911		Politische Krise in der dritten Reichsduma wegen der Oktroyierung des russischen Semstwogesetzes in Polen und in den baltischen Provinzen.
	September	Ermordung Stolypins in der Oper von Kiew; Graf Kokowzow folgt ihm als Ministerpräsident nach.
1912	April	Massaker an den Arbeitern in den Goldminen an der Lena; die erste Nummer der *Prawda* erscheint, allerdings nur im Ausland.
	Herbst	Schwere Blutungen des Zarewitschs in Spala.
1913	Oktober–Mai	Erster Balkankrieg.
	15.11.	Die IV. Reichsduma nimmt ihre Arbeit auf; ihre Legislaturperiode dauert bis 1917.
	Juni–August	Zweiter Balkankrieg.
1914	Januar	I. Goremykin erneut Ministerpräsident.
	28.6.	Ermordung von Erzherzog Franz-Ferdinand in Sarajewo.
	15.7.	Teilmobilisierung der russischen Streitkräfte.
	19. und 24.7.	Zunächst erklärt das Deutsche Reich und danach Österreich-Ungarn Rußland den Krieg; St. Petersburg wird in Petrograd umbenannt.

	August	Russische Niederlage bei den Masurischen Seen.
	September	Russische Truppen nehmen Lemberg (Lwow) ein.
1915	**April–August**	Die russischen Armeen ziehen sich aus Polen und Galizien zurück.
	22. 8.	Nikolaus II. übernimmt das Oberkommando der russischen Streitkräfte.
	Juli–August	Entstehung des »progressiven Blocks« in der Duma; das »Neun-Punkte-Programm«.
	November	Herausbildung des Semgor.
1916	20. 1.	Boris Stürmer ersetzt I. Goremykin als Ministerpräsident.
	Mai–Juli	Erste Brussilow-Offensive.
	1. 11.	Sitzung der Duma; Rede Miljukows über den sog. Verrat Stürmers; Stürmer muß zurücktreten; ihm folgt A. F. Trepow als Ministerpräsident nach.
	17. 12.	Ermordung Rasputins.
	27. 12.	Ministerpräsident Trepow wird entlassen; Nachfolger wird Nikolaj Golizyn.
1917	23.–27. 2.	Revolution in Petrograd; Bildung des Sowjets von Petrograd.
	28. 2.	Nikolaus II. bricht vom Hauptquartier in Mogilijow nach Zarskoje Selo auf; Entstehung des provisorischen Komitees der Duma; Unruhen in Moskau.
	1. 3.	Tagesbefehl Nr. 1; Nikolaus II. bereitet in Pskow ein *Manifest* über das künftige konstitutionelle System in Rußland vor.
	2. 3.	Bildung der provisorischen Regierung unter Ministerpräsident Fürst Lwow; eine Abordnung der Duma überzeugt Nikolaus II. von der Notwendigkeit seiner Abdankung; Nikolaus II. willigt ein.
	3. 3.	Nikolaus II. dankt ab, aber die entsprechende Urkunde wird erst am 4. März veröffentlicht; sein Bruder, Großfürst Michail, verzichtet ebenfalls auf den Thron – auch diese Urkunde erscheint erst am 4. März; die Kai-

	serfamilie wird in Zarskoje Selo unter Hausarrest gestellt.
3./4. 4.	Lenin kehrt aus der Schweiz nach Rußland zurück; *Aprilthesen*.
April	Demonstrationen der Bolschewiken in Petrograd und Moskau.
Mai	Bildung einer bürgerlich-sozialistischen Koalitionsregierung; A. Kerenski wird Kriegsminister.
3. 6.	I. Allrussischer Sowjetkongreß.
Juni	Die russische Armee leitet eine Offensive an ihrer Front gegen die k.u.k.-Streitkräfte ein; Lenin flieht nach Finnland.
1. 7.	Festnahme der bolschewistischen Führer; Julitage.
11. 7.	Regierung A. Kerenski.
31. 7.	Die Kaiserfamilie wird nach Tobolsk verbannt.
9. 8.	Die provisorische Regierung kündigt für den 12. 11. Wahlen für die verfassunggebende Versammlung und die konstituierende Sitzung der verfassunggebenden Versammlung am 28. 11. an.
25.–30. 8.	Der sog. Putschversuch General Kornilows.
30. 8.	Befreiung aller inhaftierten Bolschewiken.
25./26. 10.	Staatsstreich der Bolschewiken in Petrograd und Moskau; Ende der provisorischen Regierung; II. Allrussischer Sowjetkongreß: Annahme der Dekrete Lenins über den Frieden und die Neuverteilung von Grund und Boden; Gründung des »Rats der Volkskommissare«, der von Lenin selbst geleitet wird.
28. 10.	Konzil der russisch-orthodoxen Kirche; Wiedereinführung der Patriarchatsverfassung.
2. 11.	Lenins »Deklaration über die Rechte der Völker Rußlands«.
12. 11.	Wahlen zur verfassunggebenden Versammlung.
3. 12.	Beginn der Waffenstillstandsverhandlungen

	in Brest-Litowsk; Finnland erklärt seine Unabhängigkeit.
1918	(Vom 1. Februar 1918 an gilt in Rußland der Gregorianische Kalender)
Januar–März	Friedensverhandlungen in Brest-Litowsk; Leo Trotzki leitet die russische Delegation.
Januar	Gründung der Roten Armee.
6. 1.	Auflösung der verfassunggebenden Versammlung.
3. 3.	Frieden von Brest-Litowsk.
12. 3.	Moskau wird Hauptstadt der Republik Rußland.
April–Mai	Weißrußland, Georgien, Armenien und Aserbeidschan erklären ihre Unabhängigkeit.
26. 4.	Die Kaiserfamilie wird nach Jekaterinenburg gebracht.
Mai	Die Tschechische Legion revoltiert gegen die Bolschewiken.
Mai–Juni	Wahl der Stadtsowjets; die Bolschewiken verlieren diese Wahlen in allen Städten. Sie setzen sich über die Wahlergebnisse hinweg und bemächtigen sich dieser Sowjets mit Waffengewalt.
Juni	Landung englischer Truppen in Archangelsk.
1. 7.	In Omsk wird eine Regierung für Westsibirien ausgerufen.
Juli	In Petrograd flackern Streiks gegen die Sowjetregierung auf; in Moskau rebellieren Sozialrevolutionäre gegen die Bolschewiken, dabei kommt der deutsche Botschafter, Graf Mirbach, ums Leben. Auf dem flachen Land außerhalb der Städte herrscht Bürgerkrieg zwischen »Weißen« und »Roten«; die Bauern liefern den Bolschewiken kein Getreide mehr.
16. 7.	Die kaiserliche Familie wird in Jekaterinenburg und zahlreiche andere Angehörige des Kaiserhauses werden in Alapajewsk ermordet; alle kommen auf äußerst brutale und grausame Weise ums Leben.

STAMMTAFELN
UND KARTEN

1. **Stammbaum Nikolaus' II.** (die angegebenen Daten beziehen sich auf die Herrschaftsjahre)

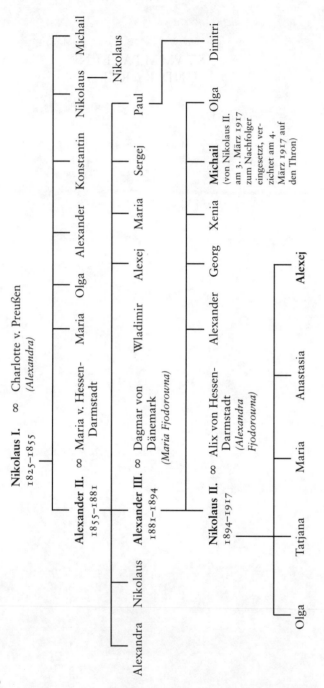

550

2. Die königlichen Vettern von Nikolaus II. (die angegebenen Daten bezeichnen das Geburts- und das Todesjahr)

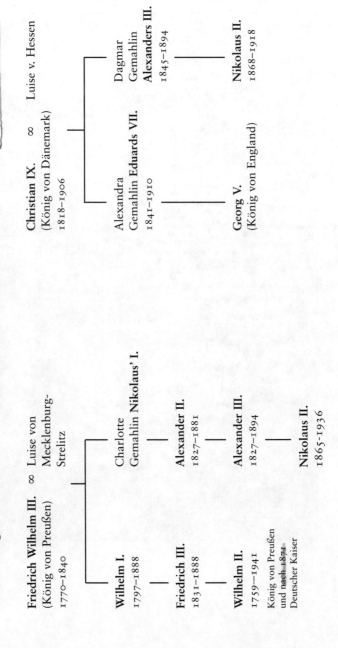

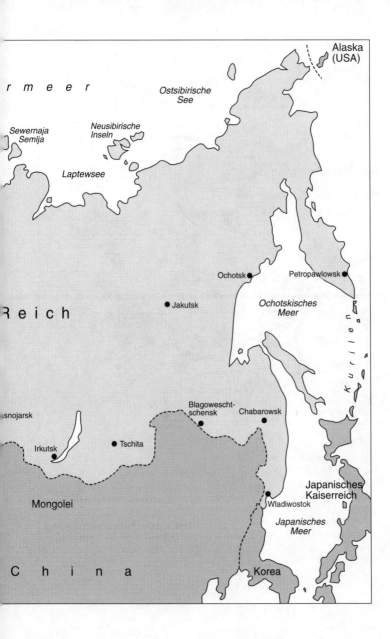

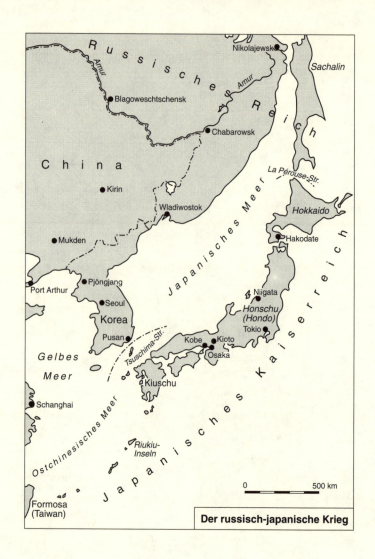

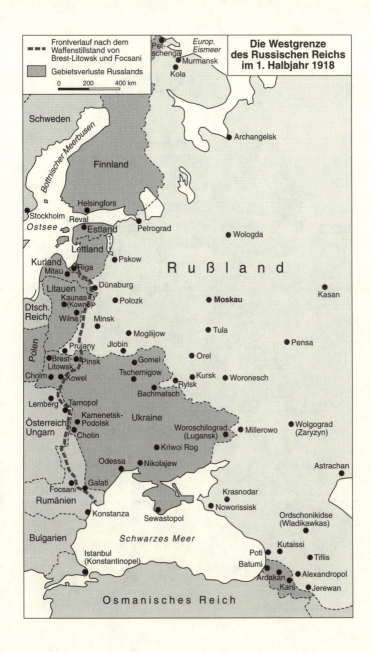

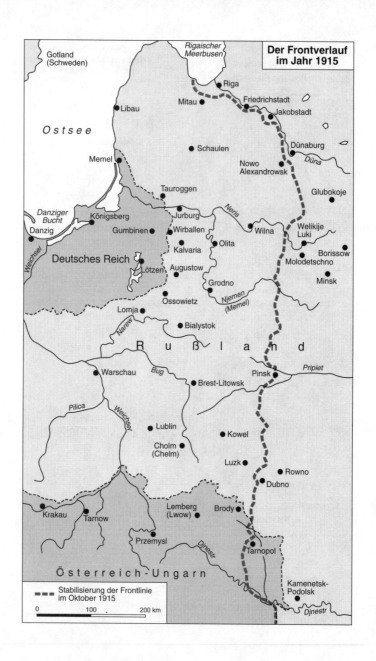

PERSONENREGISTER

Abasa, Konteradmiral 136
Achmatowa, Anna Andrei-
  jewna 501
Aksakow, Iwan 42
Alexander, Sohn Alexander II.
  70
Alexander Michailowitsch,
  Großfürst (Sandro) 79, 136
Alexander I., Zar
Alexander II., Zar (Reg.
  1855–1881) 11, 18, 21,
  23f, 28f, 33f, 36, 44,
  47–50, 54f, 57, 67–69, 68f,
  160, 172, 176, 183, 190,
  402, 494f, 500
Alexander III., Zar (Reg.
  1881–1894) 11, 30, 33,
  48f, 51, 53, 56, 59, 61, 63,
  66f, 69, 71f, 74–76, 79f,
  83, 85–91, 99, 102-104,
  111, 114, 122, 150, 160,
  164, 172, 283, 450, 490,
  494f
Alexandra Fjodorowna,
  Zarin, geb. Alix von Hessen-Darmstadt 86–89, 92,
  96–98, 111–113, 148, 216,
  260, 274–282, 284–291,
  328, 330f, 333, 338–343,
  365, 368–373, 382–395,
  405, 408f, 415–417, 419,
  433, 437f, 472, 488f, 499,
  512f
Alexej Nikolajewitsch,
  Zarewitsch, gen. »Baby«
  273–281, 289f, 339, 386,
  405, 430f, 433, 472, 475,
  489, 512f
Alexejew, Jewgenij, Admiral
  und Oberkommandierender
  der russischen Fernoststreit-

kräfte (1904–1905) 137f,
  143, 151
Alexeijew, Michail, General
  der Infanterie 429f, 436f
Alexinski, Grigori 455
Alexis, Großherzog 151
Alexis II., Patriarch 484
Alice, Tochter Königin Victo-
  ria von England 274
Amalrik, Andrej 278
Amangeldi Imam Uli 363
Anastasia Nikolajewna,
  Großfürstin, Tochter Niko-
  laus II. 475
Armand, Inessa 457
Asjow, Evno 294
Axelrod, Paul 161

Bakunin, Michail Alexandro-
  witsch 43f, 46f, 262, 494
Bauer, Otto 166
Baytursun Oghli 364
Beatrice, Tochter der Königin
  Victoria von England 274
Behbudi, Mahmud Chodja
  364
Beljajew, Michail, General
  367, 411
Belyi, André (Pseudonym für
  B. N. Bugajew) 504
Berdjajew, Nikolai 485, 504
Besobrasow, N. P. 136f, 149
Bethmann Hollweg, Theobald
  von, deutscher Reichs-
  kanzler 346, 354, 456
Bismarck, Otto von, deutscher
  Reichskanzler 321
Black, Cyril 496
Blok, Alexander 15, 504
Bobrikow, Nikolaus, General
  122f, 128, 305

Bogdanow, Alexander 485
Bogolepow, Nikolaus 115, 118, 128
Bogrow, Dimitrij 256, 284
Boïsman 416
Botkin, Dr. Jewgenij, Arzt 511f
Braudel, Fernand 505
Bronstein, Dawidowitsch (Geburtsname von Trotzki, Leo)
Brussilow, Alexej Alexejewitsch, General 460
Buchanan, Sir George, englischer Botschafter 371, 404f, 443
Bucharin, Nikolai 455
Bülow, Bernhard von, Fürst, deutscher Reichskanzler 155
Bulygin, Alexander Grigorewitsch 177, 183, 190f, 194
Bunge, Nikolai 59f, 63, 102, 122
Bunin, Iwan Alexejewitsch 504

Cederbaum, Juli Ossipowitsch, siehe Martow
Chabalow, Sergej, General 411f, 416, 419f
Chailowski, M., Slawophiler 493
Charitonow, Iwan 368
Charmatow, Alexander 302
Chomjakow, Alexej Stepanowitsch, Slawophiler 42
Chomjakow, Nikolai, Präsident der III. Reichsduma 240f
Chrustalow-Nossarj, Georgi 199
Chwostow, Alexandej Nikolajewitsch, russischer Innen-

minister (Juli–September 1916) 340, 342, 371
Colbert, Jean-Baptiste 130f
Custine, Adolphe, Marquis de 17

Danilowitsch, General 73
Delcassé, Théophile, französischer Außenminister 137
Delianow, Iwan 54
Diderot, Denis 39f, 502
Dimitrij Samoswanez 387
Dimitri Pawlowitsch, Großfürst 395f, 400–402, 405, 405
Dostojewski, Fjodor Michailowitsch 44
Durnowo, Peter 95, 206, 208, 210, 255, 312
Drahomanow, Mychajlo 57
Dumas, Alexandre (d.Ä.) 246
Duroselle, Jean–Baptiste 356

Eduard VII., König von England (Reg. 1901–1910) 95
Elisabeth, Großfürstin 86, 88, 392, 476
Encausse, Gérard, gen. »Papus« oder »der Magier Papus« 276–278
Ermolow, Alexander 185

Fjodorow, Sergej, Arzt 430
Fourier, Charles 43
Franz Joseph I., Kaiser von Österreich 357
Fredericks, Wladimir, Graf 216
Freud, Siegmund 487
Friedrich II., König von Preußen (Reg. 1740–1786) 153, 500, 502f

Gapon, Georgi, Priester 127, 177–182, 186

Gaxotte, Pierre 490
Georg V., König von England
404, 438, 440
Giers, Nikolai von, Graf 109
Gilliard, Pierre 401, 441,
470, 472
Georg von Griechenland,
Sohn Alexander II. 70,
80–82
Godunow, Boris 387
Gogol, Nikolai 18, 496
Golizyn, Nikolai, russischer
Ministerpräsident
(9.1.–14.3. 1917) 404, 408,
422
Golostschokin, Filipp 511
Gontscharow, Iwan, Verfasser
des Oblomow (1859) 498
Goremykin, Iwan, russischer
Ministerpräsident 107,
201, 210, 212, 216f, 219f,
225, 230, 233, 288, 326,
333f, 342, 347f, 368, 370
Gorki, Maxim (Pseudonym
für Alexander Peschkow)
357, 415, 504
Gortschakow, Prinz 36
Gutschkow, Alexander 206,
232, 241, 252f, 256, 282,
285, 370, 388, 406, 426,
430–433, 448
Grimm, Freiherr von 502
Grippius, Zinaïda 504f

Hadrian, Patriarch 483
Hanbury–Williams, Sir John,
englischer General 341,
437
Hanetski, Jakow, auch unter
dem Namen »Fürstenberg«
bekannt 454f, 458
Hayden, Graf 217
Hegel, Georg Friedrich
(1770–1831) 41
Heliodor, Mönch 282

Helphand, Alexander, siehe
Parvus
Heraklit 505
Herzen, Alexander Iwano-
witsch 40, 43–45
Herzl, Theodor (1860–1904)
122
Hessen–Darmstadt, Alix von,
siehe Alexandra Fjodo-
rowna
Hruschtschewski, Mikola
302

Ignatiew, Nikolai, Graf 37,
51–53
Ipatiew, Kaufmann und Besitzer des Hauses in Jekaterin-
burg, in dem die Zarenfamilie ermordet wurde. 9
Irina Alexandrowna, Prinzessin und Großfürstin 393,
397, 400
Iswolski, Alexander, russischer Außenminister 152,
225, 307
Iwan III. (Reg. 1462–1505)
221
Iwan IV., »der Schreckliche«
(Reg. 1533–1584) 96
Iwanow, Nikolai Iudowitsch,
General 421, 428
Iwanow, Wjatscheslaw Iwanowitsch 504

Jakowlew, Wassili 472
Jamal El Din el Afghani 298
Janyschew, Pater 89
Jelzin, Boris 9, 248
Jogiches, Leo 163
Johann von Kronstadt, Pater
89, 277
Joseph II., deutscher Kaiser
502
Jurkowski, Wassili 72
Jurowski, Jakow 475f, 514

Jussupow, Felix, Fürst 279, 393–402

Jussupowa, Irina, siehe Irina, Großfürstin

Jussupowa, Sinaïda, Prinzessin 395

Kaljajew, Iwan 115, 184

Kamenew, Lew, gen. Rosenfeld 452, 459

Karakosow, Dimitri 26, 29, 68

Karl I., König von England (Reg. 1625–1649) 479

Katharina II., Kaiserin von Rußland (Reg. 1762–1796) 11, 35, 39, 72, 95, 298, 318, 502f

Kerenski, Alexander, Fedor (1881–1970) 22, 261, 286, 325, 335, 384, 414f, 417, 422–426, 432f, 439–441, 448f, 460–464, 468–470, 480

Kesküla, Alexander 455

Kirill Wladimirowitsch, Großfürst 510

Kisewetter, Alexander 237

Kljutschewski, Wassili 73

Knox, Alfred, Oberst 370

Kokowzow, Wladimir Nikolajewitsch 289, 291, Graf 103, 279, 281, 283, 300f, 403

Komarowski, Leonille, Gräfin 262

Konstantin Konstantinowitsch, Großfürst 49, 476

Kornilow, Lawr, General 448, 462f

Kriwoschin, Alexander 286, 368

Kropotkin, Pjotr Alexander, Fürst 11

Krupskaja, Nadeshda Konstantinowna 457

Kryjanowski, Sergej 239

Kuropatkin, Alexei, General 104, 136, 139, 143, 149, 151, 295, 362, 365

Kschessinskaja, Mathilde 85–87

Kutler, Nikolaus 208, 224

La Harpe, Jean-François, gen. Delaharpe (1739–1803) 39, 72

Lamballe, Prinzessin von 489

Lamsdorff, Nikolai, Graf, russischer Außenminister 110, 136, 149, 152f, 155, 306

Lasovert, Arzt 396f

Lwarow, P., Slawophiler 493

Lazarow, General 363

Le Goff, Jacques 505

Lenin, Wladimir Iljitsch s. Uljanow 44, 47, 125, 164f, 167, 199, 204f, 212, 242f, 264f, 293, 319, 325, 352, 356–360, 365, 368, 444, 448–461, 464–466, 471, 473, 475, 477–482, 484, 494

Leopold, Fürst, Sohn von Königin Victoria von England 274

Leroy-Beaulieu, Anatole 17

Leyden, Professor der Medizin 89

Li Hong-Tschang 134

List, Friedrich 101

Lloyd George, David, englischer Premierminister (1863–1945) 438, 443

Lobanow-Rostowski, Alexej, Fürst, russischer Außenminister (1895–1898) 109, 132, 149

Loris-Melikow, Michail, Graf,
russischer General 49–51,
53, 174
Ludwig XIV. König von Frankreich (Reg. 1643–1715)
130, 146, 439, 503
Ludwig XV., König von
Frankreich (Reg.
1715–1774) 488
Ludwig XVI., König von
Frankreich (Reg.
1774–1792) 471, 478f,
488–490
Ludendorff, Erich, deutscher
General 328
Luxemburg, Rosa 163
Lwow, Georgij, Fürst 232,
378, 384, 388, 423, 425f,
431, 449

Makarow, Alexander, russischer Innenminister
(1911–1912) und Justiz-
minister (1916–1917) 139,
284f
Maklakow, Basilius, Vor-
sitzender der K.D.
(1870–1957) 335, 384
Maklakow, Nikolai, russi-
scher Innenminister
(1871–1918) 284, 370,
407, 424
Malesherbes, Guillaume de
Lamoignon de (1721–1794),
Anwalt Ludwigs XVI. 479,
488
Maria, Großfürstin, Tochter
Nikolaus II. 472
Maria Fjodorowna, Zarin,
geb. Dagmar von Däne-
mark 69, 81, 257, 289,
336, 389
Marie-Antoinette, Königin
von Frankreich 340,
488f

Martow, Juli Ossipowitsch,
(Geburtsname: Cederbaum)
167
Marx, Karl 44, 162, 243,
265, 352, 494
Maslow, Pjotr 262f
Maurras, Charles 317
Mendelejew, Dimitri 38,
139
Merejkowski, Dimitri 504f
Meschtscherski, Wladimir,
Fürst 101, 287
Michail Romanow, Zar
(1613–1645) 9, 290
Michail Alexandrowitsch,
Großfürst; wegen der
Abdankung seines Bruders
Nikolaus II. Zar für einen
Tag (3.3.1917); verzichtet
am gleichen Tag auf den
Thron. 9, 406f, 510
Miljukow, Paul 218, 350f,
383f, 388, 421, 423–426,
432f, 438, 444, 446–448,
456f, 476
Miljutin, Dimitri 23f, 49
Mirbach, Wilhelm von, Graf,
deutscher Botschafter in
Rußland 474
Molotow, Wjatscheslaw, s.
Scrijabin 414
Montebello, Graf von, franzö-
sischer Botschafter 97
Muralow, Nikolai 452
Murawjow, Michail, Graf und
russischer Außenminister
(1898–1900) 109f
Muromtschow, Sergej 211,
217

Nabokow, Wladimir 433
Napoleon I. 153, 358
Nay, Jean-Baptiste 246
Nekrassow, Nikolai 426, 433
Netschajew, Sergej 47

Nikolaus, Sohn Aexander II.
69
Nikolaus I., Zar (Reg.
1825–1855) 52, 57, 63
Nikolai Michailowitsch,
Großfürst (1859–1919)
Nikolai Nikolajewitsch,
Großfürst (1856–1929)
201, 326, 333, 336, 345,
347, 390f, 393, 405, 407,
431, 434
Nobel, Alfred 32, 105
Nolde, Boris 433
Nossarj, Georgi (Parteiname
für Chrustalow, Georgi)

Olga Alexandrowna,
Großfürstin, Schwester von
Nikolaus II. 402
Ossipowa, Daria 274

Pahlen, Konstantin, Graf, rus-
sischer Justizminister 213
Paléologue, Maurice, französi-
scher Botschafter 272, 278,
323, 326, 333, 336f, 340,
351, 353, 367, 369f, 374,
380, 383, 385, 418, 424,
435, 442, 447
Paley, Wladimir, Fürst 476
Panin, Sophie, Gräfin 261f
Papus, siehe Encausse, Gérard
Parvus, siehe Helphand, Alex-
ander 349, 453–457
Paul I., Zar (1796–1801) 95,
112
Pawel Alexandrowitsch,
Großfürst 391f, 395
Petschechonow, Alexej 449
Perewerzow, Paul 449
Petraschewski, Michail Butat-
schewitsch 43
Petrunkewitsch, Iwan 262
Philippe Nizier Anthelm, gen.
Dr. Philippe von Lyon 274

Peter der Große (Reg.
1689–1725) 11, 17, 34,
41–43, 318, 483f, 491,
494
Pilsudski, Josef, polnischer
Marschall 345
Plehwe, Wjatscheslaw Kon-
stantinowitsch 120–129,
137, 150, 157f, 169, 178,
228f
Plechanow, Georgi 161, 166f,
458
Pobedonoszew, Konstantin,
Oberprokuror des Heiligen
Synod 49–52, 57, 59, 63,
72f, 90, 99f, 118, 136, 148,
174, 190, 221, 368, 491f
Poincaré, Raymond 320f
Pokrowski, Nikolai Nikolajewitsch, russischer Außenminister (Januar–März 1917)
389, 405, 418
Poliwanow, Alexej, General
331, 366, 370, 388
Protopopow, Alexander 371f,
380, 382, 386f, 406f, 411,
413, 419
Puschkin, Alexander
(1799–1837) 41
Pugatschow, Jemeljan 47, 65
Purischkewitsch, Wladimir
253, 387f, 394, 396–400,
402
Puzyrewski, General 79

Quari, Munavar 364

Radek, Karl, siehe Sobelsohn
457
Raditschew, Alexander
(1749–1802) 40
Rasputin, Grigori Jefimo-
witsch 278–284, 288, 291,
323f, 328–331, 333f,
339–342, 353, 365, 368f,

371, 373, 379, 384–389,
392–403, 406, 409, 411,
417f, 500
Rasin, Stenka 47, 65
Rennenkampf, Pawel Georg
Karlowitsch, General 328
Renouvin, Pierre 356
Rochambeau, General 490
Rodomylski, Grigori Ewseje-
witsch, siehe Sinowjew,
Grigori Ewsejewitsch
Rodsjanko, Michail 256,
291, 336, 369, 371, 383,
406, 421–424
Roshdestwenski, Sinowi,
Admiral 139, 144, 151f
Romanow, Dynastie / Familie
9, 11, 92, 100, 289, 291,
391–395, 402f, 403,
432–434, 440, 468–476,
491, 493, 501, 505, 511f
Romberg, G. von, Graf
454–457
Roosevelt, Theodore, Präsi-
dent der Vereinigten Staaten
140, 153
Rothschild, Bankier 32
Rosseau, Jean–Jacques 40
Ruski, Nikolai, General 429,
436f
Rosanow, Wassili Wassilije-
witsch 504

Saint–Simon, Claude Henri de
Rouvroy, Graf (1760–1825)
43
Salutski 414
Samarin, Alexander, Oberpro-
kuror des Heiligen Synod
42, 232, 282, 333, 340, 368
Samsonow, Alexander, Gene-
ral der Kavallerie 328
Sand, George 12
Sandro s. Alexander Michai-
lowitsch, Großfürst

Sasonow, Sergej Dimitr-
ewitsch 79, 307–311, 336,
353, 365, 368, 370f
Sassulitsch, Vera 161, 183
Sawinkow, Boris 115
Schelling, Friedrich
(1775–1854) 40f
Scheremetjew, Boris, Graf
282
Schtscherbatow, Nikolai,
russischer Innenminister
(1915) 340, 368
Schipow, Dimitri Nikolaje-
witsch 119, 169f, 206, 217,
232
Schljapnikow, Alexander 414
Schulgin, Wassilij 422f, 430,
432
Schuwajew, Dimitrij 370
Schwartz, russischer Minister
252
Scrijabin, Wjatescheslaw
(Geburtsname von Molo-
tow, Wjatescheslaw)
Sednejew, Leonid 511
Sein, Generalgouverneur für
Finnland 305
Serafim von Sarow, Heiliger
147f, 152
Sergej Alexandrowitsch,
Großfürst 86, 88, 98, 115,
126f, 174f, 177, 183, 189
Sergej Michailowitsch,
Großfürst 476
Sergej von Radonesch, Heili-
ger 147
Sinojew, Grigori Ewseje-
witsch, (Geburtsname von
Rodomylski, Grigori Ewse-
jewitsch) 457
Sipjagin, Dimitri, 107f, 120,
128, 158
Skobelew, Matweij, Arbeits-
minister der Provisorischen
Regierung 449

563

Skobelew, Michail, General
60
Sobelsohn, Karl (Geburtsname von Radek, Karl)
Sokolow, Nikolai Wasiljewitsch, Richter 477
Solowjew, Wladimir Sergejewitsch 504
Sophia Palaiologa, Nichte des letzten palaiologischen Kaisers von Byzanz. Durch die Hochzeit mit ihr begründete Zar Iwan III., Großfürst von Moskau (1462–1505) seinen Anspruch auf das geistige Erbe von Byzanz (Moskau = 3. Rom). 96
Stalin, Josef Wissarionowitsch Dschugaschwili 357, 452, 459, 461, 484
Stanislawski, Konstantin 504
Stolypin, Pjotr Arkadjewitsch (1862–1911), russischer Ministerpräsident (1906–1911) 57, 210, 218f, 225–273, 279, 281, 283f, 286f, 300–304, 308, 314, 316, 361, 385, 497–499, 502
Strawinsky, Igor 504
Struwe, Peter 124, 504
Stürmer, Boris, russischer Ministerpräsident (Februar–November 1916) 342f, 353, 368–372, 383–385
Subatow, Sergej (1863–1917) 126, 178, 294
Suchanow, Nikolai 415, 417–420, 423f, 449
Suchomlinow, Wladimir, russischer Kriegsminister 253, 326f, 334, 366, 376
Suchotin, Leutnant 396
Surabow, Abgeordneter der II. Reichsduma 236

Swerdlow, Jakow 473
Swjatopolk-Mirskij, Pjotr Fürst, russischer Innenminister 1905 128, 158f, 169, 171, 173f, 177, 181, 183, 190

Tereschtschenko, Michail 426
Theophanos, Erzmetropolit, Beichtvater von Zarin Alexandra 278
Tichon, Patriarch der russisch-orthodoxen Kirche 484
Tjutschew, Fjodor Iwanowitsch, Dichter 15
Tkatschow, Pjotr 47, 161, 165, 451
Tocqueville, Alexis de 11, 14
Tolstoi, Lew Nikolajewitsch, Graf 26f, 29, 52, 54, 178
Trepow, Alexander (1862–1928), russischer Ministerpräsident (23.11.1917–9.1.1918) 255, 385, 387f, 403f
Trepow, Dimitri Fjodorewitsch, General (1855–1906), Generalgouverneur von St. Petersburg 126, 183, 198, 201, 217
Trotzki, Lew (Leo), siehe Bronstein, Dawidowitsch 199, 414, 455, 459, 464, 467, 477
Tschaadajew, Pjotr 41
Tschcheidse, Nikolai Semjonowitsch 335, 423, 426, 458
Tschechow, Anton Pawlowitsch 492, 504
Tschernow, Victor 264, 449
Tschernyschewski, Nikolai Gabrilowitsch 44, 125
Tschewtschenko, Taras 302
Tschingarow, Andrej 426

Uchtomski, Esper Espero-
witsch 84, 133f
Uljanow, Wladimir Iljitsch,
siehe Lenin
Uljanowa–Elissarowa, Anna
457
Uwarow, Sergej, Graf 63

Victoria, Königin von England
(1838–1901) 88, 187, 273,
274, 438
Volioba, Mitia 276
Voltaire, (Geburtsname:
François–Marie Arouet)
39f, 502f

Wachendorff, Oberst im deutschen Außenministerium
456
Wannowski, Pjotr, General,
russischer Bildungsminister,
117f
Weidlé, Wladimir 10
Wenewitinow, Dimitrij, russischer Dichter 41
Wilde, Oskar 395

Wilhelm II., deutscher Kaiser
100, 132, 138, 148, 151,
153–156, 311f, 233, 321
Wilson, Woodrow, Präsident
der USA 356
Wischnegradsky, Iwan, russischer Finanzminister 60
Witte, Sergej, Graf
(1849–1915) russischer
Finanzminister, später russischer Ministerpräsident 30,
60, 72, 74, 88, 93, 95,
101–108, 114, 126–131,
133–137, 141–146,
148–152, 157f, 160, 196,
199–202, 205–210, 212f,
221, 223–227, 247, 271,
273, 286, 288, 296, 307,
312, 316, 323, 499
Wolkonski, Fürst 382
Woronzow–Damen (Woron-
zow–Datschkow, Graf) 78
Wyrubowa, Anna (Anja) 238,
400, 489

Zeretelli, Irakli Georgije-
witsch 447, 449

DANKSAGUNG

Es ist mir ein großes Bedürfnis, an dieser Stelle meinem Verleger Claude Durand zu danken; er schlug mir das Thema dieses Buches vor und hat meine Forschungen stets mit freundlicher Fürsorge und Anteilnahme begleitet.

Mein Dank gilt auch François Renouard, dem Leiter der »Archives diplomatiques« im Außenministerium, samt allen seinen Mitarbeitern für ihre wertvolle Unterstützung. Dies gilt ebenso für den »Service de Cartographie des Archives« des Außenministeriums und seinem verantwortlichen Leiter, Herrn Loudet, der die Karten im Anhang dieses Buches für mich zeichnen ließ.

Anatolij Sobtschak, Oberbürgermeister von St. Petersburg während der Jahre 1991–1996, informierte mich über viele Punkte der Tragödie in Jekaterinenburg. Als Vizepräsident der Kommission, die diese Ereignisse vollständig aufklären soll und für die Vorbereitung der Bestattung der sterblichen Überreste der Zarenfamilie zuständig ist, hat er mit seiner Erfahrung als Jurist sämtliche verfügbaren Informationen zu diesem Thema gesammelt und sie mir freimütig zur Verfügung gestellt.

Ich danke auch Micheline Amar, die mich seit so vielen Jahren ermutigt, für ihre wertvolle Hilfe bei der Verwirklichung dieses Buches. Last not least möchte ich auch Colette Ledannois danken, die meine handschriftlichen Notizen Blatt für Blatt entziffert und in die Maschine getippt hat. Danken möchte ich auch Hélène Guillaume für ihr aufmerksames Gegenlesen des Manuskripts.